モンゴルの歴史と社会

吉 田 順 一 著

風 間 書 房

目　　次

第1部　モンゴル帝国・元朝時代の史料の考察

1 『元朝秘史』の歴史性―その年代記的側面の検討―……………………3

2 ロブサンダンジンの『アルタン＝トブチ』に引用されている
　『モンゴル秘史』について ………………………………………………39

3 ロブサン＝ダンジンの『アルタン＝トブチ』と著者不明
　『アルタン＝トブチ』……………………………………………………81

4 『元史』太祖本紀の研究―特に祖先物語について―…………………107

5 『アサラクチ＝ネレト＝イン＝テウケ』と『モンゴル秘史』…………119

6 『アルタン＝デブテル』について ………………………………………143

7 『モンゴル秘史』編纂の史料について …………………………………167

8 『モンゴル秘史』研究の新たな展開にむけて …………………………177

第2部　モンゴル史上の諸問題

9 オン＝カンとテムジンの父子関係………………………………………199

10 クイテンの戦いの実像…………………………………………………215

11 ケレイドとの関係の分析―チンギス＝カンのオン＝カンに対する
　問責の言葉の分析を通して―…………………………………………231

12 クリイェン考……………………………………………………………251

13 ウィットフォーゲルの中国征服王朝論をめぐる日本の研究
　について ………………………………………………………………285

14 北方遊牧社会の基礎的研究―モンゴル遊牧民社会のステップと
　家畜―……………………………………………………………………295

15 モンゴル帝国時代におけるモンゴル人の季節移動―現代の季節

ii 目　次

　　移動とモンゴル帝国時代の季節移動—………………………… 321

16 モンゴルの伝統的な遊牧の地域性 ………………………………… 347

17 遊牧民にとっての自然の領有 ……………………………………… 383

18 ハンガイ山脈と陰山山脈 …………………………………………… 407

19 モンゴル人の農耕 …………………………………………………… 429

第3部　近現代内モンゴル東部地域の研究

20 近現代内モンゴル東部とその地域文化 …………………………… 467

21 内モンゴル東部における伝統農耕と漢式農耕の受容 …………… 487

22 興安嶺南山地の経済構造—ハラトクチンの経済の分析を手掛かりに— …… 511

23 内モンゴル東部地域の経済構造 …………………………………… 535

24 近現代内モンゴル東部地域の変容とオボー ……………………… 555

25 近現代フルンボイル牧畜社会の研究—フルンボイル盟エヴェンキ族自治旗

　　におけるイミン・ソムのオールド族の経済と社会— …………… 583

あとがき ……………………………………………………………… 753

第1部
モンゴル帝国・元朝時代の史料の考察

1

『元朝秘史』の歴史性
―その年代記的側面の検討―

1

　チンギス＝カンに関する基本史料には，『元朝秘史』（以下『秘史』と称する），『聖武親征録』（以下，『親征録』と称する），『ジャーミ＝ウッ＝タワーリーフ（*Jāmi' al-Tawārīkh*）』（以下，『集史』と称する），『元史』の「太祖本紀」の４つがある[1]。

　これらには，共通する記事が多く含まれ，類似している。だが，各記事の時間的配列すなわち年代記的側面を比べると，事情は異なる。『秘史』は，他の３書（以下，『親征録』，『集史』，『元史』をまとめて言う場合は，『親征録』等３書または『元史』等３書または『集史』等３書そしてまたは単に３書と称することにする）のそれに比べて大きく異なっているからである。

　これに対して『集史』等３書は，多くの点でよく似ている。これは，それらが依拠した史料が同一もしくは同類であったためと思われる。ただ，そういった史料に基づいている部分は，３書の内容の全体ではなく，チンギス＝カン紀またはチンギス＝カン伝の部分だけと思われる[2]。この点を無視すると，３書のきわだつ類似性について，誤解しかねない。例えば『集史』の「チンギス＝カン紀」は，上記の史料を基本的に利用しているが，「部族編」や「チンギス＝カンの祖先の物語」は，それ以外の雑多な口承や文献を数多く利用しているとみられる[3]。故にそこには，「チンギス＝カン紀」に見えない伝承が，随分含まれている。

　このようなわけなので，『親征録』と『元史』「太祖本紀」の内容を『集史』の「チンギス＝カン紀」以外の部分と比較することは，無意味なのであ

4　第1部　モンゴル帝国・元朝時代の史料の考察

る。また，『集史』の「チンギス＝カン紀」をまとめるにあたって，『集史』
の編纂者であるラシード＝ウッディーンが『集史』の「部族編」の編纂に使
われたと思われる史料などから任意に必要なものを採って補った部分がある
から，3書を比較するときには，この点も注意しなければならない。小林高
四郎が『集史』と『親征録』の相違点として指摘した諸例のなかには，この
見地からして，相違点とみなせないものがある[4]。

　ラシード＝ウッディーンがチンギス＝カンの西征について記すにあたって，
ジュワイニー（Juwaynī）の『世界征服者の歴史』を大いに利用したことは
周知の事実であるが，そこにおいてさえ基本的には『親征録』の拠った史料
と同類の史料に基づいたことがわかる。なぜなら，洪鈞，那珂通世らによっ
てすでに指摘されているように，『集史』は『親征録』と同じく西征の年次
が1年おくれているからである[5]。さらに，洪鈞，小林などの諸氏によって，
『集史』の他書に対する重要な相異点とみられている，いわゆる『バルジュ
ナ河の濁水の誓い』がなされた位置の問題がある[6]。だが，これも『集史』
の関連部分を精読すると，紙幅の関係上，詳述することを避けるが，他書と
何ら変わらぬことがわかるのである[7]。『集史』と『親征録』が同種の史料
に基づいているとの見方を弱める理由は見あたらない[8]。両書は，同内容の
モンゴル語史料に基づき[9]，一方は漢訳され[10]，一方はイル＝カン国にもた
らされた写本からペルシャ語に直されたものであろう。そしてそのとき，ラ
シード＝ウッディーンの補訂を経たのであろう。両書の間に存在する固有名
詞の音の相異やその他の相異点が，そのさいに生じたと考えることは，別に
難かしいことではないのである。

　『元史』の「太祖本紀」は，『太祖実録』に依拠したものである[11]。『太祖
実録』も『親征録』，『集史』が依った史料とよく似ていたに違いない。チン
ギス＝カンの西征の年次のずれが，同様に存在していたことは，決定的な証
拠である[12]。『集史』，『親征録』などと対応する人名・集団名（氏族名，部
族名）の列挙されるべきものが，最初のいくつかを除き省略されている例が

かなりみられるが，これは，『元史』編纂者の削除に関わるものと考えられ，それが拠った史料に由来するものではあるまい。ただ，『太祖実録』は，上述のモンゴル語史料を根幹となしはしたが，他の史料が，おそらくは漢訳前に付されたであろう[13]。チンギス＝カンの祖先の伝承および彼の即位後の金国との関係，西域征討などの部分は，この点に関係あると思うが，しかしこれについてはまだ考えなければならぬ問題もある。なお，『太祖実録』が漢訳された時期もしくはその漢訳者は，『親征録』のそれとは異なる可能性が強い[14]。両書の使用した固有名詞の音訳漢字に全く異なるものがあるのは，その一つの証拠である[15]。

　３書がよく似ているのは，このように，結局，その拠った史料が基幹をなす部分で共通するものだからである。以下において３書を一つのグループとして扱うのは，この理由からである。

　さて，最初に記したように，『秘史』と３書は，年代記的側面の相異が著しい。『秘史』には，歴史書的性格と並んで，叙事詩的性格が指摘されてきた[16]。バルトリドのように後者を重視する者もいた[17]。だが実情は，叙事詩的性格に注意しつつ，歴史書的性格を，依然３書に優る価値があるかのように重視・利用してきたのであった。この意味で「故に"秘史"は，"英雄叙事詩の書"ではなく，叙事詩的文体で表現された"草原の香気"のしみ込んだ歴史―年代記と特徴づけしうる」というウラジーミルツォフの定義[18]に，みな則っているかのようであった。この歴史書『秘史』が，同じ時代を扱っている歴史書である３書と，年代記的側面において相異が最も著しいのである。これはいかにも矛盾している。ところで従来，『秘史』と『親征録』等の個々の年代記的記事の相異について注意し，その真否を検証することは，諸家によってずいぶん行われた。だが，両系統の記録の年代記上の相異・価値の全般的・体系的な分析・検証が行われたことは聞かないのである。

　実際，今まで多数叙述されたチンギス＝カン伝やモンゴル帝国史を管見した限りでは（後述の理由によって，『秘史』続集を除くジュルキン族との関

6   第1部　モンゴル帝国・元朝時代の史料の考察

係以後の部分は），『秘史』が利用可能となる前は，ドーソンのように『集史』に依っていた[19]。ハワースもその例とみてよいであろう[20]。『秘史』が使えるようになると，ウラジーミルツォフ，フォックス，ルネ＝グルセ，田村実造，村上正二などのように，『秘史』を基底に据え，部分的に3書等を利用する傾向が強くなった[21]。『秘史』を利用できたにもかかわらず，3書を基本的に利用したのが，洪鈞，屠寄，柯劭忞などの中国の『元史』補訂史家である[22]。馮承鈞もこの系統に属している[23]。小林高四郎の著書などは，いずれの傾向とも言えない[24]。最近のモンゴル人民共和国科学アカデミー歴史委員会編集『モンゴル人民共和国史』も，その例である[25]。そのほかさまざまの著述があるが，このように種々の形式のものが存在するということは，つまるところ両系統の史料に対する見方が一定していないからにほかならない。すなわち，チンギス＝カン関係の両系統の記録に対する部分的ではなく全般的・体系的な史料批判，特に年代記的側面についての史料批判の欠如こそ，究極の原因である。

　もっとも，この史料批判は非常に難しい。両系統の史料の真否を，直接・間接裏づける史料が，ほとんど存在しないからである。そのような史料が出てくるのは，1211年にはじまる金国征討以後のことである[26]。だがそれでも，モンゴル帝国成立史を考究する上で，この史料批判を避けて通るわけにはいかない。故に，以下において，この史料批判を，とくに年代記的側面に焦点を合わせて，あえて試みてみたい。

2

　『秘史』の年代記的記事の記述法を，他の3書のそれと比較分析して見いだされる特徴の第1は，チンギス＝カンと個々の集団（氏族，部族，国）との関係が，大部分，それぞれに起こりそして完結したというように記され，それらがだいたい年代順に配列されて，『秘史』を構成していることである。第2は，このことと不可分の関係があるが，それら個々のまとまりある歴史

を構成する諸事象は，3書の対応する諸事象に比べて，短年月の間に連続して生じたものとして圧縮されていることである。3書にあっては，個々の集団とチンギス＝カンとの関係は，年次の流れのなかに分散している。それらは多く，個別的でばらばらの事象として存在し，あまりまとまりあるものではない。

　以下において，両系統の記録の具体的な比較を試みてみる。ただし，比較される部分は，後述の理由によって限定されている。

1）ジュルキン族との関係

　ジュルキン（Jürkin）氏とは，テムジンの曾祖父でキヤト氏の祖であるカブル＝カンの7子の長男オキン＝バルカクの系統であり，サチャとタイチュはその孫にあたる。一方テムジンは，同じくカブル＝カンの7子の次男バルタン＝バアトルの子イェスゲイ＝バアトルの長男だから，サチャ，タイチュと同世代である。カブル＝カンの子孫のなかで，当時テムジンが率いたキヤト＝ボルジギン氏とともに強かったのは，サチャ，タイチュが率いるキヤト＝ジュルキン氏であったらしい。彼等は，テムジンと張り合い，ケレイド族のトオリル（オン＝カン）とテムジンが金朝に協力してタタル討伐に出かけている間に，テムジンの留守営を攻撃して殺人・略奪を行った。そのため彼らの関係は悪化し，テムジンが彼等を攻撃して殺したとされる。この経緯は『秘史』と3書に共通するものである。その年代は『秘史』では不明であるが，『集史』には1194年とある[27]。

　『秘史』140節にあるブリ＝ボコというのは，カブル＝カンの第3子Qutuqtu mönggür の子である。

　テムジンとオン＝カンのタタル族攻撃事件がもつ意義は，『秘史』においては，テムジンとサチャ，タイチュの間の戦いを引き起こす契機となり，その結果テムジンが勝利をおさめて，カブル＝カンの7子の子孫のなかでイェスゲイの子供であるテムジン兄弟が最有力となった（136節〜140節）こと

8　第1部　モンゴル帝国・元朝時代の史料の考察

年表1　ジュルキン（J̌ürkin）族との関係

『秘史』	『親征録』・『元史』太祖本紀・『集史』
・金朝の Tatar 攻撃に協力して出軍　JT1194（寅） 　した Temüjin の留守を襲って殺略 　した J̌ürkin 族 を 攻 め，Sača と 　Taičü を捕殺（132-136）。 ・J̌ürkin に関する一連の記事（137- 　139）。 ・Buri bökö を殺す（140）。	・J̌ürkin を攻撃。Sača と Taičü は脱 　走。
JT1195（卯） JT1196（辰）	——— ・冬，逃亡していた Sača と Taičü 　を殺す。

【凡例】以下の 1-6 の内容は，原則として年表1〜年表11まで適用される。
1　『秘史』の内容を記す各文またはアルファベットの末尾に付けた括弧付きの数字は，『秘史』を構成する「節」の番号である。この節番号によって，各文が『秘史』の全282節のどこに位置するかを知ることができる。
2　主語が記されていない文章の主語はテムジン Temüjin（Činggis qahan）である。
3　人名，集団名，地名等は，原則として『秘史』の綴りに従うことにする。
4　横線「———」は，年表1〜年表11〔年表10は例外〕それぞれの主題と直接関係がない内容のことがらが書かれていることを意味する。ただしこの横線は必要に応じて引いてある。
5　中央に配置された西暦の右脇に JT1194（寅），JT1195（卯），JT1196（辰）と書かれてあるのは，『集史』に基づいた年（イスラム暦を西暦になおしてある）と十二支である。年表2以後の表において西暦の左脇に記された漢字の十二支は『秘史』の記述に基づいたもの，西暦の右脇に記された漢字の十二支は『集史』の記述に基づいたもの，十干十二支は『親征録』，『元史』の記述に基づいたものであることを意味する。なお西暦の左隣に十二支が記されていないならば，そのことがらが起こったあるいはあった年（十二支）がいつであるか『秘史』の記述からは判断できないことを意味する。同様に西暦の右側に十二支が記されていない場合はそのことがらが生じたまたはあった年について『集史』の記述から判断できないことを意味する。西暦の右側に十干十二支が記されていない場合はそのことがらが生じたまたはあった年を『親征録』，『元史』，『集史』の記述から判断できないことを意味する。
6　西暦の右側の欄にある『親征録』，『元史』太祖本紀，『集史』の利用については，『秘史』と系統上比較的近いとみられる『親征録』を優先させることにする。

にあるとされていると思われる。この点は3書とて同じである[28]。
　ただし『秘史』は，ジュルキンを討伐しサチャとタイチュを殺したこと（136節）だけではなく，ジュルキン関係の他のいくつかのことも続けてま

とめて記し（137節-139節），最後にブリ＝ボコの処分について述べ（140節），ジュルキン関係のすべてが終わったという内容になっている。このような話のまとめかたは『秘史』の特徴であって，ジュルキン以外の諸集団との関係についても多く見られる。一方3書には，ジュルキン討伐のときにサチャとタイチュは逃亡し，他の諸事件を経た後に討滅されたとある（Рашид 1-2, pp. 93-94, pp. 110-111）。

2）クイテンの戦い

　チンギス＝カンと反チンギス＝カン同盟との決戦である。だが『秘史』においては実質上チンギス＝カンとタイチウド族との決戦として述べられていることを認識することが，より重要である。実際，タイチウドとの決戦とタイチウドの滅亡の模様が詳述され，かつジェルメの忠勤，ソルカン＝シラ，ジェベ，ナヤア等の来降の経緯が述べられ，タイチウドとのいっさいの関係が終結している（141節〜149節）。ところで3書では，クイテンの戦いやタイチウドとの戦いは，他のアルクイ泉での誓いやジャムカがグル＝カンに推戴されたこととともに，互いに独立したものとして切り離されている（Рашид I-2, p. 116, p. 117, pp. 119-120, pp. 121-122）。一番特徴があるのは，タイチウドとの戦いが，すべてに先立つこととされていることである。しかもこれらは，3年の間に生じたできごととされている。これに対して『秘史』では，1201年のうちにすべてのことが生じ，完結したことになっている。また3書では，ソルカン＝シラ，ジェベ，ナヤアの来降についても，タイチウドとの決戦と無関係に，ジュルキン討伐に先立つ時期のこととされている（Рашид 1-2, pp. 90-91）。結局，3書において4年の間に生じた5回のできごとが，『秘史』では1年の間に起きた1回のできごととして記されているのである。

10　第1部　モンゴル帝国・元朝時代の史料の考察

年表2　クイテン（Köyiten）の戦い

『秘史』		『親征録』・『元史』太祖本紀・『集史』
	JT1194 以前	・Temüjin のもとに Tayičiud 氏系の集団が来属。
	JT1200（申）	・Kereyid 部の Ong qan と共に Onan 川で Tayičiud を攻め破る。彼等は Naiman 部に逃亡。Ulunkut turas にて Tayičiud の首領 Tarqutai kiriltug, Qududal 等を殺す。Angqu qaquǰu と Qodun orčan は Barquǰin 地方に逃亡。Quril は Naiman 部に逃亡。Tayičiud に従う Qatagin, Salǰi'ud 等が Dörben, Tatar, Onggirad に呼びかけ，Alqui 泉で Temüjin, Ong qan 攻撃を誓ったが，Onggirad の Dei sečen の急報を得た Temüjin, Ong qan が出撃。Buyur 湖付近で破る。
・Qatagin, Tatar, Naiman の Buyiruq qan, Tayiči'd の Tarqutai kiriltug 等の11部が Alqui 泉で J̌amuqa 推戴を誓い，Kem 川で Gür qa に推戴，Temüjin, Ong qan 攻撃を相談。謀議が漏れ，両軍 Köyiten で対戦。Buyiruq 等が施した jada の術が失敗し J̌amuqa 等11部潰散。J̌amuqa は自らを qa に推戴した民を略奪。Temüjin は Tayičiud を追撃し Onon 川で討滅（141-149）。	（雞）1201（酉）	・Onggirad は Qasar に略奪されて反 Temüjin となり，J̌amuqa の所に行き，Ikires, Gorlas, Dörben, Tatar, Qatagin, Salǰi'ud, Onggirad 等と謀り，Gam（Kem）川で集会を開き，J̌amuqa を Gür qan に推戴して出兵，Temüjin 攻撃を図ったが，失敗。Qailar 付近で彼等を撃破。Quba qaya に冬営。

『秘史』	『親征録』・『元史』太祖本紀・『集史』
———	(犬)1202(戌, 壬戌) 兵を Ulqui silügeljid 河に出し, Tatar 諸部を伐つ。夏, 兵を頓し暑を避け, 秋に Naiman の Buyiruq が Merkid の Toqto'a beki, Dörben, Tatar, Qatakin の諸部と会い, Tayičiud の A'uč ba'atur, Quduqa beki と共に Temüjin, Ong qan 等を攻撃。Temüjin 等は Aral 塞に拠り, Köyiten にて戦ったとき, 敵は風を祭る jada の術を使ったが, 暴風雪が自陣側に吹き付け敗北。Jamuqa は自らを qa(n)に推戴した諸部を討ち略奪。

年表3　タタル（Tatar）族との関係

『秘史』	『親征録』・『元史』太祖本紀・『集史』
JT1200(申)	———
	・冬, Tatar の指導者等を Dalan nemürges で破る。
(雞)1201(酉)	
(犬)1202(戌, 壬戌)	・Ulqui-silügeljid に出兵し Tatar を破る。
	——（夏, 兵を屯して避暑）——
・秋, Tatar と Dalan nemürges で戦い Ulqui-silügeljid で殺略する (153-156)。	
・Tatar に関する一連の記事 (155-156)。	・『秘史』にある Tatar に関する一連の記事の一部。

3）タタル（Tatar）族との関係

　チンギス＝カンのタタル討伐について注意すべきは, 『秘史』においてタタルとの関係は, チンギス＝カンとオン＝カンとの関係のなかに挿入されて

いるとみられる点があることである（『秘史』157 節）。いずれにせよ，タタルとの関係はこのところで完結している。3 書ではタタルとの決戦は，1201年を挟んで 2 年 2 回のできごととされているが，『秘史』では 1202 年における 1 回の戦いですべてかたがついたように記されている。

4) ケレイド族との関係

　ケレイド族との関係は，チンギス＝カンとオン＝カンの特殊な友好状態のために，他族のそれに比し，長く複雑な歴史を有している。チンギス＝カンの軍事行動の多くに，オン＝カンは協力者としてかかわっていたのである。今，ケレイド滅亡以前のジュルキン，タイチウドおよびタタル等との関係の部分は，それぞれまとまりある歴史であるから除外する。すると，残余の部分すなわちジャカ＝ガンブの来降以後ケレイドの滅亡までの内容が，チンギス＝カンとケレイドとの関係としてとらえられよう。ここには，前述のタタルとの関係のことがらが挟まっているが，それを除く残りの部分は，チンギス＝カンとオン＝カンとの友好関係，その関係の決裂を迫力ある内容で述べており，両者のまとまりある関係として特に取りあげるだけの理由を有していると思われる（150-152 節，157-164 節）。この見方は，3 書では，はるか前から 1201 年の直前まで，何年もの間に，別個にバラバラに生じたできごととされ，1202 年にはじまる両者の不和・決戦に直接つながるものとされていないのに（Рашид-ад-дин 1-2, p. 94, pp. 108-115, p. 118），『秘史』では，1201-1202 年の間に集中的に生じ，両者の不和・決戦と直接つながるとされていることを理解するとき，いっそう強まる。年表 4 において(d)と(i)が両系統の記録のなかで占める場所が全く異なっていることに注意したい。

5) ナイマン族との関係

　『秘史』に登場するナイマン族の人物として，イナンチ＝ビルゲ＝カン（151 節）とその 2 子，すなわちタヤン＝カン（タイブカ）とブイルク＝カ

年表 4　ケレイド（Kereyid）族との関係

『秘史』		『親征録』・『元史』太祖本紀・『集史』
	JT1195（卯）	・Ĵaqa Gambu 等，来帰。彼等と共に Merkid を討伐(a)。
		・Ong qan と Yisügei が anda となった経緯(b)。
――――		・Kereyid の内紛で Ong qan が西域に逃亡したこと（c-1)。
――――	JT1196（辰）	・春，困窮して帰還した Ong qan を救い（c-2)，
		・Qara tün で Ong qan を父，自らを子とする関係になる(d)。
	JT1197（巳）	・秋，Merkid 族を討ち戦利品を Ong qan に贈る(e)。
	JT1198（午）	・Ong qan が Merkid を討ち戦利品を独り占め(f)。
	JT1199（未）	・Ong qan と共に Naiman の Buyiruq qan を Kičilbaš に征討し略奪。次いで Kökesü sabraq 等と戦ったさい，Ong qan に裏切られたが，却って窮地に陥った Ong qan 父子に 4 将を派遣して Kökesü sabraq から救う(g)。
	JT1200（申）	・Qatagin, Salji'ud 等が Dörben, Tatar, Onggirad 等に呼びかけ，Alqui 泉に集まり誓約して来襲。Ong qan と協力して Buyur 湖付近で破る(h)。
		・冬，Ong qan の弟 Ĵaqa Gambu 等が Ong gan を貶したが，告げ口され，El-Kuri と El-Kunkur 等が Ong qan 等によって顔面に唾を吐かれた(i)。

（次頁に続く）

『秘史』	『親征録』・『元史』太祖本紀・『集史』
（雞）1201（酉）	
・(a)（150） ・(b)（150, 177） ・(c-1) と (c-2)（151, 152, 177） ・(d)（164, 177） ・(e)（177. 152 には税物を徴収して 　与えたとある） ・(f)（157） ・(h)（141） ・(j)（141）（176?, 196?. 196） ＊ Köyiten の戦いそのものの記述 　は 142 節にある。	・Onggirad が Qasar に略奪されて反 Temüjin となり Ĵamuqa のもとに行 き，Ikires, Qorulas, Dörben, Tatar, Qatagin, Salĵi'ud, Onggirad 等 と 謀 り，Ken 川で集会を開き，Ĵamuqa を Gür qan に推戴して Temüjin に 出兵(j)。Temüjin は Qailar 付近の Edi Gorqan で彼等を撃破（？）。 ・Onggirad は Temüjin に服属(k)。
（犬）1202（戌, 壬戌）	
・(g)（158-163） ・(j)（141-142 または 141-149） ・(i)（152） ・(l)（165） ・(o)（144）？ ・(n)（143?） ・(o)（144）	・Temüjin と Ong qan が不和になっ たきっかけ(l)。 ・Ĵamuqa が Temüjin と Ong qan の 不和を図る(m)。 ・秋，Naiman の Buyiruq qan が 中心となり，Dörben, Tatar, Qatagin, Salĵi'ud, Aučubaʼatur, Ĵamuqa, Merkid の Toqtoʼa beki の 子 Qudu, Oyirad の Quduqa beki 等が Temüjin と Ong qan の 所 に 来 襲。Temüjin と Ong qan は Ulqui silügelĵid 川付 近 の Aral 塞 に 拠 り，近 く の Köyiten の野で彼らと戦い撃破(n)。 このとき出撃途中で戦線を離れて いた Ĵamuqa は自分を qa（n）に推 戴した諸部の敗走者を討掠(o)。

『秘史』	『親征録』・『元史』太祖本紀・『集史』
(猪)1203(亥, 癸亥)	
・(m)春, Jamuqa が Altan, Qučar 等と共に Temüjin と Ong qan の不和の助長を図り, 成功 (166-168)。	
・(k) (196?) ＊176 の記述は無関係であろう。	・夏, Baljuna 湖の水を飲み(p),
・(p) (182-183) ＊Baljuna「湖に下営した」及び「家畜に水を飲ませた」とある。	
・(q) (185) Kereyid 族と戦い Ječe'er ündür で討滅。	・秋, ケレイド族を Ječe'er ündür において討滅(q)。
・(169-188) Ong qan 父子は逃亡したが, Naiman の哨兵に殺される。	

ンがいた。ブイルク＝カンはアルタイ方面にいて, グチュウド＝ナイマンを統べ, 父の後を継いだタヤン＝カンはイルティシュ方面のナイマン族を統べ, ブイルク＝カンはアルタイ山脈方面のナイマン族を統べていた[29]。この2人は仲が悪かったと推測され, 別々に行動し, テムジンと戦うさいにも協力することはなかった。すなわち1201年（鶏の年）のクイテンの戦いのさいブイルク＝カンがジャムカ側に立ってテムジンと戦ったが（『秘史』141, 143, 144節）, タヤン＝カンがジャムカ, ブイルク＝カンに協力することはなかった。その後（JT1199年）オン＝カンとテムジンがブイルク＝カンを攻めたとき, タヤン＝カンがブイルク＝カンに協力してテムジンに対抗することもなかった。

　従って, ナイマン部については, タヤン＝カンとの関係とブイルク＝カンとの関係というように, 年表を二つに分けて考察するのがよいと思われる（年表5と年表6）。

　『秘史』は, 2度の戦いを一度にまとめるなど, タヤン＝カン討滅を一連の流れとしてまとめて記しているが, 3書は1204年の春と秋の2度戦った

16　第1部　モンゴル帝国・元朝時代の史料の考察

年表5　ナイマン（Naiman）族のタヤン＝カン（Tayang qan）との関係

『秘史』		『親征録』・『元史』太祖本紀・『集史』
・Ong qan の死を契機に Tayan qan が Mongɣol 討伐を決意。Önggüd 王に協力を要請。同王は事態を Temüjin に知らせ，かつ Temüjin に帰属。Temüjin は Teme'en ke'er で Naiman 討伐を決意（189-190）。	（猪）1203（亥，癸亥）	・冬，Naiman の Tayang qan が Temüjin 討伐を決意。Önggüd 王に協力を求めたが，同王は事態を Temüjin に知らせ，かつ Temüjin に帰属。
	（鼠）1204（子，甲子）	・春，Temege で Naiman 討伐を議し，兵を進め，Naiman を伐つ。
・夏の初め Naiman を大破。Tayang qan を殺す（193-196）。		・秋ハンガイ山の一角で Tayang qan を虜にして殺す。

としている。

　なお，タヤン＝カンの息子の Gücügür は，父の敗北後，西方 Tamir 川方面に逃亡していたが，『秘史』には，1206年，即位直前のテムジンにその追撃を命じられた Ĵebe が Sariɣ 崖において Gücügür を殲滅し，同年冬に帰還したと記されている（『秘史』202節，237節）。だが実際には，3書に基づいてまとめた「年表7　Merkid 族の Toqto'a と Tayan qan の子 Gücülüg との関係」にあるように，モンゴル軍による Gücügür が率いるナイマン族に対する追撃と討滅は1218年である。それを1204年としているのは，『秘史』の叙述方法のあらわれだと言うことができる。

　『秘史』はテムジンとナイマンのブイルク＝カンの関係を，1201年と1202年にまとめて記しているけれども，『集史』には1199年に，テムジンとオン＝カンによるブイルク＝カン征討，そしてテムジンの弟カサルによるブイルク＝カン征討のことなどがあったとされる。『秘史』には，ブイルク＝カンが1201年に突如登場して Ĵamuqa のグル＝カ（ン）推戴に関わり，しかも

年表 6　ナイマン（Naiman）族のブイルク＝カン（Buyiruq qan）との関係

『秘史』		『親征録』・『元史』太祖本紀・『集史』
―――	JT1199（未）	・Ong qan と共に Naiman の Buyiruq qan を Kičil baš に征討し略奪。 ・冬，Ong qan とともに Naiman の Buyiruq qan の家臣 Kökse'ü sabraq と対陣。夜，Ong qan 父子が裏切って密かに撤退したが Kökse'ü に襲われ，Ong qan は Temüjin に助けを求めて救われ，大いに感謝。
・のち，弟 Qasar と Naiman を再攻撃し，忽蘭盞側山（Qulan jančai）に破る。Naiman の勢力弱化。 ・Qatagin, Tatar, Buyiruq qan の Naiman 等の 11 部が，Alqui 泉で Ĭamuqa 推戴を誓い，Ken 川で gür qa に推戴，Temüjin と Ong qan に進軍，Köyiten で対戦。Buyiruq qan 等が施した風を祭る jada の術を使うも失敗。Ĭamuqa 等敗北。Buyiruq qan は Altai 山地を越えて移動（141, 143-144）。	（雞）1201（酉）	―――

18　第1部　モンゴル帝国・元朝時代の史料の考察

『秘史』	『親征録』・『元史』太祖本紀・『集史』
・のち Ong qan と共に　　　　　　（犬）1202（戌，壬戌）	
Buyiruq qan に 出 撃，Kičil-baš で	・秋，Buyiruq が Merkid 等の諸部と
討ち殺した。その帰途，Naiman	会し A'uču ba'atur 等と共に Temüjin
の Kökse'ü sabraq と対戦したさい，	と Ong qan を攻撃，Köyiten で戦い
Ong qan は Ĵamuqa の讒言に従い，	ĵada の術を使うも失敗し大敗。
夜間陣を撤収し，Temüjin を危地	Buyiruq に従っていた Ĵamuqa は自
に陥れるも，却って Kökse'ü に攻	分を qa (n)に推戴した諸部を討掠。
められ，助けを Temüjin に求めて	
救われる（158-163）。	
───　　　　　　　　（猪）1203（亥，癸亥）　───	
───　　　　　　　　（鼠）1204（子，甲子）　───	
───　　　　　　　　（牛）1205（丑，乙丑）　───	
───　　　　（虎）(1206)（丙寅）・再び軍を出し，Buyiruq qan が西	
方 Oruɣ tag の付近で捕らえる。	

　クイテンの戦いのさいにジャダの術を行ったという，強い敵対心をテムジン
に示したとあって，そのわけがわからないのであるが，『集史』1199 年のこ
ととして記されているこれらの出来事があったとすれば，よく理解できるの
である。

6) メルキド族との関係

　『秘史』においては，メルキドのトグトア＝ベキの子を討伐するためのス
ベエテイの遠征の結果に関する記述の部分（236 節）とジェベのグチュルグ
討伐についての記述の部分が，1206 年のチンギス＝カンの即位の後のこと
として持ち越されている点を除けば，1204-1205 年に，メルキド討伐のすべ
てがまとめられている（197-199 節）。それに対して 3 書では，スベエテイ
の遠征は，1217 年（『集史』は 1216 年。『元史』太祖本紀には干支の記載な
し），ジェベの遠征は 1218 年（『元史』太祖本紀には干支の記載なし）であ
り，その他の出来事も，『秘史』とは見事な対照をなしていることがわかる

『元朝秘史』の歴史性　19

年表7　メルキド（Merkid）族のトクトア（Toqto'a）とタヤン＝カン（Tayan qan）の子グチュルグ（Güčülüg）との関係

『秘史』	『親征録』・『元史』太祖本紀・『集史』
(鼠)1204(子, 甲子)	
・秋, Merkid の Toqto'a beki を討つ。Toqto'a 逃亡 (197)。	
	・冬, Merkid を再討伐。Toktai (= Toqto'a) beki 逃亡。
・春, Erdiš 流域で Güčülüg と Toqto'a を討伐。Güčülüg は西遼に奔り, Toqto'a は死にその子等は西奔。　(牛)1205(丑, 乙丑)	
・Merkid の他の残党を討伐（以上 198）。	
・Sübe'etei に Toqto'a の子等を追わせる (199)。	
——— (虎)1206(寅, 丙寅) ———	
・J̌ebe に Güčülüg を追討させる (202)。	
・Sübe'etei が Toqto'a の子を Čui 川で討滅 (236)。	・Naiman を再征討。Güčülüg, Toqto'a は Irdiš に奔る。
・J̌ebe, Güčülüg を Sariq 崖で討滅 (237)。	
(兎)1207(卯, 丁卯)	
——— 1208(辰, 戊辰) ———	
———	・冬, Toktai と Güčülüg を再征討。Toqto'a は死に Güčülüg は西遼に奔る。
1209(巳, 己巳)	・Toqto'a の子と Uiɣur で戦う。
———	———
——— 1217(丑, 丁丑)	・Sübe'etei が Merkid を討滅。
——— 1218(寅, 戊寅)	・J̌ebe が Güčülüg を討滅。

20　第1部　モンゴル帝国・元朝時代の史料の考察

年表8　ウイグル（Uiɣur）との関係

『秘史』	『親征録』・『元史』太祖本紀・『集史』
——— (虎)1206(寅, 丙寅) ———	
・Uiɣur の Idu'ud，使者を遣わす。 公主を与え第5子となす（238）。	
(兎)1207(卯, 丁卯) ———	
1209(巳, 己巳)	・Idu'ud（Idi-kut），来属の志を述べる。
	・Idi-kut は，Merkid と戦い Činggis qahan に報告し，かつ貢献をする。
1210(午, 庚午) ———	
(羊)1211(未, 辛未)	・Idi-kut 来朝。第5子として処遇される。

（Рашид-ад-дин I -2, pp. 148-149, 150-151, 151-152, 153, 177-178, 179-183）。

7）ウイグル族との関係

　チンギス＝カンとウイグルの関係は，『秘史』では1206年に1回で決着したとされている（238節）。だが3書をみると，チンギス＝カンのメルキド，林の民そしてこのウイグルとの関係は，互いに入り組んだできごととして述べられており，その状態のなかからこのウイグルとの関係の記述を抜き出すと，2年の間に3回生じたできごとであったことがわかる（Рашид-ад-дин I -2, pp. 152-153, 153）。ところが『秘史』においては，これら三者との関係をそれぞれ別々に抜き出し，メルキド，ウイグル，林の民の順序で並べ，相互に年代的に何等重なるところのないできごとであったかのように記している。

8）林の民との関係

　3書では，1218年まで何度もチンギス＝カンとの関係が生じている[30]。け

『元朝秘史』の歴史性　21

年表9　林の民（Hoi-yin irgen）との関係

『秘史』		『親征録』・『元史』太祖本紀・『集史』
・J̌oči が Oyirad, Kirgis 等の 　林の民を降す（239）。 ・Boro'ul, Dörbei の Tumad 討伐。前 　者は戦死（240）。 ・他の関連記事（241）	（兎）1207（卯, 丁卯）	・Altan 等を Kirgis に派遣。Kirgis 　貢献す。
	1208（辰, 戊辰）	・冬，Oyirad が戦わずに降る。
	1217（丑, 丁丑）	・すでに服属していた Tumad が再 　叛。Boroqul, Dorbei に討伐させ 　る。Boroqul 戦死。
	1218（トラ, 戊寅）	・J̌oči，叛去した Kirgis 等の林の民 　を降す。

れども『秘史』においては，1207年に両方のすべての関係が集中的に生じ，
完結している（239-241節）。ジョチの林の民征討については，3書では，林
の民との関係の最後に位置しているが，『秘史』では，まったく逆である。

　林の民とは，シベリアのタイガおよびその南縁の森林が優勢な地域に住む
人びと，そしてその人びとから成る諸集団を指しており，Kirgis, Oyirad,
Tumad はその例である。これらについても，3書では，1207年，1208年，
1217年そして1218年に関係が生じているが，『秘史』は1207年だけのこと
としてまとめている。

9）金国との関係

　『秘史』は金朝との関係を，1211年，1214年，1231年の3年の間に生じ
たかのようにまとめて述べているが，3書は，1219年から1225年まで7年
にわたって行われたホラズムシャー朝征討の期間以外は，ほぼ毎年行われた
と記している。『秘史』流の述べ方は，年代記述を重視するものではなく，
何年かのことを一つの年に絡ませて述べるというものである。

22　第1部　モンゴル帝国・元朝時代の史料の考察

年表 10　金国征討

『秘史』続集		『親征録』・『元史』太祖本紀・『集史』
・金に遠征，居庸関を越え，中都を包囲。金と和睦し帰還 (247-248)。	(羊)1211(未,辛未)	・秋 (JT：春，元史2月)，南征し西京，東京等を取り，野狐嶺を抜く。
	1212(申,壬申)	・宣徳府を破り，徳興府をめぐり攻防。
	1213(酉,癸酉)	・秋，再度徳興府を破り，懐来に勝ち，北口に至り，そこを兵に守らせて，別衆を将いて西行，紫荊口より出ず。兵に守らせて西行。
・金の違約を責めて再征討。金帝南京に逃れ，Činggis qan に帰順 (251-253)。	(犬)1214(戌,甲戌)	・中都の北に駐営。金と和睦。
	1215(乙亥)	・通州，北京（臨潢府），中都，廣寧府等の城邑を取る。
	1216(子,丙子)	・張鯨，錦州等を以て降るも叛し，討平される。
	1218(寅,戊寅)	・Muqali を国王にし，Önggüd 部等の騎兵多数を動員し，金国を伐つ。
———	1219(卯,己卯)	
・Činggis qan 死去 (268)	(猪)1227(亥,丁亥)	・Činggis qan 死去。
・Ögödei qan 即位 (269)*	(鼠)1228(子,戊子)	・金主，遣使来朝。
———	1229(丑,己丑)	・Ögödei qan 即位（3書とも1229年とする）
・Ögödei 金を攻撃・討滅。カラコルムに帰還 (272-273)。	1230(庚寅)	・春，軍将を派遣し京兆を攻守。秋，黄河を渡り鳳翔を攻める。
	(兎)1231(辛卯)	・春，鳳翔，洛陽等を攻めて還る。
	1234(午,甲午)	・金国全域を征服。金国滅亡。

＊『元史』太宗本紀は1229年に即位したと記す。

『元朝秘史』の歴史性　23

年表 11　サルタウル（Sarta'ul）との関係

『秘史』	『親征録』・『元史』太祖本紀・『集史』
	（兎）1219（卯, 己卯）　――――
	1220（辰, 庚辰）　――――
	1221（巳, 辛巳）　――――
（257-264）	1222（午, 壬午）　――――
	1223（未, 癸未）　――――
	1224（申, 甲申）　――――
	（雞）1225（酉, 乙酉）　――――

＊「――――」は，サルタウル（ホラズムシャー朝）征討関係の記述があることを意味する。

10）西域との関係

　チンギス＝カンのホラズム征討について 3 書では，1219 年（『親征録』は誤って 1220 年出発と記している）に出発して 1225 年に帰国，軍を出してから 7 年とある。そして帰国までの年ごとの征討の内容について述べている。一方『秘史』は，出発と出発年，帰国と帰国年については述べていて，それは 3 書と同じであるけれども，その間の年々のことがらについては，何年であるかを知る手がかりになる十二支がまったく記されていないため不明である（年表 11 参照）。

11）西夏との関係

　西夏征討のことは，3 書においてはモンゴル帝国建国前の 1205 年にはじまり，1207 年，1208 年と続き，1210 年の攻撃の結果やっと西夏王の失都児忽（Burqan）が降ったとあり，その後ホラズムシャー朝遠征が行われた期間（1211-1225）は攻撃が中断されたけれども，帰還直後の 1225 年の秋にまた西夏征討を行い，1226 年には 1 年を通して攻撃を行い，1227 年チンギス＝カン逝去の年に討滅したとある。すなわち繰り返し 7 年 7 回もの征討が行われたとある。それに対して『秘史』には，1211 年にチンギス＝カンが金に遠征したさいに，西夏にはじめて赴き王の Burqan の帰順を得，その後 1219

24　第1部　モンゴル帝国・元朝時代の史料の考察

年表12　西夏（Tangyud）との関係

『秘史』		『親征録』・『元史』太祖本紀・『集史』
	（牛）1205（丑, 乙丑）	・西夏を征討し, 多くの人畜（駱駝）を得て還る。
	（兎）1207（卯, 丁卯）	・秋, 再び西夏を征討, 冬, 斡羅孩城に克つ。
	1208（辰, 戊辰）	・春, 西夏から兵を引き返し, 避暑。
	1210（午, 庚午）	・秋, 再び西夏を征討。その主の失都児忽（Burqan）降る。
・金に遠征中, 西夏に赴く。西夏王 Burqan, 帰順（249-250）。	（羊）1211（未, 辛未）	〔秋, 金に遠征〕
・ホラズム遠征に先立ち, Burqan に出馬を求め, 拒否されたが, そのままホラズムに出発（256-263）。	（兎）1219（卯, 己卯）	〔ホラズム遠征〕
	（雞）1225（酉, 乙酉）	・夏, 避暑。秋, また兵を統べて, 西夏を征つ。
・秋, 西夏征討。冬, 落馬・負傷したが, 攻撃を続け, ［翌］夏を過ごし, 西夏を討滅（265-268）。	（犬）1226（戌, 丙戌）	・春, 西夏に至り1年の間に尽くその城に克つ。
・西夏から帰還した後, Činggis qan 逝去（268）。	（猪）1227（亥, 丁亥）	・西夏を滅ぼして帰還する。・Činggis qan 逝去。

年のホラズム遠征のさいにチンギス＝カンが Burqan に軍を出すよう求めたのを断り, そのためと言いたいのであろうが, ホラズム遠征終了直後の1226 年にチンギス＝カンは西夏を攻撃し, 翌 1227 年に討滅したとある。1211 年, 1219 年, 1226 年そして 1227 年の 3 乃至 4 回ほどの関係に整理されているのである。

　以上のテムジン・チンギス＝カンと諸集団の関係を示しかつ検討した 1)

～11）の記述を通じて，冒頭に指摘した『秘史』と3書の年代記的側面の各特徴の存在が，確認されたと思われる。ただし，『秘史』と3書の比較・対照の範囲，従って前述の特徴の適用範囲は，この両系統の記録の側からの条件によって，下記のように限定されなければならない。

まず，『秘史』正集（第1巻‐第10巻または1節‐246節）に対し，続集といわれる部分（第11巻‐第12巻または247節‐281節。なお最終282節はコロフォン）は，除外したい。

正集は雞の年の1201年から兎の年の1207年までの十二支を記し，その間の諸事象の年次は，『秘史』なりに知ることができる。ところが，続集では十二支の記されることがまれで，『秘史』自体によって各事象の年次を明確に知ることは不可能である。続集には，金国征伐，西域遠征，西夏討滅などの重要な内容が含まれている。このうち西夏との関係は，最初は，1211年から1214年までの間に生じたであろうと，あいまいに辛うじて推測できるに過ぎない（249節）。つぎも，1218年から翌年までのあいだのことであろうと推測できるに過ぎない（256節）。3回目の関係は，1226年から翌年にわたることはわかるが，どの箇所から1227年に入るか，はっきり知ることができない（265節‐268節）。金国征伐と西域遠征は，年表10），11）に示したように，その初めと終わりの年次もしくは初めの年次しかわからない。これから判断して，続集は正集に対して，その記述形式に画然とした差異がある。両者は，製作した人・時間・方針などに差異があったに違いない。そのために続集を正集と同列に論じることは避けるのがよいと思われる。

つぎに，正集のうちでも，最初のほう，すなわち13翼の戦い以前の部分（1‐129節）は除きたい。この部分は，伝説と系図の占める割合が大きい。年代記的側面に焦点を合わせて比較・考究している本稿とはかかわりがない。伝説や系図以外の要素も少なからず含まれている。だが，これら『秘史』の最初のほうにのべられている内容は，3書ではまったく存在しないか簡略かである。したがって比較することは，多くの場合不能である。

26　第1部　モンゴル帝国・元朝時代の史料の考察

　つまり，両系統の内容の比較されるべき部分は，『秘史』の130節から246節までの間の年代記的叙述である。これは，『秘史』12巻本の第4巻の最初のほうから第10巻の終わりまでの約7巻に相当する。さきに比較対照したのは，まさにこの限定された範囲に含まれる年代記的叙述であったのである。

　要するに，つぎのように結論することができる。上に限定した範囲における両系統の文を比較すると，3書すなわち『親征録』，『集史』，『元史』太祖本紀では，チンギス＝カンあるいはモンゴル帝国と個々の集団（氏族，部族，国）との関係は，他の関係と入りまじりつつ断続的に何年もかかって決着がついているが，『秘史』においては，それらの関係は，おおむね一貫して短年月のあいだに集中・連続して生じ，かつ決着のついた，それ自体まとまりある歴史として記されている。そしてそれらのまとまりのある個々の関係が年代順に配列されて構成されているのである。両系統の記録の年代記的記述は，このような対照的な特徴をもって，一貫して相異しているのである。その相異は，徹底していると言わなければならない。

3

　『秘史』と3書の年代記的側面のこの徹底した相異を，どのように解釈したらよいであろうか。

　『秘史』と3書の拠った史料の成立年代について，従来の諸説を勘案すると，前者は，その全部あるいは大半は1228年以後1264年までのネズミの年に編纂され[31]後者は，それらが拠った史料の成立年代は『親征録』の成立年代にもっとも近いので，『親征録』によって考えると，至元3（1226）年以後，同22（1285）年の間に成立したとみられる[32]。従って，前者と後者の記述年次の最大距離は，50数年となる。この時間的距離は，決して短くない。だが，この距離より近い可能性があるし，何にしても，ことは Yeke Mongγol ulus と称された大きな帝国の建設者チンギス＝カンの事績なのであ

る。それがこれだけの間に，これほど徹底的に相異するとは，ふつう考えられないことである。

　結局，『秘史』の年代記としての価値が，直観的に疑わしく思われるのである。あまりにもまとまりすぎているからである。その点，3書は，記述が散漫で，いかにも年代記的である。そして実際，限られた数の史実の検証が可能なことがらについてみると，3書の記述のほうが，年代記として，より史実に近いことを，実証的な形でわれわれに教えているように思われる。以下に，この考えを裏づける例をいくつか示したい。

1）ケレイドの場合

　第2節の「　4）ケレイド族との関係」において示したチンギス＝カンとオン＝カンの関係を，より詳しく記すとつぎのとおりである。

A　《1201年（酉の年）》

　①クイテンの戦いでタイチウドを討滅したのち，チンギス＝カンはクバカヤ（Qubaqaya）で越冬。Naya'a ら来降（148節 -149節）。

　②そののち，Teresüd にいたチンギス＝カンに，ケレイドのジャカ＝ガンブ（Ĵaqa γambu）が来降。このときメルキドが来襲。2人でこれを撃退。そのときケレイドの分族2つが来降（150節）。

　③以前，チンギス＝カンの父イェスゲイ＝バアトル（Yisügei ba'atur）がオン＝カンを救援し，ふたりがアンダ（anda，盟友）となったこと（150節）。

　④その後，オン＝カンの弟エルケ＝カラ（Erke qara）は，オン＝カンに殺されるのを逃れ，ナイマンのイナンチャ＝カン（Inanča qan）に投じた。彼はエルケ＝カラを助け，軍隊を派遣。オン＝カンは逃亡し西遼（カラキタイ）方面で放浪し，困窮して帰還。ケルレン川の源付近にいたチンギス＝カンに救われた。「そしてその冬が次第に経ち，チンギス＝カンはクバ＝カヤ（Quba qaya）に冬営した」（151節）。

　⑤そこに，オン＝カンの弟らは彼の性行を非難し，対策を協議。オン＝カ

ンは彼らを捕らえて処罰（152節）。

《1202年（犬の年）》

⑥秋，チンギス＝カンはタタルを討滅（153-156節）

⑦このときオン＝カンはメルキドに出兵。トクトア＝ベキ（Toqto'a beki）をバルクジン＝トクム（Barqujin töküm）方面に逐い，彼の子とその民を掠奪（157節）。

⑧チンギス＝カンとオン＝カンは，ナイマンのブイルグ＝カンやコグセウ（Kögse'ü）と戦闘。後者はオン＝カンとその子セングム（Senggüm）の民や財物を掠奪。オン＝カンの要請に応じ，チンギス＝カンは配下の4傑（külü'üd）を派遣。セングムおよび財物を救って与えた（158節-163節）。

⑨オン＝カンは，昔チンギス＝カンの父に救われ，今，その子チンギス＝カンに救われたので感謝し，彼を子として父子と称した（164節）。

ところが，以上のAの内容とはなはだしく異なることが，ケレイドとの決戦のときにチンギス＝カンが使者を遣わしてオン＝カンの背信を責めた，次の言葉(B)のなかで述べられている。すなわち，

B 《1203年（亥の年）》

①ケレイドに内紛が起こり（このときエルケ＝カラがナイマンに逃げ入る），オン＝カンは逃亡，チンギス＝カンの父イェスゲイ＝バアトルに助けられて勢力を回復。ふたりはアンダ（anda）となる。

②オン＝カンの西遼方面への放浪と帰還。テムジン（チンギス＝カン）に救われる。オン＝カンは昔イェスゲイ＝バアトルに救われ，今，またその子テムジンに救われたので感謝し，テムジンを子として扱い「父子」を称することにした。冬，オン＝カンはテムジンに養われた。

③「冬，冬営して，夏を過ごして，その秋，メルキドの民のトクトア＝ベキのところに出馬して，カデグリグ＝ニルウン（Qadeɣlig Nilu'un）のムルチェ＝セウル（Nürüče se'ül）において戦い合って，トクトア＝ベキをバルグジン＝トグム方面に逐い，メルキドの民を捕らえ，彼らの多数の馬群・宮

室，彼らの田禾すべてを取って，父カンに与えたのだ。私は」

④「チンギス＝カンとオン＝カンはナイマンのブイルグ＝カンやコクセウ＝サブラクを攻撃。後者はオン＝カンとその子を襲って掠奪。オン＝カンの要請に応じ，チンギス＝カンは4将を派遣，救助した（以上177節）。

AとBを簡単に比較すると，まずA③とB①の内容が若干異なる。つぎにA⑨の位置はBでは②である。さらにB③はAにはない。最後にA⑤，⑦はBには見えない。最後の二つがBに見えないのは，その記述目的が，チンギス＝カンとその父に対するオン＝カンの関係を想起することにあり，それらがこの主旨に無関係なケレイド内部のできごとだからである。このことを含みおいて，Bを3書の対応する記事と比較すると，Bの①に若干相異があるほかは，ことの次第が3書とよく一致していることがわかる。

ところで，Aは『秘史』に従うかぎり，1201，1202年のできごとである。一方，3書ではずいぶん前のことである。Bの年次は，それが『秘史』の文である以上は，Aと同じでなくてはならないであろう。だが，実際にはそのようには解せないのである。Aに従うと，B②は1201年，B③はその冒頭に「冬，冬営して，夏を過ごして，その秋……」とあるから，翌1202年の秋である。ところがこのとき「チンギス＝カンのタタル討滅」が行われているから（A⑥），B③の入る余地はない。かりにA⑧に対応するB④は，B③が1202年でない以上，当然1202年ではあるまい。このA⑧，B④では，ナイマン族の勇将コクセウ＝サブラクが活躍している。ところがわずか2年後の1204年に，ナイマンのコリ＝スベチ（Qori sübeči）は，「あゝ，残念，コクセウ＝サブラクは年老いてしまった」（144節）と，ナイマンの軍を彼が統率できないことをくやしがっている。わずか2年でこれほど衰えるとは信じ難いから，これも，B③，④が1202年以前のできごとであることを暗示する。チンギス＝カンとオン＝カンの不和・決戦は1202年-1203年に起こり，オン＝カンが死にケレイド族が滅びるのであるから，Bの③，④は1202年-1203年を下れない。1201年にオン＝カンはクイテンの戦いで活躍

しているので，この年に落魄したオン＝カンの姿を示すＢ③が位置するはずはない。すなわちＢ③，④は，1200年以前のことでなければならない。同時にＢの①，②は1199年以前のことでなければならない。

　Ａの文の年時も，同様にさかのぼらなければならない。まず，Ａの②〜⑤がすべてひと冬に生じ完結したとするのは，時間の点で無理である。たとえば④について考えても，「そこ（西遼，カラキタイの）グル＝カンのときオン＝カンは１年を終えることなく[33]背き動いて，ウイグド，タングドの地に沿って行くとき……」（152節，177節）とあるから，１年に満たないとしても数ヶ月以上西遼に滞在したに違いなく，また行くときともどるときにも，それと同等以上の日数を要しに違いないから，これだけで１年以上かかったとみなければならない[34]。

　つぎに，このときチンギス＝カンは，①，④によってクバカヤにいたことがわかるのであるが，②ではテレストにいたといい，④ではケルレン川の源にいたとも記されている。いったん冬営に入ってから２度場所を変え，またもとに戻るとは考え難いことである。ここにも矛盾があるように思われる。すなわち②〜④は，ひと冬のできごととは考え難く，また駐営地の点でも，このように問題があるとすれば，結局，この一連の記述は，ほんらい他のところ，正確には1201年の前のどこかに位置すべきであるのを，クバカヤで冬営する話のところに挿入したのだと考えるよりほかあるまい。一方，Ａ⑧については，Ｂ④において指摘したことが妥当するから，やはり1202年以前のこととしなければならない。ここからＡ⑦も必然的に1202年か1202年以前のこととなる。結局，Ａ⑦，⑧は，Ｂ③について述べたのと同じ理由によって，1200年以前のことになり，それにともなってその前年のこととされているＡ②〜④は，1199年以前のこととなるであろう。

　Ｂ①，Ａ⑤，⑨については，結論を出すことを控える。Ａ⑦は，Ｂにとって不必要なために省かれたにすぎず，３書の記述から判断してもＢ③のつぎに位置するとみて大過あるまい。いずれにせよ，ケレイドに関する『秘史』

の記述は，とくに年代面で大幅な修正を必要とし，その結果，3書の内容に接近するのである。もっとも，この関係の年時については，3書に従う人が多い。だが，その理由は，具体的に説かれていないようなので，『秘史』に書かれていることがらの比較を通じて詳述してみたのである[35]。

2） ソルカン＝シラの来降の場合

　上のケレイド関係のA⑧，B④において，オン＝カンを救助した4将のひとりとして，ソルカン＝シラ（Sorqan sira）の子チラウン（Čila'un）がいた。『秘史』では，彼らのチンギス＝カンへの来降は，1201年のタイチウドとの決戦のときである。だが，A⑧等の内容は，先に論証したとおり，1200年以前としなければならず，従って彼らの来降は，3書のようにジュルキン討伐前とするのがよいと思われる。タイチウドとの決戦を，3書のとおり1200年とみても説明可能だが，前者の可能性が大きいと思われる[36]。同時に降ったジェベ（Jebe）やナヤア（Naya'a）に関しても，この結論は適用できる。

3） スベエテイ＝バアトルの遠征の場合

　スベエテイ＝バアトル（Sübe'etei ba'atur）の遠征の年については，年表(6)や前の節で述べたが，『元史』速不台（スブタイ）伝に，

　滅里吉部強盛，不附。丙子（1216年）帝会諸將於禿兀剌河之黑林，問誰能為我征滅里吉者。速不台請行。帝壯而許之。……己卯大軍至蟾河，與滅里吉遇，一戰而獲其二將，盡降其衆。其部主霍都奔欽察。速不台追之，與欽察戰于玉蕪，敗之（巻121）

とあるから，1216-1219年頃とみられ，『親征録』，『集史』の年時とだいたい合う。『秘史』に従い難いことは，すでに定説と言ってよい[37]。

32　第1部　モンゴル帝国・元朝時代の史料の考察

4) ジェベの遠征の場合

　この遠征についての各書の記す年時については，年表7や前節で述べたが，これは，那珂が銭大昕の考証内容を引いて述べているように，グチュルグ（Güčülüg）が西遼のカンの位を簒奪したのは1211年だから[38]，1206年に彼が殺されたはずがなく，また，ジュワイニーは，グチュルグ征討のノヤン（ジェベ等）派遣をチンギス＝カンの西域遠征出発のときと述べ[39]，ドーソンの伝える話に，モンゴル帝国の対ホラズムシャー朝使節がオトラルの知事に殺されたころ，グチュルグはすでに殺されていたとあるから[40]，1218年ころとみてよい。これも定説と言ってよい。

　以上の検討によって，3書の記述が，一般的に史実に近いことが論証されたと思う。3書が完全というつもりは毛頭ない。だが，たとえば『秘史』の記述に史実性を認めることができるといわれる部分[41]を含む林の民関係の内容についてさえ，他の部分では『秘史』に年代上の誤りがあることが指摘されている[42]と言う具合に，何らかの形で年代記的側面を検証しうる記述は，たいていの場合，3書のほうがより史実に近いという結論に導かれるのである。『秘史』のまとまりのある記述のしかたは，やはり年代記として正確さを保つことは無理なのである。

　ところで『秘史』は第2節で調べたように，一貫してこの特徴ある記述法をとっている。それならば，『秘史』は全般的に年代記として信頼性が欠けると言えるであろう。しかも，重要なことだが，その年代上の全般的なゆがみと表裏の関係をなして，史実の意味内容上のゆがみが，ときには原形と思われるものをとどめぬほどになって，随所に存在している。クイテンの戦い，ウイグルとの関係，林の民との関係などは，その典型である。これはすでに第2節で述べたところを，『秘史』の年代記的価値についての結論を得た現在の観点から振り返ってみるとき，そう理解に難しいことではないと思う。『秘史』は，チンギス＝カンあるいはモンゴル帝国と個々の集団との関係を，それぞれ一応年代順に配列し――この点に『秘史』が年代記的歴史書である

と思われる理由があったのである——，そしてそれらの個々の集団との具体的な諸関係については，その一部は，たいてい３書のより正確であると思われる記録における対応する関係集団の記述の年時にほとんど付着させられているのである。このため，個々の集団との関係は１箇所において総合的，完結的に記され，その結果，非常に整理されたまとまりのあるものとなっているのである。従ってまた，このまとまりのある個々の歴史の，外面的に年代記的な集積としての『秘史』も，まとまりあるものとなっているのである。

4

『秘史』は，年代記的体裁を有している。だがそれは，忠実な歴史記述を意図したものではなかったのではないか。少なくとも，今までの分析・検討の結果，このような結論を出さざるを得ない。当時のモンゴル人は，年代記というものの観念をもたなかったかもしれず，従って彼らがまとめた歴史は，『秘史』のようなものにならざるをえなかったのではないかという指摘がある[43]。これは興味を抱かせる指摘であり，一つの問題である。そこで，われわれの目からみるとき，『秘史』は年代記的叙述を意図したものと思われないと，限定する言葉を付しておく。

それでは，『秘史』の年代上および意味内容上のゆがみや誤りは，なぜ生じたのであろうか。これには，『秘史』が英雄叙事詩的性格をもつということが関係するかもしれない。その可能性はあるけれども，叙事詩としての『秘史』の研究がまだ不十分である。『秘史』は，当時の何らかの伝承者が，個々の集団との諸関係を，記憶し伝えやすいようにまとまりある方法で語り伝えていたのを，ある編者が寄せ集めて年代順に配列し，筋を通し，若干のモチーフを組み込んで作りあげたものである，従って『秘史』のゆがみは，その成立過程に内在していたのである，と言えるかもしれない。その他の可能性も考えられるけれども，確定的なことは言えないので，これらの問題の解決は将来の課題として留保したい。実は，この問題の解決こそ，私の課題

34 第1部 モンゴル帝国・元朝時代の史料の考察

の残り半分を占めるものであり，私が本論文によって出した結論を内側から
理由づけるものなのである。

　私は，『秘史』の歴史記述にゆがみや誤りがあり，年代記的側面において
それはもっとも著しいこと，それゆえ，『秘史』はわれわれからみて，年代
記的記述を意図したものとは思われないこと，結局，そのために『秘史』は
史書としての価値を限定して評価せざるをえない内容となっていること，
いっぽう『親征録』，『集史』，『元史』太祖本紀などは，より正しく史実を伝
えていると思われること，この3書は今まで以上に，史書として重視される
べき価値があること，以上を結論として記しておきたい。

　ただ最後に，以下のことを確認しておきたい。私は，『秘史』の史書とり
わけ年代記としての価値を，軽くみているのではない。『秘史』には，当時
の歴史を知ることができる，他の記録にない貴重な内容の記述がずいぶん含
まれているからである。

　それにまた，当時の社会を理解するための価値ある資料を多く含んでいる。
それは，当時の社会の雰囲気，熱気まで，なまなましく伝えているように思
われるのである。

追記　本稿は「元朝秘史の歴史性─その年代記的側面の検討」（早稲田大学史学会『史観』
　　　78 冊，1968 年 11 月刊）に掲載された同名の論文を手直ししたものである。

注

1)　『親征録』は王国維編著，1968，「聖武親征録校注」（『王観堂先生全集』所収）を
　利用。『集史』は Рашид-ад-дин, *Сборник летописей*, том 1, кн. 1, пер. Хетагурова, Л.
　А., 1952, ред, и прим. А. А. Семенова, М.-Л., およびРашид-ад-дин, *Сборник*
　летописей, том 1, кн. 2, перевод с персидского О. И. Смирновой, примечания Б. И.
　Панкратова и О. И. Смирновой, редакция проф. А. А. Семенова, М.-Л., 1952. を利用。
　必要に応じてイスタンブール写本（Topkapı Sarayı Müzesi Kütüphanesi, MS. Revan
　köşkü 1518）等のペルシャ文史料も利用する。

2)　オゴデイ＝カン（Ögödei qan）伝の史料としての研究は不十分な状態なので除くと

いう消極的意味も含まれている。

3）『チンギス＝カンの祖先の物語』についてだけ調べても，Рашид-ад-дин 1-2, p. 8, p. 9, p. 11, p. 12, p. 14, p. 15,……と，それらの利用例は非常に多い。

4）小林高四郎，1954，『元朝秘史の研究』（日本学術振興会）の139頁の5の，ジェベの出自などがその例。『親征録』は，彼の所属のみを記しているのに対して，『集史』はそのほか彼の出自についても記している（Рашид-ад-дин 1-2, p. 90）。これは当然，『集史』「部族編」の編纂に使った史料に基づいて（Рашид-ад-дин 1-1, p. 194），ラシード＝ウッディーンが補ったためだと解すべきではないかと思われる。

5）洪鈞『元史訳文証補』巻1下の注。那珂通世，1907，『成吉思汗実録』，大日本図書株式会社（東京），476頁。

6）洪鈞『元史訳文證補』巻1上，注。小林『元朝秘史の研究』149-150頁。

7）Рашид-ад-дин 1-2, p. 132.

8）小林氏は，ケレイド族との決戦のとき，チンギス＝カンがオンギラド族に対して述べた言葉「汝若来順，則女子面容外甥資質倶在。不然，則加兵於汝矣」（『親征録』）と「これより先，我等は互いに義兄弟であり姻戚者であった。そして汝等は……伯父の資格を有していた。もし我等と親善関係に入るなら，我等も〔汝等の〕同盟者及び朋友となるだろう。だが敵対するなら，我等も敵対するだろう」（Рашид-ад-дин 1-2, p. 126）とが対応せず，両書の相異の決定的な証拠だというが（前掲書141-142頁，150頁），当たらない。疑いもなく，両者は共通の史料に基づいている。後者は，それをわかりやすく散文的に表現しただけである。

9）ペリオは，これを「Altan däbtär?」と述べている（Peliot, P. et Hambis, 1951, L., *Histoire des Campagnes des Gengis khan*, Tom 1, Leiden, Introduction, p. XV）。

10）Hung, W., 1951, "The Transmission of the Book known as the Secret History of the Mongols", *HJAS*, vol. XIV, p. 478.

11）市村瓚次郎「元朝の実録及び経世大典に就きて」（箭内亘，1930，『蒙古史研究』，刀江書院，外篇所収），10頁，23頁。

12）洪鈞，前掲書，巻1下，注。

13）Hung, W., pp. 480-481.

14）Hung, W., p. 473, p. 478, pp. 480-481.

15）『親征録』の「怯緑連河」，人名の「盃祿」，「庁拝」はそれぞれ「由緑隣河」，「卜欲魯」（原文「卜魯欲」は誤り），「沈白」である。

16）この点に関する内外の研究者の説を紹介しているものには，完全ではないが，山口修，1953，「元朝秘史論序説」（岩波書店『歴史学研究』166，1953）がある。

36　第1部　モンゴル帝国・元朝時代の史料の考察

17）Бартолъд, В. В., 1896, *Образование империи Чингиз-хана*, Зап. ВОРАО, т. х., （播磨
猶吉訳「成吉思汗帝国の建設」，善隣協会『蒙古』，1940 年 6 月号（通巻 97 号），
53-69 頁。

18）Владимирцов, Б. Я., 1934, *Общественный строй монголов*, Ленинград, p. 8.

19）ドーソン『蒙古史』。注 40 参照。

20）Howorth, H. H., 1876, *History of the Mongols*, I, London, Saγang Sečen の記事なども
採用しているが，紀年は，ほとんどみな Rashīd al-dīn に従っている。

21）Владимирцов, Б. Я., 1922, *Чингис-хан*, Берлин. Fox Ralph, 1936, *Genghiz Khan*,
London. Grousset, Rene, 1944, Le Conquérant du Monde : *Vie de Gengis-Khan*, Paris（橘
西路訳，1967，『ジンギス汗』，角川書店）。ただし彼のより前の著書である *L'Empire
des steppes*, Paris, 1939（後藤十三雄訳，1944，『アジア遊牧民族史』，山一書房）は，
傾向を異にしている。田村実造，1967，『大モンゴル帝国』（人物往来社『東洋の歴
史』第 7 巻）と村上正二，1968，『蒼き狼の国』（文藝春秋『大世界史』8）は一般
向けのものなので，本論文での引用に異論があるかもしれない。しかし，当面問題
の記録の系統を知り得るほど詳しく叙述された信頼に足る専門書は，わが国に存在
しないのである。故に，あえてこれらを引用した。

22）洪鈞，前掲書。屠寄『蒙兀兒史記』。柯劭忞『新元史』。ただし屠寄は『秘史』を
相当採用し，他の面でも色合いが異なる。

23）馮承鈞，1943，『成吉思汗傳』，商務印書館。

24）小林高四郎，1960，『ジンギスカン』岩波新書。

25）*БНМАУ-ын түүх* 1, БНМАУ-ын ШУА-ийн түүхийн хүрээлэн, 1966. Улаанбаатар.
『秘史』と『集史』の折衷。「köyiten の戦い」はその好例（pp. 208-209）。

26）ただし洪鈞は，ずっと前の金国の Tatar 討伐の正しい年次を漢史によって知るこ
とができると言う（前掲書 1，上，注）。

27）村上はこのできごとをペリオ説に基づき 1196 年とみている（村上正二，1970，
『モンゴル秘史』1，平凡社，291-292 頁）。

28）『親征録』，『元史』の各第 1 巻。Рашид-ад-дин 1-2, p. 93.『親征録』と『元史』の
記事はみな巻 1 なので，以後巻数をいちいち記さない。

29）村上，1970 の 319-320 頁の注 7，注 8 参照。

30）Рашид-ад-дин 1-2, pp. 151-152, p. 178, p. 256.

31）『秘史』の成立年代についての諸説については，小林，1954，172-210 頁を見よ。

32）小林，1954，131-137 頁。

33）Дамдинсүрэн, Ц. 1947, *Монголын нууц товчоо*（Улаанбаатар）の p. 110 に「Тэнд нэг

жил болоод（1年して）……」とあり（152節），p. 133に「тэнд нэгэн жил бололгүй
（1年にならないで），……」とある（177節）。しかし『秘史』の原文は152節，177
節とも「nigen hon ülü da'usun」である。

34) 屠寄は，つぎのように述べている。「按王罕以丙辰秋末西奔，除卻在西遼不及一
　　年之時日，其往反道路亦必経年」（『蒙兀兒史記』巻2注）。

35) たとえば屠寄はA⑧につき，「秘史編是役於狗兒年勦捕塔塔兒之後，恐誤」（『蒙
　　兀兒史記』巻2）と述べ，柯劭忞はA④について「秘史載此事於辛酉，誤」（前掲
　　書巻之2）と述べているのみである。

36) 4将については，他の問題もある。

37) スベエテイの丑の年（1217年）の遠征を，『秘史』では1205年の丑の年として，
　　ひとまわりすなわち12年早い。これは，当時十二支によって年を数えていたため
　　に生じたずれであると那珂通世は注を付けているけれども（那珂通世『成吉思汗実
　　録』305-306頁），私は『秘史』の記述の仕方がこのずれを招いたと思うので，那珂
　　説をとらない。

38) 那珂，1907，393頁。

39) *The history of the world-conqueror*, by 'Ala-ad-Din 'Ata-Malik Juvaini, translated from
　　the text of Mirza Muhammad Qazvini by Boyle, J. A., vol. 1-2, Cambridge, Mass., 1958. p.
　　66.

40) ドーソン著・佐口透訳，1968，『モンゴル帝国史　1』（平凡社・東洋文庫），181頁。

41) 洪鈞，前掲書巻4朮赤補伝注，柯劭忞，前掲書巻之三。那珂，前掲書398頁注，
　　また『校正増注元親征録』（『那珂通世遺書』，1915所収）71頁，96頁注。

42) 洪鈞，同上。那珂『校正増注元親征録』，101頁。

43) 第5回野尻湖クリルタイでの私の発表に対する後藤冨男，青木富太郎の指摘。

2

ロブサンダンジンの『アルタン＝トブチ』に
引用されている『モンゴル秘史』について

はじめに

　ロブサンダンジン（BLo bzaṅ bsTan 'jin/Luvsandanzan）が『アルタン＝ト
ブチ（*Altan tobči*）』[1] を著すにあたって，種々の資料を利用したことは，奥
付から知ることができるが，それらの資料の名前はほとんど記されていない
（ロブサンダンジンの『アルタン＝トブチ』を，L・AT と称することにする）。
L・AT に引用された資料についてジャムツァラーノ（Žamcarano, C. Ž.）は，
そこに "*Mongγol-un ni'uča tobča'an*"（『モンゴル秘史』。以後，『秘史』また
は NT と称する）および 13 世紀にまでさかのぼる多くの古い物語やことが
らが含まれていること，そして *Činggis qayan-u čadiγ*（以下，おもに *Čadiγ*
と称する）[2] と類似点が多いことを指摘した[3]。ハイシッヒ（Heissig, W.）は，
L・AT 編纂に使われた資料について細かく検討して，それが少なくとも 8 つ
の資料から成り，古いものは 13 世紀までさかのぼるモンゴルの伝説である
とした[4]。8 つの資料とは，① *Čiqula kereglegči tegüs udqatu šastir*（略称 ČK），
② *Mongγol-un ni'uča tobča'an*（略称『秘史』，NT），③ *Činggis qan* とその側
近の箴言（略称 Bilig），④伝承複合 X，⑤伝承複合 Y，⑥『第 3 代 Dalai
Lama の伝記』（略称 L3DL），⑦『第 5 代 Dalai Lama の年代記』（略称
C5DL），⑧ AT（anon.）[5] である。そしてハイシッヒは L・AT においてそれら
が引用された箇所を一覧表に整理して記した[6]。
　これら 8 資料のうち，L・AT に最も多く引用されているのは，『秘史』と
AT（anon.）である。両書のうち，『秘史』については，L・AT に，冒頭の
Činggis qan[7] の祖とされる Börte čino-a が上天から Burqan qaldun 山に降臨

ロブサンダンジンの Altan tobči（1655）の典拠一覧表

AT（1655）	ČK	NT	Bilig	X	Y	L3DL	C5DL	AT（anon.）
I								
1:1—1:4	—	—	—	—	—	—	—	1
1:4—2:14	37r:8—38r:6	—	—	—	—	—	—	—
—	38r:6—38r:11	—	—	—	—	—	—	1
3:1—3:5	38r:13—38r:19	—	—	—	—	—	—	2
3:5	38r:12	—	—	—	—	—	—	2
3:5—4:6	38r:19—39r:5	—	—	—	—	—	—	2
4:6—5:7	—	—	—	—	—	—	—	3
5:7—6:9	39r:6—4or:4	—	—	—	—	—	—	
6:10—7:3	—	1	—	—	—	—	—	4
7:3—16:7	—	2—38	—	—	—	—	—	4, 8
16:7—24:4	—	40—58	—	—	—	—	—	
24:4—25:10	—	—	+	—	—	—	—	
25:10—25:12	—	59	—	—	—	—	—	
25:12—26:3	—	—	—	—	—	—	—	
26:4—27:1	—	—	—	—	+	—	—	
27:1—27:4	—	—	—	—	+	—	—	
27:4—27:7	—	—	—	—	—	—	—	
27:7—28:4	—	—	—	—	+	—	—	
28:4—78:8	—	60—132	—	—	—	—	—	(13—21)
78:8—80:3	—	—	—	—	+	—	—	24—25
80:4—80:9	—	132 Ende	—	—	—	—	—	
80:9—96:10	—	133—148	—	—	—	—	—	
96:11—106:7	—	—	+	—	—	—	—	
106:8—108:9	—	—	+	—	—	—	—	
108:9—137:3	—	149—176	—	—	—	—	—	
137:3—160:2	—	208—204	—	—	—	—	—	
II								
1:1—2:3	—	—	—	—	+	—	—	35—37
2:4—19:9	—	—	+	—	—	—	—	
19:9—25:6	—	235—241	—	—	+	—	—	
25:7—25:13	—	—	—	—	+	—	—	26
25:13—26:4	—	—	—	+	—	—	—	
26:5—27:11	—	242—243	—	—	—	—	—	
27:12—36:5	—	—	+	—	—	—	—	
36:6—38:6	—	244	—	—	—	—	—	
38:6—40:1	—	—	—	—	+	—	—	21—23
40:1—40:2	—	244 Ende	—	—	—	—	—	
40:3—45:8	—	245—246	—	—	—	—	—	
45:9—46:6	—	—	—	—	+	—	—	26—27
46:7—46:11	—	—	+	—	—	—	—	
46:12—53:1	—	—	—	—	+	—	—	27—34
53:1—68:4	—	200	+	—	—	—	—	
68:4—76:6	—	247—253	—	—	—	—	—	
76:6—77:9	—	—	—	—	+	—	—	
77:9—78:6	—	273（Adapt）	—	—	—	—	—	
78:7—78:10	—	254	—	—	—	—	—	
78:10—86:9	—	257—264	—	—	—	—	—	cf. 35—36
86:10—91:11	—	239	+	—	—	—	—	
91:11—92:6	—	266	—	—	—	—	—	

ロブサンダンジンの『アルタン゠トブチ』に引用されている『モンゴル秘史』について　41

AT（1655）	ČK	NT	Bilig	X	Y	L3DL	C5DL	AT（anon.）
92:7—99:8	—	—	—	—	+	—	—	34—43
99:8—99:10	—	268	—	—	—	—	—	
99:10—105:3	—	—	—	—	+	—	—	43—49
105:3—108:12	—	—	—	+	—	—	—	
108:13—109:5	—	—	—	—	+	—	—	
109:6—110:6	—	—	—	+	—	—	—	
110:6—111:8	—	—	—	+	—	—	—	
111:9—111:10	—	—	—	—	—	—	—	
111:10—112:7	—	—	—	—	+	—	—	49
112:10—112:13	—	—	—	—	—	—	+	
112:13—112:15	—	—	—	—	—	—	—	49
113:1—113:4	—	—	—	—	—	—	—	49
113:4—113:6	40r:12—14	—	—	—	—	—	—	
113:6—113:7	—	—	—	—	+	—	—	
113:7—113:11	—	—	—	—	—	—	—	50
113:11—114:5	40r:17—40v	—	—	—	—	—	—	
114:12—115:14	—	—	—	—	—	—	56v—57r	
115:14—116:2	—	—	—	—	+	—	—	
116:2—116:6	—	—	—	—	—	—	—	50
116:6—116:7	—	—	—	—	+	—	—	
116:7—116:10	—	—	—	—	—	—	—	50/51
116:10—116:11	—	—	—	—	+	—	—	
116:11—116:13	—	—	—	—	—	—	—	51
116:14	—	—	—	—	+	—	—	
116:14—117:3	—	—	—	—	—	—	—	51
117:3	—	—	—	—	+	—	—	
117:3—117:6	—	—	—	—	—	—	—	51
117:6—117:7	—	—	—	—	+	—	—	
117:7	—	—	—	—	—	—	—？	
117:7—117:12	—	—	—	—	—	—	—	52
117:12—117:13	—	—	—	—	+	—	—	
117:13—118:3	—	—	—	—	—	—	—	52
118:3	—	—	—	—	+	—	—	
118:3—118:5	—	—	—	—	—	—	—	52
118:5	—	—	—	—	+	—	—	
118:5—118:8	—	—	—	—	—	—	—	52
118:8	—	—	—	—	+	—	—	
118:8—118:10	—	—	—	—	—	—	—	53
118:10	—	—	—	—	+	—	—	
118:10—118:11	—	—	—	—	—	—	—	
118:11—118:12	—	—	—	—	+	—	—	
118:12—119:2	—	—	—	—	—	—	—	
119:2—124:6	—	—	—	+	—	—	—	53—59
124:6—124:7	41r:6—41r:8	—	—	—	—	—	—	
124:8—127:10	—	—	—	—	+	—	—	59—62
127:10—181:1	—	—	—	—	+？	—	—	62—124
181:2—184:4	—	—	—	—	—	88r—95v	—	
184:4—185:14	—	—	—	—	+	—	—	125
186:1—187:14	—	—	—	—	+	—	—	
187:14	—	—	—	+	—	—	—	
187:14—190:4	—	—	—	—	+	—	—	
190:4—192:6	—	—	—	+	—	—	—	

42　第1部　モンゴル帝国・元朝時代の史料の考察

したという族祖伝承から Činggis qan の逝去までの部分（後述する欠落箇所を除いて）が引用されている。Börte čino-a 以前については，L・AT はチベット仏教の歴史観の影響のもと，AT（anon.）と *Čiqula kereglegči tegüs udqatu šastir* に依拠してインドの王統から筆を起こし，それをチベット王統に繋ぎ，さらにそれを Börte čino-a に繋いでモンゴル史に入るようにしている。そしてモンゴル族の歴史については，Börte čino-a のことを記す『秘史』の第1節から Činggis qan の逝去のことを記す『秘史』268節までは，AT（anon.）の文が随所に挟み込まれているけれども，『秘史』が断然多く引用されている。『秘史』には Činggis qan 没後のこと，すなわち Ögödei qan の即位と治世の一部については，269節 – 281節に記されているけれども，ロブサンダンジンの手もとにあった『秘史』には，これらの節の部分が欠けていたのか，L・AT にまったく使われていない。すなわち Ögödei qan から，Altan qan を経て Lindan qan に至る時代までのことは，AT（anon.）がおもに使われている。

　要するに L・AT は，AT（anon.）を基盤として用い，Činggis qan の祖先から Činggis qan の逝去までは『秘史』を主に利用し，その後の時代については AT（anon.）を最も多く利用し，そしてこの2資料に，他の6種の資料を適宜組み込んで編纂されているのである（ロブサンダンジンの Altan tobči（1655）の典拠一覧表参照）。その6種類の資料は，L・AT に占める分量こそ少ないが，貴重な内容のものが多い。それらについては，ジャムツァラーノやハイシッヒが，すでにだいたい指摘している。

　ロブサンダンジンが引用した『秘史』（以後，L・AT 所引『秘史』と称することにする）は，現在普通に使われている漢字音訳本の『秘史』と比べてみると細部の異点こそ多いものの，同起源の別写本であるに違いない。しかもそれはウイグル式モンゴル文字で書かれたものであったであろう。両書の相異点は，作成された当時の『秘史』が時代の流れと両系統の書の来歴の差異によってこうむった部分的変化に基づくと解釈すべきであろう。とすれば，L・AT 所引『秘史』が『秘史』研究に対してもつ意義は大きいと言わなけれ

ばならない。

　従来の研究では，つぎのように考えられていた。

　①L・AT は『秘史』の 288 節中 233 節[8] あるいは 83 ％[9] あるいは 3 分の 2 以上を一語一語そのまま再現[10] あるいは複写[11] している。L・AT 所引『秘史』に存在する脱落は，ロブサンダンジンが利用した『秘史』の不完全さ[12]，またはその文字を写した人の不注意[13] によって生じたものである。

　②一方 L・AT には，『秘史』の欠を補う『秘史』本来の記述が相当見出されるとされ[14]，それらが選び出され[15]，あるいは『秘史』の訳本に挿入された[16] などの見解がある。すなわちロブサンダンジンは『秘史』より内容豊かなあるいは完全な『秘史』を所持したというのである。

　だがこれらの見解は，総じて慎重な分析に基づく見解とはみなせない。以下にそのように考える理由を述べたい。

　①については，まず L・AT 所引『秘史』の「節全体が脱落している節（全部脱落節）」のみ考慮され，「節の一部が脱落している節（部分脱落節）」は注目されておらず，従って脱落の実態はなお不明確である。また脱落の理由・脱落の段階も，個々の脱落箇所に則して分析されたことはほとんどない。従ってロブサンダンジンの手もとにあった『秘史』の実際の姿は，なお不明確である。そこで，この問題の分析が第 1 節の目的となる。

　②についても，『秘史』本来の文・語句と判断した根拠を諸家ともに何ら示していないから，現在使われている『秘史』の内容を補うとされる文や語句は，現状ではほとんど利用することができない状態にある。そこで，それらが本当に『秘史』の記述を補充するものなのか否かを検証することが，第 2 節と第 3 節のおもな課題となる。この場合，L・AT 所引『秘史』以外の資料の分析から，逆に上述した補充文や補充語句の帰属を明らかにすることができるかも知れない。これが第 4 節の課題である。

　要するに，本稿のおもな目的は，L・AT 所引『秘史』の姿を，可能なかぎり浮かび上がらせることにある。『秘史』と L・AT 所引『秘史』の細かい文

44　第1部　モンゴル帝国・元朝時代の史料の考察

や字句の比較検討は，本稿の分析の目的の外にある。

1　L・AT 所引『秘史』に欠けている箇所の検討

　『秘史』の総計 282 節のうち，L・AT 所引『秘史』には総計 235 の節が見いだされる[17]。欠けている節は，39，177-207，255，269-282 の諸節である。すなわち合計 47 の節が欠けているのである。このほか，一部が欠けている節，内容が簡略だったり混乱したりしている節が少なからずある。その例を挙げると，8 節（Alan qo'a の両親の記述が簡略）。57 節（Qutula を qan に推戴した後の宴会の部分の後半が欠落）。63 節（Dei sečen の夢についての後半部が欠落）。82-83 節（82 節から 83 節に接続する箇所が欠落）。148 節（Taiči'ud 族の首領名など，中間に小欠落がある）。176 節（後半部分が欠落）。208 節（初めの部分が欠落）。225 節（後半の qorčin の 4 班の長を任命する部分に短い欠落がある）。254 節（冒頭部分以外が欠落）。259 節（Tolui に対する Činggis qan の使節派遣と Tolui の凱旋のことなど，後半が欠落）。265 節（中間が欠落）。266 節（前半が欠落）。267 節（後半が欠落）。268 節（冒頭部分と中間が欠落）などが，それらである。細かく見ていけば，他にも見つかるかもしれない。

　大きな欠落箇所は，177-207 節，269-282 節である。前者は 176 節の後半部分からの欠落と 208 節のはじめの部分までの欠落とつながるから，176 節の途中から 208 節初めまでの欠落とするのが正確である。より具体的に述べると，『秘史』全 12 巻のうち，第 6 巻の約 3 分の 2，第 7 巻のすべて，第 8 巻の大部分の欠落ということになり，合計 2 巻半分にも相当する大きな欠落である。後者の 269-282 節の欠落箇所は，Ögödei qan の即位から『秘史』の終節までの部分である。このことから L・AT においては，Činggis qan の逝去までに限って『秘史』を使ったことがわかるのである。あるいはロブサンダンザンの手もとにあった『秘史』には，Ögödei qan 即位以後の部分はなかったのかも知れない。

最大の欠落箇所である『秘史』176 節の後半から 208 節初めまでのところには，多くの重要なことが記されている。すなわち，Činggis qan の Ong qan, J̌amuqa, Altan, Qučar, To'oril, Senggüm それぞれに対する問責の言葉，Kereyid 族の Ong qan, Naiman 族の Tayang qan, Merkid 族の Toqto'a beki と戦って勝利したこと，J̌amuqa を処刑したこと，1206 年に即位し，功臣に恩賞を授与し，宮廷や国の制度を整備したことなどが，それである。このように『秘史』のなかでも重要な部分そして Činggis qan の生涯のクライマックスとも言える部分が L・AT に欠落しており，それらのことが別資料に基づいて記されていることもない。

　ではこの欠落が生じた理由は何であろうか。L・AT の箇所をみると，176 節の後半部に「Qalq-a〔川〕が Buyir 湖に注ぐ口に，Ur mel（『秘史』Terge emel）などの Qunggirad がいるとて，J̌určidai（『秘史』J̌ürčidei）に Uruγud（Uru'ud）を率いさせて遣わすのに※ J̌určidai を高い山の遮護のように考えて行くのであった。このように去って，Balǰuna 湖に水を飲みに至ったぞ」云々とある。この文の※印のところに大欠落があって，※の前の文は 176 節，後ろの文は『秘史』208 節に属する。この二つの節にはともに J̌ürčidei という人名があり，しかも双方の意味上の繋がりも悪くない。そこで，ジャムツァラーノは，写字生かだれかが J̌urcidai という人名に引きずられて，何かの機会に※印のうしろの文をその前の文の続きと勘違いし，そのために，間にある多量の文を落としたのではないかと推測した[18]。

　ではこの部分は，ロブサンダンジンがうっかり落としたのであろうか，それとも彼の手もとにあった『秘史』においてすでに欠落していたのであろうか。この疑問を解く鍵は，L・AT においてこの欠落箇所よりはるか後方に存在し，欠落した諸節のうち第 200 節と第 202 節の断片かと思わせる文とそれらの断片に付けられている関連記述にあると考えられる。すなわち，

　⒜第 200 節の断片かと思わせる文の内容はつぎのとおりである。

　Činggis qaγan が J̌amuqa とともに行くうちに，聖主（Boγda ejen = Činggis

46 第1部 モンゴル帝国・元朝時代の史料の考察

qan）の乗馬がつまずいた。すると〔Boγda〕eǰen が馬の頭を鞭で打ったので J̌amuqa が笑うと，Činggis qaγan が「J̌amuqa よ，なぜ喜んだのか」とおっしゃった。J̌amuqa は答えて「灰色の母なる大地の長は Burqan ＊ qaldun だぞ。すべての ulus（国，民）の eǰen（主人）は聖なるお前だぞ。脚が誤ったことは頭から取るべきだ。子どもの間違ったことは父に求めるべきだ。灰青色の etügen（大地）が間違ったことを Burqan ＊ qaldun に求めるべきだ。すべての ulus の誤ったことは聖主に求めるべきだ」と言うと，eǰen は賛同したのであった。Činggis qaγan から J̌amuqa がよこしまな考えを抱いて逃れ出たのを，彼の nökür 達がつかまえて連れてくると，qaγan が「J̌amuqa anda よ，理由を話せ」とおっしゃった。J̌amuqa は，「賢明な anda よ，お前は誤解される何かがあるか。黒みをおびた鳥は，qaru（?）に向かって飛翔しようとして，ゆがんだ翼を折られるのだ。悪しき奴僕は qaγan である eǰen に刃向かう＊こととなれば＊おのれの黒い頭を斬られるのだ。私 J̌amuqa はよこしまな考えを抱くようになって，私の nökür 達が今私を捕らえてきた。逃げおくれた灰青色の穴熊を捕らえた，私を。逃げおおせるならば，白鳥，鶴を捕らえるぞ。私を斬れ。私の nökür 達を助けよ」と言った。Činggis qaγan は「正しいと言って，多くの者の見せしめにしよう。この存在するわれわれの nökür たちが将来このようにならないという教訓となそう」とおっしゃって，彼の nökür たちをまさにそこにすなわち殺したのであった（L・AT, Ⅱ, pp. 54-55）。

　(b)第 202 節の断片かと思わせる文。聖主 Činggis qaγan が ulus を支配して，Onan 川の源に 9 脚ある白纛を立てるときに，J̌arayildai の Muγali（NT: Muqali）に Γoi ong čingsang（国王宰相）という称号を与えると，Tangγudai の Quilidar の子である Möngke qalǰaγu が言うのには，γoi（国）という名に高慢になるな。王という名に傲慢になるな。宰相の名のもとに飽食するな（buu čad）。tayisi という名のもとに虐待するな（tamla-）。賞賜に酔うな……酒（darasun）に呑まれるな。ひき続きみずからの力を与えよと述べたのであった（L・AT, Ⅱ, p. 53）[19]。

以上の二つのうち，(a)は Činggis qan が，Jamuqa を捕縛連行してきた不忠な家臣を誅殺したという『秘史』第 200 節の物語に一部似た内容を含む。そしてその記事の前に，Činggis qan が，つまずいた自分の馬を鞭で打ち，Jamuqa がそれを笑う話が記されている。(b)は『秘史』第 202 節の最初の部分すなわち Onan 川の源で 9 脚の白纛を立てたとある点と Muγali（『秘史』Muqali）に Γoi ong čingsang（国王）いう称号を与えたとある点が似ているように思われる。Möngke qalǰaγu という人物は『秘史』に千戸長の 1 人として登場する Möngkö qalǰa（NT202 節）である。なおこの人物は L・AT には上述のように Tangγudai 氏の者であるとあるけれども，『秘史』には Mangqudai（Mangqud）の者とあり，これが正しい。

ロブサンダンジンは『秘史』を，その文章にきわめて忠実に書き写しているが，以上の(a)，(b)の内容については，ともに『秘史』に似ているところがあるけれども，(a)に対応する内容をもつ『秘史』第 200 節，(b)に対応する内容をもつ『秘史』第 202 節のそれぞれの文章と一致またはほぼ一致しているとは，とうてい言えない。すなわちロブサンダンジンが L・AT の編纂に使った『秘史』から直接引用されたのではないと思われる。L・AT 所引『秘史』には，177 節から 208 節の欠落箇所に位置する(a)，(b)の部分も欠けていたに違いなく，しかもそこには Činggis qan のライバルであった Jamuqa との関係の決着に関する記述，そして何よりも重要な 1206 年におけるテムジンの建国時のことに関する記述があることを，ロブサンダンジンは十分推測できたに違いない。それ故に，それらのことを何らかの資料に基づいて補充したのであろう。

不注意によると思われる文の欠落もある。8 節（簡略），39 節（欠），57 節（後半に小欠あり），63 節（後半に小欠あり），148 節，208 節初めの部分が欠）などがそれで，いずれも小さい欠落であり，筆写のさいなどに，うっかり，または不注意によって欠けたと思われる。

82 節末尾から 83 節初めまでの欠落は，82 節の最後に位置する Süldütei

（『秘史』Suldus）の Torqan sira（『秘史』Sorqan sira）の Tömüjin（『秘史』
Temüjin）に対する短い言葉を導く「Torqan sira が言うのには」という文と，
次節の初めにある，彼の Tayičiɣud（『秘史』Tayiči'ud）に対する言葉を導く
「Torqan sira がふたたび言うのには」という文が類似していることから，こ
の二つの言葉の間にある Sorqan sira の Tömüjin に対して話した肝心の言葉
をうっかりとばしてしまって生じた脱落と思われる。

　254 節中ごろから 255 節の終わりまでの欠落箇所もかなり分量が多い。『秘
史』にはすなわち 254 節の初めの部分において，Činggis qan が Sarta'ul に派
遣した使者 100 人が殺され，その仇を討つために西征しようとしたとき，
Yisüi 妃が Činggis qan の後継者を決めるよう進言し，その相談がされたが，
Jöči と Ča'adai（Čaɣadai）の激しい争いが起こるなどした後，これまたかな
り分量が多い 255 節において Ögödei を後継者とすることも決まった次第が
詳しく述べられている。そして 256 節において，いよいよ Činggis qan が西
征するに先立ち，Tangɣud に西征軍の右翼を担うよう命じたが，Tangɣud に
拒絶された。それに対して Činggis qan は Tangɣud を懲らしめることをあと
まわしにして，卯の年（1219 年）に西征に出発したとある。この一連のこ
とがらのうち，254 節の冒頭部分すなわち「Činggis qahan が西征しようとし
たとき」とあるところまでは L・AT には引用されているが，Yisui 妃の進言
以後の後継者選びに関する 254 節，255 節の精細な内容は一語も引かれてい
ない。そして 256 節の Tangɣud 征討のところからまた L・AT に引かれている
のである。すなわち L・AT は Činggis qan の後継者選びについては引用する
ことを意図的に避けたことがうかがわれるのである。

　265 節（中ごろが欠），266 節（前半が欠），267 節後半から 268 節中ごろ
までの欠落も，L・AT への引用を意図的に避けたことから生じたのではない
かと思われる。なぜならそこには Činggis qan の落馬による負傷・発病とその
死について述べられているからである。

2 『秘史』になくて L・AT 所引『秘史』にある人名その他についての 検討

L・AT 所引『秘史』には，『秘史』（四部叢刊本）に記されてはいないが，『秘史』にあっても不思議ではない内容の文や語句がある。それらの大半は零細で断片的であまり意味のないものなので，『秘史』本来のものか否かを判断できない。今，そのようなものは除いて，断片とはいえ注意を払うに値するものをいくつか挙げてみる。

まず，L・AT 所引『秘史』に「Bartan baɣatur の子は，Yisügei baɣatur, Nekün tayiǰi, Menggetü kiy-a, Mergen yeketei, Daritai odčigin，これらの 5 子であった。Süǰigil üǰin から生まれた。Süǰigil üǰin は Mongɣol tarɣuǰin〔の〕Tarǰiɣuǰin yisüdei の娘であった」とある一文（L・AT, 1, pp. 19-20）。『秘史』には，Mönggetü kiyan, Nekün taisi, Yisügei ba'atur, Dāritai odčigin の 4 子とあり（第 50 節），ラシード＝ウッディーンの『集史』も同じく 4 子とあり，ともに Mergen yeketei という子は挙げられてない（JT1-2, p. 49）[20]。これらの子の母として，L・AT 所引『秘史』には，『秘史』には存在しない Süǰikil üǰin という人名が記されており，そしてこれと似た名前が『集史』「部族編」の Targūt の項（JT1-1, p. 118）や同書「Jīngīz khān の祖先の物語」のなかの「Qabul khān の息子 Bartān bahādur の物語」にも，Sunigul, Sunigil と記されている（JT1-2, p. 46, p. 49）。その出身についても L・AT 所引『秘史』には Tarɣuǰin 族とあり，『集史』には Targut 族の出身とあるから出自が同じである（JT1-1, p. 118）。要するに Targut 族の出身である。Sunigul/Sunigil は，L・AT 所引『秘史』にある Süǰikil üǰin と完全には一致してはいないものの，そして生んだ子供の数に違いがあるけれども，同一人物とみてほぼ間違いがないであろう。とすれば，L・AT 所引『秘史』にあるこの一文は，『秘史』の欠あるいは不足を補うものと言ってよいのではないだろうか。

つぎに，Alan qo'a の末子である Bodončar の末子 Način ba'atur について，

50 第1部 モンゴル帝国・元朝時代の史料の考察

L・AT 所引『秘史』に「Način baɣatur の娶った妻から生まれたのは，Sisiɣudai, doɣulqudai の二人であった。Sisiɣud, doɣulqud の omuɣ（＝ oboɣ. 氏，姓）をもつものとなった。それらの ebüges（祖）と彼らはなった」とある（L・AT, I, pp. 18-19）。これに対応する『秘史』の文は『秘史』46節の末尾にあるのだが，そこには「Način ba'atur の娶った妻（ablin）から生まれたのは，Siju'udai, Doqoladai という名をもっていた」とあるのみである。だが L・AT 所引『秘史』にある，それに続けて書かれている文「Sisiɣud, Doɣulqud の omoɣ もつものとなった」が，本来あるはずのものであることは，『秘史』のこの箇所の前後に書かれているモンゴル部の諸族の Borjigin 系や Kiyad 系の諸 oboɣ が枝分かれして成立するさいの表現形式であることからみて，『秘史』にあっても不思議はない。L・AT 所引『秘史』の Sisiɣud 以下の文は『秘史』の欠を補うものとみておきたい。

　つぎに，『秘史』47節の Tayiči'ud 族の祖先の系譜に関する記述にみられる欠落について。同節のモンゴル文に「Qaidu-yin kö'üd Bai-singqor doqsin, Čaraqai-lingqu, Čaujin-örtegei qurban büle'e Bai-singqor do[q]sin-u kö'ün Tumbinai-sečen büle'e. Čaraqai-lingqu-yin kö'ün Senggüm-bilge. ※ Ambaqai-tan Tayiči'ud oboqtan bolba.（Qaidu の子どもは Bai-singqor doqsin, Čaraqai-lingqu, Čaujin-örtegei の3名であった。Bai-singqor do[q]sin の子は Tumbinai-sečen であった。Čaraqai-lingqu の子は Senggüm-bilge。※ Ambaqai 等は Tayiči'ud の oboq〔姓氏〕をもつ者たちとなった）」とある。だがこの文の※印がある箇所の漢訳（「総訳」と称されている）に「想昆必勒格生子名俺巴孩（想昆必勒格ハ俺巴孩トイフ子ヲ生メリ）」とあることから，那珂通世氏はモンゴル語本文にはこの一文が脱落していると推測し，その見解は受け入れられてきた[21]。ところがこの総訳に対応すると思われる内容のモンゴル文が，L・AT にあるのである。すなわち「Čirqai linqu-a yin köbegün Singgüm belge neretü bülüge. Singgüm belge yin köbegün Isalai qaɣan terigüten Tayičiɣud omoɣ tan bolba.（Čirqai linqu-a の子どもは Singgüm belge という名であった。

Singgüm belge の子どもである Isalai qaγan 等は，Tayičiγud omoγ〔omoγ = oboγ〕をもつものとなった）」（L・AT，I，p. 19）とあるのがそれである。このように『秘史』に欠落しているとされてきた文が見いだされたことから（Ambaqai qaγan が Isalai qaγan となってしまっている理由はわからない），Pelliot, P. がすでに指摘したように[22]，『秘史』のこの箇所に脱落があることが実証されたのである。

　さらに，『秘史』になくて『集史』にある人名に類似しているものが L・AT 所引『秘史』に見いだせる例がある。すなわち『秘史』46 節に Alan qo'a の末子 Bodončar の孫 Menen-tudun の子である「Qači-külüg の子 Qaidu は Nomolun-eke から生まれた」とあるが，この Nomolun-eke が L・AT 所引『秘史』には「Maq-a tudun の(N) omalun torγun なる妻」云々とあり（L・AT，I，17），『集史』には Мунулун-хатун（Munulun-khatun），Мунулун-таргун（Munulun-targun）とある[23]。当時の史料の間でモンゴルの古い祖先の名が一定していないことは珍しくなく，Nomolun/Munulun, Menen-tudun/Maq-a tudun などとあるのは，その例にすぎない。『元史』太祖本紀には「咩撚篤敦（Menen-dutun）の妻は莫挐倫（Monalun）」とある。ここで注目したいのは，『秘史』に Nomolun-eke とあるのに対して，L・AT 所引『秘史』に (N) omalun torγun とあり，これと類似している表現が『集史』にあることである。すなわちそこには Мунулун-таргун（Munulun-tarγun）とある。tarγun は，脂肪が多く太っているという意味だとの説明があるから[24]，彼女のあだなであろう。torγun はそれがなまったものかも知れない。

　他に，『秘史』に「Qaidu（qan）の子は Bai-singqor-do[q]sin, Čaraqai-lingqu, Čaujin-örtegei の 3 人であった。Bai-sinqor-doqsin の子は Tumbinai-sečen という名前であった。……Tumbinai-sečen の子は Qabul-qahan と Sem-sečüle であった。Sem-sečüle の子は Bültečü-ba'atur であった」（『秘史』47-48 節）とあるが，L・AT 所引『秘史』には「Qam qačula（Sem sečüle）と Qabul qaγan の 2 人であった。Qam qačula の子は Bultaču baγatur（『秘史』

52　第1部　モンゴル帝国・元朝時代の史料の考察

Bültečü) という名をもっていた[25]。Bultaču baɣatur の子は Mergen sečen で
あった」とある (L・AT, I, p. 19)。この Mergen sečen に該当する人物は『秘
史』および『集史』には見あたらない。

3　Činggis qaɣan-u iǰaɣur について

　ハイシッヒは，L・AT の編纂に使われた『秘史』には，『永楽大典』にあ
る漢字音訳『秘史』（本稿の『秘史』）のほかに，モンゴル人の間に存在した
その原典すなわちウイグル・モンゴル語の言葉遣いのテキスト Činggis
qaɣan-u iǰaɣur（チンギス＝カンの根源）があると述べ，そのように考える根
拠として，現在使われている『秘史』のなかのいくつかの節に関する，より
詳しいテキストが L・AT に見いだされるとして，私が前節すなわち第2節に
挙げていない例を9つ示した (Heissig, W. 1959, p. 59)。

　① J̌amuqa の不忠な従者の処罰 = 『秘史』200 節〔を補充〕(L・AT, II, 54:
10-55: 7)

　② Kuo wang čingsang の位の授与にさいしての Tangɣudai sečen による
Muqali に対する教導 = 『秘史』202 節を補充 (L・AT, II, 53:2-53:6)。

　③裁判官の義務に関する Činggis khan の命令 = 『秘史』203 節を補充 (L・
AT, II, 64:10-65:2)。

　④ Qarluɣud の Arslan との結婚にさいしての Alaɣa bigi に対する教導 = 『秘
史』235 節を補充 (L・AT, II, 19:9-20:7)。

　⑤ Uiɣur の Idiqud との結婚にさいしての Ilqaldun begi への教導 = 『秘史』
238 節を補充 (L・AT, II, 21:9-21:13)[26]。

　⑥ Oyirad の Inalči との結婚にさいしての Sečeyigen aqai に対する Buɣurči
の教導 = 『秘史』239 節を補充 (L・AT, II, 23:3-23:10)。

　⑦ J̌oči と Čaɣadai に対する住民の授与と教導 = 『秘史』239 節を補充 (L・
AT, II, 86:10-91:11)。

　⑧ Qasar の逃走と Sübegedei による追跡 = 『秘史』244 節。より詳しい様

式で（L・AT，Ⅱ，36：6-38：6 ＝『秘史』244 節 ＋ L・AT，Ⅱ，38：6-40：1 ＋ 40：
1-40：2 ＝『秘史』244 節)[27]。

⑨『秘史』264 節の詳細なテキスト（L・AT，Ⅱ，85：8-96：1)[28]

以下に，ウイグル・モンゴル語原典 Činggis qaɣan-u iǰaɣur がロブサンダン
ジン在世の頃に存在して利用されたと仮定する根拠としてハイシッヒが列挙
したこれら①～⑨について検討したい。

①Ĵamuqa の不忠な従者の処罰。これは，第 1 節において引用した『秘史』
200 節の断片とみられる(a)であるが，この文の一部はロブサンダンジンが
使った『秘史』の内容と似ているけれども，Činggis qaɣan-u iǰaɣur なるもの
の内容に基づいたとは，とうてい考えられない。現在知られ使われている
『秘史』の内容のほうが詳細である。第 1 節において引用した(a)の一部は，
かつて『秘史』本来の記事であったかも知れないが[29]，何らかの事情で改変
されて別資料に属していたのを，ロブサンダンジンが引用したのではないか
と思われる。

②Kuo wang čingsang の位の授与にさいしての Tangɣudai sečen による
Muqali への教導。これは，第 1 節において引用した(b)である。ハイシッヒ
はこれを『秘史』202 節を補充する内容とみるが，すでに述べたように，(b)
の内容もまた，それに対応する『秘史』202 節の文章と一致またはほぼ一致
しているとは言えない。すなわちこれもロブサンダンジンが L・AT の編纂に
使った『秘史』から直接引用したのではない。

ロブサンダンジンが使った『秘史』には，177 節から 208 節までの欠落箇
所に位置する(a)，(b)は欠けていたに違いない。そして本来，(a)と(b)があった
箇所には，Činggis qan のライバルであった Ĵamuqa との関係の決着の話，そ
して何よりも重要な 1206 年における Temüǰin の建国およびそれにともなう
恩賞授与等に関することがらが含まれる。それらは『秘史』においてきわめ
て重要な箇所と言ってよいものであり，分量の点でも 12 巻本『秘史』の約
2 巻半分に相当する。その欠落箇所に位置する(a)と(b)を，『秘史』ではない

54　第1部　モンゴル帝国・元朝時代の史料の考察

何らかの資料を使ってロブサンダンジンは L・AT に補充したのに違いない。そのためにそれらは『秘史』の記述と異なる点が多いのである。

　③裁判官の義務に関する Činggis khan の命令。命令の概要は，「Činggis qaɣan は，訴訟（jarɣu）行為における jarɣu の者（裁判する者）を教導するのに「qan である人の法（törü）は，無知に失われることがなく，狂気に誤られることがなく，ただみずからの考えによってのみ行け」と仰せになったのであった（Činggis qaɣan. jarɣu yin üyiles tür jarɣu kümün i soyun jarliɣ bolurun. qan kümün ü törü. qaranɣui dur ülü tögrigdejü. qani da ülü endegdejü. ɣaɣča sedkil iyer yabu……kemen jarliɣ boluɣsan ajuɣu)」とある（L・AT, II, pp. 64：10-65：2)。これは，札奇斯欽も指摘したように，単に裁判を担う一般の者に対する心得を述べたものである[30]。ところがハイシッヒは，これを『秘史』203 節を補充する内容とみた。203 節は Sigi qutuqu のみに対する恩賞授与を内容としており，その一つとして彼を最高裁判官にも任じる jarliɣ（上諭，聖旨）が記されているのだから，ハイシッヒの見解は妥当ではない。

　ところでハイシッヒの言う「裁判官の義務に関する Činggis khan の命令」について記されている L・AT の箇所（L・AT, II, pp. 64：10-65：2）をみると，そこは L・AT 所引『秘史』の 246 節（L・AT, II, pp. 44：6-45：8）と 247 節（L・AT, II, pp. 68：4-69：4）の間なのだが，246 節は『秘史』「正集」の最後の節であり，247 節は『秘史』「続集」の最初の節である。そして L・AT には，この『秘史』の正集と続集の間にあたる箇所すなわち L・AT, II, 45：9 と L・AT, II, 69：4 の間に，『秘史』にはないさまざまなことが書き込まれており，その量は L・AT（1952 年刊本）の約 24 頁分にも相当する。その内容は，ハイシッヒによれば，著者不明 "Altan tobči" や「Bilig（智慧)」，「伝承複合 Y」からの引用文から成る[31]。そして問題の「裁判官の義務に関する Činggis khan の命令」とハイシッヒが述べている記述が含まれている箇所は，Bilig を資料としているのである[32]。この意味はどう理解できるであろうか。おそらく③の L・AT の記述は，『秘史』203 節の内容を補充する意味があるかも

しれないが，L・AT 所引『秘史』の記事であったはずはない。なぜなら①，②に対する論理が，ここにもあてはまるからである。明らかにこれは他の資料からの引用である。

この推測を裏づける根拠は他にもある。それは，上の③の引用文において下線を引いた「soyun ǰarliγ bolurun……kemen ǰarliγ boluγsan aǰuγu」とある語句である。これと同様の"soyu-"を含む文は，③だけではなく，④，⑤，⑥，⑦にも見いだされる（ただし④のみ，「……kemen soyuγsan aǰuγu」とある）。すなわち，

④ Qubilai noyan を Qarluγud に出兵させた。Qarluγud の Arslan qaγan は Qubilai に投降して〔elsen（L・AT：ilsen）〕来た。Qubilai noyan は Arslan qaγan を連れてきて boγda Činggis qaγan に会わせた。『敵対しなかった』と言って Arslan に賞賜して Alγ-a beki を与えるときに，boγda Činggis qaγan は Arslan qaγan に対して教導するのに（soyun ǰarliγ bolurun）……と仰せになった（kemen soyuγsan aǰuγu.）（L・AT，Ⅱ，19：12-20：7）

⑤戦わずして Činggis qan に使者を派遣して服し，その後みずから Činggis qan のもとにやって来た Uiγur の Iduqud に，恩賞として公主 Ilqaldun begi を与えようとするときに，boγda Činggis qaγan が「教導するのに（soyun ǰarliγ bolurun）……と仰せになった（kemen ǰarliγ bolurun aǰuγu」とある（L・AT，Ⅱ，21：9-21：14）。

⑥ 1207 年に Činggis qan が派遣した長子 J̌oči が北方のタイガ地帯の民（林の民）に遠征し，オイラド部等を従えて帰還したとき，Činggis qan は，軍功のあったオイラド部の長 Quduqa beki を迎え，その子イナルチ（Inalči）に Sečeyigen（『秘史』：Čečeyigen）aγai[33] を与えたことが記され，そのときのこととして，Činggis qan の重臣 Boγurči（『秘史』Boʼurču）が Činggis qan の指示に従って Sečeyigen aγai を「教導するのに（soyur-un）……と仰せになった（soyuγsan aǰuγu）」とある（L・AT，Ⅱ，23：3-23：10）。Činggis qan が教導したときとは表現形式が少し異なっている。

56 第1部 モンゴル帝国・元朝時代の史料の考察

⑦Činggis qan は J̌oči にキブチャク (Qbučaγud/Kibča'ud) の地と住民を，Čaγadai にサルタグチン (Sartaγčin) の地と住民を授与して行かせるときに「教導するのに (soyun ǰarliγ bolurun) ……と仰せになった (kemen ǰarliγ bolurun aǰuγu)」とある (L・AT, Ⅱ, 86:11-87:12, 88:12-89:3)。

以上の③，④，⑤，⑥，⑦にある「教導するのに (soyun ǰarliγ bolurun) ……と仰せになった (kemen ǰarliγ bolurun aǰuγu)」という形式の文がハイシッヒの言うウイグル・モンゴル語原典 Činggis qaγan-u iǰaγur に確かにあったならば，『秘史』にもこれと同じまたは同じような形式の文があるはずである。だが，『秘史』には関係あるものとして

　　教訓をたれているとき (söyü'er du'ulqan büküi-tür) (260 節)
　　訓諭の言葉を譴し述べるのに (söyü'er üge dongqodurun) (277 節)
の2例が見いだされるに過ぎない[34]

また『秘史』には，Činggis qan が述べた「ǰarliq bolurun......ke'en ǰarliq bolba.」，「ügülerün......ke'en ǰarliq bolba.」，「soyurqaǰu (賞賜して) ǰarliq bolba.」，「soyurqarun (賞賜するのに)......ke'en ǰarliq bolba.」などの表現は多く見られるけれども，「soyu-(教化する，啓蒙する)」を含む文は皆無である。これらは，明らかに『秘史』本来の文ではない。

それに加えて，それら教導するために語られたとされる「……」の部分をみると，概して抽象的であって，Činggis qan が何らかの事情に基づいて面前の人物に対して話して soyu- しているものとは理解し難いものが多いように思われる。要するに，この点からも，これらは『秘史』およびその原典とされる Činggis qaγan-u iǰaγur とは異なる資料から引用されたものではないかと推測されるのである。そしてそのようなものから補充されたものと言うのであれば理解できなくはないように思われるのである。

だがハイシッヒは，モンゴル人の間に『秘史』の原典すなわちウイグル＝モンゴル語の言葉遣いのテキスト Činggis qaγan-u iǰaγur が存在していて，そこから L・AT に引用されたとみる文 (前節に挙げた①～⑦にあるもの) のみ

を，『秘史』の内容を補充するものと述べているのである[35]。すなわちハイシッヒによれば，①は『秘史』200 節の補充，②は『秘史』202 節を補充，③は『秘史』203 節を補充，④は『秘史』235 節を補充，⑤は『秘史』238 節を補充，⑥は『秘史』239 節を補充，⑦は『秘史』239 節を補充するものであると。ただ⑧と⑨はこれらと異なって『秘史』の何らかの節の内容を補充するのではなく，それぞれ『秘史』244 節の詳しい様式，『秘史』264 節の詳細なテキストであるとしているのである[36]。

　それではハイシッヒの以上の考察は妥当であろうか。疑問に思われるいくつかについて，以下に検討したい。①，②，③については検討済みなので，④〜⑨のうちの疑問に思われるものについて考察したい。

　④について。Činggis qan が派遣した Qubilai noyan の遠征の結果，Qarluɣud の Arslan qaɣan は Qubilai に投降した〔elsen（L・AT：ilsen）〕。Qubilai noyan は Arslan qaɣan を連れてきて boɣda Činggis qaɣan に会わせた。『敵対しなかった』と言って Arslan に賞賜して Alɣ-a beki[37] を与えるときに，boɣda Činggis qaɣan は Arslan qaɣan に対して教導するのに（soyun jarliɣ bolurun）……と仰せになった（kemen soyuɣsan ajuɣu.）とあるのだが，「……」の部分はつぎのとおりである。「örügele köl minu bolun（わが片足となり）／ qangɣariqu yin minu sitügen qaǰayiqu（わが qangɣariqu な支え，qaǰayiqu な）／ qaltariqu yin minu taq-a bolǰu ögküi ben či qataɣuǰi.（わが qaltariqu な馬蹄（taq-a）とみずからなることに，汝は耐えよ）／ basa ödter nögčikü bey-e.（はかなく死ぬ身体）／ öni aqu ner-e.（öni aqu な名）／ öber-ün uqaɣatu sedkil eče sayin nökür ügei.（みずからの才智ある考えよりよい伴はない）／ urin kiling alɣačin qour-tu maɣu sedkil eče dayisun ügei.（憤怒，殺害のような悪しき考え以上の敵はない）／ itegen（1990 年影印本：itegel）ten olan bui ja.（信頼できる者は多くいるぞ）／ öber ün bey-e metü itegeltü ügei. dotunalaɣdaqu olan bui ja.（みずからの身体ほど信頼できるものはいない）／ öber ün sedkil eče dotun-a ügei.（みずからの考えより親密なものはない）／

58　第1部　モンゴル帝国・元朝時代の史料の考察

qayirlaγdaqu olan bui ǰa.（重んじられる多くのものがあるぞ）／ öber-ün amin eče qayiran ügei.（みずからの命より大切なものはない）／ ariγun-a yabubasu aburida oda ayu?.（清らかに暮らせば永続する）[38]／ sereǰü yabubasu nasuda tögel ayu?（用心して行けば，いつも完全だ（nasuda tügel inu））．／ qataγuǰibasu nasuda ayul ügei ayu?.（耐えればいつも危険はない）／ edüi kü qataγuǰi kemen soyuγsan aǰuγu（それほど耐えよと仰った）..」とある[39]。

　ハイシッヒはこれを Činggis qaγan-u iǰaγur からの引用文で，『秘史』235 節を補充するものとみた。後半部は，観念的・抽象的に過ぎるが，前半部は Arslan qaγan に対する ǰarliγ と言えなくもない。

　⑤について。『秘史』238 節には，Ui'ud の Idu'ud （= Idiqud） が Činggis qan のもとに使節を派遣し，第5子となって力を与えるとの意志を表わし，求めに応じた献上物を持参したのに対して Činggis qan が Idu'ud に公主 Al-Altun を与えたとある。ところがこの Al-Altun は L・AT には Ilqaltun とある。これについて札奇斯欽は，Ilqaltun は Al-altun の訛写だとみている[40]。そのとおりだとすると，Činggis qaγan-u iǰaγur にあったのが訛写の Ilqaltun であり，『秘史』にある Al-altun はそれに基づいたものだという奇妙なことになる。すなわち⑤を Činggis qaγan-u iǰaγur からの補充とするハイシッヒの見解は疑わしい。

　L・AT 所引『秘史』には，238 節に続けて Činggis qan の Iduγud に対する教導の文言が記されている。それは Ilqaltun begi に対するものなのだろうが，「妻たる者（qatuγtai kümün）には，3 人の男（er-e）がいる。どのような男かというと，第1は国という男（törü er-e），次は名の男（ner-e yin er-e），次は夫（abuγsan er-e）である。3 人の男といわれるのは，これである。国を堅固にすれば名が備わらない（belen ese kü bui）。名を強くすれば（bekilebesü）夫は遠くに離れ去るのだ」とある。まことに観念的かつ抽象的な内容である[41]。

　⑥と⑦について。ハイシッヒの見解を改めて記すと，⑥「Oyirad の Inalči

との結婚にさいしての Sečeyigen aqai に対する Buɣurči の教導＝『秘史』239 節を補充（L・AT, Ⅱ, 23:3-23:10），⑦「J̌oči と Čaɣadai に対する住民の授与と教導＝『秘史』239 節を補充（L・AT, Ⅱ, pp. 86:10-91:11）とある。

『秘史』と L・AT 所引『秘史』の239 節には，1207 年に森林の民を征討した Činggis qan の長子 J̌oči が Oyirad, Qirgis 等の諸族の長を従えて帰還したとき，Činggis qan は，軍功のあった Oyirad 部の長 Quduqa beki を迎え，その子 Inalči に Sečeyigen（『秘史』：Čečeyigen）aqai[42] を与えたと記されている。ところで『秘史』には，239 節に続けて 240 節と 241 節にも森林の民征討関係のことが記されているのだが，L・AT 所引『秘史』には，239 節と 240 節の間に Činggis qan による Čečeyigen aqai（L・AT：Sečeyigen aqai）に対する教導の話が記されている。すなわち Činggis qan の重臣 Boɣurči（『秘史』Bo'urču）が Činggis qan の指示に従って Sečeyigen aqai を「教導するのに（soyur-un）……と教導した（soyuɣsan ajuɣu）」とあるのである（Činggis qan が教導したときとは表現形式が少し異なっているのであるが）。

ハイシッヒは上述したように，⑥の「Oyirad の Inalči との結婚にさいしての Sečeyigen aqai に対する Buɣurči の教導」も，⑦の「J̌oči と Čaɣadai に対する住民の授与と教導」も，『秘史』239 節の内容を補充するもので，ともに "Činggis qaɣan-u iǰaɣur" に基づくとしている。すなわちハイシッヒは『秘史』239 節を補充するものが2つあるとしているのである。

ところで，⑥は L・AT 所引『秘史』239 節（L・AT, Ⅱ, pp. 21:14-23:3）の直後（L・AT, Ⅱ, p. 23:3-23:10）に，⑦はずっと離れた L・AT 所引『秘史』264 節（L・AT, Ⅱ, pp. 85:8-86:1, pp. 86:8-86:9）[43] の後ろに置かれている（L・AT, Ⅱ, pp. 86:10-89:3）。264 節は，Činggis qan がホラズムシャー朝（Khwārazm-shāhiyān）への遠征を終えてモンゴル高原のトゥラ河流域にあるオルド（ordos）に帰営したという内容であり，同節に続けて⑦の「J̌oči と Čaɣatai への住民の授与と教導」が記されているのだが（L・AT, Ⅱ, pp. 86:10-91:11），そもそも J̌oči の森林の民征討について述べられている『秘史』239

60　第1部　モンゴル帝国・元朝時代の史料の考察

節に Čaɣatai は無関係である。すなわち 264 節が 239 節の内容を補うとする
ハイシッヒの見解には無理がある。⑦は 239 節ではなく 264 節の内容を補充
するものとみるべきであろう。

　『秘史』239 節の内容は，卯の年（1207 年）に J̌oči が森林の民（hoi-yin
irgen）に遠征して成功裡に帰還したことから，Činggis qan が褒めてそれら
の森林の諸族を J̌oči に与えたとある（『秘史』239 節）。そこには Qbučaɣud
の民は挙げられていない。そもそも J̌oči に森林の民が与えられたのは 1207
年とあって，Činggis qan が西域遠征から帰還した 1225 年よりずっと前のこ
とである。また『秘史』239 節には Čaɣatai に民が与えられたと言うことは
全く記されていない。J̌oči，Čaɣatai に対する Činggis qan の教導の言葉も見
いだせない（『秘史』239 節）。要するに，「J̌oči と Čaɣadai に対する住民の授
与と教導」の内容が『秘史』239 節を補充するものとするハイシッヒの見解
は誤りとしなければならない。それにまた，⑦の記述は『秘史』の内容と異
なる点が多く，要するにこれらは『秘史』の記述を補充するものとは考え難
い。

　⑧について。これは，L・AT，Ⅱ，36：6 〜 38：6 の部分と L・AT，Ⅱ，40：1 〜
40：2 の部分が『秘史』244 節からの引用であり，この 2 つの部分の間にある
LAT，Ⅱ，38：6-40：1 の記述がロブサンダンジンによって補われたものであ
り[44]，それによって「Qasar の逃走と Sübegedei による追跡」という出来事
の記述が『秘史』より詳しくなったのだとハイシッヒは述べているのである。

　『秘史』244 節の概要を記すと，Qongɣotan 族の Mönglik ečige の 7 子（そ
の第 4 子 Kököčü は至高のシャーマン Teb tenggeri と称されていた）が
Činggis qan の弟 Qasar を殴打し，それを Qasar が Činggis qan に訴えたのに
対し，他のことで怒っていた Činggis qan が逆に Qasar を叱ったことから，
Qasar は 3 日間兄 Činggis qan のもとに来なかった。Teb tngri がそれに付け入
り，Qasar が Činggis qan と qan 位を争う存在だと讒言したことから，Činggis
qan が Qasar を捕縛した。それを知った母 Hö'elün は怒って Činggis qan のも

とに急行し，Činggis qan をきびしく諫めて Qasar を救ったが，その後 Činggis qan は，かつて Qasar に与えた 4000 人の民を取りあげ，1400 人（L・AT は 1300 人）に減らしたとある。

　ではハイシッヒが，『秘史』244 節より詳しい様式だという L・AT, II, 38 : 6-40 : 1 には，どのように書かれているのか。それは，Činggis qan が Qasar の民を 4000 人から 1400 人に減らしたときに，Činggis qan が Sübegetei baɣatur を「教導して（jarliɣ bolurun）……と仰ると（kemen jarliɣ bolubasu）」とある「……」の部分にあることに関連するのだが，そこには Činggis qan の処置に対して Qasar が反抗または逃亡したということが何も書かれていないのにもかかわらず，Činggis qan が Sübegetei baɣatur を教導して，手を尽くして Qasar を追撃するように仰せになったということが述べられているのである。これは，『秘史』199 節に記されている，Činggis qan が Sübe'etei ba'atur に Merkid の Toqto'a-beki の子どもを追撃させるよう教導したときの Činggis qan の言葉を想起させるものである（ただし L・AT 所引『秘史』に 199 節は欠けている）。それはともかく，Činggis qan の教導（jarliɣ）に応じて Sübegetei baɣatur が Qasar を念頭に親族や家族から離れればさまざまな者の idesi（冬季用食肉）になるのだという，抽象的なことを縷々語ったところ，Qasar は賛同したが，Jalayirdai の Jebke は彼から去って Barɣujin 地方に逃れたとある。つまり「Qasar の逃走と Sübegedei による追跡」について記した 244 節を，より「詳しい様式」で述べたものとハイシッヒは述べているけれども，Qasar は Činggis qan に反抗もしていないし，彼から逃亡してもいない（L・AT にそのような記述は存在していない）のだから，Činggis qan の Sübegetei に対するこの教導には実質的な意味は何もないのである。

　⑨について。『秘史』264 節の詳細なテキスト（L・AT, II, 85 : 8-86 : 1, 86 : 8-86 : 9）[45]。『秘史』264 節は，Činggis qan が 7 年間におよぶ Sarta'ul 征討から戻り，途中エルディシ河畔で夏を過ごし，7 年目の西の年（1225 年）にトウラ川流域の Qara tün のオルドに帰還したという内容で，L・AT 所引『秘史』

62　第1部　モンゴル帝国・元朝時代の史料の考察

にはそれが忠実に引用されているが，最後の文の前のところに，『秘史』には存在しない次の文が挿入されている。「そこに Činggis qaγan はサルタウル（Sartaγul）の民を連れて帰ってくるとき，オルドス（ordos. ordo の複数形）に使者を派遣して，qoryuγdai/tai[46) 子たちを連れてくるようにと言って遣った。Udar 峠を越えて近づくときに，また使者を遣わして，右翼の子たちをすぐにと言って遣わされて，直ちに出発して Činggis qaγan が Qara ǰayir という土地にいるときに到着した。そこにおいて Činggis qaγan は子たちに yisüle，海青鷹（način）そしてサルタウルの子たち（Sartaγul köbegüd），去勢馬などを与えた[47)。子たちが Činggis qaγan のいるところに行かないうちに Qubilai なる子[48) が他に先んじて現れた。サルタウルの戦利品から Qubilai に大きな部分を与えた。それから酉年（1225 年）の秋にトウラ（Toγula）川の Qara tün にある諸オルドに降りた」（L・AT, Ⅱ, 86:1-86:8）。このような内容の文があることから，ハイシッヒは「L・AT, Ⅱ, pp. 85:8-96:1（正しくは pp. 85:8-86:9)」を『秘史』264 節の詳細なテキストだと述べているのである。

　西征からの凱旋途上，Činggis qan を Qubilai が出迎えたということはラシード＝ウッディーンの『集史』にも記されているが，その内容は L・AT のそれとはおおいに異なる。すなわち Jīngīz khān は Tājīk 地方の征服から帰還した。そして申の年である bījīn-īl（1224 年）—〔ヒジュラ暦〕621 年にあたる—に，途中で夏と冬を過ごした。そしてみずからの ūrdūhā（ūrdū/ordo の複数形）の境界に到ったときに 11 歳であった Qūbīlāy qān と 9 歳であった Hūlākū qān が出迎えに来た。そのときにたまたま Qūbīlāy qān が 1 羽のウサギを射た。そして Hūlākū qān は一匹の野生ヤギ āhūyī[49) を射ていた。イマン・フイ（Īmān-hūy）と言う場所で，マートマル・クジン Īmīl-qūjīn（または Mātmīl-qūjīn）に近いナイマン（Nāymān）〔部族〕の境界において，キレ（Kīle）水の向こう側（または「向こう側にキレ川があって」），ウイグル（Ūyghūr）地域の近くにおいて。モンゴル（Mughūl）人の習慣は，子供たちが狩りをする最初のときに，彼らに jāmīshī をした（これを jāmīshī kardan と

言った）。その意味は，その親指を脂肪の多い肉にすり込むのである。Jīngīz khān は jāmīshī をみずからの手で行った。そして Qūbīlāy qān は Jīngīz khān の親指をやさしくとった。Hūlākū qān は激しくとった。Jīngīz khān は言った。「このいやな奴は私の指をなくした」と。そしてそこから出発したとき，Būqā-sū-jīqū のところに下り，黄金の大オルドを建てて集まって大宴会（tūy）を行った[50]。

以上の L・AT 所引『秘史』264 節（L・AT, Ⅱ, 85:8-86:9）の後半部すなわち L・AT, Ⅱ, 86:1-86:8 に挟み込まれた文と，『集史』の「チンギス＝ハン紀」に記されているこの文をくらべると，ホラズムシャー朝征討を終えた Činggis qan が 1224 年に帰途につき，1225 年にオノン川のオルドに到着したという基本的な点は同じであるけれども，その他の点では顕著な違いがいくつも見いだされることがわかる

まず，帰路途上，『秘史』264 節および L・AT 所引『秘史』264 節には夏にエルディシ川で避暑したと書かれているけれども，『集史』「チンギス＝ハン紀」には夏だけではなく冬も過ごしたと記されている（過ごした場所については記されていない）。すなわち三つの季節にまたがるほどの期間を帰路途上で過ごしたというのだから，『秘史』の記述とはかなりの違いがある。

つぎに，L・AT, Ⅱ, 86:1-86:8 には，Činggis qan が子全員に出迎えさせるために使者を 2 度派遣したとある。その Činggis qan の催促に応じて，子のなかで他に先んじて Qubilai がやって来て出迎えたと，Qubilai のみが挙げられているのに対して，『集史』には Činggis qan が子たちに出迎えるように催促する使者を送ったとは書かれておらず，夏と冬を過ごしたのち，Činggis qan がみずからのオルド（pl.）の境界に到ったときに Qubilai と Hulagu が来たとある。両書の共通点は，Činggis qan を出迎えたとして名が記されている Qubilai と Hulagu は，ともに Činggis qan の末子 Tolui の子だということである。

Činggis qan を出迎えてからのこととして，L・AT 所引『秘史』には Qubilai

64　第1部　モンゴル帝国・元朝時代の史料の考察

が最初に出迎えたことから Činggis qan から特別多くの戦利品を与えられた
とあり，『集史』には，Qubilai と Hulagu が，たまたまそれぞれウサギと野
生ヤギを射て獲ったということで，男の子がはじめて狩りをするさいの儀礼
を，二人に対して Činggis qan がみずから行ったとある。

　以上のできごとの間に，異なる点が目立つけれども，そしてクビライのこ
とを意図的に強調しているようにも思われるが，それは伝承その他の何らか
の根拠に基づいているのに違いない[51]。すなわち⑨を『秘史』264 節の詳細
なテキストと述べたハイシッヒの見解は妥当と思われる。

　以上の検討の結果，Heissig の立論の根拠である 9 項目のうち 8 項目が
Činggis qaɣan-u iǰaɣur ではない他の資料から引用されたものと考えられ，『秘
史』より内容が詳しい『秘史』すなわちハイシッヒの言う Činggis qaɣan-u
iǰaɣur の利用を推測することは難しいと言わなければならない。

4　いわゆる "詳しい内容の Činggis qaɣan-u iǰaɣur" と『秘史』の資料系統に関する若干の検討

　前節では，ロブサンダンジンが『秘史』とともに，『秘史』より詳しい内
容をもつ『秘史』の原典ウイグル・モンゴル語の言葉遣いのテキスト
Činggis qaɣan-u iǰaɣur（チンギス＝カンの根源）を手もとに置いて L・AT に
補充しあるいは L・AT を詳細にした，とハイシッヒが考える根拠とされた
『秘史』の 9 箇所（①～⑨）の記述を検討した。そしてそれらの大部分につ
いてハイシッヒの見解を否定した。ではそれらの，補充されあるいは詳細に
されたという内容をもつものは，いかなる資料に基づいて補充され詳細にさ
れたのであろうか。

　それらは，ロブサンダンジンがみずから利用した資料の名を記さなかった
こともあって，もちろん明確にはわからない。ただそれらについて，既述の
ように，ハイシッヒが L・AT 編纂に ČK，NT，Bilig，伝承複合 X，伝承複合
Y，L3DL，C5DL，AT（anon.）の 8 種類の資料が使われたことを明らかにし，

それらが引用されている L・AT の頁と行を，ウランバートル 1937 年刊本（Harvard 大学 1952 年刊本はその複製）に基づいて先に掲げた「L・AT（1655）の典拠一覧表」（Heissig, W. 1959, pp. 70-71）としてまとめてくれたこともあって[52]，かなりよくわかる。それでも，もっと細かく検討すれば，L・AT が用いた資料に関する知識を，より豊かにすることができるかも知れない。

　その意味で，前節において述べた "soyu-" という言葉の検討が不可欠となる。すなわち前節で述べたように，ウイグル・モンゴル語原典 *Činggis qayan-u ijayur* がロブサンダンジン在世の頃に存在して利用されたと仮定する根拠としてハイシッヒが列挙した①〜⑨のうちの③ 64:10，④ 19:12, 20:7，⑤ 21:9，⑥ 23:3, 23:10，⑦ 86:11, 87:12, 88:12, 89:3 にある "soyu-" という語を含む，「教導するのに（soyun jarliy bolu-）……と仰せになった（kemen jarliy bolurun ajuyu）」，「kemen soyuysan ajuyu」，「soyurun」，「soyun ajuyu」などの文言が，ウイグル・モンゴル語原典 *Činggis qayan-u ijayur* から補充されあるいは詳細にされたとハイシッヒは述べているのだが，その考えが正しければ，*Činggis qayan-u ijayur* に多く依拠したはずの『秘史』には "soyu-" という語が含まれているはずである。だが，前節で述べたように『秘史』には "soyu-" は皆無である。そして "soyu-" という語は L・AT の Ⅱ 部に多数見られるのだが，そこに引用されている『秘史』235 節 -268 節の文のなかにも "soyu-" を見いだすことはできない。

　ところが，*Činggis qayan-u ijayur* がロブサンダンジンの時代に存在したことを裏づけるものとしてハイシッヒが前節において提示した①〜⑨のうち，私が『秘史』本来のものではないと指摘した③，④，⑤，⑥，⑦の文のなかにある "soyu-" のほかにも "soyu-" を数多く見つけ出すことができる。そしてそれらはみな，L・AT の Ⅱ 部に存在し，その最後に位置する "soyu-" は，Činggis qan の晩年のころに関する記述のなかに見いだされるのである。いま，"soyu-" の所在箇所をすべて示すとつぎのとおりである。なお③，④，⑤，⑥，⑦の文にある "soyu-" については，「頁：行」のうしろに③〜⑦のいず

66　第1部　モンゴル帝国・元朝時代の史料の考察

れかの数字を付してある。

①．［L・AT, II, 19:9-25:6］(1) 19:13 ④, (2) 20:7 ④, (3) 21:9 ⑤, (4) 23:5 ⑥, (5) 23:10 ⑥《NT235-241, Y》

②．［L・AT, II, 27:12-36:5］(6) 27:12, (7) 28:5, (8) 28:13, (9) 29:4, (10) 32:14, (11) 33:1, (12) 34:13《Bilig》

③．［L・AT, II, 46:7-46:11］(13) 46:8《Bilig》

④．［L・AT, II, 53:1-68:4］(14) 53:8, (15) 58:11, (16) 62:3, (17) 64:10, (18)《NT200, Bilig》

⑤．［L・AT, II, 78:10-86:9］(19) 83:7《NT254, AT (anon.) cf. 35-36》

⑥．［L・AT, II, 86:10-91:11］(20) 86:12 (Bilig) ⑦, (21) 87:11 (Bilig), (22) 88:1 (Bilig) ⑦, (23) 88:8 (Bilig) ⑦, (24) 88:9 (Bilig) ⑦, (25) 88:12 (Bilig) ⑦, (26) 89:9 (Bilig) ⑦, (27) 90:10 (Bilig) ⑦, (28) 91:10 (Bilig) ⑦《NT239, Bilig》

　この一覧表の左端の欄の右側に横に並べて，本稿冒頭の「はじめに」において記した，① *Čiqula kereglegči tegüs udqatu šastir*（略称 ČK），②『秘史』（略称 NT），③ Bilig すなわち Činggis qan とその側近の箴言，④伝承複合 X，⑤伝承複合 Y，⑥『第3代 Dalai Lama の伝記』（略称 L3DL），⑦『第5代 Dalai Lama の年代記』（略称 C5DL），⑧著者不明『Altan tobči』〔略称 AT (anon.)〕それぞれのための欄が，この順序で横並びに設けられている。そして L・AT の II 部について述べると，51 に区分された各部分の右側の欄に ČK については引用関係がある場合にはその頁と行数が，『秘史』については引用関係があればその節番号が，そして Bilig, 伝承複合 X, 伝承複合 Y については引用関係があれば「＋」印が，L3DL, C5DL, AT (anon.) については引用関係があれば頁数が，それぞれ記入されている。もしこれらと引用関係がなければ「−」印が記入されている。

　上に示した L・AT の II 部における "soyu-" の所在箇所を記した①〜⑥のうち，①の(1)-(6)を例にとって説明すると，L・AT の II 部の 19 頁の 9 行か

ら 25 頁の 6 行までの部分に，soyu- という語が 19 頁 13 行，20 頁 7 行，21 頁 9 行，23 頁 5 行，23 頁 10 行の 5 箇所にあり，そしてこれら 5 箇所は『秘史』235-241 節と伝承複合 Y に基づくとハイシッヒがみていることを意味する[53]。ところで『秘史』には soyu- という語は存在しないのだから，この soyu- を含む部分は伝承複合 Y に基づいていると解釈されるのである。②の (6)‐(12)と③の(13)は Bilig に基づいている。④の(14)‐(17)，⑥の(20)‐(28)にある soyu- は，『秘史』と Bilig に基づくとあるけれども，①の場合と同様の理由から，『秘史』ではなく，Bilig に基づいていると解釈されるのである。⑤の (19)についても『秘史』ではなく，AT（anon.）に基づいていることがわかる。

　また④の「[L・AT，Ⅱ，53:1-68:4]　(14) 53:8，(15) 58:11，(16) 62:3，(17) 64:10 《NT200, Bilig》」についてみると，L・AT のⅡ部の 53 頁の 1 行から 68 頁の 4 行までの部分に，soyu- という語が 53 頁の 8 行，58 頁の 11 行，62 頁の 3 行，64 頁の 10 行の 4 箇所にあり，そしてそれらの soyu- があるのは『秘史』200 節と Bilig においてであるということを意味する[54]。ところで "soyu-" という語は『秘史』200 節にはないのだから，この soyu- は Bilig のみに存在していることがわかるのである。

　そしてまた，②，③，⑤，⑥の(6)‐(13)，(19)‐(28)の "soyu-" についても Bilig から L・AT に引用されているのだから，『秘史』とは無関係だとわかる。

　ところで内容からみて古い資料に属したと思われる "soyu-" を含む文が Čadiγ において，種々の Bilig を収録してある pp. 152-169 において 7 箇所に見いだされる。そしてそれらが L・AT，Ⅱ に引用されている。その頁と行（頁：行）は，つぎのとおりである[55]。

・[AT（anon.）155:6-155:8］の 155:8（soyu-）→[L・AT，Ⅱ，32:11-32:14] の 32:14（soyu-）《Bilig》。Qara kümün（庶民）に対する教導の言葉。Bilig に基づくもの。

・[AT（anon.）162:7-162:11］の 162:11（soyu-）→ ？ [L・AT，Ⅱ，86:10-87:12]]の 86:12（soyu-）《NT200, Bilig》。L・AT は Jöči に対する "soyu-"

68　第1部　モンゴル帝国・元朝時代の史料の考察

としているが，AT（anon.）は誰に対する "soyu-" なのか不明である。
いずれにせよ，この "soyu-" は Bilig に基づくもの。

・[AT（anon.）162:11-163:5] の 163:1（soyu-）→[L・AT，Ⅱ，86:11-12] の
  86:13（soyu-）《NT239, Bilig》。Čaγatai に対する "soyu-"。NT239 にで
  はなく，Bilig に基づくものと考えられる。

・[AT（anon.）163:5-163:8（soyu-）] の 163:5（soyu-），163:7（soyu-）→
  [L・AT，Ⅱ，86:10-91:11] 　の 88:1, 88:8, 88:8, 88:7（soyu-）《NT239,
  Bilig》。AT（anon.）には Činggis qan が Čaγatai を Sartaγčin 統治のために
  遣わすさいの教導の言葉すなわち "soyu-" があるのみで，Činggis qan
  の Joči に対する "soyu-" は存在しないのに対して，L・AT には Joči に
  Qbčaγud を，Čaγatai に Sartaγčin を統治させるために遣わすさいの
  "soyu-" それぞれが記されている（L・AT，Ⅱ，pp. 86-）。NT239 ではなく，
  Bilig に基づくものと考えられる。

・[AT（anon.）166:2-166:6] の 166:3（soyu-），166:6（soyu-）→[L・AT，Ⅱ，
  27:12-28:4] の 27:12（soyu-）《Bilig》。Činggis qan の 4 子に対する教
  導の言葉。Bilig に基づくものと考えられる。

そのうち *Čadiγ* 155:4-155:11 の記述が上述した L・AT，Ⅱ，32:14 の文を含み，
また L・AT，Ⅱ，66:8-68:2 の別様式の文の一部が *Čadiγ* 161:6-162:11 に，こ
の様式で現れているのである。また AT（anon.）162:11/L・AT，Ⅱ，68:2-3 と
あるのは，AT（anon.）162:11 に "soyu-" があるが，L・AT においては記さ
れていない。それは，L・AT の AT（anon.）の文を節略して引用したため，削
られたと理解される。

　Čadiγ が L・AT と深い関係をもつことは，すでにジャムツァラーノ以来指
摘されている。具体的に述べると，*Čadiγ* は『著者不明 *Altan tobči*/AT
（anon.）』と他のいくつかの文献を利用して編纂されている。AT（anon.）を
Čadiγ は *Qad-un ündüsün quriyangγui altan tobči neretei sudur* と記しており（p.
126），*Čadiγ* の初めからまさにこの p. 126 まで利用しているのである。L・AT

に AT（anon.）が引用された箇所は，ハイシッヒの「L・AT（1655）の典拠一覧表」（Heissig, W., 1959, pp. 70-71）に整理されて記されている。

　Čadiɣ には，AT（anon.）以外に，6 人の勇士を従えた Činggis qan と 300 人の Tayičiɣud/Tayiči'ud との戦いを記した『成吉思汗行軍記（*Suutu ejen-i nigen yabudal*）』（pp. 126:10-138:3。p. 138:2-3 にこの書名が記されている），Činggis qan とその妻 Börtügüljin すなわち Börte üjin の結婚の祝宴の様子を記した「11 人の賢人の言葉（Arban nigen sečid-ün üges）」（pp. 138:4-147:7, p. 147:7 に書名が記されている），そして「Činggis qan の jarliɣ から成る Debter（仮題）」（152:9-169:3 に引用され，169:3 に書名が記されている。以下 *Debter* と略称）が引用されている。

　まず，『成吉思汗行軍記（*Suutu ejen-i nigen yabudal*）』は，L・AT, Ⅰ, 96:11-106:7 に引かれている[56]。これは，ハイシッヒの「L・AT（1655）の典拠一覧表」によれば，Bilig に基づくものである。

　つぎに *Čadiɣ* 138:4-147:7 の「11 人の賢人の言葉（Arban nigen sečid-ün üges）」は，ハイシッヒの「L・AT（1655）の典拠一覧表」によれば，やはり Bilig に基づくものである。

　さらに *Čadiɣ* 152:9-169:3 の *Debter* の断片若干は，L・AT, Ⅱ, 31:8-68:4 に散在する状態で引かれているのだが，この断片若干を含む L・AT, Ⅱ, 53:1-68:4 の内容については，ハイシッヒは「L・AT（1655）の典拠一覧表」において，『秘史』200 節および Bilig に基づくとしている。けれども，『秘史』200 節には Činggis qan が Naiman, Merkid 両部を撃破したのち，Naiman に荷担したことから放浪し困窮していた Jamuqa がみずからの nökür たちに捕らえられ，Činggis qan のもとに連れてこられたさい，Činggis qan がその nökür たちを殺し，Jamuqa と交わした会話の一部が記されているのだが，L・AT, Ⅱ, 31-68 において並べられている 15 種類の話は『秘史』200 節の内容と無関係のものばかりである。L・AT, Ⅱ, 54:3-55:7 に記されている Činggis qan と Jamuqa の交わした会話が『秘史』200 節とわずかに関わりがあるかと思

70 第1部 モンゴル帝国・元朝時代の史料の考察

わせるけれども，『秘史』200 節と関係があるとするのは無理である。要するに 15 種類の話はみな，Bilig に基づいているのである。

ところでハイシッヒは，L・AT と *Čadiγ* の関係を何ら説明することなく，「Činggis qan の jarliγ から成る Debter」のみならず，「11 人の賢人の言葉」および『成吉思汗行軍記』をも一括りにして Bilig（箴言）からの引用とみなした。ハイシッヒは資料としての Bilig の性格について説明していないが，あるいはそれらを，Bilig 的性格を共通してもつと判断して，一括りにしたにすぎないのかも知れない。ハイシッヒが Bilig を，L・AT を構成する 7 つの種類の典拠の一つとみている以上，それらをひとまとまりの資料であるとみなしていると理解するのが妥当であろう。

しかし私はそれに対して，短いものであってもこれら 3 種類の資料が，おのおの独立の名称をもって *Čadiγ* に記されている事実を無視できない（*Čadiγ* 126:10-138:3）。『成吉思汗行軍記』に至っては，別に『喀喇沁本蒙古源流』にも同じ名称で記されている。*Čadiγ* 126:10-138:3 にも一部が引用され，そしてそれがそのまま L・AT, I, 96:11-106:7 に引用されたのだと考えられる。

Debter については，*Čadiγ* と L・AT にそれぞれ簡単な説明が記されている。すなわち *Čadiγ* には「今，英明な Činggis qan が大位に座してから，sing noyad（刑罰を扱う noyan たち）を置いて粗雑な漢人の sing（刑罰）を定め，おこなったあらゆること示して *Debter* を編んである。一万年後に，英明な Činggis qan の聖旨に言及しようとて，編んであるこれらの *Debter* を見ると，まさに今のそれのようである」とあり（168:11-169:3），L・AT には「英明にして聖なる Činggis qan の時代に賢人や学者の立派に表現したさまざまの金言を，将来，法（qauli）として確立するように，今，*Debter* に記した」とあり（Ⅱ, 68:2-68:4）[57]，それ，すなわち *Debter* に種々の Bilig が収録されているが，それらは *Čadiγ* の 18:3-19:8? と 152:9-169:3 から L・AT に引用されたものなのである。引用の過程で *Čadiγ* の文に手を加えたとみられるも

ロブサンダンジンの『アルタン＝トブチ』に引用されている『モンゴル秘史』について　71

のも含まれているけれども。

　それらはみな，ハイシッヒの「L・AT（1655）の典拠一覧表」の「L・AT，Ⅰ，106:8-108:9」，「L・AT，Ⅱ，27:12-36:5」，「L・AT，Ⅱ，53:1-68:4」のいずれかに含まれる。

Čadiɣ 18:3-19:8? → L・AT，Ⅰ，106:8-108:9

Čadiɣ 152:9-153:1 → L・AT，Ⅱ，57:12-58:2

Čadiɣ 153:2-155:4 → L・AT，Ⅱ，62:10-64:9

Čadiɣ 155:4-155:6 → L・AT，Ⅱ，32:6-32:7

Čadiɣ 155:6-155:8 → L・AT，Ⅱ，32:11-12

Čadiɣ 155:8-155:11 → L・AT，Ⅱ，31:8-31:11

Čadiɣ 155:11-157:6 → L・AT，Ⅱ，?-?[58]。

Čadiɣ 157:6-158:4 → L・AT，Ⅱ，58:11-59:13

Čadiɣ 158:4-158:8 → L・AT，Ⅱ，59:9-59:13

Čadiɣ 158:8-160:7 → L・AT，Ⅱ，?-?

Čadiɣ 160:7-161:2 → L・AT，Ⅱ，33:10-34:3

Čadiɣ 161:2-161:5 → L・AT，Ⅱ，35:14-36:5

Čadiɣ 161:6-162:7 → L・AT，Ⅱ，66:8-67:10

Čadiɣ 162:7-162:11 → L・AT，Ⅱ，67:12-68:2

Čadiɣ 162:11-163:5 → L・AT，Ⅱ，67:12-68:2

　　　　　　　　　　→ L・AT，Ⅱ，68:2-68:4（*Debter* についての説明文がある）

Čadiɣ 163:5-163:8 → L・AT，Ⅱ，?-?

Čadiɣ 163:8-164:7 → L・AT，Ⅱ，?-?

Čadiɣ 164:7-164:11 → L・AT，Ⅱ，59:14-60:4

Čadiɣ 164:11-166:6 → L・AT，Ⅱ，60:4-60:7

Čadiɣ 166:6-166:9 → L・AT，Ⅱ，60:4-60:7

Čadiɣ 166:9-169:3（*Debter* についての説明文がある）→ L・AT，Ⅱ，?-?

（または Čadiɣ 166:9-168:2 → L·AT, Ⅱ, ?-?, Čadiɣ 168:3-169:3 （Debter）
→ L·AT, Ⅱ, ?-?)

　前述のようにロブサンダンジンは，L·AT 編纂に使用した資料の名前を記
していないが，この Debter の名だけは残した。たぶん，ジャムツァラーノ
も記しているように[59]，この資料名は，Bilig（ハイシッヒの「L·AT（1655）
の典拠一覧表」に記されている「L·AT, Ⅰ, 106:8-108:9, L·AT, Ⅱ, 27:12-
36:5 および L·AT, Ⅱ, 53:1-68:4」）の締めくくりをなすものとして記された
のである。それならば，その後方に記されて "soyu-" を含み，ハイシッヒ
が Bilig からの引用とみた文（L·AT, Ⅱ, 86:10-91:11）[60] は，別個の資料から
の引用されたのだと推測ることが許されるであろう。すなわち Bilig は，最
低 3 ないし 4 の資料に区分されるのである。それ故にこれらの資料を Bilig
というひとまとまりの資料からの引用として扱うことに疑問を抱かざるを得
ない。

　またこの L·AT 内の "soyu-" 様式をもつ文が引用された，おそらく二つ
の資料と Čadiɣ 内の同種の Debter との相互関係は，不明である。だが
"soyu-" を含み箴言的内容をもつ短文から成る記述が，これらの資料に含ま
れていたことは疑えないのであって，第 3 節で扱った，『秘史』のいくつか
の節に関する，より詳しいテキストが L·AT に見いだされるとしてハイシッ
ヒが示した 9 例のうちの③，④，⑤，⑥，⑦の同類の記述も，『秘史』では
なく，本来こうした資料に属していたとみるのが，妥当であろう。他に⑧は
著者不明 Altan tobči にもあるので，それとの関連で分析をしなければならな
い。ハイシッヒ等は，この書を L·AT の抜粋本とし[61]，L·AT 構成資料のな
かに含ませていない。しかしそうだとすると，L·AT において『秘史』に次
いで多くの分量を占める，この書の内容に対応する記述は，ČK や L3DL が
典拠であることのわかる少量の記述を除いては，典拠不明となる。ここにハ
イシッヒ等の見解に対するひとつの疑問が生まれる。また L·AT に見える
『秘史』からの引用記事と『秘史』以外の資料からの引用記事の，さらに著

者不明 *Altan tobči* への引用のされかたには格段の差があり，L・AT のなかで最も精彩に富み，量的にも圧倒的に多い『秘史』からの引用記事が，一貫して甚だしくゆがめられ，あるいは抜粋されていない。この引用のされ方の違いを説明するのは難しい。しかもこの書の成立年代は，L・AT の成立した 1655 年をさかのぼる 1604 年 –1634 年とされており，ハイシッヒもそれを否定してはいない。

　結局，逆に著者不明 *Altan tobči* を L・AT の構成資料の一つとみたほうがよく，そのほうが⑧についても典拠が明確になるだけでなく，他の多くの記述の典拠も明確となる。だが，両書の資料関係の解明には，なお問題があり，相当説明が要るから，今は上の見通しを述べるにとどめる。

おわりに

　本稿において，私は『モンゴル秘史』（『元朝秘史』）研究の一環として，『秘史』からの豊富な引用文の存在によって著名な L・AT すなわちロブサンダンジンの『アルタン＝トブチ』を分析し，そこに引用されている『秘史』の実体を明らかにすることを試みた。その結果，それは現在に知られ使われている漢字音訳本『秘史』に比べて，脱落がかなり目立つのに対して，より詳しい記述は一部に限られることがわかった。こうして現在使われている漢字音訳本『秘史』とその原典であるモンゴル文字写本が良好であったことが推測されるのである。

　『秘史』の原典であるそのモンゴル文字写本とロブサンダンジンの手もとにあった『秘史』とのあいだの種々の相異が，前者が漢字音訳されたときから，後者が L・AT に引用された当時までの関係については，もちろん不明である。現在使われている漢字音訳本『秘史』とロブサンダンジンの手もとにあった『秘史』との間の種々の相異が，前者が漢字音訳された当時から，後者が『アルタン＝トブチ』に引用された当時までの時間の経過と，その後における筆写のさいなどに，その後者すなわち L・AT 所引『秘史』が被った変

74　第1部　モンゴル帝国・元朝時代の史料の考察

化を考慮しても多すぎ，両典拠の間に系譜上直接の関係を認めることが難し
いとすれば，よりさかのぼる時代に分かれた写本に両『秘史』の起源を求め
たほうが，よいかも知れない。だがいずれにせよ，それらは同源だから，内
容の詳しさの程度に，非常に注目に値する差は存在しておらず，それらの一
方の他方に対する資料上の重要な意義・価値は，系統が分かれて以後の経歴
の差異によって生じたそれぞれの脱落やゆがみを補い合う点では，前者にあ
まり脱落がない－とりもなおさず後者の前者に対する大ならざる浩瀚さの理
由－のに対し，後者には膨大な量の脱落がある。後者を内容豊かあるいは完
全な写本とする見方は，当たらない。

　ところで漢字音訳本『秘史』とL・AT所引『秘史』の細部の字句の比較検
討は，本稿の目的の外にある。そのわけは，それらの分析は，比較の一方の
対象であるL・AT所引『秘史』がL・ATに占める部分，ひいてロブサンダン
ジンの手もとにあった『秘史』の姿の明確化がなされることが行われてはじ
めて有効だからである。その細部の分析に基づく両『秘史』の研究の深化は，
なお基本的には今後の研究課題であると言える[62]。

　一方，17世紀なかごろのモンゴルにウイグル・モンゴル字本の『秘史』
が伝存していたという事実は，モンゴル帝国・元朝にさかのぼる他の古い記
録の，当時における残存・流伝の可能性を裏づける傍証ともなる。現に，そ
れらの一部が，ジャムツァラーノも述べているように，L・ATに引かれてい
る。いわゆるbilig的記述のうちに，そのような起源の古いものがあること
は疑えないし，またたとえばČinggis qanの妻妾と子どもの総括的な記述の
ような『集史』に裏づけを求め得る類[63]の断片的記録も，同程度に起源が
古いことは明らかである。この古い資料の研究も，L・AT研究の一課題であ
り，それがまた『秘史』研究に大きく貢献するとの見通しを述べて，この拙
い論文を結びたい。

追記　本論文は，1972年6月に『東洋学報』55-1に発表した同名の論文を本書刊行のた

めに改訂したものである。その後 1990 年にウランバートルからロブサンダンジン
の『アルタン＝トブチ』の原写本の影印本が刊行されたこともあって，かねて改訂
が必要であると考えていたものである。

注

1) ロブサンダンジン（Blo bzaṅ bstan 'jin）の『アルタン＝トブチ（*Altan tobči*）』（L・
AT）は，1926 年に発見され，1937 年にウランバートルで上下 2 冊の活字本として
刊行された（*Erten-ü qad un ündüsülegsen törü yosun u jokiyal i tobčilan quriyaγsan altan
tobči kemekü orusibai.*）。これを複写して刊行されたのが，*Altan Tobči*, A Brief History
of the Mongols by Blo.bzaṅ bsTan.'jin, Harvard-Yenching Institute, Scripta Mongolica 1,
Cambridge, Massachusetts, 1952 である。Introduction を Antoine Mostaert が執筆してい
る。原写本は，ウランバートルの国立図書館に蔵されているが，筆者はまだ見てな
い。残念なことに，この活字本には誤植・脱落が目立つ。以上の活字本とは別に，
この写本の発見者である Ĵamyang Güng が自ら大半を写して，ペリオ（Pelliot, P.）
に贈った別写本（不分巻。246 丁）がパリ国立図書館にあり，容易に入手できる。
従って，この「故ペリオ蔵写本」に基づいて，モンゴルで刊行された本に基づく
Scripta Mongolica 1 の内容の脱誤を補訂できるのだが，これもまた相当脱誤がある。
私は，以上の両 L・AT を比較し，双方の脱落箇所・内容を抜粋して列挙した一覧表
を作成・謄写し，1971 年度史学会大会東洋史部会で配布した。なお，その後 1990
年にこの影印本が刊行された。本書を編纂するにあたって，この影印本を使って，
本論文の旧稿において使った 1952 年刊活字本の脱落や誤りの箇所を補い，あるい
は訂正した。

2) 本稿では，*Činggis qaγan-u čadiγ* は *Činggis qaγan-u čadiγ*（蒙文蒙古史記），蒙文社，
民国 18（1929）年（再版）を用いる。

3) Žamcarano, C. Ž., 1955, *The Mongol Chronicles of the Seventeenth Century*（translated by
R. Lowenthal），Wiesbaden, pp. 57-58.

4) Heissig, W., 1959, *Die Familien-und Kirchengeschichts-schreibung der Mongolen* I, 16-
18. Jahrhundert, Wiesbaden, p. 57.

5) 著者不明『アルタン＝トブチ』を指す。

6) Heissig, W., 1959, pp. 70-71.

7) Činggis qaγan, Činggis qan, Činggis qahan, Činggis khan などとも表記されるが，本稿
では原則として Činggis qan と称することにする。ただし資料・論文類を引用する場
合は，それらのそれぞれの表記に従う。

76 第1部 モンゴル帝国・元朝時代の史料の考察

8) シャグダル, Ц. は234節とする (Шагдар, Ц., 1957, *Монгол нууц товчоо*, Улаанбаатар, p. 5) の注5。

9) 小林高四郎, 1954, 『元朝秘史の研究』, 日本学術振興会, 104頁, 110頁。

10) ハイシッヒ著, 田中克彦訳, 1967, 『モンゴルの歴史と文化』, 岩波書店, 17-18頁。

11) Дамдинсүрэн, Д., 1957, *Монголын нууц товчоо*, Улаанбаатар, p.11.

12) Heissig, W., 1959, p. 60.

13) 『秘史』77節-207節の脱落に対する見方 (Žamcarano, 1955, p. 73)。Козин, С. А., 1941, *Сокрвенное сказание* を筆者は読むことができなかったが, Козин, С. А. も同意見らしい (小林, 1954, 102頁。Михайлов, Г. И., 1962, "《Сокровенное сказание》 и 《Алтан тобчи》", *Материалы по истории и филологии централыной азий*, Улан-удэ, p. 82)。なお Михайлов, Г. И. は同書で, L・AT所引『秘史』に関する通説とことごとく対立する見解を展開した後, 「L・AT の基礎に, 『秘史』は横たわっていない。初めに口述形式で存在し, 続いて読み書きの普及につれて文書で固定された口碑, 伝説こそ両書の共通典拠であり, それらは多分, 『秘史』がまとめられた時代から種々の表現形式で存在し, 時の経過につれてまた表現形式に, ある変化を被った。だが結局それらに基づいているから両書は類似し, 一方それらからさまざまな作品を別個に採用したから, 両書に相異が生じた。われわれにまで到達したものよりも完全な『秘史』のテキストの存在について言うことは, まずできないであろう」と。採るに値しない見解である。

14) 小林 1954, 111頁。Шагдар, Ц. 1957, p. 6, Дамдинсүрэн, Д. 1957, p. 19.

15) Heissig, W., 1959, pp. 58-60. 札奇斯欽『蒙古黄金史 (Altan tobči) 訳注』 (中国東亜学術研究計画委員会年報第2期, 台北, 1963), 第3節 (32部分)。

16) Дамдинсүрэн, Д. 1957, pp. 95-107 等の20数カ所。

17) ハイシッヒは233節とする (Heissig, W. 1959, p. 57)。だが265節と267節の断片がみいだされるので, 235の節とするほうがよい。ハイシッヒは一方で, L・AT編纂に使われた8種類の資料がL・ATの何頁何行に引用されているかを示した一覧表〔以下, 「L・AT (1655) の典拠一覧表」と称することにする〕においては, 別に200, 273 (Adapt), 239 の三つの節を加えている (pp. 70-71)。これらについては後述する。ついでに言うと, この一覧表の208-204節は208-234節の誤り, 257-264節は256-264節の誤りである。また Шагдар, Ц. は234節の内容をもつ文がL・ATにあると言うが, これは200節か202節の断片記事らしいものの一つを加えたためか。202節についても後述する。なお, 通常 L・AT所引『秘史』にも, 『秘史』の節番号を割り振り, その節番号に基づいて『秘史』との比較が行われている。私もこの方法を採

ロブサンダンジンの『アルタン＝トブチ』に引用されている『モンゴル秘史』について　77

用する。

18）Žamcarano, C. Ž., 1955, *The Mongol Chronicles of the Seventeenth Century*（translated by R. Lowenthal）, Wiesbaden, p. 73.

19）(a) L・AT, Ⅱ, 54-55. (a)の＊印は故ペリオ（Pelliot, P.）蔵の L・AT 写本に準拠した部分。(b) L・AT, Ⅱ, 53:2-53:7。なお 53:2-53:7 は 53 頁の 2 行目から 53 の 7 行目までという意味。

20）Рашид-ад-дин, *Сборник летописей*, т. 1, кн. 2, пер. О. И. Смирновой, прим. Б. И. Панкратова и О. И. Смирновой, ред. А. А. Семенова, 1952, М.-Л., стр. 49. Žamcarano, 1995, pp. 64-65. 本書は以下『集史』または JT と称する。なお『集史』1-1 には「部族編」，1-2 には「チンギス＝ハン紀」がある。

21）那珂通世，1907，『成吉思汗実録』，大日本図書株式会社，26 頁。村上正二，1970，『モンゴル秘史』1，平凡社，46 頁。

22）Pelliot, P., 1940-1941, "Deux Lacunes dans le texte Mongol Actuel de L'Histoire Secrète des Mongols", *Mélanges Asiatiques*, fasc. 1, pp. 5-7.

23）JT1-2, p. 20.

24）JT1-2, p. 20.

25）モンゴル文字で q と s は形状がやや似ており，L・AT の影印本 *Altan tobči*（Ulaanbaatar, 1990）をみると，q と s の区別が付きにくい場合がある。そのため Sem sečüle を誤読したのではないだろうか。

26）正しくは「L・AT, Ⅱ, 21:7-21:14」。

27）Heissig, W. p. 59 の注 11 の前半のイタリック体の文字列の文字間を空けている部分（L・AT, Ⅱの p. 85 の 8 行目から p. 86 の 1 行目まで）。

28）ハイシッヒは 85 頁 8 行 - 96 頁 1 行としているが，誤り。正しくは L・AT, Ⅱ, 85:8-86:1, 86:8-86:9。

29）第 1 節に引用した資料(a)中の下線部分を，ハイシッヒは漢字音訳本『秘史』200 節と関係があるとした。

30）札奇斯欽，1963，『蒙古黄金史（Altan tobči）訳注』，中国東亜学術研究計画委員会年報第 2 期，台北，第 3 節（32 部分）。

31）Heissig, W., 1959, p. 70. なお「伝承複合 Y」とはチベット仏教関係の記事を含む，由来不明の資料であるらしい。

32）Heissig, W., 1959, p. 70.

33）ハイシッヒは aqai とローマナイズする，札奇斯欽は aγai（貴族の女子の尊称）と解する（札奇斯欽，前掲書，43 頁）。

78　第1部　モンゴル帝国・元朝時代の史料の考察

34) söyü'er については小澤重男，1984『元朝秘史全釈　上』，風間書房，131 頁に解説がある。それによれば，söyü- は soyu- の陰母音形で söyüer は「教訓」という意味。なお和訳文は小澤重男訳に従っている（小澤重男，1989,『元朝秘史全釈続攷　下』，風間書房，359 頁，498 頁）。

35) Damdinsürüng, Č. は，1947 年に刊行された *Mongγol-un niγuča tobčiyan*（Ulaγan baγatur）においてハイシッヒが『秘史』の記述を補充するものとして挙げている文を，括弧 [　] 付きでかつ L・AT からの引用であることを示して引用している（その 1957 年版，1975 年版も同様である）。ただし L・AT の原文に忠実でない。

36) Heissig, W., 1959, p. 59.

37) Damdinsürüng, Č. の *Mongγol-un niγuča tobčiyan*（Ulaγan baγatur, 1947）は Alqa beki とする（p. 229）。

38) 下線部分，Damdinsürüng, Č., 1947 には asida tusatai とある。

39) Damdinsürüng, Č. の *Mongγol-un niγuča tobčiyan*（Ulaγan baγatur, 1947）にはこの教導の言葉を載せている（同書の 1957 年版と 1975 年版にはこの言葉をカッコで括り，L・AT から引用したと記してある）。ただし教導の言葉は，L・AT とは非常に異なるものとなっている（pp. 204-205）。のみならず，1975 年版は 1957 年版ともかなり異なるものとなっている。

40) 札奇斯欽『蒙古黄金史訳註』，42 頁。なおハイシッヒは Ilqaltun を Ilqaldun とローマナイズしているが，札奇斯欽は Ilqaltun とローマナイズしている。札奇斯欽を採るべきであろう。なお Дамдинсүрэн, Ц. は Алалтун と表記している（*Монголын нууц товчоо*, 1957, p. 205）。

41) Damdinsürüng, Č., 1947 には qatuγtai kümün du γurban er-e bui. angqan-u er-e inu altan törü bui. tegün-ü daraγaki er-e inu ariγun ner-e bui. tegün-ü daraγaki er-e inu abuγsan er-e mön bolai. altan törü yi qataγujiǰü daγabasu ariγun ner-e belen bolun-a. ariγun ner-e yi bekilebesü abuγsan er-e anggida ülü odumui. とある（p.230）。Damdinsürüng の引用文は，L・AT の文とは異なる点がいくつもあることからわかるように，L・AT の忠実な引用ではない。

42) 札奇斯欽は aγai（貴族の女子の尊称）と解する（札奇斯欽，前掲書 43 頁）。

43) p. 86:1-86:8 には『秘史』とは異なる資料からの引用文が存在する。その内容は Rashīd al-Dīn の『集史（*Jāmi' al-Tawārīkh*）』の記述に似ているところがある（Рашид-ад-дин, *Сборник летописей*, т. 1, кн. 2. 1952, Москва-Ленинград, p. 229.）。

44) ハイシッヒは，伝承複合 Y および著者不明 *Altan tobči* に基づくとしている（Heissig, W., 1959, p. 70）。

45）ハイシッヒの著書に 85 頁 8 行 - 96 頁 1 行とあるのは誤り。

46）札奇斯欽は字義意味不明とする（札奇斯欽，1979，77 頁注 50）。色道爾吉は「気にかける，心配する」の意味があると述べている（羅桑丹津著・色道爾吉訳，1993，『蒙古黄金史』，蒙古学出版社，257 頁）。

47）札奇斯欽，1979，『蒙古黄金史訳注』，77 頁，「按顔色分類，把海青鷹，戦馬，並撒兒頭塔兀勒的兒童，賜給王子們」。羅桑丹津著・色道爾吉訳 1993『蒙古黄金史』，蒙古学出版社，「成吉思汗給毎個孩子賞了九駄子礼品。留在撒兒塔兀勒的也給了同様的饋礼」（257 頁）。

48）札奇斯欽はつぎのような注を付けている。原文は「忽必烈可温」（khubilai kübegün）に作る。「可温」（köbegün）を『秘史』は「大王」と訳している。すなわち親王あるいは宗王の意味である（札奇斯欽 1979，77 頁注 51）。

49）дикая коза（野生ヤギ）. Рашид-ад-дин, *Сборник летописей*; т. 1, кн. 2. 1952, Москва-Ленинград, p. 229. モンゴル語の yangir, yangir yamaa のことか。

50）Rashīd al-Dīn, *Jāmiʻ al-Tawārīkh*（イスタンブール写本），Tārīkh-i Jīngīz khān.

51）吉田順一 2017「『モンゴル秘史』264 節について」（『喬吉教授 75 歳記念論文集〔仮題〕』収録予定）

52）Heissig, W., 1959, pp. 70-71.

53）Heissig, W., p. 70.

54）Heissig, W., p. 70.

55）ただし［AT（anon.）162:7-162:11］の 162:11（"soyu-" がある）と似ていて，引用関係があるとも言える［L・AT, II, 67:12-68:2］には "soyu-" がない。

56）Žamcarano, C. Ž., 1955, *The Mongol Chronicles of the Seventeenth Century*（translated by R. Lowenthal），Wiesbaden, p. 77. なお，この行軍記は『喀喇沁本蒙古源流』にも「蒙古源流 附録」として採録されている。そのタイトルは "cinggis hagan i yaboksan cirek un yabodal un uiletlel" であり，頁数は 10 頁である（藤岡勝二，1945，『羅馬字轉写・日本語對譯喀喇沁本蒙古源流』，東京文求堂）。

57）Žamcarano, C., 1955, p. 77.

58）Čaγadai 関係の内容だが，L・AT にこれに対応する記述が見あたらない。

59）Žamcarano, C., p. 77.

60）前掲の「『秘史』以外の資料に属すると判断した "soyu-" を含む様式の文」

61）Heissig, W., p. 64, pp. 75-79. 岡田英弘，1967，「第 4 回野尻湖クリルタイ」（アジア・アフリカ言語文化研究所『通信』3），19 頁。

62）このような分析として，不完全であるがつぎの 2 例がある。小林，111-125 頁。

80　　第 1 部　モンゴル帝国・元朝時代の史料の考察

　札奇斯欽，82-91 頁。
63）AT, II, pp. 25-26. JT1-2, pp. 68-72.

3

ロブサン＝ダンジンの『アルタン＝トブチ』と
著者不明『アルタン＝トブチ』

はじめに

ロブサン＝ダンジン（BLo bzaň bsTan 'jin/Luvsandanzan）の『アルタン＝トブチ（Altan tobči）』（以下，L・AT と称することにする)[1]には，著者不明の『アルタン＝トブチ（Altan tobči）』〔以下，AT（anon.）と称することにする〕のほぼすべての内容が見いだされる[2]。そのため，L・AT が発見・公刊されて以来，両『アルタン＝トブチ』の関係について，研究者の関心が集まった。ジャムツァラーノ（Žamcarano, C. Ž.)[3]やモスタールト（Mostaert, A.)[4]がその一例であり，やがて AT（anon.）を，L・AT の内容・文を抜粋してつくりあげたものとする説（以下，抜粋本説と称することにする）と L・AT を編纂するさいの資料として使われたとする説（以下，資料説と称することにする）とが生まれた。抜粋本説は，ハイシッヒ（Heissig, W.)[5]や岡田英弘によって説かれ[6]，資料説は小林高四郎やボーデン（Bawden, C. R.）によって説かれた[7]。

たぶん，小林やボーデンの立場は，AT（anon.）の著作年代が L・AT のそれより早いという推定に基づく。従って両者とも，資料説を当然視し，とりたててそれ以上にその根拠を述べることをしていない。ところがハイシッヒは，別角度から両 AT の関係を詳述し，AT（anon.）は L・AT の抜粋・節略した本であるにすぎず，著作年代も AT（anon.）は L・AT より遅いという結論を導き出した。岡田の根拠も，おそらくハイシッヒと同じであろう。この抜粋本説が AT（anon.）の価値をとるに足りないと評するに至るのは，当然である。この両者の主張の影響によって抜粋本説に傾き，AT（anon.）を軽視

する人が，近年増えているのではないかと思われる。

　私はかつて，L・AT に関する論文をまとめ，そのさい，この問題について少し触れたが，それは資料説の立場を支持するものであった[8]。抜粋本説に接する機会が増えつつある現在，あらためてこの資料説を論じようとするのは，その必要性があると信じるからである。すなわち，AT（anon.）と L・AT のどちらがどちらの資料として使われたのかを確認することは，両 AT の資料上の価値を左右し，L・AT の構成資料を明らかにするという課題とかかわるものである。そのため，その究明は，両 AT の研究において重要な位置を占めると言えるのである。本論文は，資料説が妥当であることを論証し，あわせてこうした問題にも立ち入ることを課題とする。

1　ハイシッヒ説の検討

　AT（anon.）が L・AT の内容を抜粋・節略したものであるとするハイシッヒ説の論拠は，*Čiqula kereglegči tegüs udqatu šastir*（以下 ČK と略す），『第3世ダライ＝ラマの伝記』（以下，DL3 世伝と略す），*Mongɣol-un ni'uča tobča'an*（以下 NT と略す）などからロブサン＝ダンジンが引用したのと同じ記述が，AT（anon.）には，より簡略にされた状態で見いだされるということにある。以下において，ハイシッヒの述べる論拠を示し，その問題点を指摘したい。

1）ČK と AT（anon.）

　ハイシッヒはつぎのように述べている。

　(a) L・AT と AT（anon.）とが一致して記している「Own（Heissig : Ot）suwasti siddam……aldarsi……」という冒頭の文に続く生物の起源についての記述は，AT（anon.）に欠けているのに対して，L・AT においては ČK と同様に記され，そして終わる。

　　　……yekede ergün kündülegsen-iyer. Olana ergügdegsen qaɣan kemen

aldarsibai. qad-un ijaɣur anu tegün-eče bolbai（ČK38：1，L・AT，Ⅰ，2：13）．
tere qaɣan-u köbegün anu üjesgülengtü gerel......

AT（anon.）は，この箇所を脱落させ，序言のあとに以下のようにはじまる。

maqa samadi olan-a ergügdegsen qaɣan kemen aldarsibai. enedkeg-ün
terigün maqa samadi buyu. tegün-ü köbegün üjesgüleng gerel......

(b)つぎの ČK，L・AT そして AT（anon.）において言葉どおり一致している Maqasamadi ～ ᵐᵐ Olana ergügdegsen の後継者の列挙において，ロブサン＝ダンジンは ČK の数行をさしあたり省略し，そして少しあとで写した。この原文移動は，AT（anon.）にも同じく転用されていることが見いだされる。

(c)そしてつぎに，L・AT と AT（anon.）の，ČK からの引用記事の書き方の類似を示す対照表を，ほぼ 1 頁にわたって示して，さらにつぎのように述べる。

(d)「AT（anon.）による ČK の自主的利用とは反対の他の証拠として，さらに ČK 自体においては挙げられていない，küjügün sandalitu qaɣan のすぐあとに登場する 6 人の後継者が，AT（anon.）において L・AT とそっくりに引用されている」[9]。

以上の(a)，(b)，(c)，(d)という記号は，私が付けたものであるが，そのうち考慮するに値するのは，(a)のみである。他はすべて AT（anon.）が L・AT の抜粋・節略本であるとの見解を裏づけるものとはなっていない。ハイシッヒ自身が記しているように，(b)，(c)，(d)において指摘されている，両 AT にみられる ČK からの引用記事というのは，たがいに大部分一致している。すなわち ČK → L・AT ＝ AT（anon.）という関係にあるのである。そうであるとすれば，まず L・AT → AT（anon.）という引用関係の存在を明らかにするべきであって，それを行わずにただちに ČK → L・AT → AT（anon.）という引用関係の存在を主張することは，受け入れがたい。

これに対して，ハイシッヒが(a)において記していることは事実である。実際，L・AT にみえる ČK の内容の一部は，AT（anon.）に存在していない。したがって前者すなわち L・AT が ČK から引用した文の内容の一部を後者すな

わち AT（anon.）が省略して引用したと推測することは可能と言える。だが
それならば，そのような推定の反証となる例が存在することにも注意を払わ
なければなるまい。すなわち ČK に，

tegünü dörben köbegün anu eyin buyu. ariγun idege tü qaγan. čaγan idege tü
qaγan tangsuγ idege tü qaγan buyu. rasiyan idege tü qaγan kiged buyu.（38v:
12-15）[10]

とある文が，L・AT には，

tegün-ü köbegün ariγun idegetü qaγan čaγan idegetü qaγan. tangsuγ idegetü
qaγan. rasiyan idegetü qaγan ede dörben buyu（Ⅰ, p. 3:11-12）.

とあるが，AT（anon.）には，

tegün-ü köbegün ariγun idegetü qaγan čaγan idegetü qaγan. tangsuγ idegetü
qaγan rasiyan idegetü qaγan kiged buyu（Bawden C. R., p. 2:6 -2:7）.

とある。「kiged buyu（などである）」という文末の言葉は，ČK と AT（anon.）
にあるが，L・AT にはない。これは，AT（anon.）のこの文章が L・AT からで
はなく，ČK から直接引用されたことを明示する。この一例は，抜粋本説に
対する有力な反証と言えよう。もっとも，そうだからと言って，L・AT が
ČK を直接利用したことには，疑う余地がない。

　そこには，AT（anon.）に記されていない ČK の内容がいくつか存在する
か ら で あ る（Ⅰ, p. 1:5-2:11, pp. 5:7-6:9. Ⅱ, pp. 113:11-114:5, p. 124:
7-8）[11]。では，両 AT がともに ČK を資料として直接利用したということは，
どう理解されるべきであろうか。しかしながら，この解釈は別節（第 4 節）
に譲り，ČK に関して抜粋本説に不利な証拠があることだけを指摘して，先
に進みたい。

2）DL3 世伝と AT（anon.）

　ハイシッヒは，L・AT に引用されている DL3 世伝の内容と，L・AT から抜
粋・節略したとみなす AT（anon.）の対応する内容を，対照させて掲げてい

る（表 1）[12]。これをみて，まず浮かぶ疑問は，たとい節略，釈義したとし
ても，AT（anon.）の mön altan qaɣan......ögede bolɣaǰu irebei という，Bawden,
C. R. の書において 5 行にも満たない短文が，L・AT, II の pp. 181:9-184:4 と
いう長文のなかから，p. 183:6-7, 185:1（DL3 世伝の記述ではない），181:

表 1

AT（anon.）, 124	L・AT II
tere qaɣan-u üye-dür······························	··
···	
···	
mön altan qaɣan toɣuɣan	183:6················ qoyina toɣon temür-eče
temür qaɣan-u üye-dür	inaɣsi saǰin tasuraǰu······················
aldaɣsan törü.	
tasuraɣsan šaǰin-i ǰalɣaqu-yin tulada	185:1 tasuraɣsan saǰin-i ǰalaǰu
qomsim buwadhi saduwa-yin	181:9 qutuɣtu qomsim bodistwa-yin
qubilɣan damǰin mčamba	qubilɣan damčid mčiba bsowad nams
suwadnam rǰamso qutuɣtu	rgya mčinwa kemekü qutuɣtu dalai
dalai blama.	blama ekilen.
mančusiri qutuɣtu	basa qutuɣtu
včirbani-yin qubilɣan	včirbani-yin qubilɣan
čamdoo irčayinrung	čamdoo rčirung
qutuɣ-tu	qutuɣtu
ene ɣurban qutuɣtu ekilen	terigüten
olan merged quwaraɣud-i	olan merged quwaraɣ ud
diyan kiya-bar ǰalaɣulǰu	
ögede bolbai.[13]	ögede bolǰu································
	181:7 dayun kiya-dur·····················
	ǰalara ilegebei·····························
125:irebei.	
erketü ǰuu sigemüni burqan-u beye-yi	184:14（gegen qaɣan anu）erketü ǰun
inu erdeni altan mönggün-iyer	sigemüni burqan-u beye erdeni altan
bayiɣulbai.	mönggün-iyer bayiɣulbai.
tasuraɣsan sačin-i ǰalɣaǰu··············	tasuraɣsan sasin-i ǰalaǰu················

＊ L・AT II とは，*Altan tobči*, Scripta Mongolica I の第 II 部を指し，その最初の文に「183:6」とある
のは，183 頁の 6 行目という意味である。

86　第1部　モンゴル帝国・元朝時代の史料の考察

9-11, 181:7, 8 という順序に，複雑に寄せ集められる―しかもそれらは語句
や短文である―ということが，本当に行われたのだろうかということである
(erketü ǰuu sigemüni……以下の文は DL3 世伝と無関係)。しかも両 AT の文
には，異点がはなはだしく多い。加えて，qomsin buwadhi sadwa yin 以下の
文は AT (anon.) に本来たしかに存在したのか疑わしい。この最後の点の説
明は後節（第3節）で行うが，いずれにせよ DL3 世伝に関するハイシッヒ
の所説も，抜粋説を裏づけるとは考えがたい。

3) NT と AT（anon.）

　ハイシッヒが例示している L・AT に引用されている NT の内容と，その L・
AT から抜粋・節略したとみなされる AT (anon.) の内容の対照表のひとつ
を挙げる（表2）[14]。それをみると，両 AT の内容に異なる点があることに気
づく。すなわち，

　(a) aduγun iyan qubiyaǰu abulčaba（馬群を分けて取りあった）→ ömči qubi
　　　iyan abulčaqu du（遺産の分け前を取りあうときに）

　(b) uruγ singqula yi unuǰu（背黒の葦毛の馬に乗って）→ sirγul i mori ögbe

表2

L・AT, I, 12:9 (= NT, 23節)	AT（anon.）
…………… eke yügen ügei boluγsan-u qoyina aqa nar degüü ner aduγun-iyan qubiyaǰu abulčaba.………………………………	8:………………………………………………………… aqa degüü tabuγula ömči qubi-iya-an abulčaqu-du
……………………………………………… （I の 13:1, NT24 節）bodončar qubi ese kürtejü, eyin atala yaγun kemejü γoul daγaritu qodoli segül-tü uruγ singqula-yi unuǰu ögübesü abasu ǰayaγan minu medetügei kemen onan müren oruǰu odba………………………	…………………………………………………………… 9:bodončir-tu γoul dumda daγari-tu qotong sirγul-i mori ögbe. bodončir kelebe ükübe yaγaba minu ǰayaγan medetügei gejü keleged onon müren-i ögede ečibe.………………

（栗毛の馬を与えた）

(c) onan müren oroju odba（オナン河の流れに従って去った）→ onon müren-i ögede ečibe（オノン河をさかのぼって出かけた）

と言う具合に，L・AT の内容が AT（anon.）において，それぞれ「馬群」が「遺産の分け前」，「葦毛」が「栗毛」，「流れに沿って」が「さかのぼって出かけた」と，別様にまたは逆の意味になっていて，抜粋・節略あるいは釈義の程度を越えている。AT（anon.）の内容が L・AT に依拠しているとは，とても信じられない。

4）AT（anon.）と L・AT の著作年代

ハイシッヒは，最後に，上記の 3 資料に関する分析の結果として，AT（anon.）は「古い資料から自主的に成立した」のではなく，L・AT を釈義した作品である。「それは，従って，L・AT の作成の最も早い可能性の時点である 1655 年以前に編纂されていることはあり得ず，17 世紀後半の作品であるはずである」と結論づけた[15]。

両 AT の資料関係を理解する最大の決め手は，それらの著作年代である。そして両 AT の著作年代については，後述のようにそれぞれ分析・実証によって出された通説とも言えるものが存在する。ところがハイシッヒは，こうした説の検討・批判に基づくことなく，私がすでに指摘したような，両 AT についての疑点の多い比較・検討を通じて得られた結論のみに依拠して，両 AT の著作年代の順序を決めている。やはり問題があると言えよう。

以上によって，私は，AT（anon.）を L・AT の抜粋・節略本とみるハイシッヒの説の根拠を検討し，それがきわめて薄弱なことを指摘した。このことは，逆に資料説の立場を強めるものと思うが，次節では，その資料説の妥当性を論証したい。

2 AT（anon.）が L・AT の資料であることの論証

AT（anon.）が L・AT の資料であったことを証明する有力な手がかりは，上述の著作年代の問題のほかに，L・AT のなかに大量に見いだされる NT の何らかの異本からの引用記事を根幹として構成されている，モンゴル人の祖先からチンギス＝カンの死までの諸物語と，同じテーマを扱った AT（anon.）のなかの諸物語との関係のうちに存在する。これは，さらにふたつの手がかりに分けられる。AT（anon.）の当該範囲のうち，前半を占める NT 的内容と，後半を占める非 NT 的内容が，それらである。

1）AT（anon.）の NT 的内容

この NT 的内容をハイシッヒは，L・AT に引用されている NT から抜粋・節略したものであるとみなしたが，既述のとおり〔第 1 章の 3）〕，その証明のために出されている資料を検討した結果，その所説はきわめて疑わしいことがわかった。じっさい，L・AT の内容と食い違う AT（anon.）の NT 的な内容の文は，他にも多く見いだされる。

たとえば，L・AT に引用されている NT に，Alun γow-a が Dobu mergen と結婚し，Belgünütei, Begünütei の 2 子を生み，夫の Dobu mergen の死後，さらに Buqu qatagi, Buquči salji, Bodančar mongqaγ の 3 子を生んだ。そこで Belgünütei, Begünütei のふたりが疑って云々とある（Ⅰ, pp. 9-11）が，AT（anon.）には，

> Dobu mergen は，彼女（Alun γowa）を娶って，Buqu qatagis と Buquji salji という名の二人の子を生んだ。Buquji salji は Saljiγud 姓をもつものとなった。Buqu qatagis は Qatagid 姓をもつものとなった。Dobu mergen が死んだ。死んだのちに，Alun γou-a は夫なしで暮らして，Begter, belgetei, Bodunčir という 3 人の子を生んだ。Buqu qatagi, Buquči salji の二人は内心思った……（蒙文社版 AT, pp. 7:11-8:4）

とあり，Dobu mergen の生前に Buqu qatagis と Buquči salji のふたりが生まれ，その死後，Begter, Belgetei が生まれたことになっていて，相異がはなはだしい。

また，Tömjin, qasar が異母兄弟の Begter を殺そうとしたとき，母親の Üjin eke（Ögelen）がふたりに話した言葉は，L・AT 所引 NT（L・AT の編纂のさいに用いられた NT）に，

何のために兄弟がどうしてこのようにしあうのか，お前たち。影よりほかに友がなく，尾よりほかに〔鞭が〕ない。あの Tayičiγud 兄弟の苦しめがある。だれが救うのだろうかと言った。昔の Alun γow-a の 5 人の子どものように，どうしてむつまじくしないのか（Ⅰ, p. 36）。

とあるが，AT（anon.）には，

あゝ，私の子どもよ。昔の Tayičiγud の Örbei γou-a の 5 人の子どものように，どのように言うのか。お前たちには，影よりほかに友はなく，尾よりほかに鞭はない[16]。

とあり，Alun γou-a の 5 子が Tayičiγud の 5 子とあり，しかも Örbei γou-a の子とあって，これも違いがはなはだしい。AT（anon.）の NT 的な文は L・AT 所引 NT の対応する文との違いが非常に多い。もしそれが本当に L・AT から抜粋・節略したものとするならば，これらの内容の本筋にもかかわるような違いの頻出を，どのように説明するのか。ボーデン（Bawden, C. R.）は，AT（anon.）の言葉遣いは NT に似ておらず，L・AT のそれとよく似ているから，後者すなわち L・AT は前者すなわち AT（anon.）を利用していないと述べている[17]。単に似ている，似ていないという程度以上に，いちじるしく内容が異なっているのだから，AT（anon.）の NT 的内容のところは，L・AT に基づいたはずはない。かならず別資料に拠ったのである。

なお，L・AT が AT（anon.）を使用しなかったとも述べている先のボーデンの見解は，資料説を否定しているものと理解される。同氏の考えは，両 AT の NT 的な内容のところをそれぞれ NT と比較して導き出されたのであるが，L・AT は現在知られている NT とは異なるものを利用し，AT（anon.）

90 第1部 モンゴル帝国・元朝時代の史料の考察

は上述したように，それとは異なる別資料に基づいたのであるから，NT 的
内容の部分に関するかぎり，両 AT は資料上の関係があるはずがない。した
がって資料説，抜粋本説というのは，この場合検討の対象外にあるのである。

　本節においてそのような NT 的な文について扱ったのは，要するに AT
(anon.) に引かれている NT 的文を L・AT の抜粋・節略とみる説を否定したい
がためにほかならない。

　さて，以上のような AT (anon.) にある NT 的な文は，蒙文社版 AT の pp.
4:10-19:8 に記され，現在よく使われている四部叢刊本 NT の 93 節までの
内容の順序に若干対応し，93 の節のうち 66 の節，すなわち 2 ～ 10，17 ～
21，23 ～ 26，28，30 ～ 40，42 ～ 43，45，47 ～ 48，50，54 ～ 56，59 ～ 64，
66 ～ 68，74 ～ 88，90 ～ 91，93 の諸節の内容と何らかのかかわりをもつが，
この NT 的な文に続いて AT (anon.) には，これらとまったく傾向が異なり，
L・AT が引用している秘史そして現在知られている NT の 93 節末～ 96 節前
半の，チンギス＝カンがボルテを妻に迎え，ボオルチュを nökür として迎え，
オン＝カンに黒貂の外套を贈った話に文字通り酷似する話が存在する[18]。こ
れをどのように理解すべきであろうか。

　私は，その酷似の程度が，その前に位置する NT 的内容をもつ L・AT 所引
NT と似ている程度の薄さと，きわだつ対照をなしていることに驚くが，な
によりも，Gomboev 本にこの L・AT 所引 NT に酷似する文がそっくり欠けて
いる点に着目せざるを得ない。と同時に，それが存在する蒙文社版 AT にお
いて，その文とその前後の文のつながり具合が不自然なことが注目される。
すなわち Gomboev 本では，

　　　ejen naiman siry-a yi ögelen eke dür iyen abču irebei. iregsen ü qoyina qan
　　　yeke oru sayuba.

　　　主は 8 頭の薄栗毛の馬をみずからのウゲレン母のもとに連れて来た。来
　　　たのち，カンという大きな位に即いた（Gomboev, G., p. 16:3-16:4）.

とあるが，蒙文社版 AT（初版）では，

ロブサン＝ダンジンの『アルタン＝トブチ』と著者不明『アルタン＝トブチ』　91

ejen naiman siry-a yi ögelen eke dür iyen abču irebei. iregsen ü qoyina
ögelen eke qasar kiged degüü nar inu erügsen aǰu üǰeǰü bayasba....... (ejen)
qarabulaya daqu i ...... keriyid un ong qayan du kürgejü daqu ban emüsgeged
ger tür iyen kürču ireged. iregsen ü qoyina qan yeke orun sayubai.

主（テムジン）は 8 頭の薄栗毛の馬をウゲレン母のもとに連れてきた。
来たのち，ウゲレン母やカサルなどの弟たちは憂えていて，見て喜んだ。
……〔主は〕黒貂の外套を……ケリイド（NT：ケレイド）のオン＝カン
に持って行って，それを着せてから，みずからの家に戻り至り，その後
にカンの大位に即いた．

とあり[19]，iregsen ü qoyina（来たのち）という語句が 2 度にわたって出現し
ていて，ともに文のつながりがなめらかでない。おもしろいことに，蒙文社
版 AT の再版本には，この語句が二つとも存在しない。これは，この語句の
存在が文のつながりのなめらかさを阻碍することに気づいた何人（なんぴ
と）が削除したのであろう。思うに，この NT に酷似する文は，NT と何ら
かの関係がある資料から，後人が AT（anon.）の蒙文社版 AT に挿入したも
のであって，Gomboev 本こそ，本来の姿を保持しているのであろう。現に
蒙文社版 AT には，他にも後述するようないくつかの挿入文がある。

　要するに，AT（anon.）に存在する本来の NT 的な文というのは，蒙文社
版 AT の pp. 4:10-19:8（4 頁 10 行目から 19 頁 8 行目）の部分にあるものと
みるべきであり，そのうしろに位置する NT に酷似する文は後人の挿入によ
るものである。そして，その NT 的な文は，L・AT の文を抜粋・簡略化した
ものではなく，別資料に基づくものである。一方，その L・AT の NT 的文は，
NT の異本を引用したものであるから，NT 的記述に関するかぎり，両 AT に
は資料関係は認められない。

2）著者不明 AT に存在するチンギス＝カン関係非 NT 的記述

　AT（anon.）には，前節において述べた NT 的内容の記述に続いて，それ

92　第1部　モンゴル帝国・元朝時代の史料の考察

とは傾向の異なるチンギス＝カンに関する多量の記述が見いだせる。それら
は，蒙文社版 AT pp. 21:1-49:5 に存在し，「チンギス＝カンの挽歌」のとこ
ろで終わっている。一方，L·AT には，それらに対応する文が，Ⅰ の p. 47:6
から Ⅱ の p. 105:2 に存在し，やはり「チンギス＝カンの挽歌」のところまで

表3

L·AT 頁：行－頁：行	L·AT に対応する		L·AT と AT（anon.）に 記されている内容など
	NT の節番号	AT（anon.）の 頁：行－頁：行	
Ⅰ　27:4-27:12		21:3-21:10	Činggis qan, 45 歳で qan 位に即く [L·AT, AT（anon.）].
47:6-71:2	94-123		
71:2-71:10			Činggis qan, 45 歳で即位（L·AT71: 6-7）
71:11-76:9	124-130		
76:9-77:3		23:8-24:4	
77:3-77:10	130-131		Jürkin 族の陰謀
77:10-77:12		24:4-24:6	
77:12-78:8	131-132	126-	上の続き．足の悪い女と Belgetei の 高慢
78:8-80:3		24:7-26:5	
80:4-96:10	132-148		上の続き，Qasar と Belgetei の高慢
96:11-108:9		126:10-138:3	
108:9-161:2	149-234		Heissig は 96:11-106:7 とする。
Ⅱ　1:1- 2:3		35:11-37:5	
2:4-19:9			Činggis qan と 4 弟及び Qormusda の 聖酒（Bilig : Heissig）
19:9-19:12	235		19:9-25:6 は NT235-241 と Y から 成る（Heissig, p. 70）
19:12-20:7			

ロブサン゠ダンジンの『アルタン゠トブチ』と著者不明『アルタン゠トブチ』　93

L・AT 頁：行 - 頁：行	L・AT に対応する		L・AT と AT（anon.）に 記されている内容など
	NT の節番号	AT（anon.）の 頁：行 - 頁：行	
20:8-21:8	236-238		
21:8-21:14			
21:14-23:3	239		
23:3-23:10			
23:11-25:6	240-241		
25:7-25:13		26:5-26:11	
25:13-26:4			Činggis qan と Qasar の Enggüd 討伐
26:5-27:11	242-243		
27:12-36:5			
36:6-38:6	244-244		
38:6-40:1		21:11-23:7	
40:1-45:8	244-246		246 節は NT 正集（1-10 巻）の第 10 巻の最終節
45:9-46:6		26:11-27:11	Qasar の叛走と Sübegetei の追跡
46:7-46:11			Buriyad の帰服と Jürčid 討伐
46:12-53:1[20]		27:11-34:7	Solungγ-a 討伐と Arγasun のことな ど
53:2-68:4			
68:4-76:5[21]	247-253		
76:6-78:6			
78:7-85:12	254, 256-264		
86:1-91:11[22]			
91:11-92:6	266		
92:7-93:9		34:8-35:10	Kitad と Tangγud の帰服
93:9-93:10	265		

94　第1部　モンゴル帝国・元朝時代の史料の考察

L・AT 頁：行－頁：行	L・AT に対応する		L・AT と AT（anon.）に 記されている内容など
	NT の節番号	AT（anon.）の 頁：行－頁：行	
93：10－94：3		37：5－37：10	Siduryu qayan の飼い犬の予言
94：3－94：12		38：8－39：4	Činggis qan と Qasar の関係悪化を招いた事件
94：12－95：7		37：10－38：8	上と同趣旨の別の事件
95：8－97：6		39：5－41：6	Qasar を監禁。Tangyud への出征
97：7－97：11	265，267		
97：11－99：8		41：6－43：4	Tangyud の Siduryu を殺し，その妃を娶る
99：8－99：10	268		Činggis qan 逝去のこと
99：10－105：3		43：4－49：5	Činggis qan の発熱と死。挽歌

に見いだせる。

　以下に，説明の便宜のために，その対照表を提示する。

　この表の左端の L・AT の項目に「頁：行－頁：行」とあるのは，L・AT の「ある頁のある行」から「ある頁のある行」までという意味である。そしてその右側の項目は，L・AT のその部分が NT のどの節と関係があるのかを示し，さらにその右側の項目は，同じ L・AT のその部分が AT（anon.）の何頁の何行から何頁の何行までの部分と関係があるのかを示したものである。NT と AT（anon.）以外の資料もわずかに引かれているが，それらの一部のものには注を付してある。なお AT（anon.）は，頁の順序が前後して乱れているが，それは L・AT の文の順序に従って引用されたことから生じたのである。

　この表を見てただちに気づくのは，NT と AT（anon.）が L・AT に引用されている箇所がまったく重なっていないという点である。L・AT に引かれてい

る NT のただ一語といえども，AT（anon.）の文と重なっていない。たとえ
ば AT（anon.）の 23:8-26:5 にひと続きに記されている，ジュルキン族が
Činggis qan を宴会に招いて殺そうと謀って失敗したできごとと，それにま
つわる物語は，L・AT では NT の文が 3 箇所に分けて述べられているが，そ
の NT の文の一語すら，AT（anon.）には見いだせない。また AT（anon.）の
pp. 34:8-49:5 に記されていることは，L・AT, II, pp. 92:7 - 105:3 の内容に対
応し（ただし pp. 35:11-37:5 の文は，II, pp. 1:1-2:3 に存在する），弟 Qasar
に対する Činggis qan の猜疑，タングト征討，Činggis qan の病気・逝去・挽
歌などを内容とする。そして L・AT にはこの部分において，NT の文が四箇
所に引かれている。それらは，つぎに示すような断片的なもので，それらの
前後の文との内容上のつながりも，それほど不自然とは言えないものである。

- 〔L・AT, II, p. 93:9-10〕tere ebül ebülčejü tangɣud irgen dür morilay a
  kemen sin-e toɣ-a čerig（NT: čerig なし）toɣulǰu（NT265 節の冒頭部分）.
- 〔L・AT, II, p. 97:7-10〕činggis（NT: činggis qahan）alus i（NT: alašai）
  joriǰu gürčü ese gembü（NT: Aša-Gambu）lüge qadɣulduǰu ese gembü yi
  abču term-e ger tü temegen ačiy-a du irgen i inu ünesü ber keyistele dolibai
  （NT: tala'ulba）erkün omuɣan（NT: omoqun）sayid tangɣud i kiduǰu. eyimü
  teyimü（NT: eyimün teyimün）tangɣud irgen i čerig ün kümün（NT:
  tang'udud i čeriüd abudqun）bariɣsabar oluɣsan iyen（NT: kümün）abudqun
  （NT: oluqsa'ar abutqun）kemen ǰarliɣ bolba（NT265 節の末尾部分）.
- 〔L・AT, II, p. 97:10-11〕（Činggis qan）časutu takir（NT: takir なし）ača
  ködelǰü dörmegei balɣasun i oruɣulǰu（NT: ebden）（NT267 節冒頭部分）.
- 〔L・AT, II, p. 99:8-10〕tangɣud irgen i（NT: dawuliǰu iluqu burqan i šidurqu
  bolqaǰu imayi büte'eǰü tangɣud irgen ü eke ečige yi）uruɣ un uruɣ-a kürtele
  muqali müsküli（NT: muquli musquli yi）ügei bolɣan abuɣad, tangɣud irgen
  eče yusui qatun dur masi olan ögbe（NT: ide'e ideqüi ǰa'ura muquli musquli
  ügei ke'en ükü'ülün ečitken kelelen atqun ke'en ǰarliq bolba. tangɣud irgen

96　第1部　モンゴル帝国・元朝時代の史料の考察

üge ügülejü üge tür ülü gürgü-yin tula tangɣud irgen tür činggis qahan nökö'e-te ayalaǰu tangɣud irgen i muqutqaǰu ireǰü qaqai ǰil činggis qahan tenggeri tür qarba qaruqsan u qoyina yisüi qadun-a tangɣud irgen-eče maši ökbe〕（NT268節前半と末尾部分）.

　ところが，これらのL・AT所引NTの文には，AT（anon.）との意味・内容上のつながりを見いだすことができない。L・ATにおいて，L・AT所引NTの文とそれ以外の資料の文は，多くは分かち難く混じり合っている。ところが，このようにL・ATに引用されているNTの文は，AT（anon.）に一語すらも見いだせない。そして，ただそれ以外の資料による記述のみが存在するのである。AT（anon.）がL・ATを抜粋・節略したとするなら，こうも完全にL・AT所引NTの文のみがことごとく省かれ，それ以外のものの文のみが見いだされる事実を，どのように説明するのか。L・ATのうち，とくに多量で精彩に富み，かつ興味深いそのNTの文が一語もAT（anon.）に見いだせないのは，奇跡に等しい。これらの事実から，逆にL・AT所引NTと並んでAT（anon.）がL・ATの資料として利用されたと考えて，はじめて解釈が可能となるであろう。

　ロブサン＝ダンジンは，AT（anon.）を，手もとにあったNTや他の諸資料とともに利用し，適宜引用・配置したのである。そうでなければ，AT（anon.）には，L・ATに引用されているNTの文がいくつも，混じったに違いない。要するに，上述の多量の記述は，資料説の有力な根拠となるものなのである。

3）L・ATとAT（anon.）の著作年代の関係

　資料説の最も決定的な根拠は，L・ATとAT（anon.）の著作年代の関係に求められる。AT（anon.）は，通常17世紀前半の作品とされる。たぶんボーデンの言うように，1604年〜1634年とみるのが妥当であろう[23]。一方L・ATの著作年代については，ハイシッヒの1655年説[24]や岡田の1675年以後

説[25] があるが，いずれにせよ 17 世紀後半である。すなわち前者の著作年代のほうが，後者のそれより早い。今のところ両 AT のこの著作年代についての見解が大幅に変わることは，考えられない。

さて，両 AT に資料上の関係が認められ，しかも以上のように L・AT より AT（anon.）のほうが早く著されたとすれば，AT（anon.）が L・AT の資料となったとする資料説の見方が妥当であるとみるのは，至極当然と言えよう。両 AT の資料関係の分析結果のみに依拠して，その著作年代の関係を逆転・変更させたハイシッヒの説は，実証に基づくこのような両 AT の著作年代が存在し，しかも彼の抜粋・節略本節の論拠が採用に値しない以上，否定されなければならない。

本節における検討の結果，私は AT（anon.）は L・AT の資料として利用されたと結論づけたい。

3 AT（anon.）の挿入記事と L・AT

さきに多少触れた DL3 世伝の問題を扱わなければならない。この書は，第 5 世ダライ＝ラマとその協力者によって，1646 年に作成されたのであるから[26]，表 1 に記したように，AT（anon.）が実際にこの書から引用されたのなら，AT（anon.）は 1604-1634 年より遅く，1646 年以後 L・AT の著された 1655 年ないし 1675 年ころまでに作成されたことになる。だが，上述したように，AT（anon.）の内容が本当に DL3 世伝と関連があるのか，疑わしい。なぜなら Gomboev 本には，蒙文社版 AT に記されている

Qomsin buwadhi……ögede bolɣaju irebei

という部分が存在していない（Gomboev 本，p. 112:3-4）。これは，後代に写字生等が不注意に書き落とす可能性が少ないし，ダライ＝ラマを招請する内容をもつものであるから，故意に削除されることもあり得ない。注目されるのは，同様に脱落・削除されるとは思えない，他のダライ＝ラマ関係の 2 つのことが Gomboev 本にやはり欠けている点である。それらはすなわち，蒙

文社版 AT の p. 125:7-9 の第 4 世ダライ＝ラマ転生の物語と蒙文社版 AT の p. 126:2-8 の mayidari qutuɣtu nom-un qaɣan がモンゴルに御幸し，のちにダライ＝ラマになった云々という物語である。以上のダライ＝ラマ関係の 3 つのことは，もし AT（anon.）にもともと存在したのであれば，Gomboev 本にも必ずいくつか見いだされるはずである。ところがまったく存在していない。それならば，この 3 つのことがらは，AT（anon.）に本来存在しなかったのではないかと思われるのである。

　このように考えてくると，これら 3 つの 1 つであるダライ＝ラマを招請するということは，仮に DL3 世伝と関係があったとしても，AT（anon.）成立当初から存在したわけではないということになり，従って AT（anon.）の著作年代を DL3 世伝のそれとの関連で考える必要はないと言えよう。ボーデンの考えは，依然有効なのである。

　ところで，AT（anon.）には，上述したダライ＝ラマ関係の 3 つの記述，それに上述した NT93 節末から 95 節前半に酷似するもの以外にも，後人が挿入したと推測される記述がある。すでに何人かの研究者によって注意されたこの挿入文は，蒙文社版 AT の pp. 5:3-7:1 の Činggis qan から Burni まで 42 代のモンゴルの qan の系図なのであるが，不自然にも，モンゴル族の祖先の物語に関する記述の toraɣalčin bayan と duwa soqur 親子の間に位置しているので，のちに挿入されたものであることがはっきりわかる[27]。これがまた，G 本には存在しない。さらに蒙文社版 AT pp. 61:1-62:7 の明朝の洪熙帝から天啓帝までの系図も挿入された可能性を否定しきれない[28]。もっとも，これは，挿入されたものだとしても，完成後間もなく挿入されたらしく，Gomboev 本にもある。要するに，蒙文社版 AT は，Gomboev 本に比べて挿入記事が多いと言える。

　それでは AT（anon.）を資料として用いた L・AT と以上の挿入文の関係はどうか。まず NT と酷似する文については，L・AT が AT（anon.）の NT 的な文を採用せず，もっぱら L・AT 所引 NT を用いているので，実情は不明であ

る。つぎにダライ＝ラマ関係の 3 つの文であるが，ダライ＝ラマをモンゴル
に招請する文とダライ＝ラマ 4 世転生の記述は L・AT にあるが，mayidari
qutuɣ tu nom un qaɣan の文がない。しかしこれは，前二者が L・AT が使った
AT（anon.）に存在したことを意味するとは言えない。というのは，これら
は AT（anon.）の記述内容より詳しく，かつ異点が多いから，それと異なる
資料によったと思われるし，またこの 3 つの記述内容は同時期に AT（anon.）
に挿入されたのだろうから，mayidari qutuɣtu nom un qaɣan の記述が L・AT
の使用したそれに欠けていた以上，これら 2 つの記述も存在しなかったと思
われるからである。残りのモンゴルの第 42 代の qaɣan の系図も L・AT に存
在しない。

　以上の点からみて，L・AT が使用した著者不明 AT は，G 本に近かったの
ではないか。AT（anon.）の作成年代からあまり隔たっていない 17 世紀の第
3 四半期中に著された L・AT が資料として忠実に利用したその AT（anon.）
の状態が G 本と近い可能性があるとすれば，G 本は脱落が多いと軽視され
るべきでなく，逆に，むしろ AT（anon.）の諸本のうち，初期の姿を伝える
貴重な位置を占めるものと評価しなければなるまい。蒙文社版 AT は，後人
の加筆をこうむっているとみられるのである。

4　L・AT 所引の AT（anon.）の記述内容

　AT（anon.）は L・AT の抜粋・節略本でなく，逆に L・AT の資料となったも
のなのであるが，それでは，それは，L・AT を構成する諸資料のなかで，ど
のような位置を占めているのであろうか。

　L・AT を構成する資料中，量の点で最も多いのは，ロブサン＝ダンジンの
手元にあった NT で，次が AT（anon.）である。そしてモンゴル関係の内容
のうち，Činggis qan の死までは NT が基本資料とされ[29]，他の資料が適宜そ
の間に組み込まれ，Činggis qan の死後のことについては AT（anon.）が基本
資料として利用され，その他の資料がその間に適宜組み入れられたと考えら

100 第1部 モンゴル帝国・元朝時代の史料の考察

れる。

　L・AT の冒頭部を占める，インドの最初の王マハ＝サマディ＝カガン（Maqa samadi qaγan）が仏の命によってこの世に現れた理由，彼の子孫，そのなかからチベット最初の王クジュグン＝サンダリト＝カガン（Küjügün sandalitu qaγan）が現れた縁由，彼の子孫，チベットに仏教が広まった由来，チベット王の子孫からモンゴル人の祖先ボルテ＝チノア Börte činoa の現れた物語（Ⅰの pp. 1:1-6:14. ロブサン＝ダンジンが手元に置いて使った NT の記述は，この後ろに続く）も，AT（anon.）を基本資料としている（蒙文社版 AT pp. 1:2-4:10）。この物語の途中2箇所（蒙文社版 AT，p. 1:5, p. 4:6）に，ČK の文が挿入されている。L・AT のⅠの pp. 1:5-2:11 と pp. 5:7-6:10 にあるのがそれである。もっとも AT（anon.）の当該部分の大半は，それ自ら引用した ČK の文から成る。ロブサン＝ダンジンは，そうした AT（anon.）の記述を尊重し生かしながら，その途中2個所に，彼の手元にある ČK の文を挿入したのであろう。その挿入文の1つが，AT（anon.）に引用された ČK の文の続きであるのは，ロブサン＝ダンジンのそのような態度のあらわれと理解すべきであろう。また第1節で述べたように両 AT ともに ČK を直接利用した跡がみられるのは，こう考えることによってはじめてよく理解できるのである。

　以上の検討から，AT（anon.）は L・AT において資料として利用され，しかも重要な存在であったことがわかるのであるが，なお検討を必要とすることが残されている。それは，AT（anon.）の p. 21:3-10 の文と L・AT，Ⅰ，の p. 27:4 以下の文の関係である。すなわち AT（anon.）の p. 21:3-10 には，

　　　天命によって生まれたテムジンすなわち Činggis qaγan である。仏が涅槃に入って，すべての生き物を苦しめているので，かれらを滅ぼすために仏に予言が与えられて Činggis qaγan が生まれたという。五色四異邦の民をはじめ，閻浮提の361の諸族，720の言葉をもつ民の貢賦を収め，手は地に，足は土に安んじさせ，転輪王のように高名になった。偉大な

Činggis qaɣan は壬巳の年の生まれである。4，5 歳にて丙寅年にオノン
　河の源に九脚の白纛を立て，qaɣan の大位に即いた。

とあり，これに続けて，「カサルが主人（eǰen）すなわち Činggis qan に背き
逃亡したときに，eǰen が仰せになるのに，スベエテイ＝バートルに追跡させ
た」云々とある（pp. 21：11-22）。

　それに対して，L・AT，I，の p. 27：4 以下には，

　大聖 Činggis qaɣan は，45 歳で qaɣan の位に即いた。その Činggis qaɣan
　は，五色四異邦をはじめ，閻浮提の 361 の諸族，720 の言葉をもつ民の
　貢物を収め，手は地に足は土に安んじさせ，転輪王のように高名になっ
　た。仏が涅槃に入って 3250 余年経ったのち，大聖 Činggis qan が生まれ
　る前に，閻浮提洲に 12 人の悪い qaɣan が生まれ，すべての生き物が非
　常に心迷っているので，権能もつ釈迦牟尼仏に予言が与えられて盛大神
　聖な天の化身・大聖 Činggis qan が，この閻浮提の生き物を治めさせる
　ために生まれるとき……

とあって，さらに続く。

　この 2 つの文は，共通する内容をもつが，その記述の順序は食い違い，内
容に相異なる点もあり，L・AT は AT（anon.）より文が長いなど，つねに AT
（anon.）を忠実に引用している L・AT としては異例な点が目立つ。すなわち
L・AT は，この文を別資料から引いたのであり，AT（anon.）の当該記述を採
用しなかったのに違いない。その理由は，どこにあるのか断定はできないけ
れども，Qasar とその子孫に対するロブサン＝ダンジンの考えかたの影響が
あるのであろうか。

　要するに AT（anon.）の文は，NT 的な文・記述〔第 2 節の(1)参照〕と上
述の Činggis qan 生誕と即位の短い文，それに 2，3 の零細な断片的な文以外
は，ことごとく L・AT に引用されている。そしてその L・AT に引用されたも
ののうち，モンゴル族の王統の源流をインド，チベットにさかのぼらせて説
明する記述と Činggis qan の死以後のモンゴル史の記述は，L・AT の当該部分

の基本資料となっている。またČinggis qan 関係であるが，NT と関係ない文は，これらの記述の間に位置している。Činggis qan の死までのモンゴル史の部分に散見するが，そこにおいてはロブサン＝ダンジンの手元にあったNT が基本資料となり，AT（anon.）の記述は，それを補うものとして引用されたのであった。AT（anon.）の NT 的な文が L・AT に引用されなかったのは，既述のように，立派な NT がロブサン＝ダンジンの手元にあり，利用されたからにほかならない。

　ロブサン＝ダンジンの手元にあった NT は，量の点では AT（anon.）よりも多く L・AT に引用されている。だがこのことは，L・AT を構成する資料としての重要性において，AT（anon.）が L・AT より劣ることを意味するのではない。私はむしろ，ロブサン＝ダンジンの手元にあった NT より AT（anon.）が L・AT の支柱となったと考える。というのは，NT は Činggis qan の死までのモンゴル史にすぎないが，AT（anon.）はインド・チベットまでさかのぼり，リンダン＝カンまで下るモンゴル通史の体裁を有している。ところで L・AT も通史だが，その通史としての骨格が，上述のボルテ＝チノからČinggis qan の死までの部分を除いて，まさに AT（anon.）に準拠しているからである。種々の他の資料は，単にそれに肉付けを行うという意味をもつにすぎない。また AT（anon.）は，仏教に潤色されているために，敬虔なラマであったロブサン＝ダンジンによって尊重すべき史書とみなされたということも十分に考えられる。彼は L・AT において，ダライ＝ラマ関係のくわしい内容やその他数多くの仏教的色彩を有する文を挿入して，その仏教色をより強めたと言える。AT（anon.）は L・AT において，最も重要な位置を占めているとみるべきである。

むすび

　以上において，私は，AT（anon.）は L・AT の抜粋・節略本ではなく，逆に後者の資料となったこと，しかも最も重要な資料となったということを論じ

た。ロブサン＝ダンジンが『アルタン＝トブチ』という書名を採用したことも，以上の点に鑑みて，AT（anon.）との関連で理解されるべきものと思われる。

AT（anon.）は，L・ATの公刊以来，著名な研究者によって不完全な抜粋・節略本として軽視され，私も一時そのように考えた。けれども今や，それは正当に評価し直されなければならない。説話で彩られ，かつ仏教に潤色されたこのAT（anon.）は，モンゴル文年代記として初期に属し，『蒙古源流（Erdeni-yin tobči）』とともに注目を集めているL・ATにその構想が流れ込み，影響を与えた価値ある史書として位置づけられるべきである。

一方，L・ATは，AT（anon.）の大半を忠実に引用することによって，その初期の姿を今に伝え，その研究に大きく貢献している（第3節参照）。それは，L・ATがロブサン＝ダンジンの手元にあったNTの姿を，その忠実な引用によって今に伝え，NTの研究に極めて大きく貢献しているのに次ぐ意味を有するものである。

私は，最近NT研究の一環として，L・ATに引用されているNTの姿を明らかにすることに努め，その分析の過程において，L・ATにおいてNTと並んで分量の多いAT（anon.）のもつ意味の検討の必要性を感じ，その問題を本稿で扱ったが，要するにそれらは，L・ATを構成する資料の問題であった。

ところでL・ATそのものとの関連で注目される書として『Asaraγči neretü-yin teüke』という年代記がある。すでにペルレー（Пэрлээ, Х.）は，この書に，L・ATが関係していると述べ[30]，岡田も「アルタン＝トブチと共通の史料を利用したらしく」云々[31]と記している。たしかに両書には何らかの関連が認められる。従って，L・ATを扱った以上，その年代記についても扱う必要があろう。だがそれはひとつの大きな問題であるから，その解明は，将来に譲ることにしたい。

追記　本稿は，早稲田大学史学会『史観』89（1974年3月），60-76頁に掲載された同名

104　第1部　モンゴル帝国・元朝時代の史料の考察

の論文を手直ししたものである。

注

1) 「bLo-bzaṅ bsTan-'jin, *Altan tobči*, Scripta Mongolica Ⅰ, Cambridge, 1952」を基本に，パリ国立図書館所蔵「故ペリオ（Pelliot, P.）蔵写本」を併用する。なお，本稿では，モンゴル文資料・文献中のモンゴル文字についてはそのまま忠実にラテン文字化し，著書・論文中のモンゴル文字のラテン文字化したものについては，そのまま引用・利用することにしたい。

2) AT（anon.）には蒙文社版『蒙文蒙古史記』すなわち *Činggis qaγan-u čadiγ*（1925年版と1927年版がある。私は1927年再版を用いる。この AT（anon.）を「蒙文社版 AT」と称することにしたい。なお他に Gomboev, G., 1858, *Altan tobchi……*, St. Petersburg,（Gomboev 本と称することにする）等がある。

3) Žamcarano, C.Ž., 1955, *The Mongol Chronicles of the Seventeenth Century*（translated by R. Lowenthal）, Wiesbaden, p. 57.

4) bLo-bzan bsTan- 'jin, Introduction, xii. 彼は後述する資料説の立場らしい（xiv）。

5) Heissig, W., 1959, *Die Familien- und Kirchengeschichtsschreibung der Mongolen* 1, Wiesbaden, pp. 75-79.

6) 岡田英弘，1965，「ダヤン・ハガンの年代（上）」『東洋学報』48-3，21頁。同「第4回野尻湖クリルタイ」アジア・アフリカ言語文化研究所『通信』3，19頁。

7) 小林高四郎，1954，『元朝秘史の研究』，105-106頁。 Bawden, C. R., 1955, *The Mongol Chronicle Altan Tobči*, Wiesbaden, p. 5, p. 16.

8) 吉田順一，1972，「ロブサン＝ダンジンの『アルタン＝トプチ』に引用されている『蒙古の秘史』について」東洋学報，55巻1号，27-28頁。なおこの論文は他の点で改訂を施して本書に収録してある。

9) Heissig, 1959, p. 76.

10) Heissig, 1959, Facsimilia, p. 67.

11) ハイシッヒは，L・AT,Ⅱ, p. 113:6-7 の内容を ČK, p. 40 r:12-14 の引用とみるが，疑問である（Heissig, 1959, p. 71）。またⅡ, p. 124:6-7 を ČK, p. 41r:6-8 の引用とするが（Heissig, p. 71），これはⅡ, p. 124:7-8 の誤りである。

12) Heissig, 1959, p. 78.

13) 正しくは bolγaǰu。

14) Heissig, 1959, p. 78.

15) Heissig, 1959, p. 79.

ロブサン＝ダンジンの『アルタン＝トブチ』と著者不明『アルタン＝トブチ』　105

16）蒙文社版 AT, p. 14.

17）Bawden, 1955, p. 16.

18）蒙文社版 AT pp.19：8-21：1. これはボーデンも指摘している（Bawden, 1955, p. 14.）

19）蒙文社版 AT（再版）では，初版に2回書かれている "iregsen ü qoyina" という文がない。小林高四郎やボーデンは，再版本は初版本に手が加えられたとみている（小林高四郎，刊行年不詳，『蒙古黄金史』，外務省，解題。Bawden, 1955, p. 6. 小澤重男は，「これはPⅡ（蒙文社版 AT の再版を指す）のほうが正しいのではないかと思う。〔G〕（Gomboev 本を指す―吉田注）では，この次に yeke orun saγuba となってゐるので，此の iregsen-ü xoyina があっても変ではないが，〔PⅠ〕（蒙文社 AT の初版本を指す）では次の文章への続き具合がスムースでなくなり，又，此の語句は〔PⅠ〕〔PⅡ〕に於ては〔PⅠ〕21頁2行，〔PⅡ〕10葉裏7行の xan, yeke orun（-dur）saγubai の前に存するのであるから，〔PⅡ〕の如く此処では見られないのが正しいと考へられる」（『Altan Tobči 研究』，1954，東京外国語大学論集，別冊3，162-163頁，註555，556）と，初めの iregsen ü qoyina という語句について言う。蒙文社版 AT の再版の記事が正しく見えるのは，後人が文意を理解しやすいよう手を加えたためとみるべきである。だが蒙文社 AT 初版の文の続き具合がスムースでないのは，指摘されているとおりなのである。

20）この箇所に NT の200節，202節との関係をうかがわせる断片があるが，それについては，本書所収の拙稿《「ロブサンダンジンの『アルタン・トブチ』に引用されている『モンゴル秘史』について」の「1　L・AT 所引『秘史』に欠けている箇所の検討」》をみよ。

21）注20に記した拙稿の「1　L・AT 所引『秘史』に欠けている箇所の検討」の終わりのほうに説明がある。

22）注20に記した拙稿の「2　『秘史』になくて L・AT 所引『秘史』にある人名その他についての検討」の終わりのほうに説明がある。

23）Bawden, pp. 12-13. 小林高四郎は明確な根拠を示していないが，1630年以後の述作と述べている（同『蒙古黄金史』，解題，10頁）。同，1939，『アルタン・トブチ―蒙古黄金史』，外務省調査部第3課。

24）Heissig, 1959, pp. 53-55.

25）岡田，前掲「クリルタイ」，19頁。

26）Tucci, G., 1949, *Tibetan Painted Scrolls*, Roma, p. 168.

27）小澤，45頁，注117。Bawden, 1955, p. 13. 小林高四郎も同じ考えらしく，AT（anon.）の訳文中から，この部分を除いている（『蒙古黄金史』，7頁）。

106　第1部　モンゴル帝国・元朝時代の史料の考察

28) Bawden, 1955, p. 13.

29) 現在使われている NT は，オゴデイの治世までの内容を含むが，L・AT 編纂に使われた NT には，それらは削られて存在しなかったと考えられる（本書集所収の拙稿「ロブサンダンジンの『アルタン＝トブチ』に引用されている『モンゴル秘史』について」をみよ）。

30) Пэрлээ, Х., 1958, *Монголын хувьсгалын өмнөх үеийн түүх бичлэгийн асуудалд*, Улаанбаатар, p. 18.

31) 岡田，「ダヤン・ハガンの年代（上）」，23頁。

4

『元史』太祖本紀の研究
—特に祖先物語について—

はじめに

　『元史』巻1「太祖本紀」の冒頭には，太祖チンギス＝カン（Činggis qan）の祖先の系譜と物語（以下「太祖本紀」の祖先物語と省略）が少量ながら記され，「太祖本紀」の内容を豊かにすることに役立っている。そこには『モンゴル秘史』（以下『秘史』と称することにしたい）のチンギス＝カン誕生以前の部分やラシード＝ウッディーンの『集史』「チンギス＝カンの祖先の物語」にもみえない話が記されている。本稿は，この『元史』「太祖本紀」の祖先物語に焦点を合わせて分析・検討することを目的とする。

　従来，「太祖本紀」に記されている祖先物語に関しては，必ずしも十分な研究がされていないようであるから，これについての研究にも，多少の意義が認められるのではないかと考えている。

　なお，『元史』「太祖本紀」の分析にあたっては，『秘史』および『集史』「チンギス＝カンの祖先に関する物語」と比較しつつ検討することも必要であるが，それらとの比較は，別に「『アルタン＝デプテル』について」において行うので，ここでは『元史』巻1にある「太祖本紀」に絞って検討したい。

1　『元史』「太祖本紀」の記すチンギス＝カンの祖先の系譜

　最初に，これからの論述に必要なチンギス＝カンの祖先の系図を『元史』の巻1「太祖本紀」および巻107「世系表」に基づいて作ると，つぎのとおりである[1]。

108　第1部　モンゴル帝国・元朝時代の史料の考察

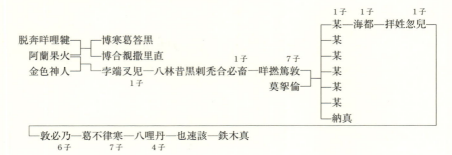

　この系図において海都の父に当たる人物は、『元史』巻107, 表第2の「宗室世系表」には「既挐篤兒罕」とある。なお子供の数は「太祖本紀」と「宗室正系表」の記載に基づいている。
　つぎに『秘史』の系図をやや詳しく記すと、つぎのようになる[2]。

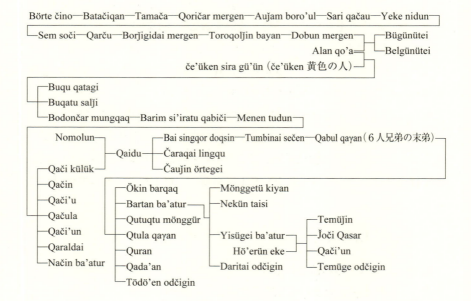

『元史』太祖本紀の研究　109

つぎに『集史』の系図を同様の方針に基づいて記すと，以下のようになる[3]。

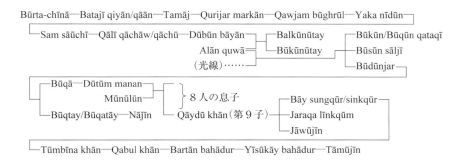

以上の『元史』「太祖本紀」と『秘史』の系図の相違点を整理してみると，つぎのようである。

①ボルテ＝チノ（蒼い狼）からドブン＝メルゲン（脱奔咩哩犍）の父に至るまでの系譜は，「太祖本紀」に存在しないが『秘史』と『集史』にはある。

②「太祖本紀」は，ドブン＝メルゲンとアラン＝コア（阿蘭果火）の間に生れた子供をブク＝カタギ（博寒葛荅黒）とブカト＝サルジ（博合覩撒里直）とし，ドブン＝メルゲンの死後アラン＝コアが光に感じて生んだ子をボドンチャル（孛端叉児）としているが，『秘史』と『集史』は，ドブン＝メルゲンとアラン＝コアの子供をブグヌテイとベルグヌテイとし，ドブン＝メルゲンの死後アラン＝コアが光に感じて生んだ子供をブク＝カタギ，ブカト＝サルジ，ボドンチャルとしている。

③ボドンチャルの子供について，『元史』「太祖本紀」と『秘史』はバリン＝シイラト＝カビチ（八林昔黒剌禿合必畜）とするが，『集史』はブカとしている。ラシード＝ウッディーンは，ボドンチャルの息子をドトム＝メネンとする別説を伝えているが[4]，バリン＝シイラト＝カビチとする説には全く触れていない。

110 第1部 モンゴル帝国・元朝時代の史料の考察

④カイド（海都）とナチン（納真）の系譜について，『元史』「太祖本紀」と『秘史』は前者をメネン＝トドン（咩撚篤敦）の孫，後者をメネン＝トドンの末子とするが，『集史』は前者をドトム＝メネン（名前が異なる）の九子の末子，後者を従兄弟（具体的にはボドンチャルのもう一人の子であるブカタイの子）としており[5]，ムヌルン（莫拏倫）については，「太祖本紀」と『集史』はメネン＝トドンの妻としているが，『秘史』はメネン＝トドンの長子カチ＝クルクの妻としており，名前もノモルンと別様になっている。

つぎに系譜以外の点についても，同じく三書の間に重要な相違が存在している。「太祖本紀」の祖先物語の部分には，阿蘭果火の感光説話，孛端叉児の物語，莫拏倫と海都の物語が含まれているのであるが，

①アラン＝コアの感光説話について，「太祖本紀」は，夫の死後阿蘭果火が生んだ孛端叉児が癡保であるとの家人の言に対し，彼女がそれを否定し，将来その子孫に貴人が現れるとのべたとあるが，『秘史』と『集史』は，夫なくして生れた或いは生れる子供についての人々（『秘史』ではドブン＝メルゲンとアラン＝コアの間に生れたブグヌティ，ベルグヌテイ，『集史』ではアラン＝コアの兄弟と夫の族員）の陰口或いは疑いの言に対し，彼女が，それらの子供が光に感じて生んだ，或いは生れるのであり，従って天の子であって，将来君主となるであろうとのべた云々とある。そして『秘史』には，矢を折る話しが出てくる[6]。

②孛端叉児が，母のアラン＝コアの没後，兄から財産を分与されなかったので，一人家を出，その放浪中知合った民を，後に兄たちと協力して服従させたという重要な話は，「太祖本紀」と『秘史』に存在するが，『集史』にはない。ただし放浪中の孛端叉児を探しに行った兄を，「太祖本紀」は博合覩撒里直とするが，『秘史』はブク＝カタギとして異なる[7]。

③莫拏倫と海都に関する重要な物語は，「太祖本紀」と『集史』にはあるが，『秘史』にはなにも記されていない。ただし「太祖本紀」と『集史』のこの物語の内容には異点が多い。つまり莫拏倫とその子供が殺された経緯と

海都が助かった経緯が異なり，莫挐倫の馬群が奪われ，納真がそれを取返した話と海都が即位し，やがてジャライル（押剌伊而）部を攻撃した話が『集史』に存在せず，納真と海都の落着き先についても後述のように（第4節の⑤）異なる[8]。

　④「太祖本紀」にはボドンチャル以後のチンギス＝カンの直系の系譜のみ記され，『秘史』と『集史』に存在する傍系の系譜やオボク（oboq，姓）の成立については全く記されず，カブル＝カン，アムバガイ＝カハン，クトラ＝カハンの各物語[9]が全く存在しない。ただし，これらの人物に関する『集史』の記載は『秘史』のそれよりはるかに詳しい。

　⑤「太祖本紀」には『秘史』に存在しているイェスゲイ（也速該）がホエルン（月倫）を略奪する話[10]がない。

　⑥「太祖本紀」には『集史』に存在しているクトラ＝カンを除くカブル＝カンの息子たち（カダンその他）の物語が存在せず[11]。またハムバカイ＝カン（アムバガイ＝カン）の死後開かれたタイチウト族の集会の話[12]が存在しない。

　以上の内容紹介を兼ねた分析から知られるように，これら三文献の間には祖先物語について，数多くの相違（単純で重要でない相違は除外した）がある。そしてこのことから，これら三文献のどれがどれに近い関係にあるかなどを知ることが，かなり難しいように思われてくる。いずれにせよ，こうした問題の正しい把握のためには，これらの文献の資料的側面について検討しておかなければならない。

2　祖先物語作成の資料

　『元史』「太祖本紀」は，基本的に『太祖実録』に基づいているとされている。『元史』は短期間のうちに，あわただしく編纂されたのであるが，それが可能であったのは「当時現存の史料を基礎としてこれを其儘もしくは多少の取捨をなして採録した為であらう」と考えられている[13]。そして本紀の作

112 第1部 モンゴル帝国・元朝時代の史料の考察

成については，歴代の実録が根本資料として用いられたと考えられている[14]。すなわち「太祖本紀」の根本資料となったのは，『太祖実録』であったとされているのである[15]。

　ところで『太祖実録』には，祖先物語は存在したであろうか。祖先物語を欠く『聖武親征録』のような文献も存在しているのであるから，この点一応注意を払うべきであろう[16]。またそれとともに，「太祖本紀」の祖先物語は，全面的に『太祖実録』にのみ依拠してしまとめられたのか，という点についても調べるべきであろう。

　これらの問題を考察する場合，まず注目されるのは，『十祖世系録』という文献である。この文献については，『元史』巻107，表第2，「宗室世系表」に，つぎのように記されている。

　　按ずるに『十祖世系録』に云うに，始祖の孛端叉児が統急里忽魯〔罕〕の人氏民戸を収むるとき，嘗て一人の懐妊せる婦人の挿只來というのを得て，これを納む。その生むところの遺腹児は，その母の名に因み挿只來という。その後，別に一つの種となり，また韃靼と号す。今始祖の親子にあらざるを以て，故にこれを世表に列せず，ここに附著すと云う（按十祖世系録云，始祖孛端叉児，収統急里忽魯〔罕〕人氏民戸時，嘗得一懐妊婦人曰挿只來，納之，其所生遺腹児，因其母名曰挿只来，自後別為一種，亦號達靼。今以非始祖親子，故不列之世表，附著于此云）

　これによれば，『十祖世系録』は，孛端叉児を始祖とし（その母アラン＝コアについても当然記されていたはずである），也速該にまで及ぶ十世代のチンギス＝カンの祖先の世系に関する記述と，それらの祖先にまつわる物語から成っていたらしい。

　さて，上の引用文中に記されているように，『元史』の編者は明らかに，その宗室世系表の作成に際して，『十祖世系録』を参照した。それならば「太祖本紀」の作成の際にもそれを利用したとしても不思議ではない。かくして小林高四郎も，その可能性を示唆したことがあった[17]。

ところで，『十祖世系録』の内容として今に伝えられている上の一文のうち，前半部のボドンチャルが統急里忽魯〔罕〕の人氏民戸を収めたとある部分に対応する記述は「太祖本紀」に見出せるが，後半部の挿只来という名をもつ懐妊した夫人を得た云々という話は「太祖本紀」に見出せない。このことは，前半の部分は「太祖本紀」に引用されたが，この部分は省略された結果だと見ることができるかもしれないけれども，何とも言い難いと思われる。従って「太祖本紀」の編纂に『十祖世系録』が利用された可能性があるとしても，その利用の実態は不明だとするのが，穏当な見方であろう。それにまた，ボドンチャルが連れて来た身重の女が生んだ子を挿只来と名付け，「自後別に一種となり，また達靼と号す。今始祖の親子にあらざるを以て，故にこれを世表に列せず，ここに附著すと云う」とある部分は，『秘史』にはジャジラダと名付けられ，ジャダラン族となったとある。これは一方は達靼といい，他はジャダランというのであるから，その相違は大きい。

　つぎに考慮すべきは，『元史』の「宗室世系表」との関係であろう。というのは，そこに見られる孛端叉児から也速該に至るまでの系図と人名が「太祖本紀」のそれとよく似ているからである。

　『元史』「宗室世系表」の作成にさいしては，屠寄が記したように，『経世大典』「帝繋篇」を基本資料として用い，参考として『十祖世系録』その他が利用されたと思われる[18]。このことについて私なりに考えてみると『十祖世系録』が基本資料として用いられることができる場所は孛端叉児から也速該までの十祖の部分だけであるはずである。だが，『元史』「宗室世系表」の記述は，その部分のみならず，それ以後の部分の系図も含めて，陶宗儀の『輟耕録』巻1「大元宗室世系」とよく似ている。このことは『元史』「宗室世系表」と『輟耕録』巻1「大元宗室世系」が近い関係にある資料に基づいていることを示しているのであって，『元史』「宗室世系表」の十祖の部分が『十祖世系録』に基本的に基づいているということではないであろう。すなわち『元史』「宗室世系表」は全体的に『経世大典』「帝繋篇」に依拠してい

114　第1部　モンゴル帝国・元朝時代の史料の考察

ると思われるのである。

　ところでペリオは，『元史』「宗室世系表」と『輟耕録』「大元宗室世系」の系図が似ていることから，後者も前者と同じく『経世大典』「帝繋篇」に基づいているとした[19]。だが私は，後者は『経世大典』「帝繋篇」と近縁の資料に基づいたとは言えるが，『経世大典』「帝繋篇」そのものに基づいたとは考え難いと思う。というのは，この2文献の系図の間に相当異なる点が存在しているからである。例えば，チンギス＝カンの弟である鉄木哥斡赤斤および別里古台，世祖クビライの子である西平王奥魯赤その他の人々の子孫の系図は『輟耕録』では著しく簡略であること，クビライの子である鎮南王脱歓の子孫の系図は両書全く不一致であること，闊列堅を『元史』「宗室世系表」ではチンギス＝カンの第六子としているのに対し，『輟耕録』では睿宗トルイの末子としていることなどがあげられる。

　以上のようにみた上で，「太祖本紀」の十祖の系図を『元史』「宗室世系表」と比較してみると，基本的な点はよく似ているが，名称に関して若干の相違がある。すなわち前者において博寒葛苔黒，博合覩撒里直，咩撚篤敦，葛不律寒とあるものが，後者においてはそれぞれ博寒葛，博合覩撒里吉，咩麻篤敦，葛不律とある。この程度の相違は，『元史』があわただしく編纂されたことから生じたものとて片付けて差支えなくも思われるが，念のため『輟耕録』「大元宗室世系」を見ると，そこに『元史』「宗室世系表」と完全に一致する名を見出すのである。このことは，この人名の相違が，不注意によって生じたのではなく，より根本的に資料の相違に由来することを示している。すなわち「太祖本紀」の祖先物語の部分の系図は，「宗室世系表」の資料である『経世大典』「帝繋篇」とは異なる資料に基づいていると思われるのである。

　ところで以上の人名について別の角度から検討すると，博寒葛とあるのは博寒葛苔黒（ブク＝カタギ）の中途で切れた形，博合覩撒里吉はブカト＝サルジを指すのだから，末字の吉は誤りで博合覩撒里直が正しく[20]，咩麻篤敦

は銭大昕が早く指摘したように咩撚篤敦が正しく，麻は誤りであり[21]，葛不律とあるのは，葛不律寒の寒がない形。銭大昕も述べているように寒は汗（カン）であり称号であるとするなら[22]，それがないからといって誤りとは速断できぬが，どちらかと言えば，つけるのが普通であろう。かくしてこれら４人の全ての名についていたその表記が正しいかまたは普通であり，宗室世系表のそれが正確でないことがわかるのである。これによって『経世大典』帝繋篇の意外にも疎漏であることを知るのである。

おわりに

　以上検討したことをまとめると，「太祖本紀」の祖先物語作成のために利用された可能性がある文献として，『太祖実録』の他に，『十祖世系録』と『経世大典』「帝繋篇」をあげることができるのであるが，これらのうち，『十祖世系録』については，利用の実際がわからず，『経世大典』「帝繋篇」については利用されなかったと思われる[23]。

　『十祖世系録』については，このようにその利用の実際が不明確なのであるが，翻って考えると，上述したような次第であっても，もし『太祖実録』に祖先物語の部分が存在しなかったとした場合には，この『十祖世系録』が「太祖本紀」祖先物語の根本資料となったであろう。そして『太祖実録』に祖先物語が存在したとしたならば，『太祖実録』がその根本資料となり，『十祖世系録』は大した影響を与えることはなかったであろう。なぜなら従来言われているように，『元史』編集のさいに，複数の資料を相互に綿密に比較し勘案・整理したとは考え難いからである[24]。かくして「太祖本紀」の祖先物語は，『太祖実録』または『十祖世系録』の内容を，かなり忠実に反映したものと推測することが許されるであろう。

　なお，『集史』の「祖先物語」の作成に用いられた資料の問題については，本書の「『アルタン＝デプテル』について」において論じる。

116 第1部 モンゴル帝国・元朝時代の史料の考察

追記 本稿は，早稲田大学文学部東洋史研究室編，1984，『中国正史の基礎的研究』，早稲田大学出版部，327-342頁に掲載された同名の論文を手直ししたものである。

注

1) 『元史』の「太祖本紀」と「宗室世系表」とでは表記に違いがある。その場合「太祖本紀」に従っている。

2) 『秘史』1-59節。

3) Рашид-ад-дин 1-2, pp. 9-51. なお本稿ではイスタンブール写本（Rashīd/Topkapı 1518），カリーミー校訂本（Rashīd/Karīmī）等も参照した。

4) Рашид-ад-дин 1-2, p. 87. 彼は，ボドンチャルの子をブカとする説の方が，より古い資料に伝えられているので正確だと考えたのである。

5) 『集史』「部族篇」には，ナチンをドトム＝メネンの次男とする説が紹介されている（Рашид-ад-дин 1-1, p. 180）。しかし，これも『元史』「太祖本紀」と異なる。

6) 『秘史』19節。

7) 『秘史』30節。

8) Рашид-ад-дин 1-2, p. 19.

9) 『秘史』52-53節，57-58節。Рашид-ад-дин 1-2, pp. 22-25, pp. 35-36, pp. 42-44.

10) 『秘史』54-56節

11) Рашид-ад-дин 1-2, pp. 36-41. カダンについては，ハムバカイ＝カンの息子のカダンと混同しているところがある。

12) Рашид-ад-дин 1-2, pp. 42-43.

13) 市村瓚次郎，1930，「元朝の実録及び経世大典に就きて」（箭内亙『蒙古史研究』刀江書院，外篇所収），2頁。

14) 市村，同論文，17頁，23頁

15) アムビスは『元史』の「太祖本紀」と「太宗本紀」が『聖武親征録』のオリジナル＝テキストから編纂されたとし，実録を無視している（P. Pelliot et L. Hambis, 1951, *Histoire des campagnes de Gengis Khan, Cheg-wou ts'tcheng lou'* Tom 1, Leiden, p. xv.）。この考えは，しっかりした根拠に基づくとは言えない。

16) アムビスは『聖武親征録』には，本来祖先物語があったと考え，その後それが「どういう理由かは知らぬが消えてしまったが，『元史』の編集者には知られていた。そしてかれらは……この……の部分を数行に要約し，かれらの作品に組入れた」という（P. Pelliot et L. Hambis 1951, p. xv.）。しかし彼が『聖武親征録』に本来祖先物語が存在したとみなした根拠は薄弱と思われる。

17) 小林高四郎，1948，「ラシード＝エッディーンに見えたる民俗学的資料について」『民族学研究』12-3，237頁。

18)『蒙兀児史記』巻148，「宗室世系表」第1。

19) L.Hambis avec des notes supplementaires par P. Pelliot, 1945, *Le Chapitre CVII du Yuan Che*, Leiden, p. ix, note 1.

20) L. Hambis, 1945, p. 9.

21)『二十二史考異』巻91，元史6，「宗室世系表」の項。

22) 同上。

23) 小林高四郎は「現存の太祖本紀は，明らかに『聖武親征録』を利用していることは否定できない……」という（『元史』，明徳出版社，1972，11頁）。だが，言うまでもなく，『聖武親征録』は祖先物語を欠くのであるから，小林の考えの当否は別として，その指摘が関係するのは，それ以後の部分である。

24) このことについての市村の見解はすでに述べたが，ここでは別にウイリアム＝ホンの見解を紹介すると，かれは『元史』編纂に関して「のりとハサミの仕事であった実録から伝記的スケッチを抜き出し，残りを年代記に圧縮した。さらに研究を必要とする特別な問題に直面しなければ，かれらは他の文献に当たったか疑わしい」と述べている（Hung, W., 1951, The transmission of the book known as the Secret History of the Mongols, *Harvard Journal of Asiatic Studies*, Vol. xiv, Nos. 3 and 4, p. 472.）。

史料略号

Rashīd/Topkapı 1518：Topkapı Sarayı Müzesi Kütüphanesi, MS. Revan köşkü 1518.

Rashīd/Karīmī：Karīmī, Bahman（ed.），1338/1959, Rashīd al-Dīn, *Jāmiʻ al-Tawārīkh*, 2 vols., Tehran.

Рашид-ад-дин 1-1：Хетагуров, Л.А.（tr.），1952, Рашид-ад-дин, *Сборник летописей*, Том 1, кн.1, Москва-Ленинград.

Рашид-ад-дин 1-2：Смирнова, О.И.（tr.），1952, Рашид-ад-дин, *Сборник летописей*, Том 1, кн.2, Москва-Ленинград.

5

『アサラクチ＝ネレト＝イン＝テウケ』と
『モンゴル秘史』

はじめに

　ハルハ＝モンゴルのシャムバ（Šamba）によって1677年に著された *Asaraγči neretü-yin teüke*（以下，『Asaraγči 史』と称する）[1]は，モンゴル文年代記のかなり古いほうに属すること，内モンゴルでなくてハルハ（外モンゴル）の地で書かれたこと，価値のある内容を含むことなど，種々の点で注目されるが，とりわけ興味がひかれるのは，『モンゴル秘史（*Mongγol-un niuča tobčaan*）』（または『元朝秘史』）との関係をうかがわせる内容が多く認められる点である[2]。それ故に『モンゴル秘史』を扱う者として，この点に関する先学諸氏の研究について調べてみると意外にも，あまりないようである。『Asaraγči 史』に触れているものは，いくつかあるけれども，本格的に検討されたものではない。今，それらについて紹介すると，つぎのとおりである。

　ペルレー（Пэрлээ, Х.）は，『Asaraγči 史』が「NT を直接使用しているらしい部分がある」とか[3]，「NT からとったらしい断片の古くさい若干の言葉を，新しい言葉によって置き換えて書き，あるいは若干の断片を要約して写しとった様子がある」とか述べ[4]，ソ連のシャスティーナ（Шастина, Н. П.）は，「名指しこそしないが，たぶん彼（シャムバ）は NT をも知っていた。なぜなら非常に短縮された外観を呈しているにもかかわらず，それから若干の節（せつ）[5]を引用しているからである。モンゴルには，われわれにまで到達しなかったモンゴル＝オリジナルの NT が存在したかもしれず，これが博学のラマ，ロブサン＝ダンジンの年代記に利用されたのである。シャムバ

の年代記は，ある程度まで，この推測を確証する」と述べている[6]。

わが国では，岡田英弘が，「注目すべきは元朝秘史との関係であって，ボドンチョル（p. 9）からチンギス＝ハガンがタングトのシドルグ＝ハガンを殺させる（p. 35）までは，中間に多少の異源の記事を含みながらも，大体に於て元朝秘史の第42節〜第266節とよく一致する。しかもアルタン＝トプチに見られるやうな忠実な転録ではなく，かなり語を入れ換へて理解に容易にし，且つ簡略にした跡が見られる。その上特記すべきことに，本書のかかる箇所はアルタン＝トプチとは互に出入があり，決して後者からの鈔出とは見られない。これは，内蒙古で著述したらしいロブサン＝ダンジンの手許ばかりではなく，外蒙古ハルハにも秘史の蒙古原本が存在したらしいことを示す」と，ややくわしくのべている[7]。

以上の諸氏の見解は，いずれもモンゴルにモンゴル文 NT が存在し，それをシャムバが直接に利用したとみている点で一致している。ただそのモンゴル文 NT の実体について，岡田はペルレーやシャスティーナよりも具体的に述べて，それがロブサン＝ダンジンが内モンゴルにおいて利用したのと異なるものであり，ハルハ地方にも NT のモンゴル文の原本が存在したらしいと推測している。

結論的に言うと，シャムバが NT を所持したこと，しかもそれはロブサン＝ダンジンが内モンゴルにおいて利用したものとは別なものであって，外モンゴルにも存在したモンゴル文の NT であったらしいとする見方は，私も正しいと考える。ただシャムバがどの程度原文を適当に書きかえたり要約したりしたかは，目下なおはっきりした結論が出せないように思われる。いずれにせよ，今までは『Asaraγči 史』の文献学的研究はほとんどされておらず，以上の諸氏の見解も，その結論に至った理由の説明はほとんどされていない。

そこで，私は以下に，『Asaraγči 史』のなかに見いだされる NT 的な記述が，現在ふつうに使われている四部叢刊本の『モンゴル秘史』に比べて，いったいどのような実体をもつものであるのか，NT にくらべて価値ある内容を含

むのか，また L・AT すなわちロブサン＝ダンジンの Altan tobči とはどのよう
な関係にあるのかなどを分析して，『Asaraγči 史』に引用されている NT の
実体を究明し，さらに『Asaraγči 史』に引かれている NT と現在使われてい
る NT や L・AT 所引 NT との系統関係についても，検討を試みてみたい。

1 『Asaraγči 史』における NT 関連の記述について

NT は 282 の節から成るが，それらの節と同じ内容または似ている内容の
ものを『Asaraγči 史』から選び出してみると，NT の全 282 節の約半分に及
ぶ数になる。ただしこの数字は，NT との関係の有無の解釈の仕方によって
増減する可能性がある。

岡田は，『Asaraγči 史』には NT の第 42 節以後の内容とよく一致する文が
含まれるという[8]。だが NT 第 42 節より前の内容に似た文も見いだすことが
できる。それらの内容は，NT の 2，3，9，10 ？，〔42〕？，17 ？，18 ？，
20，21 の諸節にかかわるものである[9]。これらの諸節には，Börte čino を初
代として，8 代目のセム＝ソチ（Sem soči）からボドンチャル（Bodončar）
に至るまでの系譜が記されているが，そこには NT との違いが目につく。そ
のため，これに続く『Asaraγči 史』の部分が利用したのとは異なる資料に基
づくのではないかとも考えられる。けれども，『Asaraγči 史』が引用してい
る NT 的な記述には，総じて NT と異なる点が多く目につくから，これら「2，
……，21」の諸節だけを区別することは躊躇される[10]。

また，『Asaraγči 史』に見いだされる NT または NT 的な文の最後のものは，
NT267 節の内容に関わるものである。Činggis qan のタングト征討を内容とし，
この作戦が完了し，Činggis qan が没したことを記している NT268 節の内容
に関わる『Asaraγči 史』の記述は，NT とはかなり異なっており，NT に基づ
いたとは言い難い。すなわち NT の記述が極めて簡単で短いのに対して，
『Asaraγči 史』のそれは，「丁亥年の春の末の月の 12 月に 66 歳で Minaγ の
Dörmegei 城において死んだ。黄金の屍を qasaγ 車に載せて……」とあり（p.

122　第1部　モンゴル帝国・元朝時代の史料の考察

38)，続いて Gilgedei baɣatur の Činggis qan を頌える長文の韻文が記されて
いる（pp. 38-41）。周知のとおり，NT の Činggis qan 臨終の記述は，きわめ
て散文的で短い。

　それとともに，『Asaraɣči 史』には，NT269 節〜最終節 282 節に関するこ
とも存在していない。この部分はオゴデイ＝カン（Ögödei qan）の治世時代
のことを内容とする。NT のこの部分は L・AT にも欠けている。ジャムツァ
ラーノは L・AT のこの欠落から，モンゴルにはたぶんオゴデイの治世に関す
る記述のない NT のモンゴル文テキストが流布していたと仮定されると述べ
たが[11]，このような推測は，確証されつつあると言えよう。

　同時に，このことは NT が本来どのような姿であったかを示唆していると
思われる。私がかつて指摘したように，NT 自体の記述様式にも，Činggis
qan 以前と Ögödei qan 伝以後とでは，明らかな差異が認められるのである[12]。

　さて，『Asaraɣči 史』にみられる NT 的内容は，L・AT の NT からの引用文
が NT に酷似しているのとくらべると，省略がいちじるしく，NT の長い文
章が一片の語句や文章でかたづけられていることもしばしばである（この簡
略化がシャムバより前にすでになされていたのか，それともシャムバによっ
てなされたのかということは，今は問わない）。

　『Asaraɣči 史』における NT 的記述を，単に名目的に NT の各節に割り振る
のでなく，実質的な分量の比較という観点からみるならば，おそらくその量
は，NT の 4 分の 1 以下ということになるであろう。これは，L・AT に引用
されている NT の量にくらべても，いちじるしく少ない。

　だが，簡略にされてこそいるけれども，他の資料の混入，挿入は少ない。
このことが，『Asaraɣči 史』にみえる NT の研究を容易にしている。

　それでは，『Asaraɣči 史』のなかに，NT との関連で注目すべき記述が指摘
できるであろうか。

2 『Asaraγči 史』所引 NT において注目される内容

　私は，『Asaraγči 史』には NT の不完全さを補うと思われるいくつかの価値がある記述を見いだせると考えている。

　① 1203 年（亥年）の春，Činggis qan は Kereid のオン＝カン（Ong qan）と Qalaqaljid eled において決戦したのち，オン＝カン等を問責するための使者を派遣し，また Baljuna の濁水の誓いをし，それから Ĵeĵe'er ündür においてオン＝カンと決戦をしたが，このときのことを『Asaraγči 史』には，

　　その秋，Činggis qan は Ong qaγan を攻撃した（namar anu Činggis qaγan Ong qaγan i dayilabai.）。

と述べている[13]。これは，NT185 節の内容の極端な節略文であるが，しかしそこには，NT に見えない「その秋」という一語が存在する。ところでラシード＝ウッディーンの『集史』や『聖武親征録』には，この決戦が 1203 年の秋に行われたとはっきり記されている[14]。この点からみて，『Asaraγči 史』の記述は，NT の欠を補うものと言えよう。ただし，シャムバの手許にあった NT に「秋」の一語があったと即断することは避けたい。シャムバの手もとにあった何らかの史料に基づいて補ったということも考えられるからである。

　② NT188 節に対応する『Asaraγči 史』の箇所に，

　　彼〔Ong qaγan〕が逃れて行くうちに，ナイマン族の斥候は知らずに〔Ong qaγan を〕殺した。彼の子の Senggüm は，西の方チベットに至って死んだ（bey-e anu dutaγaĵu yabutala naiman-i qaraγul ese taniĵu alabai. köbegün anu senggüm baraγun eteged töbed tür kürüĵü bürilbei.）

とある[15]。

　一方，NT には大略，Senggüm は čöl（遊牧が困難な沙漠／砂漠）において nökör である Kököčü aqtači に棄てられた。と述べているのみで，チベットに至ったとは述べられていない。

124 第1部 モンゴル帝国・元朝時代の史料の考察

ところが『親征録』には,

亦剌合は西夏に走り,亦即納城を過ぎり,波黎吐蕃部に至る。即ち討掠
してこれに居らんと欲す。吐蕃は部衆を収集してこれを逐い,西域曲先
に散走せしめ,徹児哥思蛮の地に居るに,黒隣赤哈剌なる者がこれを殺
す(亦剌合走西夏,過亦即納城,至波黎吐蕃部。即討掠欲居之。吐蕃収
集部衆逐之,散走西域曲先。居徹児哥思蠻之地,為黒隣赤哈剌者,殺之)。

とあり,『集史』にも同じ文が見られる[16]。

つまり,『Asaraγči 史』の記述は,『集史』や『親征録』と大筋において一
致するのである。このことについて,シャムバの手もとにあった何らかの史
料に基づいて補ったということも考えられるから,シャムバの手もとにあっ
た NT に書かれていたと即断することは避けるが,いずれにせよ,この文も
NT の欠を補うものと言えるであろう。

NT がかならずしも完全でないことは,NT それ自体を分析・検討してみ
るとわかることである。また,かつて私は,L・AT すなわちロブサン=ダン
ジンのアルタン=トブチに引用されている NT を分析・検討し,そこには
NT の不完全な点を補うと思われるいくつかのこと指摘した[17]。今,
『Asaraγči 史』にみられる NT の文を分析した結果,そこにもそのようなも
のが見いだされるとすれば,四部叢刊本『秘史』は最良ではあるけれども,
完全なものではないということを,よりはっきりと知ることができると言え
よう。

以上のほかにも,『Asaraγči 史』には注目すべきことが記されている。

③〔Činggis qan は Jelme に対して〕万戸を治めて,9回までの罪に対して
は罰しないようにと言った(tümen i medeged yisün gem dür eregüü dür bu
orutuγai gebe.)[18]。

これは,NT211 節の内容に対応するのだが,そこには aldal すなわち過失
(罪)は9回までは許される,つまり過失(罪)を犯しても許されるという
darqan の特権を与えられたということが記されているのみで,万戸長に任じ

『アサラクチ＝ネレト＝イン＝テウケ』と『モンゴル秘史』　125

たとは述べていない。『集史』にも万戸の長に任ぜられたとは書かれていない。だが Ĵelme は，Bo'orču, Muqali, Naya'a 等より功業が劣るとしても，Činggis qan の最初の家臣であるし（NT207 節），Bo'orču などとともに，千戸のアミール（amīr，モンゴル語の noyan を意味する）のなかで重要な位置を占めていたとあるから[19]，右翼の万戸長の上に立つ万戸長であった Bo'urču, 左翼の万戸長の上に立つ万戸長であった Muqali には及ばないとしても，Qorči や Qunan 等のような一般の万戸長であったかも知れない（NT207 節，NT210 節）。従って『Asaraγči 史』の誤りとは言い切れないようにも思われるのである。

　④『Asaraγči 史』に，Ĵürčidei について「Ĵürčidei の功績は多くある。9 回までの過失（罪）に対しては罰しないようにと Činggis qan が言った」とある[20]。

　これに該当する記述が NT208 節にあり，ケレイドのオン＝カンとの決戦のさいの，過失（罪）を犯しても罰しないという darqan の特権を与えられて当然のような，卓越した Ĵürčidei の軍功について詳述されている。ただし『集史』にも Ĵürčidei が darqan の特権を与えられたとは述べられていない。

　以上の③と④については，実証されてはいないけれども，一応指摘しておきたい。

　『Asaraγči 史』の記述には改編された箇所や誤りの箇所もあるから，注意を要する。たとえば，

　　大典にさいして，Boγurči と Muqali の両人が出かけて行き，右翼と左翼の ulus irgen に不足させることなく給与すべしと〔Činggis qan が〕仰せになった（Yeke qurim dur boγurči muqali qoyar morilaǰu yabun baraγun ǰegün eteged ün ulus irgen dür dutaγal ügei kürgeǰü ögtügei kemen ǰarliγ bolba.）。

とある[21]。この文は，NT やその他の資料に存在しないけれども，内容はもっともらしく思われる。しかし，このような任務は，万戸長にふさわしく

なく，厨官（ba'urči）すなわち料理人の職務であるはずである。すなわち，これはおそらく NT213 節にあるつぎの一文，すなわち，

> Činggis qan が仰せになるのに，ウングル（本節冒頭に「Önggür bawurči」とある。bawurči とは料理人のこと）とボロウル（Boro'ul）よ，左方と右方で汝等 2 人は，各料理人が料理を配るときに右方に立っていたり坐っていたりする者に不足させるな。左方に並んでいる者に不足させず……分け給せよと仰せになった。

とあるのに由来する誤りではなかろうか。

こうした例は他にもあるのであって，『Asaraγči 史』を利用するときには，NT や L·AT 所引 NT と異なることが記されてあっても，ただちにそれを信じることは避けたほうがよい。

ところで『Asaraγči 史』には，NT に基づくのでなく，別の古い資料に由来するらしい内容のことが記されている。ペルレーはその例を 3 つ挙げている[22]。

　(a)〔Činggis qan は〕ウゲレン＝エケにオチゴ Očiγu[23] の分け前を 1 として穀物を植えて〔その収穫を〕与えよと言って，多くの女真人を与えた（Ögelen eke de očiγu-yin qubi nigen bolγaǰu tariy-a tariǰu ögtügeǰu tümed jürčid-i ögbe.）[24]。

この文は，NT242 節に「母には Ötčigin の分け前といって，万の民を与えた」とある文，また L·AT に「母に Ötčigin の分け前ともども万の民を母と末弟（つまり Ötčigin）の 2 人に与えた」とある文[25] に，別の文が付け加えられているのであるが，ペルレーは，この部分をとらえて「モンゴル人が 13 世紀初頭におおきな耕地をもっていた証拠となる」と述べている[26]。シャスティーナは，何の疑いも挟まずに，このペルレーの見解を信じるわけにはいかないが，それでも注目に値するとは言えると記し，今後の考古学的，文献学的研究に期待している[27]。私としてもシャスティーナ以上のことは言えない。

(b)すべての者に仰せられるのには，「カン（qan/qaɣan）に大いに気に入られたからとて，その者は驕ってはならぬ。庶民はおのれの性格に気をつけるべし。すばらしきわが政道を日夜気にとめて思うべし。友と仲よくすべし。堅固な武器をつねに装備していくべし。外敵に会えば力を尽くして来るべし。味方同士は仲よくすべし。あまねき者におのれのやさしさによって憐れみが行われるべし。学問を学び，生涯の友とすべし。威張ろう，派手に立ちまわろうとせず，多くの人と仲よくすべし。威張りおそれさせることを考えるな。それは汝等の身に害あるべし。つつしみ畏れて信ずべし。さすれば汝等は不足なきことを知るべし。恩恵をもたらしたサイド（高官）を，おのれの分限を悟ってうらやむべし。あらゆる秀でた技能を試して寵愛を競うべし。寛大な心を覚り，心の底から努めるべし。永遠にそのように行い，われにおのれの過ちを語るべし（yerü bügüde dür surɣal ǰarliɣ bolurun./qan kümün dür qayiratai kemen buu ketüreltei./qaruču kümün öberün ǰang aɣaliban sereltei./qas yeke törü yi minu edür söni kičiyen sanaltai./qani nöküd iyer iyen amaraɣlan qanilaltai./qataɣu ǰer ǰemseg iyer bekilen yabultai./qari ataɣatun dur ǰidkülen ireltei./qalaɣun ǰaɣura ban eb ey-e yi kičiyeltei./qamuɣ tur jögelen iyer yügen kögerüküi gegteltei./erdem bilig-i surču egüride yin nökür bolɣaltai./erkilen sayirqaqui duran i tebčijü olan luɣ-a ǰokiltai./erekemčilen ayilɣaqui buu sedültei. beye dü tan u qour tai/emiyen ayuǰu sitültei. tan iyar ülü dutaqu yi medeltei/ači kürgegsen sayid iyar kiriben medejü ataɣarqaltai/aliba ide erdem tengsejü qayira buliyaldultai/aɣuu sedkil i barin ünen iyer ǰidküjü medeltei/asida teyin kü yabuǰu nadur ǰem-e keleltei.)[28]

この言葉についてペルレーは，「モンゴルの封建制国家が建設され，階級闘争がたかまり，封建的な賜与権が増え，封建領主間の矛盾が先鋭になった時代に，Činggis qan が階級闘争，人民大衆の抵抗，封建領主内の矛盾を鎮めるための政策をとっていたことを，この詩は出そうとしているのかも知れ

128　第1部　モンゴル帝国・元朝時代の史料の考察

ない」と記している[29]。けれども，この文がその内容からみて，モンゴル帝
国時代にさかのぼると即断することはできない。

(c)ねずみの年に Činggis qan は出馬して，Naiman, Merkid の6つを服従さ
せて奪った。1アイマグの Merkid が柵で囲ったとき，Boroɣul と Čimbai
が入って連れてきた（Quluɣana ǰil dür Činggis qaɣan morilaǰu naiman
merkid ün ǰirɣuɣan i inu oruɣulǰu abuba. Nigen ayimaɣ merkid sibegelegsen
dür boruɣul čimbai qoyar oruǰu abču irebe）[30]。

この文の「1アイマグの merkid」云々とある箇所は NT198 節の記述に対
応するものであって問題ないが，前半の部分には問題がある。

ペルレーは，「メルキドの8アイマグのうち，7つ（正しくは6つ：吉田
注）を Činggis qan の兵が支配したと〔シャンバは〕言っている。これは3
つのメルキド内の氏族の数を物語っているのかも知れない。」と述べてい
る[31]。ペルレーが「naiman merkid」をナイマン族とメルキド族ではなく，8
つのメルキド族と解釈したのは，この文の前に，

J̌ebe と Qubilai をナイマンの Tayang qaɣan のところに遣わして服従させ
てきた（ǰebe qubilai qoyar i naiman-u tayang qaɣan dur ilegeǰü oruɣulǰu
irebe.）[32]。

とあるので，ナイマン族はすでに滅亡したと受け取られるからであろう。と
ころで，問題の文に，「ねずみの年に」とあるので，NT のこれに対応する
箇所をみると，NT193 節に，「子の歳，夏の初めの月の16日の紅き望月に，
纛に〔馬乳酒を〕注ぎ祭って出馬するに」とあって[33]，以下 NT196 節まで
ナイマン族討伐のことが続き，さてつぎの NT197 節にまた，「同じ子の歳の
秋に，カラ＝ダル〔両河〕の水源で，メルキド〔族〕のトクトア＝ベキとチ
ンギス＝カハンは対陣して，トクトアを〔破り〕動かし，サアリが原でその
部落，家財，国土を虜とした」とあって[34]，ナイマン族とメルキド族の両方
に対する攻撃は，ともに子の年とある。この点から私は，上の『Asaraɣči 史』
の文は，これら同じ年に生じた両族に対する別々の攻撃の文を合わせて簡略

化したもの，言いかえると NT の 193 節と 197 節を結合したものと考える。すなわち問題の「naiman merkid」は，8 つのメルキドではなく，ナイマンとメルキドと解するのがよいと思う。そうすると，「6〔アイマグ〕を征服し奪った」とある文は，ナイマンとメルキド両族で 6 アイマグということかもしれない。シャムバが両族が計 6 アイマグから成るとした根拠は何であるのかわからないが，NT や『集史』などによってみるかぎり，まったく無根拠な数とも思われず[35]，あるいは，この文に価値が認められるとすれば，この数字かも知れない。だが，ここでは具体的な例をあげないけれども，『Asaraɣči 史』に記されている数字は，他のモンゴル文献の数字と異なるものが多く，しっかりした根拠がない場合には，そのまま信用することはできない。

　ペルレーが指摘した，以上 3 つは，NT 本来のものであったかどうかということは問題にされておらず，新しい未知の資料に基づくものという趣旨で抜き出されたものであるが，ともに，直ちにその価値を評価することはできない。

　私は，古い資料に基づく注目すべきものというのであれば，以下に記す別のものを挙げたい。それは，4 大オルドの各妃に関するものであるが，それは『Asaraɣči 史』につぎのように記されている。

　　4 つの大オルドを建てた。大オルドの主はコンギラドのデイ＝セチエンの娘であるボルテという名の妃，その次の位のオルドの主はソロンガスのブカ＝チャガン＝カガンの娘であるクラン妃。そのつぎの位のオルドの主はタタルのイェケ＝チェルの娘であるイスイ妃。そのつぎの位のオルドの主は，同じタタルのチェルの娘イスゲン妃。〔以上の〕4 人である（dörben yeke ordu bayiɣulba. yeke ordu-yin ejen qonggirad-un dei sečen-ü ökin börte neretü qatun. Tegünü des ordu-yin ejen solungɣasun buqa čaɣan qaɣan-u ökin qulan qatun. Tegünü des ordu-yin ejen. Tatar-un yeke čerü-yin ökin yisui qatun. Tegünü des ordu-yin ejen mön tatar-un čerü-yin

130 第1部 モンゴル帝国・元朝時代の史料の考察

ökin yisügen qatun dörben buyu.) [36]。

　この文は，メルキド族出身の qulan 妃をソロンガス出身としている点は誤りであるが，基本的に『元史』の「后妃表」の内容に合致する。L・AT にも4大オルドに関する記述があるが，それは4人の妃のオルドの名を挙げるというものであり，『Asaraγči 史』とは異なる点がある。『Asaraγči 史』の記述は，NT の記述本来のものではないかも知れないが，資料としての古さや価値の点で，NT の記述に劣ることはないであろう。

3　『Asaraγči 史』所引 NT と L・AT 所引 NT との関係

(1)　『Asaraγči 史』所引 NT は L・AT 所引 NT とは別物とみられること

　既述のように，私は，シャムバがロブサン＝ダンジンの使用したものとは別の NT の写本を所持し利用したらしいと推測した岡田の見解（推測の根拠は説明されていない）に賛意を表した。それでは，私はどのような理由によって岡田説に賛成したのか。

　それは，『Asaraγči 史』に引用されている NT に，ロブサン＝ダンジン所引 NT には見られない文が見いだせるからである。

　ロブサン＝ダンジンが引用した NT には，NT の 176 節後半から 208 節の初めまでの部分が欠けている。ところがこの欠けている箇所の内容の一部が『Asaraγči 史』に見いだされるのである。すなわち，NT の 176，185，188，193，197-200，202，205 の合計 10 の節の各内容に対応する文が見いだされるのである。それは，NT の2巻半に迫るほどの分量にくらべればはるかに少ない量であり，『Asaraγči 史』の2頁にも満たない程度に節略・圧縮され，かつ記述の順序も入れ替わっているのであるが，ともかく存在しているのである。それらのいくつかについては，すでに前節において引用したので，それらを除いて，以下に訳文によって示す。

　　NT185 節＝本稿第2節において引用済み。

　　NT188 節＝本稿第2節において引用済み。

NT199 節＝ジェルメの子スベエテイ＝バートルをその秋？にメルキド族のところに遣わして降伏させた。

NT193 節＝ジェベとクビライをナイマン族のタヤン＝カガンのところに遣わして降伏させた。

NT176 節＝ジュルチデイはコンギラド族の民を降伏させてきた……。

NT193 節と 197 節の結合したもの，および 198 節（本稿第 2 節で引用済み）。

NT197 節？＝ソロンゴスのバカ＝チャガンの娘であるクラン妃を Činggis qan はそこに娶った。……

NT200 節＝ジャムカはナイマン族のタヤン＝カガンから 5 人のノクル（nökör）とともに逃亡して，？において uɣalǰa（野生ヒツジのオス）を殺して焼いて食べているうちに，彼のノクル nökör たちは〔ジャムカを捕らえて〕縛ってきた。……〔202 節〕虎の年の夏の第 1 の月の 16 日にオノン河の源で，9 脚をもつ白い纛を，ジャライル族のテルゲト＝バヤンの子のコア＝ムカリに国王，宰相，タイシの称号を与えて纛をもたせて，万戸を治めさせ，9 回までの罪に対しては罰しないようにと言った。……〔205 節〕nökör のボゴルチにこのように宣うのに……とある（原文は省略）。

以上である[37]。

内容の点で NT と異なる部分がきわめて多いが，今は問わない。大切なことは『Asaraɣči 史』所引 NT において，L・AT 所引 NT に欠けている箇所の記述が，不完全ながらも存在しているということである。

ところで L・AT におけるこの長文の脱落がもしロブサン＝ダンジンが彼の所持していた NT から L・AT に引用するさいに不注意に生じさせたのだとすれば，当面の問題は複雑になるが，かつて私が論証したように，これらの長文の脱落は，彼の手もとにあった NT においてすでに存在していたと考えられるのである[38]。そこで私は，シャムバはロブサン＝ダンジンが所持したも

132　第1部　モンゴル帝国・元朝時代の史料の考察

のとは異なる NT の異本を所持していた可能性が強いと考える。

　なお，他にも L・AT 所引 NT になくて『Asaraγči 史』所引 NT にみえる記述があるが[39]，それらはロブサン＝ダンジンが，みずからの手もとにあった NT に記されていたそれらのことを特定の意図によって L・AT に引用しなかったための脱落と思われるので[40]，ここでは検証の対象にはならない。

(2)

　上述したように，シャムバは NT の異本の 1 つを手許に置いていたと思われるのであるが，しかし『Asaraγči 史』所引 NT には，L・AT 所引 NT との関係をうかがわせる文が実は存在するのである。すなわち以下の 3 点において両書のつながりが認められると考えられる。

　①NT63 節内容について。『Asaraγči 史』所引 NT には，イェスゲイ＝バアトルが息子テムジンのために嫁を求めに出かけてオンギラド部のデイ＝セチェンに出会ったときに，デイ＝セチェンがイェスゲイ＝バアトルに語ったこととして，

　　イェスゲイ縁者よ，私は昨夜夢をみた。白い海青が太陽と月をつかんで飛来し，わたしの手の上に落とした。

とあるが（『Asaraγči 史』，p. 29），L・AT においては，

　　イスゲイ縁者よ，私は夢を見た。この 2 夜，白い海青が太陽と月をつかんで飛来して……（yisugei quad bi jegüdün jegüdülebe. Ene qoyar söni čaγan šongqur naran saran qoyar i adqun niṡčü irejü……）

とある[41]。

　「昨夜」が「この 2 夜」となっているのであるが，『Asaraγči 史』にも，「この 2 夜，白い海青が日と月をつかんで飛来して……（Ene qoyar söni čaγan šingqur naran saran qoyar i adqun niṡčü ireged……）」とあり[42]，L・AT と同じである。

　②ボオルチュがテムジンを助けて盗賊に奪われた 8 頭の去勢馬を奪い返し

て，自分の家に帰ってきたとき，その父ナク＝バヤンが，

　　子を見て，一度は泣き一度は責めた。その子ボオルチュが言うのに
　　は……

と NT93 節にあるが，L・AT には，

　　ナク＝バヤンは，一度は責める。一度は笑う。わが子ボゴルチよ，話せ。
　　どうしたのかと言うと……(naqu bayan nigente dongγuddumui. nigen te
　　inigemüi köbegün minu boγurči ügüle. yaγun bolba kemebesü……)

とあって[43]，NT に存在しない「笑う」という語がみえるのであるが，
『Asaraγči 史』においても，語順は多少異なるけれども，ナク＝バヤンが息
子ボオルチュに無断で家を空けたわけを問うのに対し，ボオルチュが答え
たところ，

　　ナク＝バヤンは笑って，お前ら 2 人は……(naqu bayan inegejü. ta qoyar
　　köbegüd……)

と述べたとあり[44]，やはりナク＝バヤンが「笑った」と記されている。

　③ NT において，テムジンがジャムカと離別して qorqonaq-jubur から夜を
徹して移動して来たときに従ってきた人びとについて述べた NT120 節には

　　barlas から suqu-sečen が qaračar という子どもとともに来たぞ。

とあるが，L・AT においてはこの suqu-sečen という人物が，

　　barlas から γou-a sečen が qaračar という子どもとともに来た（barlas eče
　　γou-a sečen. qaračar köbegüd-lüge ben irebei.)

とあって[45]，γou-a sečen となっているが，『Asaraγči 史』においても，

　　barlas から γou sečen をはじめとして，来た。

とあって[46]，類似している。

　以上の 3 点から，ロブサン＝ダンジンの手もとにあった NT とシャムバの
手もとにあった NT との間には，何らかの関係があると推定されよう。

(3)

さて，本節の(1)において，私は『Asarayči 史』所引 NT は L・AT 所引 NT とは異なるものであろうと論じた。ところが第 2 節では，2 つの NT には，互いに資料上のつながりを示す点があるという，それとは一見矛盾する推測を行った。それならば，実際のところシャムバは L・AT を手もとに置いて利用したのであろうか。

すでにペルレーは，前述したように，シャムバが NT を利用したらしいと述べながら，別にシャムバが L・AT を利用したと指摘し[47]，ハイシッヒはその指摘を引用して，その考えに追随している[48]。岡田は，前述のように，1 つの根拠を挙げてシャムバが L・AT を利用したことを否定している。ペルレーとハイシッヒは具体的な例を挙げて説明しているわけではないので，そのように考える根拠はわからない。

私は第 1 に，少なくともシャムバが L・AT を所持していたならば，彼はみずからが所持していた NT の記述よりも大部でみごとな内容をそこに発見したはずであるから，その結果として L・AT との関係を示す内容をもつ記述は，上に挙げた 3 例よりはるかに多く『Asarayči 史』に残されたに違いないであろう。

また，第 2 に，L・AT には NT からの引用文の間に，他の資料からの長短の文が 34 も挿入されている。ところが，これらの多くの挿入文のうち，『Asarayči 史』所引 NT の文のなかに見いだせるのは，1 挿入文からの断片 1 つにとどまっている。

それは，Činggis qan が，タングド族に対する再征討の途次，モナの山嘴をみて語った言葉であって，L・AT はそれを AT（anon.）すなわち著者不明『アルタン＝トブチ』から引用したのである。すなわち L・AT において，

主ボグダ（Činggis qan のこと）は，モナの山嘴をみて仰せられるのに，混乱した政治のときには垣をめぐらすべし。平安な政治のときには遊牧すべし。逃げる鹿は逃さぬようにすべしと仰せられた（ejen boγda mon-a qosiγun-i üjeged jarliγ bolurun. ebderegsen törü dür qorγulaltai. engke törü dür nutuγlaltai. üdekü buγu üdegleltei kemen jarliγ bolba.)。

とあり[49]『Asaraγči 史』においては，

モナの山嘴をみて仰せられるのに，平安な政治のときには遊牧すべし。混乱した政治のときには垣をめぐらすべし。逃げる鹿は囲むべしと楽しそうに仰せられた（mona qosiγun-i üjeged jarliγ bolurun. engke törü dür nutuγlaltai. ebderegsen törü sibegeleltei. üdekü buγu qorγulaltai kemen baqarqan jarliγ bolbai.)。

とある[50]。

　他にも，3 箇所ほど L・AT からの引用記事かと疑わせるような内容の短文が認められるが，それらは相異が著しく，L・AT からの引用ではなくて，別資料から引用したものであろうと考えられる。

　たとえば L・AT に，

Činggis qan が生まれて 7 日ののち，海（dalai）の島に黒っぽい鳥が大きい黒い石の上で，太陽がよしとする方向に（すなわち右まわりに）まわって，3 日鳴いた（Činggis qaγan törüged doluγan qonuγsan-u qoyina dalai-yin qoyiγ dotura qarabtur sibaγun gürü qara čilaγun degree naran jöbsiyereküi-e ergijü γurban edür dongγudbai.)

とある文は[51]，『Asaraγči 史』に，

〔テムジンが生まれた〕その翌朝から海（usun）の島の 1 つの石の上で，1 羽の鳥が 3 日さえずった（tegünü manaγar eče usun-u qoyiγ-tur nigen čilaγun-u degere nigen sibaγun γurban edür ergijü daγun γarbai.)。

とあり[52]，相異が目立つ。

　結論として，L・AT に NT の文と分かちがたく入りまじっているこうした多数の挿入文は，もしシャムバが L・AT を利用したならば，必ずや NT の記述とともにかなり多く『Asaraγči 史』に引用されたはずである。それがわずか一箇所程度ということは，かえってシャムバが L・AT を利用しなかったこ

136　第1部　モンゴル帝国・元朝時代の史料の考察

とを裏づけるものと言えるのではないかと思われる。そして上述の
『Asaraγči 史』所引 NT 中の引用文は，L・AT とはまったく関係がなく，何ら
かの他の資料から引用されたものであるか，あるいはシャムバが所持した
NT に書き込まれていたものであるかのいずれかであるとみられるのである。
言うまでもなく，Činggis qan 死去前後のこうした内容のことは当時のモン
ゴル人には実によく知られていたものらしく，多くの年代記，その他に採録
されている。

　このようにみてくるならば，『Asaraγči 史』においては，Činggis qan 伝以
後の部分においても L・AT は利用されなかったということになる。

　ウグデイ＝カン以後の部分においても L・AT との関係を想像させるような
ものがみられるが，この解釈は，『Asaraγči 史』の Činggis qan 伝以後の部分
の史料的性格の問題にかかわってくるのであって，おそらく他のモンゴル年
代記の史料系統の問題にも関連するかなり大きな課題であると，私は考えて
いる。従って，その具体的な検討は，別の機会に譲ることにしたい。今は，
上述のように『Asaraγči 史』の Činggis qan 伝までの部分において L・AT は利
用されなかったと考えられるという結論を述べるにとどめておきたい。

4　シャムバの手もとにあった NT について—結びにかえて—

　今まで論じてきたことを要約すると，以下のようにまとめられるであろう。
　すなわち『Asaraγči 史』において NT と関係があるのは，NT 全文の4分
の1以下の程度であるに過ぎない（1節）。だがその部分には，NT の内容を
補うとみられるいくつかの注目すべき記述が含まれている（2節）。シャム
バの手もとにあった NT は，内モンゴルに存在しロブサン＝ダンジンが
L・AT に引用した NT とは異なるものと思われるが〔3節の(1)〕，いっぽうこ
の2つの NT には，何らかの関連をうかがわせるような共通の記述もみられ，
問題は複雑である〔3節の(2)〕。だが，シャムバはおそらく L・AT を利用し
なかったとみるべきであろうと推測した〔3節の(3)〕。

要するに，シャムバの手もとにあった NT は，四部叢刊本 NT と隔たりの
あるものであるとともに，L・AT に引用されている NT とも共通点こそある
ものの，やはり別個の存在であったようである。

それならば，いったいシャムバの手もとにあった NT，ロブサン＝ダンジ
ンの手もとにあった NT すなわち L・AT 所引 NT，そして四部叢刊本 NT と
いう３つの NT は，たがいにどのような関係にあったのであろうか。

３節の(2)に述べた『Asaraγči 史』所引 NT と L・AT 所引 NT の何らかの関係
を示す３つの例（言うまでもなく，それらは，それらに対応する NT の箇所
の記述と異なっているのであるが）は，『Asaraγči 史』が著された当時，外
モンゴルに存在した NT が，それより 10 数年前，内モンゴルに存在し L・AT
所引 NT と近縁関係にあったことを暗示するものであろう。それらは，かつ
て１つの写本として存在していた時期があったかも知れない。

この点で問題になるのは，『Asaraγči 史』所引 NT の不完全さを補う記述
とそれに対応する L・AT の記述との関係，および L・AT 所引 NT の不完全さ
を補う記述とそれに対応する『Asaraγči 史』L・AT の記述との関係，および
L・AT 所引 NT の不完全さを補う記述とそれに対応する『Asaraγči 史』の記
述の状況である。つまり，『Asaraγči 史』所引 NT と L・AT 所引 NT が共通の
１写本から分かれたものであるとすれば，たとえば『Asaraγči 史』所引 NT
の現在使われている四部叢刊本 NT の不完全さを補う記述の少なくとも一部
は L・AT 所引 NT に見いだされなければならないであろうし，L・AT 所引 NT
が現在使われている NT の不完全さを補う箇所の少なくとも一部は，
『Asaraγči 史』所引 NT に見いだされなければならないだろうからである。
ところが実際は，前者については，四部叢刊本 NT の不完全さを補う，上の
２つの文は NT185 節と 188 節の部分であって，L・AT 所引 NT の最大の脱落
部分，すなわち「176 節後半～208 節初め」に位置するために L・AT 所引
NT の実体がわからないし，一方，後者については，かつて私が別の論文で
指摘した L・AT 所引 NT の四部叢刊本 NT の不完全さを補う記述のほとんど

138 第1部 モンゴル帝国・元朝時代の史料の考察

が，『Asaraγči 史』所引 NT の簡略さのために『Asaraγči 史』に引用されてい
ないか，または実体を把握できないありさまである。従って，今のところは，
『Asaraγči 史』所引 NT と L・AT 所引 NT の関連を示唆する上述の記述のみに
よって問題の1写本の存在を仮定しなければならない。しかしながらこのよ
うな1写本（仮にこれを「モンゴル流布本」と称することにする）の存在を
仮定すると，3つの NT の相互関係がよく説明できるように思う。

　まず，NT の系統から分かれてこのような「モンゴル流布本」として存在
している時期に，それと四部叢刊本 NT との間の異点が生じ，その異点が，
「モンゴル流布本」が外モンゴルと内モンゴルに分かれて流布するように
なってからも，両地方の NT に保持され，『Asaraγči 史』所引 NT と L・AT 所
引 NT 双方に共通のものとしてとどめられるに至ったのではなかろうか。

　つぎに，「モンゴル流布本」が NT に対してもつ異点は，原本 NT 本来の
記述をそのまま伝えたものか，あるいはそれみずからが後になって生じたも
のかわからないし，また「モンゴル流布本」が NT の系統から直接分かれた
のかどうか，まったく見当がつかない。ただ NT が明朝初期に漢音に従って
表記され，現在の形式が成立したことからみて，「モンゴル流布本」と NT
の間に異点がある以上，明朝初期以前に両写本系統が分かれたはずであって，
明朝初期には NT の「モンゴル流布本」は，すでにモンゴル高原に存在して
いなければならないであろう。

　第3に，この「モンゴル流布本」は，ある時期に複数の写本に分かれて外
モンゴルと内モンゴルにそれぞれ存在するようになったと思われるのであっ
て，『Asaraγči 史』所引 NT と L・AT 所引 NT との間に生じている3節の(1)に
指摘したような異点の存在が，このことうぃ証明していると私は考える。す
なわちこの異点は「モンゴル流布本」が分かれてから，それぞれ『Asaraγči
史』と L・AT に引用されるに至るまでの期間に生じたものとみるのが，もっ
とも自然だからである。

　『Asaraγči 史』に引用されている NT の記述は，そのような外モンゴルに

流布していた NT の姿をある程度今に伝え，NT の欠落を若干補い（この事実は NT の欠落を補う L・AT 所引 NT の記述とあいまって，NT が原本 NT ではないことをはっきりわれわれに教示しているのである），また L・AT 所引 NT の脱落節等を伝えている点に大きな価値が認められているし，また NT の写本系統についておおまかではあるが，以上のような若干の推測を可能ならしめている点で，得がたいものであると，私は考えているのである。

追記　本稿は，1976 年 4 月「日本モンゴル学会春季大会」において発表。1978 年 1 月に『日本モンゴル学会報』9 号に掲載された同名の論文を書き改めたものである。

注

1) Byamba, 1677, *Asaraγči neretü-yin teüke*. 本稿では『Asaraγči 史』のテキストとして，Monumenta Historica Instituti Historica Comiteti Scientiarum et Educationis Altae Reipublicae Mongoli, 1960, Tomus 2, Fasciculus 4. Ulaanbaatar を利用した。

2) 本稿ではこの書を NT と称することにしたい。現在一般的に使われている NT は四部叢刊本の『モンゴル秘史』（『元朝秘史』）である。そしてシャムバが所持して使った NT は，シャムバ所引 NT あるいは『Asaraγči 史』所引 NT と称することにしたい。なお，ロブサン＝ダンジン（bLo-bzaṅ bsTan-'jin/Luvsandanzan）が所持して使った NT があるが，これはロブサン＝ダンジン所引 NT または L・AT 所引 NT と称することにしたい。L・AT は，*Altan Tobči*, A Brief History of the Mongols by（bLo-bzaṅ bsTan-'jin, Harvard-Yenching Institute, Scripta Mongolica 1, Cambridge, Massachusetts, 1952）の略称とし使いたい。この書には第 1 部と第 2 部がある。第 1 部と第 2 部を区別する必要がある場合にはそれぞれ L・AT1，L・AT2 と称することにしたい。

3) Пэрлээ, Х., 1958, *Монголын хувьсгалын өмнөх үеийн түүх бичлэгийн асуудалд*, Улаанбаатар, p. 18.

4) 『Asaraγči 史』，orusil, p. 3.

5) NT は長短 282 の節から成る。

6) Шастина, Н. П., 1961, "Монгольская летопись 17 века", *Народы Азии и Африк*, No. 4, p. 192.

7) 岡田英弘，1960,「シャムバ撰（パリンライ編）アサラクチ＝ネレト＝イン＝テウケ―新出の一蒙文年代記」（書評），『東洋学報』48-2，118 頁。

140 第1部　モンゴル帝国・元朝時代の史料の考察

8）『Asaraɣči 史』，p. 118.

9）この前のところに，NT の第1節，第2節？に関わることが，*Köke debter* から引用
　されて記されている（『Asaraɣči 史』，p. 8）。その内容は「最初に天の子は Börte
　činu-a，その子は Batačaɣ，その子は Tamačaɣ，その子は Qoričar mergen。彼は現在，
　Manɣusun aman daran にいる有名な Badmasambavo その人であると言っている。
　Qoričar mergen の子は Uɣujam boɣurul。その子は Yeke nidün。その子は Semsoči。そ
　の子は Qaču。これは *Köke debter* の9子である」というものである（『Asaraɣči 史』，
　pp. 8-9）。だがこれはシャムバが利用した NT とは関係がないと思われる。

10）これらの節の最初のところに，「他の諸史書に Sem soči の子は Sali qalčaɣu」とあ
　るが（『Asaraɣči 史』，p. 9），「他の諸史書」の文というのは，Sali qalčaɣu まで係るの
　であって，この文意は，上述した *Köke debter* に「Sem soči の子は Qaču」とあるけ
　れども，「他の史書」にはそれとは異なって Sali qalčaɣu とあるのだという意味なの
　であろう。それ以下の文には係らないと考える。

11）Žamcarano, C. Ž., 1955, *The Mongol Chronicles of the Seventeenth Century*（translated
　by R. Lowenthal），Wiesbaden, p. 88.

12）本書第1部の「元朝秘史の歴史性」の2をみよ。

13）『Asaraɣči 史』，p. 27.

14）Рашид-ад-дин, *Сборник летописей*, т. 1, кн. 2, лер. О. И. Смирновой, прим. Б. И.
　Панкратова и О. И. Смирновой, ред. А. А. Семенова, М.-Л., 1952, pp. 133-134.

15）『Asaraɣči 史』，p. 27.

16）Рашид-ад-дин, *Сборник летописей*, т. 1, кн. 2, p. 134.

17）拙稿「ロプサン・ダンジンの『アルタン・トプチ』に引用されている『蒙古の秘
　史』について」（『東洋学報』55-1，1972，15-24頁）。本書に含まれている「ロブサ
　ン＝ダンジンのアルタン＝トブチに引用されている『モンゴル秘史』について」を
　みよ。旧稿の加筆訂正版である。

18）『Asaraɣči 史』，p. 29.

19）Рашид-ад-дин, *Сборник летописей*, т. 1, кн. 2, p. 270.

20）『Asaraɣči 史』，p. 30.

21）『Asaraɣči 史』，p. 31.

22）Пэрлээ, Х., 1957, *Урьд мэдэгдээгүй гурван бичмэл*, Улаанбаатар. p. 4., Пэрлээ, 1958.

23）Činggis qan の末弟 Temüge otčigin を指す。

24）『Asaraɣči 史』，p. 32.

25）L・AT2 の p. 26。

26）Пэрлээ, 1957. p. 4., Пэрлээ, 1958, p. 18. 『Asaraγči 史』, orusil, p. 3.

27）Шастина, 1961, p.192.

28）『Asaraγči 史』, pp. 32-33.

29）Пэрлээ, 1957, Урьд мэдэгдээгүй гурван бичмэл, p. 4.

30）『Asaraγči 史』, p. 28.

31）Пэрлээ, 1957, Урьд мэдэгдээгүй гурван бичмэл, p. 4.

32）『Asaraγči 史』, p. 27.

33）村上正二訳注, 1972, 『モンゴル秘史 2』, 平凡社・東洋文庫, 257 頁。

34）村上正二訳注, 1972, 『モンゴル秘史 2』, 297 頁。

35）村上正二, 1965, 「モンゴル帝国成立以前における遊牧諸部族について」(『東洋学報』23-4, 136 頁, 142-143 頁)。

36）『Asaraγči 史』, p. 28.

37）『Asaraγči 史』, pp. 27-29.

38）本書所収論文「ロブサン＝ダンジンの『アルタン＝トブチ』に引用されている『モンゴル秘史』について」を見よ。

39）タングト討伐に関する記述。『Asaraγči 史』pp. 35-36.

40）本書所収の「ロブサン＝ダンジンの『アルタン＝トブチ』に引用されている『モンゴル秘史』について」の「1（節）」を見よ。

41）L・AT, 9, 1952, p. 29.

42）『Asaraγči 史』, p. 11.

43）L・AT, 1952, 1, p. 46.

44）『Asaraγči 史』, p. 17.

45）L・AT, 1952, 1, p. 68.

46）『Asaraγči 史』, p. 21.

47）『Asaraγči 史』, orusil（序文）, p. 3.

48）Heissig, W., 1965, Die *Familien–und Kirchengeschichtsschreibung der Mongolen*, 2, Wiesbaden, p. V111.

49）L・AT, 2, pp. 94-95. この断片的な記述を含んでいる箇所は, L・AT2 の pp. 93-97 にわたる長いものである。

50）『Asaraγči 史』, p. 35.

51）L・AT, 1, pp. 26-28 の挿入文の前半の部分。

52）『Asaraγči 史』, p. 11.

6

『アルタン＝デブテル』について

はじめに

　『アルタン＝デブテル』という文献は，その名前と内容がラシード＝ウッ
ディーンの『集史』にすこしだけ伝えられているにすぎないのであるが，モ
ンゴル帝国に関する重要な史料であろうと推測され，おもに『モンゴル秘
史』（以下『秘史』）との関係について検討されてきた。

　那珂通世は『アルタン＝デブテル』を，『秘史』を修正したものと考え，
石濱純太郎は那珂のこの考えを認めつつ，さらに検討を加えて，『アルタン
＝デブテル』は元朝の各皇帝の漢語実録を簡略化したものを，モンゴル語に
翻訳してできたものの総称あるいは称号であると考えた。それに対して小林
高四郎は，那珂と石濱の考えを詳細に検討して，『アルタン＝デブテル』を
『モンゴル秘史』の修正したものとする見方を否定し，さらにラシード＝
ウッディーンの『集史』に引かれている『アルタン＝デブテル』に関するわ
ずか3箇所だけの記事からは，何ら決定的なことを知ることはできないし，
そもそもラシード＝ウッディーンが『アルタン＝デブテル』を当時座右に置
いて利用したことはないと考えた[1]。小林は，これまでの研究者の中では，
『アルタン＝デブテル』について比較的細かく分析したと言えるのであり，
特に『アルタン＝デブテル』を『秘史』の修正したものとする見方を否定し
た点は，妥当であると思われる。

　小林はまた，ラシード＝ウッディーンの『集史』に引かれている『アルタ
ン＝デブテル』に関するわずかな記述からは，何ら決定的なことを知ること
はできないと述べた。この指摘も，確かにもっともであるように思われる。

144 第1部 モンゴル帝国・元朝時代の史料の考察

だが，小林がこの問題を扱った当時に比べれば，その後『集史』の研究が進展しており，『集史』所載の『アルタン＝デブテル』から引用されたとされる文も，小林の挙げた3箇所以外にも見出されることがわかっている。

そこで私は，『アルタン＝デブテル』がどのような文献であったのかについて，新たに検討してみたいと考えるようになった。そしてこの問題を検討する場合，『アルタン＝デブテル』のわずかな内容を，現存する『秘史』をはじめとする関連史料と，より細かく比較検討すれば，『アルタン＝デブテル』の内容についても，より多く明らかにする手がかりが得られるかもしれないと考えたのである。

私は，かつて1984年に，「『元史』太祖本紀の研究—特に祖先物語について—」と題する論文を発表し，その中で，『元史』「太祖本紀」におけるチンギス＝カンの祖先に関する記述との関連で，『アルタン＝デブテル』がどのような文献であるかについてある程度検討した[2]。このときはチンギス＝カンの祖先に関する問題を扱うことを主眼としていたためもあって，『アルタン＝デブテル』を，主に関連諸文献に述べられているチンギス＝カンの祖先についての話と比較して考察することに努めたのであるが，それだけでは『アルタン＝デブテル』の問題を十分に検討したことにはならないと感じていた。そのようなわけで，『アルタン＝デブテル』の問題を全般的に検討しなおしたいと考え，本稿をまとめるに至ったのである。

1 『集史』「チンギス＝ハンの祖先物語」に使われた史料

ラシード＝ウッディーンが『アルタン＝デブテル』以外に種々の史料を使ったことは，小林高四郎やトガン（A. Zeki Velidi Togan）によって大まかに指摘されたことである[3]。このことを具体的に示すと，ラシード＝ウッディーンは，『集史』のアラン＝ゴア以下のチンギス＝ハンの祖先について述べた箇所（『集史』「チンギス＝ハンの祖先物語」と称することにする）において，『アルタン＝デブテル（altān daftar）』や年代記（tārīkh）[4]をはじめ，

古い書冊（nuskha-yi qadīm），古い諸書冊（nusakh-i qadīmī），種々の諸書冊（nusakh-i mukhtalif）[5]，古老・語り手・詩人の語った物語（ḥikāyāt）や伝説（aqāwīl）[6] など，さまざまな史料を使ったことを記している。

　これらのうち，従来の研究者が『集史』作成のために積極的で重要な役割を担ったとみているものに，文献としては『アルタン＝デブテル』があり，語り手としてはプーラード＝チンサン（Pūlād jīnksānk）がいたのである。そしてこの『アルタン＝デブテル』が，ラシード＝ウッディーンによってよく利用されたとする見方を，ベレジン（Березин, И. Н.），アムビス（Hambis, L.），ホン（Hung, W.），トガン（Togan, A. Z. V.），ボイル（Boyle, J. A.），グミリョフ（Gumilev, L. N.），ビラ（Бира, Ш.）そしてイリンチン（亦隣真）などがとっているのであるが[7]，その一方で，十分な利用を疑問視する見方もあるのであり，このような立場も軽視できないように思われる。このような考えの持ち主の一人であるバルトリド（Бартольд, В. В.）は，ラシード＝ウッディーンが『アルタン＝デブテル』よりもむしろプーラード＝チンサンやガーザーン＝ハン（Ghāzān khān）から口頭で学んだとみている[8]。この見解は，「かれら二人（プーラード＝チンサンとラシード＝ウッディーン）は一貫して毎日，教師と生徒として，いっしょに学んだ。《幸いなアミールamīr（プーラード＝チンサン）が物語り，博学な大臣（ラシード＝ウッディーン）がかれの言葉を書きとめる》」とのシャムス＝ウッディーン＝カーシャーニーの言[9] からみても，簡単に否定し去ることはできない点をもつ。だがラシード＝ウッディーンによると，ガーザーン＝ハンは，イル＝ハン（Īl khān）の国庫に蔵された年代記や系譜，断片的な物語その他の史料に基づいて歴史集を編纂しようとして，ラシード＝ウッディーンにその編纂の仕事を命じ，これらの史料において簡略であることとか詳細に書かれていないこと，つまりそれらの史料の不備であることを補うために，諸民族の学者とりわけプーラード＝チンサンのもとで調査させた云々ということであるから[10]，文献史料があくまで基本であったことがうかがわれ，そうであるとす

146　第1部　モンゴル帝国・元朝時代の史料の考察

れば，かりにラシード＝ウッディーンが『アルタン＝デブテル』をよく利用
できなかったとしても，プーラード＝チンサンなどの口述者の役割を過大に
評価することは避けなければなるまい。それにプーラード＝チンサン以外の
語り手や詩人の語ったことも相当重要な史料として利用されたようであり，
そのことは，モンゴル人の詩人たちがクトラ＝ハンに関する詳細な物語を語
り，それが『集史』に採録されていることからも推測されるのである[11]。

　以上に記したことに留意して，ラシード＝ウッディーンが『集史』編纂に
利用した史料の問題を，とりあえずチンギス＝ハンの祖先に関する部分に限
定して考えてみると，この部分において，かりに叙述の柱として利用された
史料が存在していたとしても，それが何でありどこに用いられたかはっきり
しない。多分，そのような史料のほかに，種々の史料も利用・採録されたと
思われる。

　『集史』「チンギス＝ハンの祖先物語」は，『元史』「太祖本紀」の太祖すな
わちチンギス＝ハンの祖先について記された部分や『秘史』の1節～58節
のチンギス＝ハンの祖先について記された部分と異なる点が多く（ただしチ
ンギス＝ハンの祖先について，『元史』「太祖本紀」と『秘史』のそれとの間
に異点が少ないということを言っているのではない），また『元史』「太祖本
紀」や『秘史』のチンギス＝ハンの祖先について記されている箇所に見えな
い話を多く含むのであるが，その理由の一つは，ラシード＝ウッディーンが
その叙述に，以上のように多くの種類の史料を引用したことに求められるに
違いない。

　そうであれば，『集史』「チンギス＝ハンの祖先物語」を，それが『太祖実
録』であれ，『十祖実録』であれ[12]，ほぼ単一の史料によってまとめられた
と推測される『元史』「太祖本紀」のチンギス＝ハンの祖先について記され
た部分と同等に扱って比較することは，あまり意味をもたず，そして両者の
比較検討の結果に基づいて，モンゴル帝国の元朝時代に編纂された文献の関
係や系統を論じることも，困難なことだと言えよう。

すなわち『集史』「チンギス＝ハンの祖先物語」の中に，同時代の文献すなわち『元史』「太祖本紀」および『秘史』のチンギス＝ハンの祖先について記されている部分と比較しやすい部分があるとすれば，それは，『集史』に何箇所か，とりわけ「チンギス＝ハンの祖先物語」において多くその内容が引用されている『アルタン＝デブテル』の文であろう。

　本稿では『アルタン＝デブテル』のチンギス＝ハンの一代について記した部分についても考察するが，ここで述べておかなければならないことがある。それは，『集史』「チンギス＝ハン紀」，『元史』「太祖本紀」，『聖武親征録』の３書においてチンギス＝ハンについて記された部分は，基本的によく似ており，それらの拠った史料が基幹をなす部分で共通していたとみられるということである。このことについては，私が1968年に発表した，そして本書に収載の『「元朝秘史」の歴史性』の初めのほうにおいて述べたとおりである[13]。それ故にもし『アルタン＝デブテル』のチンギス＝ハンについて記されている内容と『集史』「チンギス＝ハン紀」の内容が互いに似ているならば，『集史』「チンギス＝ハン紀」は，イリンチンの述べているように『アルタン＝デブテル』に基づいていると言うことができ[14]，また『アルタン＝デブテル』は『元史』「太祖本紀」および『聖武親征録』の「チンギス＝ハン紀」にあたる部分が利用した史料と同一か近縁のものであるということにもなる。だがそうでないならば，そのような見方は成り立たないことになる。そしてこれら３書とかなり異なる『秘史』のチンギス＝ハンについて記された部分（かりに『秘史』「チンギス＝ハン紀」と称することにする）と類似しているかどうかが問題となる。もしこれとも異なるならば，『アルタン＝デブテル』はこれら４書とは系統を異にする文献だということになろう。

　以上述べてきた観点に立って，つぎに『アルタン＝デブテル』から引用されたとされるものについて，ひとつずつ分析してみる。

148　第1部　モンゴル帝国・元朝時代の史料の考察

2　『アルタン＝デブテル』の内容

　ラシード＝ウッディーンが『アルタン＝デブテル』から引用しているもの
のひとつは，『集史』「チンギス＝ハンの祖先の物語」のなかの「ボドンチャ
ル＝ハン」の項にあるつぎの文である。

　　《史料1》なぜなら皇帝の宝蔵に現存し，大アミールたちによって保管
　　され，そしてアルタン＝ダフタルと称されている年代記の諸書（kutub-i
　　tārīkh）に，以下のように述べられているからである。すなわちタイチ
　　ウト（Tāyjyūt）諸族（aqwām）は，カイド＝ハン（Qāydū khān）の息子
　　たちの一人であり，ドトム＝メネン（Dūtūm manan）の孫であったチャ
　　ラカ＝リンクム（Jaraqa līnqūm）の後裔であると。そしてさらにナチン
　　（Nājīn）については，〔報告は〕かれが自分の甥であるカイド＝ハンを
　　ジャライル（Jalāyir）の手から逃して，保護し，そしてかれといっしょ
　　に脱出し，そしてオナン（Ūnan）とケルレン（Kalūrān）〔両河〕のあた
　　りでいっしょに，近くに住んだという程度にしか述べられていない[15]。

　この文と似たものが，『集史』「部族篇」の「タイチウト部」の項にも見出
される。それは，「モンゴル人たちの諸年代記の諸写本（naskhhā-i tawārīkh）
には，つぎのように物語られている。すなわちタイチウト族は，ナチンとい
う名前のドトム＝メネンの次男から生じて枝分かれしたと」とある文に続け
て書かれている，つぎの文である。

　　《史料2》偉大なアミールたちによって，ハンの宝蔵に常に保管されて
　　あるアルタン＝ダフタル（Altān daftar）という書物（daftar）には，つ
　　ぎのようにはっきりと確実なこととして読まれ書かれている。すなわち
　　タイチウトは，カイド＝ハンの息子のチャラカ＝リンクムから生じたと。
　　そしてどこにもナチンの後裔についての言及はない。言及されているこ
　　とは，ただ，かれがジャライル（Jalāyir）から自分の兄弟方の甥である
　　カイドを保護し，そしてかれとともに出て，オナン川に居住したという

ことだけである。だから確かにその書物の物語が正しいであろう[16]。

この文におけるタイチウトの起源とナチンとカイドに関する記述に,《史料1》の内容と矛盾する点はない。『アルタン=デブテル』に基づくこの二つの記述からわかるのは,つぎの諸点である。

ナチンとカイドに関することは,『元史』「太祖本紀」,『秘史』,『集史』いずれにおいても,チンギス=ハンの祖先に関する話の中において述べられている。従って,『アルタン=デブテル』にナチンとカイドの話があるとすれば,ビラがすでに指摘しているように,『アルタン=デブテル』にもチンギス=ハンの祖先について述べられた箇所が存在していたに違いない[17]。またこれからわかるのは,『アルタン=デブテル』は,「チンギス=ハンの祖先物語」を欠く『聖武親征録』とは異なる構成の文献であったとみられるということである。

以下に,タイチウト族の系譜に関して『アルタン=デブテル』,『元史』「太祖本紀」,『秘史』,『集史』それぞれがどのように伝えているか示すと,つぎのとおりである。

◎『アルタン=デブテル』
ドトム=メネン―カイド=ハン―チャラカ=リンクム―某(タイチウト族)

◎『集史』

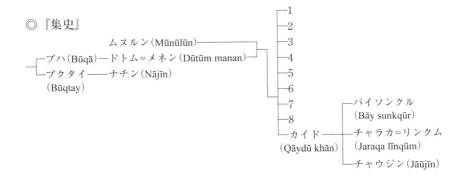

150　第1部　モンゴル帝国・元朝時代の史料の考察

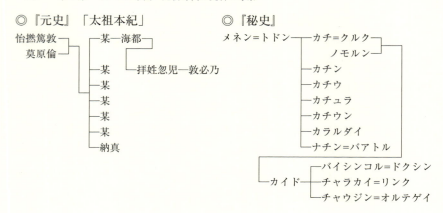

　『アルタン＝デブテル』においてタイチウトの族祖であるチャラカ＝リンクムの系譜は，ドトム＝メネン→カイド＝ハン→カイド＝ハンの息子の一人であるチャラカ＝リンクムとなっている。この系譜は『集史』のそれと同じであり，それは当然である。だが，『秘史』の記す系譜とは異なる。すなわち『秘史』では，メネン＝トドン（ドトム＝メネン）とカイドの間にカチ＝クルクという者がおり，そのためにカイドはメネン＝トドンの孫となっているからである。一方，『元史』「太祖本紀」は，直系の者だけを記して「咩撚篤敦（メネン＝トドン）→某→海都（カイド）→拝姓忽児（バイシンコル＝ドクシン）」とあるが，これは『元史』編者等の意図による省略の結果とみてよいと思う。世代は『秘史』と同じである。従って『アルタン＝デブテル』とは異なる[18]。

　ナチンの系譜上の位置について『アルタン＝デブテル』は，カイドをナチンの甥としているが，これが上述の『集史』の系図にあるような，カイドの祖父ブカの弟ブクタイの子という意味での甥なのかどうかを知ることはできない。だが『集史』にこのような系譜が記されているからには，『アルタン＝デブテル』が記していることは『集史』の系図にあるのと同じ意味での甥であったと理解するのが妥当であろう。そして『元史』「太祖本紀」，『秘史』

と同じ，カイドの父の末弟という意味での甥であると直ちにみることにはためらわざるを得ないのである。

カイド＝ハンをジャライルの手から逃して保護し，いっしょに脱出してオナン川とケルレン川の付近に住んだという『アルタン＝デブテル』の話は，『集史』と『元史』「太祖本紀」には存在するが，『秘史』には存在しない。このことからも，『アルタン＝デブテル』は『秘史』とは異なる系統に属する書とみられるのである。

ただし『元史』「太祖本紀」の場合，この話があるけれども，その内容は『アルタン＝デブテル』の伝えるのと同じではない。『アルタン＝デブテル』では，ナチンとカイドがオノン川流域またはオノン川とケルレン川の間に避難したとあるが，『元史』「太祖本紀」では，ナチンがカイドを伴って八剌忽の地に行ったとあり，退去して行った先の土地が大きく異なるからである。この八剌忽の地なるものが，もしバイカル湖の東方沿いに南流して同湖の中ほどのところでバイカル湖に流入するバルグジン（Баргузин）川とその流域の土地を指すとすれば，オノン川，ケルレン川から遠く隔たっているからである。これは，両者の基づく史料に相異があったことを意味するであろう。そもそもラシード＝ウッディーンが，この話を『集史』に記したときに，『アルタン＝デブテル』に基本的に依拠したのか，疑問がある。というのは，かれは，《史料1》の少し後のところでこの話を詳述しているのであるが，そこではナチンはオノン川の下流域，カイドはブルグジン＝トクム（Būrqūjīn tūkūm）にそれぞれ居住地（maqām）を据えたと書き，この話についての『アルタン＝デブテル』の二つの記述（《史料1》と《史料2》）のいずれとも異なっているからである[19]。そしてそれは，ブルグジンすなわちバルグジンであるかも知れない場所に住むようになったという点だけを取り上げるならば，『元史』「太祖本紀」と同じである（それ以外の点については異なるところが多い）。

『アルタン＝デブテル』とその内容について記しているつぎのものは「チ

152 第1部 モンゴル帝国・元朝時代の史料の考察

ンギス=ハンの祖先物語」の「カイド=ハン」の項の中に見出されるもので
ある。

　　《史料3》かれ（チャラカ=リンクム）は，タイチウトのすべての部族
　　（aqwām）の祖先である。『アルタン=ダフテル』に述べられ，事実に近
　　く，より信用できる伝承（riwāyat）によると，タイチウトにはたくさん
　　の大きな部族（qawm）があり，重んずべき君主たち（pādshāhān）がか
　　れらから現われた。そして多くの軍隊をもっていた。かれらのどんな族
　　（qabīla. qawm より小さい集団）も，別々に一人のアミールや指導者
　　（sarwar）がおり，すべては互いに考えが同じで仲がよかった。そして
　　どんな時代にも，自身の間から一人の王（pādshāh）やハン（khān）を
　　任命し，かれに服従した。そしてチンギス=ハンが父から幼児として残
　　されたとき，かれの父の臣民と軍隊の大部分はタイチウトに傾き，かれ
　　らの前に行った。そのために，かれとタイチウトの間に戦争と争いが
　　起った。それはその説明がかれの物語において述べられるとおりであ
　　る[20]。

　この内容は，チンギス=ハンが勢力を強めるより前の時期のタイチウトの
状況とチンギス=ハンとの争いのきっかけについて述べており，文の前後の
関係から判断して，文の終わりの方の「そのために，かれとタイチウトの間
に戦争と争いが起った」というところまでが『アルタン=デブテル』に基づ
くと考えられる。

　これに対応する記述が，《史料3》のあるところより後方の『集史』「チン
ギス=ハン紀」のイェスゲイ=バアトルの死を記した箇所にも見出せる。す
なわち，

　　《史料4》イェスゲイ=バアトル（yīsūkāy bahādur）が若くして死んだと
　　き，彼の父祖のいとこたちで親族であったタイチウト諸部は，チンギス
　　=ハンの祖先の諸分支についての物語にはっきりと述べられているよう
　　に，〔他〕より勢力があり，多数の従属民と軍隊をもち，彼らの指導者

たちは権威のある王たち（pādshāhān）であった。そしてイェスゲイ＝バアトルの時代に，従属民で，友人で，従順であったとしても，かれの統治の終わりにおいて，そして死のときにおいて，反抗と敵意を示していた。チンギス＝ハンは，父が死去したとき，13歳であった。そして兄弟はまだ幼かった。かれらの母は，ウルクヌト（Ūlqūnūt）族のオルン＝エケ（Ūlūn īka. ホエルン＝エケ）であり，極めて賢く指導力があった。イェスゲイ＝バアトルの死の故に，運命はかれらにとって乱れ，かれらの状況の詳細は，この期間知られていない。

とあり[21]，続いてタイチウトとの抗争について記されている。

　この一文は，《史料3》の内容とよく一致しているとは言えないが，疑いなく《史料3》と関係がある。というのは，文中に「チンギス＝ハンの祖先物語の諸分支の物語にはっきりと述べられたように」とあって，《史料4》が『集史』「チンギス＝ハンの祖先物語」の記事に基づいていることが明示されており，また《史料4》に対応する「チンギス＝ハンの祖先物語」中の記事としては《史料3》の『アルタン＝デブテル』に基づくもの以外には見出せないからである。

　さて，《史料3》は「チンギス＝ハン紀」中にあるべき内容の話であるにもかかわらず，『アルタン＝デブテル』においては，その「チンギス＝ハン紀」のところには記されていなかったと推測される。なぜならラシード＝ウッディーンはこれを『集史』「チンギス＝ハンの祖先物語」において詳しく引用し，その「チンギス＝ハン紀」においては，それを紹介する方法を採って簡略に述べているに過ぎないからである。

　ところで，《史料3》に対応する記述は，『秘史』，『元史』太祖本紀，『聖武親征録』には見出せない。イェスゲイ＝バアトル没後のタイチウトの離反を記した『秘史』69節〜73節の文も，《史料3》に対応するとは言えない。テムジンがジャムハと戦ったDalan balǰudの戦い（13 küryenの戦い）の直後のこととして，異なる文脈においてタイチウトに関する記事が見出される。

154 第1部 モンゴル帝国・元朝時代の史料の考察

今，『集史』「チンギス＝ハン紀」から引用すると，「タイチウトの諸部族（aqwām）―かれらは大勢で数が多く，強力で栄えて，〔戦いの〕用意ができていて，威厳があった―は，その戦争において四散し，それぞればらばらに住むようになった」とある[22]。この記事の前半部は『アルタン＝デブテル』の記事と内容がやや似ているものの，後半の部分は，《史料3》の『アルタン＝デブテル』からの引用文には存在しない。それにこの一文の眼目は，タイチウトの弱体化について述べることにあるから，『アルタン＝デブテル』の先の記事と関係があるとは言えない[23]。このように見ると，『アルタン＝デブテル』に基づくとされる《史料3》の文は，どの文献にも見いだせないと考えられる。

『アルタン＝デブテル』とその内容について記した第5の文は，『集史』「チンギス＝ハン紀」第3部の中にも記されているものである。すなわちその「チンギス＝ハンの万戸と千戸のアミールと軍隊についての言及」のところにおいて，

《史料5》中軍（qūl），右翼（barāūn qār）および左翼（jiūn qār）に属し，そして彼ののち相続権によってかれの第4の息子のトルイ＝ハン（tūlūy khān）―かれの称号はイェケ＝ノヤン（yaka nūyān）であった―に属することになった者たち，また他の〔かれの〕息子たち，兄弟たち，甥たちと母に与えられ，特別にかれらに属することになった者たちは，調査によって確認されているように，また『アルタン＝ダフタル』において確定されているように，期間の長いことと距離の遠さのため明らかにならなかった数多くのものを除いて，12万9000人である。

と記されてある[24]。

この文から，『アルタン＝デブテル』には，「チンギス＝ハンの祖先物語」以後の部分も存在していたことがわかる。ただしそのことから，『アルタン＝デブテル』に「チンギス＝ハン紀」があったらしく，またオゴデイ＝ハンについて記された「オゴデイ＝ハン紀」もあったかもしれないと推測される

としても，確たることはわからない。

　ラシード＝ウッディーンがこの史料において，『アルタン＝デブテル』から引用したものとして挙げている「12万9000人」というモンゴル帝国の兵数は，『秘史』，『元史』太祖本紀や『聖武親征録』に見られない。この事実は，『アルタン＝デブテル』の系統を理解するのに有力な材料であると言えよう。

3　『アルタン＝デブテル』に基づくと推測される記事

　以上のほかに，『アルタン＝デブテル』という書名が明記されていないけれども，『アルタン＝デブテル』と関係があると考えられる記述が，『集史』「チンギス＝ハンの祖先物語」にある。すなわち，

　　《史料6》チンギス＝ハンとかれの親族が由来するドブン＝バヤン（Dūbūn bāyān）とアラン＝ゴア（Ālān quwā）の分枝が，すべてのモンゴルの分枝において卓越しそして特別にしている。〔このドブン＝バヤンとアラン＝ゴアの時代までは〕年月日は確定されていないけれども，おおよそ400年近くあろう。なぜならば，〔ハンの〕宝蔵の中に存在している彼らの年代記（tārīkh）の諸章の主旨と，この世をよく知っている経験深い古老たちの話から，つぎのように明らかになっているからである。つまり彼ら（ドブン＝バヤンとアラン＝ゴア－吉田）は，アッバース（‘Abbās）朝のカリフ政（khilāfat）のはじめの時代，そしてサーマーン王朝（Sāmāniyān）時代にいた。

とあるのが，それである[25]。ここに記されている年代記が「宝蔵の中に存在した」とあるので，ビラは『アルタン＝デブテル』を指すとみている[26]。この見方が妥当であるとすると，『アルタン＝デブテル』には，ボルテ＝チノからドブン＝バヤンの父に至るまでの文は存在しなかったようである。というのは，ラシード＝ウッディーンは，この年代記すなわちおそらく『アルタン＝デブテル』，そして古老たちの話に基づいて，ドブン＝バヤンとアラ

156　第1部　モンゴル帝国・元朝時代の史料の考察

ン＝ゴアをモンゴル族の歴史の最初に位置するものとして，かれら二人の名
前をここに挙げているからである。ラシード＝ウッディーンは，多分このこ
とを踏まえて，この少しあとのところにおいても，

　　《史料7》今われわれは，ドブン＝バヤンとアラン＝ゴアから，チンギ
　　ス＝ハンとかれの同族者たちの諸分枝の家系についての物語（ḥikāyāt）
　　と諸年代記（tawārikh）と言及（dhikr）を開始する。

　と述べている[27]。

　しかもラシード＝ウッディーンは，この記事に続く節において，ドブン＝
バヤンの先祖であるとされているボルテ＝チノとコアイ＝マラル以下の系譜
を記しているのであるが，その文の出だしは，つぎのようである。

　　《史料8》事実を語るトルコ人の年代記編者たち（muwarrikhān）は，つ
　　ぎのように話している。すべてのモンゴル諸族は，エルグネ＝クン
　　（Arkana qūn）に〔ずっと以前に〕去っていた二人の者の後裔に属し，
　　そしてそこから出てきた人びとの中から，一人の信頼できるアミールで
　　いくつかの族の首領であったブルテ＝チネ（Būrta jīna）という名の人
　　がいた。アラン＝ゴアの夫であったドブン＝バヤンと若干の他の部族は，
　　かれの後裔であり，そして多くの妻〔ハトン〕と子供がいた。コアイ＝
　　マラルという最年長の妻から，かれは一人の息子を得たが……[28]

　この一文によって，ボルテ＝チノとコアイ＝マラルからドブン＝メルゲン
の父に至るまでの話とそれに先立つエルグネ＝クン説話は，「トルコ人年代
記編者たちの話」から得たものであって，年代記そのものから得た知識では
なかったことが知られる。そしてこのことから，かりに《史料6》にいう年
代記が『アルタン＝デブテル』でなかったとしても，『アルタン＝デブテル』
には，やはりこの系譜の部分が存在しなかったに違いないということになる。
なぜならば『アルタン＝デブテル』も含めて，ラシード＝ウッディーンの所
持した文献史料にこの系譜の部分を記したものがなかったためにこそ，かれ
は年代記編者たちの語った情報に基づいてボルテ＝チノからドブン＝バヤン

の父に至る系譜情報とエルグネ＝クン説話を記したのに違いないからである。

　以上の検討によって，『アルタン＝デブテル』にはボルテ＝チノからドブン＝メルゲンの父に至るまでの部分がなかったことは明らかである。そしてこのことから，『アルタン＝デブテル』は，ドブン＝バヤンとアラン＝コアの伝承が冒頭に記されている『元史』太祖本紀と似ており，ボルテ＝チノとコアイ＝マラルの伝承が冒頭に記されている『秘史』とは異なることがわかるのである。

4　『アルタン＝デブテル』とはどのような文献か

　これまで述べてきたことを整理すると，つぎのようになろう。

　(1)まず，『アルタン＝デブテル』の構成について。

　『アルタン＝デブテル』には，《史料1》，《史料2》，《史料3》から，チンギス＝ハンの祖先物語」の部分が存在したことがわかる。ただし，《史料6》および関連史料の分析から，ボルテ＝チノからドブン＝バヤンの父までの部分は存在せず，ドブン＝バヤンとアラン＝ゴア以後のことだけが記されていたと思われる。これは，ボルテ＝チノから記述がはじまる『モンゴル秘史』とは異なる。

　ラシード＝ウッディーンは，ボルテ＝チノからドブン＝バヤンの父カリ＝カチゥ（Qārī qāčaw／Qārī qāčū）までを，他の史料すなわちトルコ人の年代記編者たちの話に基づいて補充した。ドブン＝メルゲンとアラン＝ゴア以後の部分についてであっても，ともかく「チンギス＝ハンの祖先物語」が存在したことから，『アルタン＝デブテル』は，チンギス＝ハンの祖先物語のすべてを欠く『聖武親征録』とは異なる文献であったことがわかる。そして『元史』太祖本紀と似ていたことが知られるのである。

　「チンギス＝ハン紀」について記した部分についてみると，《史料5》に，チンギス＝ハンの兵数が12万9000人であると述べた記事が存在することに

158 第1部 モンゴル帝国・元朝時代の史料の考察

よって,『アルタン＝デブテル』には,「チンギス＝ハン紀」またはそれに類するものが存在したらしいことが知られる。

(2)つぎに『アルタン＝デブテル』の記述内容について整理する。

　《史料1》と《史料2》の内容から,『アルタン＝デブテル』におけるドトム＝メネン（メネン＝トドン）からタイチウトの祖とされるチャラカ＝リンクムに至る直系の系譜の内容は,『秘史』とも『元史』「太祖本紀」とも異なる。

　またナチンがジャライルから甥のカイドを保護して,オノン川流域またはオノン川とケルレン川の間に避難したという話は,『元史』「太祖本紀」にはあるが,『秘史』にはない。この点も『アルタン＝デブテル』と『秘史』の異なる点として注目される。ただし『元史』「太祖本紀」にこの話があるけれども,そこに記されていることは,『アルタン＝デブテル』が伝えるのと同じではない。このことから両書の使った史料に違いがあったこと,そしてこの点から『アルタン＝デブテル』と『元史』「太祖本紀」が異なる系統の文献であったのではないかと思われるのである。またラシード＝ウッディーンがこの話を記すに当って,『アルタン＝デブテル』を基本的な史料として使ったのかという疑問すら浮かぶ。というのは,《史料1》の少し後のところでこの話について,《史料1》,《史料2》よりずっと詳しく述べていて,その内容が,《史料1》・《史料2》と顕著に異なるからである。この話については,《史料1》・《史料2》がラシード＝ウッディーンによって重視されているとは考えられないのである。

　《史料3》のタイチウトの強大さとまとまりのよさについて述べた話は,『集史』では「チンギス＝ハンの祖先物語」に記され,その記述に基づく形で「チンギス＝ハン紀」にも記されているのであるが,これらのことは『秘史』,『元史』「太祖本紀」,『聖武親征録』の三書のいずれにも存在しない。

　《史料5》に,チンギス＝ハンの兵数が12万9000人であると述べてある

ことは，『秘史』，『元史』，『聖武親征録』の三書においては，どこにもない。

(3)『アルタン＝デブテル』の文献上の系統。

　以上の分析に基づいて，『アルタン＝デブテル』がどのような文献であっ
たかを，『秘史』，『元史』「太祖本紀」，『聖武親征録』の三書それぞれと対照
させて検討すると，つぎのように言えるであろう。

　『アルタン＝デブテル』は，一応「チンギス＝ハンの祖先物語」と「チン
ギス＝ハン紀」またはそれに類するものから成っていたと思われる（「オゴ
デイ＝ハン紀」が存在したかどうかは不明である）。従ってそれは，「チンギ
ス＝ハンの祖先物語」を欠く『聖武親征録』とは異なり，『秘史』と『元史』
「太祖本紀」に類似する。ただし『アルタン＝デブテル』は，「チンギス＝ハ
ンの祖先物語」の冒頭に位置するボルテ＝チノからドブン＝メルゲンの父ま
での話を欠く点で，『秘史』とは異なり，『元史』「太祖本紀」と類似する。

　『アルタン＝デブテル』にチンギス＝ハンの一代について記した「チンギ
ス＝ハン紀」に該当するものが存在したらしいことは，チンギス＝ハンの兵
数が12万9000人であるとする文が存在したという一点だけから推測される
に過ぎない。「チンギス＝ハン紀」に当たる部分にチンギス＝ハンの軍制・
兵数を記したものとしては『秘史』があるが，『聖武親征録』と『元史』「太
祖本紀」には記されていない。「チンギス＝ハン紀」は，ふつうチンギス＝
ハンの死をもって終わる。その意味での「チンギス＝ハン紀」の部分（これ
を「チンギス＝ハン紀」本体と称してもよいであろう）には『集史』におい
ても兵数は記されていない。すでに述べたように，『集史』「チンギス＝ハン
紀」は『聖武親征録』「チンギス＝ハン紀」や『元史』「太祖本紀」と基本的
によく一致し，基づいた史料の同一または近縁にあることが知られるのであ
るが，『集史』「チンギス＝ハン紀」には，この本体の後に，「チンギス＝ハ
ン一代年表」，「万人隊と千人隊のアミールおよびチンギス＝ハンの軍隊に関
する言及」の項があり，これらも含めて「チンギス＝ハン紀」と題されてい

160 第1部 モンゴル帝国・元朝時代の史料の考察

る。チンギス＝ハンの兵数12万9000人という『アルタン＝デブテル』の記事が書き込まれているのは，この「万人隊と千人隊のアミールおよびチンギス＝ハンの軍隊に関する言及」の箇所である。従って，『アルタン＝デブテル』の記述内容によって，『集史』「チンギス＝ハン紀」本体の内容が，『聖武親征録』と『元史』「太祖本紀」の対応部分（「チンギス＝ハン紀」本体）と異なっているということではないのである。実は，『秘史』は，チンギス＝ハン生前の，モンゴル帝国建国後の時期に軍制が記されている点で，『集史』におけるチンギス＝ハンの軍制・兵数の扱いとは異なるし，内容の点でも，全く異なる。

このようにみてくると，チンギス＝ハンの兵数に関する『アルタン＝デブテル』の記述に該当するものは，『聖武親征録』，『元史』「太祖本紀」，『集史』という三書の「チンギス＝ハン紀」，あるいはそれらが基本的に利用した資料には存在しなかったと思われる。もし『アルタン＝デブテル』に「チンギス＝ハン紀」があり，その本体部分の中にチンギス＝ハンの兵数に関する記述があり，ラシード＝ウッディーンがそのような『アルタン＝デブテル』「チンギス＝ハン紀」本体を基本資料として使って『集史』「チンギス＝ハン紀」本体を編纂したとすると，そのさい，『アルタン＝デブテル』「チンギス＝ハン紀」本体の中に記されていたチンギス＝ハンの兵数に関する記事をわざわざ削除し，削除したそれを「万人隊と千人隊のアミールおよびチンギス＝ハンの軍隊に関する言及」の項に移して書き込んだということになるが，このような操作を想定するこれは非常に無理がある。このことから，ラシード＝ウッディーンは，『集史』「チンギス＝ハン紀」を編纂するさいに，『アルタン＝デブテル』「チンギス＝ハン紀」に基本的に依拠したとは考え難いと思われるのである。

『アルタン＝デブテル』「チンギス＝ハン紀」またはそれに類するものにおいて，チンギス＝ハンの死後の部分にチンギス＝ハンの兵数について記されていたとした場合は，どうであろうか。この場合もやはり，『アルタン＝デ

ブテル』は，『聖武親征録』「成吉思汗紀」，『元史』「太祖本紀」，『集史』の
各「チンギス＝ハン紀」本体部分が使った基本史料とは系統を異にする文献
であったと言わざるを得ないであろう。なぜなら，『聖武親征録』「成吉思汗
紀」，『元史』の「太祖本紀」においてチンギス＝ハン没後のどこにもそのよ
うな記事は存在しないからである。

　以上のように種々考察しみて，結局『アルタン＝デブテル』は，『聖武親
征録』「成吉思汗紀」，『元史』「太祖本紀」，『集史』「チンギス＝ハン紀」が
利用した基本史料とは異なる系統の文献であったと思われる。そしてまた
『モンゴル秘史』とも系統が異なると思われるのである。

　要するに，『アルタン＝デブテル』「チンギス＝ハンの祖先物語」のものと
してラシード＝ウッディーンが『集史』に書き込んだものに，一つとして
『元史』「太祖本紀」の「チンギス＝ハンの祖先物語」と『秘史』「チンギス
＝ハンの祖先物語」の対応する箇所の記事とよく合うものはない。またそれ
以後の「チンギス＝ハン紀」またはそれに類する部分についてラシード＝
ウッディーンが『アルタン＝デブテル』に基づいて『集史』「チンギス＝ハ
ン紀」に書き込んだものについても，同様のことが言えるである。

おわりに

　『アルタン＝デブテル』が，チンギス＝ハンの祖先やチンギス＝ハンにつ
いて書かれた文献として今に伝わっているものと系統が異なるとする見解が
成立し得るとすると，『アルタン＝デブテル』の素性について，新たに考え
なければならないということになる。その場合，ラシード＝ウッディーンが
『アルタン＝デブテル』の内容として記したものがタイチウトとの関係に偏
しているようにみえることや，チンギス＝ハンの兵数を紹介している数字が
他の関係文献に記されていないことの意味を考察することが必要となるであ
ろう。

162　第1部　モンゴル帝国・元朝時代の史料の考察

追記　本論文は，2004年より前に完成しており，それを，私のところで学び博士の学位
を取得した中国社会科学院のチンゲル（青格力）研究員がモンゴル語に訳して同国
の『オイラト研究』誌に掲載し，同年に同研究員が中心となって私の論文を集めて
モンゴル語訳して "*Mongyol-un niyuča tobčiyan-u sudulul*『蒙古秘史研究』" と題し
て北京の民族出版社から刊行したが，その中に再録された。ただし，良好な訳文と
は言い難いものであったから，ここに日本語原文に若干手を加えて掲載することに
した。

【略号】

Rashīd/Majlis 2294：Kitābkhāna-yi Majlis-i Shawrā-yi Millī-yi Īrān, MS. 2294.（足利惇
氏・田村実造・恵谷俊之『イランの歴史と言語』，京都大学，1968）

Rashīd/Topkapı 1518：Topkapı Sarayı Müzesi Kütüphanesi, MS. Revan köşkü 1518.

Rashīd/Rawshan：Rawshan, M., Mūsawī, M.（ed.），1373/1994, Rashīd al-Dīn, *Jāmi' al-
Tawārīkh*, 4 vols., Tehran.

Rashīd/Ализаде 1-1：Али-заде, А. А., Ромаскевича, А. А., Хетагурова, Л. А.（ed.），1965,
Фазлаллах Рашид ад-Дин, *Джами ат-Таварих*, Том I, Часть 1, Москва.

Rashīd/Березин：Березин, И.Н.（ed.）1868, *Сборник летописей, История монголов.
Сочинение Рашид-Эддина*, С.-Петербург,（ТВОРАО, ч. 13）.

Rashīd/Karīmī：Karīmī, Bahman（ed.），1338/1959, Rashīd al-Dīn, *Jāmi' al-Tawārīkh*, 2
vols., Tehran.

Рашид-ад-дин 1-1：Хетагуров, Л.А.（tr.），1952, Рашид-ад-дин, *Сборник летописей*,
Том 1, кн.1, Москва-Ленинград.

Рашид-ад-дин 1-2：Смирнова, О.И.（tr.），1952, Рашид-ад-дин, *Сборник летописей*,
Том 1, кн.2, Москва-Ленинград.

注

1）那珂通世，1908，『成吉思汗実録』，大日本図書，38-47頁。石濱純太郎，1935，
「元朝秘史考」，『龍谷史壇』，15，7-9頁。小林高四郎，1954，『元朝秘史の研究』，
日本学術振興会，84-100頁。なお小林は，『元朝秘史の研究』の結論の部分で『ア
ルタン＝デブテル』を「原本秘史と考えられる性質のものである」と記しているが，
その理由については，何も記していない（419頁）。

2）吉田順一，1984，「『元史』太祖本紀の研究―特に祖先物語について―」，早稲田大
学文学部東洋史研究室編『中国正史の基礎的研究』，早稲田大学出版部，369-379頁。

3）小林，前掲書，91頁。トガンは，『集史』の原本はモンゴル語で書かれたとする。

そのモンゴル語原本とは，『五族譜』（Shu'ab-i Panjgāna）の序文に『モンゴル語の書』（Kitāb-i Mughūlī）とみえるものにほかならず，これは，プーラード＝チンサンと彼を助けたタブリーズ在住のタタル人（モンゴル人や東チュルク人）の民族誌・地理に詳しい人が『アルタン＝デブテル』から，系譜についての情報を抄出し，それを付加して作成したものであり，ラシード＝ウッディーンはこの書を中心に，さらに他の資料を加え，歴史のさまざまな問題についての自分の考えを述べて，ペルシア語版の『集史』を編纂したとみている（Togan, A. Z. V., 1962, "The composition of the history of the Mongols by Rashīd al-Dīn", *Central Asiatic Journal*, Vol. Ⅶ, No. 1, pp. 66-68）。もっとも，このトガンの所論のうち，『集史』の原本がモンゴル語で書かれたとする説は，今日では完全に否定されている。すなわち赤坂恒明の教示によると，当該の説は，ラシード・ウッディーンの第三神学著作集『スルターン対話』（Fawā'id-i Sulṭānīya）の序文に基づいて立論されているのであるが，単なるペルシア語本文の誤読によるものに過ぎないことが，すでに明らかにされており〔van Ess, J., 1988, *Der Wesir und seine Gelehrten*, Wiesbaden, p. 18, n. 26；岩武昭男，1994，「ラシードゥッディーンの著作活動に関する近年の研究動向」（『西南アジア研究』第40号，59頁）〕，また，『五族譜』序文に記されているのは，『モンゴル語の書』（Kitāb-i Mughūlī）ではなく，『モンゴルの書』（Kitāb-i Mughūl）である，とのことである。このようにトガン説には問題点があるが，それはさておき，彼の考えにおいても，『モンゴル語の書』作成の過程で『アルタン＝デブテル』その他の資料が用いられ，その後ラシード＝ウッディーンがこの書にまた別の史料や自分の考えを付加したということになり，要するに『集史』編纂において多くの史料が使われたことが認められているのである。

4) Rashīd/Majlis 2294, f. 43a；Rashīd/Rawshan, p. 216（Рашид-ад-дин 1-2, p. 8）。

5) Rashīd/Majlis 2294, f. 45a；Rashīd/Rawshan, p. 229（Рашид-ад-дин 1-2, p. 17），Rashīd/Majlis 2294, f. 47b；Rashīd/Rawshan, p. 241（Рашид-ад-дин 1-2, p. 26），Rashīd/Majlis 2294, f. 47a；Rashīd/Rawshan, p. 238（Рашид-ад-дин 1-2, pp. 26-27 の間にある系図の説明文）〔Rashīd/Majlis 2294 と Rashīd/Rawshan では，説明文が系図の前にある〕。

6) Rashīd/Rawshan, p. 216（Рашид-ад-дин 1-2, p. 8），Rashīd/Rawshan, p. 217（Рашид-ад-дин 1-2, p. 9），Rashīd/Rawshan, p. 242（Рашид-ад-дин 1-2, p. 27），Rashīd/Rawshan, p. 260（Рашид-ад-дин 1-2, p. 41）など。

7) ラシード＝ウッディーンが『アルタン＝デブテル』を十分に利用できたとする見方に立つ研究者は，小林高四郎が指摘しているベレジン，エ＝ベルトリス（小林，

164　第1部　モンゴル帝国・元朝時代の史料の考察

前掲書，90頁）のほか，それが『集史』巻1の1と2の基礎となったとみるボイル
（Boyle, J. A., 1970, "The significance of the *Jāmi' al-tawārīkh* as a source on Mongol
history", *Īrān-shināsī*, 2, Tehran, pp. 66-67），　それにホン（Hung, W., 1951, "The
transmission of the book known as *The Secret History of the Mongols*", *Harvard Journal of
Asiatic Studies*, Vol. xiv, Nos., 3 and 4, p. 474），　アムビス（Pelliot, P. et Hambis, L., 1951,
Histoire des campagnes de Gengis Khan, Cheng-wou ts'in-tcheng lou' Tome 1, Leiden, p.
xv.），　トガン（Togan, A. Z. V., 1962, pp. 66-67），　ビラ（Бира, Ш., 1978, Ш.,
Монгольская историография, XIII-XVII вв., Москва, p. 140），　なども，この立場に立
つとみられよう。ロシアのグミリョフもペトルシェフスキーの考え（Петрушевский,
И. П., 1952, "Рашид-ад-дин и его исторический труд", Рашид-ад-дин 1-1, p. 25）に
基づきつつ，より明確に，それが『集史』の基礎となったと述べている（Gumilyov,
L. N., 1970, p. 456. Gumilyov, L. N., 1974, "The secret and the official history of the
Mongols in the twelfth and thirteenth centuries", *The Countries and Peoples of the East*,
Moscow, p. 194）。イリンチンは『集史』の「チンギス＝ハン紀」が『アルタン＝デ
ブテル』を基礎としていたと考えた（1987年発表の「≪元朝秘史≫及其復原」，『亦
隣真蒙古学文集』，2001，725頁）。

8）Бартольд, В. В., 1963, Туркестан в эпоху монгольского нашэствия. Сочинения. Т. 1.
М., pp. 92-93./Barthold, W., 1968, *Turkestan down to the Mongol Invasion*, Third edition,
London, pp. 44-45. 小林，前掲書，1954，90頁。

9）Петрушевский, И., П., 1952, Рашид-ад-дин 1-1 p. 26.

10）Rashīd/Rawshan, pp. 34-35 ; Rashīd/Ализаде 1-1, pp. 64-68（Рашид-ад-дин 1-2, p.
67），ドーソン著・佐口透訳注，1968，『モンゴル帝国史』I，平凡社，24-25頁。

11）Rashīd/Rawshan, pp. 260-261（Рашид-ад-дин 1-2, p. 41）。

12）吉田，1984，368-369頁。

13）吉田順一，1968，「元朝秘史の歴史性」，『史観』78（早稲田大学史学会），40-41頁。
本書第1部所収。

14）亦隣真「≪元朝秘史≫及其復原」（『亦隣真蒙古学文集』，2001年所収），725頁。

15）Rashīd/Rawshan, pp. 227-228 ; Rashīd/Majlis 2294, f. 45a（Рашид-ад-дин 1-2, pp.
16-17）。

16）Rashīd/Rawshan, p. 186 ; Rashīd/Ализаде 1-1, pp. 480-481（Рашид-ад-дин 1-2, p.
180）。ここに，「アルタン＝ダフタルと称されている年代記の諸書（kutub-i tārīkh）」
とあって（"kutub" は "kitāb（本）" の複数形である），『アルタン＝デブテル』が複
数の書物であったかのように記されている。『アルタン＝デブテル』問題を考察す

『アルタン゠デプテル』について　165

る場合の注意点であろう。

17）Бира, Ш., p. 138. このことは間接的ながらペリオとアムビスも認めているところである（Pelliot, P. et Hambis, L., 1951, p. xv）。

18）『元史』巻107宗室世系表には「咩麻篤敦（メネン゠トドン）と海都の間に「既孥篤兒罕」という人名が記されてある。

19）Rashīd/Rawshan, pp. 230-232 ; Rashīd/Majlis 2294, f. 46a（Рашид-ад-дин 1-2, p. 19）.

20）Rashīd/Rawshan, pp. 234-235（Рашид-ад-дин 1-2, pp. 21-22）. 本稿を1974年に発表した当時，露訳本のこの記述に対して利用できた『集史』ペルシア語本のベレジン校訂本（Березин, И. Н., 1868, ч. 13, p. 28）とカリーミー校訂本（Karīmī, B. (ed.), 1338/1919, p. 178）の記述を読んでも，タイチウトの族員の多さ等に関する記述の部分が『アルタン゠デプテル』に基づいているのか否かはっきりしていないので，この史料を使うことを避けた（吉田順一「『元史』太祖本紀の研究─特に祖先物語について─」参照）。その後イスタンブールのTopkapı Sarayı Müzesi Kütüphanesi蔵Revan köşkü 1518写本（イスタンブール写本）を読み，またその原文についてダリー語に通じているアフガニスタン人にも意見を求めて，露訳本の内容の確認ができたので，このたびは史料として使うことに問題ないと判断したのである。

21）Rashīd/Rawshan, p. 311（Рашид-ад-дин 1-2, pp. 75-76）

22）Rashīd/Rawshan, p. 331（Рашид-ад-дин 1-2, p. 88）

23）『聖武親征録』には，「このときタイチウト部は土地が広く民が多かったが，内部にまとまりがなかった（是時泰出烏部地廣民衆，而内無統紀）」とあり，『集史』の記述とほぼ同じである。『元史』「太祖本紀」には，「このときに当って，諸部の中で，ただタイチウトだけが土地が広く民が多い。最強と号していた（當是時，諸部之中，唯泰赤烏地廣民衆，號為最強）」とだけあって，タイチウトの弱体化についての記述はない。これは，記述を簡略化するという『元史』「太祖本紀」の特徴を表したものとみられる。なお，『集史』「部族篇」の「タイチウト族」の項に，「タイチウトは，カダン゠タイシ（Qadān tāyshī）の最後の時期まで，いつも権威のある統治と指導者をもっていた。すべての者がかれの指図の下にあり，意見が同じであった。それ故に，チンギス゠ハンの時代にいた最年長のトダ（Tūdā）とかれらの親族といとこたち，すなわちタルクタイ゠キリルトク（Tārqūtāy qīrīltūq），バガジ（Baghājī），クリル゠バアトル（Qūrīl bahādur）兄弟たちから一人を王（pādshāh）に据えることを望んだが，争いと不和のために互いに仲よくできず，実現しなかった。そしてタルクタイ゠キリルトクはバガジと戦った。そしてバガジは一度チンギス゠ハンに服

166 第1部 モンゴル帝国・元朝時代の史料の考察

従し，またタイチウト諸部（aqwām）のもとに行った。チンギス＝ハンに彼らと争いと戦争が起ったとき，かれらの間に反対が続き，いとこたちがそれぞれ人の言うことをきかず，争いのために，一人の者を王（pādshāhī）に決められなかったので，〔チンギス＝ハンが〕かれらに勝った」（Rashīd/Rawshan, p. 189 ; Рашид-ад-дин 1-1, p. 182.）という記述がある。これも，史料3の『アルタン＝デブテル』の記述と似た点があるが，よくまとまり，よい指導者を選ぶことができた時代より後のタイチウトに関する話であるから，やはり史料3，史料4と関係があるとは言えない。

24）Rashīd/Rawshan, p. 592.（Рашид-ад-дин 1-2, p. 266）. なお小林高四郎は，『集史』において『アルタン＝デブテル』という書名は，本稿で引用した史料1，史料2，史料3のみであるとし，ここに引いた史料5には触れていない（小林，86-87頁）。

25）Rashīd/Rawshan, p. 216 ; Rashīd/Majlis 2294, f. 43a（Рашид-ад-дин 1-2, p. 8）.

26）Бира, Ш., p. 138. このことは間接的ながらペリオ・アムビスも認めている。P. Pelliot et L. Hambis, 1951, p. xv.）。

27）Rashīd/Rawshan, p. 217 ; Rashīd/Majlis 2294, f. 43a（Рашид-ад-дин 1-2, p. 9）.

28）Rashīd/Rawshan, p. 218 ; Rashīd/Majlis 2294 f. 43b（Рашид-ад-дин 1-2, p. 9）.

7

『モンゴル秘史』編纂の史料について

1

　チンギス＝カンとモンゴル帝国の建国について記している基本文献，すなわち『モンゴル秘史』（*Mongγol-un ni'uča tobčiyan*），ラシード＝ウッディーン（Rashīd al-Dīn）の『集史』（*Jāmi' al-Tawārīkh*），『聖武親征録』（*Sheng-wu ch'in-cheng lu*），『元史』（*Yuan-shi*）の「太祖本紀」のうち，『モンゴル秘史』を除く他の3つの文献の内容は互いによく似ている。それに対して『モンゴル秘史』の内容は，これらの3文献の内容とかなり異なっている。内容の類似・非類似という観点から判断すると，『秘史』以外の3つの文献は同じ系統に属し，『モンゴル秘史』は別の系統に属したのではないかと，容易に推測することができる。

　このような見方は，日本においてはだいぶ前に，那珂通世や小林高四郎によって示された。すなわち那珂は，『モンゴル秘史』の原本である "*Mongγol-un ni'uča tobčiyan*" というものがあり，『モンゴル秘史』はその系統に属した。一方，原本 "*Mongγol-un ni'uča tobčiyan*" を修正した「修正 *Mongγol-un ni'uča tobčiyan*」が作られ，『聖武親征録』そして『元史』の「太祖本紀」はその系統の文献に由来したとみた[1]。

　一方小林は，原本 "*Mongγol-un ni'uča tobčiyan*" には，修正されることがなく，皇帝も読むことができなかった *Tobčiyan* と，修正可能で皇帝が読むことができた *Tobčiyan* の2つの系統があり，前者はラシード＝ウッディーンの『集史』にイル＝カン（Īl khān）国の宝庫に納められていたと記されている "*Altan debter*" と同じ系統であるのに対して，後者は『元史』「太祖本

紀」の基本史料となった『太祖実録』および『集史』、『聖武親征録』が作成されるさいの稿本となったものとみた（小林高四郎, 1954, 『元朝秘史の研究』, 418-426頁）。

小林の考えは, 那珂と基本的には同じようにみえるが, *"Altan debter"* が原本 *"Tobčiyan"* であると考えた点が那珂と大きく異なる。那珂は *"Altan debter"* を「修正秘史」とみなし, それが『集史』の史料として使われたとみたからである。

私は *"Altan debter"* を詳細に検討した結果, その内容は不明確であり, その史料系統について推測することは難しいとの結論を出している[2]。本書所載の「アルタン＝デブテルについて」は, その補訂版である。

ともかく小林も『集史』が, 『太祖実録』編纂のさいに使われた史料と同じ系統の史料を基本的なものとして利用したとみている点では, 那珂説と同じである。要するに那珂, 小林両氏はともに, 『モンゴル秘史』が原本であり, それが修正されたものに基づいて作成されたのが『集史』, 『聖武親征録』, 『元史』の「太祖本紀」と考えたのである。

一方, 小林は, ペリオとアムビスが, アルタン＝デブテルからラシード＝ウッディーンの『集史』の「チンギス＝カンの祖先の歴史」と「チンギス＝カン紀」, そして『聖武親征録』の原典なるものが作成されたとし, そして後者すなわち『聖武親征録』の原典なるものから, ①『元史』の巻1「太祖本紀」と巻2「太宗本紀」, ②通行本の『聖武親征録』（太祖・太宗物語）が作成されたとした見解を根拠に欠け, 紹介する価値のないものとした[3]。

2

さて, 私は, 『モンゴル秘史』すなわち『元朝秘史』に関して, 1968年に発表した論文「元朝秘史の歴史性」（早稲田大学史学会『史観』78, 40-56頁。本書「第1部」所収）において, 『モンゴル秘史』は「各記事の有無や内容についても特色をもっているが, 年代記的側面において, 他の3文献すなわ

ち『集史』,『聖武親征録』,『元史』に比して大きく異なっている〔後略〕。これに対して3文献は,互いにあらゆる面で酷似している。これは,それらが使った史料が同一もしくは同類であったためと思われる」と記した。この3文献が基本的な史料として使った文献に対する考え方は,那珂・小林の両氏と異なるものではない。

以来,私は,『モンゴル秘史』は3文献とは系統の異なる文献に基づいていると考えてきたが,それがどのような文献であるか,それは3文献が使った文献の系統とどのような関係にあったのかについて考察することはしなかった。

しかしこの数年,かつて発表した『モンゴル秘史』関係の論文について読み直したり,訂正したりする機会があって,あらためてこの問題について考えた結果,一つの確信を抱くようになった。その確信とは,『モンゴル秘史』がその「チンギス=カン紀」の編纂に用いた基本資料と『聖武親征録』,『元史』,『集史』がそれぞれの「チンギス=カン紀」または「チンギス=カン紀」に相当する部分の編纂に用いた基本資料は,異なる系統のものではない。『モンゴル秘史』と3文献の間に存在する内容の隔たりは,『モンゴル秘史』の編者の編纂意図によって今に伝わるような内容になったのだというものである。

では,なぜそのように考えるのか。その根拠を以下に示したい。

(1)　一つは「クイテン」の戦いである[4]。

『モンゴル秘史』のクイテンの戦いの発端の記述は141節にあり,大略次のとおりである〔論述上の必要から,内容を(a)〜(r)に分ける〕。

(a)　ニワトリの年 takiya jil（1201年）（141節），

(b)　Qatagin, Salji'ud, Dörben, Tatar（141節），

(c)　Onggirad（141節），

(d)　Ikires, Qorolas（141節），

170　第1部　モンゴル帝国・元朝時代の史料の考察

(e)　Naiman, Merkid, Oyirad（141節），

(f)　Tayiči'ud の者たちが（141節），

(g)　Alqui bulaɣ に集い（či'ulǰu）（141節），

(h)　J̌adaran の J̌amuqa を qa (n) に推戴しようと言って（ergüye ke'en）（141節），

(i)　種馬と牝馬を殺して誓い（aǰrqa ge'ün ke'üs alǰ čabčilalduǰu）（141節），

(j)　Ken müren が Ergüne müren に注ぐあたりに移動して（nüüǰ），Gür qa (n) に推戴し（bolghoǰ örgömǰlööd），Temüjin と Ong qan に対して出撃してきたが（bayldakhaar mordi-），Qorolas の Qoridai の通報を受けて，Temüjin は Ong qan に事態を知らせた（141節）。

(k)　Temüjin と Ong qan は出撃し（esreg baildakhaar），Köyiten において対陣した（učira-）とき，Naiman の Buyiruq qan と Oyirad の Quduqa beki が ǰada の術を用いた（jad bari-）が，失敗して潰え，J̌amuqa を推戴した諸部の者たちはそれぞれの本拠地を目指して動き（142節 -144節），

(l)　J̌amuqa は自分を qan に推戴した民を奪い捕らえて Ergüne 河沿いに逃走し（144節），

(m)　かれを Ong qan が追跡した（nekhev）（144節）。

(n)　Temüjin は，A'uču ba'atur 等の Tayiči'ud の者たちを追跡し，Onan 河の辺りで対戦し，Tayiči'ud の者たちと対峙してクリィェンを形成して宿った（144節）。

(o)　Temüjin はこの戦いに負傷し J̌elme の手当てを受け，J̌elme に受けた他の恩も挙げて感謝（145節）。

(p)　翌日，Suldus の Sorqan šira と Qada'an，Besüd の J̌ebe が来属した（146節）。

(q)　Temüjin はそこに，A'uču ba'atur, Qodun örčen, Qudu'udar らの Tayiči'ud を殲滅し，その ulus irgen を獲得してクバカヤで冬営した（148節）。

(r)　Ničügüd Ba'arin の Širgü'etü と息子の Alaq と Naya'a は，自らの noyan

である Tayiči'ud の Tarqutai kiriltuq を捕らえたが，解放し（tavi-），それから Temüjin のところに来属した（149 節）。

　一方，『集史』等 3 文献をみると，以上の『モンゴル秘史』において Köyiten の戦いに関して述べられている種々のことが，つぎに記すように，(E)の「クイテンの戦い」に関する記述の前のところで起こったこととして記述されているのである。

　今それらのことを順番に並べると，次の(A)，(B)，(C)，(D)のようになる。そしてクイテンの戦い(E)は，それらの最後に位置している。これら(A)〜(E)が『モンゴル秘史』の記すクイテンの戦いに関する記述のどこに関連するかについて，(A)〜(E)それぞれの末尾の〔　〕内に，『モンゴル秘史』のクイテンの戦いを構成することが(a)，(b)，(c)，(d)……(r)のいずれに関連するのかを示すと，つぎのようになる。

(A)　テムジンのところへのタイチウト部所属の人びとの来属（『集史』では 1194 年以前の出来事とされている）〔(p)，(r)〕

(B)　テムジンとオン＝カンのタイチウト撃破（『集史』では 1200 年の出来事とされている）〔(n)，(q)〕

(C)　カタギン等の 5 部のアルクイ泉における誓いとブユル（Buyur）湖での戦い（『集史』では 1200 年の出来事とされている）〔(b)，(c)，(g)，(i)〕

(D)　オンギラト（Onggirad）等 7 部によるジャムカのグル＝カンへの推戴とイディ＝クルカン（Idi qurqan）での戦い（『集史』では 1201 年の出来事とされている）〔(b)，(c)，(d)，(h)，(j)〕

(E)　クイテンの戦い（『集史』等 3 文献すべて 1202 年の出来事とする）〔(a)，(b)，(e)，(f)？，(k)，(l)〕

　これらのことをみると，『モンゴル秘史』において 1201 年のニワトリ（酉）の年に生じたとされるクイテンの戦いの話を構成する要素の(a)〜(r)が，3 文献においては数年にわたって（『集史』では 1194 年，1200 年，1201 年，1202 年に生じたとある。『聖武親征録』および『元史』でも数年にわたって

172　第1部　モンゴル帝国・元朝時代の史料の考察

生じたことがらであるとされていることがわかる）生じた(A)～(E)の出来事に順不同で複雑に関連していることがわかる。

　『モンゴル秘史』においてニワトリの年だけのこととされているこのクイテンの戦いの出来事に関する記述から，3文献における何年にもわたって起こった出来事を区分して(A)～(E)の五つの出来事を記述して，それら3文献の編纂の基本文献となるものが作成されたというようなことはあり得るであろうか。考えられないことである。しかしその逆のことはあり得るであろう。すなわち『モンゴル秘史』の編者が3文献の作成に使われたのと同じ系統の史料を手にして，それを『モンゴル秘史』の今述べたような内容に改編することは十分に可能であろう。

　同様のことは，すなわち3文献で何年かにわたって複雑な過程を経て終結したチンギス＝カンの，彼に敵対した諸部との関係・討伐に関する『モンゴル秘史』の他の記述についても言える。

　その典型的な例はチンギス＝カンとケレイド部との関係・討伐である。すなわち3文献においては，『集史』に従うならば1195年より前の年から9年に及ぶとして記されている出来事が，『モンゴル秘史』では1201年以前のことを回想形式で述べる手法も使っているが，ともかく1201-1203年のわずか3年の間の出来事として述べられている[5]。この場合も，『モンゴル秘史』編纂のときに利用された史料から，3文献に記されているような，何年もかかった複雑な記述を導き出すことは，ほとんど不可能である。

　(2)　もう一つは，オン＝カンとチンギス＝カンの父子関係である。

　ふたりは，『モンゴル秘史』によると，テムジンがボルテを妻として迎え，オン＝カンのところに挨拶しに行ったときに，オン＝カンがテムジンの父イスゲイと anda（盟友）であったことから，テムジンを子と称し，父子と称し合うようになったという。この話は『集史』でも，「チンギス＝カン紀」の前に置かれている「チンギス＝カンの祖先」についての項などのところに

『モンゴル秘史』編纂の史料について　173

記されている[6]。

　その後オン＝カンがケレイド部の内部抗争によって西遼（カラ＝キタイ）
に逃れ，やがて困窮してもどってきたときに，テムジンに救助されたことに
感謝したオン＝カンがテムジンと父子と言い交わしたとある。このことは3
文献すべてに記されており，『集史』では1196年のこととされている。この
救助のことは，『モンゴル秘史』では回想という形で1201年のところに記さ
れているが，そこにふたりが父子を言い交わしたことは記されていない。そ
して翌年すなわち1202年に，オン＝カンは，テムジンとともにナイマンの
Buyiruq qan と戦い，その後 Kökse'ü sabraγ と対陣したさい，独断で陣を撤収
してテムジンを窮地に陥れたが，かえって彼とその子 Senggüm が Kökse'ü
sabraγ によって Hula'an qud で略奪されて窮地に陥り，テムジンに救いを求
めたのに対して，テムジンは寛容にもオン＝カンの要請に応じて，配下の者
を派遣し，セングムとその財物を救って与え，ここにオン＝カンは感謝して，
Qara tün においてテムジンと父子と言い合い誓いの言葉も語り合ったとある。
ところが，3文献ではこの一連の出来事（『集史』では1199年のこととして
いる）は記されているが，このときふたりが父子を言い交わしたことは記さ
れていない。

　以上の『モンゴル秘史』と3文献の違いは，どのように解釈したらよいで
あろうか。そのヒントは『モンゴル秘史』のテムジンがオン＝カンと
Qalaqaljid eled で戦ったのち，移動して Tüngge γoroqan から使者を送ってオ
ン＝カンを責めた言葉のなかにある。すなわちその言葉のひとつに，困窮し
てカラキタイから戻ってきたオン＝カンをテムジンが救ったときにふたりが
父子と言い合ったことが記されているのである。一方，Hula'an qud で
Kökse'ü sabraγ に略奪されたオン＝カンの子 Senggüm をテムジンが救ったこ
とも述べられているが，しかしふたりが父子と言い交わしたということは記
されていない。

　これは，『モンゴル秘史』の編纂に使われた文献には，カラキタイから困

174　第1部　モンゴル帝国・元朝時代の史料の考察

窮して戻ってきてテムジンに救われたときにオン＝カンがテムジンと Qara
tün で父子を言い交わしたとあったのだが，その記述を削ってコクセウ＝サ
ブラクによってオン＝カンの子セングムが襲撃・略奪されたのをテムジンが
救援した事件のところに移してはめ込んだということを示すに違いない。そ
して，その同じ出来事についてテムジンがオン＝カンを責めた言葉のなかに
ある，ふたりが父子を言い交わしたことは，うっかり削り忘れてしまったの
である。あるいは，削り忘れたのではなくそこに『モンゴル秘史』編者の何
らかの意図が働いて削らなかったのかもしれない〔「オン・カンとテムジン
の後期の関係 – 父子を言い交わしたという伝承の分析」（『蒙古史研究』4,
中国蒙古史学会，1993，11-24 頁）〕。近年その内容に手を加えてモンゴル文
で発表した[7]。その後，これにさらに手を加えて，「『モンゴル秘史』研究」
（『早稲田大学モンゴル研究所紀要』5，2009，79-105 頁）と題して発表した。
これがいわば完成版である。

3

　以上に述べたいくつかのことは，『モンゴル秘史』の編者が手元に置いて
使った基本的な文献が『集史』等3書のそれと同じ系統のものであった可能
性が強いことをうかがわせる。3文献が利用した系統の史料（文献）は，3
文献をよく読むと，年月が古いと判断されことがらから順に並べられるとい
う構成をもち，そこに記された事実の前後の関係，含まれる意味や意義はあ
まり説明されず，それを理解するのは読み手の判断力にかかるといったもの
であったと思われる。『モンゴル秘史』の編者は，それと同じ系統の史料を
手元に置き，その構成や内容を，何らかの意図から改編したのに違いない。
その結果として生まれたのが，現在我々が知っている『モンゴル秘史』すな
わち *Mongɣol-un ni'uča tobčiyan* であると，私は考える。従ってそれが，3
文献が使った基本史料の系統の原本あるいは原本に近いものであるとは考え
難い。

それでは，"*Mongγol-un ni'uča tobčiyan*"の編纂者の編纂意図とはどのようなものであったのか。それは言うまでもなく，チンギス＝カンのモンゴル帝国建国の過程を劇的に描いて，チンギス＝カンのカンとしての正統性をより強め，その権威をいよいよ高めることにあったと考えられる。

追記 本論文は，""Монголын нууц товчоон"-ыг эмхтгэхэд ашигласан сурвалжийн тухай"，*Монголын нууц товчоон ба дундад зууны монголын түүхийн судалгаа*，2010，Улаанбаатар，pp. 14-19の日本語版である。

注

1) 那珂通世訳注，1907，『成吉思汗実録』，序論。

2) Yoshida Jun-ichi, 2005, "Altan debter-ün tuqai", Yoshida Jun'ichi Jokiyaba (Čenggel nar orčiγulba), 2005, *Mongγol-un niγuča tobčiyan-u sudulul*, Begejing, pp. 306-341. 本書所収「『アルタン＝デブテル』について」をみよ。

3) Pelliot, P. et L. Hambis, 1951, *Histoire des Campagnes de Gengis Khan, Introduction*, Tome 1, Leiden, p. vx. 小林，前掲書，p. 150.

4) クイテンの戦いに関する私の最初の論文は，1992年に開催された第5回国際モンゴル学者会議に英文で投稿し，同会議の報告書に掲載された（Yoshida Jun'ichi, 1992, "On the battle of Köyiten"，*Олон улсын Монголч эрдэмтний V их хурал, 1 боть*，Олон улсын Монгол судлалын Холбоо，Улаанбаатар，pp. 400-404.）。近年その内容に手を加えてモンゴル文で発表した（"Küiten-ü bayilduγan"，Yoshida, 2005, pp. 72-93）。その後，それを日本語でも発表する必要を感じて，また若干手直しして発表した（「クイテンの戦い」『早稲田大学モンゴル研究所紀要』5，2009，107-117頁）。

5) 本書所収の論文「元朝秘史の歴史性」の該当箇所を参照されたし。

6) 「オン・カンとテムジンの前期の関係—二人の父子関係についての伝承の分析」（南京大学元史研究室編『内陸亜洲歴史文化研究—韓儒林先生紀念文集』，南京大学出版社，21-48頁）。近年その内容に手を加えてモンゴル文で発表した。"Temüjin bolun Ong qan-u ekin-ü qaričaγ_a—qoyaγula-yin ečige küü-yin qaričaγan-u tuqai ulamjilaγdaqun-i sinjilekü ni"，Yoshida, 2005, pp. 94-128.

7) "Temüjin bolun Ong qan-u segülči üye yin qaričaγ_a—ečige küü kemeldügsen tuqai ulamjilaγdaqun-i sinjilekü ni"，Yoshida, 2005, pp. 129-165.

8

『モンゴル秘史』研究の新たな展開にむけて

はじめに――『モンゴル秘史』の概要

『モンゴル秘史』すなわち *Mongɣol-un ni'uča tobčiyan*（以下『秘史』または NT と省略する）は，チンギス＝カン（太祖）の祖先（NT1 節 -52 節），チンギス＝カンの生涯（NT53 節 -268 節），オゴデイ＝カン（太宗）の治世（NT269 節 -282 節）についてモンゴル帝国時代に書かれたモンゴル語文献である。

明朝の初めに，全文がモンゴル語の音を表す漢字に改められ，その各語の意味がその右傍に漢語で付された。これを傍訳という。例えばチンギス＝カンの名であるテムジン（Temüjin）は「帖木真」と漢音で表され，その右側に「人名」という傍訳が付された。そして全文が 282 の節に細分され，それらの節が 12 の巻または 15 の巻に分けられ，『元朝秘史』という漢名，『忙^中豁侖紐察脱察安 （Mongɣol-un ni'uča tobčiyan）』というモンゴル語名が付された[1]。四部叢刊本や葉徳輝本は 12 巻（「正集」10 巻，「続集」2 巻），永楽大典本は 15 巻である[2]。

『モンゴル秘史』は，『秘史』と題されているため歴史編纂物と考えられがちだが，年代記そのものではない［吉田 1968］。叙事詩的文体で叙述された部分が多いが，英雄叙事詩そのものではない［Владимирцов, Б. Я. 1934］。興味のあるエピソードを創案し文学的効果のために彼の資料をゆがめことを気にしない不明の著者による小説との見方［Okada, 1970］があてはまる箇所もある。

『秘史』研究には四部叢刊本が多く使われている。『秘史』を正しく理解し

178　第1部　モンゴル帝国・元朝時代の史料の考察

て翻訳し，注を付ける作業を行うために，全文をローマ字やモンゴル文字に
還元し，それに基づいて翻訳が行われる。この両方を行った研究者に，
Haenisch 1935/1937, 1941, 1948；Pelliot 1949[3], de Rachewiltz 1972, 2004；Bayar
1981，小澤重男 1984-1989, 1997, 阿爾達札布（アルダジャブ）2005, 等が
挙げられる。服部は『秘史』に見える漢字の明初の音を調べた［服部 1946］。
還元の成果を示したものに，白鳥，リゲティ，ダシツェデン，イリンチン，
栗林，确精扎布（チョイジュンジャブ）等がいる［白鳥 1943；Ligeti 1971；
Дашцэдэн 1985；Irinčin 1987；栗林均・确精扎布 2001］。翻訳としては，那珂，
小林，村上等の和訳［那珂 1907；小林 1941；村上 1970-1976］，ジャクチト
スチン等の漢訳［札奇斯欽 1979；道潤梯歩 1979］，クリーヴズ等の英訳
［Cleaves 1982］，コージン等の露訳［Козин 1941］がある。またダムディン
スレン，エルデンティ＝アルダジャブ，ツェレンソドノム等の現代モンゴル
語版やモンゴル文語版もある［Damdinsürüng 1947[4]；Eldengtei, Ardajab 1986；
Čeringsodnam 1993］。

　『秘史』の翻訳書・還元書は一般的に注釈を多く含み，本文の訳文よりも
注釈の方が分量の多いものさえある。それらの注釈は『秘史』研究に重要だ
が，別に『秘史』の語彙や文章の意味あるいは『秘史』そのものを研究した
論文や本もある。モスタールト，小澤，プハ，エルデンテイ・オヨンダラ
イ・アスラト，吉田，チョイマー等のものが，その例である［Mostaert
1953；小澤 1954, 1993a, 1993b；Poucha 1956；額爾登泰・烏雲達賚・阿薩拉図
1980；Öbür mongγol-un keblel-ün qoriy_a 1991；Yoshida 2005；Čoyim_a 2007］。

　『秘史』関係の論文類は，もともとそれなりに蓄積されていたが，モンゴ
ル国で 1991 年に社会主義体制が終わり，中国で「文化大革命」が終わると，
研究が活発化して増加し，今やその研究の把握は容易でない。日本でかつて
文献目録［原山 1978］が出されたが，今はラケヴィルツの『秘史』訳注書
［de Rachewiltz 2004］の参考文献一覧を併せ利用する方がよい。

　『秘史』原典の成立年代については，最終節である 282 節の奥書に，大ク

リルタイが召集され，ネズミ年の 7 月にケルレン川のコデエ＝アラル（Köde'e aral）にオルドが下営しているときに書き終わったとあることをめぐって，オゴデイ即位前年の 1228 年 ［丁謙 1901；植村 1955；石濱 1935；小林 1954；de Rachewiltz 1965；Irinčin 1987；Jingkin 1991 等］，オゴデイ逝去前年 の 1240 年 ［Palladii 1866；李1896；Pelliot 1949；Kozin 1941；Haenisch 1948；Бира, Ш. 1978 等］，1252 年 ［Grousset 1941；余 1982］，1264 年 ［Hung 1951 等］，1276 年 ［姚，札奇斯欽 1960-1962 等］，1324 年 ［岡田 1985］ 等の説が出された。那珂は 1240 年説とされるが，「蒙古秘史元太祖時撰，続集太宗 12 年撰」と記しており ［那珂1907］，単純に 1240 年説とは言えない。

　このように多くの説があるのは，1228 年のネズミの年以後のことが『秘史』「続集」に記されているからである。この事実をめぐって，1228 年に書かれた部分と後に追加された部分があり，奥書はもと前者の末尾にあったが，後者が付加されたときに，後者の末尾に移されたとの考えが出された[5]。ただし前者のどこまでが 1228 年に書かれたかについても諸説がある[6]。

　一方，1252 年に一挙に編纂されたとの意見もある ［Hung 1951］。小澤は，奥書のネズミ年は 1228 年（戊子）と 1252 年（壬子）の 2 つのネズミ年を兼ねているとし，奥書の移転を否定した。また正集は国内史の記述，続集は帝国の外征の記述と，明確に内容の違いがあることなどから正集末尾は奥書の位置にふさわしく，一方チンギス＝カンの死を記す 268 節は ［Damdinsürüng 1947；Төмөрцэрэн 1990］ の指摘するように内容に不自然さがあるから奥書があったと考え難いとみた[7]。『秘史』原典は，一挙に成立したのではなく，2 つの段階を経て成立したとみる研究者が多いと言えよう。

　著者についてはモンゴル人でチンギス＝カン一族側に立つしかるべき人物であり[8]，漢訳年代については明朝初期とするのが通説とみてよいであろう。

　漢音表記本の成立，現存諸本の来歴・相互関係等の研究も種々ある ［Hung 1951；小林 1954；甄金 1986；小澤 1994；Temürbaγan_a 2004；トゥムルバガナ 2009 等］ が，説明を省く。

1 『秘史』と『集史』等3書の関係について

『秘史』と並ぶ当時の基本資料に，『聖武親征録』（以下『録』と省略），『元史』，ラシード＝ウッディーンの『集史』がある（以下この3書をまとめて述べるときには『集史』等3書と称し，これら4書のチンギス＝カンの生涯を記した部分を「チンギス＝カン紀」と称したい）。これらの資料の個々の内容，相互の関係や内容の詳細な比較・考察を行うことは，モンゴル帝国史の研究に不可欠であり，『秘史』理解のためにも重要である。

4書の関係を考察した研究者には，那珂［那珂1907］，アムビス［Pelliot, Hambis 1951］，フン［Hung 1951］，小林［小林1954］，ビラ［Bira 1978］，イリンチン［Irinčin 1987］等がいる。彼らの見解を簡略に述べると，元朝の内府に秘蔵されて外部の者が閲覧できなかった原本「脱卜赤顔（Tobčiyan）」を，那珂は『モンゴル秘史（Mongγol-un ni'uča tobčiyan）』の略称とし，小林は『集史』に見える『アルタン＝デブテル』と同系統とし，ビラは『秘史』と同等のものでペルシアでは『アルタン＝デブテル』と称されていたようだとし，イリンチンは『モンゴル秘史』の本来の名称であるとした。そして『集史』等3書は，修正された Tobčiyan に由来するとした。ビラは Tobčiyan を基本資料としたとみた［那珂1907；小林1954；Bira 1978；Irinčin 1987][9]。要するにおおむね『秘史』を『集史』等3書のもととなる文献とみていると言えよう[10]。従って，『秘史』が資料的に格別に重要な存在と認められてきたことがわかる。

フンは，まず Činggis qahan-u huǰa'ur があり，それがそのまま明朝初期に至って転写・翻訳されて『秘史』ができ，『集史』等3書は Činggis qahan-u huǰa'ur に別の資料が加えられつつそれぞれ成立したとみた。また Tobčiyan とは「太祖実録」・「太宗実録」のモンゴル語版であり，その編者は Činggis qahan-u huǰa'ur を自由に扱える情報源の一つとして多く引用し，内容を隠したり変えたり再編成したりしたとみる。そしてアルタン＝デブテルはイル＝

カン国のために Tobčiyan からつくられたものだとみた。フンは Činggis qahan-u huja'ur が『秘史』の前置きの句なのか，副題なのか，全体のタイトルなかの不明としながら，このように『秘史』と同じものとみなし，『集史』等3書の編纂に使われた資料の最初のものと考えているのである。この点，上述の研究者と大きな違いはないと言えよう。

　私はかつて4書の内容を詳細に検討し，それらの「チンギス＝カン紀」は類似点が多いが，少し細かく読むと『集史』等3書との間の違いは大きくないものの，『秘史』との違いは大きく，しかもその違いは構造的なものである。なぜなら「チンギス＝カン紀」におけるチンギス＝カンまたはモンゴル帝国と個々の集団（部族，国等）との関係は，『秘史』では，モンゴル帝国建国前のことについても，建国後のことについても，一貫して短年月の間に集中・連続して生じかつ決着したまとまりのある出来事として記され，それらのまとまりのある個々の関係が一応時間順に配列されているのに対して，『集史』等3書では他の関係とまじりつつ断続的に何年かかかって決着しているように記されているからであると指摘した。そしてこのことから，『集史』等3書が同系統または近い系統の資料に基づいて編まれたが，『秘史』はそうではなく，当時の物語伝承者が，個々の集団との諸関係を，記憶し伝えやすいようにまとまりある形で語り伝えていたのを，編者が寄せ集めて年代順に配列し，筋を通し，若干のモチーフを組み込んで今のように作りあげたと推測した[11]。この推測は，『秘史』が『集史』等3書が拠ったような文献資料のもととなった可能性を排除するものではなく，『秘史』の重要さを示す意味をもつ。

　だが近年私は，4書の「チンギス＝カン紀」編纂に使われた資料の問題について，再検討の必要を感じ，『秘史』編者の利用した資料も，『集史』等3書が利用したものと同じ系統か，あるいは同じでないにしても『秘史』の内容から推測されるほど異なる系統の資料ではなかったのではないかと記した［吉田2009a］。これは，『秘史』編者も文献資料を基本に使い，その文献資

182　第1部　モンゴル帝国・元朝時代の史料の考察

料が『集史』等3書の使ったそれと，同系統かあまり異なる系統のものでは
なかったのではないかと指摘した意味をもつ。次節で，そのように考える根
拠を，2つの事例を考察することによって示し[12]，前節で述べたことを，確
認したい。

2　『秘史』編者による文献資料の改変

1) クイテンの戦い

　『秘史』の「クイテン（Köyiten）の戦い」の内容の概略はつぎのとおりで
ある。

(a)　酉の年（1201年）

(b)　Qatagin, Salǰi'ud, Dörben, Tatar,

(c)　Onggirad,

(d)　Ikires, Qorolas,

(e)　Naiman, Merkid, Oyirad,

(f)　Tayiči'ud の者たちが，

(g)　Alqui bulaγ に集まり，

(h)　Ĵadaran の Ĵamuqa を qa (n) に推戴しようと，

(i)　馬を殺して誓い，

(j)　Ken müren が Ergüne müren に注ぐあたりに移動してから，Gür qa (n)
　　に推戴し，Temüǰin と Ong qan に対して出撃してきたが，Qorolas の
　　Qoridai の通報を受けて Temüǰin は Ong qan に事態を知らせた。

(k)　Temüǰin と Ong qan は出撃し，Köyiten において対陣したとき，
　　Naiman の Buyiruq qan と Oyirad の Quduqa beki が ǰada の術を用いたが
　　失敗し，

(l)　Ĵamuqa は自分を qan に推戴した民を奪い捕らえて逃走し，

(m)　かれを Ong qan が追跡した。

(n)　Temüǰin は，Tayiči'ud の者たちを追跡し，Onan müren のあたりの

Hüle'üd turas において（？）対戦し，Tayiči'ud の者たちと対峙して宿ったところ，彼らは夜の間に散り散りに逃げた。

(o)　Temüjin はこの戦いで負傷し，J̌elme の手当てを受けた。

(p)　翌日，Suldus の Sorqan šira と Qada'an，Besüd の J̌ebe が来属した。

(q)　Temüjin は そ こ に，A'uču ba'atur，Qodun Örčen，Qudu'udar ら の Tayiči'ud を殲滅し，その ulus irgen を獲得した。

(r)　Ničügüd Ba'arin の Širgü'etü と息子の Alaq と Naya'a は，自らの noyan である Tayiči'ud の Tarqutai kiriltuq を捕らえたが解放し，それからチンギスのところに来属した。

　一方，『集史』等3書では，『秘史』にクイテンの戦いとして述べられていることは，つぎに示すように，(E)の「クイテンの戦い」より前のところに分散して存在する。今それらを順番に並べると，(A)，(B)，(C)，(D)，(E)となる。これら(A)〜(E)が『秘史』のクイテンの戦いのどの部分に関連するかを，(A)〜(E)それぞれの末尾の〔　〕内に『秘史』においてクイテンの戦いを構成する要素（事項）(a)，(b)，(c)，……で記すと，つぎのとおりである。

(A)　Temüjin のところへの Tayiči'ud 部所属の人びとの来属（『集史』では1194年以前のこととされている）〔(p)，(r)〕

(B)　Temüjin と Ong qan の Tayiči'ud 撃破（『集史』では1200年のこととされている）〔(n)，(q)〕

(C)　Qatagin 等の5部の Alqui bulaγ における誓いと Buyur 湖での戦い（『集史』では1200年のこととされている）〔(b)，(c)，(g)，(i)〕

(D)　Onggirad 等7部による J̌amuqa の Gür qa (n) への推戴と Idi qurqan での戦い（『集史』では1201年のこととされている）〔(b)，(c)，(d)，(h)，(j)〕

(E)　クイテンの戦い（『集史』等3書は1202年のこととする）〔(a)，(b)，(e)，(f)?，(k)，(l)〕

これをみると，『秘史』において酉年に生じたとされるクイテンの戦いに

かかわる(a)～(r)が,『集史』等3書で数年(『集史』は1194年, 1200年, 1201年, 1202年,『録』および『元史』も数年)にわたって生じた(A)～(E)の出来事に複雑に関連していることがわかる[Yoshida 1992；Yoshida 2005；吉田 2009b]。

『秘史』において酉年だけのこととされているクイテンの戦い(a)～(r)を,『集史』等3書において何年もかかった(A)～(E)の5つの出来事としてこのように複雑に振り分けるというようなことは考えられるであろうか。否である。だがその逆はあり得よう。すなわち『秘史』の編者が『集史』等3書の編纂に使われたのと同系統または近い系統の文献を手元にもち, それから上述のようなクイテンの戦いを叙述することは可能であろう。

そもそも『秘史』のクイテンの戦いは, チンギス=カンとオン=カンの勢力に対し, モンゴル高原のほぼ全域の遊牧諸部が集結してジャムカをグル=カ(ン)に推戴して行われ, ジャムカ側が敗退したというものだが,『秘史』だけいくら読んでも, あまりにも唐突であり, このときこれほど広域の諸部が大規模に結集してオン=カンとテムジンの勢力に立ち向かってくる理由も必然性もわからない。ただ『集史』等3書の(A)～(E)全体を分析してはじめてこれらの出来事が, チンギス=カンあるいはチンギス=カンとオン=カンのモンゴル高原東部地域の諸部に対する覇権の確立の複雑な過程にかかわるものであったと理解できるのである。『秘史』はそれを, チンギス=カンのタタル討滅(タタルもモンゴル高原東部地域にいた)のことだけを外して, 酉年に勃発し決着もついたようにまとめて述べているのである[Yoshida 1992；吉田 2009b]。すなわち『秘史』の記述には無理があるのであって, そこに『秘史』編纂者の強引な編纂意図があるとみなければならない。

クイテンの戦いと並んで指摘できるのは, チンギス=カンとケレイド部との関係である。すなわち『集史』等3書のうち『集史』の記述に従えばその関係は, 1195年より前の年から9年に及ぶ複雑なことがらとして記されているのであるが,『秘史』では1201年以前のことを回想形式で述べる手法も

使いつつ，1201-1203 年のわずか 3 年に集約して述べられているのである［吉田 1968：Yosida 2005］。これも，『秘史』編纂に使われた資料を基に，『集史』等 3 書の編者がこのように複雑に分けて仕上げることは困難であるから，考えられるのは『秘史』の編者が 3 書にあるような複雑な出来事を整理してまとめたということである。

　このように，『集史』等 3 書で何年かにわたって複雑な過程を経て終結したチンギス＝カンの，彼に敵対した諸部との関係・討伐を，『秘史』においてほぼ一貫して短年月の間に集中・連続して生じかつ決着したまとまりのあることとして述べているとすれば，その理由は『秘史』編者の編纂方針にあるに違いない。そして『秘史』の編纂に使われた資料の内容が，この方針に合わせて書き換えられたのに違いない。そのもととなった資料は『集史』等 3 書が使った資料と同じ系統か近い系統のものであった可能性が強いと思われる。

2) オン＝カンとチンギス＝カンの父子関係

　『秘史』によると，チンギス＝カンがボルテを妻として迎え，オン＝カンに挨拶に行ったときに，オン＝カンは，チンギス＝カンの父とアンダ anda（盟友）であったことから，彼を子と称し，父子と言い合うようになったという。この話は『集史』「チンギス＝カンの祖先紀」等に記されている［吉田 1996：2005］。そして『集史』等 3 書によれば，その後オン＝カンがケレイド部の内紛によってカラキタイに逃れ，やがて困窮して戻って来てチンギス＝カンに救助されたとき，感謝して父子と言い交わした（『集史』では 1196 年）。ところが『秘史』もこの救助について 1201 年のところで回想されて記しているものの，父子と言い交わしたことは記していない。そして翌 1202 年のところにオン＝カンが，チンギス＝カンとともにナイマンのコクセウ＝ラブラクと対陣したさい，夜に陣を撤退してチンギス＝カンを窮地に陥れたが，子のセングムとともにコクセウに略奪されてチンギス＝カンに助

186　第1部　モンゴル帝国・元朝時代の史料の考察

けを求め，救われた。ここに彼は感謝してチンギス＝カンと父子を称し誓詞
も交わしたとある。だが『集史』等3書には，この救出のこと（『集史』で
は1199年）は記されているが，両人が父子を言い交わしたとは記されてな
い。

　以上の『秘史』と『集史』等3書の違いは何を意味するのか。ヒントは，
チンギス＝カンがオン＝カンとカラカルジトで戦ったのち，トンゲ川から使
者を送ってオン＝カン，ジャムカ等を責めた『秘史』の言葉にある。そこに
はカラキタイから困窮して戻ってきたオン＝カンをチンギス＝カンが救った
ときに両人が父子と言い合ったと述べられているのである。そしてコクセウ
に略奪されたオン＝カンとその子をチンギス＝カンが救ったことも述べられ
ているが，そのときに父子と言い交わしたとは述べられていないのである。

　このことは，『秘史』の編纂に使われた資料には，カラキタイから困窮し
て戻ってきてチンギス＝カンに救われたときにオン＝カンがチンギス＝カン
と Qara tün で父子を言い交わしたことが記されてあったが，『秘史』の編者
が『秘史』の編纂のさいにそれを削ってコクセウによってオン＝カンの子が
襲撃・略奪され，それをチンギス＝カンが救援した事件のところに移しては
め込んだ。だがチンギス＝カンのオン＝カンに対する問責の言葉において述
べられている，オン＝カンがカラキタイから困窮して帰還したのち，チンギ
ス＝カンと父子を言い交わしたとあるのをうっかり削り忘れ，コクセウの襲
撃からオン＝カン等を救ったときに父子と言い合ったことを書き込むことを
うっかり忘れ，『秘史』が編纂に使った資料のもとの状態が残されたと推測
される［吉田1993；Yoshida 2005；吉田2009a］。要するに『秘史』の編者は
1201年，1202年のところで何らかの編集の必要上操作の手を加えたことは
明らかである。

　以上の(1)と(2)の考察から導き出されるのは，『秘史』と『集史』等3書と
の内容の違いは，『秘史』編者によってつくり出された可能性が強く，『秘
史』の基本資料となった資料と『集史』等3書の用いた資料は，実は同系統

または近い系統のものではなかったかという考えである。

3　チンギス＝カンのジャムカとオン＝カンに対する『秘史』の叙述

　『秘史』編者が上述したような改変を行っているとすれば，『秘史』の，ほかの種々の箇所においても，かなりの改変を行っている可能性が強い。そこでこの問題について，資料の改変が明確に見いだされたチンギス＝カンのジャムカおよびオン＝カンとの関係にしぼって，検討してみたい。

　『秘史』に，チンギス＝カンがメルキド部に妻ボルテを略奪され，ケレイド部のオン＝カンに援助を求め，オン＝カンはジャムカに協力を求め，3者共同で大軍を出してボルテを取り戻した[13]。その後チンギス＝カンはジャムカと一緒に暮らし，11歳以後2回交わしたアンダ（盟友）の誓いをまたまた行い，夜は一つの布団に寝たとある。これは，2人がアンダの誓いを3度も行い，固い絆で結ばれたことを強調しているのである。ところが翌年，夏の牧地に出るときにジャムカが不可解な言葉を発したことからチンギス＝カンは不審に思い，危険を避けてジャムカから別れたとある。

　チンギス＝カンとオン＝カンの場合，オン＝カンがチンギス＝カンの父イェスゲイとアンダであったことに基づき，チンギス＝カンがボルテを妻に迎えたとき，および戌年（1202年）にコクセウ＝サブラクからオン＝カンとその子セングムを救助したときの2回父子と言い合い（イェスゲイとのアンダの絆も含めると，オン＝カンがイェスゲイ・チンギス家と結んだ3回目の絆固めとみてもよいであろう），2回目のときには誓詞も交わし，2人の絆は最高に強まった。だがこの直後に，チンギスがオン＝カン家との結び付きを強めるべく長男ジョチの嫁にオン＝カンの子セングムの娘を迎えようとしたがセングムに拒否され，そのまずい雰囲気にジャムカがつけ込み，両者の戦いが行われたとある。

　こうみると，既述のように『秘史』においてオン＝カンとチンギス＝カンが2度目に父子と言い合ったのが，カラキタイから困窮して戻ってきたオン

188　第1部　モンゴル帝国・元朝時代の史料の考察

＝カンをチンギス＝カンが救ったときではなく，その後（『集史』では3年後）のコクセウによる襲撃からオン＝カン等をチンギス＝カンが救ったときになっているのは，その方が両者の不和・決裂の直前ということになり，その事態を招いたオン＝カン側の不当さが強く印象づけられることからとられた操作であるに違いない。またチンギス＝カンのオン＝カンとの強い絆と両者の決裂の過程を，チンギス＝カンのジャムカとの強い絆と両者の決裂と同じ形式にしたかったに違いない。

　すると，チンギス＝カンとジャムカ，チンギス＝カンとオン＝カンの決裂後の戦いについても，同様の過程を踏ませられているのではないかと思われてくる。確かにジャムカとの戦いもオン＝カンとの戦いも2回行われ，初回はチンギス＝カンが敗北し，2回目に勝利をおさめたとある。すなわちジャムカとの初回の戦いは両軍が各々13軍団3万人を率いてダラン＝バルジュトで行われてチンギス＝カンが負け，やや時間をおいて戦われたクイテンの戦いではチンギス＝カンが勝利したとある。オン＝カンとの戦いも，最初カラカルジトで行われチンギス＝カン側が敗北し，2回目はジェジェル＝ウンドルでオン＝カンに夜襲をかけて勝利を収めたとある。

　ところで，『秘史』にはジャムカとの初回の戦いにおいてチンギス＝カンが敗れたとあるが，『集史』等3書にはみなチンギス＝カンが勝ったとある。これについては，書くことがはばかられるチンギス＝カンの敗北を記す『秘史』が事実を伝えていると，多く考えられてきた［那珂 1907；Grousset 1941；Pelliot, Hambis 1951；村上 1970-1976；札奇斯欽 1979 等］。だが上述の『秘史』編者の大胆な編纂姿勢を知ると，『秘史』が史実をまげたとの見方も十分に可能であると思われる。この後チンギス＝カンのもとにジャムカ側からウルウド，マングド，コンゴタン等の有力諸部の者が来たとあり，それは勝者ジャムカがチノス族の者を70の大鍋で煮殺した残虐さにジャムカを見限ったからとの推測も可能だが，『集史』では勝利したチンギスが捕虜にした敵を70の釜で煮殺すように命じたとあり，この恐怖からまさにその

ときジュルヤド（『秘史』のジャウレイド）が服従者になってきたとあり，チンギス＝カンを恐れても服属した者がいたようだから，勝者ジャムカの釜ゆでのことが，上記の有力諸部の者たちのチンギスへの服属の理由と断ずるわけにもいかないであろう。

こうみるとチンギス＝カン，オン＝カン，ジャムカの3人が協力・結束してメルキド部からボルテを奪還した戦争というのは，彼らが最初友好関係にあったことを強く示す目的で『秘史』編者が創作したのに違いない。そしてこの戦いの後，テムジンとジャムカがアンダの誓いを，テムジンとオン＝カンが父子の誓いを，それぞれチンギス＝カンと新たに行ったにもかかわらず，彼らがそれぞれ自ら誓いを破ったため，チンギス＝カンはやむなく彼らと対決し，戦った。だから正義はチンギスにあると強調する，これが『秘史』の編纂意図であったと思われる。

『秘史』はジャムカをチンギス＝カンの敵ではなくライバルとして扱っている。それは，チンギス＝カンがケレイト部のオン＝カン，ナイマン部のタヤン＝カンを破った後，敗残の身となってチンギス＝カンのもとに連れて来られたジャムカと対面したとき，彼の功績を2つあげて再度アンダとして協力し合おうと説いたが，ジャムカが処刑されることを望んだため，やむなく罪を1つだけあげてそれを処刑の理由にしたとあることから明らかである。今，紙幅の関係上詳述を避けるが，『秘史』のこの場面でのチンギスのジャムカに対する言葉には『秘史』編者の明らかな作為が認められる。

4 『秘史』の資料としての位置づけ

既述のように『秘史』は，何人もの研究者によって Tobčiyan と同じもの，『集史』等3書のもととなった文献であると考えられてきた。この点，『秘史』のもととなった Činggis qahan-u huja'ur を，『集史』等3書の出発点に位置するとしたフンの考えも基本的にはこの考えと異なるものではない。しかし，これまでの考察から，『秘史』はとうてい『集史』等3書作成の基本文

献ではあり得なかったと思われる。そうではなくて『秘史』の編者が手元に置いて使った基本的な資料は『集史』等3書のそれと同じか近い関係にあったのに違いない。『秘史』はその資料を一応基本資料としながら，チンギスの正義と建国の妥当性を強調する目的で自由自在にその内容に手を加え，格言，ことわざ，伝説，叙事詩，その他を盛り込んで表現を豊かにし，内容を興味深く迫力あるものにしたのに違いない。当時の物語伝承者が，個々の集団との諸関係を，記憶し伝えやすいようにまとまりある形で語り伝えていたのを，編者が寄せ集めて年代順に配列し，筋を通し，若干のモチーフを組み込んで作りあげたと推測されるものこそ Tobčiyan であり，『秘史』は Tobčiyan をもとにして作成されたモンゴル語で書かれた実録の稿本などの資料（文献）を基本資料として使って編纂され，その編纂のさいに，チンギス＝カンの側に立ってその建国の過程における正義と正当性を強調したのであろう。

　なお，『秘史』の用いた文献資料と『集史』等3書等の用いた文献資料の関係については，今後十分考察し直す必要があることを指摘しておきたい。

おわりに――『秘史』研究の将来

　歴史記録としての『秘史』に疑問を岡田，吉田が呈して以来，モンゴル史研究者の多くは，『秘史』，とくにモンゴル帝国建国までのその「チンギス紀」の部分に歴史研究の観点から触れることに慎重であり，概説書等でも1206年の建国までの過程について詳しく触れることがない。吉田のいくつかの研究［吉田 1986；1993；1996；Yoshida 2005］において「チンギス紀」のかかえる問題について歴史の観点から研究されただけと言ってもよい状態であった。

　この間『集史』の研究は進展しており，ソ連の校訂本が刊行される直前に，アムビスが『集史』の研究が不充分なことによって『アルタン＝デブテル』を理解することに限界があると指摘したことがあるが［Pelliot, Hambis

1951]，近年『集史』の研究が格段に進み，状況は大きく変化している。最近の吉田のアルタン＝デブテル研究（［Yoshida 2005］に所収。本書6を参照。）は近年の『集史』諸写本の研究の成果を取り込んだものであり，チンギス・カンの養子，第一次即位等に関する宇野の研究［宇野 2009］も同様と言ってよいであろう。『集史』研究の進展から得られた成果を吸収して『秘史』研究を進めることは，これからの研究の1つの方法である。

　『秘史』の記述は，多くがその編纂意図に合わせて，それが使った基本文献の内容を自在に変え，当時のモンゴル人の格言，ことわざ，伝説，叙事詩，その他を挟み込んで編み，表現を豊かにし，内容を興味深く迫力あるものにしている。そうだとすれば，『集史』等3書の記述に従ってモンゴル建国の過程を語れば無難であるとも言える。しかし，『集史』等3書の記述がすべて正しいとも言えず，また『秘史』の内容が詳しい場合もある。このような状況で『秘史』を考察するには，本稿で試みたように，『秘史』が何を言いたいのか，どのような記述しているか，どのように物語っているかということを把握しつつ，『集史』等3書の記述と比較しつつ分析・考察することが必要であると思われる。

追記　本稿は，吉田順一監修・早稲田大学モンゴル研究所編『モンゴル史研究—現状と展望』（2011年，明石書店）の9-23頁に，"『モンゴル秘史』研究の新たな展開にむけて"というタイトルで発表したものに，手を加えたものである。本論文は以下のとおりモンゴル語訳された。Yoshida Jun-ichi, "Mongolyn nuuts tovchoo" sudlalyn shine khandlaga, *Erdeni shinjilgeenii bichig*, No. 396 (34), 2013, Tüükh (XII), Ulaanbaatar, 2013, pp. 5-22。

注

1) 『秘史』2行目の「Činggis qahan-u huja'ur（チンギス＝カハンの根源）」という語句は，3行目の「de'ere tenggeri-eče jaya'tu töregsen börte čino aju'u（上天からの命をもって生まれた蒼き狼であった）」の主語である［Damdinsürüng 1947；Haenisch 1948；Pelliot 1949；札奇斯欽 1979；Bayar 1981；Heissig 1981；Irinčin 1987；Čeringsodnam 1993；小澤 1984-1989；1994；1997］。これを書名と考え，次文を

192　第1部　モンゴル帝国・元朝時代の史料の考察

「……蒼き狼がいた」と訳す見解 ［那珂 1907；Mostaert 1953；小林 1954；村上 1970-1976；de Rachewiltz 2004］があるが，妥当でない。［de Rachewiltz 2004］に，イリンチンがこれを書名とみているとあるが，誤解である。

2) この3種類の本をまとめて収めた影印本がある。中文出版社 1975 年刊本がそれである。永楽大典本だけの影印本に ［Pankratova 1962］がある。校勘本として「額爾登泰，烏雲達賚 1980」等がある。

3) ローマ字転写と仏訳から成るが，仏訳は第8巻の終わり 185 節までである。

4) これは，その後キリル文字化され，体裁を変えつつ何度も出版されている。

5) 植村の口頭発表要旨「元朝秘史の奥書に就いての疑問」（『史学雑誌』42-7，1931）と 19 年の小林宛書簡 ［小林 1954］に基づく。石濱純太郎 1935。

6) チンギス逝去を記す 268 節までとする説 （de Rachewiltz, Irinčin, Jingkin），正集 10 巻末尾（246 節）までとする説（植村），正集 10 巻の終わり近くまでとする説（小林）。

7) 小澤 1994。

8) 小澤 1994。

9) 小林は『録』の「叙事が……ラシードに相似ている」とし，それが「ラシードの据った東方諸資料の一種と藍本とを同じく」するとも述べている ［小林 1954:150］。なお小林の立論の根拠となった『録』と『集史』の類似点・相違点の指摘には誤りが多い。

10) アムビスは，『集史』等3書の資料をアルタン＝デブテルに求めている。だが『秘史』の資料系統上の位置付けはしていない ［Pelliot, Hambis 1951］。ラケヴィルツは『秘史』と『集史』等3書の関係についてはほとんど何も記していない ［de Rachewiltz 2004］。なおアルタン＝デブテルについての新しい研究として，［吉田 1984］の第4節で記した同文献に関する研究を修正した ［Yoshida 2005］がある。

11) ［吉田 1968:48-49, 53］。伝承者の記憶が『秘史』編纂に使われたとの推測は，ビラやイリンチンも行っている ［Bira 1978:41；Irinčin 1987:36, 85］。

12) 2010 年 11 月に，モンゴルで開かれた「『秘史』成立 770 年記念国際会議」で報告した。

13) これほど大規模な戦いが実際に行われたのであれば，『集史』等3書に記録されたはずだが，ボルテがオン＝カンに贈られ，そのボルテをオン＝カンはチンギスの父イェスゲイとの間にあった友情とチンギスを息子と称していたことによって，チンギスに返還したとあるだけである（『集史』部族編ジャライル部の項 ［Rashīd/Али-заде 1-1:147-148；Рашид-ад-дин 1-1:97-98]）。この戦いについて，『録』や

『モンゴル秘史』研究の新たな展開にむけて　193

『集史』には後の蛇年（1197 年）のこととなっているなどと述べている見解［村上
1970：196］には何の根拠もない。

参考文献

石濱純太郎，1935，「元朝秘史考」『龍谷史壇』15

植村清二，1955，「元朝秘史小記」『東方学』10

宇野伸浩，2009，「チンギス・カン前半生の研究のための『元朝秘史』と『集史』の
　　比較研究」『人間環境学研究』（広島修道大学）7

岡田英弘，1985，「元朝秘史の成立」『東洋学報』66-1

小澤重男，1954，『中世蒙古語諸形態の研究』，開明書院

―――，1984-1989，『元朝秘史全釈』上・中・下，『元朝秘史全釈続攷』上・中・下，
　　風間書房

―――，1993，『元朝秘史蒙古語文法講義』，風間書房

―――，1994，『元朝秘史』，岩波書店

―――，1997，『元朝秘史』上・下，岩波書店

―――，2000，『元朝秘史蒙古語文法講義続講』，風間書房

栗林均，確精扎布，2001，『『元朝秘史』モンゴル語全単語・語尾索引』東北大学

小林髙四郎，1941，『蒙古の秘史』，生活社

―――，1954，『元朝秘史の研究』，日本学術振興会

白鳥庫吉，1943，『音訳蒙文元朝秘史』，東洋文庫

トゥムルガバナ，B.，2009，「中国にある『元朝秘史』諸抄本について」（鈴木仁麗訳）
　　『早稲田大学モンゴル研究所紀要』5

那珂通世，1907，『成吉思汗実録』東京大日本図書株式会社（再版：1943，筑摩書房）

服部四郎，1946，『元朝秘史の蒙古語を表はす漢字の研究』，龍文書局

原山煌，1978，『元朝秘史関係文献目録』，日本モンゴル学会

村上正二，1970-1976，『モンゴル秘史』1-3，平凡社

森川哲雄，2007，『モンゴル年代記』，白帝社

吉田順一，1968，「元朝秘史の歴史性」『史観』78

―――，1984，「『元史』太祖本紀の研究―特に祖先物語について―」『中国正史の
　　基礎的研究』，早稲田大学出版部

―――，1986，「タイチウト部衆の来属――『聖武親征録』・『集史』・『元史』太祖
　　本紀の比較検討」『アジア史における年代記の研究』（文部省科学研究費研究成果

194　第1部　モンゴル帝国・元朝時代の史料の考察

報告書）

──────, 1993, 「オン・カンとテムジンの後期の関係──父子を言い交わしたという伝承の分析」『蒙古史研究』4, 呼和浩特

──────, 1996, 「テムジンとオン・カンの前期の関係──二人の父子関係についての伝承の分析」南京大学元史研究室編『内陸亜洲歴史文化研究──韓儒林先生紀念文集』南京

──────, 2009a, 「『モンゴル秘史』研究」『早稲田大学モンゴル研究所紀要』5

──────, 2009b, 「クイテンの戦いの実像」『早稲田大学モンゴル研究所紀要』5

Дамдинсүрэн, Ц., 1957. *Монголын нууц товчоо.* Улаанбаатар

Дашцэдэн, Т., 1985. *Монголыннууц товчоо.* Улаанбаатар

Гаадамба, Ш., 1976. *Нууц товчооны нууцсаас.* Улаанбаатар

Төмөрцэгэн, Ж., 1990. *Нууц товчооны учир.* БНМАУ-ын ШУА-ын Мэдээ-2, Улаанбаатар

Bayar, 1981. *Mongɣol-un niɣuča tobčiyan.* 1-3. Kökeqota

Čeringsodnam, D., 1993. 《*Mongɣol-un niɣuča tobčiyan*》-u orčiɣulg-a tayilburi. Begejing

Čoyim_a, S., 2007. *Mongɣol-un niɣuča tobčiyan kiged Mongɣol surbalji bičig-ün sudulul.* Kökeqota

Damdinsürüng, Č., 1947. *Mongɣol-un niɣuča tobčiyan.* Ulaɣanbaɣatur

Eldengtei, Ardajab, 1986. *Mongɣol-un niɣuča tobčiyan：seyiregülül tayilburi.* Kökeqota

Eldentei, Oyundalai, Asaraltu, 1991. 《*Mongɣol-un niɣuča tobčiyan*》-u jarim üges-ün tayilburi. Begejing

Irinčin, Y., 1987. *Mongɣol-un niɣuča tobčiyan.* Kökeqota

──, 2001, *Y. Irinčin-ü Mongɣol sudulul-un bütügel-ün čiɣulɣan*（亦隣真蒙古学文集）. Kökeqota

Jingkin, 1991. "Čaɣ üy_e-yin tuqai jadalun sudulqu ni." 《*Mongɣol-un niɣuča tobčiyan*》-u sudalɣan. Kökeqota

《*Mongɣol-un niɣuča tobčiyan*》-u sudulɣan, 1991. Kökeqota, Öbür mongɣol-un keblel-ün qoriy_a

Qangɣai, 2004. 《*Mongɣol-un niɣuča tobčiyan*》-u soyul sudulul. Kökeqota

Temürbaɣan_a, B., 2004. *Mongɣol-un niɣuča tobčiyan"-u surbulji bičig bar keblel-ün sudulul.* Kökeqota

Yoshida, J., 2005. 《*Mongɣol-un niɣuča tobčiyan*》-u sudulul. Čenggel nar orčiɣulba. Begejing

『モンゴル秘史』研究の新たな展開にむけて　195

阿爾達扎布，2005，『新訳集注《蒙古秘史》』内蒙古大学出版社

烏蘭　元朝秘史（校勘本）／烏蘭校勘，2012，中華書局

額爾登泰，烏雲達賚，1980，阿薩拉図『《蒙古秘史》詞滙選釈』内蒙古人民出版社

額爾登泰，烏雲達賚，1980，『蒙古秘史校勘本』内蒙古人民出版社

道潤梯歩，1979，『新訳簡注《蒙古秘史》』内蒙古人民出版社

丁謙，1901，『元秘史地理考証』（叢書集成本）

李文田，1896，『元朝秘史注』（叢書集成本）

余大鈞，1982，「蒙古秘史成書年代考」『中国史研究』第 1 期

札奇斯欽，1979，『蒙古秘史新訳並註釈』聯経出版事業公司

甄金，1986，「『蒙古秘史』源流研究概述」『蒙古史研究』2，内蒙古人民出版社

Cleaves, F. W., 1982. *The Secret History of the Mongols*. Cambridge, Mass.

Grousset, R., 1941. *L'empire mongol*. Paris

Haenisch, E., 1935/37. *Manghol-un niuca tobca'an（Yüan ch'ao pi-shi）：Die Geheime Geschichite der Mongolen aus der chinesischen Transkription（Ausgabe Ye Têh-hui) im mongolischen Wortlaut wiederhergestellt*. Leipzig

——. 1941, *Wörterbuch zu manghol un Niuca tobca'an（Yüan ch'ao pi-shi）：Die Geheime Geschichite der Mongolen*. Leipzig

——. 1948, *Die Geheime Geschichite der Mongolen：Aus einer mongolischen Niederschrift des Jahres 1240 von der Insel Kode'e im Keluren-Fluss erstmalig übersetzt und erläutert*. Leipzig

Heissig, W., 1981. *Die Geheime Geschichite der Mongolen*. Düsseldorf, Köln

Hung, W.,（洪煨蓮）1951. "The Transmission of the Book Known as The Secret History of the Mongols." *Harvard Journal of Asiatic Studies*, 14

Ligeti, L., 1971. *Histoire secrète des Mongols*. Budapest

Mostaert, A., 1953. *Sur quelques Passages de l'Histoire Secrète des mongols*. Cambridge, Mass.

Okada, H., 1970. "The Secret History of the Mongols, A Pseudo-historical Novel." *Proceedings of the Third East Asian Altaistic Conference*. Taipei

Pelliot, P., 1949. *L'Histoire secrète des Mongols*. 1. Paris

Pelliot, P., Hambis, L., 1951. *Histoire des Campagnes de Gengis Khan, Introduction*. Tom 1. Leiden

Pao Kuo-yi, 1965. *Studies on The Secret History of the Mongols*. Bloomington

Poucha, P., 1956. *Die Geheime Geschichte der Mongolen*. Praha

de Rachewiltz, I. 1965. "Some Remarks on the Dating of The Secret History of the Mongols." *Monumenta Serica*, 24

――, 1972, *Index to The Secret History of the Mongols*. Bloomington

――, 2004, *The Secret History of the Mongols*. 2vols. Leiden, Boston

Yoshida, J., 1992, "On the battle of Köyiten" *Олон улсын Монголч эрдэмтний V их хурал*, 1 боть. Улаанбаатар

Бира, Ш., 1978, *Монгольская Историография (XIII–XVII вв.)*. Москва

Владимирцов, В. Я., 1934, *Обшественный строй монголов*. Ленинград

Козин, С. А., 1941, *Сокровенное сказание монголов*. Москва–Ленинград

Панкратова, В. И., 1962, *Юань чао би–ши (Секретная история Монголов)*. Москва

史料略号

Rashīd/Али-заде 1-1：Али-заде, А. А., Ромаскевича, А. А., Хетагурова, Л. А. (ed.), 1965, Фазлаллах Рашид ад-Дин, Джамн ат-Таварих, Том I, Часть 1, Москва.

Рашид-ад-дин 1-1：Хетагуров, Л.А. (tr.), 1952, Рашид-ад-дин, *Сборник летописей*, Том 1, кн.1, Москва–Ленинград.

第 2 部
モンゴル史上の諸問題

9

オン＝カンとテムジンの父子関係

はじめに

　『モンゴル秘史』（『秘史』），『集史』等 3 書（『元史「太祖本紀」，『聖武親征録』，ラシード＝ウッディーンの『集史』）には，テムジンがケレイド部のオン＝カン（Ong qan）を父と称し，オン＝カンがテムジンを子と称していたとあり，その父子関係がテムジンの建国の過程において重要な意味をもっていたように述べられている。

　オン＝カンとテムジンの父子関係とは，テムジンの父イェスゲイ＝バートル（Yisügei ba'atur）がオン＝カンとアンダ（anda，盟友，義兄弟）関係にあったことから，オン＝カンがテムジンを子と称し，テムジンがオン＝カンを父または父のようだと称したことを言う。

　この父子関係は，あくまでもイェスゲイとオン＝カンのアンダ関係をよりどころにしていたとされるが，注意すべきは，単に父子と言い合った場合と，父子の誓いを交わした場合があったことである。

　以下に，前者はふたりの初期の父子関係，後者を後期の父子関係と称することにしたい。

1　初期の父子関係

　『秘史』に，テムジンがボルテ（Börte）と結婚しオン＝カンに挨拶に行き，父の故イェスゲイがオン＝カンとアンダと言い合っていたことから，オン＝カンを父のようだと言ったとあり（96 節），オン＝カンがテムジンを息子と呼んだとある（126 節）。『集史』にも，「部族編」の「メルキド部」と「ジャ

200　第2部　モンゴル史上の諸問題

ライル（Jalayir）部」のところ，そして「チンギス＝カン紀」の前にある
「イェスゲイ＝バアトルの息子のチンギス＝カンの物語」にこのことが記さ
れている[1]。

　その後，妻のボルテをメルキド部に奪われたテムジンが，妻を奪い返す
ための協力をオン＝カンに求めたさい，オン＝カンを「qan であるわが父」と
言い，オン＝カンも自らを実の父のようだとテムジンに言われたとして，求
めに応じた。またジャダラン（Jadaran）部のジャムカに協力を得ることも
でき，テムジンは2人のおかげでメルキドからボルテを奪還したとある（98-
115節）。すなわち父子関係が重要な意味をもったという叙述の仕方なので
ある。

　だが実際には，前期の父子関係というのは，『秘史』の述べているのとは
異なって，2人の行動に大きい意味をもつことはなかったようである。当時
2人がそれぞれ行なった戦いにさいして協力したり助けたりしたという話に，
採用するに値するものは見出せないからである。

　すなわち，『秘史』にはなばなしく述べられているボルテ奪還のための対
メルキド戦争というのも，史実とはほど遠いものであり[2]，その後の物語の
展開を劇的にする意図から，モンゴル帝国の建国を本格的に述べるに先立ち，
建国史上の重要人物であるテムジン，オン＝カン，ジャムカをまとめて登場
させ，強力な軍事同盟が彼らの間に結ばれ，それに基づいて大規模な戦争が
行われたように史料を改編して生み出されたものとみられる。そして，この
ような強い団結・協調関係が，まずジャムカの背信によって破られ，ついで
オン＝カンの背信によって破られるが，最後に信義に厚く指導力の卓越した
テムジンが勝利をおさめたという，建国物語のあらすじを導くための，いわ
ば布石の意味を，この話は与えられていると思われるのである。

　この時期のテムジンとオン＝カンの交渉・関係を示す出来事のうちで，採
るに足ると判断されるのは，

　・テムジンがメルキドと戦って敗れて妻ボルテを奪われ，その後ボルテが

メルキドからオン＝カンに贈られたが，オン＝カンの好意でボルテを取り戻すことができたとする『集史』の記述[3]

・テムジンがみずからの第一次即位をオン＝カンに報告したとする『秘史』の記述（126節）。

の2つのみであろう。

この時期[4]，13 güre'en（küriy-e/хүрээ）の戦い〔ダラン＝バルジュド（Dalan Baljud）の戦い〕や，テムジンがタイチウドやメルキドの捕虜となったとき[5]など，オン＝カンがテムジンに援助し，あるいは両者が協力する機会は何度もあったはずなのに，そのような協力・援助を語ることがらは諸文献のなかに残されていない。このことは，当時の2人の関係を知る参考となる。

当時テムジンはオン＝カンと父子を称する間柄であったとはいえ，2人の交渉はそれほど多くはなく，その関係は，『秘史』に描かれているのとは著しく異なって，疎遠とは言わないまでも，ごく普通のものにすぎなかったとみてよい。

2 後期の父子関係

『秘史』には初期の父子関係の後の時期（後期の父子関係と称することにしたい）に，オン＝カンとテムジンが2度父子と言い合ったように述べられている。1度目は，『秘史』1201年のところにおいて，それ以前のいくつかの出来事を回想している中で，テムジンの父イェスゲイがケレイド部の内紛に敗れて逃れてきたオン＝カンを助けたことによって両者がアンダ（anda）となったと述べ（150節），その後オン＝カンがふたたび勃発したケレイド部の内紛に敗れてカラキタイのグル＝カンのもとに逃れ，その後グル＝カンに背いてウイグル，タングド（Taŋγud）を経て故郷の方に困窮して戻って来たのを，テムジンが，オン＝カンが父イェスゲイとアンダであったことから救助したとある（151節）。そしてそこには，オン＝カンとテムジンが父子

202 第2部 モンゴル史上の諸問題

と言い合ったとは記されていない。だが，これらのことを回想した内容をも
つ『秘史』177節（問責）の③（前章を見よ）には，このときトウラ（Tu'ula）
川の黒い林（Qar-a tün）で，イェスゲイとオン＝カンがアンダと言い合っ
たことに基づいてオン＝カンとテムジンが父子と称したと述べられている[6]。

　すなわち，表1（本書11の「ケレイドとの関係の分析」も見よ）からわ
かるように，『秘史』には，オン＝カンとテムジンは後期の関係において，
(1)のNT1201年と(2)のNT1202年の2回，父子と言い合ったと述べられてい
るのである。

表1　オン＝カンとテムジンが父子と言い合ったことの有無

		『モンゴル秘史』		『集史』等3書	
初　期		1180年代初？ 96節にある		1180年代初？ ない。ただし『集史』にはチンギス＝カン紀以外のところにある	
後　期	(1)	NT1201	151節にない。 →177節（問責）③にある	JT1196年	チンギス＝カン紀にある →『集史』等3書の問責の辞にはない
	(2)	NT1202年	164節にある 177節（問責）にない	JT1198年	ない 『集史』等3書の問責の辞にない
		同　　年	父子を言い交わしたときの誓詞		父子と言い交わしたときの誓詞
		誓詞A	→164節にある 177節（問責）にない		→誓詞Aにない 問責の辞にない
		誓詞B	→164節にある 177節（問責）にある		誓詞Bにない →問責の辞にある

【凡例】
①問責の辞とは1203年にテムジンがオン＝カンの攻撃を受けたのち，オン＝カンに使者を派遣し
　て，テムジンに対するオン＝カンの背信を責めた言葉。
②NT1201，NT1202は『秘史』記載の年，JT1196，JT1198は『集史』記載の年であることを意味
　する。これらの年が史実であるか否かは問題にしていない。
③誓詞Aとは戦いと狩猟をいっしょに協力して行おうという誓いの言葉，誓詞Bとは敵の妬みに
　よるそそのかしや誹謗に対して，オン＝カンとテムジンが相談して両者の信義を確認するという
　誓いの言葉を意味する。

一方，『集史』等３書の記すことも『秘史』150 節，151 節の内容と同じであるが，オン＝カンが救われた年の秋にトゥラ川のカラ＝トンすなわち黒い林（『元史』は土兀剌河上）で父子を称したとある（『集史』はこれを 1195 年頃のこととし，翌春にオン＝カンは困窮して帰還し，テムジンに救われたとする）〔本書 11「ケレイドとの関係の分析」の表１「Kereyid との関係・討伐の記事」の (c-1)，(c-2)，(d) および本章の表１の「後期（の父子関係）」を見よ〕。そしてこのことを回想した『集史』等３書（問責）には，テムジンの父イェスゲイがケレイド部の内紛に敗れたオン＝カンを助けて両者がアンダと言い合ったことから，テムジンがオン＝カンを〔尊んで＝『親征録』〕父となしたとあるのみで（『元史』には「父となした」との文言がない），これがオン＝カンに対する最初の権利（『集史』），オン＝カンへの大きな功績（『元史』）だと述べられており〔「ケレイドとの関係の分析」の表２「『集史』等３書と『秘史』に記すオン＝カンに対するチンギス＝カンの問責事由」の JT1195 (b)，1196 (d)〕のところには，上述した『秘史』の 150 節，151 節にあるような出来事は一言も記されていない。「テムジンがオン＝カンを〔尊んで＝『親征録』〕父となした」とある部分が，『集史』等３書においてトゥラ川のカラ＝トンで２人が父子と言い合ったということに当たるのであろうが〔前の章の表２すなわち「ケレイドとの関係の分析」の章に掲げてある表２「『集史』等３書と『秘史』に記すオン＝カンに対するチンギス＝カンの問責事由」の「JT1196 (d) の１部」の右欄〕，しかしみずからの父イェスゲイがオン＝カンを救助して両者がアンダとなり，その関係に基づいてテムジンがオン＝カンを父と称したというのは，テムジンのオン＝カンに対する一方的な扱いであるに過ぎず，父子と言い合ったことにはならない。それをオン＝カンの自らへの背信を責める理由の一つとして挙げているのは的外れのように思われる。『集史』等３書（問責）が依拠した史料のこの箇所に何らかの問題があったのかもかも知れない。これらの疑問があるので，下に示した表２の２ (a) の『集史』等３書の欄には「無？」と疑問符をつけたのである。

204　第2部　モンゴル史上の諸問題

　ともかく一度目のものは，疑問点はあるものの，表2の2(a)の欄にあるように，『秘史』，『集史』等3書の両方に述べられていることがわかる。

　つぎに2度目のものは，『秘史』158-164節に1202年のこととして述べられていることに関連する〔表2の2(b)参照〕。その内容は，オン＝カンの子のセングムがフラアン＝クト（Hula'an qut）でナイマンのコクセウ＝サブラクに襲撃・略奪され，テムジンの派遣した家臣に救われた出来事があり，『秘史』164節は，オン＝カンがそれに感謝して，かつてテムジンの父イェ

表2　オン＝カンとテムジンが父子と言い合ったという記事の有無と『秘史』による改変

		『モンゴル秘史』		『集史』等3書	
1　初期の父子関係		？年	有 96節	？年	有 『集史』部族編
2 後期の父子関係	(a)	NT1201年 Qar-a tün での父子の誓い	無 151節：Qar-a tün で父子と言い合う 有 177節（問責）③ 【削除】	JT1196年 Qar-a tün での父子の誓い	有 『集史』等3書 無 ？『集史』等3書（問責）
		NT1202年 Qar-a tün での父子の誓い	有（164節）◄【挿入】 ┗【削除】 無 177節（問責）	JT1199年 Qar-a tün での父子の誓い	無 『集史』等3書 無 『集史』等3書（問責）
	(b)	父子と言い合ったときの場所と誓詞 誓詞A＝有 164節：Qar-a tün 　　　　無 177節（問責） 誓詞B＝有 164節：Qar-a tün 　　　　有 177節（問責） Hula'anu'ud bolda'ud		父子と言い合ったときの誓詞と場所 誓詞＝無 『集史』等3書 　　　無 『集史』等3書（問責） 誓詞B＝無 『集史』等3書 　　　　有 『集史』等3書（問責）： Hula'anu'ud bolda'ud	

Hula'anu'ud bolda'ud で誓詞を交わした話

＊ NT1201，NT1202 は『秘史』に記されている年，JT1196，JT1199 は『集史』に記されている年を意味する。「『秘史』177（問責）」とはテムジンのオン＝カンに対する問責の言葉を記した箇所である。「『集史』等3書（問責）」も，テムジンのオン＝カンに対する問責の言葉を意味する。なお NT は『秘史』，JT は『集史』を意味する。

スゲイに救われてアンダとなったことも想起してトウラ川のカラ＝トンで父子と言い合った。そして戦いと巻狩りをともに行おうという誓い（誓詞A）と敵のそそのかしやそしりに取り合わず必ず会って確認し合おうという誓い（誓詞B）を交わしたというものである。だがこのことを回想した『秘史』177節（問責）の①には，テムジンがオン＝カンを救助したとはあるものの，二人が父子と言い合ったとは記されていない。

　一方，『集史』・『親征録』には，問責の辞においても，その問責の根拠となったできごと〔第2部11の「ケレイド」との関係の分析」の表2のJT1199(g)，JT1200(h)〕においても，このとき2人が父子といい合ったとは記されていない〔表5の2(b)〕。

　以上，2度目のものは，表2の2(b)に整理したように，『秘史』のみにあり，『秘史』177節（問責）にも，『集史』等3書のA，Bにもない。

　このようにオン＝カンとテムジンの後期の父子関係については，『秘史』と『集史』等3書の間に大きな違いがあることがわかるのであるが，違いがより大きいのは，2度目の方，すなわち2(b)の方である。そこで2(b)についてくわしく検討を行いたい。

　表2の2(b)に関する最大の疑問は，なぜ『秘史』にだけオン＝カンとテムジンが父子と再度言い合ったとことが記されていて，『集史』等3書にはそのことが記されていないのか，という点である。この疑問について『秘史』の関連箇所をみると，いくつかの問題点が浮かび上がることに気づく。

　その第1は，『秘史』にはこのときオン＝カンとテムジンが父子と言い合った場所がトウラ川のカラ＝トンであったとある点である。フラアン＝クトでオン＝カン父子が救われ，そこにオン＝カンがテムジンに感謝し父子と言い合ったのであるから，ふつうには父子と言い合った場所もフラアン＝クトであり，誓詞を交わした場所もフラアン＝クトでなければならないであろう。ところが『秘史』にはトウラ川のカラ＝トンに集って父子と言い合ったと述べられているのである。

206　第2部　モンゴル史上の諸問題

　『秘史』には，2人が父子と言い合ったその場で誓詞(A)と誓詞(B)を交わしたように述べられているから，誓詞を交わした場所もカラ＝トンであったはずである。ところがそのようには書かれていないのである。

　誓詞Aと誓詞Bのうち，『秘史』177節（問責）には誓詞Aはなく，誓詞Bだけがある〔『秘史』177節（問責）の①参照〕。一方『集史』等3書にはその誓詞Bのみが書かれているのであるが，そこにもやはり誓詞Aはなく誓詞Bだけがある（『元史』には誓詞はない）[7]。そこで，『秘史』と『集史』等3書の両方に存在する誓詞Bの誓われた場所をみると，『秘史』177節（問責）には「ジョルカル＝クン（Jorqal qun）〔山〕のフラアヌウト＝ボルダウト（Hula'anu'ud bolda'ud）」とあり，『集史』と『親征録』の場合やや訛っているものの，それぞれ「フラン＝ビルタトウト」，「忽剌阿班苔兀」とある。両者は同一地名を指すとみてよいであろう[8]。

　このように誓詞Bを交わした場所がフラアヌウト＝ボルダウドであったとされている以上，そしてそれと同じ場所で父子と言い合ったに違いない以上，『秘史』においてオン＝カンとテムジンが父子と言い合った場所もフラアヌウト＝ボルダウドであったはずであり，トウラ川のカラ＝トンであったはずはないということになる。

　このようにみると，『秘史』164節においてオン＝カンとテムジンがトウラのカラ＝トンで父子を言い合ったと述べられていることは，その前後の記述の流れにあっておさまりが付かないことがわかるのである。

　ところで，オン＝カン父子がテムジンに救われた場所とされるフラアン＝クド（Hula'an qud）は，フラアヌウト＝ボルダウドのフラアヌウトと発音が似ているので，村上正二は「同じ場所と考えるならば」と述べて，両方が同じであるかも知れないと考え[9]，那珂通世は同じとみた[10]。もしこの解釈が許されるならば，オン＝カンはコクセウ＝サブラクの略奪からテムジンの家臣によって救われ，誓詞Bも交わしたということになる。そうするとオン＝カンとテムジンが父子と言い合った場所も当然この場所でなければならな

オン＝カンとテムジンの父子関係　207

いということになる。ただ『秘史』177節（問責）の⑤においても，コクセ
ウ＝サブラクとオン＝カンの子であるセングムが対戦し略奪された場所とし
てフラアン＝クトの名が記されているから，『秘史』の編者がフラアン＝ク
トとフラアヌウト＝ボルダウトを，別の土地と意識して使い分けていたとも
考えられる。

　それでは，フラアン＝クトとフラアヌウト＝ボルダウトが別の場所であっ
たとみた場合にはどうであろうか。この場合も，オン＝カンとテムジンが父
子と称した場所はフラアヌウト＝ボルダウトとみなければならない。『秘史』
164節には，上述したようにオン＝カンとテムジンが父子を言い合ったその
集まりの場で誓詞Ｂを言い交わしたように述べられているから，誓詞Ｂが
フラアヌウト＝ボルダウトで交わされたとするならば，オン＝カンとテムジ
ンの父子と称したのも，同じフラアヌウト＝ボルダウトでなければならない
ということになるからである。

　では『秘史』には，なぜ誓詞Ｂがフラアヌウト＝ボルダウトで誓われた
と述べられていないのであろうか。これは，オン＝カンとテムジンが父子と
言い合った場所をトウラ川のカラ＝トンとしたために，もともと誓詞を交わ
した場所として伝えられていたフラアヌウト＝ボルダウトの名を削ったこと
によると考えられる。『秘史』177節（問責）と『集史』等3書Ｂの「問責
の辞」に，フラアヌウト＝ボルダウトで誓詞が交わされたことがそのまま残
されていることから，このように推測されるのである。

　繰り返すと，表2の2⒝に記したように，このときオン＝カンとテムジン
がトウラ川のカラ＝トンで父子と言い合ったと述べているのは，『秘史』164
節だけであり，他では一切述べられていない。対照的に，それより年代的に
早く2人が父子と言い合ったと伝えられているものは，表2の2⒜に整理し
て示したように，『秘史』177節（問責）の③のみならず『集史』等3書に
もあり（前述のように，『集史』等3書のＢの記述には問題がある），ただ
『秘史』にのみない。その『秘史』の該当箇所（157節）には，『秘史』177

節（問責）や『集史』等３書において述べられているような２人が父子と言い合うに至った経緯が詳述されているにもかかわらず，ただトゥラ川のカラ＝トンで父子と言い合ったことだけがない。『秘史』151 節と『秘史』177 節（問責）の③のこの対照的な状態に，問題を解く鍵があるのではないか。

　これに対して私は，『秘史』にみられるさまざまな問題点は，『秘史』編者の史料操作の結果生み出されたと考える。すなわち『秘史』編者は，テムジンのオン＝カン救助と２人がトゥラ川の Qar-a tün で父子を言い交わしたとする話のうち，『秘史』151 節の「トゥラ川の Qar-a tün で父子を言い交わした」という部分を削除し，それを後年のナイマンのコクセウ＝サブラクのオン＝カン襲撃事件を述べた『秘史』164 節に移し，そのさい誓約Ｂを交わしたとされる場所の「ジョルガル＝クン〔山〕のフラアヌウト＝ボルダウト」を削除したのである。だが，『秘史』編者は，なぜか『秘史』177 節の「問責の辞」の内容を変えることまではしなかったために，『秘史』の 151 節で削除した「トゥラ川の黒林で父子を言い交わした」ということ，また『秘史』164 節で削除した「ジョルガル＝クン〔山〕のフラアヌウト＝ボルダウト」に関することがそのまま『秘史』177 節（問責）の③と①にそれぞれ残ったのである。従って，『秘史』編者も最初はオン＝カンとテムジンの後期の父子関係は，オン＝カンが西域放浪から困窮して戻り，テムジンに救助されたときに言い交わされたとする史料を所持していたと考えられる。

　要するに，テムジンとオン＝カンの後期の関係において，２人が父子と言い合ったのは，NT1201 年／JT1196 年のただ一度だけであり，それはオン＝カンがケレイト部の内紛に敗れてカラキタイのグル＝カンのもとに逃れ，その後グル＝カンに背いてウイグル，タングトを経て故郷の方に困窮して戻って来たのを，テムジンが父イェスゲイとオン＝カンがアンダであったことから救助したそのときのことであったと考えられる。そしてコクセウ＝サブラク襲撃事件のさいには，ジャムカの讒言に踊らされたオン＝カンとの父子の絆を堅固なものにするために，ジョルガル＝クン〔山〕のフラアヌウト

＝ボルダウトにおいて誓詞 B を誓っただけであると考えられる。

　では，もともとの内容が『秘史』においてこのように改められたのはなぜであろうか。これについては，テムジンがコクセウ＝サブラクの襲撃からオン＝カン父子を救い，それに感謝したオン＝カンと父子と言い合い，さらに互いに会って確認するまでは敵の讒言に乗らないようにするとの誓詞まで交わした。だが，テムジンとこれほどの緊密な信頼関係を結んだオン＝カンが，間もなく両家の婚姻話の不調をきっかけにジャムカ等の反テムジン勢力の讒言に踊らされた息子のセングムの働きかけに負けて，ついにテムジンに不意打ちの攻撃を仕掛けるに至ったという出来事を劇的に盛り上げ，オン＝カンの裏切りをきわだたせ，テムジンのオン＝カンとの戦いにおける正当性を強調する狙いがあったからであると思われる。破局前の 2 人の緊密さは，誓約 B の話のところに父子と言い合ったことを挿入すれば一層強まり，対照的にオン＝カンの背信がきわだつからである。

　以上は，テムジンがジャムカの意味不明な発言によってジャムカと離別し，対決するようになる直前に，ジャムカの力も借りてメルキドから妻ボルテを奪回し，ジャムカと 3 度アンダを誓い，夜は一つの寝床で休むほど親密な間柄になったにもかかわらず，ジャムカのテムジンに対する不審な言葉によって 2 人の関係が崩れたと語っている『秘史』104 節 –118 節の叙述の仕方と同工異曲である。

　さて，後期の父子関係は，前期の父子関係に比べて有効に機能したのであろうか。この時期のオン＝カンとテムジンの行動は，独特の記述をする『秘史』のみに依拠しては把握し難いので，『親征録』，『集史』等によってみると，JT1196 年，テムジンが西域放浪から困窮して戻ってきたオン＝カンを救助してトウラ川のカラ＝トンで父子と言い合った後，JT1197 年冬，テムジンがオン＝カンとともにジュルキン族の残党を討ち，サチャ（Sača）とタイチュ（Taiču）を捕え，JT1197 年，テムジンは，メルキド族のトクトア＝ベキを攻撃し，掠奪品を全てオン＝カンに与えた。その後 JT1198 年，オン

210 第2部 モンゴル史上の諸問題

＝カンがテムジンに相談せずにメルキド族を攻撃掠奪し，テムジンに何も与えなかったというようなことが起こったとされるが，翌年に生じたとされるコクセウ＝サブラク襲撃事件のさいに，テムジンがオン＝カン父子を救助し，JT1200年にタイチウド部を撃破し，同じJT1200年にアルクイ泉で誓約して出撃してきたカタギン，サルジウド等の諸部を撃破し，1202年にKöyitenでナイマンのブイルグ＝カン等を撃破した。その後間もなく2人は不和となり，1203年の決戦に突入したのであるが，それぞれの戦いにおける2人の協力の内容・実態について措くとして，後期の父子関係は機能していたみることができよう。

　以上，テムジンとオン＝カンの前期と後期の父子関係を分析して，モンゴル帝国建国史において重要な，この2人の絆の根幹をなす父子関係の『秘史』編者による改編とその意味の分析を試みた。これによって，逆に当時の2人の関係の本来の姿をある程度解明できたと，私は考えているが，その本来の姿というのは，結局かなりの部分において『集史』等3書が伝えているものであると言えるということを指摘しておきたい。

追記　本稿は，Yoshida Jun'ichi jokiyaba, Čenggel nar orčiɣulba, *Mongɣol-un niɣuča tobčiyan-u sudulul*, Begejing, 2005（吉田順一著，青格力等訳『『蒙古秘史』研究』，北京，2005年）の刊行に当たって，その序論として書かれた「『モンゴル秘史』研究のみちのり」を大幅に加筆・訂正したものであり，他の既発表の論文ととともにモンゴル語訳されて同書に収められた（1-29頁）。このような事情で，日本文で発表されたことがないので，それにさらに手を加え，本誌に掲載することにした。最も手を加えたのは，「2．ケレイドとの関係・討伐の分析」と「4．オン＝カンとテムジンの父子関係の分析　(3)後期の父子関係」である。[11]

注

1) Рашид-ад-дин, *Сборник Летописей*, Том 1-1, p. 98, Рашид-ад-дин 1-2, p. 68.

2) 吉田順一，1996，「テムジンとオン＝カンの前期の関係」，南京大学『元史』研究室編『内陸亜洲歴史文化研究—韓儒林先生紀年文集—』，南京大学出版社，33-35頁。なお『秘史』の述べるテムジン・オン＝カン・ジャムカが協力してのボルテ奪還の対メルキド戦争については，村上正二，岡田英弘も疑問があるとしている（村上正

二訳注『モンゴル秘史』1，196頁。OKADA, Hidehiro, 1972, "The Secret History of the Mongols, A, Pseudo-Historical Novel", 『アジア・アフリカ言語文化研究』5，東京外国語大学アジア・アフリカ言語文化研究所，62-63頁。

3) Рашид-ад-дин 1-1, p. 187. 吉田順一「テムジンとオン＝カンの前期の関係」，南京大学『元史』研究室編，前掲書，33-35頁，表3「『集史』チンギス＝ハン紀1167-1195年（前期の部分）以外の箇所所載テムジン関係出来事」の(f)を参照せよ（45頁）。

4) 同上，35頁及び表1。

5) 吉田順一，前掲「テムジンとオン＝カンの前期の関係」，45頁，表3の(e)，(g)参照。

6) 「黒い林」は Qar-a tün の訳である。『集史』に Qar-a tün ではなく「カラウン＝カブチャル（Qara'un qabčal）」とあるのはペリオの言うように，『集史』のミスである（P. Pelliot et L. Hambis, 1951, *Histoire des Campagnes de Gengis Khan, Cheng-Wou Ts'in-Tcheng Lou*, Tome I , Leiden, pp. 259-260）。『集史』において，Qara'un qabčal をペルシャ語で「黒い林（bīsha-yi siyāh）」と言い替えていることがそのことを証明する。なお『親征録』にも「土兀剌（トウラ）河上黒林」とある。

7) 『集史』等3書Bの問責項目に関して，誓詞Bは，なぜか問責項目第5の前半に置かれ，それがドルベン，タタル等5部をブイル湖で捕らえてオン＝カンに与えたこととと併せて一つの問責項目とされている。だがオン＝カンが誓約Bに違背したことを示す内容は何も含まれていない。それに対して，問責項目第4の後半は，上述したような，誓詞Bが誓われた経緯を内容としている。従って『集史』等3書において誓詞Bは，本来問責項目第4に位置すべきであると考えられる。推測をたくましくすると，一つは『集史』等3書Bの問責が『集史』等3書のAに述べられている出来事とほぼ同じ順序で回想されていること〔表2の右欄の(a)と(d)の関係については上述したとおり〕からみて，この問題はオン＝カンに対する問責項目を5つに分けるときに生じたものかも知れないし，またすでに述べたように，『集史』等3書Bの問責項目にケレイドの内紛によるオン＝カンのカラキタイ逃亡とテムジンによる救助のことがなく，この救助がオン＝カンとテムジンが父子を称する理由とはされず，オン＝カンとイェスゲイのアンダ関係がその理由とされていることなどもあわせて考えると，『集史』等3書が使った史料に，何か問題があって，『集史』等3書のBにそれが反映されているのかも知れない。ちなみに，『秘史』Bの「問責の辞」の配列も，基本的には『集史』等3書のそれと大差がない。なお，『秘史』Bにおいては誓詞Bが「問責の辞」の最初にあるが，これは『秘史』編者の行った操作によると考えられる。

8) 『集史』には「そこにフラン＝ビルタトウトがあり，その名がジョルカル＝クンで

212　第 2 部　モンゴル史上の諸問題

ある山の付近にあるカラ (Qara) 川」，『親征録』には「私が哈児合山谷を出て，君
と忽剌阿班苔兀，卓児完忽奴の山において相まみえたとき」（『親征録』）とある。

9）『モンゴル秘史』2，平凡社，1973 年，96 頁。村上は同書の別の箇所で，『秘史』
177 節（問責）の ① の「Hula'anu'ud bolda'ud」を『秘史』の ⑧ の「Hula'an qud
bolda'ud」と同一の地名であろうと注記したが（168 頁），これは誤解であり，後者
は『秘史』原文に「Hula'an qud」とあるのみで「bolda'ud」の一語は付されていない。

10）那珂通世，1907，『成吉思汗実録』，大日本図書株式会社，222 頁。同，1915，「校
正増注親征録」，『那珂通世遺書』，大日本図書株式会社，45 頁。ところで村上は，
『親征録』に「又日，昔我出哈児合山谷，與君忽剌阿班苔兀・卓児完忽奴之山相見
時」とある部分を，第 96 節に「チンギス・カンが初めて世に出るに当たって，オ
ン・カンに礼物を入れてその庇護を求めようと，トウラ河畔の黒林で会見した」と
きの事実を回想していっているのであろうから云々と記しているのは，那珂の「校
正増注親征録」の注釈に基づいているのであるが，注釈の意味を誤解している。那
珂は，テムジンが『秘史』の ⑧ と ⑨ の出来事を「追述している」と記したのである。
那珂通世，1907，『成吉思汗実録』，大日本図書株式会社，222 頁。

11）前掲「テムジンとオン＝カンの前期の関係―二人の父子関係についての伝承の分
析」1996，21-48 頁。「オン・カンとテムジンの後期の関係―父子を言い交わしたと
いう伝承の分析」，1993，中国蒙古史学会『蒙古史研究』4，11-24 頁。

参考文献

『モンゴル秘史』，『集史』，『親征録』のテキストとして，おもに次のものを利用した。

栗林　均・确精扎布編，2001，『『元朝秘史』モンゴル語全単語・語尾索引』，東北ア
ジア研究センター叢書第 4 号。

村上正二訳注，1970-1976，『モンゴル秘史』1-3，平凡社。

小澤重男，1984-1989，『元朝秘史全釈』上・中・下，『元朝秘史全釈続攷』上・中・下，
風間書房。

小澤重男訳，1997，『元朝秘史』上・下，岩波文庫

Rashīd/Topkapı 1518：Topkapı Sarayı Müzesi Kütüphanesi, MS. Revan köşkü 1518.

Rashīd/Rawshan：Rawshan, M., Mūsawī, M. (ed.), 1373/1994, Rashīd al-Dīn, *Jāmi' al-
Tawārīkh*, 4 vols., Tehran.

Рашид-ад-дин 1-1：Хетагуров, Л.А. (tr.), 1952, Рашид-ад-дин, *Сборник летописей*,
Том 1, кн.1, Москва-Ленинград.

Рашид-ад-дин 1-2：Смирнова, О.И.（tr.）, 1952, Рашид-ад-дин, *Сборник летописей*, Том 1, кн.2, Москва-Ленинград.

王國維『聖武親征録校注』（王観堂先生全集所収本）

10

クイテンの戦いの実像

はじめに

　クイテン（Köyiten）の戦いは，『モンゴル秘史』（以後，『秘史』と称する）の 141 節～149 節において，モンゴル高原のゴビ以北のほぼ全域にわたる遊牧諸部を巻き込んだ戦いとして記されている。その戦いの規模は，ケレイド（Kereid）のオン＝カン（Ong qan）やナイマン（Naiman）のタヤン＝カン（Tayang qan）に対するテムジン（Temüjin）の戦いに並ぶような壮大なものとして描かれている。しかもその描写は，実に興味深く，読む者みなに強い印象を与えるものとなっている。

　しかし『秘史』をよく読むと，いろいろ疑問点が浮かびあがる。それは例えば，『秘史』に記されている内容が，チンギス＝カン（Činggis qa'an）について書かれた他の史料，すなわちラシード＝ウッディーンの『集史』，『聖武親征録』，『元史』の 3 つの史料（これらをまとめて，『集史』等 3 書と称することにする）におけるチンギス＝カン（聖武皇帝，太祖）紀の内容と比べて，あまりにも異なる点が多いからである。また『秘史』を熟読しても，これほど規模の大きな戦いがこのときに突如勃発した事情が，判然としない。そしてこの戦いについて『秘史』が記す内容には，他にもさまざまな疑問点があるのである。

　では，『秘史』の記すクイテンの戦いをいったいどのように理解すべきなのか，そしてクイテンの戦いとはどのような意味をもつと考えられるのか。これらについて，『秘史』の内容と『集史』等 3 書のそれを比べることによって明らかにしようとするのが，本稿の目的である。

216　第2部　モンゴル史上の諸問題

1 『モンゴル秘史』に述べられているクイテンの戦いの概略

『秘史』の述べる「クイテンの戦い」の内容は，大略次のとおりである〔論述上の必要から，内容を(a)〜(r)に分ける〕。

(a)酉の年

(b)カタギン (Qatagin)，サルジウド (Salji'ud)，ドルベン (Dörben)，タタル (Tatar)，

(c)オンギラド (Onggirad)，

(d)イキレス (Ikires)，コロラス (Qorolas)，

(e)ナイマン (Naiman)，メルキド (Merkid)，オイラド (Oyirad)，

(f)タイチウド (Tayiči'ud) の者たちが，

(g)アルクイ (Alqui) 泉に集まり，

(h)ジャダラン (J̌adaran) のジャムカ (J̌amuqa) をカ（ン）〔qa (n)〕に推戴しようと，

(i)馬を殺して誓い，

(j)ケン (Ken) 川がエルグネ (Ergüne) 川に注ぐあたりに移動してから，グル=カ（ン）〔Gür qa (n)〕に推戴し，テムジンとオン=カンに対して出撃してきたが，コロラスのコリダイ (Qoridai) の通報を受けてテムジンはオン=カンに事態を知らせた。

(k)テムジンとオン=カンは出撃し，クイテンにおいて彼らと対陣したとき，ナイマンのブイルク=カン (Buyiruq qan) とオイラドのクドカ=ベキ (Quduqa beki) がジャダ (jada) の術を用いたが失敗し，

(l)ジャムカは自分をカンに推戴した民を奪い捕らえて逃走し，

(m)オン=カンがジャムカを追跡した。

(n)テムジンは，タイチウドの者たちを追跡し，オナン (Onan) 川のあたりのフレウド=トラス (Hüle'üd turas)（？）で対戦し，タイチウドの者たちと対峙して宿ったところ，彼らは夜の間に散り散りに逃げた。

(o)テムジンはこの戦いで負傷し，ジェルメ（Ĵelme）の手当てを受けた。

(p)翌日，スルドス（Suldus）のソルカン＝シラ（Sorqan šira）とカダアン（Qada'an），ベスド（Besüd）のジェベ（Ĵebe）が来属した。

(q)テムジンはそこに，アウチュ＝バアトル（A'uču ba'atur），コドン＝ウルチェン（Qodun Örčen），クドウダル（Qudu'udar）らのタイチウドを殲滅し，その ulus irgen を獲得した。

(r)ニチュグド＝バアリン（Ničügüd Ba'arin）のシルグエト（Širgü'etü）と息子のアラク（Alaq）とナヤア（Naya'a）は，自らのノヤン（noyan）であるタイチウドのタルクタイ＝キリルトク（Tarqutai kiriltuq）を捕らえたが解放し，それからテムジンのところに来属した。

2 『集史』等3書におけるクイテンの戦いの概略と『秘史』との相違点

『集史』等3書も，それぞれクイテンの戦いのことを記すが，その内容は次のとおりである。

(E)イヌの年の秋，ナイマンのブイルク＝カンは，メルキドのトクトア＝ベキ（Toqto'a beki），ドルベン，タタル，カタギン，サルジウドの諸部と会い，アウチュ＝バアトル，オイラドのクドカ＝ベキ，ジャムカとともに，テムジンとオン＝カンに対して出撃し，クイテンにおいてジャダ（ĵada）の術を用いたが敗れた。ブイルク＝カンに従って来ていたジャムカは，逃亡途中，先に自分をカンに推戴した連中に出会うと，かれらを略奪した〔(E)とは，『集史』等3書に関連する記述の順番において，この出来事が第5番目に位置することを意味する。関連記述については後述する〕。

　これを『秘史』の記す(a)〜(r)と比べると，両者の違いのあまりの多さに驚かされる。『秘史』ではクイテンの戦いは(a)酉年（1201年）のこととされているが，(E)ではイヌの年（1202年）に起こったとされ，一年遅い。(E)には，

218　第2部　モンゴル史上の諸問題

テムジンとオン＝カンに対して出撃してきた諸部として『秘史』に見える(c)，
(d)のオンギラド，イキレス，コロラスが存在しない。また(E)には『秘史』に
おける(g)のアルクイ泉のことがなく，また『秘史』に記されている(h)，(i)，
(j)のような内容の，ジャムカがグル＝カンに推戴されたことも存在しない。
さらに，『秘史』に記されている(p)，(q)，(r)のような内容の，タイチウドの
下にいた者たちのテムジンへの来属やタイチウド追撃とその殲滅のことも存
在しない。

　まことに，その相違は顕著であると言わなければならない。

　このように『秘史』と『集史』等3書との間に，内容上大きな相違がある
クイテンの戦いに関する従来の研究者の叙述は，当然まちまちであったので
あり，管見の限りでは，基本的に『秘史』の記述に依拠するか，『集史』等
3書の記述と『秘史』の記述を折衷させるか，というものであったようにみ
られる[1]。

　それでは，『秘史』と『集史』等3書の間に見られる大きな違いについて，
どのように考えたらよいであろうか。

3　『秘史』の史料的性格と，『集史』等3書にみえる『秘史』
　クイテンの戦いに関連する他の記述

　この問題を解くには，『秘史』の史料的性格を理解する必要がある。これ
について，「元朝秘史の歴史性」において述べたことを，より詳しく記すと，
次のようになる。

　『秘史』は，チンギス＝カンあるいはモンゴル国と個々の集団との関係を，
それぞれ一応年代順に配列し――この点に『秘史』が年代記的史書であると
思われる原因があったのである――，そしてそれらの個々の集団との具体的
な関係についてはたいてい，その一部が，3書の，より正確だろうと思われ
る年時のことがらに付着させられているのである。このため，個々の集団と
の関係は1箇所において総合的，完結的に記され，その結果，非常に整理さ

クイテンの戦いの実像　219

れたまとまりのあるものとなっているのである。従ってまた，このまとまりのある個々の歴史の，外面的に年代記的な集積としての『秘史』も，まとまりあるものとなっているのである。

　『秘史』に記されている種々の出来事を見てみると，それは，テムジン・チンギス＝カンによる個々の部族や複数の部族，または国に対する征討・征服の活動を，多くは１年のうちに，一部は連続する２年あるいは３年の間に，集中的に行われたように記されている。例えば『集史』では断続的に２年から４年かかったように記されているジュルキン（Jürkin）討伐，タタル討伐，ウイグル（Uiγur）の来属，林の民（hoi-yin irgen）討伐などは，『秘史』においてはすべて，ある１年のうちに起こり落着した出来事として記され，『集史』では断続的に９年かかったように記されている，オン＝カンのケレイドとの関係・討伐のことも，『秘史』ではわずか３年の間の出来事とされている。そしてテムジンとそれら個々の集団との関係についての記述は大体，『集史』等３書における，対応する複数年次にわたる諸記述におけるいずれかの年の部分とつながりを保ち，その年またはその年の前後に集約されている。こうして個々の集団との関係は，１つの場所で総合的，完結的に記述され，その故に非常に整理されたまとまりのあるものとなっている。これが『秘史』の内容がわかり易くかつ面白い理由の１つである。だがこのように『秘史』と他の諸史料の記述が徹頭徹尾異なっているというのは，いかにも奇妙である。一体この相異をどう考えるべきであろうか。

　常識的には，ある人物の他の部族や国との日常的な交渉，不和，戦争を経て征服したり服属させるに至る過程は複雑であるのであり（ふつうそれに別の部族や国との関係も併存したり絡み合ったりする），全て短年月に一気に起承転結したとする『秘史』の叙述は，異常である。その点，一見いかにも散漫でとり止めないことがらであるかのように記されている『集史』等３書の内容は，明らかに年代記としてずっと自然であり，より史実に近いと考えてよい。『秘史』自体の叙述の矛盾点を洗い出すことや他の史料による検証

220　第 2 部　モンゴル史上の諸問題

が可能な内容を分析することによって，このことは確かめ得る[2]。

　クイテンの戦いについても，特に年代記的な面でその実像に迫るには，『集史』等 3 書の記述内容に基本的に依拠するのが妥当であると私は考える。

　さてこのような観点から，クイテンの戦いに関する叙述についても，『秘史』においては複雑な史実が整理され，まとめられていると推測して『集史』等 3 書を読んで見ると，そこにはクイテンの戦い(E)が記されている箇所以外にも，『秘史』にクイテンの戦いとして述べられている内容のものが分散して存在しているのを，容易に見つけ出すことができる。今それらを，『集史』等 3 書において記されている順に並べると，次の(A)，(B)，(C)，(D)のようになる。そして(E)は，それらの最後に位置している。それら(A)〜(E)が『秘史』の記すクイテンの戦いのどの部分に関連するかについては，(A)〜(E)それぞれの末尾の〔　〕内に(a)，(b)，(c)，(d)……を入れて記す。

　(A)テムジンのところへのタイチウド部所属の人びとの来属（『集史』では 1194 年以前の出来事とされている）〔(p)，(r)〕

　(B)テムジンとオン＝カンのタイチウド撃破（『集史』では 1200 年の出来事とされている）〔(n)，(q)〕

　(C)カタギン等の 5 部のアルクイ泉における誓いとブユル（Buyur）湖での戦い（『集史』では 1200 年の出来事とされている）〔(b)，(c)，(g)，(i)〕

　(D)オンギラド（Onggirad）等 7 部によるグル＝カンへのジャムカの推戴とイディ＝クルカン（Idi qurqan）での戦い（『集史』では 1201 年の出来事とされている）〔(b)，(c)，(d)，(h)，(j)〕

　(E)クイテンの戦い（『集史』等 3 書はすべて 1202 年の出来事とする）〔(a)，(b)，(e)，(f)?，(k)，(l)〕

　では，このように(A)〜(E)という 5 つの一見ばらばらの出来事が，なぜ『秘史』においては一つの物語としてまとまっているのであろうか。思うに，当時のモンゴル人あるいは『秘史』の編者がそれらを相互に関連した一連の出来事であると理解していたからであるに違いない。このように考える根拠は，

上述したように，『秘史』がテムジンによる討伐や征服行為を，ほとんどみな各部，各国別といった主題別に整理して物語っていることにある。『秘史』を一読しただけでは把握し難いけれども，クイテンの戦いも異なる時期，異なる場所において起こったいくつかの出来事が関連するとみなされて，１つにまとめて描かれたのに違いない。

それではどのような点に，『秘史』（あるいは『秘史』の編者等）はこれら５つの出来事の関連性を認めたのであろうか。実はこれについて，かつて私は，クイテンの戦いは「チンギス＝カンと反チンギス＝カン同盟との決戦である。だが『秘史』においては，実質上チンギス＝カンとタイチウドとの決戦であったことを認識することが，より重要である。実際，タイチウドの決戦・滅亡の模様が詳述され，かつジェルメの忠勤，ソルカン＝シラ，ジェベ，ナヤアなどの来降の経緯が述べられ，タイチウドとの一切の関係が終結している」と記した[3]。確かにクイテンの戦いの結果，タイチウドとの関係に決着がついたと言えるのであり，タイチウドとの関係について語ることが，『秘史』のこの箇所における重要な主題であったと考えられる。

だがその後私は，この説明だけでは十分でないと考えるようになった。例えば，広大なモンゴル高原各地からはるばる11もの部（あるものは部の一部）（以下，便宜上11部あるいは諸部，部などと称される部は，実態においてはあるものは部全体を意味するが，あるものは部の一部だけを意味する）が唐突にいきなりジャムカのもとに結集して反テムジンの大同盟が構築された理由がわからない。しかもこれら11部の中には，ジャムカと勢力が同等かより強かったと推測されるものがあった。にもかかわらず，なぜこのときジャムカがグル＝カンに推戴されたのか。これも理由がわからない。『秘史』においてはそれまでの経緯によってジャムカがテムジンに対して抱くようになっていた宿怨が，この行動の契機となったという話の運びになっていると説明できなくもないが，そもそもジャムカのテムジンに対するそのような気持ちに賛同するということだけで，これだけの数の勢力がジャムカのもとに

222　第2部　モンゴル史上の諸問題

結集するというのは，不可解である。

　もっとも上述したように，『秘史』において「個々の集団との関係は，1つの場所で総合的，完結的に記述され，その故に非常に整理されたまとまりのあるもの」として記述されているのであるから，ある1つの集団との関係と，その前またはその後に位置する別の集団との関係のつながり具合が不自然になることはあり得ることである。その意味で，これらの理解しがたい点が『秘史』のクイテンの戦いの記述に見いだされたとしても，それ自体驚くに足りないとも言えよう。だが，この戦いに引き続いて生じたとされているタイチウドに対する追撃と戦いが異様に詳細に述べられている点はどのように説明されるであろうか。クイテンの戦いはこの2つの主題に分裂しているとの印象を受けるのであり，このようなことは，『秘史』の上述した物語叙述の方法にそぐわないようにも思われる。

　しかしおそらく『秘史』のクイテンの戦いに関する主題は分裂していると見るべきではないであろう。このふたつは『秘史』の編者や当時のモンゴル族の間では，密接に関連することがらであり，主題の分裂を来すような出来事ではないとみなされ，扱われていたと私は考えたい。とは言え，『秘史』の編者たちのそのような見方を理解することは，『秘史』のクイテンの戦いだけをいくら分析してみても困難である。

　そこで以下に，『集史』等3書に記されている(A)〜(E)の内容に基づいて，この問題について考えてみることにしたい。

4　『秘史』クイテンの戦いの実像

　『集史』等3書では，はじめに(A)の出来事が生じたとされる。これは，いわゆる「13クレエン（küre'en）の戦い〔ダラン＝バルジュド（Dalan barjud）の戦い〕」の余波と考えられるのであるが，その戦いのさいに，タイチウド側にいた者のうち，スルドスのソルカン＝シラの子であるチラウン（Čila'un），ベスドのジェベ，ニチュグド＝バアリンのシルグエトの子であるアラクとナ

ヤア，ドゥランキド＝ジャライル（Dulangkid Ĵalayir）のジョチ＝チャウル
カ（Ĵoči ča'urqa）などが，ある期間においてテムジンのもとにやって来て服
属したというのである。『集史』等3書では，13クレエンの戦いにおいてタ
イチウドは敗北したとされているので，それに続くこれらの者の離反は，タ
イチウドのますますの弱体化を招いたということを意味すると考えられる[4]。

　その数年後，『集史』によれば申年（1200年）に，(B)のテムジンとオン＝
カンによるタイチウド攻撃が開始された。テムジンとオン＝カンは出兵して
オナン川に彼らを攻撃し，Olonkud turas（『秘史』では Hüle'üd turas）におい
て，タイチウドの指導者の1人であったタルクタイ＝キリルトクやクドゥダル
ダルを殺した？（捕らえた？）が，アンク＝フクジュ（Angqu huquju。アウ
チュ＝バアトルに同じ）とコドン＝ウルチェンは，バルクジン＝トゥグム
（Barqujin tögüm）に逃れ，クリル（Quril）はナイマンに逃れたという。

　タイチウドのこの大敗は，当然，テムジンとオン＝カンに敵対していたタ
イチウドの近隣の諸部つまりモンゴル高原東部の諸部に衝撃を与えたであろ
う。タイチウド側にいた者たちのテムジンへの来属から申年のこの事件まで
の間に，テムジンは，ジュルキンを滅ぼしたとされているから，とりわけテ
ムジンのモンゴル部内での勢力の強化は顕著であったということになろうが，
そのテムジンが，オン＝カンと連携してタイチウドに大勝したとすれば，敵
対勢力に強い衝撃を与えたであろう。

　ここに同じ申年に，(C)のカタギンなど5部のアルクイ泉における誓いとブ
ユル湖での戦いという事件が起こった大きな理由があったのではないかと考
えられる。『集史』等3書によると，タイチウドに従属していたカタギンと
サルジウドが，ドルベン，タタル，オンギラドに呼びかけ，アルクイ泉に集
会し，馬などを殺して誓約し，テムジンとオン＝カンのところに出撃してき
た。この挙は，テムジンとオン＝カンのタイチウド撃破に対する反応という
意味をもったと思われる。だが，オンギラドのデイ＝セチェン（Dei sečen）
の急報を得たテムジンとオン＝カンは出兵し，それらをブユル湖附近のス

224　第2部　モンゴル史上の諸問題

テップにおいて大いに破ったという。

　そして同年冬，テムジンは，モンゴル高原東部地方の強部タタルの指導者
たち（『集史』には，メルキド，タイチウドの指導者も含まれていたと記さ
れている）をダラン＝ネムルゲス（Dalan nemürges）において打ち破ったと
いう。

　この年に生じたという敗北は，モンゴル高原東部地域において勢力が強
かったタイチウドとタタルの両部に関わるものであったから，それらの付近
に居住してテムジンとオン＝カンに敵対してきた諸部にとって，非常に大き
な打撃となったと推測されよう。しかもダラン＝ネムルゲスの戦いにおいて，
テムジンがオン＝カンと連携することなく単独でタタルと戦って，それを打
ち破ったとある点には，テムジンの当時の力を計る上で，十分に注意を払わ
れなければならない。

　当時のこの地方には，オンギラドのようにテムジンそしてオン＝カンの勢
力の強化あるいは覇権の確立を容認する部もあったが，このときテムジンの
弟のカサル（Qasar）がオンギラドを略奪したために，オンギラドは反テム
ジンに転じ，(D)のオンギラド等の7部によるジャムカのグル＝カンへの推戴
とイディ＝クルカンでの戦いが起こることとなったという（『集史』では西
年の1201年のこととする）。

　すなわちオンギラドは，イキレス，コロラス，ドルベン，タタル，カタギ
ン，サルジウドとともにケン川に集会し，ジャムカをグル＝カンに推戴し，
テムジンに対して出兵したのであるが，これらは，モンゴル高原東部地域に
おける反テムジン勢力に過ぎない。それ故ジャムカのグル＝カンとしての立
場も，モンゴル高原東部地域の反テムジン・オン＝カン諸勢力を代表するに
過ぎないものであったということになる。それを『秘史』は，ナイマン，メ
ルキド，オイラドなどもこの推戴に加わったとしたために，ジャムカがあた
かもモンゴル高原の広い範囲の遊牧諸部のカンに推戴されたような誤解を与
えることになったのである。反テムジン・反オン＝カンの諸部が顔をそろえ

たのは，『集史』等3書におけるクイテンの戦い(E)のさいである。そしてこのとき『集史』等3書には，ジャムカがカンに推戴されたとは述べられていない。

　ともかくこのオンギラドなどの動きは，コロラスのコリダイによってテムジンに通報されたことから，テムジンは直ちに単独で兵を出し，ハイラル付近のイディ＝クルカンにおいてそれらを破り，その結果，オンギラドはテムジンに服属したという。

　以上の出来事は，モンゴル高原東部地域の反テムジンの諸部が総結集しても，テムジン単独の軍事力に勝ることはできなかったということを意味していると考えられる。

　以上の(D)の戦いののち，やがて翌年の戌年（1202年）に，テムジンは，ウルクイ＝シルゲルジド（Ulqui Silügeljid）にアルチ＝タタル（Alči tatar）とチャガン＝タタル（Čaqan tatar）を，またも単独で攻撃して破ったとある。これは，(E)のクイテンの戦いが起こる直前のこととして述べられている。テムジンは，(B)の，オン＝カンとともに行なったタイチウドに対する攻撃より前に，金朝のタタル攻撃に協力してタタルを挟撃し，タイチウド攻撃以後にも，既述のように(C)と(D)の戦いの間にタタルをダラン＝ネムルゲスにおいて撃破し，今また(D)と(E)の戦いの間の時期にウルクイ＝シルゲルジドにおいてタタルを撃破したというのであるから，ここにタタルもまたその勢力が失墜したということになろう。

　以上の(A)，(B)，(C)，(D)の戦いに加わったとされるのは，全てモンゴル高原の東部地域に居住していた諸部である。そして言うまでもなくこのタタルもまた，モンゴル高原東部地域に遊牧していたのである。

　そうであるとすると，これらのすべての出来事は，テムジンあるいはテムジンとオン＝カンのモンゴル高原東部地域の諸部に対する覇権の確立に関わるものであったと考えられるのである。そしてこの覇権の確立の過程を，テムジンのタタル討滅のことだけを外して述べることが，『秘史』編者の意図

226　第2部　モンゴル史上の諸問題

したクイテンの戦いの主題であったと考えられる。

　ここで，すでにそれぞれの箇所で指摘したように，(C)の戦い後に行われた
ダラン＝ネムルゲスでのタタルに対する攻撃，(D)のイディ＝クルカンの戦い，
そしてその後に行われたウルクイ＝シルゲルジドでのタタル討滅の戦いを，
テムジンはオン＝カンとともに行わず，単独で行なったと伝えられていること
とを，あらためて強調したい。私はここに，当時テムジンの力を読み取るこ
とが可能ではないかと考えている。それにまた，テムジンが同じくタタルを
撃破したウルクイ＝シルゲルジドの戦いのさいには軍規の確立と自らの指導
権の強化を達成したように伝えられている点も，想起されよう。

　このように急速に力を強めていたと見られるテムジン，そしておそらく彼
の有力な同盟者とされるオン＝カンに対して，モンゴル高原東部地域の敵対
諸部は，タタルを含め，もはや自らの力だけで対抗できない状態に陥ってい
たということなのであろうが，それらは他の地域の勢力と連携することを思
いついたようで，ナイマンのブイルク＝カンと同盟したとある。そして，モ
ンゴル高原の他の地域における諸部の中にも，テムジンとオン＝カンの勢力
の増大を由々しい事態と憂慮するものがあった。以前にテムジンとオン＝カ
ンに個別に敗れたとされ，『元史』太祖本紀によればこの頃またテムジンと
オン＝カンに討たれたと伝えられているメルキドのトクトア＝ベキもその一
人であったようで，彼もまた，ナイマンのブイルク＝カンに援助を求めたと
いう。ブイルク＝カン自身も，かつて（『集史』では1199年の未年とされ
る）テムジンとオン＝カンと戦って敗れたことがあったとされ，もしそのと
おりであるならば，やはりテムジンそしてオン＝カンに対して復讐の気持ち
を抱いていたとしても不思議はない。ここにゴビ以北のモンゴル高原のほぼ
全域の諸部を巻き込んだ(E)のクイテンの戦いが生じたと考えられる。

　1202年の秋，ナイマンのブイルク＝カンが中心となり，ドルベン，タタル，
カタギン，サルジウド，〔タイチウドの？，カダギンの？〕アウチュ＝バア
トル，ジャムカ（ブイルク＝カンに従ってきたと伝えられる。彼はイディ＝

クルカンの戦いの後にナイマンに逃亡していたということなのであろうか），メルキドのトクトア＝ベキの子のクド（Qudu），オイラドのクドカ＝ベキなどが，大挙してテムジンとオン＝カンのところに来襲した。このモンゴル高原の東西の諸部が広く結集した陣容から見ても，反テムジン・オン＝カン勢力が巻き返しを狙った軍事行動という意味をもつと考えられる。それらはテムジンとオン＝カンの両者に対して出撃してきたとされるが，『集史』等３書の叙述に基づく本節の分析に従うと，モンゴル高原東部地域における諸勢力の重要な目標の一つがテムジンにあったと理解されるのである。

テムジンとオン＝カンは，ウルクイ＝シルゲルジド川附近のアラル（Aral）塞に拠り，その近くのクイテンの野で，それらの諸部と戦った。ナイマンのブイルク＝カンはジャダの呪いを用いて風雪を起こしたが，それが自陣の方に反転し，その結果それらは大敗したという。

以上，『集史』等３書の，『秘史』クイテンの戦いに関連する(A)〜(D)の出来事を分析してみると，『秘史』の述べる内容とあまりに隔たりが大きいことに，驚かざるを得ない。

第１に，『秘史』クイテンの戦いの前半に相当する，クイテンの戦い自体の決着までの部分は，『集史』等３書のブユル湖の戦いからクイテンの戦いまでの３つの戦い，すなわち(C)，(D)，(E)を一まとめにしたもので，年代をジャムカがグル＝カンに推戴された1201年に掛けつつ，実際は参加した諸部の構成や戦場，戦闘などの点で翌年すなわち1202年のクイテンの戦いを中心に据えて話を構成している。

第２に，その後半に当たるタイチウドとの関係を述べた部分は，『集史』等３書のタイチウド部衆の来属およびテムジンのタイチウド撃破事件，すなわち(A)と(B)をひとまとめにしたもので，そのさい事件の順序と因果関係を，『秘史』は実際とは逆に，タイチウド撃破をクイテンの戦いから派生したもの，タイチウド部衆の来属をタイチウド撃破の結果生じたものとしている。

第３に，クイテンの戦いの前に２度行われ，クイテンの戦いの一因となっ

228　第2部　モンゴル史上の諸問題

たと思われるテムジンのタタル撃破事件を,『秘史』ではクイテンの戦いから切り離し,その後に配置している。

　これらの結果,『秘史』のクイテンの戦いは,一見華々しく壮大で面白いが,すでに指摘したごとく,戦いが起こった理由がはっきりせず,戦いのもつ真の意味内容も読みとれなくなってしまったのである。

　また問題点の一例である,ジャムカと勢力が同等かより勢力が強かったと推測されるナイマン,メルキド,オイラドの諸部がジャムカをグル＝カンに推戴しているという点は,『集史』等3書の記すところによれば,このときモンゴル高原東部地域のテムジンとオン＝カンに攻撃されて敗れた諸部がジャムカを推戴したのであり,ナイマン,メルキド,オイラドはそれに加わっていなかったということによって,疑問は氷解するのである。

おわりに

　本稿では,『秘史』の記すクイテンの戦いの意味内容について,それを『集史』等3書の関連する箇所と比較して検討することによって明らかにすることに努めた。そして前節の終わりのところに記したように,一応の結論を導き出したつもりである。

　『秘史』は,クイテンの戦いについても,その編纂の特徴を遺憾なく発揮し,『集史』等3書に述べられているテムジンそしてオン＝カンによるモンゴル高原東部地域の諸部の制圧のかなり複雑な過程を,ひとまとめにし,単純化して物語っている。それ故,その内容は史実から大きく離れたものとなっている。

　『秘史』クイテンの戦の後半部において,ジャダの逆襲によってジャムカをグル＝カンに推戴した諸部が敗走し,それをテムジンとオン＝カンが追撃するという話の運びの中で,テムジンは仇敵タイチウドを追撃し,討滅し,それがこの戦いの最大の成果であったかのように記され,あたかもこの討滅こそがクイテンの戦いの本旨ではないかと思わせる内容になっているのは,

その最たるものである。

　しかし『秘史』編者にしてみれば，タタルを除くモンゴル東部地域の諸部とテムジンの関係をまとめて述べることをクイテンの戦いの主題であるかのような姿勢を示しつつも，幼少以来のテムジンのタイチウドとの宿怨の関係とモンゴル高原東部の諸部の中で有したタイチウドの勢力に鑑みて，その討滅のことを重視しクイテンの戦いの結末として詳述することが重要であるとみて，その考え方を示したのである，と見ることもできるかもしれない。

　『秘史』の語るクイテンの戦いは，テムジンによるモンゴル高原東部地域の諸部の制圧について述べたものであるが，すでに指摘したように，同じモンゴル高原東部に遊牧していたタタルとの戦いについては，別に扱われた。タタルとの戦いを別に述べた理由として考えられるのは，タタルはモンゴル高原東部に遊牧していたとはいえ，『秘史』冒頭の系図に示されているボルテ＝チノの子孫とされた集団およびその姻族であったオンギラド系のオンギラド，コロラスなどの諸部とは系統を異にするものと，『秘史』編者あるいは『秘史』編纂時のモンゴル人に意識されていたからではないだろうか。

　モンゴル高原東部地域の諸部を制圧した後，テムジンの主な関心は，当然のごとく，モンゴル高原中部以西の諸部に移って行くことになる。これらの諸部とは，言うまでもなくケレイド，ナイマン，メルキドなどである。

追記　本稿の由来について述べると，1985 年 11 月に開かれた東京外国語大学アジア・アフリカ言語文化研究所共同研究プロジェクト「内陸アジア史文字資料の研究」第 6 回研究会の席で「モンゴル秘史の分析」という題目で発表したものに遡る。その後その内容を整えたものを，1992 年に開催された第 5 回国際モンゴル学者会議に英文で投稿し，同会議の報告書に掲載された（Yoshida-Junichi, "On the battle of Köyiten", *Олон улсын Монголч эрдэмтний V их хурал, 1 боть*, Олон улсын Монгол судлалын холбоо, 1992, Улаанбаатар, pp. 400-404.）。しかしその印刷状態が極めて悪く読みにくく，かつこの報告書自体入手し難いので，何とかしたいと考えていた。そして近年その内容にさらに手を加えたものが，Yosida Jüniči jokiyaba, Čenggel nar orčiγulba, *Mongγol-un niγuča tobčiyan-u sudulul*, Begejing, 2005（吉田順一著，青格力等訳『『蒙古秘史』研究』，北京，2005 年）に収録されたが（72-93 頁），モンゴル文であるため，限られた研究者にしか読めない状態であった。そこで結局，日本語

230　第2部　モンゴル史上の諸問題

論文として発表することにしたのが本稿である。なお今回もまた内容に手を加えた
ことを断っておきたい。

注

1) チンギス＝カン伝やモンゴル帝国史については，数多く書き記されているので，
いちいち誰がどの立場に立っているかを，ここでは記さないし，『秘史』の記述に
依拠したものはいちいち挙げない。折衷的に記述したものとしては，次の2書のみ
を挙げておく。ШУА-ийн түүхийн хүрээлэн, 1966, *БНМАУ-ын угсаатны зүй* 1,
Улаанбаатар, pp. 207-209；Louis Hambis, *GENGIS-KHAN* (Collection QUE SAIS-Je?
No. 1524) (和訳：ルイ＝アンビス著，吉田順一・安斎和雄共訳，1974，『ジンギス
カン―征服者の生涯』，白水社，77-96頁)。なおハワースはモンゴル史を記した当時，
『秘史』を見ることができなかったので，基本的に『集史』に依拠して記述した
(Henry H. Howorth, 1876, *History of the Mongols,* Part 1, London, Chapter III JINGIS
KHAN)。

2) 吉田順一，1968「元朝秘史の歴史性―その年代記的側面の検討」，『史観』78，
40-56頁。本書第1部のIを見よ。

3) 同上，43頁。本書所収「『元朝秘史』の歴史性」，7頁。

4) 『秘史』クイテンの戦い後半に記されているタイチウド関係の記事については，次
の論文を見よ。拙稿1986，「タイチウドの来属」，『アジア史における年代記の研究』，
昭和60年度科学研究費補助金（綜合研究A）研究成果報告書，62-72頁)。

11

ケレイドとの関係の分析
―チンギス＝カンのオン＝カンに対する問責の言葉の分析を通して―

はじめに

　1203 年にテムジンは，オン＝カンを長とするケレイド部を打倒した。その決戦がおこなわれる直前に，テムジンはオン＝カン，ジャムカ等に使者を送り，彼らのテムジンに対する背信行為を，逐一例を挙げて責めさせた（『秘史』177-181 節）。なかでもオン＝カンを問責した『秘史』177 節は，『秘史』の全 282 節中，最も長い節となっている。以後この節を『秘史』177 節（問責）と称することにしたい。

　同様に『元史』「太祖本紀」，『聖武親征録』（または『親征録』），『集史』にもチンギス＝カンのオン＝カンに対する問責の言葉が記されている箇所を『元史』「太祖本紀」問責，『聖武親征録』問責，『集史』問責，『集史』等 3書（問責）などと称することにしたい。

　さて，テムジンのオン＝カン等に対する問責の言葉は，『秘史』177 節の問責より前の諸節において述べられているテムジンとオン＝カンの関係についての叙述を踏まえているはずである。それ故，両方の内容は一致するはずである。ところが実際には必ずしもそうではない。

　そこでこの点を調べることからはじめて，テムジンとケレイドのオン＝カンの関係を考察することにしたい。

1　『秘史』問責 177 節より前に位置するテムジンのケレイドに対する関係・討伐の記述

　はじめに，本書第 1 部の 1 の論文「元朝秘史の歴史性」において掲げた

232　第2部　モンゴル史上の諸問題

「年表4　ケレイド（Kereyid）族との関係」をさらに整理したものを，本章の内容を理解する便宜上，「表1　Kereyidとの関係・討伐の記事」と称して示し，これに基づいて本節における主題を検討することにしたい。

　以下に，次節における『秘史』177節（問責）に関する説明を理解する便宜上，『秘史』の内容を少し詳しく記したい（表1の『秘史』の欄も見よ）。

　○ **1201年（酉の年）**

　1）『秘史』148-149節　テムジンは，クイテンの戦いでタイチウドを討滅した後，クバカヤ（Qubaqaya）で冬を過ごした。そのさいニチュグド＝バアリン（Ničügüd Ba'arin）のナヤア（Naya'a）等が来降した。

　2）『秘史』150節(1)　その後テレスド（Teresüd）にいたテムジンのところにケレイドのジャカ＝ガンブ（Ĵaqa gambu）が招かれてやって来た。このときメルキドが来襲したが，2人でこれを撃退した。そのときケレイドの2つの分族，散り散りになっていたケレイドの民が来降した〔表1の(a)〕。

　3）『秘史』150節(2)　かつてオン＝カンが亡き父の弟たちを殺したことから，みずからの叔父ブイルク＝カンに攻められて逃れてきたとき，テムジンの父イスゲイはオン＝カンを救援し，その民を取り戻した。そしてオン＝カンとイスゲイはアンダ（anda，盟友）となった〔表1の(b)〕。

　4）『秘史』151節　その後，オン＝カンの弟エルケ＝カラ（Erke qara）は，兄オン＝カンに殺されそうになったのを逃れ，ナイマンのイナンチャ＝カン（Inanča qan）に投じた。イナンチャ＝カンは彼を援けて軍隊を派遣し，オン＝カンを破った。オン＝カンはカラキタイ（西遼）のグル＝カン（Gür qan）のもとに逃亡したが，1年経たないうちに背き〔表1の(c-1)〕，ウイグル，タングド（西夏）を経て困窮してグセウル湖に来ると，ケルレン（Kelüren）河源にいたテムジンはかつてオン＝カンが父のイスゲイとアンダと言い合ったことから出迎え，配下から物を徴収して養い，オン＝カンは救われた〔表1の(c-2)〕。そしてその冬が次第に経ち，テムジンはクバカヤ（Qubaqaya）に冬営した。

ケレイドとの関係の分析　233

表1　Kereyid との関係・討伐の記事

『モンゴル秘史』	年	『親征録』・『集史』・『元史』（『集史』等3書A）
		J̌aqa Gambu 等来降。Temüjin は彼と共に Merkid を討伐(a)
	JT1195／卯	Ong qan と Yisügei が anda（盟友）となった経緯(b) Ong qan が Keraid の内紛で西域に逃亡し，Qara Kitad の Gür qan のもとに逃れ，その後叛く（c-1）
	JT1196／竜	春，Ong qan，困窮して帰還し，Temüjin に救われる（c-2） 秋，Ong qan と Temüjin が Toula 川の Qara tün で父子と称する(d)
	JT1197／巳	秋，Temüjin，Merkid を討ち戦利品を Ong qan に与える(e)
	JT1198／午	Ong qan，Merkid を討ち戦利品を独り占めする(f)
	JT1199／未	Temüjin と Ong qan，Naiman の Buyiruq qan と戦い，次いで Kökse'ü sabraɣ と戦った際 Ong qan が Temüjin を裏切ったが逆に Kökse'ü に襲われ，Temüjin に救われる(g)
	JT1200／申	Temüjin と Ong qan は，Alqui 泉で誓い合って攻撃してきた Qatagin, Salji'ud, Dörben らを Buyur 湖で破る(h) J̌aqa Gambu 等，Ong qan を計ろうとしたが，失敗(i)

（次頁に続く）

234　第2部　モンゴル史上の諸問題

『モンゴル秘史』	年	『親征録』・『集史』・『元史』（『集史』等3書A）
Köyiten の戦い〔一部に(h)が含まれる〕 (a), (b), (c-1), (c-2), (i) の記事	1201／酉	
(f), (g), (d)の記事 Temüjin と Ong qan が婚姻話の不調で気まずくなる	1202／戌	同左 Jamuqa が Temüjin と Ong qan の離間を企てる(j)
(j)の記事 Temüjin と Ong qan と2度戦い，Temüjin が最後に勝利をおさめる	1203／亥	同左 同左

＊本表の見方については，本書第1部の「元朝秘史の歴史性」の「年表1　ジュルキン（Jürkin）族との関係」の【凡例】を参照のこと。

5)『秘史』152節　オン＝カンの弟たちやノヤン（noyan）たちがオン＝カンを，かつてメルキドとタタルに囚われ，またケレイドの内紛によってカラキタイのグル＝カンのもとに逃れ，1年経たないうちに背いてウイグル，タングドの地を放浪し，困窮して帰還しテムジンに救われ養われたことを回想し，にもかかわらずテムジンに救われたことを忘れてなまぐさい肝を懐いて行くと非難し，対策を協議した。オン＝カンは彼らを捕えて処罰した〔表1の(i)〕。

○ 1202年（戌の年）

1)『秘史』153-156節　その冬は冬営地で過ごし，戌の年の秋，テムジンはタタルの軍とダラン＝ネムルゲス（Dalan nemürges）で戦ってその軍を動かし，ウルクイ＝シルゲルジド（Ulqui šilügeljid）でタタルの民とともに虜にし，討滅した〔これはオン＝カンとテムジンの関係・討伐とは無関係であ

る〕。

2)『秘史』157節　同じ戌の年，テムジンがタタルを攻撃している間に，オン＝カンは，メルキドに出兵し，トクトア＝ベキ（Toqto'a beki）をバルクジン＝トクム（Barqujin töküm）方面に追い，彼の子とその民を掠奪したが，テムジンに何も与えなかった〔表1の(f)〕。

3)『秘史』158-163節　その後，テムジンとオン＝カンがナイマンのブイルク＝カン（Buyiruq qan）と戦い，またその後ナイマンのコクセウ＝サブラク（Kökse'ü sabraq）と対陣したさい，オン＝カンが独断で陣を撤収してテムジンを窮地に陥れたが，かえって彼とその子セングム（Senggüm）がフラアン＝クド（Hula'an qud）でコクセウ＝サブラクに略奪され，テムジンに救いを求めた。オン＝カンの要請に応じ，テムジンは4人の将軍を派遣，セングムと財物を救って与えた〔表1の(g)〕。

4)『秘史』164節　そこに，オン＝カンは感謝して，テムジンとトウラ川のカラ＝トゥン（Qara tün）に集って，父子と言い合った。それはかつてオン＝カンとテムジンの父がアンダであった道理によってオン＝カンを父のようだと言って，父子と言い合ったのであり（164節）〔表1の(d)〕，そのさい戦いと巻狩りをともにおこなおうという誓いと，敵のそそのかしやそしりに取り合わず，必ず会って確認し合おうという誓いを交わした〔表1の(d)〕。

5)『秘史』165節　テムジンはオン＝カンと一層親しくなるため両家が婚姻関係を結ぶことを求めたが，オン＝カンの息子セングムの反対で調わず，オン＝カン父子に対して心が穏やかでなかった（165節）。

○ 1203年（亥の年）

1)『秘史』166-176節　ジャムカがテムジンの気持ちを覚り，仲間とともにオン＝カンとテムジンの不和を謀り，間もなくオン＝カンとテムジンは2度戦い，テムジンが勝利をおさめた(j)。

2 『秘史』177節（問責）におけるテムジン・チンギス＝カンの
オン＝カンに対する問責と，それらの問責の根拠とされたこと

⑴『秘史』177節のオン＝カンに対する問責は，前節に挙げた『秘史』の48節から176節までのどの節に述べられていることに基づいているのか。

繰り返しになるが，「問責の言葉」とは，テムジンが1203年にオン＝カンやオン＝カン側に立った者たちと対決してカラカルジド沙漠（Qalaqaljid eled）で戦ったのちに，使者を彼らに派遣して，彼らひとりひとりを責めたものである。それらのうち，オン＝カンに対する問責の言葉は最も詳細で分量も多い。そしてそれは次の5項目から成る。

問責① ジョルガル＝クン〔山〕のフラアヌウド＝ボルダウド（Hula'anu'ud bolda'ud）においてテムジンとオン＝カンが，敵のそそのかしやそしりに取り合わず，必ず会って確認し合おうと誓ったではないか。

この問責は，『秘史』の163節と164節の内容に対応している。すなわち『秘史』163節に，ナイマンのコクセウ＝サブラクに攻められ，助けを求めたオン＝カン父子にテムジンがボオルチュ等を遣わして救援したとき，その到着前にオン＝カンの子セングムが敵軍と Hula'an qud で対したとある。この場所がジョルガル＝クン〔山〕の Hula'anu'ud bolda'ud と同じかも知れないとの見方がある[1]。そして164節の中ごろにテムジンとオン＝カンがトウラ川のカラ＝トゥン（Qara tün）に集って，かつてテムジンの父イスゲイとオン＝カンがアンダと言い合った道理によってオン＝カンを父のようだとて父子と言い合い，そしてそれに続いてふたりが交わした言葉の一部が，問責①のなかにほぼそれと類似ないし酷似した状態で記されている。すなわち問責①は『秘史』163節・164節に記されていることを根拠にしている。

問責② 昔のことはと言うと，クルチャクス＝ブイルク＝カン（Qurčaqus Buyiruq qan）というみずからの父の後，40人の子の兄とて，カンとなったぞ，あなたは。カンとなった後，弟タイ＝テムル太子（Tai temür taisi）とブカ＝

テムル（Buqa temür）を殺した，あなたは。オン＝カンが身内を殺戮し，弟エルケ＝カラ（Erke qara）がナイマンのイナンチャ＝ビルゲ＝カン（Inanča bilge qan）のもとに逃げたとき，怒った，オン＝カンの叔父グル＝カン（Gür qan）に攻められてカラウン＝カプチャル（Qara'un qabčal）に逃れ，メルキドのトクトア＝ベキに礼物として娘を与えてそこから脱出し，イスゲイに助けを求めた。イスゲイは Gür qan を Qasin（河西）に追いやってオン＝カンを救い，オン＝カンは自らの民を取り戻した。そしてふたりがトウラ川のカラ＝トゥンでアンダとなったとき，オン＝カンはイスゲイの子々孫々にまで恩に報いると述べたではないか。

この問責は，『秘史』150 節の後半の内容に対応している。すなわちそこにおいて，オン＝カンがテムジンの父イスゲイとかつてアンダになった経緯が回想されている。オン＝カンとイスゲイがアンダ関係にあったことは 96 節等に述べられているが，ふたりがアンダになった経緯が説明されたのは，この 150 節が最初である。すなわちイスゲイがオン＝カンを助けたことからふたりがアンダとなり，そのときオン＝カンがイスゲイの子々孫々に対してまで恩に報いると述べたと指摘することによって，問責が正当であると強調していると理解される。

なお，『秘史』151 節は，テムジンがオン＝カンを救ったという内容なので，上述した「1201 年（酉の年）の 3）『秘史』150 節(2)」の内容とは無関係である。

オン＝カンとテムジンが父子と言い合ったという『秘史』158-165 節に述べられていることは，つぎの『秘史』177 節（問責）の③に回想されている。

問責③　オン＝カンの弟エルケ＝カラがナイマンのイナンチャ＝ビルゲ＝カン（Inanrča bilge qan）に軍を求めオン＝カンに出陣したさい，オン＝カンは自らの民を捨ててわずかな人と遁れ出て西遼のグル＝カン（Gür qan）のもとに，チュイ河の畔のサルタウル（Sarta'ul）の地に赴き，1 年経たぬうちに背き出て，ウイウド，タンウドを経て窮乏してやって来た。そのとき，

238 第2部 モンゴル史上の諸問題

テムジンは父イスゲイとオン＝カンがアンダであったので，使者をオン＝カンに送って出迎えさせ，自らもケルレン河から出迎え，グセウル（Güse'ür）湖で会い，税物を徴収して与え，トウラ川のカラ＝トゥンで，父子と言い合ったではないか。その冬，あなたをグレエン／クリイェン（『秘史』güre'en（傍訳：圏子。küriy-e/хурээ）の中に入れて養ったではないか（オン＝カンとテムジンが父子と言い合ったという『秘史』158-163 節に述べられていることは，『秘史』177 節（問責）の③に回想されている）。

　この問責は，『秘史』151 節の内容に関連する〔表1の(b)〕。そして『秘史』150 節と同様に，オン＝カンとイスゲイがアンダとなった経緯について，また触れているのであるが，問責②と異なるのはイスゲイの息子テムジンがオン＝カンを救ったという点である。すなわちオン＝カンがケレイドの内紛でカラキタイのグル＝カンのもとに逃れたが，やがて1年も経たぬうちにグル＝カンに背き，タングドなどを経て困窮して戻って来ると，テムジンはかつてオン＝カンが父イスゲイとアンダと言い合ったことに従って，オン＝カンを出迎え，配下から物を取り立てて与えて助けたため，オン＝カンは救われた。オン＝カンは，昔イスゲイに救われ，今その子テムジンに救われたので，感謝してトウラ川のカラ＝トゥンでテムジンを子として父子と言い合った（165 節に関連する）。〔そして〕その冬，テムジンはオン＝カンをグレエンに入れて養った。

　問責④　冬と夏を過ごし，秋にテムジンは，メルキドのトクトア＝ベキに軍を出してカディクリク＝ニルウン（Qadiqliq niru'un）のムルチェ＝セウル（Mürče se'ül）で戦ってバルクジン＝トグム（Barqujin tögüm）方面に逐い，メルキドの民を捕え，彼らの財物を奪って，父であるオン＝カンにみな与えたではないか。

　この問責に関連することは，『秘史』においては『秘史』177 節に述べられている問責④以外のどこにも見あたらない。ではなぜ『秘史』177 節（問責）より前の箇所において『集史』等3書に記されているこのことが『秘

史』にはないのであろうか。思うに，この問責の言葉は，その裏あるいはその言外に，『秘史』157 節に述べられていること，すなわち「戌の年（1202年）にオン＝カンがメルキドに軍を出し，トクトア＝ベキをバルクジン＝トクムに追い，トクトアの子や民を殺略したが，チンギス＝カンに何も与えなかった」ことへの非難の気持ちも含まれているのであろう。なお『集史』等3 書には，巳年（1197 年）のこととして述べていて年次は異なるけれども，この問責④と同じく，メルキドから奪った財物をチンギス＝カンがすべてオン＝カンに与えたと述べられていて，この問責の内容におおよそ一致する[2]。

　問責⑤　また，テムジンとオン＝カンがナイマンのブイルク＝カンをアルタイ山脈の彼方に追って捕らえた帰途，ナイマンのコクセウ＝サブラク（Köqse'ü sabraq）と対戦したさい，オン＝カンがテムジンを裏切り，ひそかに軍を撤退したが，オン＝カンとその子セングム（Senggüm）がコクセウ＝サブラクに追撃・略奪され，セングムがフラアン＝クト（Hula'an qut）において窮地に陥った。そのとき，オン＝カンの救援要請に応じて駆けつけたテムジンの家臣がオン＝カン父子を救助し，オン＝カンはテムジンに感謝の言葉を述べたではないか。今どうしてカンであるわが父は私をとがめるのか。その説明のために使者を寄こせと言って遣った。

　この問責は，『秘史』158 節 –163 節に関連する。そこにはテムジンとオン＝カンがナイマンのコクセウ＝サブラクと戦ったさいに，オン＝カンが夜間ひそかに軍を撤退させたことによってテムジンが危地に迫ったにもかかわらず，その後かえってオン＝カン父子がコクセウ＝サブラクに攻められたときに，テムジンがオン＝カン父子を救い，それに対してオン＝カンが感謝して父子と言い合ったたことが述べられている。そしてこの出来事は問責①と問責⑤に繰り返し述べられている。このことからみて，この出来事が重い意味をもっていたとみてよいであろう。またそのときに，オン＝カンとテムジンがトウラのカラ＝トゥンで父子の誓いを交わしたとあるのも，またこの出来事がオン＝カンとテムジンとの関係において重要な意味をもっていたことに

240　第2部　モンゴル史上の諸問題

よるとみてよいのではないだろうか。それにまた，問責①と問責⑤において，テムジン・チンギス＝カンがオン＝カンと「敵のそそのかしやそしりに取り合わず，必ず会って確認し合おうと誓ったではないか」と繰り返されていることにも，重要な意味がもたされていると注目されるであろう。

3　『秘史』の1201年のところに述べられていることの分析

『秘史』の1201年のところには，148-168節の合計21の節が含まれる。『秘史』の年代表記に従ってならべると，つぎのとおりである。

　・『秘史』1201年：148-149節，150節〔表1の(a)〕，150節〔表1の(b)〕
　　151節，152節〔表1の(i)〕，
　・『秘史』1202年：153-156節，157節，158-163節，164節，165節
　・『秘史』1203年：166-188節

　留意しなければならないのは，これらのうち150節-152節に述べられていることは1201年より前のことがらだということである。以下にそのことについて述べたい。

　まず『秘史』150節の内容は，「かつて」のこととして述べられており，テムジンの父であるイスゲイの生前のことに関するものである。イスゲイはテムジンが少年のときに死没したのだから，ずいぶん前のことであり，1201年であるはずがない。それにまた，『秘史』の150節は，1201年当時の状況からは理解し難い内容をもつ。この疑いが正しいことは，『集史』等3書の問責文によって裏づけられる。表2（244頁参照）の『集史』等3書（問責）の欄においてJT1195年以前のこととされる問責事由の冒頭に，テムジンがジャカガムブを招いたとき，オン＝カンは雲のなかに埋もれ日底に没するような状態であったとあるが，『秘史』の150節は，1201年当時の状況からは理解し難い内容をもつ。この疑いが正しいことは，『集史』等3書の問責文によって裏付けられる。表2の『集史』等3書（問責）の欄においてJT1195年以前とされる問責事由の冒頭に，テムジンがジャカ＝ガンブを招

いたとき，オン＝カンは雲の中に埋もれ，日の底に没していたとあり（『集史』，『親征録』），『元史』には「ナイマンに攻められ，西方，日の没するところに逃げていた」（『元史』「太祖本紀」）とあるからである。これは王国維も述べているように，明らかにオン＝カンが西遼（カラキタイ）に逃げていたことを述べたものである[3]。1201 年以後にオン＝カンが西遼に逃亡していたことがないことははっきりしているから，これも 1201 年より前のことであるということがわかる。

　第 1 節の「1201 年の 4)」に記した『秘史』151 節の内容も，1201 年に回想されたことであるが，『秘史』はこのことを 1201 年のクイテンの戦い終結後のこととし，1201 年のうちに終わったように述べている。だがそれはあり得ない。『秘史』の 152 節および 177 節（問責）③に，オン＝カンがカラキタイのグル＝カンのもとに身を寄せたものの「1 年経たない」うちに背いて去ったとあるから，1 年近くはグル＝カンに身を寄せていたことが窺われるし，カラキタイへの往還にまたかなりの日数を要したに違いないので，少なく見てもこの逃亡の期間は全体で 1 年を軽く越えたに違いないからである。王国維も 2 年ほどかかったと注記している[4]。また 1202 年以後に起こったとするのも無理である。同年秋以後，オン＝カンのメルキド攻撃，オン＝カンとテムジンの共同行動が続き，やがてオン＝カンとテムジン両家の婚姻話が起こったが不調に終わり，1203 年春にその不調につけ込んだジャムカの策謀がはじまって，オン＝カンとテムジンの 2 度の戦闘が行われ，同年中に決着がつき，オン＝カンは殺されたとあるからである（『秘史』166-188 節）。結局，『秘史』151 節に述べられていることは，1201 年より前のことなのであり，そうであれば，『秘史』150 節の内容も 1201 年より前のことであったということになる。

　『秘史』152 節には，『秘史』151 節末尾にテムジンが「クバカヤ（Quba qaya）に冬営した」とあるのに続けて，オン＝カンの弟たちやノヤン（noyan）たちがオン＝カンの少年時代以来のことを振り返って，ナイマンから逃れて

242　第2部　モンゴル史上の諸問題

カラキタイのもとに走り，民をも苦しませ，やがて困窮して戻ってきてテム
ジンに救われたにもかかわらず，それを忘れて「なまぐさい肝を懐いて行
く」と批判し，「どうするべきか，我々は」と相談したとある。これはオン
＝カンがカラキタイから帰還してテムジンに救われた年の冬のこととして述
べられていると見られる。だが，オン＝カンがテムジンに救われてそのグレ
エン（güre'en）すなわちクリイェンの中で養われていたその冬に，オン＝カ
ンがテムジンの恩を忘れてテムジンに対して何かよからぬことを企んでいる
と非難して，オン＝カンをどうするか対策を相談したということは，ありそ
うもない。

　事実，『集史』等3書には，『秘史』152節に記されているこの陰謀事件は，
『秘史』151節に述べられている内容に続くものとされていないのである。
すなわち，テムジンとオン＝カンがタイチウドを撃破した後，タイチウドに
従属していたカタギンとサルジウドがドルベン，タタル，オンギラドととも
にアルクイ泉で集会を開き，2人に出撃してきたが，彼らをブユル湖付近で
破った（JT1200）（表1の右欄(h)参照）とあり，その冬にオン＝カンが越冬
するためにクバカヤに向かっているとき，この陰謀が起こったとある。つま
り『秘史』151節の内容とは無関係な状況下で起こったとされているのであ
る。

　『秘史』と『集史』等3書に共通するのは，この出来事の後にテムジンが
タタルとダラン＝ネムルゲスで戦ったという点である。そこでこの陰謀事件
は，『秘史』において1202年またはその前年，『集史』等3書においては
JT1201年（またはその前年）に起こったとされていると考えておきたい。
この戦いは『秘史』ではその150節-152節の後ろにあり，『集史』等3書で
は表1の右欄のJT1201年（またはJT1201年）までの出来事(a)〜(i)の後ろに
あることがわかる。この配列は，『秘史』，『集史』等3書が利用した資料に
おいてそのように伝えられていたことによるのであり，年代の違いは，『秘
史』編者の操作によって生じたのであろう。そのために『秘史』においては

この152節は151節の次に置かれ，152節の内容が当時の状況に照らして理解し難いものとなったと考えられる。

4 『秘史』の1202年のところに述べられていることの分析

次に，『秘史』1202年のところに記されている153-156節であるが，これも多くの点で内容上や年代上の問題があると考えられる。以下にそのことを説明したい。

これらの節の内容はテムジンのタタル討滅に関する内容であり，オン＝カンとテムジンの関係についてのものではないが，ともかく『秘史』ではこの年の秋にタタルは討滅されたとあり，『集史』等3書にも，やはりこの年（『集史』にはこの年の「春」とある）にタタルが討滅されたとある。

最初に，そのタタル討滅にテムジンが従事している間にオン＝カンがメルキドを攻撃して，戦利品を独り占めし，テムジンに与えなかったと述べている『秘史』157節の内容について検討したい。

『集史』等3書は，『秘史』とは異なって，オン＝カンのメルキド攻撃をテムジンがタタル討滅に従事している間のこととはしていない。表1の右欄(e)にある，テムジンがメルキドを攻撃して得た戦利品をすべてオン＝カンに与えた[5] その後間もなく（JT1198年），オン＝カンは部衆が集まり強勢になると，テムジンに相談せずに，あるいは告げずに，ひとりで兵を率いてメルキドを攻め，獲得した戦利品を何もテムジンに与えなかったとある[6]。これは，テムジンとは対照的に獲得した戦利品を独り占めにしてテムジンに全然与えなかったことを強調する意味があると思われる。『集史』等3書（問責）におけるテムジンのオン＝カンに対する「問責の言葉」にも，問責項目としてこの両方が記され，順序も上述のとおりである〔表2のJT1197(e)とJT1198(f)参照〕。

それに対して『秘史』では，この2つの関係がわからないようになっている。なぜなら『秘史』157節にオン＝カンのメルキド攻撃のことはあるが，

244　第2部　モンゴル史上の諸問題

表2　『集史』等3書と『秘史』に記すオン＝カンに対するチンギス＝カンの問責事由

『集史』等3書 「表1　Kereyid との関係・討伐の記事」の右側の欄も見よ。 （本表の文の主語は一部を除き Temüjin）		『秘史』177 節 （問責）との関係
JT1195 の(a))	Ong qan は当時雲中に埋もれ日底に没する如き状態。その弟で金国境付近にいた Ĵaqa gambu を呼び寄せ，その途次来襲した Merkid を撃退して助けた（『集史』等3書には若干異点あり）。	『秘史』177 節（問責）になし。同 150 節に関係。『元史』太祖本紀，『親征録』の問責の第2
JT1195 の(b). 表1	表1＝JT1195 の(b)。往時 Temüjin の父 Yisügei が Kereyid の内紛で逃亡した Ong qan を助け，anda 関係となった経緯の説明。	『秘史』177 節（問責）②
JT1196 (d) の 1部	前年に Kereyid の内紛で西遼等に逃げ，困窮して帰還した Ong qan を Temüjin が救い，父との縁で Ong qan を尊んで父と称した。	『秘史』177 節（問責）③の1部。『親征録』問責の第1
JT1197 の(e)	〔西遼から困窮して帰還した Ong qan のため〕Temüjin が Merkid と Qadiqliq niru'un の Mürüče se'ül で戦い，戦利品を Ong qan に与えた。	『秘史』177 節（問責）④。『親征録』問責第3
JT1198 の(f)	Ong qan は Temüjin とともに Merkid を征した際，Temüjin を待たずに Merkid を攻め略奪品を独占。Temüjin はそれを気にしなかった。	『秘史』177 節（問責）になし。『親征録』では問責の第4 の扱いか？
JT1199 の(g)	その後 Naiman の Kökse'ü sabraq と対陣した後，Kökse'ü に襲撃された Ong qan 父子を救助した（『集史』の問責箇所にあり）。	『秘史』177 節（問責）⑤。『親征録』問責の第4
JT1200 の(h)	この後 Ong qan と Temüjin が Ĵorqal-qun の Hula'a nu'ut bolda'ud で会って，敵のそそのかしやそしりに心を動かさず，必ず会って確認することを誓い（誓詞 B），	『親征録』問責の第5。『秘史』177 節（問責）になし。
JT1200 の(i)	その後 Dörben, Tatar, Qatagin, Sali'ud, Onggirad を Buyir 湖で捕らえて Ong qan に与えた。	『親征録』問責の第5。『秘史』177 節（問責）になし。

テムジンのメルキド攻撃のことはなく〔『秘史』の出来事を並べた表１の左欄に(e)がないのは，このためである〕，一方『秘史』177節（問責）には，その問責項目の④にテムジンのメルキド攻撃が取りあげられているが，オン＝カンのメルキド攻撃のことはないからである。しかもこの２つの出来事の関係をうかがわせることは『秘史』157節，『秘史』177節（問責）のどちらにも述べられておらず，それ故に『秘史』だけを読んでも，この２つの関係を理解すること不可能に近い。

では『秘史』においてオン＝カンのメルキド攻撃だけが記されているのはなぜであろうか。その疑問に答えるヒントが『集史』等３書におけるオン＝カンに対する問責の項目の立て方に見いだせる。すなわち『秘史』157節の内容に対応するオン＝カンのメルキド攻撃〔表２のJT1198(f)〕が，コクセウ＝サブラクの襲撃事件と繋げて第４の問責項目とされていることである。この２つを繋げた理由の一つは，表２にあるように，『集史』等３書では，表１の(e)すなわち表２のJT1198(f)（『秘史』157節）の後に繋がる状態で表１の(f)すなわち表２のJT1199(g)（『秘史』158-163節）が起こっていることにあるのだろうが，それだけではなく表２のJT1198(f)の終わりのところに，オン＝カンがメルキドからの戦利品を独り占めしたことをテムジンが気にせずに，表２のJT1199(g)のコクセウ＝サブラク襲撃事件のさいに，オン＝カン父子を救助したことを強調するためであったと考えられる。オン＝カンの利己的行為を「気にしなかった」と記しているのは『元史』太祖本紀だけであるが，『集史』も『親征録』もこの２つのことをまとめて第４の問責項目としていることからみて，そこには『元史』に記されているのと同じテムジンの気持ちを込めさせていると考えてよいであろう。そうだとすれば，『秘史』において157節に記されている内容のことが唐突に述べられ，続いて『秘史』158-163節の出来事へと続いているのは，『集史』等３書のオン＝カンに対する問責のうち第４の問責の趣旨に沿ったものだと言えるかも知れない。

246　第2部　モンゴル史上の諸問題

『集史』等3書の本文とその問責文においてオン＝カンのメルキド攻撃に
先んじて置かれている，テムジンのメルキド攻撃とそのさい得た戦利品をす
べてオン＝カンに与えたということが『秘史』にないのは，テムジンのタタ
ル攻撃と重なるとして『秘史』の編者によって削られたからであろう。それ
に対して『秘史』157節は，「同じ戌の年にチンギス＝カンがタタルを攻撃
しているときに」という一文を補えば『秘史』の153-156節の後ろにうまく
納められると全体の流れに矛盾が生じないと判断されたのではないか。

　それでは1202年秋のタタル征討・討滅後，同じ1202年のこととして述べ
られている『秘史』の158-163節の内容については，どのようにみるべきで
あろうか。その内容の概略は，次のようである。

　a　その後テムジンとオン＝カンはナイマンのブイルク＝カンのところに
出馬してウルク＝タク（Uluq taq）のソゴク水（Soγoq usun）[7]に
到った。

　b　ブイルク＝カンはアルタイ（Altai）を越えて動いた。2人は追撃して
クム＝シンギル（Qum šinggir）のウルング（Ürünggü）の流れ[8]に従って追
撃し，キシル＝バシ（Kišil baš）湖[9]でブイルク＝カンに追いつき殺した
（158節）。そこからテムジンとオン＝カンが戻って来るとき，ナイマンのコ
クセウ＝サブラク（kökse'ü sabraq）がバイダラク＝ベルチル（Bayidarag
belčir）[10]で軍を整えて合戦しようとし，テムジン，オン＝カンと対陣した。
その夜オン＝カンが独断で陣を撤収してカラ＝セウル（Qara se'ül）川を遡っ
て移動した（159節）。テムジンは窮地に陥れられ，エデル（Eder），アルタ
イ（Altai）の落合を渡って移動し，サアリ（Sa'ari）草原に下営した（161節）。
オン＝カンとその子セングム（Senggüm）は，かえってコクセウ＝サブラク
に襲撃・略奪され，オン＝カンは使者を派遣してセングムへの救援をテムジ
ンに求めた。テムジンは，オン＝カンの要請に応じて4人の将軍を派遣し，
彼らはフラアン＝クド（Hula'an qut）でセングムを助け，その財物も救った
（158-163節）。〔表2の(g)〕。

実はこれは，『集史』等３書によれば，２つの戦いから成っている。ａの部分（『秘史』158 節の前半部分）は『集史』等３書では 1206 年のテムジン即位後に行われた戦いとされ，このとき「チンギス＝カアンがウルク＝タク（Uluq taq）のソゴク水（Soγoq usun）で鷹狩りをしていたブイルク＝カンを攻めて殺した」（『親征録』・『元史』は「捕らえた」）とある。ここにチンギス＝カアンの名だけがあるのは，オン＝カンは，すでに 1203 年に殺されてこの世にいなかったからである。この文の「攻めて殺した」の「攻めて」と「殺した」の間に，『秘史』の編者は「ブイルク＝カンがアルタイを越えての逃亡し，それをテムジンとオン＝カンが追撃した」云々のことを挿入したのであるが，これは 1202 年より数年前（JT1199 年）の戦いであり，このときオン＝カンはまだ生きており，テムジンとともにブユルク＝カンを攻めたので，1206 年のソゴク水での戦いの文の主語にテムジン・チンギス＝カアンと並べてオン＝カンの名も付けたのである。『集史』等３書によれば，ｂの部分の戦いのときにブイルク＝カンはキルギスに逃れたとあって，殺されたとは述べられていない。しかし『秘史』は２つの戦いを一つにまとめたため，このときにブイルク＝カンが殺されたことにしてしまったのである。

ブイルク＝カンがキルギス方面に逃げた後，テムジンとオン＝カンはブイルク＝カンのノヤンであるコクセウ＝サブラクとバイダラク＝ベルチルで対陣し，オン＝カンのテムジンに対する背信と，コクセウ＝サブラクに襲われたオン＝カン父子の救助のことが起こる。

以上の３つの戦いが 1202 年の秋に行われたタタルとの戦いの後に開始され，同年の内に終わることはあり得ない。『集史』等３書のブイルク＝カン攻撃（JT1199 年）は，モンゴル高原を越えてジュンガル盆地の北部に遠征して行われ，そしてそれに続いてバイダラク＝ベルチルでの対陣にはじまるコクセウ＝サブラクとの戦いである。年内に収まることはあり得ないであろう。そしてこれも 1203 年に及んで決着が付いたとは考えられないから，結局 1202 年より前に起こり決着がついたと見るよりほかないのである。『秘

史』の編者は以上3つの戦いをひとまとめにしたのである。

　では1202年からどの程度遡るのか。『秘史』の158-163節においてコクセウ＝サブラクが活躍していた1202年からわずか2年後の1204年にテムジンがナイマンと決戦したとき，ナイマンのタヤン＝カンの大官コリ＝スベチ（Qori sübeči）が，コクセウ＝サブラクが年老いてしまってナイマンの軍を彼に指揮させられないことを嘆いていたと『秘史』に述べられている（194節）。わずか2年でこれほど衰えるとはあり得ないから，コクセウ＝サブラクとの出来事は，1202年よりある程度は遡らなければならないことになる。そして『集史』等3書の年に接近または一致するのである。

　では，『秘史』はなぜナイマンとのこの戦いを1202年のタタル討滅の後に置いたのであろうか。それは，テムジンとオン＝カンの戦いにおけるテムジンの正当性を際だたせるためであったと考えられる。

　『秘史』の166-188節の内容・年代は，『集史』等3書と同じである。

　以上のように，1202年のこととして『秘史』に述べられていることも，内容が意図的に改変・整理されているのである。

　テムジンとオン＝カン，ケレイドの関係は複雑で多年にわたるのであるが，『秘史』は，回想の形式によって古い時期のことを1201年のところに整理して集め，1202年のところには，それより前のことやそれより新しいことを集めて整理して，1203年の両者の対決・決戦へと繋げたと考えられる。要するに，『秘史』においてテムジン・チンギス＝カンと個々の集団との関係は，一箇所で総合的・完結的に述べられ，まとまりあるものとなっているという特徴が，テムジンとオン＝カン・ケレイドとの関係にも，明確にみられるのである。だが，このような内容にするために，ことがらの意図的改変・入れ替えを必要としたのであり，その内容の細かな分析を試みると，そこにはそのために生じたいくつもの無理，自家撞着が生じていることが明らかになるのである。

追記 本稿は，『早稲田大学モンゴル研究所紀要』第5号（2009年9月）所載『モンゴル秘史』研究」（79-105頁）を手直ししたものである。

注

1) 村上，1972，『モンゴル秘史』2，96-99頁。

2) Смирнова, О. И. (tr.), 1952, Рашид-ад-дин, *Сборник летописей*, Том 1, кн. 2, Москва-Ленинград, p. 111.

3) 王国維，1968，『王観堂先生全集』所収「聖武親征録校注」2506-2507頁。

4) 王国維，2465頁。

5) Рашид ад-Дин, 1-2, p. 111.

6) Рашид ад-Дин, 1-2, p. 111.，『親征録』，『元史』太祖本紀。

7) モンゴル国最西部を流れるホヴド川の支流。

8) アルタイ山脈から流れる Bulghan 川やチンゲル Chingel/Šinggir 川を支流とし，ジュンガル盆地北部を西流してウルング湖に注ぐ川。

9) ウルング湖に同じ。

10) モンゴル国バヤンホンゴル＝アイマク西部。Bayidarag は川の名。

12

クリイェン考

はじめに

　クリイェン（küriyen）とは，円形の天幕であるゲルを環状に配置した駐営の方法である。ゲルとともに荷車もクリイェンの形成に利用された。

　クリイェンは『モンゴル秘史』（以下『秘史』と称する）には「古列延」（güre'en）と表記され，その右傍らに小さい字で「圏子」という訳語（傍訳）が付されている[1]。本稿では，クリイェンと称することにしたい。

　圏子の語義は「輪，丸，円」である。クリイェンの動詞は küre'ele- であり，それに対する『秘史』の傍訳は「札営」（144 節），「下営」（146 節），「剳圏子」（196 節）である。那珂通世は「剳圏子」を「駐営する」と和訳している[2]。「札営」も「下営」も同じ意味である。クリイェンは，イル汗国のラシード＝ウッディーンの『集史』原本（ペルシア語）には kūrān とある[3]。

　クリイェンの語義に関して『集史』には，「13 翼の戦い」（後述）について述べている箇所で次のように説明されている。「курень/kuren' の意味は，「輪（環）」であった。昔，ある部族がある場所に下営するときに，輪のようにしていた。そして彼らの長は，円形のなかに点のような状態でいたので，それを kūrān と言っていた。謀反人の軍隊が近くにいるとき，またこの形で下営し，よそ者や謀反人が中に入らないようにしたのであった」と[4]。

　『集史』にはまた，「キビトカ（кибитка/kibitka。ペルシア語原文は khāna）の多数がステップにおいて円形に駐屯して環を形成するとき，それらをкурень（kuren'）と称するのである」とも述べられている[5]。ここでいうキビトカとは，モンゴル牧民の住居である天幕のゲル（ger）を指すと考えられる。

252　第2部　モンゴル史上の諸問題

すなわちゲルを環状に並べて配置した形状のものであったのである。

　これらの説明によって，クリイェンがどのような形態をもち，どのような目的で形成されたのかを知ることができる。それとともに注目されるのは，クリイェンが過去において一般的な駐営の方法であったと述べられている点である。それは，後述するように，クリイェンという駐営方法がモンゴル帝国建国前にモンゴル高原の遊牧民の間に生じていた混乱と関係していたということを意味する。

1　クリイェンについての諸見解

　ベ・ヤ・ウラディミルツォフは，『集史』等に基づいて，集団で遊牧する者が，ふつう1野営群をなして移動し，1屯営（становище）をなして滞留した遊牧形態では，かつてクリイェン形式が一般的で，これら〔のクリイェン〕にはしばしば数百のユルトがあった（数千のユルトや荷馬車のあるクリイェンすらあった）と述べている[6]。ユルト（yurt）というのはトルコ語であり，モンゴル語のゲル（ger）にあたる。

　ウラディミルツォフは，「11-12世紀のモンゴル人は，あるいはアイル（ayil）によって，あるいはクリイェンによって遊牧生活をした。もし，一方ではある人びとには単独で，〔すなわち〕アイルで遊牧することが好都合だとすると，他の事情のもとでは家畜の休み場所であるクリイェンから排除されることは恐ろしくそして危険であった」と述べている[7]。これは，クリイェンの防衛機能が牧民の安心を生むことを述べているのである。

　ウラディミルツォフは，モンゴル語でクリイェンと称される屯営は，アイル群すなわち遊牧民の一時的な滞在地もしくは遊牧民の家畜施設〔個々のユルトと幌車？（терег-кибитка）〕から形成され，それらにはときには数百のユルトが存在した[8]。昔は，古くからある一定の部族が一定の場所に野営するときには輪の形に集まり，そのなかの長老が輪の真ん中に入っていた。これがクリイェンとよばれた。今日では，敵の軍隊が近づいたときに，中央へ

「異分子や敵を入れぬため，このような形の配置をとる。長春も数千のユル
トや荷車の群を見た。これはある領侯およびカン妃の屯営であった」とあ
る[9]。

　クリイェンに対する以上の説明をみる限り，ウラディミルツォフはクリ
イェンという駐営方法は昔から存在したが，防衛的な役割をもつようになっ
たのはモンゴル帝国建国前においてであるとみていることがわかる。

　クリイェンはこの時代，駐営形式の名称であるに留まらず，集団名として
も使われていたようである。すなわちテムジンが，ジャムカの言葉に不信感
を抱き，彼から別れて移動をしたときに（『秘史』119節，120節），多くの
人びとがジャムカから離れてテムジン側に合流してきたが，その状況につい
て「Ba'arin の Qorči-usun ebügen，Kökö-Čos も Menen ba'arin を従えて１ク
リイェンとなって来た」（『秘史』120節）。また「Qunan を長とした Geniges
の１クリイェンも来た。また Daritai odčigin の１クリイェンも来た」（『秘史』
122節）。「……Unjin，Saqaid の１クリイェンも来た」（同）などと述べられ
ている。これらのクリイェンは，あきらかに駐営の方法に対する名称ではな
く，駐営する集団に対する名称として使われているのである。このことは，
当時のモンゴル人の社会においてクリイェンという駐営方法が一般化してい
たことを示していると思われる。

　ウラディミルツォフのクリイェンに対する見解において注目されるのは，
クリイェンを構成する者たちが同族の人びとから成っていたと見ていること
である。私は，後述するように，当時のクリイェンが同族の者から成ってい
た場合もあったとみるが，それが一般的であったとは考えていない。

　その後，本田實信，護雅夫そして後藤冨男，村上正二[10]等は，ウラディ
ミルツォフの研究成果も参照して研究を進めた。だが，それらの研究は，ク
リイェンを専門的に論じたわけでないこともあって，なお検討すべき点が残
されていると思われる。そこで，本稿において，クリイェンについて，より
詳しく検討してみたい。

2 クリィェンに関するわが国の諸家の説

本田實信は，チンギス＝カンとジャムカが対決した「ダラン＝バルジュト（Dalan-baljut）の戦い」または「13 翼（クリィェン）の戦い」の 13 の翼（クリィェン）を分析した論文のなかで，kūrān すなわちクリィェンに対するラシード＝ウッディーンの説明に触れつつ，「13 翼を見ると，各 küriyen は氏族別に編成せられ，中心となった首領は各翼の首位に記されている人達である。即ち領主氏族が中核となり，その下に同姓，異姓の麾下氏族，或は ötegü-boqol を含む küriyen は，一氏族として当時の遊牧社会の構成単位であった」と述べた[11]。なお ötegü-boqol については，Pelliot, P. の解釈に従って「世襲隷臣」であると記している[12]。また次のように述べている。すなわち「küriyen は蒙古遊牧社会の構成単位であり，ある部族の大きさを述べるのに 70 küriyen，7 萬戸という表現を用いるが（R II. 21）[13]，1 küriyen が 1 千戸というのは，悠遠の昔から北方遊牧民族の間に行われていた十進法による軍制区分即社会構成の単位を示すものであろう。成吉思汗の任命した諸千戸はこのような歴史的背景を持ち，後の帖木兒帝国のトランスオクシアナにも kūran 制が行われていたことは，諸史に頻見する処である」と述べている[14]。

その後間もなく護雅夫は，『モンゴル秘史』に述べられている oboq（oboγ），ulus 等の語義を分析する論文において，クリィェンについて論じた。その結論は以下のようである。すなわち，「oboq とは，共通の男子たる先祖から出自した，血縁を同じくする同族，およびそれらの子孫から構成された基礎的社会集団である。そのような oboq 内の君長，首領が自分と血縁関係のない irgen（民）を統率してできた政治集団，派生的社会集団である ulus（ayil から成る）は，世帯共同体である ayil を中心として，その周囲に，それに家産的に隷属する nökör たち，また，その君長・首領，nökör とは必ずしも血縁関係を有しない隷属民が，それぞれ《ayil》をなしつつ，環状の

küre'en 形式をとって遊牧していた。そして，そのような küre'en 遊牧形式は，冬季におけるもので，夏季には，ayil ごとに分散して，ayil 遊牧形式をとった。また，それら küre'en 遊牧形式をとる各 ulus の支配者たる君長・首領たちは，とりわけ戦闘・巻狩の際には，特に血縁関係において親近なる君長・首領と連合して，さらに大きい結合関係を構成することが多かった。そしてこの各首領・君長の《同族結合集団》，これが《oboq》とよばれたものである。つまり，《oboq》とは，各々その下に，自己とは必ずしも血縁関係を有しない隷属遊牧集団 ulus を支配する，各君長・首領による《同族結合集団》，いわば《領主》たちの《同族結合集団》なのである」。そして『集史』の記述を引用して，「《kuren の意味は次の如くである。つまり，草原において，諸 kibitka（ger）[15] が沢山，環状をなして円形をつくるとき，それを kuren と名づけるのである》」[16] と述べた[17]。

　以上の護雅夫の見解はウラディミルツォフと異なるところがある。それはulus を，oboq 内の君長，首領が自分と血縁関係のない irgen（民）を統率してできた政治集団，派生的社会集団とみた点である。この見解は，モンゴル帝国建国期の ulus がクリイェンを設営した場合，その構成員が同族から成るとは限らないということを述べているということにもなるであろう。先述した，建国期のクリイェンが同族から構成されていたとみるウラディミルツォフの見解とは，明らかに異なる。

　私はクリイェン内の構造という点での，この護雅夫の見解は，ウラディミルツォフのそれよりも妥当であると考えている。

3　クリイェンとアイル

　クリイェンを，より具体的に理解するのに参考となる例を挙げたい。

　ひとつは，テムジンが若いときに自家の馬 8 頭を盗まれ，取り戻すために何泊かして追跡し，途中出会ったアルラド（Arulad）のナク＝バヤン（Naqu bayan）の子であるボオルチュ（Bo'orču）とともにまた何泊かして追跡して，

256　第2部　モンゴル史上の諸問題

あるクリイェンのところに至ったところ，その端で盗まれた馬が草を食っているのを見つけて連れ戻そうとした。すると，多くの者が陸続と追ってきたけれども，無事馬を取りもどしてナク＝バヤンの家（ゲル）に戻り，その後自宅に帰ったとあるものである（『秘史』90-93節）。

　もうひとつは，13クリイェンの戦い（または Dalan baljud ダラン＝バルジュドの戦い）のさい，チンギス＝カンがタイチウド（Tayiči'ud）とオナン（Onan）の川辺で交戦したとき，日暮れて両軍が対峙した状態で軍兵と ulus[18] がその場でクリイェンを設営して（güre'elejü/küre'elejü），ともに宿ったとあるものである（『秘史』144節，145節）。

　ただし，当時牧民はみな常時クリイェンを設けて生活していたわけではない。上述のチンギス＝カンの家も Naqu bayan の家も，『秘史』の記述による限り，そのように推測されるのである。それらは，ウラディミルツォフの言う「単独でアイルで遊牧する」牧民ということになるのだろうが[19]，それではそのような遊牧生活とはどのようなものであったのであろうか。

　『秘史』においては，アイル（ayil）という語は81節，84節そして112節の3箇所にあるに過ぎず，用例が不足しているのであるが，それらのひとつ，81節に，次のように述べられている。すなわち，チンギス＝カンが少年であったとき，タイチウドのタルクタイ＝キリルトク（Tarqutai kiriltuq）がチンギス＝カンを捕らえてその居所に連れて行き，自らの ulus irgen（傍訳：国百姓)[20] に掟を定めてチンギス＝カンを各アイルに1泊ずつ宿らせた。そして夏の初めの月の16日にタイチウドがオナン川の岸辺で宴を催したさい，チンギス＝カンは監視のゆるんだ隙を突いて逃げ出し，タイチウド族の者たちなど，多数の者に捜索されたが隠れ通して，夜にオナン川を下って行き，チンギス＝カンに同情していたスルドス（Suldus）族のソルカン＝シラ（Sorqan sira）の家（ger）を，馬乳酒を醸すという同家の仕事を行うさいに出る音（革袋に入れた馬乳を攪拌棒を上下させて攪拌するさいに出る音）を頼りに探し当て逃げ込んだとある（『秘史』84-85節）。

クリィエン考　257

　ウラディミルツォフはこのときの状況から，タルクタイ＝キリルトクの統率下にあった者たちはクリィエンを形成せずに，その居所のあたりに散在する状態にあったのではないかと推測したのであろう。

　ウラディミルツォフは，このアイルに関する記述に基づいて，前述したように，11-12世紀のモンゴル人の遊牧生活においてアイルを単位とするものがクリィエンを単位とするものと並ぶ遊牧の仕方であるとみたのであろう[21]。それは確かに，チンギス＝カンがボオルチュとともに盗まれた馬を追跡して辿り着き，馬を盗んだ連中のクリィエンから，馬を取りもどしたとされるときのクリィエンとそのクリィエンの人びとの状態・行動とは，違いがあることを読みとることができるであろう。

　ちなみに，アイルについて後藤冨男がヴリーランドに従って[22]，以下のように述べている。すなわち，「近代の外蒙古におけるこの語の慣用を示すならば，財産所有の単位としての一家族を，外部から見た場合にアイルと観念されるのである。もしその話し手が第三者でなく，この家族内部の一員であれば，わが家はアイルではなく，ゲル ger と呼ばなければならない。現代のモンゴル語で，『私のアイル』といえば，それはわが家ではなく，隣家のことである」と[23]。

　これらの諸家の見解を踏まえて，以下に問わなければならないのは，クリィエンの規模はどうであったのか，クリィエンは日常的に形成されていたのか，そうではなく季節性を帯びていたのか，あるいは防衛上の必要のみで形成されたのか，などであろう。以下に，これらの点について検討してみたい。

　クリィエンが，当時，防衛的な駐営方法としての性格の強いものであったことについては，既述のようにラシード＝ウッディーンの『集史』に記され，青木，後藤が指摘している。チンギス＝カンの頃におけるその事例をあげると，クイテン（Köyiten）の戦いに続いて，チンギス＝カンと Tayiči'ud とが決戦し，日落ちて両軍対陣したとき「多くの人〔『秘史』原文 ulus，傍訳「百姓」，那珂訳「部衆」〕[24] も急いで来て，またそこに，その戦士たちと一

緒になってクリイェンを設営して宿り合った」とある（『秘史』144節）。また，チンギス＝カンとナイマン（Naiman）部の決戦のさい，Naiman が敗れ，グチュルク＝カン（Güčülük qan）ら少数の人びとが，『そむき動いて追撃されたとき，タミル（Tamir）川にクリイェンを設けようとしたが，そこにおいてそのクリイェンを立てることが出来ず，動いて走って出て去った』とある（『秘史』196節）。これらのクリイェンは，まさにこのような意味でのクリイェンであったとみてよいであろう。

だが，クリイェンを防衛的な組織とみるだけでは，十分ではない。この点については後述する。

クリイェンの規模については，繰り返しになるが，ラシード＝ウッディーンの『集史』に，「キビトカの多数がステップに円形に駐屯して環を形成するとき，それらを курень（kuren'）と称するのである。当時，このような形で駐屯した 1000 のキビトカを 1 курень とみなした」と述べられている[25]。ラシード＝ウッディーンが，クリイェンに 1000 のキビトカが含まれるとしたのは，前節で本田の所見を引いて述べたが，千戸制を念頭に置いて記したためかとも思われる。

『秘史』にチンギス＝カンが 13 クリイェン[26] の 3 万人を率いてダラン＝バルジュド（Dalan baljud）で対戦したとあるのは，『秘史』における 3，9 などの限られた数字が極度と言ってよいほど多く存在することから考えると，鵜呑みにするわけにはいかない。ただしモンゴル帝国時代にかなりの数のキビトカ（モンゴルのゲル／ger）から成るクリイェンがあったらしいから，一応，参考とするに足るかもしれない。

なお付言すると，上記の 13 クリイェンのクリイェンは，『元史』，『聖武親征録』では「翼」という漢語で表され，すなわち「13翼」とされている。すなわちクリイェンの漢語訳は「翼」なのである。

4　クリイェンの設営・維持，およびその機能に関する問題

　ウラディミルツォフは，敵に備える必要があるときにはクリイェン形態をとり，そうでないときにはayil形式で遊牧すると述べ，青木，後藤は，クリイェンは，日常的なものではあり得ず，当時の大集団としてのクリイェンも戦闘非常時のさいの一時的なものであったとした[27]。すなわち両者ほぼは同じ見方に立っていると言えよう。

　一方，村上と護は，19世紀におけるシベリアのモンゴル人の古い生活形態を，よくその日記に叙述しているRadloff, W.が「普通オボフは，冬季は首長のアイルを中央にかこむ，円形の，キュリエン^{ママ}（Kürigen ～ Kürien）と称する遊牧形式をとった。そして，風雪に侵されることの少ない渓谷や山麓の良好な遊牧地に遊牧を営み，夏季には平坦なステップに出かけて，アイルごとに分散して，アイル的遊牧形式を営んだものであったらしい」と述べていることに依拠して，モンゴルでは当時冬にKüriyen形式がとられ，夏にアイル形式がとられたと述べた[28]。

　確かに『秘史』には，冬にクリイェンが形成されていたことを示す記述がある。すなわちチンギス＝カンが，西遼方面を放浪し困窮してモンゴル高原東部に戻ってきたKereyid族のOng qanを，『その冬，お前をクリイェンのなかに入れて養ったぞ』と回想した言葉が残されているからである（『秘史』151節）。けれども『秘史』には，夏または秋にクリイェンが設営されたことを示す記述もある。すなわちチンギス＝カンが，少年時代に8頭の馬が盗まれ，盗人を追跡していた途次，馬乳酒を搾っていたボオルチュに出会い，その協力を得て追跡を続けたところ，盗人の属するクリイェンに行き着いたとあるのがそれである（『秘史』90-91節）。馬乳は夏・秋に搾る。すなわちそのとき冬ではなかったはずである。

　それゆえ，もしこのクリイェンが防衛態勢のもとに設営されていたものではなかったとするならば，Radloff, W.の見解に従って冬にクリイェンを組み，

260　第2部　モンゴル史上の諸問題

夏にはアイルごとに分散して遊牧したと考えた村上と護の見解を受け入れる
ことには慎重にならざるを得ないということになる。

5　クリィェンを構成する集団について—建国期の irgen と ulus—

　クリィェンがゲルや荷車・幌車などから形成されていたことは，すでに諸
氏によって指摘されてきたことである。では，モンゴル帝国建国期のクリ
ィェンを構成したゲルの住民というのはどのような人びとであったのであろ
うか。

　この点について，護雅夫の見解は，第2節においてすでに述べたとおりで
ある。

　Bacon, E. E. は「これらの囲いたる güre'en[29] は，たといそれらがいくらか
の，親族関係のない者たち（unrelated fellows）も含んでいたとはいえ，おも
に同族家族（related families）から成っていたと思われる。それらは，時に
oboγ（傍訳「姓」）の根源の帰属認定が表われるところのその首領の名に
よって見極められるのである。少なくともいくらかの場合，inclosure の全メ
ンバーが，同じ oboγ の出であることは明らかである」と述べ，注を付けて
『秘史』122 節に見えるゲニゲス（Geniges），ダリタイ＝オッチギン（Daritai
otčigin）そしてその他のクリィェンを，その事例として挙げた[30]。

　後藤は，より強く，「合同家族なる内容をもった革嚢，すなわちホトンと
クリィェン」と述べ，クリィェンがホトンとともに合同家族から成るとみて，
クリィェンという駐営形式をもつ集団について，かれらを結合する紐帯は血
縁関係であり，その物的基盤として家畜財産の統一的所有があった。クリ
ィェンを形成する大家族が，所有の主体であったのである。もっとも，外敵
の攻撃というような緊急事態が起これば，勿論ときをえらばず集結してクリ
ィェンを形づくった」と述べ，クリィェンが血縁関係を紐帯素子，家畜財産
の統一的所有を物的基盤とする，より純粋の合同家族であると考えた[31]。

　クリィェンの内部構造についての以上3氏の結論は，それぞれ特色がある。

すなわち後藤は，クリイェンは合同家族によって成るとする。Bacon, E. E. は，完全な同族で構成されている oboγ から成るクリイェンがいくらか存在したが，一般的には related family が主たる要素で，若干 unrelated family を含む構造を有していたと述べている〔Bacon によると，oboγ は『氏族』とは異なる。合同家族（joint family）が oboγ の最小単位である〕。ところが，護雅夫に至ると，首長 ayil および首長と血縁関係をもつことを絶対の要件としない隷属民の多数の ayil から成ったとされる。この場合の ayil とは家族のことである。これらの説は，みな一面の妥当性をもつが，一般的結論とはなし得ないと思われる。

　Činggis qan 勃興当時のモンゴルの社会は，基礎的社会集団である oboγ が重要であったが，そのなかの有力な oboγ の長が他の oboγ をもとりまとめるようになっていたらしく，チンギス＝カンの曾祖父キヤト氏のカブル＝カハン（Qabul qahan）について『秘史』52 節に「あまねきモンゴル（qamuq mongqol，傍訳「普達達」）を Qabul qahan は管（うしわ）きたり（meden aba）」とある。彼については『大金国志』の熙宗の皇統 7 年（1147 年）のところに「朦骨酋長の熬羅孛極烈は，自ら祖元皇帝と称す（朦骨酋長熬羅孛極烈，自称祖元皇帝）」とある熬羅は即ち合不勒なり」と那珂は述べている[32]。

　カブル＝カハンの体制は，カブル＝カハンの指名によって同じモンゴル部のタイチウド氏のアムバカイ＝カハン（Ambaqai qahan）に継承され，その後アムバカイ＝カハンの指名によってキヤト氏のクトゥラ＝カハン（Qutula qahan）に受け継がれたとある（『秘史』52 節，53 節）。彼らは「qamuq-un qahan（傍訳「普的」）とも称し，称されたようである（『秘史』53 節）。

　以上からわかることは，部族制国家と規定しうるものも生じ，父系的な oboγ に崩れつつあるものが存在したようである。だが，そのような状態は，もちろん均等に Mongγol 社会に生じたのではなく，比較的に氏族としての本来の姿をとどめ，構成員が同一の oboγ の者のみから成る Geniges 族のよ

うな oboγ もあれば（『秘史』122 節），異なる oboγ の nökör や隷属 ayil をか
なり包含するものもあったであろうし，それにまた護雅夫が指摘したような，
むしろ ulus が主体であるような oboγ も存在したようでもある。また，この
ような oboγ が自己の内に異なる oboγ の人びとを抱えるのとは対照的に，
oboγ の紐帯から解き放たれ，他の oboγ に分散隷属していた negüs 族の人び
とのような事例も存在していた（『秘史』218 節）。

　ところが，崩壊しつつある oboγ がある一方で，なお oboγ が，おそらく往
時とは違った形，内容であったかも知れないが，新たに形成される場合さえ
あったようである。例えば，Jürkin irgen の事例を示すと，Qabul qan が，自
らの 7 子の長兄 Ökin bar (a) qaq の子 Sorqatu jürki に対して，Jürkin irgen は
長兄の系統だということで自らの irgen（百姓）のうちから強く気力ある者
たちを選び与え，彼等が jürkimes（剛胆な）な者たちなので Jürkin と称され
たとある（『秘史』139 節）。また，Qabul qan の次男 Bartan ba'atur の次男
Nekün taisi（チンギス＝カンの叔父）の子孫達が Činggis qan に背いて
Tayiči'ud たちのところへ，すなわち「森林」の中へ去り，その子孫からニル
＝ホイン（nīr hūīn）族が生まれたと述べられている[33] のも同じ例である。
これらは，当時の oboγ の成立とその構造について考える一助となるであろう。

　また，分散した oboγ の成員をまとめ直そうとした事例も挙げられる。す
なわち，1206 年のモンゴル建国後のチンギス＝カンによる功臣への恩賞授
与のさいの話のひとつなのであるが，Negüs の Narin To'oril という者がチン
ギス＝カンに対して「わが Negüs の兄弟を集めさせ賜え」と願ったのに対
して，チンギス＝カンが「そのようであるならば自らの兄弟を集めて，汝が
子々孫々に（uruγ-un uruγ-a）至るまで治めておれとおっしゃった」とある
のがそれである（『秘史』218 節）。このことから，当時，成員が分散状態に
なってしまっている oboγ が存在したことがわかる。それは，護雅夫が想定
した「首長 ayil および首長と血縁関係をもつことを絶対の要件としない隷
属民の多数の ayil から成っていた」状態に当たる，あるいはそれに近い状

態に当たると言ってもよいのではないだろうか。

　そうであるなら，すなわち同一 oboγ の成員から成るクリイェンもあれば，異なる oboγ の者を含むクリイェンもあるなど，クリイェンはさまざまな成員から成り立っていたとするならば，クリイェンに共通する普遍的な構成などというものを見出そうと努めることは難しいと言えるであろう。当時のクリイェンは，モンゴル社会の流動期にあたり，複雑化しつつあった oboγ の構造を，そのままその内に反映していたと言ってよいと思われる。

　護雅夫は，クリイェンは，君長・首長，nökör とは必ずしも血縁関係を有しない隷属民が，それぞれ ayil をなしつつ，その首領の恐らくは ayil を中心として，環状をなしつつ küre'en 形式をもって遊牧していた。約言すれば，それは「首領の恐らくは ayil を中心として，環状に配された，その首領配下の隷属《ayil》の集団である」と述べているのは[34]，当時のかなりのあるいはある程度のクリイェンに対してあてはまる見解と言ってよいかも知れない。

　ただし，Negüs 族について上述した史料には，注目されるべき内容が含まれている。それは，そのように同族の者が他の集団に分散している状態を何とかして改めて，同族の者から成る oboγ を取り戻そうとする努力が行われていたということ，そしてその要望にチンギス＝カンが応じたということである。このことから，oboγ というものが当時のモンゴル人の社会においてもつ意義をうかがい知ることができるであろう。

　『秘史』には，この時代をはるかにさかのぼる昔のこととして，チンギス＝カンの遠祖 Bodončar が，兄の Buqu qatagi に「身体に頭があり，衣服に襟があるのがよい」と述べ，兄にその意味を問われると，先ほど出会った民 (irgen) は「大小，善悪，頭足の区別がなく，等しく，組みやすい民 (irgen)」だと述べ，兄達とともに彼らを襲撃して「adu'un（馬群），ide'en（食糧），haran（一般民），tutqar（下僕）にありついた」という話が記されている（『秘史』33-39 節）。これは実に興味深い。なぜならば，そのような大小，善悪，頭足の区別がない irgen の集団がかつて存在したと，当時のモンゴル

264　第2部　モンゴル史上の諸問題

人が考えていたことがわかるからである。

　すなわち，ウラディミルツォフ，護雅夫の所説を参考にして当時のモンゴ
ル社会とそこに存在していたクリィェンとの関連をみると，oboγ が基礎的
社会集団として存在しつつも，同一 oboγ の成員の ayil から成るクリィェン，
他の oboγ の成員の ayil を配下に置いた ulus 構造のクリィェンが存在してい
たと説明することも出来よう。要するに，さまざまな構造から成るクリィェ
ンが併存していたのではないかと思われる。そうであったとするならば，そ
れはクリィェンがモンゴル社会の流動期にあたり，複雑化しつつあった社会
の構造を反映していたからと言えるであろう。

　そしてクリィェンがこのようなものであり，当時の oboγ，ulus などの集
団が，クリィェンという駐営の方法を，日常的にあるいは必要に応じて用い
ていたとするならば，クリィェンは，当時の社会に，何等かの影響を及ぼし
たのではないか，と思われる。

　そこで，以下にこのことについて検討したい。

6　軍団としてのクリィェン

　「13 クリィェンの戦い（または Dalan baljud ／答闌版朱思の戦い）」につい
て調べると，クリィェンというものが，単に防衛的な駐営方法であるにとど
まらなかったことがわかる。

　すなわち『秘史』によると，ジャダラン（Ĵadaran）のジャムカの弟タイ
チャル（Taičar）が Sa'ari ke'er にいたチンギス＝カン側のジョチ＝ダルマラ
（Ĵoči-darmala）の馬群を盗んだため，ジョチ＝ダルマラがタイチャルを追
跡・射殺して馬群を奪い返した。この事態に，ジャムカを頭とするジャダラ
ン（または Ĵajirad）oboγ は 13 の他部と結んで 3 万人となって出馬し，それ
に対してチンギス＝カンが 13 のクリィェン，3 万人を率いて Dalan baljud で
戦い，動かされた（敗走した）と述べられている。すなわち 13 のクリィェ
ンが軍団として行動して戦ったということを意味する〔『秘史』のこの箇所

を厳密に和訳すると「チンギス＝カンは 13 クリイェンであった。3 万〔人〕となってジャムカに向かって出馬し」云々となる（『秘史』128-129 節）〕。

　一方『元史』「太祖本紀」にも同趣旨のことが書かれているが，馬を盗んだ者がジャムカの部の禿台察児（Totaičar）とされ，その禿台察児がジョチに殺されたのを怨んだジャムカが，タイチウドの諸部と謀を合わせ，部衆 3 万人を率いて来て戦った。テムジンは，答闌版朱思の野に軍を駐せしめていたが，変を聞いて，大いに諸部の兵を集め，13 翼に分けて俟ち，至ったジャムカを破り走らせたとある（時，帝麾下搠只別居薩里河。札木合部人禿台察児居玉律哥泉，時欲相侵凌，掠薩里河牧馬以去。搠只麾左右匿群馬中，射殺之。札木合以為怨，遂與泰赤烏諸部合謀，以衆三萬來戦。帝時駐軍答闌版朱思之野，聞變，大集諸部兵，分十有三翼以俟。已而札木合至，帝與大戦，破走之）。

　これによれば，13 翼というのは，もともとあったのではなく，諸部から 3 万人を集めて，それを 13 翼に分けたということになる。

　『聖武親征録』および『集史』は，より詳しく 13 翼の各翼の構成集団とその長の名前を書き並べている。そして続けて軍が成り，大いに戦ったと述べている。すなわち『聖武親征録』についてみると，ジャムカがタイチウド，イキレス，ウルウド，ノヤキン等の諸部と謀を合わせて数万を以て戦おうとして来たとの知らせを得て，諸部を集め戒厳した。そして各翼すべての構成を記して（ただし実際には 10 翼のみ挙げられている），「軍，成り，大いに答闌版朱思の野に戦う。札木合，敗走す（軍成，大戦於答闌版朱思之野。札木合敗走）」とある。ここに言う「軍」とは，まさにこれらの翼すなわち「クリイェン」または翼の集合体そのものにほかならない[35]。

　この戦いの結果については，『秘史』はチンギス＝カンが敗れたとし，『元史』，『集史』，『聖武親征録』の 3 書はチンギス＝カンが勝ったとして，異なるのであるが，いずれにせよ，『元史』にチンギス＝カンが諸部の兵を集めて 13 翼に分かち，ジャムカの編成した 3 万人の来襲を待って戦ったとある

のだから，この13翼は，軍として編成されたことがわかる。また『聖武親征録』の，先に引いた文のなかに，より明確に13翼を編成したのに続けて，「軍，成り，大いに答蘭版朱思之野に戦う」とあることから，13の各翼が軍として編成されたことは明らかである。すなわち『秘史』と『集史』のクリィェン，『元史』と『聖武親征録』の「翼」というのは，「軍」，とみなされていたとみて問題ないと思われる。これらのクリィェンは軍として，敵軍と戦っていたということになる。

　以上から，クリィェンは，単に敵襲に備えた防衛組織であるだけではなく，軍団として戦う組織でもあったことは，明らかである。

　では，クリィェンという駐営形式を日常的なものとなし，さらにそれが，駐営形式に対する名称であるにとどまらず，駐営形式を解いている状態であっても「何某のクリィェンがやって来た」などと称され，前述したように駐営する集団に対する呼称としても使われるようになった事情・理由は何であろうか。それは結局，モンゴル高原における遊牧諸集団間の抗争の頻発やあるいは盗人の横行などの不穏な社会環境が，それらの集団に，防衛体制を常時とらざるを得ないようにさせていたことによるのであろう。

　クリィェンは，防衛のための駐営組織として注目されてきた。クリィェンが防衛的な駐営方法としての性格の強いものであったことについては，既述のようにラシード＝ウッディーンの『集史』に，環状にゲルや荷車等を配置して，外敵の攻撃を禦ぐということが記されていることから理解することができる。

　チンギス＝カンの頃におけるそのようなクリィェン設営の事例をあげると，クイテン（köyiten）の戦いに続いて，チンギス＝カンと Tayiči'ud とが決戦し，日落ちて両軍対陣したとき「多くの ulus（部衆）」[36] も急いで来て，またそこに，その戦士たちと一緒になってクリィェンを設営して宿り合った（『秘史』144節）とあるのが，それである。

　注目すべきは，そのような環状のクリィェンいくつかを，さらに環状に配

置することもあったことである。すなわち 13 クリィェンの戦いのさいのこととして，『集史』，『聖武親征録』に，各クリィェン（各翼）それぞれの長とその配下について順次個々に説明しているのであるが，『集史』には，次いでそれら 13 の個々のクリィェンを，説明された順序で環状に配置して，一つの大クリィェンを編成したと記されているのである[37]。

『集史』の記述で注目すべき他の点は，この 13 翼の戦いにおけるチンギス＝カンの最大の敵はタイチゥドであるとされていることである[38]。このことは，直接的には述べられてはいないが，『秘史』の 13 クリィェンの戦い（クイテンの戦い）等を読めば，同様に理解することができる。

7　13 クリィェンの戦い

モンゴル帝国建国期のクリィェン（翼）を理解するには，13 クリィェン（翼）の戦い（Dalan baljud の戦い）を，さらに考察する必要がある。クリィェン（翼）については，『元史』「太祖本紀」，『聖武親征録』，『集史』はこの戦いのところで，また『秘史』はこの戦いに先立つ出来事と絡めて述べられているからである。

すなわち『秘史』にはつぎのように述べられている。13 クリィェンの戦いの前，チンギス＝カンがジャムカ（J̌amuqa）と 2 度目のアンダの誓いを交わして 1 年半も親しみ合った後の夏に，彼と別れて移動していたときに，J̌amuqa の方に去った Tayiči'ud を除く，J̌alayir 族，Tarɣud 族その他合計 20 もの諸族の者たち，そして 21 番目には Menen ba'arin 族のコルチ＝ウスン老翁（Qorči usun ebügen），Kökö-Čos のクリィェン（güre'en），これらがチンギス＝カンに付いてきた（『秘史』119-120 節）。またこの後，Qunan を長とする Geniges のクリィェン，Daritai otčigin のクリィェン等の 7 クリィェンが J̌amuqa から離れてチンギス＝カンのもとに来た。そしてチンギス＝カンは，同族の，すなわち Qabul qan を祖とする Kiyad の，Altan, Qučar, Sača beki に推戴されて Činggis qan（qahan）となったとある（『秘史』122-123 節）。

268 第2部 モンゴル史上の諸問題

　『秘史』によれば，その後間もなく，13クリイェンの戦いの発端となった出来事，すなわちチンギス＝カン側の者の馬群を奪ったジャムカの弟が殺され（『秘史』128節），それに対して Jamuqa の動員した13部（qarin）から成る3万人が来襲し，チンギス＝カンの動員した13クリイェンから成る3万人と Dalan baljud で戦い（『秘史』129節），そしてこの戦いの後に，また Jamuqa の下にいた Uru'ud の Jürčedei, Mangyud の Quyuldar, Qongyotan の Mönglik ečige 等の人物がチンギス＝カンに合流してきたとある（『秘史』130節）。すなわち，この時期チンギス＝カンの勢力が急速に増大したことを意味するであろう。

　チンギス＝カンのクリイェンが確認できる最初は，13クリイェンの戦いに関する『集史』の記述からである。そこには，13クリイェンのうち第2クリイェンがチンギス＝カンとその息子，nökör などから構成されていたとある[39]。『親征録』にも，13のクリイェン（13翼）について「上，諸部を集め戒厳すること十有三翼」とある。チンギス＝カンを長とするクリイェン（翼）は挙げられていないが，それは挙げるまでもないからであろう。13クリイェン（翼）の1つがチンギス＝カンを長とする翼（クリイェン）であったとみることは，『集史』の記述に照らして，問題ないと考えられる。ただし『親征録』に記されている翼数は10のみであるから，そこに別の事情があったのかも知れない。本田は，『集史』の13翼（クリイェン）と比較して，『親征録』の10翼を13の翼に振り分けている[40]。

　なお『秘史』と『元史』には，13クリイェンの構成について何も記されていない。

　以上の状態のもとで，本田は『集史』と『聖武親征録』（以下『親征録』）に基づいて詳細に分析・検討した。そして『集史』に，

・第1クリイェン：成吉思汗の母 Ūālūn-Īka〔訶額侖額客〕。諸部族。家臣。親族。そのオルドの家の子等（īwāghlān）。僕婢及び所属していた人々。

・第2クリイェン：Čīnkkīz-Khān。諸子。僚友達（nūkar）。諸将（amīr）

及びその子等。特別に親属していた親衛隊（kazīktān）[41]。

とあり，チンギス＝カンは，第2番目のクリイェンに属していたとあるのを参考にして，

Pelliot, Hambis の訳注本に基づいて『親征録』の10の翼を，13の翼に整理し直し[42]，『親征録』の13翼の内容と『集史』の13翼の内容が一致すると述べて，『親征録』の第1翼と第2翼をつぎのように整理した。

（Ⅰ）月倫太后

（Ⅱ）上，諸昆弟

そしてクリイェン（翼）の数も12から13に整えた[43]。

チンギス＝カンのクリイェンが第2のクリイェンであったかどうかはっきりとはわからないが，『親征録』には翼数が13翼であると明確に記されていて，実際には12翼しか挙げられていない。あるいはその理由は，チンギス＝カンのクリイェンが存在することを当然なこととして，わざわざ記さなかったためと考えられないだろうか。

ともかく，チンギス＝カンは，13クリイェン（翼）の戦いによって，モンゴル部内に強い勢力をもつタイチウド部やジャムカのジャダラン部を倒した。

その後，モンゴル部外のケレイド部やナイマン部等を倒して建国したのであるが，その過程で重要な意味をもったのは，チンギス＝カンが軍法を定めて，戦いに参加した者たちが戦利品を私することを厳しく禁じ，戦後に参戦者の戦功に従ってチンギス＝カンが戦利品を配分することにしたことである。そのことを示す事例はいくつもある。

すなわちチンギス＝カンは，戦功に応じて戦利品を配下に分配することによって配下のクリイェンも増強したとみられるのだが，このことについては次節で論じる。

270　第2部　モンゴル史上の諸問題

8　軍法の実施と千戸制

　本田は「1206 年に成立した大蒙古帝国の機構をみると，かの十三翼中の第 2 küriyen が原型となっており，その拡大であることがわかる。即ち第 2 küriyen の諸子弟は左右の諸王（kö'üd）更に後の諸汗国（ulus）に，kešigten は大中軍（yeke qol）たる 1 万の kešigten に，麾下部族は左右両軍の諸千戸に拡大せられた。しかも内地の国民（qol-un ulus）たる諸千戸の長はその多くが，第 2 küriyen 内の kešigten の出身であった。この親兵達は平時にオルドの一切の用務に当ったが，戦時にはその内から隊長が出て，彼らは俘虜財物を得ると，やがて自己の küriyen を形成した。これが成吉思汗に授けられたものとして「千戸（mingqan）」となり，その遊牧地（nutug）が定められると，これを aimaq とよんだ」云々と述べた[44]。

　本田の見解はおおむね妥当と思われるが，以下に，その見解の確認を試み，「しかも」以下の後半の箇所において述べられていることについて私見を述べたい。

　すなわち，第 2 küriyen（翼）の kešigten（親衛隊。傍訳「護衛」）の者たちも，みずからの家族・同族の者たちをそれなりに抱えていたであろうが，それだけでは千戸を形成するには十分ではない。それが可能になったのは，本田が述べているように，チンギス＝カンの行った戦いにおいて獲得した俘虜・財物を得て千戸・百戸等の条件を充たし，充実したクリイェンを形成することができたからに違いがない。

　このことに関して，チンギス＝カンが 1202 年にタタル部を征討するに先立って軍法（jasay）を定め，戦いに従軍した者たちに戦利品を軍功に従って分け合うように決めたことの意義が大きかったと思われる。

　『秘史』に述べられていることからみて，チンギス＝カンは 13 クリイェンの戦い（Dalan baljud の戦い）後に Jürkin 族を倒し，酉の年（1201 年）のクイテン（köyiten）の戦いで宿敵 Tayiči'ud を打ち破った頃までは，捕虜も含

クリイェン考　271

めて戦利品をわが物とすることが多かったようである。

　例を挙げると，チンギス＝カンの初めての本格的な軍事行動とみられる，オン＝カン，ジャムカの協力を得て Merkid を征討したとき，勝利を得たのち，チンギス＝カンは「彼ら（Merkid 族）の妻と子の抱くべき者は抱きけり。門に入らしめるべき者どもをば門に入らしめたり」と語ったとある（『秘史』112 節）[45]。

　その後，金朝のタタル攻撃に荷担して，Kereyid の To'oril と協力してタタルの Megüjin se'ültü を殺したときには，「Činggis qaan と Ong qan は，そこに Tatar を虜へて分け合いて」云々とある（『秘史』134 節）。また Jürkin 討伐のときには，「彼等の民（irgen）を虜へたり」（『秘史』136 節）とか，「彼らの民（irgen）を部落（ulus）を，チンギス＝カンは，己れが昵近の民（emčü irgen）となしたり」とあり（『秘史』139 節），Tayičiud を討滅したときには，「彼の部落の民（ulus irgen）を動かしめて来て，チンギス＝カンは Quba qaya に冬籠せり」とある（『秘史』148 節）。ここにおいて「動かしめて」とあるのは，みずからの，すなわちチンギス＝カンの nutuɣ/nuntuɣ に移動させて」という意味であろう。要するに，これらにおいてはみな，チンギス＝カンは戦いで得た捕虜等をみずからのものとしたと理解されるのである。『秘史』134 節にタタルと戦って得た捕虜をチンギス＝カンとオン＝カンが分け合ったとあるのは，当時の両者の関係からみてやむを得ないこと，あるいは当然のことと言ってよい。

　ともかく，軍法を定めるまで，軍を率いる者であったチンギス＝カンが戦利品を，すべてではないであろうが，多くをわが物としていたとみられる記述が目につく。

　戦利品を分け合う，あるいは戦功があった者たちに分配するとの表現がみられるのは，戌の年（1202 年）に軍法を定めて以後である。

　すなわちこの年，チンギス＝カンは Tatar 族を Dalan nemürges で討伐する前に軍法を定めたのであるが，それは，戦利品の扱いについて「敵に勝てば，

272　第2部　モンゴル史上の諸問題

獲得した戦利品（olja）は我らのものであり，分かち合う。戦利品を勝手に取った者は処罰する」という内容であった（『秘史』153節）。

　このような軍法を定めて実行するようになった，あるいは実行することができるようになったのは，13クリイェンの戦い後にジュルキンを討滅し，その後クイテン（köyiten）の戦いでタイチウドを滅ぼし，ジャムカに打撃を与えたことによって，モンゴル部内でチンギス＝カンの勢力が最強になったことによると思われる[46]。

　そしてこの Dalan nemürges の戦いにおいて，軍法に従わず戦利品を私した3人の物品が没収された。3人とは，チンギス＝カンと同じくカブル＝カンの孫，曾孫に当たる者たち，すなわち Altan, Qučar, Sača beki であった（『秘史』153節）[47]。これはチンギス＝カンの軍法の厳正さを示すと同時に，この時すでにその実力が同族の者に勝っていたことを意味すると理解できるであろう。

　戦利品を参戦者に分け合った事例を挙げると，Kereyid については「Kereyidの民を虜へて，誰にも欠けざるまでに撒し合へり。〔Kereyid の分族である〕Tümen Tübegen を撒らし合ひて，引受けつつ取り合へり」（『秘史』187節），同じく Kereyid の分族である「Olon dongqaid を皆で徹底的に取り合い」（『秘史』187節），また「Kereyid irgen を服従せしめて，各々分け虜へさせたり」とある（『秘史』188節）。Merkid 攻撃の後半（1205年）においては，「彼らの残れるをば，軍士どもに虜へさせたり」（『秘史』198節，那珂293頁）とか，「Merkid を各々に尽くるまで分けさせたり」（『秘史』198節）とあって，捕虜を含めた戦利品を配下の者に与え，分配し，また分配させたとある。「虜えさせた」，「分けさせたり」などの表現にチンギス＝カンの意志が読みとれるであろう。

　Naiman についてはその討伐のとき，また Merkid 討伐については討伐の前半（1204年）に，それぞれ「Naiman irgen の ulus をアルタイ山の前に窮めて収め」（『秘史』196節），「（Merkid の）Toɣtoa を動かして，Sa'ari ke'er に

彼の irge（民）[48]，orγa（住居）[49]，ulus[50] を虜へたり」とある（『秘史』197節）。これらも，これらの戦いに参加した者たちに分配されたのであろう。

　以上とは別に，殊勲者や名誉の戦死者等のように何らか特別の事情のある者に対しては，特別の恩賞が与えられることがあった。すなわち Kereyid と決戦したとき，先駆けして戦死した Quyildar の妻子に，100 人の Ĵirgin を恩賞として与え（『秘史』185 節），「Suldus の Taqai ba'atur の功（いさお）の故に，100 の Ĵirgin〔族の者たち〕を与へたり」とあり（『秘史』186 節），Kereyid の Ong qan 父子のチンギス＝カンに対する襲撃を事前に知らせた「Badai, Kišiliq2 人の功の故に，Ong qan の金の天幕，鋪陳したる金の酒局の器皿を，取扱う人ごめに与へん。Ongγojid Kereyid は彼等の番士（kešiqten）と為れ」とあり（『秘史』187 節），「TümenTübegen を撒らし合ひて，引受けつつ，取り合えり」（同），Kereyid の分族である Tümen tübegen, Olon dongqaid を皆で徹底的に取り合い（同），また「Kereyid irgen を服従せしめて，各々分け虜へさせたり」とあり（『秘史』188 節），Naiman 討伐のとき，また Merkid 討伐の前半のとき（1204 年）に，それぞれ「Naiman irgen（『秘史』傍訳：百姓）の ulus（『秘史』傍訳：國）をアルタイ山の前に窮めて収め」（『秘史』196 節），「（Merkid の）Toγtoa を動かして，Sa'ari ke'er に彼の irge（『秘史』傍訳：百姓）[51]，orγa（住居）[51]，ulus[52] を虜へたり」（『秘史』197 節）とあるが，Merkid 攻撃の後半（1205 年）のときにおいては，「彼らの残れるをば，軍士どもに虜へさせたり」（『秘史』198 節，那珂 293 頁）とか，「Merkid を各々に尽くるまで分けさせたり」（『秘史』198 節）とあって，捕虜を含めた戦利品を配下の者に与え，分配し，また分配させたということが数多く記されている。また軍法に従わず，戦利品を勝手に掠め取った者からは人を遣わしてそのすべてを取らせた（『秘史』153 節）。

　注目すべきは，殊勲者等に同族の者や配下の民（irgen）が少ない場合，チンギス＝カンが対応策を講じて，その irgen の数を増やして千戸となるようにさせたり，千戸に近づけさせようと努めることがあったことである。例え

ば J̌ebe と Sübe'etei に対しては,「自ら得たる置きたる〔民〕に千戸となれ」と宣(のりたま)へり」とあり(『秘史』221 節),また Degei という羊飼に対して「埋(うずもれ)たるを聚めて千戸を知らしめ(統べさせ)たり」とあり(『秘史』222 節),また Küčügür 木匠の場合には irgen が欠けているので,あちこちから集め収めて,彼と親しい J̌adaran の mulqalqu と連れだって千戸とさせた(『秘史』223 節)とある。これらは,千戸にふさわしい数の民を自力で集めることを許した例である。

　ウラディミルツォフは,つぎのように述べている。

　　古代のモンゴル人には,それぞれの首領すなわちハーン(хаан),ノヤン(ноён),タイシ(тайши),バートル(баатар)などの統率者への従属(依存)の観点から見た氏族(род),種族(поколений),部族(племя)の〔それぞれの〕連合[体]?は,すべて ulus すなわち「人民＝領地(народ-владение)」,「人民＝分封地(удел)」と呼ばれた。たとえば,一連の,血縁的に近い氏族(клан, род)とみなされているタイチウド族は,自らを irgen すなわち同世代の人びともしくは部族(племя)と理解している。しかし,例えばタルクタイ＝キリトク(Tarqutai-kiriltuq)のような首領の下に統一されたタイチウド族,さらにはその一部でさえも,これはすでに ulus,すなわちその首領の「人民＝采領(分封地)」,「采領(分封地)」である[53]。従って ulus という言葉は一定の保留の下に「分封地(采領,封領)」と訳し得る。ただ純粋の遊牧民たるモンゴル人は,この概念中に領土ではなく人を理解する。事実,ulus という言葉の一義的な意味は「人」なのである。従って,ulus という言葉は「人民」,すなわち「人民＝分封地(采領)」,「采領をなして結合した,または采領を形成する人民」と訳し得る。後世 ulus は「人民＝国家」,「国家＝封領を形成する人民」,「国家」を意味するようになった[54]。

以上のように見てくると,戌の年(1202 年)に Tatar 族を Dalan nemürges

で討伐する前にチンギス＝カンが定めたと『秘史』に述べられている軍法は，戦いに参加した者たちが戦利品の分け前に預かる権利を認めたという側面があったと考えられる。『秘史』に戦利品はみなチンギス＝カンのものとされるべきとする記述が見られるが（『秘史』252節），実際には，このとき定められた軍法に従うかぎり，チンギス＝カンが戦利品を独占して終わると理解することは妥当ではない。獲得した戦利品はとりあえずチンギス＝カンのものとされるが，戦いが一段落した後，参戦した者の軍功，事情その他を勘案して配下に公正に分配することがカンに求められていたと理解されるからである。

　上述した事例から，チンギス＝カンが軍法を定めた主旨が何であるかを導き出せるであろう。すなわちチンギス＝カンは，千戸制をモンゴル帝国の国家体制の基盤となすこととし，そのために千戸制を整え・充実させる第一歩として軍法を定め，その上で先述した，Ĵebe と Sübe'etei, Degei そして Küčügür 木匠の事例から知ることができるような千戸の増加・充実そしてその配置・充実のために種々の努力を重ねたのであろうということである。

　そのように努めた理由には，モンゴル高原の遊牧民に，古くからそのような伝統があったことが挙げられるかも知れない。

　というのは，ラシード＝ウッディーンの『集史』に，つぎのように述べられているのである。すなわちチンギス＝カンの第7代前の祖先ドゥトゥム＝メネン（Dutum menen.『秘史』：Menen tudun）の妻ムヌルン（Munulun.『秘史』Nomolum）在世のころ，ジャライル（Jalair,『秘史』Ĵalayir）という名のモンゴル人のうち若干の部族が，ケルレン河の流域に住んでいて，彼らは70のクリイェンを形成していた。クリイェンの意味は，「キビトカ（кибитка）の多数が，ステップに環状に駐屯して環を形成するとき，それらをクリイェン（курень）と称するのである。当時，このような形で駐屯した1000のキビトカを1クリイェンとみなした。この〔計算〕に従うと，その〔部〕族は7万キビトカ（khāneh）を形成していたはずである」と述べられている[55]。

276　第2部　モンゴル史上の諸問題

　前述のように本田はこれを「70 クリイェン 7 萬戸」と表現し[56]，「küriyen は蒙古遊牧社会の構成単位であり，ある部族の大きさを述べるのに 1küriyen が 1 千戸というのは，悠遠の昔から北方遊牧民族の間に行われていた 10 進法による軍制区分即社会構成の単位を示すものであろう」と述べている[57]。この千戸とクリイェンがモンゴル国の国家体制の骨格にかかわるものとみることができるであろう。

　ともかく，1202 年に軍法を定め，参戦者に戦利品を分け与えることにし，しかもそれを部下の事情を勘案して実行したことは，チンギス＝カンに従う集団や人を増やしたであろう。そしてそれはチンギス＝カンの勢力の拡大・強化に繋がったに違いない。

　チンギス＝カンはその後，さらにモンゴル高原のケレイド，ナイマン，メルキド，その他の諸部を破り，あるいは服属させ，また後には，モンゴル高原のまわりの諸部，諸国をあるいは倒し，あるいは服属させていったのであるが，そのさい，当然多くの人畜その他の戦利品や献上品を獲得した。それらが戦功に基づいてまたその他の勲功に基づいてチンギス＝カン配下の者に対して分与され，国家組織の基盤として千戸が数多く編制されることに繋がっていったのであろう。

　第 2 küriyen（翼）の kešigten（傍訳「護衛」，親衛隊）の者たちも，みずからの家族・同族の者たちをそれなりに抱えていたであろうが，それだけでは千戸・百戸等の集団を形成するには十分ではなかったに違いない。彼らは，チンギス＝カンの行った戦いに従軍し，戦功によって俘虜・財物を与えられると，それらを，核となるみずからの同族の者たちとともに，千戸，百戸等の構成員となしたのであろう。

　チンギス＝カンが 1202 年にタタル部を征討するに先立って軍法（jasaγ）を定め，戦いに従軍した者たちに戦利品を軍功に従って分け合うようにしたことが，千戸制の確立に貢献した意義は実に大きいと言わなければならない。

　ウラディミルツォフはモンゴル帝国建国期の千戸，百戸等は同族の者たち

から成っていたと述べているけれども，上述したように，クリイェンを形成
する集団が同族の者たちだけから成っていたのではないことは，すでに護雅
夫もそして私も指摘したとおりである。

9　モンゴル帝国建国後のクリイェン

　クリイェンについてかつて最も多角的に検討したのは後藤冨男であるが，
後藤はクリイェンの大きさには限界があるとして「合同家族集団の人口が増
加し，それとともに畜群が牧地に対して過剰となるか，あるいはまた集団の
管理能力を上回るようなことになれば，クリイェンそのものの結合にひびが
生ずる。分裂を避けようとつとめながらも，究極には内部における近縁の小
親族群への分裂は不可避であった。『秘史』におけるドワ＝ソコル（Duwa
soqor）の 4 人の息子たちが，叔父と袂を分って去ったような事実はつねに
ありうるのである」と述べた[58]。

　私は，先に述べたように，すべてのクリイェンが「合同家族集団」から成
るとは考えていないし，ドワ＝ソコル（Duwa soqor）の 4 人の息子が叔父と
袂を分ったという伝承を以て，クリイェンの分裂を意味すると考えることに
はにわかに同意できない。

　だが，クリイェンの構成員が増えれば飼育する家畜を増やす必要があり，
その増加がクリイェンの構成員による家畜管理の能力の限界を越えると，ク
リイェンをそのまま維持することは難しくなる。千戸がひとまとまりの集団
として，ステップにおいてクリイェン隊形を組んだり解いたりしつつその構
成員の生活を維持するに足る多数の家畜を飼養することは容易でないと考え
られる。後藤は「歴史上ステップにおける自然条件に幾分の変化が認められ
るにせよ，かつて羊の大群が常時屯営の傍らに密集できる状態にあったとは
考えられない。それを許すほどの草生量があれば，あえて遊牧制の行なわれ
る必要は生じないはずであった。事実は今日の遊牧民に見るごとく，かれら
は季節によって分散と集中をくりかえすのであって，その環境は常時大集団

278　第 2 部　モンゴル史上の諸問題

の密集することをゆるさないのである」と述べている[59]。

　さて，1206 年のモンゴル建国のさい，チンギス＝カンは，ムカリ（Muqali）に国王の号を与え，次いでジェベ（Ĵebe）をナイマンの Güčülük qan 追討のために派遣したのに続けて勅を下し，千戸集団を 95 設け，Mönlik ečige 以下の 88 人の者を名指ししてそれらの千戸集団の長（noyan）に任命した（ひとりで複数の千戸の長とされた者がいた）（『秘史』202 節）。これらの 95 の千戸はモンゴル帝国の構造の基本として位置づけられたのであり，これらの千戸長それぞれの下には 10 人の百戸長，百戸長の下には 10 人の十戸長が置かれたが，それらはみな，チンギス＝カンによって任命された者たちであった（『秘史』224 節）。これらの千戸長の上には万戸長が置かれ，高原の中央部にはナヤア（Naya'a）が，東部（左翼）すなわち大興安嶺方面にはムカリ（Muqali）が，西部（右翼）すなわちアルタイ山脈方面にはボオルチュが，それぞれ任命された（『秘史』220 節）。

　十戸長が千戸長あるいは百戸長によって任命されたのではなく，チンギス＝カンに任命されたことからみて，彼らは，上司に当たる百戸長，千戸長に対して一定の自立性をもっていたと推測されるであろう。ただし，おそらく牧地の割り当てについては，現地の実情を理解している万戸長が，チンギス＝カンに任命された 10 人の千戸長それぞれに割り振り，各千戸長は自分に割り当てられた牧地を 10 人の百戸長にそれぞれ割り振り，そして各百戸長は自分に割り当てられた牧地を 10 人の十戸長にそれぞれ割り振ったと推測しておきたい。

　日常日々遊牧する集団として実際に機能したのは，決して千戸ではあり得ない。一時的であれば千戸の集団であっても何とかなるかも知れないが，そうでない場合には，種々の困難を伴うであろう。その困難さは，それより小さな百戸であっても容易ではなかったであろう。

　ウラディミルツォフがラシード＝ウッディーンや 13 世紀の旅行家の言葉から推測できるとして，チンギス＝カンの覇権が確立するとともにクリィェ

ン遊牧形式は消滅したらしいと述べているのは説得力がある[60]。クリイェンは，前述したように本来外敵からの防御の方法であったのであり，大規模なクリイェンを構えつつ遊牧することにはさまざまな無理が伴う。従って外敵の心配が減少すれば不必要なものとして扱われたに違いないからである。逆に言うと，ウラディミルツォフは，史料上の十分な根拠があるわけではないと断りつつ，つぎのように述べている。「元朝後の時代（元朝の北遷後の時代という意味であろう）においてモンゴル人は，極めて大きな畜群で行う遊牧方法をふたたび採用するようになったらしく，それは不断の戦いと襲撃に影響されて数千人を一団とするもので，xoriya，野営地，屯営と呼ばれることになった。それらは，近親者のみの屯営ではなかったという点で古代のモンゴル人のクリイェンとは非常に異なっていて，大屯営をなして遊牧するようになった」。そしてこのようになった理由を，元朝後の時代のモンゴルの社会的混乱のため，自己の安全を確保するためであったと述べている[61]。ただし，モンゴル帝国建国期のクリイェンは，その構成員が近親者たちだけであったと言えるのかというと，前述したように，ウラディミルツォフの見解とは異なる Bacon, E. E., 護雅夫の所説があり，私も，それと同じ立場に立つ。

　ともかく，ウラディミルツォフの所説で採ることができるのは，元朝後の時代，かつてと同じような戦乱の状況が存在したなかで，クリイェンのような xoriya （〜 xoruġa (n) >xorō) と称された屯営が設けられ，その状態のもとで遊牧が営まれたという点である。この時代にそれが設けられ，遊牧が行われたということは，そのことを以て，かつてのクリイェンの存在事情を裏づけるものであるとも言えるであろう。

　xoriya （〜 xoruġa (n) >xorō) については，後藤は，ウラディミルツォフの所説に基づきつつ，元朝後においてモンゴル建国期におけるような大集団遊牧が復活したが，その存在は一時的な現象にとどまり，やがてまもなくアイル形式にもどって，そのまま近代に及んでいる。ただモンゴル高原西部には，14，15 世紀に至っても，オイラート族の間にもっぱらホトン xoto (n)，

280 第2部 モンゴル史上の諸問題

xota（*n*），*xodon* 遊牧が行われていた。ホトンとは遊牧の単位で，10個からときには30個ものアイルが相集まったかなり大規模な集団であったとされ，やはりその群団の長老が首長となっていたと述べている[62]。

青木も，後藤とほぼ同じ見解であって，牧草を求めて頻繁な移動を必要とするモンゴルの草原において，クリィェンは，日常的なものではあり得ず，当時の大集団としてのクリィェンも戦闘非常のさいの一時的なものであったとしている[63]。後藤は「歴史上ステップにおける自然条件に幾分の変化が認められるにせよ，かつて羊の大群が常時屯営の傍らに密集できる状態にあったとは考えられない。それを許すほどの草生量があれば，あえて遊牧制の行なわれる必要は生じないはずであった。事実は今日の遊牧民に見るごとく，かれらは季節によって分散と集中をくりかえすのであって，その環境は常時大集団の密集することをゆるさないのである」と述べているのである[64]。

追記 本稿は「吉田順一，1969，「クリエン考」『古代学』第16巻第1号，財団法人古代学協会，56-66頁」を大幅に書き替えたものである。

注

1) 小澤重男は，küriyen／küreyen とローマナイズしている（小澤重男，1984～1986，『元朝秘史全釈』上・中・下，1987～1989，『元朝秘史全釈・続攷』上・中・下，風間書房。クリィェンは，今のモンゴル語の küriy-e, хурээ に当たる。現代のモンゴル語辞書には，この言葉は，院子，囲墻，圏，営盤などの意味をもち，歴史をさかのぼった時期には一種の生産と防御の形式であったとも述べられている（内蒙古大学蒙古語文研究所編，1999，『蒙漢詞典（*Mongγol kitad toli*）』，内蒙古大学出版社，729頁）。

2) 那珂通世訳注，1907，『成吉思汗実録』，大日本図書株式会社，292頁。

3) 『集史』のロシヤ語訳本には курень とある（Рашид-ад-дин 1-2：Смирнова, О.И. (tr.), 1952, Рашид-ад-дин, *Сборник летописей*, Том 1, кн.2, Москва-Ленинград, p. 86）。ロシヤ語の курень は，ウラディミルツォフによれば，モンゴル語の küriyen から出たのである（ウラディミルツォフの注：Владимирцов, Б. Я., 1934, *Общественный строй монголов, Монгольский кочевой феодальзм*, Ленинград. p. 37 の注2）。ロシヤ語

辞書に「ザポロージェコサック軍の部隊。その兵営」とあり，チュルク語 курянь が語源であると記されている（『露和辞典』，研究社，1988，905頁）。

4）Рашид-ад-дин 1-2, pp. 86-87.

5）Рашид-ад-дин 1-2, p. 18.

6）Владимирцов, Б. Я., 1934, p. 37.

7）Владимирцов, Б. Я., 1934, p. 37.

8）ウラディミルツォフの注：Рашид ад-дин 1-2, p. 15.

9）Владимирцов, Б. Я., 1934, pp. 36-37.「長春」は長春真人を指す。この一文は，元・李志常『長春真人西遊記』に「28日，オルダの東に泊まる。宣使が先に往き皇后に奏稟し，旨を奉じて師の渡河せんことを請う。その水流は北に流れ，瀰漫し〔車〕軸を没す。横断して渡り，営に入り車をとどめる。河の南岸に車帳が千百あり（二十八日，泊窩里朶（オルダ）之東。宣使先往奏稟皇后。奉旨請師渡河。其水流北流，瀰漫没軸，絶流以済。入営駐車。南岸車帳千百）」云々とあるのに基づく。ただし，これが環状のクリイェンの形状をしていたかどうかはわからない。

10）村上正二訳注，1970，『モンゴル秘史』1，平凡社・東洋文庫，150-152頁。

11）本田實信，1952，「成吉思汗の十三翼について」，『東方学』第4輯，東方学会，6頁。ただしクリイェンが氏族別に編成されたと言い切る本田の見解には疑問がある。

12）本田，1952，5頁。

13）Рашид-ад-дин 1-2, p. 21 を指す。

14）本田，1952，12頁。

15）原文は gen とあるが，正しくは ger.

16）Березин, И.Н.（ed.）1868, Сборник, летописей, История монголов. Сочинение Рашид-Эддина, С.-Петербург,（ТВОИРАО, ч.XIII）, op. cit. II, S. 15.

17）護雅夫，1955，「『元朝秘史』における《oboq》の語義について」，『内陸アジアの研究』，ユーラシア学会研究報告III，ユーラシア学会，69-70頁，81-83頁。

18）『秘史』傍訳「百姓」。那珂，「部衆」，那珂，1907，151頁。

19）Владимирцов, Б. Я., 1934, p. 37.

20）護雅夫，1955，68頁「ulus なる遊牧社会集団に組織・統一された irgen（＝ulus irgen）」。村上「国民（くにたみ）」（村上，1970，『モンゴル秘史』1，131-134頁），那珂，1907，59頁「部落の民」。

21）Владимирцов, Б.Я., 1934, p. 37 の脚注6。

22）Vreeland III, H. H., 1957, Mongol Community and Kinship Structure, New Haeven, を指している。

282　第2部　モンゴル史上の諸問題

23) 後藤富男，1968，『内陸アジア遊牧民社会の研究』，吉川弘文館，184頁。

24) 那珂通世，1907，150頁。

25) Рашид-ад-дин, 1-2, pp. 18-19.

26) または「13翼」。

27) 青木富太郎，1955，「古代蒙古の末子相続制」，『内陸アジアの研究』（ユーラシア学会研究報告　Ⅲ），ユーラシア学会，213頁。後藤，1968，190-191頁。

28) 村上正二，1955，「チンギス汗帝国成立の過程」，『歴史学研究』154号，14頁，15-16頁。護雅夫，1955，前掲論文，72頁。

29) küreyen と同じ。

30) Bacon, E. E., 1958, *OBOK*, New York, p. 49.

31) 後藤富男，1968, 244-245頁。

32) 那珂通世，1907，30頁。

33) Рашид-ад-дин 1-2, p. 47, p. 49.

34) 護雅夫，1955，69-70頁。

35) ちなみに辞書に「翼」について「元代的軍事編制名」とある（『漢語大詞典』，1997，上海・漢語大詞典出版社，5589頁）。

36) 那珂通世，1907，150頁。

37) Рашид-ад-дин 1-2, p. 88.『集史』イスタンブール写本（Topkapı Sarayı Müzesi Kütüphanesi, MS. Revan köşkü 1518) fol. 70b に描かれている円形の図「○」はまさにこのことを述べているのであろう。

38) Рашид-ад-дин 1-2, p. 86.

39) Рашид-ад-дин 1-2, p. 87.

40) 本田實信，1952，64頁。

41) Рашид-ад-дин 1-2, p. 87.

42) Pelliot, P et Louis Hambis, 1951, *Histoire des Campagnes de Gengis Khan*, Tome Ⅰ, Leiden, pp. 35-139.

43) 本田實信，1952, 61-72頁，64頁）。拙稿「クリイェン考」（『古代』16-1，1969）において，『親征録』の記す第1翼が，『集史』において第1翼と第2翼に分けられていることについて，『集史』の記述に同意できないと述べたが，今は『集史』の記していることがよいと考えている。

44) 本田，1952，72頁。

45) 本節における『秘史』の和訳は，基本的に那珂通世訳注，1907に従っている。

46) 村上正二，1970，『モンゴル秘史』1，153頁。

クリイェン考　283

47）同様の事例は『秘史』252 節にも記されている。

48）『秘史』傍訳「百姓」

49）『秘史』傍訳「人烟」

50）『秘史』傍訳「国土」

51）『秘史』傍訳「人烟」

52）『秘史』傍訳「国土」

53）『秘史』81 節に Temüjin-i tarqutai-kiriltuq abču odču ulus irgen-dür-iyen ǰasaqlaǰu（テムジンをタルクタイ＝キリルトゥックは連れて行ってみずからの narod-plemya 人民＝部族）に命じて）とある。すなわち「彼の采領を成す全ての人民に……」という意味である。

54）Владимирцов, Б. Я., 1934, p. 97. 訳文はつぎの邦訳を一部改めて引用した。外務省調査部，1937，『蒙古社会制度史』，242 頁。

55）Рашид-ад-дин I-2, p. 18.

56）本田，1952，12 頁。

57）本田，1952，12 頁。

58）後藤，1968，274 頁。

59）後藤，1968，191 頁。

60）Владимирцов, Б. Я., 1934, p. 37.

61）Владимирцов, Б. Я., 1934, p. 128.

62）後藤，1968，179-180 頁。

63）青木，1955，213 頁。

64）後藤，1968，191 頁。

13

ウィットフォーゲルの中国征服王朝論をめぐる
日本の研究について

1　日本における中国征服王朝研究の新展開

　第2次大戦後における北アジア史研究の主要な課題の1つに，中国征服王朝論を挙げることができよう[1]。中国征服王朝というものについて最初に述べられたのは，Wittfogel, Karl August and Fêng Chia-Shêng, 1949, *History of Chinese Society, Liao*（*907-1125*）, New York, pp. 1-35（General Introduction）. においてである。

　ウィットフォーゲルは，中国征服王朝を中国帝国の2つの類型の1つとみなした。このことから明らかなように，中国征服王朝は，本来，中国帝国に属するものであり，中国史研究家の研究領域に含まれるはずのものであった。

　だが，中国征服王朝の建設者は北アジア出身の者たちであったから，中国征服王朝を中国史の立場からのみ論じるわけにはいかない。こうして，わが国において積み重ねられてきた中国征服王朝研究は，ウィットフォーゲル等の考えにはまったく見られなかった傾向，すなわち中国征服王朝を北アジア史の展開の過程のなかでとらえ，その展開の一帰結として存在したものと理解する見方が生じるに至った[2]。そして，中国社会における中国征服王朝の位置づけ，意義づけもなされるようになったのである。

　このような，わが国において新しい傾向を帯びるようになった中国征服王朝に対する研究は，個々の研究者によって，その具体的な点の説明には相異があるけれども，一応その傾向の大要の把握のために，一例として，この問題を最も体系的に論述してきた田村實造の説を簡略にして示すと，つぎのとおりである。すなわち「北アジアには，匈奴から回鶻までは部族制または部

286　第2部　モンゴル史上の諸問題

族連合制的な遊牧国家が存在したが，回鶻あたりから氏族制の崩壊が目立ち，それは契丹以後に決定的になる。唐の影響によって，他の点でも遊牧社会に変化が生じる。氏族制，部族制は，遊牧首領の農民略奪，徙民政策などによって確立した牧農的政権の最高権力者可汗（カガン）の手で，さらに改編される。そして強大化しつつあった可汗は専制君主的権力を確立して，その権力を基礎に中国に侵入してその領土を征服し，その占領地の統治を開始し，ここに中国征服王朝が確立する。遊牧国家から中国征服王朝へのこのような展開は，とりもなおさず北アジア世界における古代から中世への転換を意味した」[3]。

　そして近年（1950年〜1970年初めまでの時期）には，このようなわが国で提示された新しい見方は，学界において定着しつつあるのではないかと思われるほどの情況を呈している。少なくとも，反対する意見は目につかない。

　それでは，このような現状にあるわが国学界の中国征服王朝研究に問題はないのであろうか。私は，そのようには考えない。いくつかの問題があると考えている。本稿の目的は，それらの問題点のうちのひとつを扱うことにある。

2　わが国における中国征服王朝研究の問題点

　わが国において新しい展開を示した中国征服王朝の研究は，このように北アジアの歴史の進行の過程において中国征服王朝の出現を論じようとするものであり，その過程に関する諸研究者間の見解の相異は，ひとつの大きな問題群を形づくっているのであるが，そのなかでも，特にウィットフォーゲルの中国征服王朝論との関係で重要と思われる，次の点を問題にしたい。

　ウィットフォーゲルは，中国征服王朝として，遼，金，元，清の4王朝を挙げている。ところが，わが国における上述のような歴史上の発展の概念の導入の結果，生産体系を異にし，歴史的性格を異にする遊牧・狩猟民の契丹族およびモンゴル族が建てた遼，元両王朝と，農耕・狩猟民の女真族が建て

た金，清両王朝を同一線上で論じることの困難さが，当然問題となってきた。この事情を前にして，金，清を中国征服王朝から除外しようとする考えが生れた[4]。また，この立場と並んで，互いに歴史的性格を異にする契丹族・モンゴル族と女真族を同一の路線に載せて統一的に論じる立場，言いかえれば，それら諸族が居住した北アジア世界の一元的な歴史上の発展を論じ，その結果として，遼，金，元，清の4つの中国征服王朝が出現したとして，ウィットフォーゲルの結論を変えることなく，4王朝をみな中国征服王朝に包含させる立場が存在するようになった[5]。

　私は，これら2つの見解に対して，ともに疑問を抱いている。

　後者——これが一般的なようである——は，本稿で検討しつつある問題がもつ重要性の認識に基づいているのでないと思われるし，前者は，その点を認識してはいるが，一方では，金，清両王朝を除外したことが，ウィットフォーゲルの中国征服王朝論に対してもつ意味については，何ら触れていない。これらの疑問は，方法にかかわるものである。以下に，私は，その方法論上の問題点を，より具体的に検討して，この2つの立場に対する私見を述べることにしたい。

　最初に，後者すなわち第2の立場は，生産体系を異にしているために別個の社会的性格，歴史的性格をもつはずの遊牧・狩猟民と農耕・狩猟民の社会とそれらの歴史の流れの過程を，十分に分析，実証しないままに，ともに北アジア世界あるいはアジア北方世界という概念で括り，さらには，互いに異なる別個の社会を，遊牧社会などのようにまとめて述べて一元に帰して，遊牧諸族の社会の歴史のみをもっぱら分析し，その分析から得られた結論によって，金あるいは清という中国征服王朝の出現の歴史的説明ともなしている。この立場を，私は方法論上，とうてい受け入れることはできない。

　第1の見解は，これに較べて，2つの社会を混同することなく，女真族の建てた「中国征服王朝」を除いているから，その点では，確かに筋が通っていると言えよう。だが，遼，金，元，清を中国征服王朝とみなすウィット

288　第2部　モンゴル史上の諸問題

フォーゲルの考えの基本にかかわる重大な修正を行っている。にもかかわらず，前に述べたように，その重大な修正とウィットフォーゲルの考えとの関係については，触れられていない。

　金朝，清朝が，たとい遊牧民族の建てた中国征服王朝と若干異なるものをもっていたとしても，その遊牧民族が建てた中国征服王朝が中国征服王朝とされる所以のものを基本としてもっていれば，中国征服王朝に含めて問題ないはずである。そして，その中国征服王朝の基本的な概念を規定したのはウィットフォーゲルなのだから，それでは彼の定義した中国征服王朝とはどのようなものか，それを検討してみて，その上でこの見解の是非を論じるのが，順序であると言えよう。

3　ウィットフォーゲルの中国征服王朝論の本質

　ウィットフォーゲルの中国征服王朝論の骨子をなすのは，同化吸収論の妥当性の否定（同化吸収作用の存在そのものの完全な否定ではない）および文化人類学者の提出した文化変容論の採用とその適用である。この彼の理論的な骨子の妥当性について，彼自身くわしく論証しているが，またわが国の研究者も確認し，彼の分析をよりいっそう深化させてきており[6]，異論を挟む余地はない。従って，ウィットフォーゲルの中国征服王朝論は，基本的にゆるぎないものであると思われる。

　ウィットフォーゲルは，このような中国征服王朝を，中国帝国の2つの類型の一方を形づくるもの，或いは一方の類型，すなわち典型的中国王朝を補完するものとみなした。

　ところで，この類型化は，何ら中国社会の発展に基づいているものではないのである。ウィットフォーゲルは，そのようなことを少しも述べていない。だが，それは当然である。なぜなら，この中国征服王朝という概念は，その骨子をなすものが文化変容論の適用であることからもわかるように，北方の民族が中国の一部もしくは全部を征服・統治する王朝を建てた場合の，その

王朝における，その北方民族と「中国民族」との社会・文化的関係および社会・文化様式の問題以外の何ものをも含まないのであって，歴史上の何らかの発展を含む概念は，その構成要素であり得ないからである。

要約すれば，ウィットフォーゲルの言う中国征服王朝とは，異民族支配下の中国社会に見られる社会・文化上の2元性（duality）の存在の確認に基づいて，中国的な社会・文化が一元的に存在する典型的中国王朝とは，類型を異にするとみなされた中国帝国の1存在形態にほかならない。

中国征服王朝というものの概念がこのようであるからこそ，ウィットフォーゲルは，互いに別系統の生産体系と社会を地理的，歴史的に保有し，そのためその歴史の流れを同一視できないところの，遊牧・狩猟民であるキタイ（契丹）族，モンゴル（蒙古）族の建てたそれぞれ遼，元と，農耕・狩猟民である女真族の建てた金，清を，何ら齟齬撞着することなく，ともに中国征服王朝というひとつの概念のもとに包摂することができたのである。彼はただ，この前者と後者に，それぞれ中国と較べた生産体系の異質性と類似性に由来する，中国文化に対する態度の差異は認めて，前者を文化的に中国文化に抵抗するもの，後者を文化的に中国文化に従順なものと細別し，清朝については，さらにその後半の歴史を別様に考えたにとどまる。この彼の分類の仕方に矛盾する点はないと，私は考える。

ウィットフォーゲルの中国征服王朝論が，征服した側の何らかの歴史上の展開または発展をともなったという事実を何ら内包していないという点について，さらに観点を変えて考察すると，中国征服王朝は中国帝国の社会・文化様式の差異に基づいて類型化された概念であるとはいえ，その王朝形成の主体は，中国社会に根ざす漢人ではなく，別個の民族なのであるから，その出現を中国社会の歴史的必然に基づく諸発展の結果あるいは帰結として論じることが意味をなさないことは，自明である[7]。その王朝の出現の結果，中国社会に何らかの変化が生じることがあり得ても。もとより，その王朝形成の主体である異民族に関しては，その社会の何らかの展開または発展に征服

290　第2部　モンゴル史上の諸問題

活動の成果を関連づけることは，当否は別として，この限りではない。ただし，北方遊牧社会に関して，ウィットフォーゲルが，護雅夫も指摘しているように[8]，何らかの「発展」の存在を認めていないらしいことは，間接的ながら推察できる。このことからまた，ウィットフォーゲルが中国征服王朝の出現を遊牧社会の何らかの「発展」の結果とは考えていなかったろうと，推測されないこともない。ともかく，中国征服の主体である北方民族の側から中国征服王朝建設の要因を探り出すことは，彼のまったくおこなっていないことである。

4　金，清を中国征服王朝とみることを疑問視する見方に対する私見

　先に私は，中国征服王朝から金，清両朝を除外する見解は，筋が通っている点は認められるものの，遼，金，元，清をすべて中国征服王朝であるとするウィットフォーゲルの考えに重要な修正を求めるものであることを指摘した。

　金，清を中国征服王朝から除外しようとする理由は，必ずしも明確に説明されているわけでないが，一応，以下のように解釈することができるであろう。すなわち，遊牧・狩猟と農耕・狩猟という経済の相異とそれから導かれた社会や文化そして歴史の違いによって，遊牧・狩猟民と農耕・狩猟民の諸族は，中国に対して別様の認識をもっていて，それが中国社会に対するそれぞれ異なる態度や対応を導き出し，成立した中国的王朝つまり遼・元と金・清の異なる性格を生み出した。これらの相異が認められる以上，4王朝をともに同類の中国征服王朝であるとするのは，疑問である。中国征服王朝とは，上述したように，中国農耕社会とは大きく異なる道筋を経て展開・強大化し，そして強烈な自意識をもつ遊牧・狩猟民の社会・国家のさらなる展開の一帰結として理解されるべきであるとみているのであろう[9]。

　この見解は，結論から先に言うと，鋭い分析を含むとはいえ，決して前述したようなウィットフォーゲルの中国征服王朝論の枠を越えるものではない。

なぜなら，この見解は，ウィットフォーゲルが中国征服王朝を遼と元，金と清の2つの副次型に細分した理由と同じレベルに属し，それ以上のところに位するとは思われないからである。

中国征服王朝間に見られる性格の差異や中国社会に対する態度の相異は，確かにそれらの王朝を建設した契丹・モンゴルと女真の経済，社会や歴史的背景の相異に根ざすのであるが，重要なのは，それらの相異にもかかわらず，中国征服の結果成立したそれらの中国的王朝に，共通して二元的社会・文化様式が造出，保持されたという一点なのである。これらの諸族とそれらが建てた中国的王朝の中国に対する対抗意識の淵源は異なり，従ってその中国征服者であるという意識の内容に差異があるとしても，明確な中国征服行為に導いた中国征服欲の強烈さは甲乙付け難い上に，何よりも，中国征服王朝存立の基本的条件である文化変容を伴った二元的社会・文化の様式がそれらに一様に存在していたのである。まさにそれだからこそ，それらが典型的な中国王朝から区別されて，「中国征服王朝」として分類されたのである。

中国征服王朝の間の相異とか中国に対する態度の相異とかいうのは，たといその拠って来たるところがいかに異なるものであっても，厳存した二元的社会・文化様式の本質にかかわるほどのものではなく，その様式に多様性を与える役割を担うに過ぎなかった。それは，二元的社会・文化様式のなかに反映された中国征服王朝の建設者—契丹，モンゴル，女真—の歴史と伝統の相異として，その様式の枠のなかで把握されるべきものである。

具体的に言うと，この見解の主張するところは，中国征服王朝を，文化的に中国に抵抗するもの（遼，元），文化的に中国に従順なもの（金と清の前半期）の2つの副次型に分けたウィットフォーゲルの分類に，いくばくかの補正を加えることで，吸収・解決されるであろう。

要するに，北アジア諸族を生産方法やその他の歴史的背景の相異によって区分けすることは，中国征服王朝の根本概念に影響を及ぼすことにはならないし，また中国征服王朝から金，清を除外することにもつながらない。金，

清は，遼，元と並んで，同じく中国征服王朝であったとみるべきなのである。

5　むすび

　以上において，私は，中国征服王朝の出現を，北アジア史の発展過程ある
いは展開の流れのなかに位置づけるわが国学界に支配的な見解を検討した。
そして遼，金，元，清の４つの中国征服王朝の出現を，北アジア世界という
ものの統一的，一元的な歴史の発展に絡めて論じる見解を採ることができな
いことを述べた。次いで中国征服王朝を遊牧・狩猟社会の歴史の流れ・発展
の１帰結とみなし，遊牧民ではない女真族が建てた金，清両朝を中国征服王
朝に含ませることを避ける見解もまた採ることができないことを述べた。

　このような私の考えは，中国征服王朝を北アジア史の何らかの発展あるい
は展開の過程のなかで捉え位置づけようとする観点自体を，完全に否定する
ものではない。古来の中国征服王朝との比較・研究がなお不十分ではあるけ
れども，ともかく中国征服王朝を建てた契丹，モンゴル，女真のそれぞれが，
その各々の何らかの歴史上の進展・展開，ひいてそれらが所属した遊牧・狩
猟社会および農耕・狩猟社会のそれぞれの発展・展開によって，中国を支配
するほどになったということは，あり得ないことではない。その前後に生じ
た社会的変化のいくつかについては，よく知られている。

　だが，中国征服王朝の出現に導いた遊牧・狩猟社会の歴史の流れ・展開の
理由については，現状では未解決の部分が目立つし，農耕・狩猟社会の歴史
の流れ・展開の理由についても，研究が不満足な状態にある。従って，遊
牧・狩猟社会と農耕・狩猟社会の歴史の流れに，若干の対応関係が認められ
るとしても，ただちに，それら双方の社会を内容とする北アジア世界の一元
的な歴史の流れ・発展を論じることは，方法論的のみならず，実際的にも無
理がある。それならば，北アジア世界の一元的な歴史的発展の一帰結として，
遼，金，元，清の全中国征服王朝の出現を論じることも，現状では困難であ
ると言えるであろう。同様に，このような北アジア世界の時代区分のメルク

マールとして，中国征服王朝の出現を論じることにも，私は躊躇せざるを得ないのである[10]。

追記 本稿は，1972年11月10日に開催された第13回内陸アジア史学会大会シンポジウムにおいて「北アジアの歴史的発展とウィットフォーゲルの征服王朝理論」というタイトルで報告し，その後同学会の『遊牧社会史探究』第46冊（1973年3月）に掲載されたものに若干手を加えてまとめたものである。

注

1) 北アジアとは，ここではモンゴル高原とその東に広がる平原・山岳地帯を指す。

2) このような見方を最初に打ち出したのは，村上正二の「蒙古史研究の動向」（『史学雑誌』60-3，1951年，45-54頁）であろう。

3) 田村實造，1964，「北アジアにおける歴史的世界の形成と発展」，『中国征服王朝の研究』上，東洋史研究会，1-58頁）。

4) 村上正二，1961，「中国征服王朝」，『世界の歴史』6，筑摩書房，147-185頁。

5) 例えば，田村實造，前掲書；護雅夫，1954，「遊牧国家の発展について」，『歴史教育』3-7。なお，護雅夫は，岩波講座「世界歴史9」（1970年）所収の「内陸アジア世界の展開Ⅰ」の「総説」において，「遊牧民族史上における中国征服王朝の意義」という項が設けられているが，その「遊牧民族史」という語に注が付けられ，「金朝は遊牧民族ではなく原始農耕民によって建てられたものであるから，ここではこれに触れない」と述べている（16頁）。そして，この項の中で，「遊牧社会・国家の歴史的発展」のひとつの帰結として中国征服王朝が成立したと結論づけているが，金，清両王朝が中国征服王朝であることが否定されているわけではない。③山田信夫，1956，『北アジア史』世界各国史12，山川出版社の第2章第3節。西嶋定生編，1967，『東洋史入門』，有斐閣のⅢの§3。

6) 愛宕松男，1970，「遼王朝の成立とその国家構造」，岩波講座『世界歴史　9』19-40頁，その他。

7) ウィットフォーゲルは，10に区分された中国帝国史上の諸王朝を，その特別の明快さをもつ特有の社会・文化様式を有する5つの主要時期に分類し，典型的中国王朝については秦・漢と隋・唐に分類し，これを，より早い時期およびより遅い時期の「諸発展」における"典型的に"中国的な社会の古典的形式を代表するものとみ

294　第2部　モンゴル史上の諸問題

なした（Wittfogel, K. A. and Fêng Chia-Shêng, 1949, p. 25）。ここにウィットフォーゲルは，「発展」という言葉を用いている。この「発展」の具体的内容の説明がなされていないために，彼の深意は不明である。漢人によって建てられた典型的中国王朝相互において「発展」を述べることは，別に不当でないとも言えようが，基本的な類型である典型的中国王朝と中国征服王朝の分類基準が中国の社会・文化様式に基づくものであることに鑑みて，何らかの発展概念によって典型的中国王朝を細分することは，論理上一貫しているとは言えない。むしろ，外来文化の影響とか受容の程度といった面から分類するのが，彼の類型化の本旨に合致すると言えよう。

8）前掲岩波講座「世界歴史　9」所収「内陸アジア世界の展開Ⅰ」の「総説」（11頁）

9）村上正二，前掲論文，162頁，165-166頁。

10）これらの問題を考えるのに，女真族の社会に関する河内良弘の最近の研究は，きわめて示唆的である（河内良弘，1970，「金王朝の成立とその国家構造」，岩波講座『世界歴史9』，41-62頁）。河内良弘の結論を引用すると，「古代王朝渤海国を構成していた女真人の社会が，金国の成立によって，古代から中世的社会へ移ったとは考え難いと同様に，金一代の間に，社会が完全に中世へ移行したとも考えられない。文化の高い王朝に成長した中央政府や，猛安謀克制のなかの或る側面をとらえれば，そこに中世的社会と規定し得るいくつかの性格を見出し得るとしても，巨視的な立場に立って，これをみると，金国を構成した女真人の社会は，古代的な性格から完全に抜けきっていたとは言えないのではあるまいか。金国滅亡以後，後金国の成立に至るまでの400年間，女真人はふたたび東北地方の各地で，政治的未統一の状態に置かれるが，その間の彼らの社会的成長の歩みも緩慢であった」。

14

北方遊牧社会の基礎的研究
―モンゴル遊牧民社会のステップと家畜―

1

内陸アジアに古くから活躍した遊牧民の社会と文化そして歴史を研究する
には，彼らの基本的な生業である遊牧とはどのようなものであるのかを知ら
なければならない。それは彼らの社会と文化そして歴史を理解する鍵だから
である。

また彼ら，とりわけモンゴル高原の遊牧民との関係が長くそして深かった
中国王朝の研究にとっても，彼ら遊牧民の社会と文化そして歴史をよく理解
するように努めることは，避けることはできないはずである。

遊牧の基礎をなすものは，言うまでもなくステップと家畜である。そこで
本稿では，この2つのことについておもに取り扱うことにしたい。

北方遊牧民の社会とは，モンゴル高原の遊牧民の社会をおもに指す。モン
ゴル高原とはモンゴル人民共和国と中国の内モンゴル自治区を中心とした高
原のことである。本来それはひとつのものとして理解されるべきものである。
けれども本稿では，モンゴル人民共和国側のステップと家畜についてのみ扱
うつもりである。内モンゴル側のこの問題については，別の機会に譲ること
にしたい。

モンゴル人民共和国のステップと家畜の問題については，おもにモンゴル
とソ連の学者の手で研究が進められている。私は，それらの研究を利用しつ
つ本稿をまとめたい。

本稿は，現代のモンゴル人民共和国のステップと家畜を分析対象としてい
るので，一見前近代社会の研究と無関係にみえるかもしれない。だが本稿の

296　第2部　モンゴル史上の諸問題

研究課題の性格上，その研究から得られた結論というものは，現代のみでなく相当さかのぼった時代の遊牧の分析のための基礎ともなり得るものであることを指摘したい。

2

　モンゴルの牧地は，大きく3種類に分けられる。すなわちハンガイ地帯，草原地帯，ゴビ地帯である[1]。草原地帯は中間草原地帯と称されることもある[2]。これはこの地帯がハンガイ地帯とゴビ地帯の中間にあることによる名称である。

　ハンガイ地帯は，モンゴルの北部の山岳地帯，アルタイ山脈のかなりの部分，大興安嶺の続きであるハルハ川付近の山地を含む。要するに山岳丘陵が圧倒的である地帯である。

　ハンガイというと，ハンガイ山脈というモンゴル人民共和国の中央部から西北方に横たわっている山脈の名称が知られている。だが，ハンガイとは本来「山脈，森林地帯があり，多数の河川，湖沼があり，苔や草本植物があり，軟らかい表土がある涼しい気候の土地」[3]とか，「快適な気候，肥沃な土壌，森，河沼をもった山岳地帯」[4]などと辞書に説明されているとおり，種々の意味を内包する普通名詞でもあるのであって，ハンガイ地帯の「ハンガイ」というのは，この普通名詞としてのハンガイなのである。

　ハンガイ地帯は通常，植物の状態によって，高山帯，タイガ帯，森林ステップ帯の3つの部分に分けられる。高山帯はモンゴル人民共和国の3%，タイガ帯は4.1%，森林ステップ帯は25.2%を占めるから，ハンガイ地帯は総計同国の32.3%となる[5]。

　草原地帯はハンガイ地帯とゴビ地帯の中間にあって，広い地域を占めている。具体的にはハンガイ山脈とヘンテイ山脈の南斜面を帯状に東に伸び，東へ進むにつれて南北の幅を急激に広め，東部においては3つの地帯のうち最大の地帯となっている。この部分が東部大平原である。この地帯は，小さい

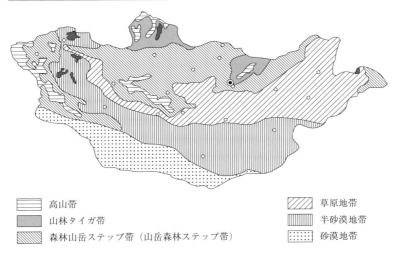

丘が含まれているが，概して平坦であり，ただ北部は傾斜し，丸い頂上をもった低い山が存在する[6] 純草原である。草原地帯は，モンゴル人民共和国の面積の 26.1 % を占めている[7]。

ゴビ地帯（半砂漠地帯または半砂漠ステップ帯と砂漠帯から成る）は，大体において草原地帯の南に横たわっているが，西北方から東南方に向かってモンゴル＝アルタイ山脈のハンガイ地帯の部分が深く突き刺さる形になっている。ゴビ地帯は，東部大平原とともに，モンゴルにおける最も低平な部分となっている。

砂漠帯は，半砂漠ステップ帯の南側に位置している。具体的には，モンゴル＝アルタイ山脈とゴビ＝アルタイ山脈の南に位置を占めている。半砂漠ステップ帯はモンゴル人民共和国の 27.1 %，沙漠帯は 14.5 % を占めているから，ゴビ地帯は合計 41.6 % になることになる[8]。

ユーラシア大陸においてハンガリアから大興安嶺方面まで延々と帯状に伸びる広大なステップは，北部には森林ステップが多く広がり，やがてそれは草原に席を譲り，さらに内陸部になると草原は半砂漠ステップに替わられ，最も内陸に進んだ部分は沙漠になるとされる[9]。

モンゴルのステップも，すでに述べたように，ハンガイ地帯に森林ステップがあり，草原地帯はすなわち草原に当たり，ゴビ地帯に半砂漠ステップと沙漠が存在し，それらは北から南へと，ほぼ順序よく並んでいる。モンゴル人民共和国においては，北側が外縁部で南側が内陸部なのである。

さて，ハンガイ地帯を構成している高山帯，タイガ帯，森林ステップ帯についてみると，「（ハンガイ地帯の）北部の山々ではシベリヤの典型的なタイガの樹木が育ち，たとえばそれはハンガイ山脈のかなり南の緯度にまで散在しているけれども，草原の植物が北半分の圧倒的な広さの地域を覆っている。草原の植物は，ときには高い山の南斜面に従って頂上まで広がっていることもある」[10] モンゴルでは大陸性の気候の一特徴つまり湿気が少ないという理由で，「草原の植物が山の南斜面に従ってその頂上に至るまで生えているので，森林はいくらか湿気のある北斜面に育つ。ただタイガ帯においてのみ森林は北と南斜面を覆っているけれども，日当たりのよい南斜面特にその斜面の下側には草原の植物が広がっていると」[11] される。

すなわちハンガイ地帯はシベリヤのタイガが草原地帯に移行する境目に当たる。そこは山岳地帯であって，その北部を主として，山の南北斜面が森林に覆われるタイガ帯が存在するが，南に下るにつれて森林はおもに山の北斜面にのみ発達し，南斜面には草原が発達している。基本的にこうした状態で森林と草原が入りまじっている部分が，森林ステップ帯なのである。

タイガ帯は，フブスグル地方やヘンテイ山脈地方に広く発達しているが，ハンガイ山脈方面では緯度が南にさがるため，草原とゴビの影響がより強く，タイガは山脈の東の端に少し見られる程度にすぎず，モンゴル＝アルタイ山脈においては，ほとんどまったく存在していない[12]。

高山帯は，これらの山々の最も高い部分を占めている。

アルタイ山脈は，同じハンガイ地帯であっても，他に比べて注目すべき点がある。すなわちフブスグル地方の山々，ヘンテイ山脈，それに一応ハンガイ山脈も，最上部に高山帯，その下にタイガ帯，その下に森林ステップ帯が存在している。ところが，モンゴル＝アルタイ山脈のみは，気候が乾燥していて「樹木が育つ条件が悪いためにタイガ帯が存在しておらず，高山帯が直接に山岳草原および森林帯に移行する」[13]。しかもこの森林も同山脈ではあまり発達していない。「アルタイ山脈には先に述べたとおり，タイガ帯がまったく存在していないだけではなく，森林ステップ地帯においても森林は非常に少なく，北斜面にあちこち部分的に小さい森の状態をなしているにすぎない」[14]。

サムボーは，モンゴルをハンガイ，ゴビそして中間草原に分けているが，アルタイ山脈をハンガイ地帯に入れないで中間草原に属させている[15]。これはアルタイ山脈のそうした状態を踏まえた考え方だと思われる。しかし私は，本稿では，同山脈に森林ステップの存在を認める普通の考え方に従っておく。

ゴビ地帯についてサムボーは，ハンガイ山脈とモンゴル＝アルタイ山脈の間のゴビ地帯の山々やゴビ＝アルタイ山脈の主脈やその付近のゴビ地帯に散在する山々を中間草原に含ませている[16]。しかしこうした見解をとる研究者はほとんどいないようだから，この場合も私は普通にこれらの山々をゴビ地帯に含ませることにする。

以上のべたように，ステップは森林ステップ，草原，半砂漠ステップの3つに分けられるのだが，モンゴルには別にハンガイ地帯，草原地帯，ゴビ地帯という分け方があり，上の3つのステップをその中に抱え込む概念となっている。ところで北アジアの遊牧とはステップにおいて営まれる牧畜だから，あたりまえに考えればゴビ地帯の沙漠帯とか，ハンガイ地帯のタイガ帯それに高山帯というのは，遊牧にとって無意味な存在と言うことになる。だが，実際はそれほど単純ではない。

300　第2部　モンゴル史上の諸問題

砂漠は，一般の観念では不毛であるし，本来モンゴルの遊牧というのは，ステップにおいて行われるものだから，この点からも無意味な存在と思われる。だが，例えばアルタイ山脈以南のゴビは砂漠であるが，「サクサウル牧地」その他の牧地が散在しており，駱駝の飼育に適しているとされている[17]。

砂漠と対照的なのが，ハンガイ地帯であって森林ステップ帯と区分されているタイガ帯と高山帯である。このうちタイガは「わが国ではただフブスグル＝アイマクにおいてのみ，トナカイ（цаа бугa，馴鹿）に少しばかり利用されている」[18]とか，「家畜の牧地としての意義は少ない」[19]と述べられ，モンゴルの遊牧に対してもつ価値は小さい。

ところが高山帯はそうではない。すなわち高山帯は「おもに夏にウシ，ウマ，ヒツジ，ヤギの群れに利用するのに適しており，わが全ウシの約30％を占めているサルラク（＝ヤク），ハイナク（ヤクとウシの雑種）は，高山牧地が多い地方にいる」[20]とか，「主として夏季に家畜にとって適当だが，1年中利用してよい」[21]とされているからである。牧地として大いに有用だと言える。

こうみてくると，ステップの通常の分類の仕方に基づく森林ステップ，草原，半砂漠ステップのみをモンゴルの牧地として取りあげ，この3種のステップにおける遊牧のみを検討し，あるいは相互に比較するだけでは，モンゴルの遊牧の実態を包括的に捉えるには不十分だということになる。もとよりこれらの概念は有用である。だがモンゴルの牧畜書に，モンゴルの牧畜法の地域性その他について述べる場合，今でもハンガイ地帯，草原地帯，ゴビ地帯という用語をよく使っているのは，これらの言葉のほうがモンゴル各地の牧地をより包括的に把握し得るからであろう。

私は，このような理由から，以下の考察を進めるのに，モンゴルの牧地を基本的にハンガイ，草原，ゴビの3地帯に分ける方法に従い，必要な場合にのみ森林ステップ，草原，半砂漠ステップという言葉を用いることにしたい[22]。

ついでながら，モンゴルの地理概念としてゴビという言葉はよく知られている。それに比べると，ハンガイという言葉はあまり知られていない。山脈名としてのハンガイも，どちらか言えば，アルタイ山脈に比べれば知名度が低い。しかしハンガイというのは，ハンガイ山脈を中心としたモンゴル北部の広大な山岳丘陵地帯が所持する多様な地理的特徴をみずからの内に含む伝統ある言葉である。それは山岳地帯だが，単なる山岳地帯ではない。ゴビにも山岳はある。だがゴビというのは「植物の丈が短く，〔生え方が〕疎で，森林および流水が乏しく，砂と小石が多い土壌をもち，タルバガン（ステップ＝マーモット）の住みついていない草原」[23] であるのに対して，ハンガイには前述のとおり，良好な気候と軟らかい土壌，豊かな水と草，森林があり，それらに覆われた山岳地帯なのである。ハンガイはゴビとともに，モンゴルの代表的な地理地帯を表す重要な言葉であり，複雑な語義をもつ故に，別の言葉に置き換えることの難しい極めてモンゴル的名言葉であると思う。しかもこれからの考察によって明らかにするように，ハンガイはモンゴルにとって非常に重要な地帯である。私はこれらの理由によって，このハンガイという言葉をゴビ以上に称揚し，ゴビと同様にモンゴル語そのままの形で使うべきであることを強調しておきたい。

　なお，上述したことからわかるように，モンゴルの森林ステップは山岳的地形と不可分の関係にある。従って，それは山岳森林ステップと称するべきものである[24]。そしてこの山岳森林ステップがハンガイの主体をなしているのだから，そのもつ意義はきわめて大きいと言わなければならない。

3

　モンゴルの各地帯の牧地としての条件，特徴について，以下に具体的に検討する。

　雨量については，ハンガイ地帯は年間 300 ㍉，草原地帯は 150-200 ㍉，ゴビ地帯は 100-150 ㍉，ヘンテイ山脈中央部で 500 ㍉に至る[25]。最近の研究で

302　第2部　モンゴル史上の諸問題

はハンガイ地帯や草原地帯の降雨量はこれより多いようである。最近の牧畜
書に記されている各季節の降水量から，そのことがうかがわれる。すなわち
冬は年間降水量の5％〜10％が降る。冬は言うまでもなく雪が降り，積雪
量は平均5〜10cmである。山岳で15cm以上，森林ステップで10〜15cm,
草原地帯とゴビ地帯で10cm以下，春は冬より相対的に多く，4月には山岳
地方で15〜18㍉，森林ステップで10〜15㍉，南部で5㍉以下，5月には
山岳で25〜30㍉，森林ステップで15〜30㍉，ゴビでは15㍉以下，夏は
山岳地方で300㍉またはそれ以上，森林ステップで250〜300㍉，草原地帯
で150〜250㍉，ゴビ地帯で100から150㍉，若干の土地では100㍉以下で
ある。秋はモンゴルでは短く，1ヶ月余から2ヶ月程度であり，しかもこの
間降雨は稀である[26]。

　以上からわかることは，まずモンゴルでは雨量は圧倒的に夏が多いという
ことである。4月から10月にかけて年間降水量の85〜90％が降り，7月と
8月だけで50〜60％が降る[27]。このように草の最も盛んな成長期に年間雨
量の大半が降るということは，乾燥地帯にあるモンゴルの牧地にとって大変
好都合だと言えよう。

　だがモンゴルでは，春に暖かくなってきても大気が非常に乾燥して風が多
く，そして急に寒くなるということが，大体6月が終わるまでときどき起こ
るので，牧地の草の生えることが遅れるという特徴がある。春，草の生え出
す頃に雨が少ししか降らないと，春夏に旱魃になるという事態を引き起こす
危険がある[28]。

　つぎに，降水量の地域差が著しいということがわかる。すなわちハンガイ
地帯の雨量が圧倒的に多く，草原地帯がそれに次ぎ，ゴビ地帯の雨量はハン
ガイ地帯のそれの半分から3分の1以下に過ぎない。この雨量の著しい差が
各地帯の草の生育に大きな影響を与えることは言うまでもない。

　降水量とともに植生に重要な関係があるのは土壌である。ハンガイ地帯の
土壌は他の地帯の土壌に比べて肥沃であり，草原地帯がこれに次ぐという。

すなわちハンガイ地帯は起伏が著しく，山の北麓の湿気の多い土地は腐蝕土類が多く肥沃な黒色土，黒褐色土が豊かであり，一方山の南斜面側は褐色土が中心をなす。南斜面側の若干の裾および広大な乾燥した谷には小砂利石の混ざった土壌がある。ハンガイ地帯において最も広い場所を占めている土壌は褐色土であるとされる[29]。これに対して草原地帯は北部で肥沃な褐色土，若干の土地では黒褐色土が支配的であるのに対し，南部では肥沃さがやや少なく，砂利石の多い明るい褐色の土壌が中心をなす。同地帯の基本的な土壌の間にあちこち，特に窪地にゴビの灰色土，ソーダ類が豊かに存在するとされる[30]。ゴビの半砂漠ステップに散在するゴビの灰色土は腐植土が少なく，通常ソーダを含有して質が悪く雪花石膏がなく，砂利石がほぼ密に表面を覆っているという特徴がある。そして窪地にはソーダの涸池類やソーダを含有した土壌が多いほかに，砂丘がかなり多い。砂漠は白褐色土地帯となる。ここには褐色と黒色の砂利石の砂漠が数十キロメートルも続く。モンゴルの砂漠の特徴は砂丘が少なく砂利石によって覆われていることであるとされる[31]。

　以上のように降水量が豊かなだけでなく，土壌も肥沃なため，ハンガイ地帯の植物の種類，植物の収穫量は，草原地帯，ゴビ地帯より優っていることになる[32]。植物の種類の問題については本稿では省略し，草の量についてみると，1アールあたり，ハンガイ地帯では400〜500 kg，ゴビ地帯では50〜200 kgないし100〜200 kgとされている[33]。ソ連のユナトフの調査では，高山帯のある地方ではヘクタール当たり400〜500 kg，山岳森林ステップ帯内の山岳草原牧地（国土の15％を占める）では500〜700 kg，草原地帯では200〜400 kg，半砂漠ステップ帯の多くを占める牧地では100〜200 kg，砂漠帯の主要な牧地では200〜300 kgである[34]。

　わが国研究者のモンゴル学術調査の結果によると，ハンガイ地帯に属するハルホリン付近の牧地3箇所の植物の現存量（地上3 cmの高さで刈り取った植物の重量）は生重量でヘクタール当たり2000 kg，6000 kg，8800 kg，ウムヌゴビ＝アイマクのボルガン付近の牧地2箇所のそれは，800 kg，1700 kgで

あった。ハルホリンの植物の現存量 6000 〜 8800 kg は，わが国の野草地に比べて劣らないという[35]。

ハンガイ地帯には，モンゴル人民共和国の草刈り場の 80 ％がある[36]。

このように牧地の草の量はハンガイ地帯が圧倒的に多く，草原地帯，ゴビ地帯へと移るに従って減少し，ゴビ地帯はハンガイ地帯の半分以下に落ちるという結果になっている。このことはこれらの地帯で飼育する家畜頭数に当然関係するのだが，その問題については，のちほど述べることにする。

4

ハンガイ地帯は，雨量，土壌の点で恵まれ，その結果草の量が他の地帯に比べて圧倒的に多いとすると，これら草原地帯とゴビ地帯とりわけ草の量が少ないゴビ地帯は，ステップとして劣悪だとみなされるかも知れない。事実，ゴビは不毛だというのが多くの人びとの抱く考えであろう。

だが問題は，それほど単純ではない。というのは，牧地というものは，草の量だけで評価され尽くすものではないからである。

たとえば草の栄養の問題がある。モンゴルでは北から南へ行くにつれて植物は生え方は疎となり丈が短くなるが，それに反比例して栄養は北から南へ行くにつれてよくなる。従ってゴビの草は 3 つの地帯のうち最も質がよいということになる。ただし，冬の枯れ草に保存されている栄養については青草の場合と異なり，草原地帯の草が最も優っているとされる[37]。

ハンガイ地帯とゴビ地帯の生草の栄養については，最近わが国の研究者も分析しており，その分析結果は，以上のモンゴル側の考えを実証するものとなっている。すなわちハンガイ地帯に属するハルホリン付近で採取した草 (Triticum aestivum, Aneurolepideumu chinense, Stipa gradis, Stipa siberica, Agropron cristatatum, Silene repens, Artemisia glauca)，ゴビ地帯の半砂漠ステップで採取した草 (Avena sativa, Bassia dasyphylla, Artemisia pectinata と Allium sp.)，そして参考のために日本の宮崎県の草 Avena sativa, Imperata cylindrica japonica, Pleioblastus distichus, Agropyron tsukushience, Pharalis arundinacea, Erigeron canadensis) のそれぞれの栄養価を分析し，それに基づいて3地域の草の平均栄養価を出した。今，その3地域の草の平均栄養価をハンガイ，ゴビ，宮崎の順序に並べて記すと，総エネルギー（Cal/g DM）は 4680，4736，4573，消化率（DM digestibility）は 80.0 %，81.6 %，77.0 %，無機成分については，カルシウムは 1.04 %，2.21 %，0.59 %，マグネシウムは 0.29 %，0.54 %，0.18 %，リンは 0.24 %，0.24 %，0..30 %，カリウムは 1.88 %，2.40 %，2.06 %，硫黄は 0.18 %，0.39 %，0.15 %である[38]。ゴビの草はハンガイ地帯のそれに比べて，総エネルギー，消化率がまさり，無機成分の含有率もリンが同じであるだけで，他の物質はすべてまさっていることがわかる。

　草の質以外にホジル（qujir）という家畜用の塩[39]の点でも，ゴビ地帯は他の地帯に比べて優位を保っている。ホジルには 17 ～ 18 種類の元素が含まれており，ナトリウム，カリウム，マグネシウム，鉄，マンガン，銅など，家畜に必要な元素や塩化ナトリウム，塩素酸カリウム，硫酸カルシウムなどの塩が含まれており，家畜をよく育てよく太らせ，その生産物を豊かにし，厳しく困難な時期に家畜の体力を安定させて守るのに不可欠なものだが[40]，それが北から南に行けば行くほど多い。つまりゴビに最も多いのである[41]。

　要するに，確かに草の量はハンガイ地帯が最も豊かであり（水については述べなかったが，水は言うまでもなくハンガイ地帯が最も恵まれている），草原地帯，ゴビ地帯へ行くにつれて乏しくなるけれども，このことをもって直ちに草原地帯，ゴビ地帯を牧地として全面的にハンガイ地帯に劣るとすれば，それは不当である。というのは，草の栄養とかホジルの豊かさといった点では，逆にゴビ地帯が最も優っており，草原地帯，ハンガイ地帯へと行くにつれて劣るからである。

306　第2部　モンゴル史上の諸問題

5

　家畜と牧地のかかわりについて見てみたい。

　モンゴルの基本的な家畜は5種類である。ヒツジ，ウマ，ヤギ，ウシ，ラ
クダがそれである。今，各家畜について，ハンガイ，草原，ゴビの3地帯で
の飼育割合をみると，つぎのとおりである。

　ヒツジは，ハンガイで 38.9 %，草原で 38.7 %，ゴビで 22.4 %。ウマはハ
ンガイで 32.8 %，草原で 36.8 %，ゴビで 30.4 %。ウシはハンガイで 56 ～
60 %，草原で 22 ～ 28 %，ゴビで 16 ～ 18 %。ヤギはハンガイで 28 %，草
原で 21 %，ゴビで 50 %（合計 100 %にならない）。ラクダはゴビで 70 ～
75 %だとされる[42]。

　以上の割合を見ると，各地帯で最も同じように飼育されているのはウマで
あることがわかる。このためウマはいずれの地帯にも適当な家畜だとされ
る[43]。ただしウマはどの地域においても乗用，そして家畜の世話に不可欠で
あるから，あまり地域差がない状態になっていると考えられる。ただ各地帯
の全国土に対する面積の割合から考えると，草原地帯においてやや密度が高
いということは言えよう。ヒツジはゴビ地帯において少ないけれども，ゴビ
地帯の3分の1が砂漠であることを考えれば，その不均等さは少し大目にみ
ることが許されよう。

　ヒツジとウマに比べて，ウシ，ヤギ，ラクダは地域的な片寄りが目立つ。
ウシは，ハンガイ地帯に圧倒的に多く，草原地帯，ゴビ地帯へと移るにつれ
て少なくなることがわかる。ハンガイ地帯の気候が湿潤で，丈が高い豊かな
草があり，水が豊富であることなどの特別の環境が，牛群を飼育するのに最
も向いているのである[44]。

　ヤギはゴビ地帯に約半分がいる[45]。ゴビ地帯にアルタイの山岳地域を加え
た部分にモンゴルのヤギの約 70 %が飼われているという[46]。ラクダは大半
がゴビにいる。ハンガイ地帯ではラクダはその全家畜の 1.2 % ～ 1.3 %を占

めているに過ぎないのに対して，ウムヌゴビ＝アイマクではその全家畜の11 〜 15.8 ％近くを占めているとされる[47]。

　以上述べたことからわかることは，まずモンゴル人の飼育する家畜に地域性のあることである。モンゴルの遊牧は，5種類の家畜を飼育する牧畜であるが，モンゴルのいずれの地帯においても，これらの家畜が均等に飼育されているのではない。ゴビ地帯にはヤギとラクダがきわめて多く，ハンガイ地帯には牛が圧倒的に多い。このような各地帯における分布割合の不均等さは，結局各地帯におけるそれらの家畜の飼育の適，不適の反映である。つまりウシはハンガイ地帯において最も飼育に適しており，ヤギとラクダはゴビ地帯において最も飼育に適しているということを意味している。

　ここで私は，ゴビ地帯には他の地帯より飼育に適している家畜が2種類あることに注目したい。すでに前節で私は，ゴビ地帯は草の質，ホジルなどの点ですぐれており，それを不毛とする考えが不当であると指摘した。さらにこのヤギとラクダの2種類もが他の地帯に比べてゴビ地帯において飼養に適しているというのであれば，ゴビは消極的に不毛でないということを主張するにとどまらず，積極的に，他の地帯とはまた異なったゴビ地帯に特有の遊牧の特徴といったものの存在すらも認められるということになろう。

　一方，ウシが他の地帯より圧倒的に多いハンガイ地帯の遊牧についても，同様に他の地帯とは異なる遊牧の地域性，特徴を認めることができるであろう。

　飼育している家畜に差異があり，それらを飼養する遊牧に差異があるとすれば，その差異に基づくその他のさまざまな面での差異の存在の可能性もまた考えられるであろう。もとよりモンゴルにはハンガイ地帯とゴビ地帯に顕著に見られる地域性以外の地域性も認められるが，今，私が指摘したこの地域性は重要な部類に属するはずである。もっともその具体的な側面の究明は，私にとって今後の研究課題として残されているのであって，今はただその地域性の根本を指摘したにとどまる。

308　第2部　モンゴル史上の諸問題

　ウシ，ヤギ，ラクダに比べて，ヒツジとウマの地域差はすでに述べたように
にあまり顕著ではない。すなわちヒツジとウマは，モンゴル全域に割合均等
に分布しているということを意味する。このことは結局，ヒツジとウマはモ
ンゴルの遊牧において，いずれの地域でも平均して一定以上の意味をもって
いることを示すものである。モンゴルの遊牧においてヒツジとウマは基本的
な家畜とみられるが，以上のようにみてくると，確かにそれらが基本的家畜
であるにふさわしい資格を備えていることを知るのである[48]。しかもヒツジ
は，量的にも他の家畜に比べて圧倒的に多く，この点でも基本的家畜として，
しっかりした立場をもっている。モンゴルにおいてヒツジは，全家畜の
60％程度を常に占めているのである[49]。先に私は，モンゴルの遊牧に，大
きく2つの地域性が認められるだろうと述べた。今，ヒツジと馬について以
上のようにみてくると，その地域性というのは，一般的にヒツジとウマを基
本的な家畜として飼育しているその基礎の上に，ウシ，ヤギ，ラクダといっ
た地域性の強い家畜が加えられるという形のものであることがわかる。こう
したモンゴルの遊牧における飼養家畜のありかたは，モンゴルの自然環境に
著しい変化がなく，遊牧方法にも顕著な変化が生じていないとすれば，かな
り遡った時代のモンゴルの遊牧さらにそれ以前の北アジア遊牧諸族の遊牧に
おいてもそのまま認められたものとすることができるかもしれない。

6

　私は，前章で各家畜について3地帯における分布割合をみた。今，それら
を具体的な頭数に還元してみるとどうか。

　先に引用した分布割合は，1966年出版の文献に記されていたものなので，
その直前の1965年の家畜頭数に基づいて，当該問題を考える。

　1965年のモンゴルの家畜総数は2383万4600頭[50]，うちヒツジは1383万
8000頭，ウマは234万2600頭，ウシは209万3000頭，ヤギは478万6300
頭，ラクダは68万4700頭であった[51]。従ってヒツジは，ハンガイに538万

2982 頭, 草原に 535 万 5306 頭, ゴビに 309 万 9712 頭, ウマは, ハンガイに 79 万 7893 頭, 草原に 89 万 5197 頭, ゴビに 73 万 9510 頭, ウシはハンガイに 117 万 2080 〜 125 万 5800, 草原に 46 万 0460 〜 58 万 6040 頭, ゴビに 33 万 4880 頭〜 37 万 6740 頭, ヤギはハンガイに 134 万 0164 頭, 草原に 100 万 5123 頭, ゴビに 239 万 3150 頭, いる。ラクダはゴビに 47 万 9290 頭〜 51 万 3535 頭いるが, 他の地帯の割合がはっきりわからないので, それらの地帯の頭数を算出することは避けておく[52]。しかしラクダについてはっきりわからないとしても, その総頭数自体, 他の家畜に比べてきわめて少なく, しかも極度にゴビに集中しているので, ハンガイ地帯, 草原地帯の家畜総数にそれほど大きな影響を及ぼすことはないと言えよう。

　ともかく各地帯の家畜総数は, ハンガイは 869 〜 878 万頭 + α, 草原は 772 〜 784 万頭 + α, ゴビは 657 万〜 712 万頭となる（ + αとはラクダの頭数, ハンガイ, 草原両地帯のラクダは合わせて 20 万頭前後である）。これらの数字から, ハンガイ地帯の家畜数が最多で, 草原地帯がそれに次ぎ, ゴビ地帯は最少であることがわかる。

　ただし家畜には, 大型, 小型の違いがあるから, その違いを無視して一律に頭数を計算しても各地帯の家畜頭数を比較することには問題がある。モンゴルにはウシとウマを単位家畜として他の家畜を評価する方法があるけれども, その換算係数が種々の条件によって変化し幅があるので, 単純にこの方法に従うわけにもいかない[53]。ただ言えることは, ラクダは換算係数が高く牛馬の 2 倍程度であるので, ラクダが多いゴビ地帯は実質頭数が増える一方, ヤギは換算係数が最低なので, それが最も多いゴビの実質家畜数は減少する。いずれにしても, ハンガイ地帯の実質家畜頭数は, 他の地帯のそれより一段と多い。草原とゴビの実質家畜頭数の順位は換算係数の具合によって入れ替わることもあるが, ゴビの面積の広大さを割り引けば, やはり草原帯の実質家畜頭数が多いということになると思う。だがそれにしても, ゴビ地帯が家畜頭数の点でも想像以上に多いことに驚かされる。そしてこのことはその牧

地の質の高さという点そしてゴビに適した家畜の存在という点とも絡み合って，ゴビ地帯に対する認識を改めるべきことを，私たちに迫っているように思われる。

さて家畜の数量という点で何と言っても，他の二つの地帯をおさえているのがハンガイ地帯である。このことは結局，モンゴルの遊牧の重心はハンガイ地帯にあるということを示している。遊牧の重心がハンガイ地帯にあるということは，遊牧経済が国民経済にとって圧倒的な比重を占めているモンゴルという国において，その経済の重心がハンガイ地帯にあるということになる。かつて遊牧経済がもっと重要であったころは，経済的重心としてのハンガイ地帯のもつ意義はさらに大であったに違いない。

7

私がモンゴルのステップおよびステップと家畜のかかわりを考究してきたのは，モンゴルの遊牧ひいてその遊牧社会を理解するためであることは，すでに述べたとおりである。ハンガイ地帯が遊牧経済にとって重要な地位を占めているという事実は，その意味で注目すべきことであると言えよう。このことと，北アジアに覇を唱えた遊牧諸族の多くがその根拠地をハンガイ地帯の一郭に置いてきたこととは，当然関係あると思われるからである。

ハンガイ地帯のなかでも，この問題との関連で最も注目されるのが，ハンガイ山脈北麓を中心とした同山脈の中央部と東部の一帯である。周知のように，この地域を流れるオルホン川の上流域には突厥，ウイグルそしてモンゴル帝国の中心が置かれた。オルホン川上流域は，まさに北アジア遊牧諸族にとって要の地となってきた場所である。このオルホン川上流域を含むハンガイ山脈中央部と東部は，豊かなハンガイ地帯のなかでもまた一段と豊かであることが指摘できるのである。

ハンガイ山脈の中央部と東部というのは，アルハンガイ＝アイマクとウヴルハンガイ＝アイマクにほぼ含まれる。アルハンガイ＝アイマクはその全域

がハンガイ山脈北麓の純ハンガイ地帯に属し，ウヴルハンガイ＝アイマクは
その南半分以上が草原とゴビの両地帯にわたっているが，その北半分はハン
ガイ地帯に属している[54]。この二つのアイマクは他のアイマクに比べると，
格段に豊かなのである。今，そのことを具体的に説明してみる。

　わが国では 1934 年当時のモンゴル人民共和国のアイマク別の家畜頭数，
同密度，および人口密度について興味ある分析がなされている。当時の行政
区画は今とは異なり，アルハンガイ＝アイマク一つでハンガイ山脈北麓の中
央部と東部の全域をほぼ占めていた（現在の行政区画に基づいて言うと，ア
ルハンガイ＝アイマクに，ウヴルハンガイ＝アイマクの北部，ボルガン＝ア
イマクの南部，フブスグル＝アイマクの南部の一部を加えた範囲）。従って
アルハンガイ＝アイマクの情況についてだけみると，基本的な家畜であるヒ
ツジとウマ，それにハンガイ地帯に最も適当する家畜家畜であるウシの平方
km 当たりの密度は，それぞれ 23,698 頭，27,728，4,880 頭であって，ともに
当時の他の全アイマク中第一位を占め，それぞれの第 2 位のアイマクの密度
16,456 頭（オヴスノール＝アイマク），2,229 頭（トゥブ＝アイマク），2,542
頭（トゥヴ＝アイマク）をともに引き離しているのみならず，ヤギの密度も
オヴスノール＝アイマクについで僅差で第 2 位であり，5 種類の家畜全体の
密度は 37,016 頭で第 2 位の 25,815 頭（オヴスノール＝アイマク）を圧倒し
ている[55]。

　こうした状態は，近年においても変わることがない。まず基本的家畜のヒ
ツジとウマについてみると，ヒツジは或る書物には 100 ヘクタールあたり
15 から 7 頭という最高の密度を示している地域はボルガン，アルハンガイ，
ウヴルハンガイ，バヤンウルギーの 4 アイマクとされ[56]，或る書物には 100
ヘクタール当たり 11.3 〜 15.7 頭の最高密度を示しているのは，バヤンウル
ギイ，ホヴド，オブス，ザブハン，アルハンガイ，ウヴルハンガイ，ボルガ
ンの各アイマクだとされ[57]。また或る書物には 100 ヘクタール当たり最高密
度を保つ地域としてアルハンガイ，ボルガン，ザブハン，オブスの各アイマ

312 第2部 モンゴル史上の諸問題

クが挙げられている[58]。

　ウマは，ある書物には100ヘクタール当たりの密度が濃いのはアルハンガイ，トゥヴ，ウヴルハンガイ，ヘンテイ，ボルガンの諸アイマクだとされ[59]，ある書物にはウマの大多数はウヴルハンガイ，トゥブ，ドントゴビ，ヘンテイ，バヤンホンゴル，ザヴハンなどのアイマクにいるとされている[60]。

　ハンガイ地帯に多いウシについてみると，100ヘクタール当たり4.5頭という最高の密度を誇るのはアルハンガイ＝アイマクであり，ついで3.9頭のフヴスグル＝アイマク，ついでヘンテイ＝アイマク，そのあとにトゥヴ，ザヴハン，ウヴルハンガイ，ボルガン，ドルノトが位置するとされる[61]。

　以上のような情況は，ごく最近においてもまったく変わることがない。今，手もとにある資料によって，100ヘクタールの面積で飼育する頭数の多いアイマクを，各家畜について1位から6位まで順に並べてみると，つぎのとおりとなる（カッコ内の数字は頭数）。1973年については，

ヒツジ

　・1973年　①フヴスグル 16.79，②ウヴルハンガイ 16.43，③アルハンガイ 16.34，④バヤンウルギー 14.89，⑤ザヴハン 14.61，⑥ボルガン 13.17

　・1976年　①ウヴルハンガイ 18.21，②アルハンガイ 16.20，③ザヴハン 15.20，④バヤンウルギー 13.74，⑤オヴス 13.28，⑥ボルガン 12.26

ウマ

　・1973年　①アルハンガイ 3.38，②ウヴルハンガイ 2.92，③ドントゴビ 2.09，④ボルガン 1.97，⑤トゥヴ 1.96，⑥ヘンテイ 1.91

　・1976年　①アルハンガイ 3.39，②ウヴルハンガイ 3.10，③ドントゴビ 2.30，④トゥヴ 2.05，⑤ボルガン 1.97，⑥ヘンテイ 1.94

ウシ

　・1973年　①アルハンガイ 4.23，②ウヴルハンガイ 2.693，③ボルガン 2.685，④フヴスグル 2.32，⑤ヘンテイ 2.16，⑥トゥヴ 2.20

　・1976年　①アルハンガイ 4.50，②ウヴルハンガイ 3.10，③ボルガン 3.00，

④フブスグル 2.43，⑤ヘンテイ 2.38，⑥トゥヴ 2.20

であり[62]，アルハンガイ，ウヴルハンガイの両アイマクがヒツジ，ウマ，ウシの3種類の家畜の密度において，ともに最上位を占めていることがわかる。

一方，この3種類の家畜にヤギとラクダを加えた全種類の家畜の密度についてアイマク別にみてみると，1973年は①ウヴルハンガイ 27.51 頭，②アルハンガイ 27.12 頭，③バヤンウルギー 25.63 頭，④オヴス 25.19 頭，⑤ザヴハン 22.09 頭，⑥ホヴド 22.05 頭[63]，1976年は，①ウヴルハンガイ 30.40 頭，②アルハンガイ 27.10 頭，③バヤンウルギー 23.96 頭，④ザヴハン 22.78 頭，⑤ホヴド 21.07 頭，⑥オヴス 20.52 頭であり[64]，やはりウヴルハンガイ，アルハンガイの両アイマクが最上位を占めている。ウシ，ウマを単位家畜としてそれ以外の家畜に対してしかるべき換算係数を用いて実質家畜頭数を算出して比較すれば，ウシ，ウマの密度が大変高いアルハンガイ，ウヴルハンガイの両アイマクの総家畜密度は，3位以下のアイマクのそれを断然引き離すであろう。

その土地の遊牧生産力を最もよく表す家畜密度の点で上位を占めているアイマクは，アルハンガイ，ウヴルハンガイはもとより，ザヴハン，バヤンウルギー，ホヴド，オヴスなどもみな，ハンガイ地帯に属しているか，またはハンガイ地帯を広く含むかしているアイマクである。このことから，ハンガイ地帯の生産力の優れていることを改めて知ることができるのであるが，その中にあっても，ハンガイ山脈中央部，東部のアルハンガイとウヴルハンガイの両アイマクが一頭地を抜いていることが確認された。まさにハンガイ山脈中央部と東部は，モンゴルのなかで最も遊牧生産力が高いのである。

しかも遊牧以外の狩猟，林産の点でも，この地方は恵まれているとの指摘がある。優れた森林ステップであるこの地域が林産に恵まれていることは当然である。狩猟については，モンゴル全体のなかでこの地域がどの程度の地位をしめているか，私はまだ結論を出していない。だが草が良好である以上，上位につくだろうと考えている。「この地方は山岳と平原とが交じる適度の

314 　第2部　モンゴル史上の諸問題

水質に恵まれた高原地帯で，森林，沃野は牧畜の定住経営に絶好の条件を供
与するのみならず，狩猟業，林業も多角的に営まれ，外蒙中産業的価値最も
高き地方である」という見方は，一部の表現を除いて，全面的に肯定でき
る[65]。

　多分，このような情況は，かつてあまり変わることがなかったであろう。
だからこそ，突厥，ウイグル，モンゴルなどの強大な遊牧諸族は，この地方
にその最大の根拠地を置いたのに違いない。ちなみに突厥のオルホン碑文の
あるホショ＝ツァイダムとウイグル国の首都オルドゥ＝バリク（ハルバルガ
ス）は，アルハンガイ＝アイマクに属し，モンゴル帝国の首都ハルホリンは，
ウヴルハンガイ＝アイマクに属している。

　私は，このように卓越した生産力をもつ場所であることが，ハンガイ山脈
のこの地域に有力な遊牧諸族があいついで引き寄せられてきた大きな理由で
あると考える。ただし，ここにふたたび「オルホン川上流域を含むハンガイ
山脈中央部と東部は豊かなハンガイ地帯のなかでもまた一段と豊かである」
という一文を記したい。この一文で私が強調したかったのは，突厥，ウイグ
ル，モンゴルの最大根拠地が置かれたオルホン川上流域は経済的に恵まれて
いるとしても，その後背地としてモンゴルで最も肥沃なハンガイ山脈の中
部・東部の豊かな広がりがあるということによって一層価値あるものとなっ
ているということであり，このハンガイ山脈の中部・東部はさらにザヴハン，
ボルガンその他のモンゴルで最上級の経済力と最大の広がりを誇るハンガイ
地帯に囲まれているということによって，その豊かさにおいて奥行きと広が
りがあるものとなっているということである。つまり私は，あくまでも生産
力が優れているハンガイ地帯というものの広がりの上に，このオルホン川上
流域そしてハンガイ山脈の中部と東部を置いて，そのもつ意義というものを
理解しなければいけないと考えるのである。

追記　本稿は，早稲田大学文学部東洋史研究室編，1980 年 9 月，『中国前近代史研究』に

掲載された拙稿「北方遊牧民社会の基礎的研究—モンゴルのステップと家畜」に，若干手を加えてまとめたものである。

注

1) Даш, М. нар, 1966, *Монгол орны билчээрийн мал маллагааны арга туршлага*, Улаанбаатар, pp. 10-23.

2) Sambuu, Ĭ., 1945, Mal aju aqui, degere yaɣakiju ajillaqu tuqai arad tu ögkü sanaɣulɣa surɣal, Ulaɣanbaɣatur, p. 11.

3) Цэвэл, Я., 1966, *Монгол хэлний товч тайлбар толь*, Улаанбаатар, p. 657, "хангай". Lessing, F.D., 1960, *Mongolian-English Dictionary*, University of California press, Berkeley, p. 928, "xangɣai", p. 228.

4) トモルトゴー，D. 著，小澤重男・蓮見治雄編・訳，1979，『現代蒙英日辞典』，開明書店，639頁，"Хангай".

5) 穆尓札也夫著　楊郁華訳，1958，『蒙古人民共和国』，生活・読書・新知三聯書店，260頁（Мурзаев, Э. М., 1952, *Монгольская народная республика*, Москва., p. 260）。なお Даш, М. нар, 1966, p. 10 には，総計 32.2 % としている。また本稿脱稿後に入手した Юнатов, А. А., 1976, *Бүгд найрамдах Монгол ард улсын ургамлан нөмрөгийн үндсэн шинжүүд*, Улаанбаатар によると，Мурзаев, Э. М. の書を利用しているけれども，それとは異なる記述も見られる。例えば，森林ステップ帯（Юнатов, А. А., 1976 にはこれを山岳ステップ森林とか森林山岳ステップとか，あるいはまた山岳草原地帯などとも記している）は 25.1 % を占め，半砂漠ステップ地帯は 27.2 % を占めているとしている。なお，本文中の「モンゴル人民共和国の植物地帯概要図」は，Юнатов, А. А., 1976 の書の p.53 に掲載されている第 7 図を手直しし，かつ和訳したものである。

6) Даш, М. нар, 1966, *Арга туршлага*, p. 15.

7) 穆尓札也夫，1958，260頁。

8) 脱稿後，未見の文献 Юнатов, А. А., 1976, *Бүгд найрамдах монгол ард улсын ургамлан номрогийн үндсэн шинжүүд*", Улаанбаатар. を入手できた。この文献は，すでに，先に引用した。

9) フランソワ＝ブリエール著，波部忠重訳，1975，『ユーラシア』（ライフ大自然シリーズ 19），タイムライフブックス，110頁。

10) *Монгол орны физик газарзүй*, 1967, p. 282.

11) *Монгол орны физик газарзүй*, 1967, p. 283.

316 第2部 モンゴル史上の諸問題

12) *Монгол орны физик газарзүй*, 1967, p. 283.

13) *Монгол орны физик газарзүй*, 1967, p. 282.

14) *Монгол орны физи кгазарзүй*, 1967, pp. 283-284.

15) Sambuu, J̌., 1945, p. 14.

16) Sambuu, J̌., 1945, 前掲書, pp. 14-15.

17) *Малчын санамж бичиг"*, Улаанбаатар, 1978, pp. 88. 及び Юнатов, А. А., 前掲書, pp. 41

18) *Арга туршлага*, 1966, p. 15.

19) *Малчдьн санамж бичиг*, 1978, p. 83.

20) Арга *туршлага*, 1966, p. 12.

21) *Малчдьн санамж бичиг*, 1978, p. 83.

22) 近年，モンゴルで出版された牧畜書において，気候条件（夏と冬の気温，積雪量と降水量）に基づくステップの新しい分類を行っている。これは気候について従来より詳しい分析が試みられていて有益であるが，それに基づいてなされたステップ帯の区分には問題があると，私は考える。すなわちここでは気候条件によってモンゴルを①湿潤で非常に涼しい地帯，②やや湿潤で涼しい地帯，③やや乾燥しある程度あたたかい地帯，④乾燥しある程度あたたかい地帯，⑤非常に乾燥してあたたかい地帯の5つに分けてあり，(1)は 1800m 以上の高い地帯（大体は高山帯とタイガ帯），(2)は山岳森林ステップ帯，(3)は草原地帯，(4)は半砂漠，(5)はゴビ地帯にあたるとされる。従って，(1)と(2)はハンガイ地帯，(3)は草原地帯，(4)と(5)はゴビ地帯ということになる。このうち(4)と(5)に問題が多く，気候条件からみて(4)に属するとみたほうが妥当と思われる部分が(5)に属させられており，私としては納得できないので，この考え方を今は採用せず，旧来の区分法に従った（*Малчдын санамж бичиг*, 1978, pp. 28-38 および pp. 301-305 の図(1)～(5)）

23) Цэвэл, Я., 1966, p. 146.

24) 「山岳森林ステップ」という言葉は，すでにユナトフが使用している（Юнатов, А. А., 1968, *Бүгд найрамдах монгол ард улсын хадлан билчээр дэх тэжээлийн ургамлууд"*, Улаанбаатар, p. 38 等）。

25) *Арга туршлага*, 1966, p. 10. また *Монгол орны физик газарзүй*, 1967, では，ハンガイ地帯 300 ミリ，草原地帯 100 ～ 150 ミリ，ゴビ地帯 100 ミリ以下とある（p. 107）。

26) *Малчдын санамж бичиг*, 1978, pp. 25-28.

27) *Малчдын санамж бичиг*, 1978, p. 27.

28) *Малчдын санамж бичиг*, 1978, pp. 26-27.

北方遊牧社会の基礎的研究　　317

29）*Арга туршлага*, 1966, p. 10.

30）*Арга туршлага*, 1966, p. 15.

31）*Монгол орны физик газарзуй*,1967, pp. 239-240.

32）*Арга туршлага*, 1966, p. 10, p. 15, *Малчдын санамж бичиг*, 1978, p. 92.

33）*Арга туршлага*, 1966, p. 10, p. 20. なお *Малчдын санамж бичиг* 1978, pp. 82-92 には，モンゴルの牧地を草木，地形によって多数に分類し，各牧地の草量を記してあるが，それらの牧地をハンガイ，草原，ゴビの３地帯のいずれかに配分することは難しいので，本稿ではその資料を利用しなかった。

34）Юнатов, А. А., 1968, pp. 35-37.

35）三秋尚「モンゴルの牧地について」，『日本モンゴル学会会報』8, 1977 年，p. 39. Miaki, T., Grasslands in Mongolia and their utilization", *Secondary Report on Mongolian Studies*, 1976 edited by Toshitake Nakae, Faculty of Agriculture, Okayama University, 1978, pp.13-14.

36）*Арга туршлага*, 1966, p. 10.

37）*Арга туршлага*, 1966, p. 9, pp. 16-17.

38）Miaki, T., 1977, Table 4, Table 5.

39）ホジルとは「ステップに生じるアルカリ性の多い結晶体，白色」（Цэвэл, Я., 1966, p. 724）とか「Salt marsh: soda......」（Lessing, F., 1960, p. 994.）とあり，ソーダのことを指すが，家畜用の塩と訳した。

40）*Арга туршлага*, 1966, pp. 52-53.

41）同上，p. 9.

42）ヒツジ以外は，*Арга туршлга*, 1966, pp. 7-8, p. 18, p. 19 の記述に従った。ヒツジについては，同書はゴビ地帯についてのみ全国の 33.9 ％と記し，他の地帯の全国のヒツジに対する割合を何ら記していない（p. 19）。ところでヒツジに関する専門書ともいうべきものに，これについて記したものがあり，妥当と思われるので本文に引用した（*Хонины аж ахуй лавлах*, 1969, Улаанбаатар p. 10）。この書は，"*Арга туршлага*,1966" と出版年次が異なり，基づく資料が異なるかも知れないが，本来こうした割合は短期間で著しく変わるはずがない。両書間にゴビ地帯のヒツジの割合に著しい差異がある。だが，最近刊行された書物において，ハンガイ地帯 39.3 ％（高山帯 9.3 ％，森林ステップ帯約 30 ％），草原地帯 38.3 ％，ゴビ地帯 22.4 ％とあって（*Мал аж ахуйн үндсийн тухай*, Улаанбаатар, 1978, p. 159），*Хонины аж ахуй лавлах* の数字にほぼ一致する。おそらく *Арга туршлга*, 1966 の数字は，何らかの誤りであろう。なお，草原地帯のウシの割合は *Арга туршлга*, 1966 に明記されていな

318　第2部　モンゴル史上の諸問題

いが，ハンガイ地帯とゴビ地帯の割合から算出した。3つの地帯における各家畜の割合は，書物によって相違がある。これは家畜頭数の年々の変化や割合の算出基準の違いによって生じていると思われる。本文に引用した割合は，大体の傾向を知る程度のものと受け取るべきものである。例えば，馬について1970年刊行の書物に，「草原地帯で33.1 %，ゴビ地帯で20.9 %，森林ステップ地帯で15.8 %，高山帯で16.8 %，大湖盆地とゴビ＝アルタイ地帯で12.8 %，それぞれいる」とあり（Сэнгэд, Ц., Мэндсайхан, Д. 等の書いたもの。書名不明。Базаргүр, Д., *БНМАУ-ын мал аж ахуйн хөгжил, байршилтын газарзүйн үндэс*, Улаанбаатар, 1978, p.15 に引用されている。書名不明）。別書には，森林地帯に33 %，草原地帯に36.8 %，ゴビ地帯に30.2 %いるとあり（Шаарийбуу, 1974, Базаргүр, p. 17. に引用されている。書名不明），"*Арга туршлага, 1966*"の記載と似ている。ウシについては，1969年刊行の書物に「森林ステップ帯で28.5 %，草原地帯で25.2 %，高山地帯で12.5 %，ゴビ＝アルタイと大湖盆地地帯で12.5 %，ゴビ地帯で6.7 %」としている。すなわち，ハンガイ地帯で55.6 %，草原地帯で25.2 %，ゴビ地帯で19.2 %ということになる（Үхэр сүргийн бүтцийг зохистой болгон сайжруулах асуудалд, *Эдийн засгийн хүрээлэнгийн бүтээл*, No. 3〔1〕, 1969, Базаргүр, Д., p. 14 所引）。ラクダについては，Моёбуу, Д. は砂漠と半砂漠地域に67.6 %，東部平原地域に約20 %，森林ステップ地帯に約5 %とする（*Мал аж ахуйн эдийн засгийн асуудал*, Улаанбаатар, 1974. Базаргүр, Д., 1969, p. 18. に引用されている。書名不明）。

43）*Арга туршлага*, 1966, p. 8.

44）*Арга туршлга*, 1966, p. 7.

45）ウムヌ・ゴビ＝アイマクは，ヤギの頭数がヒツジのそれより多い唯一のアイマクとなっている。

46）*Мал аж ахуйн үндсийн тухай*, 1978, p. 189.

47）*Арга туршлга*, 1966, p. 8.

48）Ухнаа, Ж., *Хонин сүргийг тогтвортой өсгөж үр ашгийг дээшлүүлэх асуудал*, Улаанбаатар, 1972. Базаргүр, Д., 1978, p. 16.

49）1918年は59 %，1924年は61 %，1930年は66 %，1940年は59 %，1950年は55 %，1960年は53 %，1965年は58 %，1970年は59 %，1975年は59 %（"*БНМАУ-ын улс ардын аж ахуй 1976*", Улаанбаатар, 1977 に基づいて算出）

50）家畜数は1918年から1930年までの間に急増したが，1930年以後現在まで横ばいの状態にある。

51）*БНМАУ-ын улс ардын аж ахуй*, 1976，各家畜の頭数も増減の顕著なものはないが，

北方遊牧社会の基礎的研究　319

1960 年以来ラクダ，ウマは，やや減少し，ウシは増加する傾向にあると言えるかも知れない。

52) Моёбуу, Ж. の説によれば，ゴビ地帯に 67.6 %，東部平原地域すなわち草原地帯の一部に約 20 %，森林ステップ地帯すなわちハンガイ地帯の一部に約 5 %である（Базагүр, Д., p. 18）。だが，この説ではゴビ地帯のラクダの割合が低いし，何よりも不明の地域があるので，ここではこの説を，各地帯の頭数を算出する資料として用いなかった。

53) モンゴル語でこの換算単位はボド（бод）と言われる。ウシとウマは単位家畜だからそれぞれ 1 ボドである。ツェヴェル（Цэвэл, Я.）によれば，「ラクダは 1.5 ～ 2 ボド，……5 から 7 頭のヒツジ，7 ～ 10 頭のヤギがそれぞれ 1 ボド」（*Монгол хэлний товч тайлбар толь*, p. 87）とあることからわかるように，個々の家畜の換算係数に幅があって，実質頭数の算定が難しい上に，換算係数自体，時間の推移にともなって変化している。しかも成畜の 2 分の 1 に評価されている子家畜の問題も加わるのである（『外蒙の自然と畜産』，東亜研究所，1947，49 頁）。

54) Моёбуу, Д. はウヴル＝ハンガイ（南ハンガイ）を草原地帯に属させた（Моёбуу, Д., Основные вопросы развития скотоводства монгольской народной, республики, м. 1962, Базаргүр, p. 21 所引）。だがこの考え方に従うことはできない。ウヴルハンガイの北半分近くは森林ステップであり，そこにウヴルハンガイの中心があるからである。

55) 『外蒙の自然と畜産』，1947，35-43 頁。この書の 1934 年の家畜頭数の資料は，石田喜與司，1941，『蒙古人民和国』中央公論社に基づく。

56) Гунгаадаш, Б., *БНМАУ-ын эдийн засгийн газарзүй*, Улаанбаатар, 1963. Базагүр, p. 10 所引。

57) Пүрэв, Б., *Мах-өөх-ноосны чиглэлийн хонины аж ахуйг хөгжүүлэх асуудалд*, Улаанбаатар, 1968. Базаргүр, Д., 1978, p. 13 所引。

58) Ухнаа, Ж. 1972. Базаргүр, Д., 1978, p. 58.

59) Гунгаадаш, Б., 1963, Базаргүр, Д., 1978, p. 11.

60) Мэндсайхн, Д., 1972, Мал аж ахуйн байршилтын үр ашгийг дээшлүүлэх асуудалд, *Эдийн засгийн асуудал*, No. 3, 1972. Базаргүр, Д., 1978, p. 15 所引。

61) Гунгаадаш, Б., 1963., Базаргүр, Д., 1978, pp. 10-11 所引。

62) 1973 年度のアイマク別のヒツジ，ウマ，ウシの 1 ヘクタール当たりの頭数については，宮地亮一編訳『モンゴル資料集刊第 4 号，モンゴル人民共和国 1973 年度統計資料集』（ビブリオ，1976）の「1973 年度アイマク別家畜頭数」表（22 頁）に基

320 第2部 モンゴル史上の諸問題

づく。また 1976 年度のものについては *БНМАУ-ын улс ардын аж ахуй*, 1976, p. 75 の表に基づいて算出した。

63) 前掲の宮地亮一編訳『モンゴル資料集刊第 4 号』，22 頁の表に基づいて算出した。

64) *БНМАУ-ын улс ардын аж ахуй* 1976, p. 75 の表に基づいて算出。

65)『外蒙の自然と畜産』，1947，32 頁。

15

モンゴル帝国時代におけるモンゴル人の季節移動
―現代の季節移動とモンゴル帝国時代の季節移動―

はじめに

　遊牧民の遊牧の根幹に季節移動がある。モンゴル人の季節移動に関する，最も古い記録は『契丹国志』にある次の文であろう。

　正北，蒙古里國に至る。……耕種なし。弋猟を以て業となす。その居を常とせず。四季ごとに出行し，ただ水草を逐うのみ（正北至蒙古里國，……亦無耕種，以弋猟為業，不常其居，毎四季出行，惟逐水草）。

　この一文は，趙志忠撰『陰山雑録』に基づくと言われる。田村実造が述べているとおり，この書は趙志忠が1041年より前，遼朝にいたころに著したと思われる[1]。つまりモンゴル帝国建国を1世紀半以上もさかのぼった頃に書き残されたものである。ここに「毎四季出行，惟逐水草」とあるのは，その頃モンゴル人が四季ごとに駐営地を替えて移動しつつ遊牧していたことを述べたものとみてよいであろう。

　ウラジーミルツォフは「遊牧民は，欲するところにおもむき，望んだところに宿泊しながら，気ままに自分の自由なステップを放浪する」という，それまで「ヨーロッパの文献においてしばしば見出された見解を，13世紀に書き残されたルブルクの記録に基づいて，「明らかに11〜12世紀においても，モンゴル人は同様のやり方で，一定の行程に従って一定の地域を遊牧した」と述べて，否定した[2]。

　ちなみに，ルブルクは，「タルタル人の各首領は，その支配下の人びとの多寡に応じて，自分の家畜群を放牧すべき場所を知っております。冬にはあたたかい地域へ降り，夏には北方の，より涼しい地域へ昇って行くからです。

322 第2部 モンゴル史上の諸問題

冬，そこに雪が積もっておれば，その雪が水を供給してくれるので，水のない牧地へ家畜を追って行って放牧します。」と述べている[3]。この一文によってウラジーミルツォフが，モンゴル帝国時代のモンゴル人の遊牧を「一定の地域を遊牧した」と考えていたことがわかるのである。

モンゴル人も，みずからの遊牧を恣意的な放浪であったとは，考えていない。ゴンゴルは『モンゴル秘史』に基づいて「12〜13世紀ころのモンゴル人は，家畜の種類に合わせて牧地を選ぶために，自己の遊牧を調和させていた」とか，「家畜の牧地をよく選んで遊牧している」と述べている[4]。

わが国では本田實信氏が「13・14世紀にユーラシアを征服したモンゴル族は，その本土に於いては勿論，占領・支配した中国，中央アジア，南ロシア，イランの地に於いても遊牧民としての生活を維持し，君主は季節的な移動を続けた」と述べ，特にイル＝ハンの冬営地・夏営地について詳述した[5]。これも，当時のモンゴル人が恣意的な移動をしたという考え方と異なる立場に立っている。

それでは，モンゴル帝国時代にモンゴル高原においてモンゴル人が行っていた遊牧とは，具体的にみてどのようなものであったのであろうか。

1 冬営地，夏営地と両駐営地間の移動

この問題について要点を述べたものとして，張徳輝が残したつぎの文が挙げられよう。

「おおむね，夏に遇えばすなわち高寒の地に就き，冬に至れば則ち陽煖薪木得易きの処に趨り，以て之を避ける（大率，遇夏則就高寒之地，至冬則趨陽煖薪木易得之處，以避之）」（張徳輝《嶺北紀行疏証稿》)[6]。

張徳輝は，1247年夏にモンゴルに出発し，カラコルム北方，現在のモンゴルのアルハンガイ＝アイマク（アイマクは県級の行政組織）方面にいたクビライのところに行き，行動をともにすること10ヶ月，その間の見聞に基づいてこの記述を残したのだから，その史料的価値は高い。これによると，

当時のモンゴル人は，夏季には高く涼しい土地に登って過ごし，冬になれば山の南側の暖かさと薪が得やすいところ赴いて暑さ寒さを避けていたことがわかる。そして少なくとも年に２回牧地を替えるために移動していたことがうかがわれる[7]。この移動を季節移動と称しているが，当時クビライはまだ元朝皇帝の位に即いていなかったから，その季節移動のありかたは皇帝のそれではなかった。それ故にその季節移動は，一般モンゴル人の季節移動のあり方を推測し理解するのに役立つのではないかと，思われるのである。

張徳輝の記述と同じようなことは，マルコ＝ポーロによっても述べられている。すなわち「タルタル人[8]は，普通，牛，馬，羊の群れを飼育するために一箇所にとどまることは決してせず，冬は，豊かな草が得られ家畜に適した牧地のある平原や温かい場所で，生活するためにひっこむ。夏は，水や森や家畜を飼うのに適したよい牧草がみつかる山々や渓谷の涼しい場所で生活するために移動する。また涼しい場所では，タルタル人や家畜を悩ますハエやブヨやこの種の生き物がみられないためでもある。そして２ヶ月から３ヶ月の間続けて上に登って行って，家畜に草を食わせる。なぜなら，常に一箇所でたくさんの家畜を飼育するほど十分な草が，決して得られないからである」とある[9]。

これも年２回の季節移動を行っていたように述べている。

マルコ＝ポーロは，この内容の多くを伝聞によって得たと思われるのであるからおおまかな説明にとどまっているが，信頼に値する内容を含んでいると，私は考えている。というのは，この引用文の前後に述べられているモンゴル人の風俗習慣についての彼の話の資料的価値がかなり高い上に，ここで彼が述べていることについても，夏季に生活するという山々や渓谷に「水や，森や家畜を飼うのに適したよい牧草がみつかる」という部分は，モンゴルの山岳地帯の自然を正しく伝えているし[10]，またそのような場所に移ることの理由の一つとして，避けるべき「ハエやブヨやこの種の生き物がみられない」ことをあげている箇所も，夏季の牧場においてハエやブヨの害を避ける

324　第2部　モンゴル史上の諸問題

ことに必ず注意しているモンゴルの遊牧[11] を正しく伝えているからである。ともかくこのマルコ＝ポーロの話からも，当時のモンゴル人が冬は草がよく温暖な平原の牧地，夏は水，森，よい牧草のある涼しい山岳や渓谷の牧地をそれぞれ冬営地，夏営地とし，その両営地の間を往復移動していたことが知られるのである。

　マルコ＝ポーロはまた，大アルメニア地方を支配していたモンゴル人の遊牧についても，同様のことを記している。「夏には全てのタルタル人の全ての軍隊がそこに滞在する。なぜならばこの地方には夏の間家畜に良い牧草があるからである。そしてこの理由でタルタル人は夏の間滞在する。だが冬には，はかり知れないほど降り，そのために家畜が決して生きのびられない雪の非常な寒さのために，そこに滞在しない。そしてこのためにタルタル人は，冬はそこの場所を去り，家畜のためにたくさんの良い牧草地がみつかる温暖な場所を求めて出発する」[12]。

　ここで述べられているのは，モンゴル高原ではなくて，はるか西方の大アルメニア国だが，そこは山岳地帯であるから，高い山脈をいくつか抱えるモンゴル高原と地理的に共通する点もある。マルコ＝ポーロの以上の三つの叙述はともに，モンゴル帝国時代のモンゴル人が，冬営地は低地の温暖な場所に設け，夏営地は山岳の高くて涼しい場所に置き，その両営地の間を季節の変化に伴って移動していたことを示している。ただし，かならず，夏に山の高いところで家畜を放牧し，冬に低いところにある牧地で過ごすのではない。後述するように，地域によって冬の牧地が夏のそれより高い場合がかなりあるからである。

　また，バトゥやその配下のモンゴル人の移動に関するカルピニとルブルクの報告も，注目に値する。まず，カルピニは，「わたしどもはコマン人の土地をまっすぐ横切って旅しましたが，そこは平坦で，ここには大きな河川が四つ流れています。第一のものはドニエプル河と呼ばれ，この河のロシヤ側の河岸に沿ってコレンザが，そしてその対岸の諸平原一帯には，コレンザよ

り有力なマウツィがそれぞれ移動しています。第二のものはドン河で，バティの一姉妹を夫人とするカルボンという名の諸侯が，これに沿って移動しています。第三のものは，非常な大河であるヴォルガ河で，バティがこれに沿って往来しています。第四のものはヤイク河で，千人長がそれぞれ一人ずつ，この河の両岸に沿って往来しています。これらのものはみな，冬には海に向かって南進し，夏には同じ諸河川の岸に沿って北進し，山々に向かって移動して行きます」と記し[13]，またルブルクは，「バァトゥ（バトゥ）は河[14]の対岸つまり東岸にいて，夏に北方へむかって移動するさい，この地点より先へは行かぬからです。バァトゥそのほかすべてのものは，1月から8月までのあいだは寒い地域へ移動し，8月になるとひきかえしはじめますので，すでにこのときは，南へ移動を開始しておりました」と記している[15]。

　この両記事はともに，カルピニとルブルクの現地における見聞に基づくものだから，信憑性が高い。これらによると，バトゥらは，この地方を流れている河川の下流域（南方のアゾフ海やカスピ海に近い地域）にある温暖な冬営地と，上流域（北方の，低いけれども山岳のある地域）の涼しい夏営地の間を，河川沿いに往復移動していたことがわかる。これは比較的平坦な地域であるから暑い夏には川上の地方，すなわち北方の地方に移動し，冬にはあたたかな南の下流域に移動をしたのである。つまり，これもモンゴル高原やアルメニア方面における牧地の季節の利用の方法のありかたと，だいたい同じである。

　以上のように，モンゴル帝国時代のモンゴル人が，夏営地より低く温暖な冬営地とそれより高く涼しい夏営地（牧地の高低の差の程度は地域によって異なる）をもち，それを往復移動していたことを示す豊富な史料が残されているのである[16]。

　ただし，モンゴル帝国の本拠地であったハンガイ，ヘンテイの両山脈においては，後述するように，冬に他の季節よりも高い場所にある牧地に移動して過ごしていたはずであるが，当時の史料によってそのことを確認すること

326　第2部　モンゴル史上の諸問題

はできない。

2　春営地，夏営地，秋営地，冬営地とこれらの駐営地間の移動

　ところで，上に述べたのは，夏と冬の牧地の間の移動についてだけであっ
たが，ルブルクは，モンゴル人の牧地と移動について，別の箇所でつぎのよ
うに記している。「タルタル人の各首領は，その支配下の人々の多寡に応じ
て，自分の牧地の境界，および，冬・夏・春・秋に自分の家畜群を放牧すべ
き場所を知っております。冬には南方の，より暖かい地域へ降り，夏には北
方の，より涼しい地域へ昇って行くからです」[17] すなわち，冬営地と夏営地
のほかに春営地と秋営地が存在していて，それらを利用していたことをうか
がわせる内容である。

　同じような内容の史料を，ラシード＝ウッディーンも残している。それに
よると，「羊の年の初め（1234-1235 年）から……牛の年（1240-1241 年）ま
で 7 年の間，オゴデイ＝ハーンは，幸せにそして楽しく夏の住地から冬の住
地に，そして冬の住地から夏の住地に動きながら，遊興とお祭り騒ぎに関心
をもったのである」[18] と記したそのすぐ後で，「彼は……Gegen-Chaghan（ゲ
ゲン＝チャガン）と称されている場所に大天幕をつくらせた。彼はこの場所
で春を過ごしたものだった。……夏には彼は Örmügetü（ウルムゲトゥ）にい
たものだった。そこに彼は大天幕を張った。……それは Sira-Ordo（シラ＝
オルド）と称されている。秋には彼はカラコルムから 4 日行程の Köke-
Na'ur（クケ＝ナウル）[19] にいた。そこには彼は 40 日間滞在したものだった。
彼の冬の住居は Ongqïn（オンキン）[20] にあり，そこにおいて彼は彼の時間を，
Bülengü（ブレング），Jelingü（ジェリング）両山で狩猟しながら過ごし，そ
のようにして冬を終わらせたものだった。要するに彼の春の居所はカラコル
ムの近くにあり，夏の居所はウルムゲトゥの牧地にあり，秋の居所はカラコ
ルムから 1 日行程の Köke-Na'ur（クケ＝ナウル）と Usun-Qol（ウスン＝コ
ル）[21] の間にあり，冬の居所はオンキンにあった」と記している[22]。

これによるとオゴデイ＝ハーンは，夏営地と冬営地だけをもち，その両地の間を往復移動していたかのように記されている一方で，季節ごとの駐営地をもっていたとも記されている。季節ごとの駐営地とは，カラコルム近隣の春営地，カラコルムから１日〜４日行程のところにある秋営地，カラコルム南方オンギン川[23]流域にある冬営地[24]，カラコルムの南方半日行程のところある夏営地[25]である。

モンケ＝ハーンの四季の各駐営地がオゴデイ＝ハーンのそれと同じであったことは，すでに指摘されたところである[26]。こうして，これらの史料によれば，モンゴル帝国時代のモンゴル人は，駐営地として，単に冬営地と夏営地だけではなく春営地と秋営地をもち，その移動も，単に冬営地と夏営地だけでなく，春営地と秋営地をもめぐって移動していたことがうかがわれるのである。

当時モンゴルには一般に，春営地，夏営地，秋営地，冬営地という各季節の牧地が意識され区別されて利用さていたと思われるが，春営地と秋営地の存在が冬営地と夏営地のそれよりややあいまいな存在であるために，モンゴル人が冬営地と夏営地の間の往復移動のみを行っていたかのように伝えられることが多かったのであろう。

ルブルクが四季の駐営地を記したその直後に冬営地と夏営地の間だけの往復移動のことを述べ，ラシードウッディーンがオゴデイ＝ハーンについて冬営地と夏営地の間を移動しつつ楽しんだことを述べたあとで，その同じオゴデイ＝ハーンの四季の駐営地について述べたことは，このように解釈すれば，別に矛盾したことではないことが理解される。

以下において，上の私の推測の妥当性を検証するために，モンゴルの古来の遊牧においては，四季の駐営地とそれらの間の移動はどのように行われているのかを，調べてみたい。

3 モンゴルの遊牧における四季の牧地と移動

モンゴルには各季節の牧地を表す言葉がある。すなわち，春営地は xаваржаa/qaburǰiya（n），夏営地は зуслан/ǰusalang，秋営地は нaмаржаa/namurǰiya（n），冬営地は өвөлжөө/ebülǰiye という。モンゴルの Sambuu, J̌. は「わが古老の時代から世代を継いで伝わってきた経験のなかに，家畜に牧草地と水とホジル[27]を適合させるために，家畜の冬営地，春営地，夏営地，秋営地という四季の状態によって，牧草地と水を一般的に割り当てて遊牧している，牧畜のそのような古来の経験が存在したのであって，……その経験は，各種の家畜を世話する行為にとって，当時も今も放棄されるべきでない，わが国の状態に調和している有益にして良い経験の一つである」と述べている[28]。

また同国の別の牧畜書には，つぎのように記してある。「わが牧民は，自然の牧地の牧畜に非常に長い期間従事してきたが，その場合，広大な自己の居住地の牧地を，冬営地，春営地，夏営地，秋営地として，季節の状態に合わせて利用するというやりかたを用いて来た。……牧民は，代々受け継いできた自分の土地のどこで冬営し，春営し，夏営し，秋営するとよいかを，非常によく知っているのであり，そして自然の牧地を季節の状態に合わせて利用するというやりかたに厳しく従ってきた。」[29]。

以上のようなことを述べている人は他にもいるのであって，要するにこの方法は，ハルハ地方においては明らかに伝統的なものであり，かつ一般的に行われていたことがわかるのである[30]。

これらの四季それぞれの営地の選定法，そこにおける牧畜法などは，それぞれ重要な問題であり，本稿の内容と多少関連する点もあるが，別の論文に簡単だが説明してあるので[31]，今は説明を省略する。ただここでは，これらの四季の各営地における滞在期間の長さの違いという観点から，その利用の程度の違いを考え，その上でこれら四季の各営地の間の移動の問題に入りた

いと思う。

　このことについては，ゴンゴルの分析が参考になる。すなわち彼は「アイルの駐営地を，その存在する状態，意義，季節の流れを考慮して，オトク（өтөг/ötüg），ボーツ（бууц/baγuča），ホンド（хонд/qonda），冬営地（өвөлжөө/ebüljie），春営地（хаваржаа/qaburjiya），夏営地（зуслан/jusalang），秋営地 намаржаа（namürjiy-a）など，〔牧民は〕さまざまに区別して呼んでいる」とし[32]，これらについて具体的に以下のように説明している。

　まずオトクというのは「父祖の時代から長年，代々継続して居住し生活し慣れ，専有してきた宿営地を言う」[33]。

　一方，ボーツ（原義は“家畜囲い”。ゲルの内の畜糞，家畜の休む場所等の意味）は，オトクに比べて，宿営地として使われた「年歳の点で，非常に短く，〔そのためにそこの〕畜糞の堆積が薄く」[34]，例えば夏営地と秋営地をボーリ＝ボーツ（буурь бууц / baγuri baγuča）（буурь とは「ゲルの敷地」という意味であろう）と言うけれども，オトクとは言わず，同じく冬春の冬営地（өвөлжөө өтөг/ebürjiy-e ötüg）をボーツということはまれである。或るボーツは，それが存在している場所の環境が冬営地に適しているような場合，時期が経つと冬営地（өтөг өвөлжөө/ötüg ebürjiy-e）となり，他人が入ることを禁じることもあった[35]。

　これらとは別に，「春と秋に下営するボーツは，これを大部分の地方でだいたいホンド хонд/qonda と言っている」[36] ホンドとは，「アイルと家畜とがそれほどゆっくり宿らず，長い間積み重ねられたホル＝ホルズン хөр хөрзөн/qör qörzön（羊・山羊の糞の積もったもの）のない，一時的に居住地を取り換えて小型家畜などを世話すべく駐営する小さなボーツを言う」「ホンドとは，事実，春と秋に駐営するボーツを言うのである」[37]。

　このように冬営地は滞在期間も長く，何世代にもわたって利用され，特定のアイルの所有権も生じたこともあるのに対し，春営地と秋営地は，短期間滞在する程度であり，所有権などは生じることはないようである。

330　第2部　モンゴル史上の諸問題

　夏営地はこれに対し，特定のオトクとかホンドがない。それは，冬季の場合のように家畜を太らせたりするために，必ずしも特定の「山々の裾野や風の当たらぬあたたかな所に行って」駐営することが必要とされないからである[38]。もっともそうだからと言って，夏季には放浪し，特定の夏営地が存在しないとか，滞在期間が短いとか，というわけではない。しかしゴンゴルは，夏営地について，これ以上のことを記していない。その重要性を自明のこととみなしたためであろうか。

　とにかく，駐営地における家畜の休む場所の畜糞の堆積の広さ・厚薄の程度から，駐営地の利用の実態が知られ，それによって四季の営地とりわけ冬営地の実態についてよく知ることができるのである。そしてこのようにみた場合，冬営地は最も中心的な存在であり，本稿では十分に説明しなかったが，夏営地も明確で重要な存在であるのに対し，春営地，とりわけ秋営地は中間的でやや不鮮明な点がある。

　このような相違が生じた理由は，一言で言い尽くすことは困難だと思うが，大きな理由として気候上の問題をあげることができよう。

　サムボーも述べているように，「いずれの地方でも春の季節の大部分は冬と同じである。同様に秋の初めも半分は夏季と同じである」のである[39]。

　ゴンゴルも「モンゴル地方はいくつかの季節をもっているとしても，春と秋は中間的な特徴をもつために，遊牧活動において，冬と夏が決定的な役割を担っているのである」[40] と述べ，さらに，つぎのようにすら記している。「モンゴル地方は四季があるけれども，上述のごとく春の大部分は冬と，また秋の大半は夏と，それぞれ同じなので，牧地を冬‐春および夏‐秋のというように，基本的に二つの部分となして，そうしてその季節の牧地をその内部ではっきりした時期に利用する可能性を与えている。」[41]。

　ただしモンゴル国における季節移動について詳細に研究したバザルグル（Bazargür, D.）はゴビ地方の季節移動について，ドンドゴビ（Дунд говь/Dund gobi）＝アイマクのウルジート（Өлзийт/Öljeyitü）＝ソム等の事例を

図示しているのであるが，それによると四季の牧地を利用して羊を飼育しているとある[42]。

このように四季のうち，モンゴルでは冬と夏はその期間が長く明確な存在であり，一方春と秋は期間が短くてややあいまいな存在であり，それぞれ季節の一つでありながら，それぞれ冬と夏に付随しているようなところがあることが，冬営地，夏営地，春営地，秋営地の利用にも影響を与える結果となっているのである。

こうして，モンゴル人の遊牧の移動について，ゴンゴルはつぎのように述べている。「モンゴル語でヌーデル（нүүдэл/negüdel，移動，遊牧）というのは，広狭両義をもつ概念である。……広義には，一年の間で特に冬営地から夏営地に至るまでと，その中間の春と秋を加えて家畜を牧畜していく道の長さ，またはその間の土地を牧地として利用する過程に関わる。従ってモンゴル地方の遊牧の移動の範囲は，冬営地と夏営地によって計られる」と[43]。

ゴンゴルが冬営地と夏営地を重視していることに対し，モンゴルの遊牧の問題について詳細な分析を行ったバトナサンはつぎのように批判している。「デー＝ゴンゴルは，牧民の移動／遊牧の範囲は，冬営地と夏営地によって計られると記している。ところで，われわれのステップの調査資料からみるならば，モンゴルの気候，地理の構造と関連して，遊牧の移動の範囲は必ず冬営地と夏営地であらねばならぬはずはなく，ある地方では秋営地と春営地まで遊牧の移動の範囲となっている」と[44]。

近年の状況ではあるが，確かに，モンゴルの西北部のオヴス湖地方，北部のホヴスゴル湖地方，東部の大平原地方の牧民は，大部分，春営地と秋営地または春営地か秋営地を利用しているという[45]。

おそらく，春営地と秋営地の冬営地と夏営地に対する関係をうまく説明しているのは，トヴ，ドンドゴビ，ドルノゴビの3アイマグに亘って遊牧しているボルジギン＝ハルハ族の民族学的な調査結果に基づいて19世紀末〜20世紀初めの彼らの経済，文化等の状態を追究したエス＝バダムハタン

332　第2部・モンゴル史上の諸問題

（Бадамхатан, С.）の次の一文であろう。「移動の回数を季節の状態によって
観察すると，春と秋には居住地（ノタク）を移すことが増え，移動距離が長
くなるのであり，これ[46]は主として，冬営地から夏営地の方へ，あるいは
夏営地から冬営地の方へ移動するその移動の方向に沿って存在し，春には子
家畜を元気に育て，秋には家畜を太らせる途中の駐営地となっていた」[47]。

　春と秋に移動が頻繁になるということについては，バトナサンも「牧民の
大変活動的に移動する時期は春と秋」と述べている[48]。

　以上のモンゴルの伝統的な遊牧の分析によって，年代的にずっとさかのぼ
るモンゴル帝国当時のルブルクやラシード＝ウッディーンが，春夏秋冬四季
の駐営地について述べながら，一方で張徳輝やカルピニ，それにマルコ＝
ポーロと同じように単に冬営地と夏営地の間の往復移動がモンゴル人の季節
移動であるかのように述べていることの意味が，理解されるであろう。確か
に冬営地と夏営地のみならず春営地に相当する牧地と秋営地に相当する牧地
も使われたのだが，これらについては，春と秋は移動が頻繁であり，それら
に滞在する期間が短く，こうしてその存在が冬営地や夏営地に比べて曖昧で
不明確な点があるために，その存在自体が霞み，モンゴル人の季節的な移動
の範囲に含まれていたにもかかわらず，見過ごされるか気づかれないかして，
当時の多くの史料に，モンゴル人が冬営地と夏営地をもち，その両営地間の
移動のみが行われていたかのようにも，書き残されたのであろうと，考えて
おきたい。

　ただし，以上のマルコ＝ポーロの見聞に基づく叙述の内容とは異なる遊牧
の季節移動のありかたがモンゴル高原にみられることを指摘しておきたい。
すなわち，モンゴル帝国の要地であったハンガイ山脈とヘンテイ山脈におけ
る季節移動についてみると，ツェレンハンド（Цэрэнханд, Г.）は，両山脈は
共通して降水・降雪量も比較的多いことから，冬季の牧地は概して他の季節
の牧地より高い場所に選ばれ，春の牧地はそれより低い場所が選ばれ，夏と
秋の牧地は川のそばに選ばれたと述べている[49]。そしてバザルグルも両地域

の季節移動を共通するタイプのものとして説明している[50]。

　冬営地を高いところに置く主な理由は，より高い場所から吹き飛ばされてくる雪によって冬営地の積雪が深くなることが避けられ，これらの結果，積雪をかき分けて草を食う力が弱い羊にとって牧草を食うのが比較的容易になるからである。この事情はホヴスゴル湖周辺に居住しているモンゴル系ダルハト（darqad）族の冬営地についても同じである。

　ヴァインシュテイン（Vainshtein, S.）によれば，カザフ共和国の東部の山岳地帯でもこれと同じ事情によって冬営地の方が夏営地より高いところに置かれるという[51]。

　ところが白石典之は，Bazargür, D. の見解に基づくとして，ハンガイ山地では夏営地は高山に，春・秋営地は低地の水辺に置かれるケースが多いと述べて，これを「ハンガイ型季節移動」と捉え，一方ヘンテイ山地のヘルレン川上流部では逆に，冬営地は山間部の南斜面，夏営地は平野部川筋に設けられると述べ，ハンガイとは逆であるとして，これを「ヘンテイ型季節移動」と称し，かつこれらの説明のためにバザルグルが作成した2つの図を引用した（下の2つの図（一部改編して引用している）[52]。

　しかし白石が利用したバザルグルのこの2つの図は[53]，両地域においてそれまで行われてきた季節移動がどのようなものであるかを説明するためのものではなく，両地域それぞれについて，生態学的に（または環境上）好まし

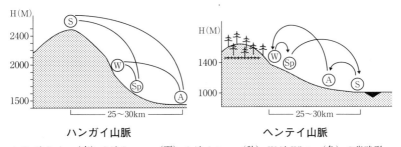

＊ Sp は Spring（春），S は Summer（夏），A は Autumn（秋），W は Winter（冬）の省略形。

いとみた遊牧の方式，それらの土地の環境に適しているとみた季節移動の仕方を検討して導き出したバザルグルの私案を図にしたものであるに過ぎない[54]。すなわち，両図は，この地域において古来営まれてきた遊牧の実際の状態を示すものでも，理解するためのものでもないのである。

　バザルグルは同書に，古来行われてきた「ハンガイ山脈とヘンテイ山脈の，習慣的で，環境に対して合理的で適合性をもち，当地（nutag）の自然の条件，すなわち風と気温の影響におもに注意を払った балал の？評価，季節移動の慣例」と題する図を掲載し，解説も付けているが，それは白石が『モンゴル帝国史の考古学的研究』に載せた図の内容とは正反対とも言える四季の牧地の利用の仕方である。その図を示すと，つぎのとおりである。

　解説すると，最も上に記されている「у → х」の「у」（урд）は南，「х」（хойт）は北を意味する。○で囲われた θ，х，н，з はそれぞれ өвөржөө（冬営地），хаваржаа（春営地），намаржаа（秋営地），зуслан（夏営地）の省略形である。この図によって，これらの季節の牧地が「у」すなわち山の南側のどの高さに置かれたかががわかる。そして矢印の方向をたどることによって，牧民が最も高い場所にある冬営地から，それより下部にある春営地に移動し，次いで山裾にある夏営地で過ごし，その後より高い場所にある秋営地に移動し，冬季には最も高い場所にある冬営地に移動して冬を過ごしていたことがわかる。зуслан の下にある窪みは河川や湖沼を意味している。

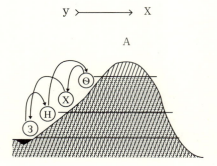

山の最上部の斜線が引かれたところは，タイガ（針葉樹林帯）である[55]。

　ハンガイ山脈とヘンテイ山脈におけるこの季節移動のありかたについて，バザルグルは繰り返しこのような，あるいはこれに類した図を示して述べていることを強調したい[56]。なお，次章「モンゴルの伝統的な遊牧の地域性」を見よ。

　モンゴル人研究者は，これまで，モンゴル国の遊牧のタイプを分類することに努めてきた。ハンガイ，ゴビ，中間の３タイプに分類する単純なものから，高山タイプ，ハンガイまたは山岳・森林ステップ＝タイプ，ステップ＝タイプ，ゴビ＝タイプ，混合タイプの五つのタイプに分け，それぞれのタイプをさらに細分するものなど種々の分類の仕方がある。ハンガイ山脈，ヘンテイ山脈の遊牧の仕方をハンガイ型とかハンガイ・ヘンテイ型などと称する理由は，両山地に共通する点があるからにほかならない。

　ハンガイ，ヘンテイ両山脈における遊牧民の季節移動のありかたは，その風土，気候に適応したものであるから，今も基本的には昔と大きく異なっていない。他の地域すなわちアルタイ山脈や，東部大平原やゴビ地方の遊牧も，同様である。その意味で，かつての遊牧を理解するためには，近年までのモンゴルの遊牧の季節移動のあり方を正しく理解することが必要なのである。

4　モンゴル帝国皇帝の四季の牧地と移動

　モンゴルの遊牧は古来，その地域の自然の環境にうまく適応して営まれてきたとみてよい。山岳地域の遊牧と平原地域の遊牧，純ステップの遊牧とゴビのステップとでは，同じ遊牧といっても，おのずからさまざまな点において異なっていたであろう。

　ハンガイ，ヘンテイ山地における現在のモンゴル遊牧民の季節移動のありかたは，それがこれらの地域の自然環境に最も適うものであったのだから，若干の気候変動があったとしても，往時もほぼ同じような季節移動が行われていたであろう。それに対して，東部大平原については，史料の不足から，

336　第2部　モンゴル史上の諸問題

その実態を理解することは容易ではない。

　そのなかで，チンギス＝カンの子供や孫の何人かの季節移動については，おおまかではあるが，史料からある程度推測・理解することができる。

　チンギス＝カンの長男ジョチとその所領ジョチ＝ウルス（キプチャク＝カン国）においては，ジョチの次男バトゥの在世中にその所領であるキプチャク平原を横断して東に旅したルブルクが残した記録によると，西から順に，北方から南流して黒海に注ぐドニェプル河，ドン河，同じく北方から南流してカスピ海に注ぐヴォルガ河，ヤイク（Яик/Yaik）河（ウラル河の旧称）を渡って東方に旅したが，その旅行記録によると，これらの河の両岸沿いに，バトゥとその一族や千戸長が夏は北方に位置するために涼しい河の上流沿岸の夏営地に北上して入り，冬は南方に位置するために温かな河の下流沿岸の冬営地に南下して入るための季節移動を行っていた[57]。これらの河の流域は高低差があまりないことから，夏は山を登り冬は山麓に降る山岳地帯の高低差を利用した寒暖の調整ができない。そのために，このような緯度の差を利用した南北方向の季節移動を行っていたのである。

　他の例として，オゴデイのそれもあるけれども，別の観点からとはいえ，すでに Boyle, J. A. が述べているので省略し，以下にオゴデイと同じ駐営地をもっていたとされる[58] モンケ＝カン（Möngke qan）の場合についてみてみたい。これについては，1253年12月27日にモンケのオルド（宮廷）に到着し，翌年7月中旬までカラコルム付近に滞在していたルブルクの記録が参考になる。

　モンケのオルドとカラコルムには10日行程の距離があった[59]。翌1254年1月4日に，ルブルクはモンケのオルド（宮廷）に呼ばれ初対面をした。その後，ルブルクはときどきモンケに会う機会があったから，モンケがオルド付近に滞在していたことがわかる。

　ルブルクがモンケのオルドに到着するより前，12月の途中まで，モンケはカラコルムの東南方向，ハンガイ山脈東部に源を発して南流するオンギン

（Ongin）川の上流域にあった冬営地（カラコルムから 10 日行程の地）に滞在していた[60]。オンギン川の冬営地とは，上に述べたとおりモンケの四季の駐営地はオゴデイ＝カンと同じであったとのことであるから，オゴデイ＝カンがすでに利用していたはずである。この冬営地の所在地については議論があるが[61]，ハンガイ山地にあったとするペルレーの説が妥当ではないかと思われる。しかもその場所はハンガイ山地において冬営地が一般に牧地の最上部に置かれることからみて捨てがたい。

　そこには，以来，翌年 2 月下旬に北方カラコルム方面への移動を開始するまで，「南へ 3 度宿営を移動させただけ」であった[62]。4 月 5 日頃，カラコルムのそばに着いたとあるから[63]，1 ヶ月半くらいかけて移動して来たのである。モンケは，1 度カラコルム内に入ったが，翌日には外に出て移動して行った[64]。ルブルクはカラコルムに止まり，5 月 17 日の何日か前にモンケのところに行き，5 月 17 日頃モンケの本営に至ったらしい。この 1 ヶ月以上の間，ルブルクはモンケの傍から離れていたので，モンケの動静は不明である。だが，ルブルクの記述から推測すると，モンケの滞在場所はカラコルムからそれほど遠くなかったようである[65]。モンケの四季の駐営地はオゴデイのそれと同じであり，春営地はカラコルムから 1 ～ 4 日行程のゲゲン＝チャガンであったのだから，モンケは 4 月上旬の終わりころ，この春営地に入り，5 月中旬までそこに滞在したのではなかろうか。彼は，5 月 17 日頃に移動を開始した[66]。従って，もしこの推測が当たっているなら，春営地に約 1 ヶ月余滞在していたことになる。

　モンケは，6 月 7 日にカラコルムに戻った[67]。その後，6 月 24 日，29 日とカラコルムで宴会を催し[68]，7 月 9 日にも，その付近にいたらしいから，多分，彼は 6 月 7 日以前からずっとカラコルム付近にいたのであろう。彼は恐らく，箭内亘氏が明らかにしたカラコルム南方半日行程の夏営地（月児滅怯土）に滞在していたに違いない[69]。

　要するに，モンケの場合も，冬営地は明確である。冬営地を出てからは，

338 第2部 モンゴル史上の諸問題

クビライの場合と同じように，ゆっくりと移動を繰り返しつつ春営地に入り，そこで1ヶ月余の短い滞在をしたようである。そしてその後，夏営地に入ったと推測される。秋営地に入るまでの過程と秋営地については，ルブルクが帰途についてしまったため不明である。

　それに対して，ハンガイ山脈に居住していた当時のクビライ（世祖）は，季節移動をその地形に合わせて上下する方法で行っていた。その具体的なことについてはクビライと10ヶ月も行動を共にした張徳輝の残した記録から知ることができる。張徳輝は，モンゴル人が冬営地と夏営地の間の往復移動をしていたかのように記しているのであるが，クビライの移動の実際の状態を調べてみると，そうではないことが判る。この時期クビライはまだ皇帝位に即いていなかったから，その季節移動は，皇帝時代のものとは場所も移動の仕方も異なるものであったから，一般のモンゴル牧民のそれとまったく異なるものであったとまでは言い難いものであったはずである。

　ちなみに，皇帝時代のクビライも季節移動に類したことを行っていた。すなわち，唐古河の西にある山の南斜面の「避夏之所」つまり夏営地において[70]，4月（陰暦）中旬以後8月に至るまで3ヶ月余を過ごした。そして8月に入って動きはじめ，東行して石�堠子を過ぎ，忽蘭赤斤に至り[71]そこから東北方向に動いて山に入る。それ以後，進んだり止まったりしたが，進むときは30華里を過ぎることなく，止まるに2泊以上することなく，その間「名山大川」は存在しなかった。9月9日に「王師の麾下，大牙帳にあつまり，白馬の乳をそそぎ，四季の祀りを修めた（時王師麾下，会於大牙帳，灑白馬困，修時祀）」。この後，そのまま移動を重ねたのかどうか必ずしも明らかでないが，もしそのまま移動を続けたとすると，後述の冬営地から忽蘭赤斤までの移動日数20日前後に比べてあまりにも日数がかかり過ぎであって，仮に迂回しつつ移動したとしても，不自然であるから，この場所で約1ヶ月駐営していたと解釈できよう。こうして10月中旬に，「まさに一山に至り，山間において冬を避ける。林木甚だ盛ん，水堅く凝る。人は薪を積み水をたく

わえることを競い，そうすることで寒さを防ぐはかりごととなす（方至一山，崦間避冬，林木甚盛，水堅凝，人競積薪儲水，以為禦寒之計）。」とあるから，このとき冬営地に入ったのである。

　こうみると，陰暦の8月からゆっくり移動したのち，9月9日以後約1ヶ月の間駐営していた場所とは秋営地だったということになろう。その後移動して秋営地からあまり遠くない冬営地に入ったのである。そして冬営地における滞在は3ヶ月余に及んだ。

　というのは，「正月つごもり（晦）に，ふたたび西南の方に行き，陰暦2月中旬に忽蘭赤斤に至った（正月晦，復西南行，二月中旬至忽蘭赤斤）」[72]とあり，陰暦1月末に西南行を開始するまでほぼ同じ場所に止まっていたからである。そして20日前後移動を重ね，忽蘭赤斤に至り，そこから東の方に行き，「馬頭山[73]」に及んで止まる，春水を追って飛放（鷹狩）するためである。〔陰暦〕4月9日に麾下の者を率いてまた大牙帳に会した。白馬の乳をそそぎ云々，……。この日よりはじめてもとに戻り，また駅道に従って西南に進み，夏を避ける場所に往く（及馬頭山而止，趂春水飛放故也，四月九日，率麾下，復会于大牙帳，灑白馬乳，……自是日始回，復由駅道西南，往避夏所）」とある。

　忽蘭赤斤から馬頭山までの所要日数を張徳輝は記していないが，2〜3日を要した程度であろう。ともかく馬頭山において止まり，「飛放」（鷹狩）を楽しみ，陰暦4月9日頃まで滞在し，そののち西南行して夏営地に入ったのだから，馬頭山に春季2ヶ月弱滞在したことになる。こここそ，クビライの春営地であったのである（賈敬顔，2004，『五代宋金元人辺疆行紀十三種疏証稿』347頁）。

　要するにクビライは，冬営地に3ヶ月余滞在し，冬営地から20日前後移動を重ねて春営地に入り，そこで2ヶ月弱滞在し，その後夏営地に入って3ヶ月余を過ごし，それから移動を開始してしばらく行ったのち，短距離の移動と2泊以下の宿泊を重ねつつ，多分1ヶ月から2ヶ月の間進み，その後

340　第2部　モンゴル史上の諸問題

冬営地からそれほど離れていない場所で1ヶ月余滞在したものと思われ，ここが秋営地であったようである。つまりクビライは，四季の駐営地を利用していたようである。そしてそれらの駐営地のうち，冬営地と夏営地での滞在期間は，春営地と秋営地に比べて，ずっと長かった。また春秋にはかなりの期間，移動が盛んに行われていたのである。この四季の駐営地のあり方と移動の形態は，先の私の推論を裏づけるに足るものと言えるであろう。

　そして即位後は，ハンガイ山脈方面から離れて大都に移り，大都を第1オルダ，上都を第2オルダ，察罕脳児（チャガンノール）を第3オルダ，柳林を第4オルダとし，それらを四季それぞれの牧地に見立て，利用した[74]。箭内は察罕脳児を上都河上流の西，昂古里湖の東北，今の Pain Chagan nōr に近いとし[75]，柳林を大都の南方，約2日行程の地に位置すると考証し，狩猟を楽しむ場所とし，陰暦春2月に出かけたとした[76]。第2オルドの上都，第3オルドの察罕脳児は今の内モンゴルにあった。

　以上の分析から，クビライとモンケの四季の駐営地と移動が，既述のモンゴルの一般的な遊牧のそれと近似していたらしいことが，わかるであろう。オゴデイのそれについても同様である。

　なお，クビライの根拠地はカラコルムの西北方，今のアルハンガイ（北ハンガイ）＝アイマク（県）の北方であり，モンケ＝カンとオゴデイ＝カンの根拠地はウヴルハンガイ（南ハンガイ）＝アイマク地方であった。従って，以上のモンゴル帝国時代のモンゴル人の四季の駐営地と移動のありかたというのは，少なくとも，ハンガイ山脈およびそれと環境が類似しているモンゴルの山岳地帯の遊牧に，ほぼ該当するものであったと思われると，地域的に特定することもできる。モンゴル高原の他の地域においても，それが妥当する場合があったであろう。だが，モンゴル高原と環境の異なる大アルメニア地方やヴォルガ川方面においてまで，こうした四季の営地と移動のあり方が存在したと速断することは避けておきたい。

　以上において私は，モンゴル帝国時代のモンゴル人の遊牧を，牧地・駐営

地と移動の問題に焦点を合わせて分析した。その結果，当時少なくともモンゴル高原の山岳地帯では，春営地，夏営地，秋営地，冬営地という季節ごとの4つの基本的な駐営地があり，それらの間の移動が行われたこと，だが春と秋は，季節性があいまいであり，その上移動が頻繁に行われるために，春営地と秋営地は，滞在期間が短く，その存在が霞み，そこで当時の記録の多くにおいて，低地のあたたかな冬営地と高地の涼しい夏営地との間の往復移動のみが行われていたかのように記されたとみられることを述べた。

　この結論は，ウラジーミルツォフたちがモンゴル帝国前後のモンゴル人の遊牧を「一定の行程に従って一定の地域を遊牧した」と述べたことの妥当性を立証するとともに，その牧地利用の一面と移動のあり方を，より具体的に明らかにするものと言えるであろう。そしてまた，モンゴル帝国時代の遊牧と，第3節で記した19・20世紀における遊牧が，四季の駐営地利用と移動の仕方との類似性をある程度知ることができたのではないかと思われる。

追記　本論文は，護雅夫編，1983，『内陸アジア・西アジアの社会と文化』，山川出版社，233-253頁に掲載されたもので，今回それに加筆・訂正を施したものである。

注

1) Tamura Jitsuzō, 1973, The Legend of the Origin of the Mongols and Problem concerning their Migration", *Acta Asiatica*, No. 24, Tokyo, p. 7.

2) Владимирцов, Б. Я., 1934, *Овществеиий строй монголов*, Ленинград, стр. 42-43.

3) Dawson, C., 1955, *The Mongol mission*, London-New york. p. 138 カルピニ，ルブルク著・護雅夫訳，1965，『中央アジア・蒙古旅行記』，桃源社，138頁。

4) Гонгор, Д., 1978, *Халх товчоон*, II , Улаанбаатар, p. 322.

5) 本田実信，1976，「イルハンの冬営地・夏営地」，『東洋史研究』34-4，81頁，他。

6) 張德輝《嶺北紀行疏証稿》，賈敬顔，2004，『五代宋金元人辺疆行紀13種疏証稿』所収，350頁。

7) 本稿で冬営地，夏営地などという場合の〔駐〕営地とは，牧民のキャンプ地とその周辺にある牧地の両方を含めたものである。

8) モンゴル人を指す。

342　第2部　モンゴル史上の諸問題

9）Moule, A. C. and Pelliot, 1938, Marco Polo, *The description of the world* 1, London, p. 168.

10）吉田順一，1975，「北方遊牧社会の基礎的研究—モンゴルのステップと家畜」，早稲田大学文学部東洋史研究室編『中国前近代史研究』，東京・雄山閣，240頁。

11）Sambuu, J̌., 1945, *Mal aǰu aqui, degere yaγakiǰu aǰillaqu tuqai arad tu ögkü sanaγulγa surγal*, Ulaγanbaγatur, p. 119, p. 126. その他。

12）Moule, A. C. and Pelliot, P., 1938, pp. 96-97.

13）カルピニ，ルブルク著，護雅夫訳，1965，『中央アジア・蒙古旅行記』，桃源社，69-70頁。なお海とはドン河とドニエプル河については黒海であり，ヴォルガ河についてはカスピ海を指している。

14）ヴォルガ河。

15）カルピニ，ルブルク著，護雅夫訳，1965，183頁。

16）『元史』巻100「兵志」第3の「馬政」の条に「夏より冬に及び，地の宜しきに随い，行くに水草を逐い，十月各々本地に至る（自夏及冬，随地之宜，行逐水草，十月各至本地）」とある。

17）カルピニ，ルブルク，護雅夫訳，1965，138頁。

18）Boyle, J. A., 1971, *The Successors of Genghis Khan*, New York-London, p. 61.

19）「青い湖」という意味。

20）オンギン川（Ongiyn γol）を指す。ハンガイ山脈東部から南東方向に流れ，南ゴビ県（アイマク）に達する川。

21）Qol は Gol のこと。川という意味。

22）Boyle, J. A., 1971, pp. 63-64.

23）箭内亙，1930，『蒙古史研究』，刀江書院，395頁，674頁。

24）ボイルは，今のアルバイ＝ヘール付近とみた（Boyle, J. A., 1971, p. 64. note 281. また Boyle, J.A., "The Seasonal Residences of the Great khan Ögedei", *Sprache, Geschichte und Kultur der Altaischen Völker*, Berlin, 1974, p. 149）。

25）箭内，1930，394-398頁。

26）箭内，1930，394頁，676頁。

27）原文では冬営地となっているが，明らかな誤りである。他所では хужир（ホジル）となっているので訂正した。なお，ホジルとはソーダの類である。

28）Самбуу, Ж., 1957, *Малчдад өх зөвлөлгөө*, Улаанбаатар, p. 10.

29）Даш, М., Минтов, Ц. нар, 1966, *Монгол орны билчээрийн мал маллагааны арга туршлага*, Улаанбаатар, p. 56.

30) サムボーは，山岳地帯や草原では四季の駐営地が存在するのがよく，ゴビ方面で
　　は暖かい時期の牧地と寒い時期の牧地の2つに分けて利用するのがよいと言ってい
　　るが（Самбуу, Ж., 1957, p. 11），バトナサンは，ほぼ逆と言ってよい意味のことを記
　　している。しかし彼が同書の他のところに掲げている表からは，むしろサムボーの
　　見解と類似の結論が導き出せると思われる（Батнасан, Г., 1978, *БНМАУ дахь*
　　нэгдэлчдийн аж ахуйгаа хөтлөх арга ажиллагаа, Улаанбаатар, p. 24, pp. 47-54.）

31) 吉田順一，1980，「モンゴルの遊牧の根底」（日本モンゴル学会『モンゴル研究』
　　11，39-49頁）に簡単だが説明をしてある。

32) Гонгор, Д., II, 1978, pp. 299-300.

33) Гонгор, Д., II, 1978, p. 300. 私が2000年9月にモンゴル国のトヴ＝アイマク南部に
　　おける牧畜調査のさいに見たオトクは，長年繰り返して毎冬宿営地として使ってき
　　たことから，その宿営地の家畜の寝床に畜糞が厚く堆積し乾燥して，その上を歩く
　　とふかふかして弾力がある状態であった。そのため，冬季に家畜のあたたかい寝床
　　になると説明された。

34) Гонгор, Д., II, 1978, p. 301.

35) Гонгор, Д., II, 1978, p. 301.

36) Гонгор, Д., II, 1978, p. 302.

37) Гонгор, Д., II, 1978, p. 302. ツェベル（Цэвэл, Я.）もホンドを「春秋のやや寒いと
　　きに小型家畜などを世話すべく下営する小さなボーツ」であると記している
　　（Цэвэл, Я., 1966, *Монгол хэлний товч, тайлбар толь*, Улаанбаатар, p. 689.）

38) Гонгор, Д., II, 1978, p. 302.

39) Самбуу, Ж., J., 1957, p. 60.

40) Гонгор, Д., II, 1978, p. 309.

41) Гонгор, Д., II, 1978, p. 305.

42) Вазаргүр, Д., 1989, *Бүгд найрамдах Монгол улсын малчдын нүүдэл*, Улаанбаатар, p.
　　142. Вазаргүр, Д., 1998, *Бэлчээрийн мал аж ахуйн газарзүй.*, Улаанбаатар, p. 134.,
　　Вазаргүр, Д., 2005, *Бэлчээрийн мал аж ахуйн газарзүй*, p. 144.

43) Гонгор, Д., II, 1978, p. 314.

44) Гонгор, Д., II, 1978, p. 54.

45) Батнасан, Г., 1978, pp. 47-54., Вазаргүр, Д. の1989年以後の上述の2書も同じ調査
　　結果を示している。

46) 春営地と秋営地

47) Бадамхатан, С., 1972, *Боржгин-халх*, Studia Ethnographica, Tomus IV-Fasc. 7,

344 第2部 モンゴル史上の諸問題

Улаанбаатар, p. 16.

48) Батнасан, Г., 1978, p. 55.

49) Цэрэнханд, Г., 1981, *Нэгдэлч малчдын аж байдал* 〔*Гэрэлт зам нэгдлийн материалаар*〕,Улаанбаатар, 1981. pp. 23-26, p. 28.

50) Базаргүр, Д., 1989, *Бүгд найрамдах монгол ард улсын малчдын нүүдэл*, Улаанбаатар., pp. 122-136. ただし同書にアルハンガイ＝アイマクのイフタミル＝ソムの牧民が春夏秋の牧地が冬の牧地より高いという事例を挙げている（p. 128）。

51) 吉田順一，1984，「モンゴルの伝統的な遊牧の地域性」，『史滴』5，早稲田大学東洋史懇話会，66頁。 Бадамхатан, С., 1965, Хөвсгөлийн дархад ястан, *Studia Ethnographica*, Tomus Ⅲ , Fasc. 1, Улаанбаатар, p. 49. Vainshtein, S., 1980, *Nomads of South Siberia*, New York, p. 93.

52) 白石典之，2002，『モンゴル帝国史の考古学的研究』，12-13頁。白石氏の見解の根拠とされた文献は，「Bazargür, D., 1996 より作成」と注記されている。Bazargür, D の著書というのは，白石氏の上記著書巻末の参考文献一覧から「Bazargür, D.,1996, Geography of pastoral animal husbandry. Mongolian Academy of Sciences, Ulaanbaatar」とあるもの（同書，p. 414）とわかる。ただし刊行年が誤って1996年とある。正しくは1998年である。わかりにくいのは，この英文の文献は，この書名で独立した書籍として刊行されたのではなく，ウランバートルで刊行された Дамбын Базаргүр, 1998, *Бэлчээрийн мал аж ахуйн газарзүй*, Улаанбаатар と題するモンゴル語文献の後半部分に掲載されている Damdin Bazargur, 1998, "Geography of pastoral animal husbandry（New science discipline）"（pp. 1-63）を指しているのである。この後に同内容のロシヤ語版も付されている（pp. 1-72）。

53) Базаргүр, Д., 1998. のモンゴル語部分の pp. 157-158, pp. 158-159, 英文部分の p. 33 にあるハンガイ山脈の季節移動図と p. 34 のヘンテイ・大興安嶺の季節移動図。それらを一部改編したものである。

54) Базаргүр, Д., 1998, pp. 157-159.）

55) ハンガイ山脈において，2600m 以上の高さまでの牧地として使えるところにおいては，秋の初めないし前半には最も低い2100m あたりの牧地を秋営地として利用し，その後2700m ～ 2800m の高さのところを秋営地として利用することがあるようである。2800m 以上の場所は夏営地として使われる。冬営地は2500m 前後から2600m の辺りまでの牧地を使い，春営地は2400m 以下2200m 前後の牧地を利用するとある（Bazargür, D., 1989, p. 125）。

56) *БНМАУ-ын малчдын нүүдэл*, 1989, p. 125, p. 133；*Бэлчээрийн мал аж ахуйн газарзүй,*

1998, p. 110, 他：*Бэлчээрийн мал аж ахуйн газарзүй*, 2005, p. 122.

57) カルピニ，ルブルク著，護雅夫訳，1965，『中央アジア・蒙古旅行記』，桃源社，69-70 頁。

58) 箭内互，1930，『蒙古史研究』，394 頁。

59) カルピニ，ルブルク著／護雅夫訳，1965，223 頁。

60) 『元史』巻 3「憲宗紀」3（1253）年「冬十二月，帝，汪吉（uaŋ-kiei）の地に駐蹕す（冬十二月，帝王駐蹕汪吉地）」

61) 白石典之，2002，『モンゴル帝国史の考古学的研究』，同成社，249-254 頁。

62) カルピユ，ルブルク著，護雅夫訳，1965，241 頁。

63) カルピニ，ルブルク著，護雅夫訳，1965，『蒙古旅行記』250 頁。

64) カルピニ，ルブルク著，護雅夫訳，1965，252 頁。

65) カルピニ，ルブルク著，護雅夫訳，1965，259 頁。

66) カルピニ，ルブルク著，護雅夫訳，1965，261 頁。

67) カルピニ，ルブルク著，護雅夫訳，1965，286 頁。

68) カルピニ，ルブルク著，護雅夫訳，1965，287 頁。

69) 箭内互，1930，676 頁。護雅夫は，7 月 9 日頃モンケは「カラコルムではなく，何処かその近くに駐営しており」と言う（カルピニ，ルブルク，336 頁，注 9）。なおオゴタイは Tuzγ-Balīq，Ölmegetü の両所で夏営したようである（Boyle, J. A., 1974, pp. 147-148）。

70) Yule, H. は，唐古は『嶺北紀行』に河名とあるのだが，山の名称 Tannu ōla（ōla/uul の意味は山）の Tannu とみなし，それが Khanui 川または Chilutu/Чилуут 川の源であると考え，フビライの夏の住居を Tannu ōla の南斜面にあったと推測した（Yule, H., 1875, The Journey of the Chinese Traveller Chang-te-hui, *The Geographical Magazine*, vol. II，p. 11.）。だがこの解釈は誤りである。Tannu ōla はモンゴル国西北部のオヴス湖（Uvs/Увс 湖）の北方，ロシヤ領トワ共和国の南部に東西方向に横たわる山脈の名称であり，ハンガイ山脈の主脈に源をもちやや東向きに北流する Khanui/Хануй 川，Chilutu/Чилуут 川の源ではあり得ない。Čiluut/Чилуут 川とその東方を並行するように流れる Kanui/Хануй 川はアルハンガイ＝アイマク（アイマクは県級の地方組織）の中央部を北流してセレンゲ川に流入する。賈敬顔氏は「唐古河」について『蒙古遊牧記』巻 8 の記述を参考にして「哈瑞（harui）河」であり，これはまた「哈綏河」hasui と言うと述べている（賈敬顔，2004，348 頁）。

71) ロシヤ人旅行者 Paderin の Ulan chiki。Paderin によると，忽蘭赤斤は N. Tamir R. と S. Tamir R. の合流点近くにある（Yule, H. 1975, p. 9. Yule, H., "Visit of Mr. Paderin to

346 第2部 モンゴル史上の諸問題

the Site of Karakorum",*The Geographical Magazin*, vol. Ⅱ, 1874, p. 137)。N. Tamir R. の
モンゴル語名は Хойт тамир 川，S. Tamir R. のモンゴル語名は Урд тамир 川で，と
もにアルハンガイ＝アイマク（Архангай аймаг）の南部にあるハンガイ山脈の主脈
に河源をもち，東北流して Нарийн гол と合流する。この合流点から下流の部分を
Орхон 河と称する。

72) 賈敬顏，2004，347 頁。

73) 巴彦烏拉以西の某一山峰に当たるか（賈敬顏，2004，347 頁）。

74) 箭内亙，1930，『蒙古史研究』677-682 頁。

75) 箭内亙，1930，『蒙古史研究』679 頁，768 頁。すなわち Bayan čaɣan 湖。

76) 箭内亙，1930，『蒙古史研究』，677-682 頁。

16

モンゴルの伝統的な遊牧の地域性

はじめに

　モンゴルの遊牧は，季節の変化や地域のさまざまな特色，そして飼育している家畜の種類・その構成によって牧地を選び，そこに家畜群を伴って移動して行うものであり，その移動の基本的なものは季節移動と称される。季節移動は，地域の特色等によって，いくつかの種類に分類される。

　この問題について，モンゴルとソ連（現ロシヤ）では，比較的早くから考えられてきた。それを，本稿では，主として両国の研究者たちの研究を紹介・整理し，かつ他の資料も加えて検討することにしたい[1]。

1

　モンゴルの牧民の季節移動を根幹とする遊牧は，ふつう考えられているほど単純かついい加減なものではない。それは，モンゴル高原各地の地理的条件に従いながら，それを巧みに利用している。そのため，いくつかのタイプに分けられる。

　遊牧タイプの分類に関する従来の研究をまとめ，モンゴル各地の遊牧タイプの最も新しい分類法を提出したのは，ソ連のグライヴォロンスキー（Грайворонский, В. В.）である。同氏は「私は，革命前のアラト（人民）たちの基礎的な遊牧タイプの，つぎの仮説的な概要を提出したい」として，以下のように記した[2]。

　Ⅰ. 高山タイプ　(1)西モンゴル亜タイプ，(2)ホヴスゴル周辺（ダルハト）
　　　亜タイプ

Ⅱ．ハンガイまたは山岳・森林ステップ＝タイプ　(1)ヘンテイ亜タイプ　(2)固有ハンガイ亜タイプ

Ⅲ．ステップ＝タイプ　(1)中央モンゴル亜タイプ　(2)東モンゴル亜タイプ

Ⅳ．ゴビ＝タイプまたは半砂漠タイプ　(1)山地ゴビ亜タイプ　(2)多分その他の亜タイプ

Ⅴ．混合タイプまたはハンガイ・ゴビ＝タイプまたは山岳・ステップ・半砂漠タイプ

この分類案を作るにあたって，グライヴォロンスキーは，ソ連のシムコフ（Симуков, A.），デニソフ（Денисов, Н. И.），モンゴルのジャグバラル（Жагварал, Н.）およびその他の人びとの見解を参考にした。これらの見解のうち，シムコフとジャグバラルの分類案をみると，まずシムコフは，

1. ハンガイ＝タイプ
2. 純ステップ＝タイプ
3. 西タイプ
4. 南ハンガイ＝タイプ
5. 東タイプ
6. ゴビ＝タイプ

の6タイプに分類した[3]。

つぎにジャグヴァラルは，

1. ヘンテイ＝タイプ
2. ハンガイ遊牧タイプ
3. ゴビ遊牧タイプ
4. 西部遊牧タイプ
5. 東部遊牧タイプ

に分類し，その分類図を掲げた[4]（図1参照）。

図1に描かれているとおり，太い実線の曲線を描いて，5つのタイプに分類している。その内訳は，北部のほぼ中央，ホヴスゴル湖の南端から東経

モンゴルの伝統的な遊牧の地域性　349

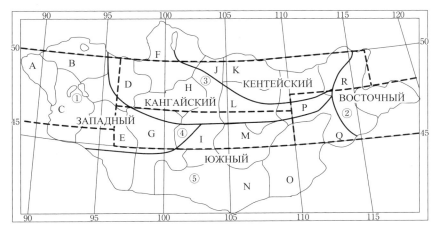

図1　西部の牧民の遠距離移動

遊牧タイプの分布
・ジャグヴァラル説（太い実線の曲線によって5タイプに区分）
　КЕНТЕЙСКИЙ（ヘンテイ＝タイプ），КАНГАЙСКИЙ（ハンガイ＝タイプ），ЮЖНЫ（南部タイプ），ЗАПАДНЫЙ（西部タイプ），ВОСТОЧНЫЙ（東部タイプ）
・バトナサン説（太い破線の直線によって5つのタイプに区分）
　①西部の牧民の遠距離移動，②東部の牧民の遠距離移動，③タイガ・森林ステップ・ハンガイ地帯の河川流域地方の牧民の近距離移動，④自然の3つの地帯が組み合わさっている地方における牧民たちの固有の移動，⑤平原とゴビの固有の移動
・図の細い線による囲みはモンゴル国の県級行政単位の区画であるアイマクの区画を意味する（A～Q）。
　A．バヤンウルギー，B．オヴス，C．ホヴド，D．ザヴハン，E．ゴビアルタイ，F．ホヴスゴル，G．バヤンホンゴル，H．アルハンガイ，I．オヴルハンガイ，J．ボルガン，K．セレンゲ，L．トヴ，M．ドンドゴビ，N．ウムヌゴビ，O．ドルノゴビ，P．ヘンテイ，Q．スフバートル，R．ドルノド

　113度付近まで延びている線の北側がКЕНТЕЙ（ヘンテイ）＝タイプ，その南，東経95.5度付近から南方に下り，湾曲しつつ東方に伸び，東方に転じてКЕНТЕЙ（ヘンテイ）＝タイプの東端の少し南の地点で終わる線の北側がКАНГАЙСКИЙ（ハンガイ）＝タイプ，最東部の全域を占めるのがВОСТОЧНЫЙ（東）＝タイプ，西部に広がっているのがЗАПАДНЫЙ（西）＝タイプ，南側に東西に長く横たわっているのがЮЖНЫЙ（南）＝タイプである。

350 第2部 モンゴル史上の諸問題

またシムコフはハンガイ＝タイプ，ステップ＝タイプ，西部タイプ，南ハンガイ＝タイプ，東タイプ，ゴビ＝タイプに分類した[5]。

そのⅡが純ステップ＝タイプ，Ⅲが西方タイプ，Ⅳオヴルハンガイ＝タイプ，Ⅴが東方タイプ，Ⅵ ゴビ＝タイプに分類した[6]。

一方，モンゴルの遊牧タイプの分類の草分けとも言える，そしてその意味で大いに評価されるツェヴェル（Цэвэл, Я.／露語 Цэвэль, Я.）は，ハンガイ，ゴビ，中間の3地帯の遊牧の特徴を述べており，これは3分類法と見られるものである[7]。デニソフも，ツェヴェルと同様，ハンガイ，純ステップ，ゴビの3タイプに分けているようである[8]。もっとも，ジャグヴァラルによると，デニソフはみずからの分類が「勘定不足」だと認めているという[9]。

グライヴォロンスキーとほぼ同じ頃，モンゴルのバトナサンは，みずからの調査に依拠しつつ，近年のモンゴルの移動（季節移動）を地域区分した。それは，つぎのⅠ〜Ⅴのとおりである。

Ⅰ．西部の牧民の遠距離離移動

Ⅱ．東部の牧民の遠距離移動

Ⅲ．タイガ・森林ステップ・ハンガイ地帯の河川流域地方の牧民の近距離移動

Ⅳ．自然の3つの地帯（ハンガイ，純ステップ，ゴビ—吉田注）が組み合わさっている地方における牧民たちの固有の移動

Ⅴ．平原とゴビの固有の移動

という分類であり，その分布を経緯度によって示した（Батнасан, Г., 1978, pp. 55-56）（図1参照）。

以上が，今まで提出された分類案である。これらを通覧しただけでも，モンゴルの遊牧タイプのそれほど単純でないことがうかがえるであろう。

ところで，以上のうち，ジャグヴァラルやバトナサンの分類は，その用いた資料などからみて，伝統的な遊牧タイプのそれとは考え難い。そこで，ジャグヴァラルの所説を参考にしたグライヴォロンスキーの分類も，全面的

に革命前のアラトの遊牧タイプと言い切ることに，問題がある。それに対してシムコフの所論は，1930年代初めまでの調査に基づいてまとめられたもののようであるから，伝統的な遊牧タイプの分類として評価できる。同じことは，ツェベルのそれについても言える。

　それでは，個々の遊牧タイプは，具体的にどのような内容をもつのか。以下に，節を改めてグライヴォロンスキーの分類に即して検討し，そのさい同時に，彼らの分類の当否も吟味していくことにしたい。グライヴォロンスキーの分類は，先行研究の総括・整理にあるので，各タイプの具体的な内容の説明は，ほとんど行われていない。そこで私自身がシムコフやジャグヴァラルなど，グライヴォロンスキーが利用した人びとの所説を参照し，加えて他の研究者たちの書いたものも利用して，検討・吟味するつもりである。

2

　第一に，高山タイプ　(1)西モンゴル亜タイプと(2)ホヴスゴル周辺（ダルハト）亜タイプがある。

(1)西モンゴル亜タイプ

　シムコフの「西方タイプ」，ジャグヴァラルの「西部遊牧タイプ」，バトナサンの「西部の牧民の遠距離移動」にあたる。

　モンゴル西部の大きな湖が散在する大湖盆地とそれをとりまくモンゴル＝アルタイ山脈以下の高峻な山塊のある地域に特有な遊牧であり，まさにその盆地と山岳の組み合わせが生んだタイプである。盆地は大体ゴビの半砂漠（砂漠性ステップ），周囲の山には大体下から上に，純ステップ，森林ステップ，高山帯が分布している（次頁の「モンゴル人民共和国植物地帯概要図」Юнатов, А. А., 1976, p. 53 を参照せよ）。

　シムコフによると，夏営地は涼しく草のよい高山に存在する。秋に，盆地底が涼しくなり，ブヨなど，家畜を煩わせる虫がいなくなったころ，その盆

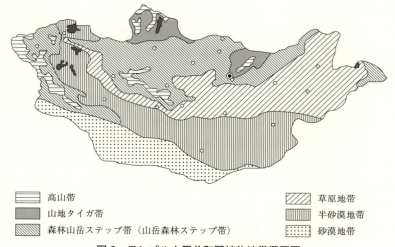

高山帯	草原地帯
山地タイガ帯	半砂漠地帯
森林山岳ステップ帯（山岳森林ステップ帯）	砂漠地帯

図2　モンゴル人民共和国植物地帯概要図

地底のゴビに降り，秋営地に入る。しかしこのゴビの平原は冬に風の寒さから十分守ってくれる遮蔽物が少ないので，低山にのぼって，そこにある冬営地で過ごす。春には冬営地に近い低い山において遊牧する。つまり夏営地は高山，冬営地と春営地は低山，秋営地は盆地底に広がる平原に置かれたのである[10]。盆地底の平原は，冬の気温が山岳部より低く，モンゴルでも有数の厳寒地であり[11]，このこともここを冬季に過ごすことを難しくしている。

　この地域の季節の牧地の配置の近年の状況についてジャグヴァラルが「夏営地は高山地域に配置され，残りの季節には低い砂漠性ステップ地域と山の下部の地域に配置される」と記しているのは（Жагварал, Н., 1974, p. 134），こうした伝統的なありかたが今も続いていることをうかがわせる。

　だが，この地域の，おそらく伝統的な遊牧についてバダムハタンが図示しているものをみると，冬営地を平原，秋営地を中高山にあるとしていて（図3参照）[12]，シムコフの説とは異なっている。そうすると，シムコフの述べている季節の牧地の配置は，この地域でどの程度支配的であったのか，ジャ

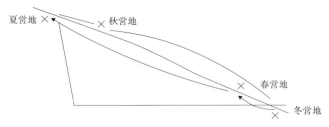

図3 アルタイの人びとの移動

グヴァラルの述べていることはシムコフ説と同じだと即断してよいのかという問題が起こる。残念ながら現在これについて判断する資料がなく、何とも言いかねる。そこで一応便宜的に、この地域の以上の2つの移動のありかたの併存状態を、包括的に、夏季は高山に、地域によって秋または冬に平原に下る移動、と説明しておくことにする。シムコフが述べたよりも、事情は複雑であったのである。

ところが、バトナサンによると、この地域には、以上のような移動を行う牧民がいる一方で、若干の人びとは「アルタイ山脈の中で移動するのであり、それを山岳移動とみることができる」という[13]。幅の広いモンゴル＝アルタイ山脈に四季を通じてとどまって遊牧する者がいても、確かに不思議ではない。この遊牧方法が伝統的なものなのか、今のところ不明だが、仮にそうだとするならば、モンゴル西部地域のかつての遊牧の情況は、ますます複雑であったということになろう。

これに対して、近年の状況は、多分かつてと大差ないと思うが、高山と平原の間の高低移動の内容に不明な点があるため、はっきりしたことが言えない。つまりジャグヴァラルが述べていることから、今も夏季に高山に上り、他の季節に低い場所に下るし、その低い場所として低山と平原の2つの部分が利用されていることがわかり、かつてとかなり似ているらしいことが推測されるのだが、平原を秋と冬いずれの季節に利用したかわからないのである。目下のところ、この点も多分かつてと同様、2つの場合が存在したと推測を

354　第2部　モンゴル史上の諸問題

ソム名	家族名	飼育家畜数	年間移動回数	年間の移動距離
ダヴスト	ゲンデン家	小型家畜600匹	6回	200km
	ツェレンバダム家	?	9回	140km
	ゲネン家	?	8回	162km
	ラクチャー家	羊　750匹	11回	214km
	ガルサン家	羊　800匹	10回	139km
	ソノム家	羊　750匹	5回	61km
テス	ブルネーバータル家	羊　600匹	5回	90km
	バルジマー家	?	7回	100km

図4　オヴス=アイマクの牧民の移動のありかた
＊ノタク=セルゲフとオトルの両方を含む

逞しくしておく。

　さて，この亜タイプの高山—平原の間の移動距離は，シムコフによると，遊牧範囲の直径が100kmだというから，年間で往復200kmに達することになる。そしてこの遊牧の例に，ウラーンゴム（Улаангом，オヴス湖の西南）地域のそれが挙げられるという[14]。

　マイスキーの1919～1920年つまり革命直前のモンゴル調査の結果によると，ウランゴム付近のゾレクト=ハン部（今のオヴス=アイマクの西南部。ホヴド川とオヴス湖の間に位置した）では，移動距離が250露里すなわち約266kmだったという。一方，かつてのザサクト=ハン部のアチト=ワン旗（今のオヴス=アイマクの東部）では，100露里すなわち約107kmだったという[15]。

　近年の状況については，バトナサンによると，ある場合は年間100～300kmに及び[16]，ある土地ではゴビ平原から山に向かって片側に250kmまで，つまり往復500kmまで移動するという[17]。またオヴス湖北方のダヴスト=ソム（ソムはアイマクの下の行政組織）と同湖東方のテス=ソムにおける彼らの実態調査（1970年代頃行われたもの）の結果の報告を整理すると，図4

のようになる[18]。ジャグヴァラルは，モンゴル西部では150kmまでの距離を移動するなどと述べている[19]。すなわち近年，500kmという長距離の移動も地域によって存在しているけれども，大体は100km前後以上，300km以内である。

以上の点からみて，年間の移動距離は昔も今も，あまり差がなく，約100km～約300kmの範囲内におさまる移動を行う地域が多いようである。これはモンゴルにおいては，長距離の移動に属する。

移動回数（ノタク＝セルゲフ／нутаг сэлгэх の回数とオトル／отор の回数を合わせて）[20] については，近年の状況しかわからない。すなわち，ジャグバラルが述べている 10～15 回という数字[21] とバトナサンの調査結果から知られる 5～10 回という数字がそれである。移動回数はさまざまな要素に左右されるが，一般に夏季を中心に増えるし，また移動距離が大であれば，それにともなって多くなる[22]。この地域の遊牧はモンゴル各地の遊牧に比べて，移動回数が多い方に属すると言える。

(2)ホヴスゴル周辺（ダルハト）亜タイプ

グライヴォロンスキーがこれを高山タイプの亜タイプとして位置づけた根拠は，モンゴルのバダムハタンの調査研究にある[23]。

バダムハタンは，ホヴスゴル湖周辺に居住しているモンゴル系ダルハト族の民族学的調査を行い作成した報告書の中で，社会主義化以前の伝統的な遊牧について触れ，その移動のありかたが，アルタイ山脈方面のそれと同じく，山岳移動に含まれるとしたのである[24]。

しかし，両者には大きく異なる点がある。それは，ダルハトの場合，夏営地がシシヒド（Шишхид）川とその支流の流域や湖の周辺の平原，広々とした谷，水草の豊かな山の裾野に置かれ，冬営地がその南と東の高い山の南斜面や草地，河源に置かれ[25]，図5に示したように，夏営地より冬営地が1200m以上も高いところに位置していたのである[26]。

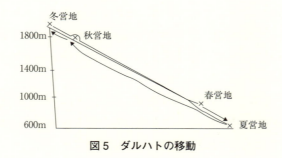

図5　ダルハトの移動

　それでは，なぜこのように高い場所に冬営地が置かれたのか。バダムハタンによれば「ダルハト地方においては，冬に雪が多く降るので，平原の牧地を雪が圧し固め，利用する可能性がなくなるため」である[27]。それに対して，高い山の方が積雪が少なく，気温も高い。

　この種の季節牧地の配置は，あまりにも意外なので，特殊ダルハト的なものと片づけたくなるかも知れない。だがそれは妥当ではない。後述するように，ダルハトの場合ほど高度差が顕著でないとはいえ，ハンガイ＝タイプも同様の配置の季節的牧地をもつし，またヴァインシュタインによれば，ダルハトと同じ移動様式は，カザフスタンの東カザフスタンの大部分の特徴であったからである[28]。この亜タイプの遊牧の移動には，中級以上の富裕さのダルハトの遠距離移動と貧窮ダルハトの近距離移動の2種類があった。前者は，片道約 200～270km[29] 〔別の場所では，年に一方向に 200km～250km の長い移動を行っていた〕[30]。後者は 30～50km である[31]。移動回数は，前者は夏営地に移るさいに 13～15 回というから[32]，1年ではかなりの回数に達すると考えられる。それに対して，後者は 4～8 回だったという[33]。貧しいダルハトが近距離の移動をしたのは，家財の運搬手段である家畜の不足のため，移動を容易に行うことができなかったし，所有家畜が少なかったので，牧地をまめに替えたり遠くに移ったりする必要がなかったからである[34]。

　この亜タイプは，山岳を上下することや，遠距離の移動を行う牧民がかな

りいたらしいことなどの点で西モンゴル亜タイプと類似しているとはいえ，季節の牧地の配置の点では，それと根本的に異なる。この点をどうとらえるべきかによって，バダムハタンやグライヴォロンスキーのこの亜タイプの分類の仕方に対する異論が起こり得るであろう。

3

　第2に，ハンガイまたは山岳・森林ステップ＝タイプ。これは，バトナサンの「タイガ・森林ステップ・ハンガイ地帯の河川流域地方の牧民の近距離移動」にあたる。これには，(1)ヘンテイ亜タイプと(2)固有ハンガイ亜タイプがある。ハンガイという語は，この場合，ハンガイ山脈のみを指すのではなく，モンゴル北部の広大な山岳地帯を指す普通名詞である。ふつう，ハンガイと言えば，アルタイ山脈，ハンフヒー山脈そしてボヴスゴル湖付近の山岳も含むが，今の場合これらは，前章で述べた高山タイプの遊牧が行われる地域に含まれる。すなわち本節のハンガイは，主要な山としてハンガイ山脈とヘンテイ山脈を含む地域である。ここには森林ステップが豊かに広がり，より高い部分はタイガに覆われ（ハンガイ山脈にはタイガはごく一部にしか存在しない），最も高い部分は，高山帯となっている（図2「モンゴル人民共和国植物地帯概要図」を見よ）。

　この地域の，ヘンテイ山脈を中心とし，その東方のオルズ川辺りを起点とし，同山脈の南端を通り，西方ホヴスゴル湖まで達する線の北側の山岳に特徴的なのがヘンテイ亜タイプであり，その南，ハンガイ山脈以北（ハンガイ山脈の南斜面の森林ステップ以北）に広がる山岳地帯に特徴的なのが固有ハンガイ亜タイプである（図1参照）。

(1)ヘンテイ亜タイプ

　この亜タイプを最初に考えたのは，ジャグバラルであろう。グライヴォロンスキーはその考えに従ったと思われる。ジャグヴァラルによると，ここで

358 第2部 モンゴル史上の諸問題

は「アラトは離ればなれに，おおきな川の岸沿いに越冬し乾草をたくわえる
のだが，その量は，冬にある程度まで仕切り付きの畜舎での家畜の飼養を可
能にするほどのものであり，夏営地には，通常，木造小屋または上屋に入れ
たゲルがある」[35]。この一文では，夏営地が置かれる場所の自然環境が不明
である。

　さて，上の文では，この地域全体で冬に家畜の舎飼いが可能なほど乾草が
貯えられ，夏に木造固定家屋類が利用されているかのように説かれているけ
れども，これは多分実態を正しく表していない。というのも，彼はその少し
前のところで，この亜タイプについて述べたと解釈される一文を記している
が，そこでは「自然条件が好都合なホヴスゴル，ボルガン，セレンゲ，ヘン
テイそしてドルノトの各アイマクにおいては，半遊牧，半定住それからさら
に定住の状態への移行が認められる。これらのアイマクの個々の地域におい
ては，アラトの遊牧は，冬営地から夏営地への出発と，逆に冬営地への帰還
に限られている。ヘンテイ＝アイマクとドルノト＝アイマクの北部地域にお
いて，多くのブリヤト人の経営体は，単に家畜のための建物だけでなく，住
居用建造物をもち，まったく遊牧していない。加えて彼らに仕切り付き畜舎で
の家畜の飼育を可能にしたほどの量の乾草を，貯えている」と述べており，
またこのあたりの遊牧について記したバトナサンの一文に「モンゴルのドル
ノト＝アイマクの北側，ハンガイのヘンテイ山脈に居住していた多くの人び
とは，……冬のために刈り取って用意した牧草の飼料の近くに駐営して家畜
群を飼育して太らせて越冬している。夏季に雨からゲルを守る目的で，固定
家屋類にゲルを納め，木造固定家屋に住んで夏を過ごす習慣をもつように
なった」とあるからである[36]。つまり，この地域では，冬営地と夏営地を往
復するだけの往復的移動は広く存在するのであるが，冬用の十分な乾草の貯
蔵と夏季の居住用の木造固定家屋類については，わずかにその東部のドルノ
ト＝アイマクの北部とヘンテイ＝アイマクのヘンテイ山脈に居住している人
びとの間にしか認められないのである。しかも注目すべきは，ジャグヴァラ

ルが明記しているように，このようなことを行っているのはブリヤト人であるのである。確かに，ドルノト＝アイマク北部とヘンテイ＝アイマクのヘンテイ山脈部分では，モンゴルの民族分布図によれば，ブリヤト族が他のモンゴル族（おもにハルハ族）に対して人口の点で，支配的な位置を占めている[37]。

　それだけではない。この亜タイプでは，この両アイマク以外のアイマクでも，ソ連（現ロシヤ）との国境沿いにブリヤト族が人口の点で支配民族である地域が存在し，要するに全般的にみて，この亜タイプの地域において最も広い居住面積を占めているのはブリヤト族なのである。そしてこのようにみてくるならば，以上の牧畜法に，モンゴルの北隣のロシヤ側に居住するブリヤト族のそれとの関係をみるべきだし，さらにロシヤ人の影響も考慮すべきだということになろう。そして当然，その影響は，この亜タイプの地域に居住してきたブリヤト族以外のモンゴル人にも，ある程度及んだようである[38]。ナツァクドルジは「19世紀末頃，トシェート＝ハン部，セツェン＝ハン部の若干の旗において少し草を刈るようになった」と述べ，脚注にそれが上からの命令の結果であったと記しているが[39]，地域的にみて，そのような影響によるものと考えたい。

　要するに，この亜タイプは，歴史的に新しく，また主要な担い手がブリヤト族であったので，今もって同地域内のハルハ＝モンゴル族にまだ十分普及・浸透していないとみられる。

　この亜タイプの年間移動距離は10km程度であり[40]，移動回数は2〜4回である[41]。これはモンゴル人民共和国の遊牧タイプの中で，最も短い移動距離であり，最も少ない移動回数である。そしてこのことが，季節の牧地が夏営地と冬営地のみであることとともに，遊牧の定着化という面で，近年，この亜タイプをモンゴルの研究者に注目させる理由となっている。

(2)固有ハンガイ亜タイプ

このタイプは，ハンガイ地帯の南部を占めるはずだが，ジャグヴァラルは純ステップ地帯中部の北半分も含ませている。一方，シムコフ（彼はヘンテイ亜タイプを独立させていない）は，1934年当時のアルハンガイ＝アイマク（今の同名のアイマクの全域，オヴルハンガイ＝アイマクの北部，ボルガン＝アイマクの南部，ホヴスゴル＝アイマクの南部の一部を包括していた）の大半の地域の遊牧をこの亜タイプの例とみている[42]。

ここでは，起伏のある山岳が幅と長さを保持して広がり，水草良好で，多様な植物が存在する森林ステップが支配的である。シムコフによると，このように起伏の多い地形は，限られた地域内に夏と冬のキャンプ地を求めることを可能にし，その地形に起伏が多く植物が多様であることは，小さな牧地で遊牧することを可能にする。こうして牧畜生産性が高いため，人口と家畜の密度が濃くなり，そのことは，自由な牧地の選択と移動をさまたげる。このタイプにおいて遊牧範囲の直径は7～8km（年間の移動距離は約14～16km)，若干の場合には裕福な牧民でさえ，冬営地と夏営地の距離がわずか2～3km（年間の移動距離は約4～6km）であるという。

ところで，このタイプにおいて，夏営地は普通，比較的大きな川の，広くさえぎるもののない谷間つまり低い場所に置かれる。このような湿気の多い川沿いの牧地の草は，食われた後の回復が早いので，夏季には再度利用でき，その結果，冬と秋の牧地の飼料の予備を，よりよく保管することを可能にする。これは，夏の間に，秋用と冬用の牧地に家畜を入れて草を食わせないで済むという意味である。これに対して，冬営地は小さな傍系の谷間の頂点または主要な谷間の上流に置かれる。小さな傍系の谷では，寒風をさえぎり，日当たりがよい場所を得やすく，牧草もよい。春営地と秋営地は，滞在期間が短く，中間的な存在である[43]。この亜タイプもホヴスゴル周辺亜タイプと同様，冬営地の方が夏営地より高い場所に置かれることが注目される。だがその高度差はホヴスゴル周辺亜タイプに比べて小である。

モンゴルの伝統的な遊牧の地域性　361

　ハンガイ地方の伝統的な遊牧についてシムコフより早く報告した者として
モンゴルのツェベルが挙げられるが，その見解は，季節的な牧地の配置など
の点でシムコフの所説とそう変わらない[44]。また，ナロバンチンのディロワ
＝ゲゲン＝フトクトからの聴取に基づくヴリーランドの報告によると，サイ
ンノヨン＝ハン部のダライチョインホル＝ワン旗（今のザヴハン＝アイマク
東部。この亜タイプの西部の情況を知り得る）でも，夏は谷の底部に，冬は
谷の上部に移動し居住していたのであり，その理由は，谷の底部は冬は風に
さらされ，そして積雪が硬くなるが，上部では（風から）保護され，雪が柔
らかだからであるという[45]。

　さて，移動距離についてのシムコフの所説は，前述したとおりである。移
動の回数については彼は記していないが，彼がこのタイプの移動を図示した
のをみると，7〜8回である[46]。ツェベルは年間の移動回数は平均4〜10
回であり，遊牧の軌道は15kmを越えないと述べている[47]。またモンゴルの
ツェレンハンドは，1930年頃，今のアルハンガイ＝アイマクの主都ツェツェ
ルレクの西方イフ＝タミル辺りでは，年に5回以上の移動を行い，移動距離
は10〜15kmほどであったと記している[48]。以上，移動距離・回数ともに
ほぼ一致している。

　近年の情況は，ジャグヴァラルとバトナサンの述べているのによると[49]，
季節の牧地の配置についてはかつてとほぼ同じである。近年，アルハンガイ
＝アイマク中部のイフタミル＝ソムの実態調査を行ったツェレンハンドがま
とめた2つの図（Цэрэнханд, Г., 1981, p. 25, p. 28）を一本化し，余分な点を
省略したのが図6だが，それおよびツェレンハンドの説明によると，夏営地
と秋営地はフヌイ川（ハヌイ川の支流）やバヤン＝ツァガーン川（ホイト＝
タミル川の支流）などに沿った谷間の平原にあるのに対し，冬営地と春営地
とりわけ冬営地は川から離れた山あいに置かれている（Цэрэнханд, Г., 1981,
pp. 23-24.）。まさにシムコフの述べているところと一致する。

　近年の移動の回数と距離をみると，必ずしも明確でない点があるが，ジャ

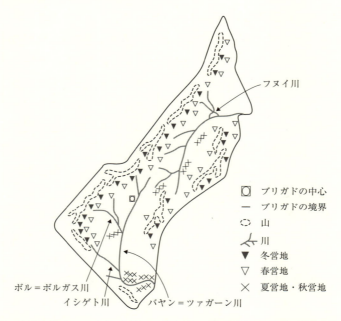

図6　イフタミル＝ソムのブガト＝ブリガド（作業班）の四季の牧地の配置

グヴァラルは年平均6～8回, 15～20kmとし[50], バトナサンは4～5回で, 1回の移動距離が1～3kmとしている。またバトナサンの1966～1968年のアルハンガイ＝アイマク西部タリヤト＝ソムでの調査によると, 年に6～7回, 距離は20～25kmであった[51]。彼の, ホヴスゴル＝アイマクの最南部（シムコフの頃は, アルハンガイ＝アイマクに属していた）のシネ＝イデルというソムにおける, より新しい調査の結果を整理しまとめたのが図7であり[52], これによると, 移動の回数はすべて4回（みな冬営地→春営地→夏営地→秋営地という移動である）, 距離は12～20kmであるが, 15km以内が多い。すなわち, 移動の回数と距離についても, かつてとほぼ同じであるとみられる。

　要するに, この亜タイプにおいては昔も今も一貫して, 季節の牧地の配置

家族名	飼育家畜頭数	年間移動回数	年間移動距離
ダライ家他	小型家畜 500	4 回	15km
ナツァク家他	羊　900	4 回	20km
チョイジルジャヴ家他	羊　600	4 回	15km
トゥデヴダグワ家他	羊　600	4 回	14km
プンツァク家他	羊　600	4 回	12km

図7　ホヴスゴル＝アイマク最南部の牧民の家畜数と移動回数と距離

については，夏季を中心に比較的大きな川が流れている開けた谷間や平原，冬季を中心にそれより上流の，従って高く狭い谷間や傍系の谷の頂上など，つまり夏秋の牧地より相当上がった場所に置かれるのであって，上下移動であり，移動の回数は少なく，移動の距離は短い。

4

　第3にステップ＝タイプ。(1)中央モンゴル亜タイプと(2)東モンゴル亜タイプを含む。

　ステップとは，この場合，森林がほとんど存在せず，さりとて砂漠的でもない，草が優勢な純ステップを指している。モンゴルでは，この地帯は西からハンフヒー山脈とハンガイ山脈の南斜面を細い帯状をなして東に進み，ハンガイ山脈が尽きるあたりで北に幅を拡げてそのまま東進し，モンゴル国最東部の東部平原において最も優勢を誇る（第2節の図2「モンゴル人民共和国植物地帯概要図」を見よ）。その幅を拡げだしたステップの少し東方において最も特徴的なのが，次に述べる「(1)中央モンゴル亜タイプ」であり，東部平原において最も特徴的なのが「(2)東モンゴル亜タイプ」とみられる。

(1)中央モンゴル亜タイプ

　これは，シムコフの「純ステップ＝タイプ」にあたるとみられるが，その

364　第2部　モンゴル史上の諸問題

シムコフは，これは「例えば中央アイマクの南半分（今のトヴ＝アイマクの南部からドントゴビ＝アイマクの北部にかけての地方）において特徴的である」と述べている[53]。

　シムコフによると，ここでは，起伏が弱いので，ハンガイ＝タイプに比べて各季節に利用するのに適した牧地の相互の距離は遠くなるし，また草の状態がより悪く旱魃が起こりやすいので，これらの点も，より長い距離の移動を引き起こす。そしてより広い牧地を必要とさせる。こうしてひとつの経営体の遊牧の直径は30km～50kmおよびそれ以上になるというから，年間60km～100km以上移動するということになる。季節の牧地の配置については，夏営地はハンガイ＝タイプのそれより低く，水の近くの開けた場所に置かれ，冬営地はできるだけ山の南斜面，小山の窪地そして谷間に置かれる。この亜タイプでもハンガイ＝タイプと同様，冬営地のほうが夏営地より高い場所に選ばれるが，冬営地と夏営地の標高差は小さい[54]。

　この亜タイプがその一部に存在している純ステップは，中間平原地帯とも称される。ツェベルは，その中間平原地帯の遊牧を一括して説明し「遊牧の軌道の規模は，平均して，ここでは30kmに達する」と述べている[55]。これは，シムコフの話した移動距離より，随分短い。これらのほかに，純ステップ中央部地域のかつての移動に関する具体例を，マイスキーとバダムハタンの報告のなかに見いだせるが，それは長距離の移動である。まず，マイスキーによると，革命前セツェン＝ハン部のセツェン＝ワン旗（またはボルジギン＝セツェン＝ワン旗）〔今のトヴ＝アイマクの東南部，ドントゴビ＝アイマクの東北部，ドルノゴビ＝アイマク西部にまたがっていた〕[56]における移動距離は200露里すなわち約212kmであり[57]，つぎに，かつての同旗の民族学的調査を行ったバダムハタンによると，各戸年平均150km～200kmの長さの道で12～17回移動していた[58]。バダムハタンによれば，この地方の牧民は，冬は北部辺疆のハンガイ側の山近く，夏はゴビ側に居住し，南北方向の移動をしていた。北部の山岳方面においては草が大変豊かであること

などが冬を過ごすにふさわしい条件を形成していた。春営地と秋営地も一定の意味をもっていたらしいという[59]。

　上述したことをまとめると，かつてのこの地域の冬営地と夏営地の置かれた場所については，ほぼシムコフの所説のとおりであったようだが，移動距離については，彼の所説とよく一致するものがない。

　一方，近年の情況を示している適当な資料はきわめて乏しく，ただひとつ，バトナサンが大きく純ステップ地帯の移動について述べたものを挙げることができるだけである。それによると，一回の移動距離は 10 ～ 15km，年間の移動回数は，10 ～ 12 回だという[60]。従って年に 100 ～ 180km 移動することになり，マイスキーやバダムハタンの報告と大体同じである。ところが，かれのより新しい論文によると，東部平原を除く純ステップにおいて―多分，純ステップ中央部を念頭に置いているのであろう―夏はハンガイに上がり，冬は平原地帯に下って住む南北移動を行うとある[61]。すなわち四季の牧地の配置が，かつてと今では正反対だと言う。ちょっと信じ難いことが述べられているのである。

　ところで，このような近年の移動のありかたを考慮に入れたためと推測されるのであるが，バトナサンは上に述べた論文において，純ステップの中央部分を「自然の 3 つの地帯が組み合わさっている地方における牧民たちの固有の移動」すなわちグライヴォロンスキーの「混合タイプ」と同種の移動が行われる地域に加えて独立のタイプと認めていないのであるが，これに対して，ジャグヴァラルも，バトナサンと同様に，この地方の遊牧を独立のタイプと認めていない。ただ彼とは異なって，この地方の北部をハンガイ＝タイプに，南部をゴビ＝タイプに含ませている（図 1 参照）。

　こうして結局，この地方の近年の遊牧に対して，かつての見方とは異なる 2 種類の見方が存在することとなり，そのいずれもがこれを独立のタイプと認めないというありさまであるから，この亜タイプについては，今後他の資料を得て十分検討しないうちには結論めいたことを言うことを控えなければ

なるまい。

(2)東モンゴル亜タイプ

シムコフの「東方タイプ」，ジャグバラルの「東部遊牧タイプ」，バトナサンの「東部の牧民の遠距離移動」にあたる。

シムコフは，これはオヴルハンガイ＝タイプ（グラオヴォロンスキーの「混合タイプ」）と類似しているという。彼は，高低移動の点を問題にしているのではなく，双方とも，南北の移動をし，しかもその距離が長いという点を類似していると考えたのであろう。すなわち彼によると，冬はどんな場合でも，住民は南方の砂漠性ステップの植物が生えている低い盆地〔ケルレン川とダリガンガとエルデネ＝ツァガンの間（ダリガンガとエルデネ＝ツァガンはスフバータル＝アイマク南部の地名）〕で遊牧し，夏はより北方，ケルレン川の辺りで過ごす。そして遊牧範囲の直径は，約100km に達するという（Симуков, А., 1934, pp. 43-44）。つまり往復200km になるわけである。なおシムコフは冬に砂漠性ステップの草が生えている低い盆地と記しているが，この平原はダリガンガ付近を除けば，全体的に純ステップに属していることを付言しておく。

さて，近年の情況についてみると，ジャグヴァラルは，ここではほとんど山が存在しないので，アラト（人民）は四季を通じていつでも平原で遊牧しており，年に 7 ～ 8 回，30 ～ 40km の移動を行っていると記している（Жагварал, Н., 1974, p. 135）。一方バトナサンは，南北方向の移動を行うと記す（Батнасан, Г., 1978, p. 45）一方で，ドルノト＝アイマク東北部，ケルレン川以北の地方の牧民の遊牧を実態調査し，表にまとめているので，それを整理すると，図 8 のようになり（Батнасан, Г., 1978, pp. 50-52），ジャグヴァラルの述べている数字とかけ離れていることがわかる。私としては，実態調査に基づいていることがはっきりしているバトナサンの数字のほうを採りたい。

ソム名	家族名	飼育家畜数	年 間 の 移 動 (nutaγ selgekü と otor) 回数	年間の移動距離
ツァガーン・オボー＝ソム	ツァガーン＝ダムディン家	?	21 回	150km
	アヨーシ家	羊　1886 匹	21 回	142km
ダシバルバル＝ソム	バト家	羊　　800 匹	11 回	87km
	バトグリーン家	羊　1500 匹	11 回	123km

図 8　ドルノト＝アイマクの牧民の移動のありかた

　多分，この亜タイプの遊牧は，今も昔も平原に一年中とどまり，夏営地が北方，冬営地が南方に置かれ，その間を南北方向にほぼ水平に移動する点に，他地域にみられぬ特色を有し，移動の距離も 100km ～ 200km の長さになることが多いと思われる。

5

　第 4 に，ゴビ＝タイプまたは半砂漠タイプ。(1)山地ゴビ亜タイプと(2)おそらくその他の亜タイプがある。

　ゴビとは，砂漠性ステップ（半砂漠）と砂漠の総称。従ってそこを中心に行われる遊牧のタイプということになる。

　グライヴォロンスキーが 2 つの亜タイプに分けた根拠は必ずしもはっきりしないが，おそらく次にのべるシムコフの考えに基づくのであろう。

　通常，ゴビの遊牧というと，そこが草の量が少なく水も限られているため，人びとはすぐ長距離の移動を思い浮べるかも知れない。だが実際には，中程度の距離の移動が行われてきた。シムコフによれば，その理由は，ゴビの植物は比較的多様であり，牧畜者に必要な種々のタイプの牧草地が，周囲に丘のある盆地において繰り返されるのであり，その点まるでゴビをハンガイに近づけるかのようである。と同時に，そのような盆地は，牧草の点からみて，5 ～ 6 タイプ存在するだけであり，その 5 ～ 6 タイプの牧地をひとまと

368　第2部　モンゴル史上の諸問題

めとする複合体が広大なゴビのどこにおいても繰り返されるという意味で，ゴビは至極単調であり，こうして遠距離移動への刺激が存在しないのである。

　さて，シムコフによれば，ここでは夏の牧地は，ふつうさえぎるもののない平原に置かれ，冬に近い頃，丘または山に移る。主としてラクダ飼育者は，冬も平原に留まり，サクサウルの茂みその他の場所を選ぶ。そしてゴビ＝アルタイ山脈においては，もっぱら山岳ゴビ的な経営が存在し，平原には移動しない。若干の裕福な経営体は，ラクダを平原で放牧し，小型家畜と馬を山で放牧するという[62]。

　以上のようだとするならば，「山地ゴビ亜タイプ」というのは丘と盆地が組み合わさった地域とゴビ＝アルタイ山脈における遊牧を念頭に置いて設けられたのかも知れない。なお「山地ゴビ亜タイプ」のうちゴビアルタイ山脈における遊牧はもちろん，冬に丘または山に居住し夏は平原に居住するという遊牧も，その程度はたいしたことはないかも知れないけれども，ともかく一種の上下移動を行うのであろう。言うまでもなく，この点は今後もっと検討しなければならない。

　シムコフはこのタイプの移動距離を記していないが，彼がみずからの調査に基づいて作成した図に，かつてオブルハンガイ＝アイマク（今の同名のアイマクの南部とバヤンホンゴル＝アイマク中部以北）のゴビにおけるゴビ＝タイプの移動例が3つ図示されているので，それによって考えると，年に8〜9回移動し，総移動距離は，約90〜170kmのようである。移動の軌道は円の形を描いている。

　ところでツェベルは，ゴビの牧民の遊牧の説明の中で，「若干のゴビの家族は，涼しさを求めて夏にハンガイに移動する。晩秋に彼らはゴビの谷間に帰るが，そこでは一層餌に適した草が見つかるのである。……しかしながら他の家族もいるのであって，それらはすべての遊牧のサイクルをゴビにおいて遂行するのである。夏に彼らは，ゴビの井戸の水を利用し，冬には雪を利用する。ゴビにおける草は背が低くまばらであり，それは量があまり多くな

い。そこで，ここでは遊牧は大きく，年に平均10回移動する。遊牧の軌道の規模は，100kmまでである。ゴビからハンガイに，またその反対に移動するアイルはさらに大きな軌道を通過し，あるものは200kmにまで達するが，そのようなものは少ない……」と記し[63]，ゴビの遊牧の2つのタイプを提示している。このうち，1年中ゴビで遊牧する牧民の例は，シムコフの挙げている3例と同じであるが，問題はゴビのみに止まらず，ハンガイにまで至るという移動である。

これに関して想起されるのは，かつてのサインノヨン＝ハン部内のエルデネ＝バンディダ＝フトクトの領内の，ゴビで遊牧していた牧民（スレクチンと称されていた）の移動についてのバトナサンの報告である。すなわち彼らはラクダを飼育し，冬はゴビアルタイ山脈中のイフ＝ボクド山付近で遊牧し，春になると北上し，夏にはトゥイ，オヴゴン＝シャルガルジュート両河あたりの牧地（今のバヤンホンゴル市東南オルジート（Өлзийт）・ソムにある）にまで上がって遊牧した。その移動の直径は，平均150km，往復300kmであり，年に大体300km～500km移動していたという（Батнасан, С., 1965, p. 120）。冬営地はゴビ，夏営地は純ステップにあったと推測される。

以上のようにゴビで冬を過ごし夏をハンガイで過ごした遊牧を，ツェベルとバトナサンがともに，ゴビ地帯の遊牧として扱っているのである。それは，冬営地がゴビに置かれていたためかも知れない。だが，後述するように，混合タイプの移動とこれとの間に決定的な違いがあるのか疑問である。この点，次節であらためて検討することにしたい。

近年のゴビの遊牧についてみると，ジャグヴァラルは，冬は大きくない丘および山の南斜面，あたたかい期間は開けた平原において遊牧すると言い，かつてのゴビの遊牧の一部のありかたと一致する。彼はまた，ゴビの牧民の多くは，一定の移動路をもたず，固定的な冬営地をもたず，季節ごとに利用すべき牧地も定まっていない。そして年に10～15回移動し，移動距離は50km～100kmだという（Жагварал, Н., 1974, p. 134）。バトナサンも近年の

ゴビの遊牧の移動についてまったく同じ数字を挙げ，それが西モンゴルと東モンゴルの遊牧の移動距離に及ぶほどにはなっていないと述べている（Батнасан, Г., 1972, p. 55）。ただし，彼は以前別稿で，ゴビでは1回20km～30kmの割合で年に16～18回移動すると述べた（Батнасан, Г., 1972, p. 124）。これでは総移動距離が320km～540kmにも達してしまい，疑問の気持を抱きたくなるが，参考までに記しておく。

　移動の方向についてみると，バトンサンは，東西方向と南北方向が結合した形であるとか，井戸，泉，まとまった降雨があると水が溜まる沼などの傍らにいて，近くの断片的な牧地といくつかの井戸の間でぐるぐる廻って移動するとか述べている（Батнасан, Г., 1978, p. 45）。移動の軌道が一定の方向に定まっていないとか，あるいはシムコフが図示したような円形を描くとかを言いたいのであろう。

　要するに，シムコフの述べているかつてのゴビの遊牧とジャグヴァラルやバトナサンが述べている近年のゴビの遊牧を比較すると，季節の牧地の配置とか移動の軌道などの点で，基本的に共通するようであるし，また移動の回数と距離についても，シムコフの挙げた少なすぎる事例によって比較することが許されるならば，そしてバトナサンの問題を含む数字もあるが，一応大差ないとみておく。ゴビ＝タイプについては，亜タイプの分類の問題も含めて検討すべき点が多い。

6

　第5に，混合タイプまたはハンガイ・ゴビ＝タイプまたは山岳・ステップ・半砂漠タイプ。

　バトナサンの「自然の3つの地帯が組み合わさっている地方における牧民たちの固有の移動」にあたる。

　このタイプを最初に設けたシムコフは，オヴルハンガイ＝タイプ（南ハンガイ＝タイプ）と称した。それは多分，このタイプがハンガイ山脈の主脈以

南の地にみられるタイプであることと，当時，この地の大半がオヴルハンガイ＝アイマクに属していることによる。現在，この地は，オヴルハンガイ＝アイマクの南部，バヤンホンゴル＝アイマクの中部以北に属している。グライヴォロンスキーは，このタイプがハンガイ山脈の南斜面およびゴビ地域，イフ＝ボグド山とバガ＝ボグド山の周辺の山（今のバヤンホンゴルとオヴル＝ハンガイ＝アイマク地区における）に居住したアラトにとって基本的に特徴的であったと記している[64]。

この場所には，ハンガイ山脈のだいたい標高2000m以上の部分に森林ステップ（この上に高山帯がある）が広がり，その下に純ステップが分布し，だいたい標高1500m以下の部分（湖盆地を形成している）にゴビの砂漠性ステップが広がっている。これらの3種類のステップを横断する移動を行うので，混合タイプとかハンガイ・ゴビ＝タイプとか山岳・半砂漠タイプとか称されるのである。

シムコフは，これを1つのタイプとして独立させたけれども，標高3000m付近までハンガイ山脈を上り，標高1000m付近の盆地底にまで下りるという上下移動を行う点を重視したためか，これを西方タイプ（西モンゴル亜タイプ）のヴァリアントであるとした。かれによると，このタイプに属する牧民は，ハンガイ山脈の南斜面を流れる川の一番上流域において夏を過ごすが，そこはハンガイ＝タイプの牧民が夏を過ごす場所でもあるという。そして夏が終わると，後者は夏営地よりももっと高い場所に移るが，前者はずっと南方の湖盆地に下り，またゴビアルタイ山脈にまで移動する。かれらはそこにおいて，今度はゴビ＝タイプの遊牧を行う牧民と隣接して滞在する。夏にハンガイ山脈上部は涼しく，流水が豊かであり，川の谷間の草は一度食われた後，早く回復する。これらの点が利用されて，そこに夏営地が置かれる。一方，冬にゴビの低地は，積雪が少なく，栄養豊かな枯れ草に恵まれ，加えて冬の始まりが遅く春の始まりが早く，冬の気温が他の地域に比べて穏やかである。これらの点が利用されて，そこに冬営地が置かれるのである[65]。春と

秋は数多くのそして短期間で中間的存在のキャンプ地が必要とされる。この
タイプの遊牧範囲の直径は 150km ～ 200km に達する。すなわち 1 年で
300km ～ 400km の長大な移動距離となる[66]。彼が作成した図に掲げられて
いるこのタイプの遊牧の例をみると，夏季はトゥイ川流域で川沿いに遊牧し，
冬季はトゥイ川を離れてアドキーン＝ツァガーン湖（ボーンツァガーン湖東
方）周辺に下る移動をしているのであるが，移動の回数は 11 回，距離は
300km 弱である。

　ところで，この移動例は，バトナサンが報告しているかつてのサイン＝ノ
ヨン＝ハン部のエルデネ＝バンディダ＝ホトクトの所領下の純ステップで遊
牧していたとされるスレグチン（cүрэгчин/sürügčin，牧民，牧戸）のそれと，
地域的に重なる部分がある。すなわちこれは，夏季はトゥイ川上流（バヤン
ホンゴルの町北に隣接するエルデネツォクト＝ソム）で遊牧し，冬季はその
真南にあたるトゥイ川が流入するオロク湖付近のゴビで遊牧していた。両地
の間隔は，160km ～ 180km，往復 320km ～ 360km であり，年間の移動回数
は 12 回～ 16 回であったという[67]。スレグチンの遊牧は，一般牧民のそれに
比べて，移動の回数・方向の点で異なっていたというが，シムコフの記した
例と比べると，大きな差は認められない。なお，バトナサンによると，夏季
にゴビを離れるのは，そこが大変暑く，またハエや蚊が多く，家畜を太らせ
る障害となるからである[68]。

　さて，ここで，前節で紹介したツェヴェル（Цэвэл, Я.）とバトナサンの報
告に係るゴビの 1 タイプの遊牧を，改めて検討してみたい。まずツェヴェル
の出した例は，移動距離こそ 200km と短いが，冬はゴビに滞在し夏はハン
ガイに移るというのだから，基本的に混合タイプと同じである。またバトナ
サンの出した例は，冬はゴビで遊牧し夏はハンガイのかなり上部（森林ス
テップかそれと純ステップの境目）に移動し，往復の移動距離は 300km ～
500km というのだから，これも基本的に混合タイプと同じである。私はこ
の 2 例を，混合タイプの遊牧の一種とみたほうがよいと思う。

近年の状況をみると，バトナサンがわずかに述べたものがある。それによれば，オヴルハンガイ＝アイマク南西部（ハイルハンドラーン＝ソム，ズーン＝ウルジート？）[69] とバヤンホンゴル＝アイマク北東部（オルジート＝ソム）において，大部分の民衆がゴビで冬を過ごし，そこからハンガイに上って夏を越しているというから[70]，かつてと同じ移動が行われているようである。

　ところでジャグヴァラルはこのタイプを独立させず（「西部遊牧タイプ」「西モンゴル亜タイプ」にあたる）に含ませているが，確かに妥当な面をもつと思われる。混合タイプの一特徴として，3種類のステップにまたがる移動を行うことが挙げられるが，考えてみればこの種の移動は，ここだけでなくて西モンゴルにも存在するであろうし，まして2種類のステップにまたがるものなら，至るところに見いだせよう。また夏営地が高山で冬営地がゴビの低地という上下移動についても，細部つまり冬営地と秋営地の位置関係において西モンゴル亜タイプの一定の地域と異なるかも知れないが，大きくみれば，あるいは基本的には，同質であり同類であると考えられる。

7

　以上，グライヴォロンスキーの分類した遊牧タイプ別に順次，かつてと近年の移動のありかたをそれぞれ検討し，かつ後者を前者と比較して変化が認められるかどうかを明らかにしようと努めた。

　その結果，まず指摘できることは，革命にともなう変革を大きく被る以前の伝統的な遊牧の移動のありかたは，その後すなわち特に1955年頃以来の遊牧の社会主義的集団化や近代化その他の政策の本格的な実施後も，少なくとも1970年代中ごろまでは，まだ多くの地域で目立つほどの変化を示していないようである。ホヴスゴル周辺亜タイプや中央モンゴル亜タイプのように近年の情況がよくわからないもの，逆にヘンテイ亜タイプのようにかつての情況がよくわからないものがあるため，それほど強くは言えないけれども，

374　第2部　モンゴル史上の諸問題

新旧の情況がある程度わかるものによって考えると，そのように言えると思う。しかし今後もっと細かい資料が得られれば，変化の存在を見つけ出すことができるかも知れないし，また今後は今までとは異なって，明確な変化が現れてくるかも知れない。ヘンテイ亜タイプにすでに認められるとされる定着化傾向というのは，この亜タイプの過去の情況がよくわからない点に問題を残すし，きわめて局地的で特殊的であり他地域に普及し得るのか不明であるが，一応そのような変化の現れとして注目されているようである。

　つぎに，グライヴォロンスキーの分類に種々訂正を要する点がある。その訂正に基づいて伝統的な遊牧の移動のありかたの分類の私案を提出すると次のようになる。

　Ⅰ　北部ハンガイ＝タイプ　（イ）ハンガイ亜タイプ，（ロ）ヘンテイ亜タイプ，（ハ）ホヴスゴル亜タイプ

　Ⅱ　西南部ハンガイ＝タイプ　（イ）西部ハンガイ・ゴビ亜タイプ　（ロ）南部ハンガイ・ゴビ亜タイプ

　Ⅲ　中間平原タイプ　（イ）東部平原亜タイプ　（ロ）中央モンゴル亜タイプ

　Ⅳ　ゴビ＝タイプ　（イ）山地ゴビ亜タイプ　（ロ）ゴビ平原亜タイプ

　上の私案は，あくまでも暫定的なものである。もっと十分な資料を得て訂正することを前提に作成されている。

　この私案は，遊牧の移動のありかたは地形，気温，雨雪，風，植生その他さまざまな自然の要素の影響を受けて形成され，まさにその故に，同じさまざまな自然の条件を総合的に把握してモンゴル風に区分された3つの自然地帯（ハンガイ，中間平原，ゴビ）が，その移動のありかたと密接な関連を有しているのだという認識に基づいて作成されたものである。そして植生上の区分と単なる地域区分を混同するなど，従来あいまいであった分類の基準を正し，筋を通したつもりである。

　以下に，各タイプの簡単な説明を行う。

Ⅰの北部ハンガイ＝タイプは，ハンガイ地帯の山々を上下移動することによって利用するが，その場合，夏営地より冬営地のほうがかなり高い場所に置かれる点に大きな特色がある。寒風をさえぎり，そして日当たりがよい場所，積雪が少なく，かつそれが硬く固まっておらず，そして良好な草がある場所は，川の上流の幅の狭い谷や，それらの川の脇の方にある狭い谷の上部に多いためである。また森林ステップが支配的で水草が良好であり起伏が多いため，四季の牧地として適した場所が互いに接近して存在すること，それに人口，家畜の稠密さが自由な長距離の移動を抑制し，夏営地と冬営地を近づけ，こうして年間の移動の距離は最も短く，かつ移動の回数も少ない。この点でホヴスグル亜タイプは，冬営地と夏営地の高度差が著しく，移動の回数，距離とも多いが，それはこの亜タイプの存在する地域の環境上の特性による。これに対してヘンテイ亜タイプは，近年の情況では，移動の回数・距離が少ないことや遊牧方法の若干の点で特色をもつようであるが，かつてのことは不明な点が多いため，伝統的遊牧のタイプとしてハンガイ亜タイプから独立させることに疑問がなくもない。今は，一応グライヴォロンスキーの説に従って，そのままにしておく。

Ⅱの西南部ハンガイ＝タイプは，最も典型的な山岳的上下移動を行う。北部ハンガイ＝タイプと根本的に異なるのは，夏営地が冬営地より高い場所に置かれ，両者の高度差が一般により顕著な点である。こうした上下移動を行う理由は，多分ここでは全体的にゴビに面していることにある。冬にゴビは積雪が少なく枯れ草の質もよいのである。しかし気温と寒風をさえぎる地形の点では地域差がある。そこで気温が低く寒風をさえぎる場所が乏しい地域では，秋に1度下りたゴビから，冬とともに低山に移り越冬することが多い。これが西部ハンガイ・ゴビ亜タイプである。すなわちグライヴォロンスキーの西モンゴル亜タイプにあたる。一方気温があたたかで寒風をさえぎる場所の点で問題が少ない地域ではゴビに冬営地を置く。これが南部ハンガイ・ゴビ亜タイプである。すなわちグライヴォロンスキーの混合タイプにあたる。

このタイプは，夏営地と冬営地または秋営地の高度差が大であり，また異な
るステップにまたがる移動を行うため，遠距離の移動を行い，それにとも
なって移動の回数も多い。西部ハンガイ＝ゴビ亜タイプには，近年の情況か
らみて，アルタイ山中に四季を通してとどまって遊牧している牧民もいたか
も知れない。

　Ⅲの中間平原タイプは，植生上は純ステップ地帯である。この純ステップ
は東部平原において最大の広がりを見せ，平原も最も平原らしい様相を呈し
ている。東部平原亜タイプ（グライヴォロンスキーの東モンゴル亜タイプ）
はそのような開けた平原に適応している。すなわちそこでは，平坦なため，
高度差を利用した季節的牧地の選定は行えず，代わりに南北の緯度差が利用
され，夏営地は北方に，冬営地は南方に置かれるが，水と草の関係の条件も
加わって，その間隔は大であり，こうして比較的長距離のほとんどの部分に
おいて水平に移動することが行われた。中央モンゴル亜タイプは，近年の情
況をみるかぎりでは，既述のように１亜タイプとして独立させることに問題
がある。ところでその特色とは，中間平原の中間的性格が反映されている点
に求められる。すなわち夏季は開けた平原に遊牧し，冬季はふつう，北方の，
より高い場所つまり山岳の南斜面や谷間に遊牧するという季節的牧地の高低
の配置の具合は北部ハンガイ＝亜タイプ的であるのに対し，夏営地と冬営地
の高度差が小であり，移動の距離が大であることは，ゴビ＝タイプ的であっ
たからである。

　Ⅳのゴビ＝タイプについても資料不足のため，不明の点が多い。２つの亜
タイプの設定は自信を持って行ったものではなく，資料不足でそれを否定す
る材料もないので，一応グライヴォロンスキー説に従ったまでのことである。
ここで指摘したいのは，まず，ゴビでも，意外なことに山や丘が冬営地に，
開けた平原が夏営地に利用されることが多いという点である。この季節牧地
の配置は，北部ハンガイ＝タイプや中央モンゴル亜タイプのそれと相通じる
ものである。つぎに通念に反してゴビでは，距離の非常に長い移動を行わな

いという点である。トルキスタン方面の例からみても，砂漠性ステップや砂漠内にとどまって行われる遊牧は，限られた水の所在に拘束されて，自由で遠隔の移動が抑制されることが多い。遊牧民の移動距離が大となるのは，ふつう前述したような異なる種類のステップにまたがる移動をする場合である。ゴビ＝タイプの大きな特色の1つは，その移動の軌道が円形を描くことにある。多くの場合そうであるらしい。これに対して，他のタイプではほとんど，冬営地と夏営地を両極点とし，その双方を結ぶ直線を移動するような形の軌道を描く。そして春営地と秋営地はだいたいその軌道上に位置するのである。

おわりに

以上おおざっぱで不十分であるが，モンゴル人民共和国の遊牧のありかたについて検討した。その結果は，つぎのようにまとめられよう。

伝統的な遊牧において，典型的な水平移動を行う地域は少なく，山岳を利用した上下移動を行う地域が多かった。上下移動は，夏営地と冬営地の位置関係によって，基本的にII種に分けられる。1つはふつう知られている夏営地が高く冬営地が低いものであり，他は逆に夏営地が低く冬営地が高いものである。後者は前者に優るとも劣らぬ広い地域で支配的なありかたであった。そしてその変形ないし水平移動への移行型とも言うべき夏に開けた平原に移動し，冬にやや高い山岳，丘を利用する遊牧が，広く中間平原やゴビで行われていた。

移動の距離は，通常の場合，概して西南部ハンガイ＝タイプのそれが大であり，北部ハンガイ＝タイプのそれが小であった。そして最大でも500kmを大きく超えることはほとんどなかったようであり，最小でも10kmを大きく割ることは多くなかったようである。なおゴビ＝タイプの移動距離は，最長の部類に属さなかった。移動の回数は，移動距離が長い場合には多くなり，その逆の場合は少なくなるという傾向が見られた。移動の軌道は，ふつう直線的な経路上を往復する形に近いが，ゴビ＝タイプは円形に近いものとなる。

378　第2部　モンゴル史上の諸問題

　以上の移動のありかたは，多くの地域において，今も目立つ変化は現れて
いないようであるが中央モンゴル亜タイプのようにこの点問題のある地域が
あるし，ヘンテイ亜タイプにおいては，定着化傾向が見られるとされる地域
もある。

追記　本論文は，早稲田大学東洋史懇話会『史滴』5（1984年）の57-90頁に掲載された
「モンゴルの伝統的な遊牧の地域性」に基づいている。

注

1）Денисов, 1946, Н., *Животноводство Монгольской Народной Республьки*, Улан-Батор.
　と Моёбуу, Д., 1972, *Мал аж ахуйн эдийн засгийн асуудал*, Улаанбаатар. は入手できな
　かった。

2）Грайворонский, В. В., 1979, p. 51.

3）Симуков, 1934, pp. 40-44.

4）Жагварал, 1974, pp. 132-135.

5）図1参照。Симуков, А. 1934, pp. 40-44.

6）Симуков, А., 1934, pp. 40-44. Жагварал, Н., 1974, pp. 132-135.

7）Цэвэль, Я., 1939, Кочевки, *Современная Монголия*, No. 1, Улан-батор, pp. 27-31.

8）Бат-Очир, Л. (Редактор), 1976, *БНМАУ-ын социалист хөдөө аж ахуйн түүхийн
　зарим асуудал*, Улаанбаатар, p. 171.

9）Жагварал, Н., 1974, *Аратство и аратское хазяйство*, Улаанбаатар. p. 132.

10）Симуков, А., 1934, p. 42.

11）盆地の1月の平均気温はマイナス29.9度～マイナス25度である。これに対して
　周囲の山岳では－24.9度～－20度である〔Рагчаа, Т. (Ерөнхий редактор), 1978,
　Малчдын санамж бичиг, Улаанбаатар.〕

12）図3の原図における移動の順序を示す矢印には，おそらく誤りがあるので，訂正
　した。すなわち原図には，冬営地から秋営地に，秋営地から夏営地に，夏営地から
　春営地に移動しているとなっており（Бадамхатан, С., 1965, p. 241），明らかにおかし
　い。

13）Батнасан, Г., 1972, p. 49.

14）Симуков, А., 1934, pp. 42-43.

15）Майский, И., 1921, *Современная Монголия*, Иркутск., p. 116. その和訳，南満洲鉄道

株式会社庶務部調査課編，1927，『外蒙共和国，上・下』，大阪毎日新聞社，下巻 272-273 頁。

16）Батнасан, Г., 1972, p. 55.

17）Батнасан, Г., 1972, p. 49.

18）Батнасан, Г., 1972, pp. 47-49.

19）Жагварал, Н., 1974, *Аратство и аратское хозяйство*, Улаанбатор, p. 135.

20）Жагварал, Н., 1974, p. 135.

21）Жагварал, Н., 1974, p. 135.

22）Симков, А., 1934, pp. 40-46.

23）Грайворонский, В. В., 1979, p. 49.

24）Бадамхатан, С., 1965, p. 95.

25）Бадамхатан, С., 1965, p. 95.

26）Бадамхтан, С., 1965, p. 241.

27）Бадамхатан, С., 1965, p. 95.

28）Vainshtein, S., 1980, *Nomads of South Siberia*, New York, p. 93.

29）Бадамхатан, С., 1965, p. 96

30）Бадамхатан, С., 1965, p. 94.

31）Бадамхатан, С., 1965, p. 98.

32）Бадамхатан, С., 1965, p. 96.

33）Бадамхатан, С., 1965, p. 98.

34）同上。

35）Жагварал, Н., 1974, p. 132.

36）Батнасан, 1978, p. 55.

37）Майский, И., 1921.

38）Майский, И., 1921, pp. 93-94，その和訳本『外蒙共和国』上，229-230 頁，9-20 頁。

39）Нацагдорж, Щ., 1963, p. 111.

40）Жагварал, Н., 1974, p. 132, Батнасан, Г., 1978, p. 55.

41）Жагварал, Н., 1974, p. 132.

42）Симуков, А., 1934, p. 41.

43）Симуков, А., 1934, pp. 40-41.

44）例えば БНМАУ Шинжлэх Ухааны Академи, 1979, Улаанбаатар, p. 23 の図 （зураг） を参照せよ。

45）Vreeland, H. H., 1957, p. 44.

380　第2部　モンゴル史上の諸問題

46）Симуков, А., 1934 の図。最近次の文献に収められた。А. Д. Симуков Труды о
Монголии и для Монголии Том 2（Senri Ethnological Reports 67, 2007. pp. 450-451.
СХЕМА кочевых путей УБУР хангайского аймака）

47）Цэбэль, Я., 1993, pp. 27-28.

48）Цэрэнханд, 1981, p. 8.

49）Жагварал, Н., 1974, p. 132. Батнасан, Г., 1978. p. 45.

50）Жагварал, Н., 1974, pp. 132-134.

51）Батнасан, Г., 1972, p. 126.

52）Батнасан, Г., 1972, pp. 53-54.

53）Симуков, А., 1934, p. 42.

54）Симуков, А., 1934, pp. 41-42.

55）Цэбэль, Я., 1933, p. 29.

56）Бадамхатан, С., 1965, p. 5.

57）Майский, И., 1921, pp. 116-117. 同書の和訳本『外蒙共和国』上巻，273 頁。

58）Бадамхатан, С., 1965, p. 5.

59）Бадамхатан, С., 1965, p. 15.

60）Батнасан, Г., 1972, p. 124.

61）Батнасан, Г., 1978, p. 45.

62）Симуков, А., 1934, p. 44.

63）Цэбэль, Я., 1933, pp. 28-29.

64）Грайворонсий, В. В., 1979, p. 51.

65）Sambuu J̌., 1945, は，「わが国では，北から南へ行くにつれて牧地の植物は疎で草
丈は短くなるが草の養分は質がよくなりホジル（炭酸ソーダ）が豊かになり，他の
湿潤な気候のところに比べてかなりよく保存されるのであり，冬春において大体が
雪が少ないので，それすなわち牧草を利用するのによいのである」と述べている（p.
42）。

66）Симуков, А., 1934, p. 43.

67）Батнасан, Г., 1972, p. 119.

68）同上。

69）Симуков.

70）Батнасан, Г., 1972, p. 124., Батнасан, Г., 1978, p. 45.

参考文献

1. Вадамхатан, С., 1965, Хөвсгөлийн дархад ястан, *Studia Ethnographica*, Tomus Ⅲ, Fsc. 1, Улаанбаатар.

2. Бадамхатан, С., 1972, Боржигин-халх, *Studia Ethnographica*, Tomus Ⅳ, Fasc. 7, Улаанбаатар.

3. Батнасан, Г., 1972, Нэгдэлчдийн нүүдэл, суурышлын зарим асуудалд, *Studia Ethnographica*, Tomus Ⅳ, Fasc. 9, Улаанбаатар.

4. Батнасан, Г., 1978, *БНМАУ дахь нэгдлчдийн аж ахуйгаа хөтлөх арга ажиллагаа*, Studia Ethnographica Tomus Ⅵ, Fasc. 1, Улаанбаатар.

5. Бат-Очир, Л. (Редактор), 1976, *БНМАУ-ын социалист хөдөө аж ахуйн түүхийн зарим асуудал*, Улаанбаатар.

6. Грайворонский, В. В., 1979, *От кочевого образа жизни к оседлости (на опыте МНР)*, Москва.

7. Жагварал, Н., 1974, *Аратство и аратское хозяйство*, Улаанбаатар.

8. Майский, Й., 1921, *Современная Монголия*, Иркутск. (和訳本。南満洲鉄道株式会社庶務部調査課編，1990，『外蒙共和国』上・下，大阪毎日新聞社)

9. Насанбалжил, Ц., 1978, *Монголын аж ахуй хөтлөлтийн уламжлал, шинэтгэл (ХIX зууны эцэс ХХ зууны эхэн)*, Улаанбаатар.

10. Нацагдорж, Ш., 1963, *Халхын түүх*, Улаанбаатар.

11. Рагчаа, Т. (Ерөнхий редактор), 1978, *Малчдын санамж бичиг*, Улаанбаатар.

12. Симуков, А., 1934, Монгольские кочевки, *Современная Монголия*, No. 4, Улан-батор. pp. 40-46.

13. Цэвэль, Я., 1939, Кочевки, *Современная Монголия*, No. 1, Улан-батор. pp.27-31.

14. Цэрэнханд, Г., 1981, Нэгдэлч малчдын аж байдал "Гэрэлт зам" нэгдэлийн материалаар, *Studia Ethnographica*, Tomus Ⅶ, Fasc. 1, Улаанбаатар.

15. Юнатов, А. А., 1976, *Бүгд Найрамдах Монгол Ард Улсын ургамлын нөмрөгийн үндсэн шинжүүд*, Улаанбаатар.

16. Sambuu, J̌., 1945, *Mal aǰu aqui deger-e ben yaɣakiǰu aǰillaqu tuqai arad du ögkü sanaɣulɣ-a*, surɣal, Ulaɣanbaɣatur.

17. Vainshtein, S., 1980, *Nomads of South Siberia*, New York.

18. Vreeland, H. H., 1957, *Mongol community and kinship Structure*, New York.

19. БНМАУ Шинжлэх Ухааны Академи, 1979, *Монгол Ард Улсын угсаатны судлал хэлний шинжлэлийн атлас*, Улаанбаатар.

17

遊牧民にとっての自然の領有

はじめに

　モンゴル人の生活の場は，内陸アジア（中央ユーラシアのアジア部分）の東部に位置するモンゴル高原のステップである。彼らはそこで生きるために，ステップに産するものを極力利用してきた。草を家畜に食わせて遊牧し，その生産物によって生活の基幹部分を支えた。またそこの草や動物を食って生きる鳥獣類を生活の重要な糧として狩り，野生の植物を食糧のわずかな補いとして採集した。この採集狩猟経済のうち，狩猟は遊牧に次ぐ主要な経済の部門となってきた。農耕は最近まで，普通考えられている程には重要ではなかった。かつて，ステップから入手できないものは，戦争と交易によって獲得した。戦争は彼らにとって，きわめて重要な経済行為であった。そしてそれも彼らの認識では，一種の採集狩猟に類する行為であったようである。彼らは戦争と狩猟を同じレベルで捉え，違いは対象が人か野生動物かという点だけと見ていたらしいからである[1]。通常彼らの戦争の最大の目的は，必ずしも領土の獲得ではなく，敵の所有する財物の略奪であったのである。

　要するにモンゴル人は，彼らが領有するステップに生きる家畜と野生動物をわがものとすることで，みずからの生活の主要な部分を成り立たせてきたのであり，一見動物と無縁の戦争にも，そのような生活の反映がみられたのである。

　本稿では，遊牧民モンゴル人によるステップと家畜の領有について考察する。ステップの領有問題のひとつとして，目下進行中とされる遊牧の定着化問題にも触れたい。また家畜の領有については，ステップの家畜のなかで格

384　第2部　モンゴル史上の諸問題

別に重要な役割を演じ，ここの遊牧のあり方を規定してきた馬を中心に取り
あげて考察することにしたい。

　狩猟についても取りあげたいが，紙幅の関係上省略せざるを得ない。

1　ステップの領有

(1)ステップと牧地

　モンゴル人の住むモンゴル高原は，内陸アジアの北部を東西に伸びるス
テップの東半分を占める。その北と東と南の境界は，同時に内陸アジアのそ
れらの方面の境界でもある。だからそれらの境界付近の地域は，内陸アジア
の外の湿潤アジアや亜湿潤アジアに接してやや湿潤であり，そこには森林ス
テップが分布する。そして森林ステップの内側は純ステップが分布し，その
内側は砂漠性ステップが広がり，最奥部は砂漠となり，それらが層状を呈し，
全体として「つ」の字の形になっている。西南部は，内陸アジアの最奥部に
接するので大いに乾燥し，砂漠が優勢である。

　モンゴルで森林ステップの発達が可能な地域は，山岳地帯である。山岳地
帯は，平坦地より降水量が多い上に，日当たりが悪い多数の北斜面を含み，
その北斜面の土壌は湿気が比較的多く保たれ，木々が生長できるからである。
すなわちモンゴル高原の森林ステップとは，山の北斜面に森林が発達し，日
当たりのよい南斜面や平坦地に草原が発達し，それらが混在するという構成
をもつ。

　山岳は概して降水量が多いため，本来は純ステップになるところにも森林
ステップを発達させる。ハンガイ，アルタイ，陰山等の山脈に広がる森林ス
テップのかなりの部分がその種の森林ステップであると見られる。

　森林ステップは湿潤なため，比較的水に恵まれ草木が豊かで，家畜を最も
多く飼養できる上に，野獣も多いし，その他の富も利用できる。また山岳
に拠って軍事上防衛しやすい。このように種々の点で恵まれているため，古
来モンゴル高原に建てられた強大な遊牧国家の最高主権者は，多くここに根

拠地を置いた。特にハンガイ山脈の東部，内モンゴルの陰山山脈，大興安嶺山脈南部はこれらの点で優れており，匈奴，鮮卑（拓跋部），突厥，ウイグル，契丹，モンゴル等は，これらのいずれかに国家の中心を置いた。まさに森林ステップこそは，モンゴル高原の遊牧民の活動の中心舞台であったのである。純ステップと砂漠性ステップは，山岳地帯の内陸側に広がる平原や盆地に発達している。純ステップが森林ステップに接する地域は，山岳が平原へ移行する地帯であり，低山や丘陵が波打ち，森林ステップと並んで草が良い。

　砂漠性ステップ（半砂漠）と砂漠を合わせて，モンゴル人はゴビと称する。ゴビの草は，丈が低く，生え方が疎で，他のステップの草に比べて量的には劣るが，質は優れ，滋養分に富み，消化が良い。しかもゴビには家畜に不可欠の天然の炭酸ソーダ（khujir と称される）が至るところにあるので，水さえあれば牧地になるところが多い。

　そこでモンゴル帝国時代，第2代の皇帝オゴデイは「チョル（čöl，砂漠／沙漠）の地には野獣以外はいない。国民に少しゆったりと住まわせるために，住地官チャナイとウイウルタイを長としてチョルに井戸を掘らせ，井戸の壁を囲おう」と命じた[2]。そして後年，これについて「国民を水と草に至らせた」と自賛したという[3]。

　1921年の社会主義革命後のモンゴルでも，牧畜振興策の一環として1937，1938年以来，国が計画を立てて井戸を掘り始め，特に1960年代から本格的に実施し，1925年に1万2300本であったのを，1985年には4万本以上にしたという。全モンゴルの井戸総数が依然1万4824本と少なく，そのことから革命前までのモンゴルの状況を推測できた1967年当時の，ドルノゴビとウムヌゴビの両アイマク（アイマクは県級行政単位。日本の県よりはるかに広い）の人と家畜が飲める水の種類を見ると，前者は湖2，川0，泉140，井戸1656，後者は湖と川は0，泉333，井戸2637であったという。ゴビでは大部分井戸に負っていたのである。純ステップでも井戸は極めて多く，例

えば同じ 1967 年当時のスフバートル＝アイマクでは湖 27，川 191km，泉 118，井戸 1140 だという。森林ステップにもある程度の井戸が存在した[4]。

　要するにゴビでは，井戸が掘られてはじめて人と家畜が水にありつき，住めるようになった土地が圧倒的な部分を占め，そういう土地は純ステップでもかなりあり，森林ステップにさえ若干あったことがわかる。このことは，砂漠のオアシス化のように，遊牧地帯でも井戸という一種の潅漑施設の建設によって遊牧民によって取り込まれ牧地化された土地が多いことを示す。そしてこの牧地の拡大過程にステップにおける遊牧発展の歴史の一部を読み取れよう。オゴデイの井戸掘削は，その意味で興味深い。

　ステップには，このように人力を加えた結果牧地となったところが，意外に多い。水以外に炭酸ソーダすなわちホジル（khujir）も，もしそれがなければそのステップが牧地として使えないということが生じるのであるが，これも人が他所から運んで来て家畜に与えて済むならば，大変ではあるが，そしてまた現実的であるかどうかは別としてそのステップを牧地として使えるようになるはずである。

　ところで，井戸水を含む水の問題は，季節性をもつ。すなわち井戸は，かつては主として夏秋のあたたかい季節に使われていたのであり，そこでおもに夏秋のステップの牧地利用とかかわっていたのである。冬春の寒い季節には，雪が積もるので，それが水代わりとなり，河川，湖沼，泉，井戸などの水がなくてもステップは牧地として使えるようになる。モンゴル帝国時代にも「（夏に）水のない牧地は，冬に雪があるとき牧地として使う。雪が水として彼らの役に立つからである」と述べられた[5]。

　ただし革命後掘られた井戸は，夏冬兼用のものであり[6]。状況が変わってきた。現在，四季に利用できる井戸を掘っているのは，積雪に全面的に頼るより安全だし，冷たい雪だけよりあたたかな井戸水を飲ませるほうが，家畜の身体によいからである。

　ステップを牧地として使うための条件となるもので季節性を帯びるものは，

水以外にも多い。土地の高低，起伏，風通し，積雪の多寡，緯度の高低等の地形，積雪，緯度といった要素がそうである。冬には寒かったり，積雪が多すぎたり，寒風にさらされ日当たりが悪い部分が多い場所，夏には暑かったり，風通しが悪く蒸し，ハエ，ブヨ，カ等の害虫の多い場所は，牧地に不適当である。これだと家畜は，冬は寒さに耐えられず著しく痩せ，夏は暑さに食欲を失い十分に太れない。その逆の条件のところこそ，牧地となる。牧地のうち季節性を帯びないものは，むしろ少ないと言えよう。ステップ内の草が極度に悪いところ，毒草が多いところ，森林だけのところ等は，言うまでもなく季節を問わず牧地とならない。

　ステップの牧地についてまとめると，それは，ステップや砂漠における水，草，ホジル，地形その他のさまざまの遊牧に必要な条件を，ある季節において満足させる場所と言えよう。遊牧民は，牧地の条件の1つである水の問題を井戸によって解決し，特にあたたかい季節の牧地の拡大に努めてきたのである。夏の牧地や秋の牧地は，努力によって，河川，湖沼，泉の周辺から徐々にその奥に拡大していったのである。それにともなって寒い季節の牧地も，またある程度広がったのであろう。

(2)牧地の利用—移動

　ところで，この季節性を強くもつ牧地の諸条件への対応こそ，遊牧民の移動の中心たる季節的移動の根本理由となる。その場合地域内で類似し，地域間で異なる自然条件への対処の仕方から，季節的牧地が置かれる環境は地域別に類型化される。すなわち山岳地帯の，寡雪の地域では，冬は山麓の，寒風をさえぎり，日当たりもよい南斜面を多く含む場所，夏は広々とした風通しのよい低い谷間などが牧地となる。平原地方では概して，冬はあたたかな南部の，寒風をさえぎり日当たりもよい土地が多い場所，夏は涼しい北部の，広々とした風通しのよい場所が牧地となる。平原でも，多数の盆地の集積であるゴビでは，冬は寒風をさえぎる場所に恵まれている盆地の縁をなす低山

や丘陵，夏は広々として風通しのよい盆地底が牧地となる等々である。このようにその内部で自然環境の類似した地域ごとに，あたたかい季節と寒い季節の牧地の場所は，ほぼ一定しているのである[7]。

　この季節的牧地のうち，夏の牧地と冬の牧地が置かれる場所が最も顕著に各地域の自然環境を反映している。遊牧民の移動とは，この夏の牧地と冬の牧地を，またそれらの中間の地に春の牧地と秋の牧地があればそれらも利用するために，季節の変わり目に移動する必要が生じて行われるものである。そしてそれはその季節性の故に，特に季節移動または季節的移動と称される。まさに季節移動こそ遊牧民の移動の根幹をなす。前述した温かい季節と寒い季節の牧地の所在の地域別類型が季節的移動の地域別類型をどのように定めているかを見ると，寡雪の山岳地域では夏高・冬低の上下移動，多雪の山岳地域では夏低，冬高の上下移動，平原地帯では夏北・冬南の水平移動，平原でもゴビでは高低含みの円形移動となる。かくて遊牧民の基本的移動は，通常このような季節に従う移動であるので，移動経路と時期が大体一定し，規則性を帯び，放浪的とはならない。移動を怠る者もいるが，これを一般視してはいけない。

　モンゴル帝国時代の季節移動は「各首領は……冬・夏・春・秋に牧地に使うべき場所を知っている」とあり[8]，そのような季節の牧地を目指しての移動が行われていた。当時モンゴル語には「冬を過ごす（übülǰe-）」，「夏を過ごす（jusa-）」，「夏営地（jusalang）」という語は存在するが（『モンゴル秘史』），春営地や秋営地を表す語は見あたらない。これは春と秋の牧地の曖昧性の反映かも知れない。当時の季節移動の例としては，山岳地帯における夏高・冬低の上下移動と平原における夏北・冬南の水平移動が史料によって知られる[9]。

　20世紀初めの革命が起こる前，各季節の牧地の場所は年々大体一定していたのであり[10]，この状態は，遡った時期においても同様であったと考えられる。

遊牧民にとっての自然の領有　389

　ある遊牧単位（いっしょに移動し，同じ場所に駐営し，日常の遊牧作業を
共にする遊牧経営上の基礎的な単位。1つの家族または複数の家族から成る）
の生活空間は伝統的に，このようなその居住する地域の自然環境に規定され，
年々だいたい一定した季節の牧地とそれらを結ぶ移動経路から成っていたの
である。この空間は縄張りとして，他からの侵害は容認できぬものであった。
　遊牧民は，季節移動以外に，種々の理由から季節に関係ない移動も行う。
それらの移動は，①水，草の悪化，ホジルの欠乏，天災・伝染病・戦乱から
の逃避等を理由に，季節移動と同様，牧地とその中にある駐営地（住居や家
畜の休息所等から成る）双方を新しい場所に移す牧地・駐営地取り換え移動
し（ノタク＝ソリフ，nutaγ solikh），②よりよい牧草を積極的に求め，夏秋
は新鮮で栄養のある牧草を食わせて家畜を十分に太らせ，冬春はよい状態の
乾いた草を食わせて家畜があまり痩せないようにするために，あるいは天災
から緊急避難するために，今の牧地と駐営地をひき続き利用しつつ，遊牧単
位の一部分が当座の家財を携行し，ある種類の家畜すべて，または全種類の
家畜の全部や一部を連れて新牧地を求め（場合によって転々と）移動する出
張的移動（オトル，otor），③駐営地が家畜の糞尿で汚れたために，今の牧地
内の別の場所に駐営地を移す駐営地取り換え移動（buuri solikh）等がある。
冬は普通1つの牧地にずっととどまるとしても，馬群はよくオトルに出して
きたし，天災はオトルやノタク＝ソリフをして避け，伝染病や戦乱も同様に
して避けてきたのである。つまり遊牧民は季節移動と，これらの各種の季節
と直接関係しない移動を適宜使い分け，遊牧を維持してきたのである。そこ
で季節移動が遊牧の移動の基本だとしても，年間の移動はそれだけでおさま
らず，数回以上に及ぶ。今，モンゴルの各地の近年の年間移動回数を見ると，
北部山岳地域の夏低・冬高の上下移動型は往時は4〜10回（今も大差なし），
西モンゴルの山岳地域の夏高・冬低の上下移動型は近年において10回前後，
東部平原の純ステップの夏北・冬南の水平移動型は近年において10回前後
〜20回前後，ゴビ地方では，往時7，8回（近年は10〜15回）である[11]。

遊牧とは，ステップ内の牧地として利用できる場所を各種の移動を組み合わせて用いることによって，はじめて最大限家畜に利用させることができる牧畜だと言えよう。

(3)定着化

遊牧の定住・定着化が急速に進んでおり，将来遊牧民は消え去るとの見方がある。遊牧民の定住化は，他の経済部門へのその移行によっても起こるが，言われているのは遊牧自体の定着に伴う定住化である。

遊牧民の定住というのは，今まで述べた点からみて，夏の牧地と冬の牧地を利用し（春の牧地と秋の牧地の存在と利用は曖昧でもよい），いつでも移動できる生活態勢を維持して，それらの間を往復し，また必要に応じて季節の変化と関係のない事情によって移動するという遊牧本来の牧地利用の本質に関わる変更，放棄によって実現されると言うことができよう。

19世紀末以後のトヴァの地域では，毎年同じ冬営地を使い，そこに常設住居をもつ半遊牧，極めて稀に，夏営地と冬営地を往復移動し双方に常設住居をもつ半定住そして定住が，遊牧と並んで見られたという[12]。

20世紀初め（革命前）のモンゴルでは，遊牧が断然支配的であり，半遊牧は一般遊牧民にはほとんど見られず，若干の王侯に見られ，半定住は北部山岳地帯のヘンテイ山脈地方の遊牧民に見られたと言う[13]。私見では，ヘンテイの遊牧民とは，ロシヤ領の同族の牧畜の影響を被ったブリヤート族のそれらしい。

現代モンゴルにおける定住化問題は，牧農協同組合ネグデル（negdel）が組織された1950年代末以後現実化したが，その場合半遊牧と半定住の前段階と見なされ，上に述べたのとほぼ同じ意味内容で捉えられているようである。私は半遊牧の概念規定には，上に述べた遊牧の本質に照らして納得しがたい点があると思うが，それはさておき，ともかく定住化が進んでいるという場合，少なくとも典型的ステップである純ステップ以上のところで，遊牧

が大勢として，少なくとも半定住の段階程度にまで到達しているのでなけれ
ばならないであろう。

　だが現状はそうではない。1975年当時，1人のモンゴル人研究者は，定住
にむけて徐々に進んでいると述べつつ，1974年における全国調査に基づい
て「牧民たちは，一年のうち，少なからず移動している」と認めざるを得な
かったのである。すなわち当時全国平均で年9回，164km移動していたの
であり，全国最小の移動回数のオヴルハンガイ＝アイマクでさえ，平均して
年に5回，112km移動していたのである。その後も顕著な変化はないよう
であり，現在，牧民は，定住生活の長所を理解し心理的に定住する準備がで
きているが，1年中天然の牧地に依拠した牧畜をせざるを得ないために，彼
らが完全に定住する見込みはないとか，積極的に自然の牧地を移動して使用
する伝統的な方法を遅れたものではなく，むしろ牧畜を導く重要な技術の1
つであるとし，かくて同国の党・政府は，モンゴルの経済の現在の水準と調
和させ，牧畜を直ちに定住状態に移すという問題を第1のものとは見ていな
いとか，言われている[14]。

　そもそも遊牧の定着化は，基本的に，自然の水や牧草を家畜を移動させな
がら利用させることをやめるか，極力抑制するかによって可能となる。そこ
で，その実現には水と飼料の供給体制を整えることが不可欠である。しかも
それは，低コストで実現されなければならない。従って，牧草について言え
ば，モンゴルでは牧地改善，栽培飼料と自然の牧地からの干し草の収穫の増
加に努めているが，栽培の困難な乾燥したステップが圧倒的な上，牧民が著
しく分散して住んでいる状況では，その供給体制の確立には限界がある。将
来の多分に楽観的な見通しによっても，そういった飼料の割合は全飼料の
10％程度にしか高められないようである。つまり，今後も自然の牧草に大
部分依存せざるを得ないのである。現在種々努力してなお，準備した飼料の
充足率は数％に過ぎない[15]。遊牧の定着の困難さがわかるであろう。現在，
半定住段階に到達している経営体があるとしても，極めて部分的，局地的で

あり，大勢として半定住の段階に至っていないと言えよう（概念のあいまいな半遊牧については，今は問わない）。

2　家畜の領有―馬を中心として―

(1)家畜の放牧管理の基本原則

　古来，ステップの遊牧民の遊牧単位が家畜を放牧管理することについて，3つの特徴が見られた。第1は複数の家畜を飼育し，第2はそれらをほぼ種類ごとに群れとして管理し，第3は囲いのない牧地で放牧することである。

　第1の点だが，何種類かの家畜のうち，ステップ全域であまりむらなく飼われてきたのは，馬と羊である。それは，それらが自然環境への適応力に富むためでもあるが，またすべての牧民がそれらを生活上必要としたためでもある。つまり馬は乗用（乳も利用する）のために，羊は肉（乳も利用）と毛（牧民の住居のゲルの木製骨組を覆うフェルトやその他を造る）のために不可欠なのである。なお羊のいるところに普通山羊もいる。羊群には山羊を三割程度交ぜる。山羊の大胆・沈着さによって，気の小さな羊の群れを落ち着かせるためである。このいわば基本家畜とも言うべき馬と羊にプラスして，森林ステップでは湿潤さを必要とする牛が多く飼われ，砂漠性ステップや砂漠では，乾燥に強く，乾燥した土地に生える草を好む駱駝が多く飼われ，砂漠性ステップや砂漠それに山岳地帯には粗食に耐え，山を好む山羊が多く飼われてきた。こうしてモンゴルの遊牧の地域的特色が形成され，その地域の特色に合わせた3，4種類の家畜が普通飼われてきた[16]。このことによって，食う草の種類が少しまたは大いに相違するこれらの家畜が全体として，ステップのあらゆる地域のあらゆる種類の牧草を食用し，ステップの牧草がそれほど無駄なく食われ，利用される結果になってきたのである。

　第2に，これら何種類かの家畜は，羊と山羊から成る群れおよび山羊，馬，牛，駱駝の各群れというように，種類別に群れが形成される。そこで羊，山羊，馬，牛を所有し，森林ステップに居住する遊牧単位は，原則として羊と

山羊から成る1つの群れ，馬の群れ，牛の群れの3つの群れを形成して，それらを個別に放牧管理する。これらを放牧する場合，当然人手の問題が生じる。遊牧単位の構成員の数は普通そう多くない。人手が足りなければ，協同放牧管理で補われた。たとえば畜群を別の放牧単位のそれに混ぜて世話をしてもらうのである。こうして遊牧単位は少ない人手で多くの家畜を飼育できる。この協同は，ある家畜の群れを一時期，2群に分けて管理しなければならないときには，必要となる人手の問題を解決するためにも行われる。これによって牧民は，その時期に備えて日頃人手を遊ばせておく無駄が避けられるし，また日頃の飼育家畜頭数を少なく抑えておく必要もない。

　家畜飼育の協同組織として重要なものに羊と山羊の搾乳隣組組織がある。すなわち夏秋の搾乳期（2ヶ月〜4ヶ月）には，放置すると母羊と母山羊の乳がその子に全部飲まれてしまい，牧民が搾乳できなくなるので，母と子を別の群れに分ける必要がある。だが，それでは，新たに人手が1人必要になり，人手に余裕のない遊牧単位は困る。そこで母羊・母山羊がわが子以外に授乳しない習性を利用したサーハルト（saakhalt）組織が案出された。これには2種類ある。第1は，2つの遊牧単位が互いに近くに駐営して隣組となり，各々の子羊と子山羊を相手の羊群（山羊も含む）に入れて放牧し，昼または晩に母羊と母山羊を搾乳した後，母の群れに戻して哺乳を許し，しばらくしてから相手の羊群にまた入れる方法である。これには2種類ある。第1は，2つの遊牧単位が互いに近くに駐営して隣組となり，各々の子羊と子山羊を相手の羊群（山羊も含む）に入れて放牧し，昼または晩に母羊と母山羊を搾乳した後，母の群れに戻して哺乳を許し，しばらくしてから相手の羊群にまた入れる方法で，サーハルトと称され，モンゴル人民共和国の主要構成民族であるハルハ族その他の間で広く行われてきた。第2は，これとは逆に，母羊と母山羊を交換して，相手のところで放牧する方法で，サーフ＝タビフ（saakh tabikh）と称される。このほかに，2つの遊牧単位が母羊と母山羊を集めて1群とし，子羊と子山羊とその年に子を産まなかった羊と山羊を集め

て別の1群とし，おのおのどちらかの群れを放牧し，昼または晩に，自家の羊と山羊から搾乳し，その後そこに子の群れを連れて来てみずからの母から哺乳させ，しばらくして母子をまた分離する方法がある。これはナール＝ツァル＝サーフ＝タビフ（naar tsar saakh tabikh）と称され，モンゴル国の西部で行われてきた[17]。母羊と母山羊を両単位の駐営地の中間地点に連れてくると，双方から人がそこに来て，自分の羊と山羊から搾乳し，その後そこに子の群れを連れて来て哺乳させ，しばらくして分離する方法がある。これはナール＝ツァル＝サーフ＝タビフ（naar tsar saakh tabikh）と称され，モンゴル西部で行われてきた[18]。

　この搾乳隣組組織は，16世紀頃に存在していたとみてよい。当時の史料に「牛の乳を取るには，犢（子牛）がよく草を齕むようになるのを俟ち，遂にこれを隔別し，日（ひる）にその乳を取り，夜に至ってはじめて母子を相い聚まらしむ。羊の乳を搾るのにも，また羔（こひつじ）が草を食うことができるようになるのを俟ち，〔子羊を〕駆って〔母羊とは〕別のところに至らせる。〔搾乳時間になって〕牝羊をひきい牝羊〔の乳〕を搾り終わるとはじめて……母子を互いにひとところに集めさせる（取牛乳，則俟犢能齕草，遂隔別之日取其乳，至夜始令母子相聚也。取羊乳亦俟羔能齕草，駆至他所，将牝羊毎両隻其頭相對束縛之，使不動。人従羊尾後，取之。取畢始解其束縛，令母子相聚也）」[19]とあるからである。

　第3に，これらの家畜の放牧を，何の囲いもない牧地で行う。この方法こそ，遊牧の大きな特色である。その場合，前提として家畜が群れとしてよくまとまっている必要がある。そうすれば，容易に多数の家畜を少人数で掌握管理でき，遊牧経営が豊かになるからである。そこで古来，去勢の方法が適用されてきた。すなわち，種雄として利用する雄家畜以外の雄家畜はみな去勢して，雌をめぐる雄同士の争いをなくすのである。去勢の目的は他にもあるが，重要な目的がこれなのである。モンゴルでは牧羊犬等，放牧の補助手段は使われてこなかった。敏捷に動ける騎馬の牧童には，それらを利用する

必要性が乏しかったからであろう。

　飼養している馬の数が少ないふつうの牧民の家は同じ状態のいくつかの家の馬を集めて，それなりの数の馬群を形成させ，それらの家の男の1人，2人が交替で，あるいは1人，2人に任せて放牧させることが行われてきた。

　以上の第2と第3との関連で出産と交尾の管理が指摘できる。それを管理しないと，牧民は時期的，時間的にバラバラに放牧地で生まれる子家畜の収容やそれらに必要な特別の世話にいつも追われ，乳の出る時期が定まらぬので搾乳の手間も大いにかかり，自然の牧地での群れの管理に多くの困難が生じる上に，厳寒期前や厳寒期に生まれた子家畜の損失も防げない。そこで寒さが緩む頃に各種類の家畜が少しずつ時期がずれて出産するよう交尾期を決めてきた。例えばモンゴル国の北部では，羊は10月10日から交尾させ，翌年の3月15日頃出産，牛は6月15日から交尾させ，翌年3月15日頃出産させ，山羊は10月20日から交尾させ，翌年3月2日頃出産させ，馬は5月20日から交尾させ，翌年5月1日頃出産させ，駱駝は1月25日から交尾させ，翌々年の3月10日頃出産させる[20]。そして交尾管理のため，羊や山羊の場合種牡の腹に交尾防止のフェルトの前掛けを付けたりしてきた。16世紀頃にも，馬牛羊は「年に1産で，春月に生まれるものは佳羊となす。一年に再産することがある。だが秋に生まれた子羊は多く倒損する災いがある。故に牧羊者はいつも春夏時にフェルトで種羊の腹を包み牝羊と交尾するのを禦ぐ（羊有一年再産者，然秋羔有倒損之患。故牧羊者毎於春夏時以氈片裏羝羊之腹防其與牝羊交接也）」ことをしていたとの記録がある[21]。

⑵遊牧と馬─騎馬遊牧について

　モンゴル高原を含む中央ユーラシアのステップの遊牧では，世界の他の地域のいろいろな遊牧に比べて馬が著しく多く飼育され，牧民がそれに乗って遊牧することが決定的な意味をもってきた。また馬はその他にも重要な役割を果たしてきた。その意味で，中央ユーラシアの遊牧は，騎馬遊牧と称すべ

きものである。この地の遊牧は，紀元前1000年紀初めに成立したときに，まさに騎馬遊牧として確立していた。家畜飼育における馬の重要性について要約すると，小型家畜の放牧頭数を飛躍的に増加させ，馬を含む駱駝，牛等の大型家畜の群れの本格的な放牧管理を可能にした。そして遊牧生産性が著しく高まったのであるが，同時に遊牧単位の飼育する家畜の種類が豊富になり，それが天災や病気に対する遊牧の抵抗力を強め，遊牧の安定性を高めることにもなった。馬は狩猟にも不可欠であって，騎乗して狩りをすることによって獲得する獲物の種類も数もおおいに増えた。次に騎乗によって交通往来は迅速になり，人びとの活動範囲は大いに拡大し，部族の統一や国家の成立を容易にした。のみならず長い間農耕国家に対する騎馬遊牧民の軍事的な優勢を不動のものにした。

　このようにステップの遊牧民にとって，騎馬は決定的な意義をもつ。そしてその騎馬が威力を発揮するについては，もちろん従来注意されてきた彼らの人馬一体の優れた騎馬術が役立っているのであるが，より基礎的な部分に，馬をわがものとする遊牧民の馬飼養法があることを指摘しなければならない。馬飼養法には種々あるが，ここでは馬群管理法と給餌抑制法を指摘したい。馬群管理法には，去勢と協同労働を含む放牧方法の2つが挙げられよう。そこで，以下にこれらの点について記すことにしたい。

(3)去勢と馬群

　遊牧における去勢の意義を，牡全体を群れの中にとどめたまま畜群の統制を保つための技術として捉え，子家畜を拘束することによって母家畜を引き留め，その乳を搾るもう一つの畜群コントロール法と合わせて，遊牧成立の要因とみる今西等の見解がある[22]。その当否はともかく，去勢は，自然の状態では群れの外に離れて出ることになったり争って群れを不安定にしたりする多くの牡を，群れに留めることになり，畜群の統制の強化と安定化をもたらし，家畜掌握を効率よくし，遊牧生産に貢献してきたことは，明らかであ

ろう。

のみならず，去勢は，家畜品種の改良，肉用及び使役用家畜の確保にも，意味をもってきた。種牡1頭に割り当てる牝の大体の数は，牛は12-15頭，羊は20-30頭，山羊は25-35頭，駱駝は10-14頭とされる[23]。牡牝はほぼ同数生まれるとして，去勢される牡の数が多いことがわかる。

去勢畜のうち，大型家畜には小型家畜にない重要な用途がある。それは人間のために働くということである。馬について言うと，去勢馬は乗用に使われてきた。かつて車を牽引することは稀であった。乗用馬は貧富いかなるモンゴル人でも，夏秋用，冬春用に使い分け，その各々をさらに遠距離用と近距離用に相当厳密に使い分けてきた。そしてまた，牧羊用馬，馬捕獲者用馬，祭礼用馬，狩猟用馬等にも，その馬の体質，能力，性格等によって使い分けてきた。使役用馬は，幼馬のときから計画的に訓練されてきた[24]。

去勢による群れの統制・安定を，去勢の効果がよく現れる馬を例にして，モンゴルの牧畜書に基づいて述べる。

馬群は，1頭の種馬が集める牝馬とそれらが生んだ当歳馬，2歳馬に去勢馬を合わせ，合計10-30頭（内モンゴルの記録では30～40頭）によって構成される。種馬は，体形，骨格，毛色，血統等の条件を見て選定される。そして4歳から牝を集めさせ，年々増やし，10数頭～20頭に至る。「馬群は種馬による」とモンゴルでは言われるが，それは種馬はただ牝馬を集めるだけではなく，自分の群れを狼の攻撃から守り，自然のあらゆる危難から避けさせる能力をもっていなければならないからである。そこで種馬が群れを統制し，外敵から群れを守るために，牧民の側でも種馬のために努力をする。つまり種馬の鬣（たてがみ）を去勢馬のように短く切らず，長いままにしておいてやる（鬣が種馬の顔・首全体を覆うようになる）。すると種馬に威厳が備わり風格が出て，その結果，牝馬を集めやすくなるし，去勢馬が牝馬を追い散らしたり，1歳馬に噛みついたり，群れを制御したり，そのような去勢馬を追いかけて種馬が体力を消耗したりすることを避け，そしてまた牝が

398　第2部　モンゴル史上の諸問題

子を生むとき徘徊して襲うことの多い狼をこわがらせる。種馬は，4，5歳から15，16歳くらいまで自分の群れを統率させられ，それ以上の年齢になると，わずかの牝馬を付けるにとどめるか，去勢してしまう。このようにして種馬の若返りを行い，牝が不妊になることを避けるのである。以上の1頭の種馬の馬群を単位馬群として，その集合体である複合馬群が形成される。複合馬群に十数頭の種馬による十数の単位馬群が含まれることがある。複合馬群の全頭数が400～500頭なら，これを3，4人の馬夫（aduučin）が放牧管理する。複合馬群は，300～500頭くらいで形成するのがよく，600頭，700頭に至ると群れを分ける[25]。以上のように牧民は，去勢を根幹とする方法によって，効率的に多数の馬を放牧管理し，後述するように，各種馬の性格を把握しそれを利用して馬群の放牧管理を円滑に行ってきたのである。

　去勢による馬群の形成と統制は，当然古い来歴をもつ。モンゴル帝国時代の史料には牡馬は4歳で去勢するとし「その牡馬の十分に元気でよいものを去勢せず種馬とする外は，他のものは多く去勢する。だから〔種馬〕はみな強壮である。……もっぱら牝馬の群れを管理する。去勢馬の群れを入れない。去勢馬と牝馬は各々みずからの群れをつくるのである。総じて馬は500頭で群れをつくる。〔それを〕ただ2人の馬夫が管理する。……その牝馬群は，種馬1頭ごとに牝馬50，60頭を管理する。牝馬が群れを出れば，種馬は必ずこれを咬んだり蹴ったりしてもどらせる。他の馬群の種馬が入ってくれば，この群れの種馬は，必ずそれを咬んだり蹴ったりして去らせる」とある（『黒韃事略』，『王観堂先生全集』12（1903）所収）。これによれば，種馬に牝を集めさせて馬群を形成させてはいたが，第1に一頭の種馬の集める牝の数が多く，第2に去勢馬に独立した別の群れを形成させていた点で，近年の伝統的な方法と異なっていたことがわかる。

　すなわち，第1の点は，近年と比べて3倍ほども多い。既述のように近年は優れた種馬でも20頭以上の牝馬を集めないというし，1頭の種馬の馬群の構成数がモンゴルより多いカザフ族でさえ，1種馬は25頭以上を集めな

いというから[26]，この数は疑問である。あるいは子馬も含ませた数かも知れないが，それでも多い。

　第2の点は，当時の他の史料，『モンゴル秘史』に，アクタチン（aɣtačin）すなわち去勢馬（群）係りをアドゥチン（adu'učin）つまり馬群係りと区別して任命していたとあり，事実である。これは，当時去勢馬が軍馬として格別重要であったので，これだけで群れをつくり，専門の世話係りを充て，満足できる放牧管理をさせ，戦いに備えていたことによるのでろう。この方法がどの程度一般的であったかはわからない。人手を倍必要とする点に難があると言えよう。

⑷馬群の放牧と協同労働

　馬群の放牧については，ある種馬は牝を群れの端に，ある種馬は群れの中に，集めていく。そこで種馬のそうした癖・性格に合わせて群れ全体を追い立てて牧養する。種馬の癖の状態によって追い立てたり見張りしたりしないと，種馬らが闘争し，馬群のなかで去勢馬を追って，群れを混乱させる等，群れの平穏が失われるに至る。また群れに従って行く去勢馬を群れの最後に付かせ，縁沿いに行かせるのに馴らすべく注意して放牧しなければならない。去勢馬が群れの先頭に入ると，先頭に立って群れ全体を従わせて行くことすらあるのである[27]。

　多数の馬を容易に飼育する方法として，馬についても協同労働が行われてきた。モンゴル中部・西部では，馬乳酒を飲むので，夏秋の季節にその搾乳の手間が生じる。このため，その時期2つの遊牧単位が協議し，新しい宿営地において互いに近くに下営し，双方の子馬を両宿営地の中間に連れて来て，そこに設けたゼル（家畜を繋ぐロープ）に繋ぎ，それらの母馬をその近くに拘束し（母馬は子のそばを離れられず，その近くに留まる），昼間は母馬を数回子馬のところに追い立ててその乳を搾り，得た乳は遊牧単位が個別に利用し，夜間に子馬を放して母馬といっしょに宿営地に近い牧地につれて行っ

て，両遊牧単位の者が交替で放牧し，一方両遊牧単位の種馬，去勢馬，その年，子を生まなかった牝馬，2歳馬から成る群れを合わせて，別の遠いところにある牧地で両遊牧単位の牧民が交替で放牧管理する。この協同組織によって夏秋季に馬群を2つにわけて放牧管理するために増やさなければならぬ人手1人分を，節約できることになるのである[28]。

　それにまた，冬に近隣のいくつかの遊牧単位が，所有する馬を何人かの牧民に管理させてオトルに出すことも広く行われてきた。これは1つには，各遊牧単位が，自己の冬営地に冬季長く滞在して，全家畜をそこで放牧すると，牧草が不足する恐れがあるので，馬を遠くの牧地にオトルに出して，それを防ぐのである。これはまた遊牧単位の人手を節約する効果ももっている。

　所有する馬の数が多いまたは少ない遊牧単位の場合，自己の馬を他の馬の少ないまたは多い遊牧単位の馬群に入れることによって，必要とする人手を節約することができる。他の遊牧単位の馬群に混ぜても，焼き印等によってその所有者は確かめることができるので，心配は要らない。この方法は，他の種類の家畜にも応用できる。往時から，以上のように去勢術やその他の方法によって安定した馬群を編成し，わずか2〜4人の牧馬係で約500頭もの馬を世話し，その結果乗用，乳用の馬を必要に従って利用できたのである。だからたとえば戦争のさい，彼らが伴った馬は実に多く，モンゴル帝国時代のモンゴルで「歩行する者は1人も見たことはなく，その軍を出すのに頭目には乗馬以外に5，6頭または3，4頭の馬があり，〔軍に〕自ら従い行き，常に緩急に準備し，馬の少ない者でも1，2頭はいた」（『黒韃事略』『王観堂先生全集』冊12所収）とか，「軍隊を出すのに，人ごとに数頭の馬があり，毎日その一頭に順番に騎乗する。故に馬は困憊しない」とか」（『蒙韃備録』，同上所収），兵士は1人18頭もの牝牡の馬をともない「1頭が疲れれば別のと取り換えて騎乗し続け」行軍の間に牝馬から搾った「馬乳だけを糧食とする」とある（マルコ・ポーロ）[29]。この馬の豊富さは当時だけであったわけではなく，16世紀頃にも「1人〔のモンゴル人騎兵〕は，つねに3馬，5馬

を備える。多ければ8, 9馬とある（明蕭大享『北虜風俗』，荘文殿閣書）。

(5)控馬の法——給餌抑制法

　モンゴル帝国時代に，モンゴルの馬が草だけ食べて穀食しなかったことが，驚きの気持ちで記されている。すなわち「その馬は野牧し，芻（まぐさ）や粟がない」とか「初めから豆や粟の類を与えたことがない」とあり（『黒韃事略』），「彼ら（モンゴル人）が騎乗した動物（馬）は，それらの蹄で餌を砕き，植物の根を食った。大麦はそれらに与えられていない」とか（イブヌル・アシール）[30]，「かれらの馬匹も同様に，その〔駐留，進軍の〕間じゅう自分で見つけただけの草で耐え抜くから，兵糧・糧秣としてオオムギや藁を携帯する必要がない」とある[31]。マルコ・ポーロには，ふつう軍馬は穀類や秣（まぐさ）を食わせ，力をつけて戦争に耐えさせるものとの認識があり，しかしモンゴルの馬がそれらを食わずに厳しい戦争に耐えたと言っているのである。

　モンゴルの馬が草食のみで戦争等のさいの厳しい使役に耐え得た理由として，モンゴル馬の体質，夏秋の青草のある時期の巧みな牧馬法，既述の特定の馬の疲労を避ける豊富な予備馬の携行等が指摘できよう。だが私は同時に，ソイフ（soyikh），ソイルゴ（soyilɣo）とモンゴル語で称される方法の存在も指摘したい。これは，モンゴルの牧畜書によれば「家畜の肥え太ったことを〔その体に〕定着させるために，牧民たちが昔から重視して用いてきた」もので，おもに秋に行われ，すべての種類の家畜に対し，群れごと行う「群畜のソイルゴ」と，種牡，乗用の馬と駱駝，競走馬，仕事用に去勢した馬，牛，駱駝に行う「オヤア・ソイルゴ（uyaa soyilɣo）」に大別される。

　ここでは，乗用馬に対するソイルゴについて述べると，これは9月から11月の末までの期間に行う。具体的には「去勢馬を白霜が降りる頃から，夜に繋いで，日の出前頃にその馬絆〔ほだし。チョドル（čödör）。馬の3足を縛り拘束する綱〕をつけて〔少しだけ歩けるようにして〕放ち，昼間草を

402　第2部　モンゴル史上の諸問題

食わせ，河川の凍結しない部分の水や井戸の水を 2, 3 回飲ませて，5〜7日ソイフすべきである。このようにソイフすると，馬の腹が締まり，〔前や後ろから見ると〕丸くなり，その目は澄み，毛はつやつやし，毛色はよくなってくるのであり，これをソイルゴが入っているとみるべき」なのであり，ソイフした馬は「乗って用いるのに軽快であり〔騎乗者が〕気遣うことがなく」「疲れず丈夫」である[32]。

　ウヤア・ソイルゴはモンゴル帝国時代にも行われていた。「春になって兵をやめた後，およそ戦いに出たよい馬は，みな水と草をほしいままにさせ，騎動（乗り動かす）させない。〔秋に〕西風が吹き出す頃，取ってこれを控え，帳房（ゲル）の左右に馬絆を付けて〔少しだけ歩けるようにして〕放し，食わせるのに少しの水と草を以てする。1ヶ月後，肥えた肉が締まり充実する。これに乗ること数百里であっても，おのずから汗がでない。故に遠く出かけて戦うことに耐えられる。……これが養馬の法である。南方の漢族の者は，これに反する。だから〔その馬は〕多く病むのである」とあり，これを「控馬の法」と称した（『黒韃事略』）。16 世紀にも「およそ馬は秋高の季節に至ると，甚だ肥える。このとき急にこれを馳せ駆けさせると，3 舍（「舍」は軍隊が行軍して大休止するまで進む距離）の行程にならぬうちに斃死する。その肥えた肉がまだ充実していないからである。ここにおいてその最も良いものを選び，控馬の法を加える。そして毎日馬を歩ませること 2, 30 里（13-20km）。その汗を待ち，かすかに発汗すれば，その前足に馬絆（トシャア，tushaa）を付け，跳びはね，蹄で地を蹴らないようにする。そしてその馬衔と手綱を馬繋ぎに近づけて〔頭を下げないように〕縛り，これに水や草を食わせない。毎日午後，このようにして馬繋ぎに繋いで晩に至る。あるいは晩にこれを馬繋ぎに繋いで黎明に至り，はじめてこれを牧地に放す。次の日に至り，またふたたびこのようにこれを馬繋ぎに繋ぎ，3, 5 日，あるいは 8, 9 日に至れば，すなわち馬の脂膏がみな背に集まり，その腹は小さくなって堅くなり，その臀部は大きくなってがっしりする。先の青草を食っただけの

表面的な肥え方はここに至ってみな堅くがっしりと固まり集まる。力を尽くして奔走しても，呼吸はあえぐことはない。陣を張り7日，8日を経て水と草に不足しても，その力は尽きない。わが中国は控馬の方法を知らない。往々肥馬に乗り，遠い道に渉ると，馬の死ぬものは10頭のうち9頭にも及ぶ」とある（『北虜風俗』。『訳語』にも記述がある）。現在のモンゴルの牧畜書の述べるウヤア・ソイルゴと同じである。

ソイルゴこそ草だけ食うモンゴル馬を，その体質等に加えて，長途の乗用や遠征に耐えられるようにする優れた方法であったことは明らかであろう。

以上述べたように，モンゴル人は，群れの安定・統制，放牧管理，乗用等に種々の方法を用い，そうして馬を十分にわがものとし，利用してきたのである。

現在，馬のもつ役割は低下し，それに伴ってその数は漸減しつつある。騎馬遊牧民が多数の馬を引き連れ南方農耕地帯に侵入し略奪し，自らの経済を潤すことは，すでに清代の途中から絶えた。車の発達と普及は交通手段としての役割も低下させ，駅伝での活躍は完全に過去のものとなった。馬は遊牧や近隣との往来にかつての面影を残すに過ぎない。騎馬遊牧民は，今後もその馬を往時のように軍事に使うことはあり得ない。だがモンゴルで遊牧が行われる限り，種馬による馬群形成・統制やその他の牧馬法，それに騎馬遊牧は続けられるであろう。

おわりに

ステップの牧地としての利用と牧地での畜群の放牧管理というモンゴル人の自然の領有のうち，最も根本的な部分において，彼らは理にかなった方法を古くから知り用い，効率的に多くの種類と数の家畜を移動させながら放牧管理することに努めてきたと言える。その結果，その方法に見合った然るべき畜産物を得て，生活の基本を維持してきたのである。遊牧を遅れたものとみて変革し定着化させようとする努力が思いの外容易でないことは，ステッ

404　第2部　モンゴル史上の諸問題

プにおける牧畜としてのその合理性を証明しているとも言えよう。遊牧の弱点を補強することはできても，全面的に改めることは大変かも知れないのである。

追記　本論文は1989年10月刊行の『歴史における自然』（岩波書店）に掲載された論文に少しばかり手を加えたものである。

注

1) 島田正郎，1957,「モンゴリアの遊牧の民における狩猟の神事について」『東方学』13, 2頁。

2) 『モンゴル秘史』279節。

3) 『モンゴル秘史』281節。

4) 島田正郎，1957,「モンゴリアの民における狩猟の神事について」,『東方学』13, 2頁。

5) Rockhill, W. W., 1967, *The Journey of Rubruck to the Eastern Parts of the World*, p. 53.

6) Yadamsüren, G., 1981, *Malin usan qanyamǰ*, Ulaanbaatar, p. 4. Čogdon, J̌., 1969, *BNMAU-yin bilčeer usǰuulalt*, UB., p. 20. その他。

7) 本書の第2部の「モンゴルの伝統的な遊牧の地域性」を見よ。

8) Rockhill, W. W., 1967, *The Journey of William of Rubruck to the Eastern Parts of the World*, 1253-1255, as narrated by himself, Kraus Reprint, p. 53.

9) 吉田順一，1983,「モンゴル帝国時代におけるモンゴル人の牧地と移動」,『内陸アジア・西アジアの社会と文化』山川出版社。本書第2部を見よ。

10) Graivoronsky, V. V. (1979) *Ot kochevogo obraza zhizni k osedlosti* 8（na orute MNR）, Moskva,, p. 53.

11) 吉田順一，1982,「モンゴルの遊牧における移動の理由と種類について」,早稲田大学大学院文学研究科『文学研究科紀要』第28集。吉田1984年論文。

12) Vainshtein, S., 1980, *Nomads of South Siberia*, Cambridge, pp. 97-98.

13) Graivoronsky, V. V., 1979, pp. 52-53.

14) J̌agbaral, N., 1987, *Sotzialist khödöö aǰ akhuyn ediyn zasgiyn zarim asuudal*, UB, pp.142-143. Graivoronsky, V. V., 1988, BHMAU-d suurishmal bolon nüüdellen aǰ törökh yos orchin ued zeregtsen orshij khariltsan nölöölǰ bui asuudal, *Dornodakhin sudlalyn asuudal* No. 1 (18), p. 95. Bat-Ochir, L., Batnasan, G., Graivoronsky, V. V., 1988, Ot kochevogo

obraza jizni k osedlosti（na opyte MNR）, *Tüükhiin Sudlal* 14-9, p. 84.

15）Ĵagbaral, N., 1987, p. 138.

16）吉田順一, 1980,「北方遊牧社会の基礎的研究」を見よ（本書第 2 部）。

17）Sambuu, Zh., 1971, *Malchin aradyn amidral akhui, kheb zanshlaas*, UB, pp.71-72. Batnasan, Gh., 1978, BNMAU dakhi negdelchdiyn aĵ akhuiɣaa khötlökh argha aĵillagaa, UB, p. 65.

18）Sambuu, Zh., 1971, *Malchin ardyn amidral akhui, kheb zanshlaas*, UB, pp.71-72.; Batnasan, Gh., 1978, *BNMAU dakhi negdelchdiyn aĵ akhuigaa khötlökh arɣa aĵillaɣaa*, UB, p. 65.

19）明・蕭大享『北虜風俗』（文殿閣書荘, 国学文庫 29）牧養の項。

20）Sambuu, Ĵ., 1945, *Mal aĵ aquidaa yaĵ ajillakh tukhai ardad ögökh sanuulɣa surɣaal*, UB, 1987（original, 1945）, p. 69.

21）明・蕭大享『北虜風俗』牧養の項。

22）今西錦司, 1974,「遊牧論その他」,『今西錦司全集』第 2 巻, 講談社。梅棹忠夫 (1976)『狩猟と遊牧の世界』, 講談社, 参照。

23）Sambuu, Ĵ., 1987（1945）, pp. 70-73.

24）Sambuu, Ĵ., 1987（1945）, p. 123, Dash, M. nar（1966）, p. 257, *Mongol orni bilcheeriyn mal mallagaani arga turshilaga*, UB., p. 257 ; BNMAU-yn *khödölmöriyn baatar C. Sharbandiyn turshilaga*, UB.

25）Buyankhishig, D., 1984, *BNMAU-yin khödölmöriyn baatar C. Sharbandiyn turshilagha*, UB, 1984.; Lhaasüren, D. nar（redaktor）, 1967, *Manai tergüüniy khashir malchdyn turshilagha*, UB. その他。

26）後藤富男, 1968,『内陸アジア遊牧民社会の研究』, 吉川弘文館, 18 頁, 注 7 (Radloff, W., 1893, *Aus Sibirien*, Erster Band, S, 278)。

27）Khaasüren, L nar（redaktor）, UB, 1967, p. 81.

28）Sambuu, Ĵ., 1971, p. 71 等。

29）愛宕松男訳, 1970,『東方見聞録』1, 平凡社（東洋文庫）, 151 頁。

30）Spuler, Zh., 1972, *History of the Mongols*, London, p. 31.

31）愛宕松男訳, 1970,『東方見聞録』, 150 頁。

32）Mintub, Ts., 1982, *Monghol malchdyn ulamjilart turshlaghaas*, UB, 1982, pp. 31-32; Dash, M. nar（redaktor）, 1966, p. 270. Choizhilsüren, O., 1978, *Aduuny azh akhuin ediyn zasag*, UB., p. 43. その他。

18

ハンガイ山脈と陰山山脈

はじめに

　ハンガイと陰山は，ともにモンゴル高原に横たわっている山脈であり，現在，前者はモンゴル国（1992年に「モンゴル人民共和国」から「モンゴル国」に改称）に，後者は中国の内モンゴル自治区に属している。

　この2つの山脈は，ともに歴史上重要な存在であった。というのは，モンゴル高原に活躍した遊牧諸族の根拠地が，これらのところに置かれることが多かったからである。

　ハンガイ山脈から見ていくと，その東部を北流し，セレンゲ川に流入するオルホン川の上流域が，この点でとりわけ注目されてきた。というのは，突厥，ウイグル（回鶻），モンゴル（モンゴル帝国）などの北アジア史上代表的な遊牧諸族の国の中心が，そこに置かれたからである[1]。

　また陰山山脈の一帯も注目される。なぜなら匈奴[2]，鮮卑，モンゴル（アルタン＝ハーン）などの根拠地が，そこに置かれたからである。

　これら2つの地域に根拠地を置かなかった遊牧部族や国家もある。しかし強大な遊牧部族や遊牧国家の多くが，この両地域に根拠地を置いたのである。

　ハンガイ山脈や陰山山脈の一帯がこのように選ばれ続けてきた理由は何であろうか。もとより，その理由は単純なものではなく，いくつかの理由があって，総合的にみて良好であったからとみるべきであろう。そのような理由・条件としては，自然環境がよく，遊牧や狩猟に適し，交通・往来の便がよく，政治，軍事，経済，宗教などの点でも恵まれていることなどを挙げることができよう。

図1　モンゴル人民共和国の植生分布図

1. 高山帯　2. 山地タイガ帯　3. 山岳森林ステップ帯　4. 草原地帯　5. 半砂漠地帯
6. 砂漠地帯

(Юнатов, А. А., 1976, Бүгд найрамдах Монгол ард улсын ургамлан нөмрөгийн үндсэн шинжүүд. Улаанбаатар, p. 53 の第7図に基づく)

＊地図中央の西寄りに帯状に細長く分布している高山帯の東部分の北側にある○印はアルハンガイ＝アイマグ（県）の主都ツェツェルレク，その東南方向，草原地帯にわずかに入ったところにある○印はウヴルハンガイ＝アイマグ（県）の主都アルバイヘールである。●印は首都ウランバートルである。

ハンガイ山脈や陰山山脈の一帯の価値について，特に前者については，研究者によって触れられたことがある。とりわけ，ハンガイ山脈東部を中心とする一帯を指すと考えられているウチュケン山の聖山としての意義という観点からの分析は，本格的におこなわれてきた[3]。だが，それ以外の側面については，経済的に良い土地であったことがしばしば述べられてきたけれども，具体的な分析と言えるようなものはなされておらず，軍事上の意義についても，ほぼ同様であった。たとえばソ連のクリャシュトルヌイは「《草と水の豊かな》オルホン，トゥラ，セレンゲ〔等の川の流域〕の牧場は，牧畜経済の発展に貢献した」と述べ，またウトュケンの地域は，中国の歩兵が遠征して来るには困難だが，チュルクの騎兵が秋冬の季節に農耕地域に侵入する妨げにならず，戦略上有利な位置を占めていたと述べている[4]。

モンゴル国（モンゴル人民共和国）の隊商ルートとしての意義も指摘されているけれども，具体的な分析が公にされることはなかった[5]。

これらの理由のうち，従来，自然環境およびそれと密接な関係にある遊牧，狩猟などについては，十分な説明がされていないようである。そこで以下に，それらを中心に，この2つの地域がなぜ重視されてきたのかを考察してみたい。

1

まず，ハンガイ山脈から検討したい[6]。ハンガイ山脈は，モンゴル国において，「ハンガイ地帯」と言われるものの一部をなす。アジアのステップに対しては，森林ステップ，純ステップ，砂漠性ステップ（半砂漠ステップ）と分ける方法があるが，モンゴルでは，ハンガイ，ゴビそして草原または中間草原という3つの地帯に分ける方法がある[7]。

ハンガイというのは，「涼しい気候，軟らかい土壌，多くの川や湖・沼，豊かな草と森林がある山岳地域」という意味をもつという[8]。この地帯は，モンゴル人民共和国の植生による地域区分のうち，高山地帯，タイガ地帯，森林ステップ地帯と重なる（図1）。具体的にはハンガイ山脈，ヘンテイ山脈，ホヴスゴル地方の山岳地方を中心とするモンゴル国の北部の地域と，西部のモンゴル＝アルタイ山脈，それに最東部の大興安嶺の部分の小地域である。

ハンガイ地帯に水と草と森林が豊かだという特徴は，この地帯の山脈の連なる地形と関係する。というのは，モンゴルでは，山岳部に一般的に降水の量が多く[9]，そのため山また山のこの地域も比較的降水量が多く，草がよく成長し，森林も発達しているのである。

しかも，その森林も，山岳と不可分の関係にある。というのは，モンゴル人民共和国では一般に，山の北斜面は日当たりが悪く，南斜面より土壌の湿気が保持されるために森林が発達し，南斜面は日当たりがよいため土壌の湿気が少なく樹木の生育が難しいため，だいたい草原となるからである[10]。こ

410　第2部　モンゴル史上の諸問題

のような次第で，山の北斜面に森林[11]，南斜面に草原という状態の景色が広
がっているのである[12]。

　言うまでもないことだが，このようなモンゴル国の森林の分布状態は，当
然だが，往時も同様であった。すなわち元代に李志常が著した『長春真人西
遊記』に「6月13日，長松嶺に至る。後，宿る。松檜が森森として雲を干
（おか）し日を蔽（おお）う。多くは山の北側と谷道の間に生え，山の南側
には極めて少ない。十四日に山を過ぎり，浅河を渡る」（6月13日，至長松
嶺，後宿。松檜森森，干雲蔽日。多生山陰澗道間。山陽極少。十四日過山，
渡浅河）とある[13]。ここに「長松嶺」とあるのを李志常はモンゴル人民共和
国のハンガイ山脈一帯とみている[14]。また李志常は「浅河」を王国維などが
丁謙の『元史国語解』に「顎爾昆（オルコン）浅也」とあると述べているこ
とに基づいているのか，オルホン河とみなした[15]。「浅河」をオルホン河で
あるとみてよいであろう。李志常はまた，陳正祥がこの川をトーラ河の支流
である瑪拉金河とみているとも注記している[16]。瑪拉金河の所在は確認でき
ないが，これがもしトーラ河の支流であるとしても，トーラ河流域の山々は
ハンガイ山脈同様山陰すなわち北斜面陰に森林が発達しているから，別に問
題はない。

　時代は少し下るが，クビライの治世にモンゴル高原を訪れた張徳輝の『嶺
北紀行』に「吾誤竭脳児」付近を通ったときのこととして「山の陰に松樹多
し」すなわち山の北斜面には松の木が多いとある[17]。「吾誤竭脳児」とはウ
ギイ湖（Өгий нуур/Ögüi naɣur）のことで，この湖はオルホン河と繋がって
おり，その南方約100km辺りのところのオルホン河畔にカラコルムがある。
張徳輝は同書にまた，和林（カラコルム）付近すなわちハンガイ地帯の山岳
を見て「山嶺の陰に松林多し」と述べている。ともに，樹木が山の北斜面に
生えるモンゴルの森林の分布のありかたを述べた記録として注目される。

　もちろん平地にも木が生えているところがあるけれども，それらは「松，
樺の雑木」だと述べられている[18]。

このようにモンゴルの森林ステップは，山岳の存在と密接にかかわっているから，山岳森林ステップということもある。より高い山において南斜面にも森林が見られるのは，すなわち山地タイガにおいてである。ハンガイ山脈の一部にも山地タイガが見られるが，ハンガイ山脈より緯度が高いところ，例えばモンゴル国北部のフブスグル湖の辺りは，より寒冷なため，かなり低い山にもタイガが広く分布している。

ハンガイ地帯の遊牧において重要な意味をもつのは，この山岳森林ステップであり，これがハンガイ地帯の圧倒的な部分を占めている。すなわちハンガイ地帯を構成する高山帯，タイガ帯，森林ステップ帯のそれぞれが，モンゴル人民共和国全土に占める割合は，3.0 %，4.1 %，25.1 %であるから[19]森林ステップ帯はハンガイ地帯の約4分の3ほどの割合を占めているとみられる。

さて，ハンガイ地帯は，降水量が割合多い上に，肥沃な土壌のために，草原地帯とゴビ地帯より草の生え方がよく，草の量が多い。すなわち1ヘクタールあたりの干し草の収量は，ゴビ地帯が50〜200kgであるのに対してハンガイ地帯は400〜500 kgである[20]。

従って，ハンガイ地帯は，他の2つの地帯より，当然，家畜頭数が多く，密度もずっと濃い。すなわち，たとえば1976年においては，ハンガイ地帯に属するアルハンガイ（北ハンガイ）＝アイマク（「アイマク」は県級の行政区画），大体が草原地帯に属するドルノド＝アイマク，ゴビ地帯に属するウムヌゴビ（南ゴビ）＝アイマクの1平方kmあたりの家畜密度は，それぞれ27.09頭，8.43頭，6.16頭であり，歴然とした差が存在している[21]。現在の区画とは異なるけれども，1934年当時においては，それぞれ37,016頭，7,794頭，5,379頭であった[22]。このことから，ハンガイ地帯はモンゴル人民共和国において，圧倒的に遊牧生産性が高いことがわかる。

ところで，このように肥沃なハンガイ地帯のなかでも，特に肥沃なのが，ハンガイ山脈の中央部から東部にかけての一帯である。というのは，この地

412　第2部　モンゴル史上の諸問題

域は，現在アルハンガイ＝アイマクとウヴルハンガイ＝アイマクに属している
のであるが，このふたつのアイマクが，ハンガイ地帯の他のアイマクに較
べて，ひときわ家畜密度が濃いからである。すなわち1976年においては，
全18アイマク中第1位はウヴルハンガイ＝アイマクの30.40頭，第2位は
アルハンガイ＝アイマクの27.09頭，第3位はモンゴル人民共和国最西部，
モンゴル＝アルタイ山脈の一角にあるバヤンウルギー＝アイマクの23.96頭
であり[23]，1934年当時においても全13アイマク中第1位はアルハンガイ＝
アイマク（今のアルハンガイ＝アイマク全域とウヴルハンガイ＝アイマクの
北半分を主要な部分としていた）の37.016頭，第2位はオヴスノール＝ア
イマクの25.815頭であって，他の地域に比べて抜きん出ているのである[24]。

　結局，ハンガイ山脈中央部と東部の一帯は，モンゴル人民共和国において，
遊牧経済上最も優れた地域だということになる。

　遊牧以外に狩猟も，ハンガイ山脈，ヘンテイ山脈，オヴスノール地方のハ
ンガイ地帯において，盛んである[25]。

　タイガと山岳森林ステップが大半を占めているハンガイ地帯が木材資源に
恵まれていることは，言うまでもない。

　これら2つのことも加わって，ハンガイ地帯の経済的価値は，いよいよ高
いということになる。ところで，この2点についても，ハンガイ山脈中央部
と東部の一帯は，とりわけ盛んである[26]。

　こうしてハンガイ山脈中央部と東部の一帯（1934年当時のアルハンガイ
＝アイマクを主体とする地域）は，「外蒙古中産業的価値最も高き地方であ
る」と指摘されていたのである[27]。

2

　さて遊牧民は，いったい彼らの生活の場に，何を期待しているのであろう
か。

　モンゴル人の場合，そのことを知る手がかりとして，彼らが自らの住む土

地を頌える賛歌（マクタール /maγtaal）が注目される。

　そのひとつ，アルタイ山賛歌については，すでに分析がなされているが[28]これはモンゴル＝アルタイ山脈の南側ウルング（Öröngö）川の一支流ボルガン（Bulγan）川のあたりのモンゴル人が詠っていたものである。そのなかで，アルタイ山が，豊かな水と木（材），5種の家畜（羊，馬，牛，駱駝，山羊）の豊かな群れと放牧地そして狩猟の対象となる多くの野獣，その他を提供してくれることが，具体的に称えられている。

　そしてこのアルタイ山賛歌において称えられているのと同じことは，「他の賛歌たとえばハンガイ山賛歌（khanghain magtaal）とか，フヒーン山賛歌（khökhiyn magtaal）」においても期待され称えられていると指摘されている[29]。

　これらの賛歌は，最近採集されたものであり，現代のモンゴルの情況を反映しているが，その骨子は旧時代のものと変わりがないと私は考える[30]。

　これらの山々が与えてくれるとしてモンゴル人が称えている上記のものは，当然，モンゴル人一般が生活に必要とするものである。

　ところで現実に，モンゴルでは一般に山は，少なくともモンゴルの山の多くが存在しているハンガイ地帯の山は，すでに指摘したように，降水量が多く，水と草と木に恵まれている上に，起伏が多いことによって良い牧地にも恵まれているため，遊牧生産性が高く，同時に狩猟の獲物も豊かである。

　モンゴル人は，山をきわめて頼りにしている。賛歌や英雄叙事詩などの口承文芸において，山は倚りかかるもの，寄りかかって生活するもの，つまり彼らの支えとみなされているという[31]。

　このような観念がモンゴル人の間に形成されたのも，上述したように，山が，モンゴル人が生活の場に期待しているものを，多く与えてくれているからであるはずである。

　このように見てくれば，山岳森林ステップが主体をなす豊かなハンガイ地帯のなかにあってもまた一段肥沃なハンガイ山脈中央部と東部の一帯は，モ

ンゴル人にとって最も頼りになる支えであり，最も理想的な環境をもつ場所と言えるであろう。

　そうであるとすれば，ハンガイ地帯は，モンゴル人以前の遊牧民にとっても，モンゴル人にとってそうであるように，頼るべき良好な場所であったはずである。すなわち突厥碑文に，

　　烏徳鞬地占メナバ永久ナル国保チツ汝占ムルナルベシ。突厥民ヨ汝腹脹ルルベシ

　とある一節[32] は，注目に値する。烏徳鞬とは，ハンガイ山脈東部を中心とする一帯を指すという説が有力である。その烏徳鞬の地について，このような記述を突厥が残したということは，私が肥沃で遊牧生産性が高く狩猟の獲物が多いと指摘しているハンガイ山脈中央部と東部の一帯が，現在だけでなく，ずっとさかのぼった過去においても，経済上恵まれていたということを示すものであろう。それのみならず，遊牧民である突厥自身が，そのことを認識し，この地方を頼るべき，そして占めるべき場所とみていたということも，私たちは知ることができるのである。

　こうして，通常オルホン川流域と述べられているこの地方つまりオルホン川とその支流が貫流しているハンガイ山脈中央部および東部一帯は，古くから遊牧諸族の根拠地が置かれ続けてきたのである。

3

　以上のハンガイ地帯そしてハンガイ山脈の中央部および東部一帯について述べたことは，陰山山脈地方についても，ほぼあてはまると，私は考える。

　陰山山脈は，西の狼山から，烏拉山，大青山へと連なり，さらに東方の山々に続くのだが，この山脈の南側一帯は，現在，漢人による耕地化が進み，またその他の人為的な作用によって，本来の自然環境は大幅に変化してしまった。すでに1930年代末において陰山方面には，「遺存自然林」と称されるものが，限られた場所に残存しているに過ぎないと報告された。すなわち，

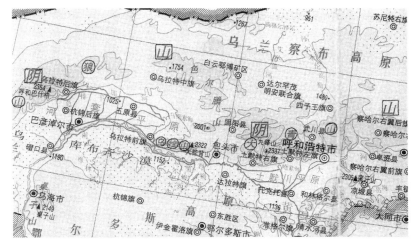

図2　陰山山脈地方地勢図

『内蒙古自治区地図集』2007，北京・地図出版社，10-11頁（原本は色刷り）。
＊本図は「内蒙古自治区地勢」と題する頁の一部であるが，理解しやすくする目的で，阴山（＝陰山）の各文字を□で囲い（2箇所ある），狼山，烏拉山，大青山の各文字を○で囲った。なお，本地勢図には大きく太い文字で各文字の間隔を空けて「内蒙古高原」と記され，そのうちの「蒙」の字が本図の中央上部にあるのだが，本稿においては意味不明の文字であるから，誤解を避けるために隠した。

　例えば武川（上図参照）と呼和浩特の間の白樺その他の木々を交えた林[33]，狼山，大青山中に自生しているたくさんの松，化徳北東の陰山山脈の稜線沿いの林や山腹の白樺林などがそれである[34]。

　だが，遺存自然林という言葉の裏には，かつての豊かな森林の存在と，その歴史的「人為的な森林略奪」が，想定されているのである[35]。中国の研究者も，この陰山山地の森林が久しき破壊を経ており，大青山と烏拉山の余木は極めてまれで，狼山にはなお小片の残存しているものがあると述べている[36]。「久しき破壊」のあとに残されている最近の片々たる森林とは，とりもなおさず「遺存自然林」にほかならない。

　この遺存自然林という考え方に立つならば，陰山山脈地方のステップには，かつてかなり豊かな森林が広がっていたということになり，その全体的な景

416 第2部 モンゴル史上の諸問題

観は，ステップと森林から成る森林ステップ的なものであったという推測が可能となってくる。

　実際，わが国の研究者には，陰山山脈南に森林ステップ的「景観を現す場所」があったことを，すでにかなり前に推測した研究者がいるのである[37]。

　そして最近の中国の研究者のなかには，現在の情況として，狼山，陰山に乾燥山地森林ステップの特徴があることを，植物学的に認めている者さえ出て来ているのである[38]。それ故に，私は陰山山脈地方に，かつては森林ステップが発達していたと考えるのである。

　このような見方は，歴史記録からも確かめられると，私は考える[39]。すなわち，『漢書』巻94「匈奴伝」下に，北方辺境問題通であった郎中侯応が聞いたこととして，

　　北辺の塞は遼東に至る。外に陰山あり。東西千余里，草木茂盛し，禽獣多し。本と冒頓単于其の中に依阻し，弓矢を治作し，来たり出でて寇をなす。これ其の苑囿なり（北辺塞至遼東。外有陰山。東西千余里，草木茂盛，多禽獣，本冒頓単于依阻其中，治作弓矢，来出為寇，是其苑囿也）

と記されてあり，漢代，陰山に木が盛んに茂っていたことを伝えている。

　陰山の森林の状態は，『宋書』巻95「索虜」伝にも，

　　その俗，4月を以て天を祠る。6月の末に大衆を率いて陰山に至る。これを却霜と謂う。陰山は平城[40]を去る600里。深遠にして樹木饒し（其俗，以四月祠天，六月末率大衆至陰山。謂之却霜，陰山去平城六百里，深遠饒樹木）。

とあるから，拓跋魏の時代においても，かなり豊かであったことがわかる。

　この南朝劉宋側の残した資料が信頼するに足ることは，『魏書』巻4上「世祖紀」に，太武帝の始光4（西暦427）年のこととして，

　　赫連昌，その弟平原公定を遣わし，衆2万を率いて長安に向かわしむ。帝これを聞くや，すわち遣りて陰山に就むきて木を伐り，大いに攻具を

造らしむ……夏４月……歩兵３万をして攻城器械を部せしむ（赫連昌，
遣其弟平原公定，率衆２万向長安，帝聞之，乃遣就陰山伐木，大造攻具
……夏４月……歩兵３万部攻城器械）

とあることからわかる。当時，魏は平城にありながら，わざわざはるか西北
方にある陰山に人を遣って，３万人もの歩兵に部送させるほどの攻城器械を
造る大量の木材を切り出しているということは，『漢書』の「匈奴伝」や
『宋書』の「索虜伝」の記述と相俟ってかつての陰山における森林の豊かさ
を示すものと言えるであろう。

このような，現在残されている自然林がかつての豊かな森林の遺存物であ
るという例は，内モンゴル東部を流れるシラムレン川上流域方面においても
指摘できるのであって，白鳥庫吉は，シラムレン川上源方面「巴林部を中心
として東北より西南に延長せし大森林」のあったことを論証し，それが今や
「漢人の移住と共に到る処の森林は乱伐せられたればにや，今日多く禿山
（禿げ山）となり了れり」と述べ，近年の貧弱化した森林の状態と比較して
いる[41]。確かに，現在陰山山脈にわずかに存在しているとされる自然林も，
かつての豊かな森林の遺存物だとみてよいと思われる。

家畜飼育を基本的な生業とした遊牧諸族が，その根拠地を置いたこの地方
が，かつてみごとな森林に覆われていたとしても，同時に草の状態も良くな
ければならなかったはずである。『漢書』の「匈奴伝」の「草木茂盛す」と
ある一節は，そのような草と木が並び茂盛している状態を完結に表現したも
のと理解される。

私は，陰山地方がかつて山岳森林ステップであったと結論を下したい。陰
山地方の森林ステップの状態は，陰山山脈主脈や支脈の山々の北斜面に分布
した森林と[42]，それらの山々の南斜面において優勢な草原，そして陰山の北
に広がる草原，そしてまた陰山の南側にある陰山と黄河の間に横たわる平原
において優勢な草原とが組み合わさってできた森林ステップであったと考え
られる。前掲の「陰山山脈地方地勢図」において「土黙川平原」とあるのが

418　第2部　モンゴル史上の諸問題

それである（モンゴル人はトメド平原，Tümed-ün tala と称している）。この陰山地方は，緯度の違いが大きいけれども，モンゴル人民共和国のハンガイ地帯と，基本的によく似た自然環境と景観を呈していたと思う。この地方を私は以下に，陰山地域と呼ぶことにしたい。

4

　陰山地域は，「図3　内蒙古自治区年平均気温と降水量分布図」に記されているように，降水量は年間300mm～500mmあり，乾燥地帯としては湿潤である。そして土壌も，陰山は山地草原土，その南のフフホト（呼和浩特）を含む丘陵平原地方については黄土高原の一部を形成するとされ，ともに肥沃だとされる[43]。

　従って『漢書』「匈奴伝」に草木が「茂盛ス」とあり，また明代モンゴルのアルタン＝ハンの時代の今のフフホト付近の状態について，『全辺略記』巻32「大同略」等に「水草甘美」と記されているのは，そのような陰山地域の水や草の良好さを表現したものである。また明代の蕭大享撰『北虜風俗』には，「肥沃な耕地，どこまでも続く鬱蒼とした森林，草はみずみずしく柔らかく，木はすらりと伸びている。わが長城以南の山が禿げ山で，川が干上がって不毛であるのとは異なる。もし深く耕し水を注ぎ種を植えることができれば，収穫が倍になるであろう。……彼らの松，柏は両手で抱えるほどであるが，これを用いるところがない（腴田沃壌。千里鬱蒼，厥草惟沃。厥木惟喬。不似我塞以内山童，川潦邈焉，不毛也。儻能深耕漑種，其倍入。……彼中松柏連抱無所用之。）」とあるのである。

　以上のようであるとすれば，陰山地域の山岳森林ステップは，牧畜，農耕，木材資源などの種々の点で，当然，陰山地域の周囲に広がるステップを凌駕していたであろう。

　陰山地域はまた，先に引用した『漢書』巻94「匈奴伝」下に，「禽獣多し」とあることからわかるように，狩猟のためにも絶好の場所であった。このこ

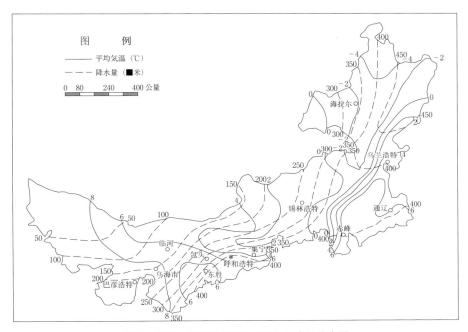

図3 内蒙古自治区年平均気温と降水量分布図
『内蒙古自治区経済地理』(中国省市区経済地理叢書),新華出版社,1992,14頁。

とは,拓跋魏の時代の史料から,より具体的に知られる。すなわち西暦426年,長孫嵩ら魏の高臣が語った言葉として,『北史』巻22「長孫嵩伝」に,

　赫連は土居し,未だ患を為すこと能わず。蠕蠕は世々辺害を為す。宜しく先ず大檀を討つべし。及べば則ちその畜産を収め,以て国を富ますに足る。及ばざれば則ち陰山に校猟し[44],多く禽獣を殺し,皮・肉・筋・角は以て軍實に充てん。亦,一小国を破るに愈(まさ)らん(赫連土居,未能為患,蠕蠕世為辺害。宜先討大檀。及則収其畜産,足以富国,不及則校猟陰山,多殺禽獣,皮肉筋角,以充軍實,亦愈破於一小国)。

とあり,陰山にしきりに出かけ,陰山の状態について熟知していたに違いない太武帝への重臣の言葉だけに,当時の陰山に,いかに禽獣が豊富であった

420　第2部　モンゴル史上の諸問題

かを知るに足る。

　また歳月を経た明代に至っても，『北虜風俗』の「耕猟」に，

　　秋風の初めて起こり，塞草盡く枯れるに至るに及び，弓勁く馬強く，獣
　　肥え，隼撃つ。虜酋令を下し，大いに躪林に会す。千騎雷動し，万馬雲
　　翔し，陰山に較猟[45]し，十旬反らず。獣を積むこと丘陵のごとし。衆
　　を数えて均分す。これ不易の定規なり（及至秋風初起，塞草盡枯，弓勁
　　馬強，獣肥隼撃。虜酋下令，大会躪林。千騎雷動，万馬雲翔，較猟陰山，
　　十旬不反。積獣若丘陵。数衆以均分，此不易之定規也）。

とあり，獣類が大変多かったことがわかる。

　北アジアの遊牧民は，古来狩猟を遊牧と並ぶ重要な生業としてきたので
あって，そのことを銘記した史料は，枚挙にいとまないほどである。匈奴に
ついては『史記』巻110「匈奴伝」に，

　　その俗，寛なれば則ち畜に随い，かさねて禽獣を射猟し，生業と為す
　　（其俗寛則随畜，因射猟禽獣，為生業）

とあり，烏桓については『後漢書』巻90「烏桓鮮卑列伝」に，

　　俗，騎射に善く，禽獣を弋猟するを事と為し，水草に随いて放牧す（俗
　　善射猟，弋猟禽獣為事，随水草放牧）

とあり，突厥については，『周書』巻50「異域」下の「突厥」の部分に，

　　畜牧射猟を以て務めと為す（以畜牧射猟為務）

とあるのは，その一部に過ぎないが，ともかくみな狩猟に大いに頼っていた
ことがわかる。

　鮮卑も狩猟に頼る部分が少なくなかったことは，彼らが狩猟を生業のひと
つとして盛んに行っていた烏桓と同俗だと，『後漢書』巻90の「烏桓鮮卑列
伝」の「鮮卑」のところに記されていることからも，十分推測できるけれど
も，また同伝および『三国志』魏書巻30「烏丸鮮卑東夷伝」の「鮮卑」の
條に，檀石槐の時代のこととして，

　　鮮卑の衆，日に多し。田畜射猟，食を給するに足らず（鮮卑衆日多。田

畜射猟，不足給食）。

という状態になったとあることによって，彼らが食糧を狩猟に頼る部分の
あったことは明らかである。なお，田畜は「農耕と牧畜」を意味する。

このように狩猟を生業の一つとしていた遊牧諸族にとって，その獲物が豊
富である陰山の価値は，また一段重いものがあったはずである。

陰山の価値は，以上にとどまらなかった。森林ステップであったので，木
材の資源も豊かであったからである。

拓跋鮮卑が北魏時代に華北に入ってからも，陰山の木材に頼って攻具を
造っていたことは，すでに述べたが，匈奴も亦，先に引用した『漢書』巻
94「匈奴伝」下の記事のなかに「弓矢を治作す」とあるように，陰山の木材
を利用していたのであろう。

遊牧民にとって木材は，武器のためだけではなく，鞍骨，天幕の骨組み，
車，家具，家畜囲いその他のために，大いに必要である。前漢代，河西張掖
郡の北にあたる木材を産する山を漢に譲るように漢の皇帝が匈奴に要求させ
たところ，匈奴の烏珠留単于がそれに対して，

> 父兄，5世に伝えたれども，漢，此の地を求めざりき。知（烏珠留単于
> の名前）に至り独り求むるは何ぞや。已に温偶駼王に問いしに，匈奴の
> 西辺の諸侯は，穹廬及び車を作るに，皆此の山の材木を仰ぐ。且つ先父
> の地なり。敢えて失わざるなりと（父兄伝5世，漢不求此地，至知独求
> 何也。已問温偶駼王，匈奴西辺諸侯，作穹廬及車，皆仰此山材木，且先
> 父地，不敢失也）。

と答えたと，『漢書』巻94「匈奴伝」下にあるのは，その意味で至極当然で
ある。

匈奴，拓跋鮮卑その他の遊牧民は，この点からも，森林の豊かな陰山の価
値をよく認識し，張掖郡の北方の山と同様，失うことのできない財産とみな
していたに相違ない。

陰山地域はこうして，遊牧民の経済にとって得難い場所となっていたので

422　第2部　モンゴル史上の諸問題

ある。

陰山はその上に，山岳としての険しさによって，防衛上の価値も優れていた。すでに引用した『漢書』巻94「匈奴伝」下に「もと冒頓単于其の中に依阻し，弓矢を治作し，来り出でて寇を為せり」という記述があるが，そのなかにある「依阻」という言葉は，そういう意味に理解できる。

この陰山の軍事上の価値は，拓跋鮮卑によっても，十分認識されていた。すなわち世祖太武帝の治世の末年，宋軍の北伐のときのこととして，『資治通鑑』巻125，宋太祖文皇帝元嘉27年の条に，

　　魏の群臣，初めて宋の師ありと聞くや，魏主に言い，兵を遣わして，縁
　　河の穀帛を救わんと請う。魏主曰く「馬，今未だ肥えず。天時尚熱し。
　　速やかに出でば，必ず功無からん。若し兵来たりて止まらずんば，しば
　　らく陰山に還りてこれを避けん。国人本と羊皮袴を着す。何ぞ綿帛を用
　　いん。展べて十月に至らば，吾，憂い無からん」（魏群臣，初聞有宋師，
　　言於魏主，請遣兵救縁河穀帛，魏主曰，馬今未肥，天時尚熱，速出必無
　　功，若兵来不止，且還陰山避之，国人本著羊皮袴，何用綿帛，展至十月，
　　吾無憂矣）。

とあるからである。

陰山は，南側にあるフフホト（呼和浩特）方面と約1000mの高低差があり[46]，「南斜面は険峻巍峨たる山容を示している」という[47]。

従って，遊牧民は，その中に「依阻」するとともに，事いよいよ不利となれば，その北に逃れる途もあったのである。例えば，前秦の符堅によって拓跋の什翼犍が大敗したときのこととして，『魏書』巻1「序紀」に，

　　建国39（A. D. 338）年冬11月，白部，独孤部，之を禦ぎ敗績せしむ。
　　南部大人劉庫仁，雲中に走る。帝（什翼犍）復た庫仁を遣わし，騎十万
　　を率い，石子嶺に逆え戦わしむ。王師，利あらず。帝，時に不豫。群臣
　　に任ずべき者なし。乃ち国人を率い，陰山の北に避ける（冬11月，白
　　部，独孤部禦之，敗績。南部大人劉庫仁走雲中。帝復遣庫仁率騎十万，

逆戦於石子嶺，王師不利，帝時不豫，群臣莫可任者。乃率国人避於陰山
之北）

とあるのや，また拓跋珪が劉顕と慕容永の攻撃を受けたときのこととして，
『魏書』巻2「太祖紀」に

登国元年（A. D. 386）8月，劉顕，弟の亢泥を遣わし，窟咄を迎えしめ，
兵を以て之に随い，来たり南境に逼らしむ。是に於て諸部騒動し，人心
顧望す。帝の左右の于桓等，諸部の人と謀り，逆（むか）えて以て之に
応ぜんと謀る。事泄れる。謀を造る者5人を誅し，余は悉く問わず。帝，
内難を慮かり，乃ち北に陰山を踰え，賀蘭部に幸し，山を頼み固めとな
す（登国元年8月，劉顕遣弟亢泥迎窟咄，以兵随之，来逼南境。於是諸
部騒動，人心顧望。帝左右于桓等，與諸部人謀為逆以応之，事泄，誅造
謀者5人，余悉不問，帝慮内難，乃北踰陰山幸賀蘭部，阻山為固）。

とあるのが参考となる。

　太武帝が「しばらく陰山に還りてこれを避けん」と述べた言葉は，彼らが
往時，陰山に危難を避けたこのような体験を踏まえたものとみられる。太武
帝がそれに続いて，先に引いた『資治通鑑』巻125，宋太祖文皇帝元嘉27
年の条において，「国人もと羊皮袴を著る。何ぞ綿帛を用いん」と述べてい
ることは，注目に値する。なぜならば，危難を避ける陰山という場所が，
「羊皮袴を著る」という言葉によって抽象的に表現されている遊牧民として
の生活と結びつけられているからである。

　私はこれによって，拓跋鮮卑が陰山を単純に防衛的な観点からだけ認めて
いたのではなく，彼らがもと営んでいた遊牧生活との不可分の関係のもとに，
拠るべき場所とみなしていたことを，推察できると思うのである。

　匈奴もまた，陰山を失うべからざるものとする強い気持ちを抱いていた。
それは，『漢書』巻94「匈奴伝」下に，武帝が匈奴をゴビ以北に追い払った
後のこととして，

　辺の長老が言うのに，匈奴は陰山を失いし後，これを過ぎるのに，未だ

嘗て哭せずんばあらざるなり（辺長老言。匈奴失陰山之後，過之未嘗不哭也）。

とある辺の長老の言葉から知られるのである。この陰山に対する匈奴の愛惜の念は，陰山が軍事上の価値が高いということによってだけ生じたのではなく，すでに引用した『漢書』巻94「匈奴伝下」の記事のなかにみられたように，匈奴がそれを自己の「苑囿」としていたということからも生じたものであろう。この場合の「苑囿」とは，内田吟風氏が解釈しているとおり，「動植物を得る良地」の謂である[48]。

要するに，陰山地域は，山岳森林ステップであったということに基づいて，遊牧，木材の点で，優れた経済的価値を有し，また軍事上も得難い地であった。このことは，今まで行ってきた分析が，フフホト付近或いはフフホトからあまり遠くない場所に根拠地を置いていた匈奴，拓跋鮮卑に関する史料にみられる陰山についての記述に基づいている以上，特に大青山及びその南の一帯に妥当すると思われる。だからこそ逆にこの一帯は，匈奴や鮮卑などによって，拠るべき場所として，重く扱われてきたと言えるであろう。

むすび

以上述べてきたことをまとめると，外モンゴル（モンゴル人民共和国）と内モンゴルの遊牧民の中心地は，山岳が連なっているという地形によって，水と草と森林に恵まれた山岳森林ステップ地帯に属している。モンゴル人の言うハンガイ地帯に属している（内モンゴルについては，私は，一応陰山地域と称しておいた）。

この山岳森林ステップ地帯は，他のステップに比べて，優れた環境をもち，経済上豊かで，生産力が高い。しかもそのような山岳森林ステップ地帯のなかにあっても，この2つの中心地は，とりわけ肥沃である。ハンガイ山脈の中央部と東部の一帯は，外蒙古中最も肥沃である。一方，陰山山脈の大青山とその南の一帯は，内モンゴルのなかでも，1，2を争う肥沃さであったと

思われる。こうしてこの2つの地域は，事実において北アジア遊牧民の2大生業である遊牧と狩猟にとって，きわめて適しており，また遊牧民の日常生活用具や戦争用具の作製に不可欠な木材が豊富であり，起伏の多い地形は防衛上要害の地ともなり，種々の点で理想的な環境であった。

この優れた環境によって，遊牧民自身の意識においても，これらの地は，拠るべき場所，失うべきでない拠点とされていたようである。このような意識の根底には，モンゴル人の場合にみられると指摘されているような，より広く，山岳一般に対して寄りかかって生活するという気持ちもあったかも知れない。

いずれにせよ，経済上の理由が基礎となって，この2つの地域は，遊牧民に，古来尊重され，重視され続けたと考えられるのであって，それにまた軍事上及びその他の理由も加わって，いよいよ重視されたのであろう。

追記　本論文は，早稲田大学史学会編『史観』第102冊，1980年，48-61頁に掲載されたものに基づいている。

注

1) 内田吟風氏は，漢の武帝によって外蒙古に追われた匈奴の単于庭は，オルホン河の上流域のカラコルム付近であったとする（内田吟風，1975，『北アジア史研究─匈奴篇』，同朋舎，97-103頁）。

2) 内田，1975，『北アジア史研究─匈奴篇』，93-97頁。

3) 山田信夫，1951，「チュルクの聖地ウトュケン山─ウトュケン山に関する覚書1」（『静岡大学文理学部研究報告・人文科学1』。護雅夫，1963，「ウチュケン山と古代遊牧国家」，『遊牧社会史探究』20。その他。

4) Кляшторны, С. Г., 1964, *Древние тюркские рунические памятники*, Москва, p. 34.

5) 前田直典，1973，「十世紀の九族韃靼」，『元朝史の研究』，東京大学出版会。

6) ハンガイおよびそれを含むモンゴル人民共和国のステップと家畜を中心とした遊牧の問題については，次の拙稿を見よ。吉田順一，1980，「北方遊牧社会の基礎的研究─モンゴルのステップと家畜─」，早稲田大学文学部東洋史研究室編『中国前近代史研究』，雄山閣，235-259頁。本論文は本書第2部にある。

426　第2部　モンゴル史上の諸問題

7）Sambuu, J̌., 1945, *Mal aju aqui, degere ben yaɣakiǰu aǰillaqu tuqai arad tu ögkü sanaɣulɣa suryal*, Ulaɣan baɣatur, p. 11, Даш, М. нар, 1966, *Монгол орны билчээрийн мал маллагааны арга туршлага*", Улаанбаатар, pp. 10-23.

8）Цэвэл, Я., 1966, *Монгол хэлний товч тайлбар толь*, Улаанбаатар, p. 657. хангай の項。

9）山岳地帯の大半を占めるハンガイ地帯の年間降水量は300mm，平坦なところが多い草原地帯は150-200mm，ゴビ地帯は100-150mm。なおヘンテイ山脈の中央部では500mmに至る（Даш, М. нар, 1966, p. 10)。

10）Мурзаев, Э. М, 1967, *Монгол орны физик газарзүй*, Улаанбаатар, p. 298.

11）山の北斜面に生えている木，森林に対しては，xэрүү/kerü という言葉がある（Цэвэл, Я., 1966, p. 764.『蒙漢詞典』, 1999, p. 624)

12）Мурзаев, Э. М, 1967, p. 283.

13）李志常著・堂宝海訳注, 2001,『長春真人西遊記』, 河北人民出版社, 35頁。

14）李志常, 2001, 36頁, 注1。

15）李志常, 2001, 36頁, 注2。岩村忍氏も同じである（岩村忍訳, 1948,『長春真人西遊記』, 筑摩書房, 64頁。杉山二郎氏はそれでも，「浅瀬の河」と訳している（杉山二郎, 2002,『王観堂氏静安先生校注本，長春真人西遊記』, 国際仏教大学院大学, 151頁)。

16）李志常著・堂宝海訳注, 2001, 36頁, 注釈2。

17）賈敬顔, 2004,『五代宋金元人辺疆行記13種疏証稿』, 中華書局, 346頁。

18）李志常, 2001, 35頁。なおモンゴルでは川の岸辺沿い柳の林が育つのであるが，それについては次の書に触れられている。賈敬顔, 2004,『五代宋金元人辺疆行記13種疏証稿』, 346頁。

19）Юнатов, А. А., 1976, *Бүгд найрамдах монгол ард улсын ургамлын нөмрөгийн үндсэн шинжүүд*, Улаанбаатар, p. 59. なお森林ステップ地域の割合をムルザーエフは25.2％としている〔穆爾札也夫, 1958,『蒙古人民共和国』(Мурзаев, Э. М., 1952, *Монгольская народная республька*, Москва.), 北京, p. 260.]。

20）Самбуу, Ж., 1966, *Монгол орны билчээрийн мал маллагааны арга туршлага*", Улаанбаатар, p. 10, p. 20.

21）*БНМАУ-ын улс ардын аж ахуй 1976*, Улаанбаатар, p. 75. の表に基づいて算出した。

22）東亜研究所, 1942,『外蒙の自然と畜産』, 35頁。

23）*БНМАУ-ын улс ардын аж ахуй 1976*, p. 75. の表に基づいて算出した。

24）東亜研究所, 1942,『外蒙の自然と畜産』, 35頁。

25）東亜研究所, 1942,『外蒙の自然と畜産』, 19-21頁, 45-48頁。

26）東亜研究所，1942，『外蒙の自然と畜産』，19-21 頁。

27）東亜研究所，1942，『外蒙の自然と畜産』，30-44 頁，特に 32 頁。

28）蓮見治雄，1975，「モンゴル口承文芸」，『東京外国語大学論集』25（別冊）。この賛歌は，Гаадамба, Ж., Цэрэнсодном, Д., 1978. *Монгол ардын аман зохиолын дээж бичиг*, Улаанбаатар, p. 65 に収録された。

29）蓮見治雄，1975，前掲「モンゴル口承文芸」，101 頁。

30）蓮見によれば，山の賛歌自体は 17 世紀当時のものの断片（ヘンテイ山賛歌の断片）が，ロブサンダンジンの『アルタン＝トブチ』の第 2 巻に伝えられているという。

31）蓮見治雄，前掲論文，101 頁。

32）小野川秀美，1943，「突厥碑文訳註」，『満蒙史論叢』4，283 頁。

33）木原均編，1940，『内蒙古の生物学的調査』，養賢堂，77-78 頁，80 頁。巻末図版 9。

34）東亜考古学会蒙古調査班，1941，『蒙古横断記』，日光書院，211 頁。今西錦司「森林樹種の分布」，木原均編，1940，『内蒙古の生物学的調査』，養賢堂，77-78 頁注(1)，80 頁。

35）今西，1940，77 頁。

36）中国科学院中華地理志編集部，1956，『内蒙古自治区経済地理』，科学出版社，7 頁。

37）今西，1940，79 頁。

38）中華地理誌編輯部，1965，『中国自然区画草案』，科学出版社，117 頁，120 頁。

39）以下において私は，漢と北魏の頃を中心に，陰山方面のステップの問題や遊牧民が陰山方面を根拠地として選んだと思われる理由の問題を分析するけれども，この 2 つの時期を中心にしてこれらの問題を分析するのは，これらの時期に陰山方面で匈奴や鮮卑が活躍したため，この地域に関する比較的まとまった資料が残されていて，問題にアプローチしやすいからである。

40）現在の「大同」。

41）白鳥庫吉，1970，「東胡民族考」，『白鳥庫吉全集』4，岩波書店，197-199 頁。

42）私は，旧稿において誤って陰山山脈の南斜面に森林が，北斜面に草原があると注記したが，ここに訂正する。

43）中国科学院中華地理志編輯部，1956，3 頁，5 頁。

44）囲いを設け，そこに獣を追い込んで獲る猟法。

45）獲物を多く獲ることを競う狩猟。

46）中国科学院中華地理志編輯部，1956，2 頁。

47）善鄰協会調査部編，1935，『内蒙古―地理・産業・文化』，日本公論社，28 頁。

428　第2部　モンゴル史上の諸問題

48) 内田吟風，田村実造他訳注，1971，『騎馬民族史1，正史北狄伝』，平凡社東洋文庫，110頁。

19

モンゴル人の農耕

はじめに

　モンゴル高原には，モンゴル帝国，清朝の時代に，国家主導のもと，漢人等がステップに規模の大きい耕地を拓いて農耕に従事したり，あるいは特に清朝時代末期以後に顕著に見られたように，漢人農民が入り込んできて開墾したりして，本格的な農耕も行われた。そしてこのような農耕については，その歴史的意義からまた資料も比較的に残されていることから，本格的な研究が行われてきた（矢野 1917，Buyančiɣulɣan 1932-1937，田山 1954 その他）。しかしモンゴル高原の古来の遊牧民が自ら行ってきた農耕については，資料不足もあってか，これまで十分な考察が行われてきたとは言い難い。

　私は 10 数年前に内モンゴル東部地域のモンゴル人遊牧民が行ってきた「ナマク＝タリヤ農耕」と称されるものについて論じたことがある。この農耕について最初に本格的に考察したのは，モンゴル人のハーフンガ（哈豊阿）を調査隊長とし竹村茂昭等日本人とモンゴル人からなる満洲国興安局の調査団であった。同調査団は興安局管下の 4 つの省の非開放蒙地に対する実態調査の手始めに，興安西省阿魯科爾沁（アルホルチン）旗のハラトクチン部落を選んで調査し，1941 年に『興安西省阿魯科爾沁旗実態調査報告書』を興安局から出した。私は，同書に記された遊牧民の農耕の分析に強い興味を抱いた。

　すなわちそれには，ハラトクチンの遊牧民の農耕はナマク＝タリヤ namuɣ tariy-a（漢語では漫撒子）農耕と称され[1]，「旧暦 4 月，5 月頃に糜子（キビ），蕎麦（ソバ）の種子を草茂る原野にバラ撒き，犂で種子も雑草もいっしょく

430 第2部 モンゴル史上の諸問題

たに鋤き返し，その儘5月から8月頃迄放牧に専念するのである。相当遠距離迄遊牧して行き，秋の訪いとともに原位置に帰って来た時は何等の管理もされずに自然に育った作物が逞しくはびこっているのである」という。つまり中耕・除草もしないのである。それ故に「牧畜を営むのに障らない農耕」であるという。耕地は地力の消耗から普通継続して3年以上は使わず，作物は自家用分のみつくられる。従って耕地の広狭は富の大小ではなく，家族数の多寡の反映であるなどと述べられている（興安局 1941：86-87頁，129頁，133頁）。

「牧畜を営むのに障らない農耕」とは，家畜が夏秋の牧地に出て十分牧草を食って太り，厳しい季節の冬春を乗り切ることができる体力をつけることに妨げとならない農耕という意味である。

実は，内モンゴル東部のナマク＝タリヤ農耕については，既に18世紀半ばに清の乾隆帝が次のようにかなり具体的に述べている。「農作は蒙古の本業ではない。今，平日が長く続いたのを承けて，至るところで多く山に依って田（耕地）となしている。既に播種すれば，すなわち四方に出かけて游牧し，射猟をし，秋の収穫のときにはやっと帰ってくる。除草の術はみな講ずることはない。俗に天にまかせる田という（農作非蒙古本業，今承平日久，所至多依山為田。既播種，則四出游牧射獵，秋穫乃歸。耘耨之術皆不講。俗云靠天田）」（『欽定熱河志』巻75「荒田」）と。

竹村等の調査報告書の後，戦後になって，内モンゴルにおいてナマク＝タリヤ農耕に関する本がモンゴル人によって書かれもした（Wangjil 1998）。

私はこれらに基づき，内モンゴル東部におけるナマク＝タリヤ農耕を考察して，その内容をより具体的に明らかにし，かつ同地域のモンゴル人が漢人の農耕を受容する過程についても論じた（吉田 2007：272-294頁）。

本稿では，これまでの研究を生かしつつ，モンゴル高原の内モンゴル東部以外の地域のうち，ハルハ＝モンゴル人遊牧民が多く住むモンゴル国の中部以東の地域に主眼を置きつつ，内モンゴル中部以西，オイラド系モンゴル人

モンゴル人の農耕　431

遊牧民が多く住むモンゴル国の西部にも目を配って，モンゴル高原のモンゴル人遊牧民のかつての農耕の姿を少しでも明らかにすることに努めたい。

1　内モンゴル東部の遊牧民の農耕とキビ

　モンゴル高原の遊牧民の農耕を理解するには，まず資料が比較的豊かな大興安嶺の東南側に広がる内モンゴル東部地域に暮らしてきたモンゴル人の農耕すなわちナマク＝タリヤ農耕を知るのがよい。

　そこで，くどくなるが改めてそれについて説明すると，同地域は比較的湿潤なので，人工灌漑を不可欠とはしない。夏の初め頃にまとまった雨が降ると，冬・春の牧地の一角にキビあるいは蕎麦を播き，その後そこに犂入れして覆土する（畝立てをしない）。犂がなければ大型家畜の足で踏ませて種を鎮圧する。そしてその後牧民は夏の牧地に出かける。その後降霜のおそれがある時候に夏の牧地から戻り，穀物を刈り取り脱穀し，土の竪穴（зоорь/joγuri）に貯蔵する。施肥，除草，中耕をしないが，2，3年ほどは施肥しなくても土壌の栄養に問題ないし，雑草もあまりひどくならない。3，4年目には場所を換えればよい。この農耕は，まさに遊牧への影響をできるだけ少なく抑えた農耕，遊牧に邪魔にならない農耕であった（吉田2007：278-283頁）。

　ナマク＝タリヤ農耕の作物の大部分はキビであった。ロシア大使として中国に派遣されたスパファリ（Spathary）は，清朝の1675年に内モンゴル東部地域の北部にあるジャライド旗の東部を南下し，チョール（綽爾）川右岸にある遼代の古城の遺跡付近でモンゴル人に出会ったが，彼らはそこの土地が各種の作物に適しているのに，キビ（millets）だけを栽培していると記している（Baddeley1964：pp. 313-314）。彼らは遊牧民だから，遊牧民の農耕に最も向いているキビだけを栽培していただけのことかも知れないが。

　清朝時代の末期に漢人が多数内モンゴル東部のステップに進出したため牧地が狭められ，冬営地に固定家屋（バイシン）を構えるなどして定着性を増

432　第2部　モンゴル史上の諸問題

しつつも，なお遊牧や半農半牧の生活を維持していた地域のモンゴル人は，1958年に人民公社が組織されるまでナマク＝タリヤ農耕を広く行っていたのである（吉田2007:278頁）。

　内モンゴル東部地域でモンゴル帝国より前の時代に遊牧民がナマク＝タリヤ農耕を行っていたことも，いくつか確認できる。前稿の内容（吉田2007:272-274頁）と重複する部分が多いが，以下にそのことを述べる。まず奚の農耕については『新五代史』巻74「四夷附録」第3の奚の箇所に「彼らは頗る耕種を知っており，毎年辺民の荒田を借りて穄（キビ）を植え[2]，秋に熟れれば来て収穫し，これを山下に穴蔵を掘って貯蔵する（頗知耕種，歳借邊民荒地種穄，秋熟則來穫，窖之山下）」とあり，20世紀の内モンゴル東部のナマクタリヤ農耕と変わらない。播種後夏の牧地に出かけていたから，収穫のために戻って来たのである。遼の太祖の二十部の1つで，奚の俘戸から成る乙室奥隗部についても，「黍が熟し過ぎても，まだ収穫していない。人を遣わして刈り取ることを助けさせた（乙室奥隗部黍過熟未穫，遣人以助収刈）」とある（『遼史』巻69，表第7部族表の聖宗統和3年8月）。この史料に，刈り取りの時期になっても収穫しに来ていないとあることから，彼らが黍の播種後，夏の牧地に出かけていたことがうかがわれる。収穫期を迎えてもなかなか刈り取りに来ないとあるのは，清代のモンゴル人も同様であって，康熙帝が「モンゴル人はものぐさで，穀物を播種した後，すぐに各処に遊牧し，穀物が熟しても刈り取ることをしない。時には霜が降りても穂が落ちるようになっても，なお取り入れない。そして反って凶年だと謂っている（蒙古之性懶情，田土播種後，即各處游牧。穀雖熟不事刈穫。時至霜隕穂落，亦不収斂。反謂歳歉。）」（『清実録』巻191康熙37（1698）年12月）と述べているのと同じである。キタイ人のキビ栽培については明確に知ることは今のところ難しい[3]。

　時代をはるかにさかのぼる漢代に，奚族の住地と同じ辺りすなわち今の内モンゴル東部地域の南部に遊牧していた烏桓について「その土地は穄と東牆

によい」とあり（『後漢書』巻120列伝第80「烏桓鮮卑伝」），また「耕種は常に布穀の鳴くのをもって時候とする。土地は青稞と東牆によい（耕種常用布穀鳴為為候，地宜青稞東牆）」とある（『三国志』「魏志」巻30「烏桓鮮卑東夷」に引かれている『魏書』）。稞，青稞は糜子（不粘黍，ウルチキビ）であり，要するにキビである（西山1969：66頁）。すなわち烏桓はキビを栽培していたのであるが，また彼らが「水草を追って放牧し常住の地がない」遊牧民であったことも『三国志』「魏志」巻30「烏丸鮮卑東夷」の烏桓の箇所にはっきり記されており[4]，要するに烏桓も，遊牧をしつつ農耕も行っていたのである。遊牧民であった彼らが行っていた農耕は，奚族の行っていたのと同様のナマクタリヤ農耕であっただろうと私は考えている。

　さらに匈奴にさかのぼると，『漢書』巻94の匈奴伝に，紀元前84年，天候不順で匈奴の「穀稼が孰（みのら）ず」とあることなどから，「匈奴が全く農耕と無縁であったとはいいきれないであろう」と，匈奴内での農耕の存在が推測された（松田1986：180-181頁）。その後ダヴィドワ（Давыдова, А. В.）は，『漢書』匈奴伝の「穀稼が孰（みのら）ず」との一文に対して唐の顔師古がつけた注に「北方早寒，禾稷に宜しからずといえども，匈奴中，亦黍稞[5]を種える（北方早寒，雖不宜禾稷，匈奴中亦種黍稞）」とあること，ザバイカルのブリヤート地域にある匈奴の40の墓から123粒のキビ（просо）の種が，そしてウランバートル北方約100kmにあるノイン＝ウラのクルガンからもキビの種が出土し，イヴォルガ遺跡からは犂先，シャベル，鍬などの農具類が発掘されていることなどから，匈奴国家における農耕の存在は明らかであると論じた（Давыдова 1995：pp. 43-45）。イヴォルガの城塞集落址自体は匈奴のもので，発掘された資料の大半は匈奴に特徴的なものだが，匈奴がみずから栽培していたかどうかは確認できないようである[6]。

　以上のように，烏桓，奚といったモンゴル高原東部，換言すれば今の内モンゴル東部地域にいた遊牧諸部がナマク＝タリヤ農耕そのものあるいはナマク＝タリヤ農耕とみられる農耕を行い，ともにキビを栽培していたこと，そ

434　第2部　モンゴル史上の諸問題

して匈奴については匈奴自身によってそれが行われていたのか，ナマク＝タリヤ農耕を行っていたのかはっきりしないが，農耕と無縁であったとは断定しきれないようである。

2　モンゴル帝国期におけるモンゴル高原の遊牧民の農耕

　モンゴル人についてみると，契丹時代に，蒙古里部には「耕種はなく，弋猟を業としている（無耕種，以弋猟爲業）」とあり（『契丹国志』巻22），農耕をしていなかったようである。

　12世紀後半，モンゴル高原東北部の一隅からヘンテイ山脈，オノン川方面に住地を拡げてきたモンゴル部のそばに，農耕をする牧民がいた。セレンゲ川の中・下流域に遊牧していたメルキド部の民がそれで，彼らはキビを栽培していたとみられる[7]。それは，『モンゴル秘史』にケレイト部のオン＝ハンが子供の頃メルキド部に捕らわれ，臼（aɣur/uur）を搗かされていたとあるからである（『モンゴル秘史』152節）。村上正二はこの箇所を「〔黍〕臼（きびうす）を臼づいた」と和訳した（村上1972:26頁）。uur は小型の臼であって，ラケヴィルツも mortar（小臼，乳鉢）と英訳している（de Rachewilts 2004:p. 74）。小臼で麦類を脱穀・製粉するとは考え難く，キビの脱穀用に使っていたとみられるから，村上が「黍臼」と訳したのは適訳とみてよい。

　その後12世紀末頃，テムジンがメルキド部から略奪してオン＝ハンに与えたものに tariyat（傍訳：田禾）があったとある（『モンゴル秘史』177節）。この語を村上・小澤は「たなつもの」と訳し（村上1972:161頁．小澤1987:111頁），ラケヴィルツは「穀物貯蔵所（grainstores）」と訳した（de Rachewilts 2004:p. 99）[8]。ここの「田禾」にはメルキド部の黍用の臼から判断してキビも含まれるとみてよいであろう[9]。

　その後時代が降って，モンゴル帝国第2代ハーンであったオゴデイの治世の1235・36年頃の状況を伝える彭大雅・徐霆の『黒韃事略』に「肉を食って

穀物を食わない（食肉而不粒）」とある。私は，この一文は彭大雅・徐霆の見聞した範囲でのみ事実であると解釈すべきと思う。なぜならそれより前に，モンゴル人の穀物栽培をうかがわせる史料があるからである。そしてその主なものはキビであった。

　すなわちモンゴル帝国建国後，中央アジア遠征中のチンギス＝ハンに招かれて1220年頃にモンゴル高原を西に向かって旅した長春真人は，陸局河（ケルレン河）に出てから，それをさかのぼって進むこと16日，同河の湾曲部の東方に出たとき，モンゴル人が喜んで出迎え，長春真人に「黍米1石5斗を献じた（蒙古人喜曰。前年已聞父師来。因献黍米石有五斗）」とある（李志常『長春真人西遊記』）。米は脱穀した穀物のことだから，黍米は搗いて殻を取り去ったキビのことである。これはこの地のモンゴル人が栽培したものであり，彼らは当然キビを食べていたであろう。このことは，当時この附近や他箇所でキビがモンゴル人によって作られていたことをうかがわせるものとみて問題ないであろう。

　モンゴル帝国時代にキビが麦と並んで，場所によっては麦以上に栽培され消費されていたことを示す史料が，いくつもある。

　①長春真人は，今のモンゴル国ゴビアルタイ＝アイマグ中西部に位置するシャルガ＝ゴビに存在したチンハイ（称海）屯田に立ち寄ったさいに，そこでは8月に至ってはじめて「床麦」が熟すると記している。この「床麦」の意味を「麦を主体とした穀物」（大葉1982:85頁），また「麦子（ムギ）」（党宝海2001:96頁）とする見方があるが，「床（ビまたはミ）」は穄と同じでキビを指す。上述した当時のキビ利用の実態からみて，「キビと麦」とみなければならない。この屯田にはモンゴル兵だけではなく，元朝の捕虜等が駐屯していたが，やはりキビが栽培されていたことがわかる。

　②1246年に行われたグユクの即位式に参列したカルピニは，モンゴル人が冬に「黍を水で煮て，非常に薄くしてしまうので，食べられず，飲まなくてはなりません。タルタル人の誰もが，朝にそれを椀に1，2杯飲んで，日

中はそれ以上何も口にしません。」（護 1965:22 頁）と記し，ルブルクは，冬のある時期「毎日，黍一皿と，黍のエール酒を1クォートくれ，肉を煮るのに，大なべと五徳とを貸してくれました。わたしどもは肉が煮えますと，その煮つゆで黍を料理しました」と記している（護 1965:230 頁）。

③1247 年にモンゴル高原に入り即位前のフビライに会った張徳輝は，カラコルムについて「居人は多く耕稼をこととし，ことごとく水を引いてこれに灌いでいる。まま野菜畑もある。ときに秋の初めの月の下旬だが，糜（キビ）と麦がみな枯れていた。すでに三度降霜があったのである（「居人多事耕稼，悉引水灌之，間亦有蔬圃。時孟秋下旬，糜麦皆槁。問之者云，已三霜矣）」と『嶺北紀行』に記した（賈敬顔 2004:346-347 頁）。せっかく栽培したキビと麦を降霜によって枯れさせたとあるのは，前述した遼朝時代の奚および清朝康熙帝時代のモンゴル人のこれと同じ事例を想起させる。漢人農民ならば，よほどの事情がないかぎり，大切な収穫物を枯らすことはあり得ない。

④1253 年末から 1254 年 7 月初めのあいだモンケのオルドに滞在したルブルクが「（カラコルムの城壁の）東門では黍そのほかの穀類を売っていますが，黍のほかはたまにしか持って来ません」と記している（護 1965:259 頁）。カラコルム付近でキビが麦に劣らず作られていたのではないかとさえ思わせるのである。

⑤ルブルクの記録にキビ以外には小麦粉とそれでつくったパン種なしのパンも登場する。「このようにして，わたしどもの食物は，黍とバターか，またはねり粉をバターあるいは酸乳をいれた水で煮たものか，そしてこれらの何れかに，牛馬の糞の火で焼いたパン種なしのパンを添えたもの，ということになりました」（護 1965:244 頁）。またパン菓子も登場する（護 1965:251 頁）。

「ねり粉」とは小麦の粉と理解できる。小麦は粒食されることはなく，キビは粉食されることはないからである。

⑥これらのキビや小麦粉は，カラコルムの周辺でつくられたもののほか，別の場所で栽培・収穫されたものを運び込んできたものもあった。ルブルクは「大君主たちは南方に村々をもっていて，そこから，冬の食用にする黍と小麦粉とがかれらにもたらされます」と記している（護 1965：147 頁）。

以上，内モンゴル東部地域で烏桓，奚はナマク＝タリヤ農耕を行い，キビを栽培していたこと，モンゴル高原北部でメルキト部がキビをつくり，またキビがモンゴル帝国時代のモンゴル人によってよく食われ，長春真人の旅行記録にあるようにモンゴル人にもこれを栽培する者がいたことを示した。『黒韃事略』にモンゴル人が「穀物を食わない」とあるのは，広大なモンゴル高原の地域差の現れなのであろう。この地域差を生んだ理由の１つとして，気候風土の地域差も指摘できよう。

3　キビについて

モンゴル帝国・元朝時代のモンゴル語を今に伝える『至元訳語』に，「禾黍　蒙兀剌阿木」すなわち「禾黍は蒙兀剌阿木（mongɣol amu）という」とある（賈敬顔・朱風 1990：6 頁）。また「米　札匣阿木」すなわち「米（脱穀した穀物）は札匣阿木〔čaɣa (n) amu. 白いアモ〕という」とある（同）。「白いアモ」とは脱穀した穀物を意味する。また「穀　匣剌阿木」すなわち「穀（殻付きの穀物）は匣剌阿木（qara amu. 黒いアモ）という」とある（同）。「黒いアモ」とは脱穀していない穀物）を意味する。『華夷訳語』甲種本に「米　阿門」（同：29 頁），明代の『登壇必究』（王鳴鶴撰，明・万暦年間完成）に「米　阿目」（同：141 頁）とある。amu の一語で čaɣan amu（脱穀した穀物）の意味するのだから，amu の本義は「脱穀した穀物」なのであろう[10]。

明清時代の辞書にも mongɣol amu が登場する[11]。さらに『登壇必究』には「糜子　莽頑児（mangɣol, mongɣol）」とある（同上）。『盧龍塞略』（1610 年完成。ウリャンハイ三衛方面のモンゴル語）所収の「蒙古訳語」にも「糜曰

438   第2部　モンゴル史上の諸問題

莠頑児」とある（同：130頁）。ともに「キビは莠頑児（mangɣol/mongɣol）
という」という意味である。このように mongɣol amu ではなく，単に
mongɣol だけで糜子（キビ）の意味をもつというのである。『五体清文鑑』
には「mongɣol amuu　糜子」とある（『御製五体清文鑑』1957：3944頁）。
mongɣol amuu とはハルハ＝モンゴル人の表現である[12]。

　以上，キビがモンゴル人にとって古くから穀物の代表であり，穀物中の穀
物とみなされていたことがわかる。それ故にそれにわざわざ「モンゴル」を
付けて「モンゴル＝アモ／モンゴル＝アモー」と称し，内モンゴル東部では
ついに「アモ」を省略して単に「モンゴル」の一語でキビを意味するように
なったのであろう。

　現在の内モンゴルで刊行された『蒙漢詞典』も，「モンゴル，モンゴル人，
モンゴル語」の意味の見出し語 mongɣol とは別に，「穄子，糜子」の意味の
見出し語「mongɣol」を別に立てている（内蒙古大学蒙古語文研究所 1999：
825頁）[13]。また Norjin の辞書では見出し語「mongɣol」に「mongɣol amu」
という小見出しを設けて，これを「また mongɣol ともいう」と記している
（Norjin 1997：p. 1849）。

　ただし「モンゴル」がこのような意味をもつのは内モンゴルの東部地域だ
けで，シリンゴル盟（チャハル地方を含む）以西の内モンゴル地域では「モ
ンゴル」はキビの意味をもたない。チャハルではキビを qar-a budaɣa とい
う[14]。

　一方モンゴル国側では，ハルハ＝モンゴル人が多く居住している中部以東
の地域においてモンゴル＝アモー（монгол амуу）はキビの意味をもつ。た
だし「モンゴル」の一語でキビの意味を表すことはない[15]。ハルハ＝モンゴ
ル人はまたモンゴル＝アモーをタリアニ＝ハル＝ボダー（тарианы хар
будаа）ともいう（学名はモンゴル＝アモーと同じ）（Өлзийхутаг 1985：p.
58）。

　ただし同国西部のオヴス，ホヴドに居住するオイラド系のモンゴル人の間

では「モンゴル＝アモー」はキビの意味をもたず，「アモー」がキビの意味
をもつ。またバヤド，ドルヴドでは тарианы хар будаа をキビの意味で使っ
ておらず，そもそもこの言葉を聞いたこともないという[16]。

　要するに，モンゴル国の中部以東の地域（ハルハ地域）と内モンゴル東部
地域のモンゴル人はキビを意味する「モンゴル＝アモ（アモー）」という言
葉を共有しているのである。このようにわざわざ「モンゴル」という言葉を
「アモ／アモー」に付していることからみて，この２つの地域において，キ
ビが穀物のなかで，とりわけ重要であったことを意味しているとみてよいで
あろう。そして特に内モンゴル東部地域では「モンゴル」の一語でキビを意
味することからみて，モンゴル高原において，最もキビとの関わり・繋がり
が強かった地域ではないかと思われるのである。

　粟は qonuγ/хоног と称されるが，「訳語」類にあまり登場しない。注目さ
れる点である[17]。

　モンゴル＝アモ（モンゴル＝アモー）の特徴は，「穀粒が улаан хоног/
ulaγan qonuγ（黍の一種）[18] よりやや大きく，早く成熟する一種類の穀物」
（Цэвэл 1966：p. 699），「早く熟するキビ」（ШУА-ийн хэл зохиолын хүрээлэн
2008：p. 1235）などと説明されている。内モンゴルの辞書にもほぼ同じ説明
がなされている（Norjin 1997：p. 1849）。このように早く成熟するというモン
ゴル＝アモ（アモー）の特徴は，夏に最初のまとまった雨が降るのが遅く，
秋に霜が降りるのが早いモンゴル高原の気候条件によく適応しており，それ
故にモンゴル＝アモ（アモー）は内モンゴルやモンゴル国において広く栽培
されてきたのであろう。

4　内モンゴル西部のモンゴル人遊牧民の農耕

　内モンゴルのモンゴル人の農耕すなわちナマク＝タリヤ農耕は，ナマク＝
タリヤ農耕あるいはナマク＝タリヤ風農耕として内モンゴル東部以外の地域
でも行われていたと，私は考えている。

440 第2部 モンゴル史上の諸問題

16世紀末，アルタン＝ハーン時代のトメド部のモンゴル人の農耕の状態について『北虜風俗（夷族記）』に，「今の諸夷の耕種を観るに，わが長城あたりの耕種と互いに甚だしくは異ならない。その耕具は牛があり，犂があり，その種子は麦があり穀[19]があり，豆があり，黍がある。此等は伝来して已に久しい。近日に始まったのではない。ただ瓜，瓠，茄，芥，葱韮の類はすなわちアルタン＝ハーンが明朝と和議を結んだとき以来，種々ともに備わったのである。ただしその耕種はただ天にのみ頼って人に頼らず，春に種を播き，秋に集めるだけである。広く植えて薄く収穫する。手にタコをつくって農作業をし，そうして収穫を倍にすることはできない（今観諸夷耕種，與我塞下不甚相遠。其耕具有牛有犂，其種子有麥，有穀，有豆，有黍。此等傳来已久，非始於近日。惟瓜瓠茄芥葱韮之類，則自款貢以来種々倶備。但其耕種惟藉天不藉人，春種秋斂廣種薄収。不能胼胝作勞以倍其入）」とある。

これによれば，アルタン＝ハーンが明朝と和議を結ぶ前からトメド部のモンゴル人によって麦，黍などが栽培されていたけれども，その方法は『北虜風俗』が書かれた頃にはナマクタリヤ農耕と同類であったことがわかる。ただしオルドス地方の陰山山脈と黄河に挟まれたトメド平原を中心に，アルタン＝ハーンの時代以後，多数の漢人農民が入植し，その影響を被ったトメド部のモンゴル人の多くはやがて本格的な農耕を営むに至ったのである。

オルドス地方では，かつてウラド前旗の南部と境を接するハンギン旗北部のあたり（黄河の南側）にあるドゴイ＝タラ（duγui tal-a）の少し西のシャルジョー＝ソム（sir-a juu sumu）において，夏に降雨があった後，雑草を牛に踏ませて土中に埋め（牛に雑草を踏ませないで播種することもある），そののちモンゴル人が騎乗してキビ〔小紅子（糜子），ulaγan budaγa〕またはソバ（saγad）を播種し，その後は除草など何もしないで，秋に収穫したという。この種のモンゴル人の農耕をナマル＝タリヤと称したが，それは秋（ナマル namur）に収穫するからである[20]。

以上のように，事例は少ないが，ナマク＝タリヤに類した農耕が内モンゴ

モンゴル人の農耕　441

図1　モンゴル国アイマグ図

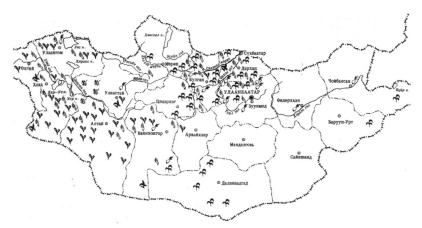

図2　モンゴル人民共和国における穀物等の分布図

🌾コムギ　🌿オオムギ　🌱野生の穀物　🌾キビ　　蔬菜　　🌿他の穀物

コムギ буудай (улаантариа など), オオムギ арвай (хүрэн тариа), 野生の穀物 (суль, цул-хир), キビ монгол амуу (хар будаа, чангаамал), 蔬菜, 他の穀物 (сагаг, гурвалжин будаа, олс, овъёс)

(ШУА-ийн хэл зохиолын хүрээлэн 1979: p. 143)（地図の1部分を削除）

442　第2部　モンゴル史上の諸問題

ル東部地域以外でも存在していたことを知ることができるのである。

5　ハルハ＝モンゴル人遊牧民とオイラド系モンゴル人遊牧民の農耕

　モンゴル国のステップは漢人居住地域に接していないから，内モンゴルにおけるようなモンゴル人遊牧民の牧地をひどく狭めるほど多数の漢人農民が入り込むおそれはなかった。だがそれでも漢人農民は，西部のホヴドやウリヤスタイ，北部のオルホン川，セレンゲ川等の流域に連れてこられたり，入り込んだりして農耕に従事した。そして清末には北部地域にはかなりの数の漢人農民がいた。

　モンゴル国における農耕を作物の点から知るのに，図2「モンゴル人民共和国における穀物等の分布図」が手がかりの1つになる[21]。モンゴル国西部のオヴス，バヤンウルギー，ホヴドの3アイマグでは，西モンゴル系（オイラド系）の集団が多く住んでいるが，彼らがイルティシュ川流域で遊牧していた17世紀末以後，その周辺のブハーラ人（トルコ系イスラーム教徒）から農耕を受け入れた（羽田1982:256-257頁）[22]。オイラド系のドルヴド人がモンゴルに移ったのは18世紀半ばとされる[23]。

　この頃のことだが，清朝の史書『皇朝藩部要略』巻12の乾隆20（1755）年の箇所に，「吐爾伯特の衆は耕牧の業を兼ねている。ハルハの諸部族が専ら牧畜を業としているのとは異なる（杜爾伯特衆兼耕牧業。視喀爾喀専以牧爲産者異）」とある。これに基づいて羽田明は「西モンゴル族の間でもかなり農耕が行われたであろうこと」を示すとしている（羽田1982:284頁）。乾隆帝も1782年に，「ハルハは土地が冷たく，耕作をこととすることはできない。牧畜と狩猟はもとのままいそしみ，古い風俗習慣がなおまだ去っていない。新附の者は耕すことを知っている」（喀爾喀地冷。無可事耕作。牧猟尚所勤，古風猶未除。新附者知耕）」と述べている（『欽定熱河志』巻75「蒙古田」）。新附の者とはドルヴド部などオイラド系の遊牧民を指すから，ハルハ＝モンゴル人とオイラド系ドルヴド人の大きな違いが農耕を行っていたか

否かだと認識されていたことがわかる。

このように乾隆帝の時代，ハルハ＝モンゴル人は農耕をしていないとみなされていた。乾隆帝は，前述した『欽定熱河志』「蒙古田」（1782 年）において，それより前の時代のモンゴル人のナマク＝タリヤ農耕について述べている。そして同地域のその後のナマク＝タリヤ農耕の進展も理解していた。その上でそのようなナマク＝タリヤ農耕をもハルハ＝モンゴル人は行っていないと述べたとも理解できよう。

一方，ボヤンチョールガン[24] は，文字記録がないからと，何人ものモンゴル人から聞き取りをして，乾隆帝以前にまでさかのぼる事例を含むと理解できるのだが，ザサクト＝ハン部（アイマグ），サインノヨン部，トシェート＝ハン部のいくつもの旗のそれぞれ一部地域で農耕がされていたと，地名を挙げて述べている。この調査は無視できないと，私は考える。乾隆帝等の指摘は，当時ハルハ地域のモンゴル人の農耕が低調であったことを指摘していると理解するのが妥当なのではないだろうか。なおボヤンチョールガンは，清代にモンゴル人の農耕が低調であった理由として，モンゴル人男子はみな兵士となることになっていて，農耕する自由がなかったからだとも述べている（Buyančiɣulɣan 1932-1937：pp. 96-101）。

モンゴル国西部のオイラド系の遊牧民の農耕の特徴のひとつは，キビを栽培していないことである。この地域を 19 世紀後半中頃に探検したさいに，栽培されている穀物にも注意を払ったポターニンの記述をみると，ドルヴド人，ザハチン人，トルグード人の栽培している穀物として，大麦と小麦だけを挙げており，キビも栽培しているのはバヤンウルギー＝アイマグのウリャンハイとホヴド＝アイマグ南部，ボルガン川流域のトルグード人だけだと述べている（Потанин 1948：p. 67, p. 263）[25]。

ただし，それらのアイマグと境を接しているザヴハン，ゴビアルタイの両アイマグ以東のハルハ＝モンゴル人が多い地域では，キビがそれなりにつくられてきた。

以上の2点から，オイラド系住民が多く居住するモンゴル国西部のオヴス，ホヴド，バヤンウルギーの3アイマグと，ハルハ人が多く居住しているザヴハン，ゴビアルタイ両アイマグ以東の諸アイマグとでは，農作物の種類に違いがあったと指摘できる。

モンゴル人民共和国時代の状況については，図2に基づいて小長谷もモンゴル国における農耕が東と西で違いがあることを指摘しているが，「キビは中央から東部にかけて分布し，麦類は西部に分布する」と述べている（小長谷2010:31頁）。だがこの説明は適切とは言えない。なぜならこの分布図を見ると，麦類はザヴハン＝アイマグ，ゴビアルタイ＝アイマグ以東で広くつくられていたし，シュビンの図3「モンゴル人民共和国における農耕の発生地（根源地）の図」(Шубин 1953:pp. 96-97) を見ると，穀物の種類は大麦しか明示していないのだが，その大麦はゴビアルタイ＝アイマグからフヴス

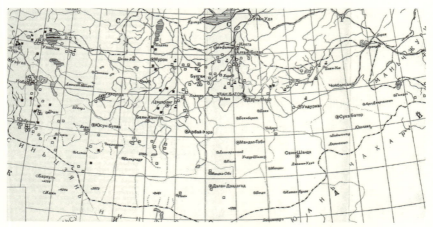

図3　モンゴル人民共和国における農耕の発生地（根源地）の図
(Шубин 1953:pp. 96-97 の間にある付図。地図の部分を一部削除)
1. □，■はモンゴル牧民 (арат) 及び漢人の小規模な〔農耕発生〕地区（■はオオムギのみ，□は全て基本的な穀類）。
2. □が3，4個以上集合しているのはモンゴル牧民と漢人の大規模（100以上）な播種地帯。
3. 旗印のついた▲があるのは播種面積が300～500㎢以上の国営農場と軍用農場

グル，ウヴルハンガイ，ヘンテイなど中部・東部のアイマグで広くつくられているとあるからである。

モンゴル国の主要作物の東西における違いは，犂についても言える。ドルヴド人等のオイラド系諸部が農耕を身につけたのは，中央アジアのブハーラ人の影響によるものであったから，そのさいブハーラ人の使っていた犂を取り入れたに違いなく，オヴス，バヤンウルギー，ホヴドの3アイマグではボイトグ＝アンジス бойтог анжис（ブーツ型犂）と称されるインド犂系統の犂が使われてきた。一方，ハルハ＝モンゴル人の多い諸アイマグでは，ホヴド＝アイマグに隣接するゴビアルタイ＝アイマグの一部を除いてみなブフ＝アンジス（бөх анжис）またはモンゴル＝モドン＝アンジス（монгол модон анжис）と称される漢人の犂の系統である「反転式犂系統の犂」（家永1980：193頁）が使われてきた。

図3にキビ栽培のしるしがあるのに，図4の「犂分布図」をみても犂のし

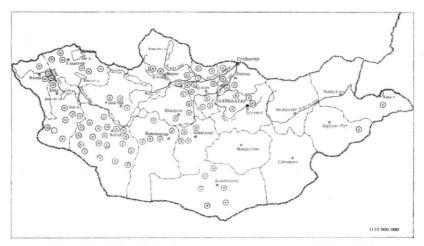

図4 犂分布図（ШУА-ийн хэл зохиолын хүрээлэн 1979：p. 144）
① бөх анжис 反転式犂系統の犂 ⊖ бойтог анжис インド犂系統の犂 ⊕ анжисгүй тарьдаг газар 犂なしで播種する土地

446 第2部 モンゴル史上の諸問題

るしがないアイマグがある。すなわちウムヌゴビ（南ゴビ）＝アイマグがそ
れである。そこでは，初夏にまとまった雨が降って表土が軟らかになったと
きに播種し，馬などの大型家畜をそこに入れて種を踏ませて鎮圧させてすま
せていたと推測される[26]。

　このように大型家畜の足を犂代わりに利用することは，内モンゴル東部で
も行われていた。そもそも犂には鋳鉄製の犂先が付くが，これは磨耗したら
付け替えが必要な消耗品であり，清代に漢人商人が入り込むようになって以
後，内モンゴルでは通常それを彼らから入手していた。そしてもし商人がい
なかったり購入資金がなかったりすると，大型家畜の足を利用するより外な
かった。ウムヌゴビ＝アイマグの事情は不明だが，その地理上の位置からみ
て犂先を入手することが容易でなかったのかも知れない。

　以上，モンゴル国地域の作物と犂の点からその農耕についてみたが，冒頭
に述べたように，移動を基本とする遊牧を生業としている一般モンゴル人に
とって，定住を基本とする農耕に力を注ぐわけにはいかない。モンゴル人民
共和国建国期頃から同国を広く調査したソ連のシムコフが1934年にまとめ
た「モンゴル人民共和国地理概論」に次のように述べられている。すなわち
シムコフは，モンゴルの農耕が比較的よく行われている地域を挙げたのに続
けて，「多分ごくわずかの場合を除いて，農耕は土地を耕す諸経済の基本的
な職業として役立たない。至るところでそれは，それに従事する住民の経済
において補助的な要素であり，その生活の主要な基盤として牧畜が残ってい
るのである。農耕がこの点では多分牧畜と競っているたったひとつの地域－
これは，そこに主としてトルグード人たちが住んでいたホブド＝アイマグの
ボルガンとオィエンチ（Уйэнчи）である」（Симуков 2007：pp. 319-320）。

　また1925年冬に3ヶ月間オヴス＝アイマグに暮らし農耕をよく行ってい
るドルヴド人とバヤド人のところに滞在したノミンハノフ（Номинханов，
Ц-Д.）は，ドルヴド人は，西モンゴルのオイラド系モンゴル人のなかでも
農耕をよく行ってきたことで知られているけれども，「主に肉と乳製品を常

食としている。補助的な食料としては，磚茶と穀物粉が役に立っている」と
記している（Номинханов 2008：p. 49）。

6　ハルハ＝モンゴル人のキビ栽培

　前述したように，モンゴル国のハルハ＝モンゴル人のキビに対する呼称は
内モンゴル東部地域に住むモンゴル人のそれと共通している。それではその
栽培の仕方についてはどうであろうか。

　これについては，『皇朝藩部要略』巻 12 乾隆 20（1755）年のところに「吐
爾伯特の衆は耕牧の業を兼ねている。ハルハの諸部族が専ら牧畜を業として
いるのとは異なる」とあり，『熱河志』「蒙古田」乾隆 47（1782）年のとこ
ろに「ハルハは土地が冷たく，耕作をすることはできない」とある史料を前
に引いたが，ナツァクドルジは「康熙帝が 1690 年（正しくは 1693 年）に南
モンゴルの農耕をする方法について述べて，《モンゴル人たちの性格は非常
に無頓着である。農作物を植えたのち，すぐにそれぞれの土地，土地に遊牧
して，キビ（ amy/amu ）が実るまで刈り取らない。ある者は霜が降りてキビ
が倒れるまで収穫しに来ないでいる》と，ある勅において述べている。南モ
ンゴルの農耕とこのように関係していることが，ハルハ＝モンゴルにおいて
もまた同様であったことは，1910 年にモンゴルの地に行ったモスクワ商業
調査隊の観察から確認される」と記して，ハルハ＝モンゴルでも，康熙帝の
述べたような農耕が行われていたと述べている（Нацагдорж 1963：p. 114）。

　ナツァクドルジは，この勅において康熙帝が「南モンゴル」の農耕の方法
について述べているとしているが，その漢語原文には単に「蒙古」云々とし
か書かれていない。けれどもその内容は「モンゴル高原南部」の農耕，具体
的には内モンゴル東部のナマク＝タリヤ農耕のことを記しているから，ナ
ツァクドルジが述べていることに問題はない。ともかくナツァクドルジは，
その南モンゴルの農耕の粗雑さとハルハ＝モンゴルの農耕の粗雑さが同じで
あると述べ，その根拠としてモスクワ商業調査隊〔この調査隊の農業調査を

448 第2部 モンゴル史上の諸問題

担当したモロゾフ（Морозов, И. М.）はキャフタからイフ＝フレーに南下し，そこから西方に向かい，ワン＝フレー（Вангийн хүрээ. ボルガン＝アイマグを流れるオルホン川の北にある寺廟），セレンゲ川を経てウリヤスタイに南下し，ホヴドを経てロシアのビースクに出た〕の観察に基づく記述を，ハルハ＝モンゴル人の当時の農耕を知る参考になると述べているのである。

　この調査隊は1914年より少し前の1910年に実施されたのであるが，ナツァクドルジはモスクワ商業調査隊の報告書の何頁の記述に基づいてこのように述べたのか注記していない。だが間違いなく次の一文である。すなわちこの調査隊において農業の調査を担当したモロゾフは「モンゴル人たちは，種を播いた耕地を〔家畜などによる作物の〕損害から守る習慣がついていなかった。そしてしばしばそれら，眼前で播種した耕地を荒らしている自らの家畜の群れが所有主の収穫を奪うのである」と述べ，これに続けてモンゴル人とは反対に漢人は種を播いた後，灌漑，施肥など種々の世話をし，その結果よい収穫をあげていることを記している（Морозов 1912：pp. 233-234)[27]。すなわちモンゴル人は耕地に種を播いた後，世話を何もしないと強調しているのである。そのため，ナツァクドルジはハルハ＝モンゴル人の農耕が南モンゴルすなわち内モンゴルのモンゴル人の農耕の仕方と同じとみたのであろう。

　モロゾフは，また「漢人もモンゴル人も，主として次の穀物，すなわちキビ[28]，大麦，小麦，燕麦（овесъ/овёс），豆の栽培に従事している。……小麦及び大麦は漢人と定住しているモンゴル人が播種し，燕麦およびキビは遊牧している者と運輸業に従事している者が播種している」と記している（Морозов 1912：p. 234. 海軍軍令部 1913：270 頁）。

　ここに，定住して農耕を営んでいるモンゴル人と遊牧民・運輸業者とでは，栽培している穀物の種類が異なることが指摘されている。運輸業者が遊牧民と同じくキビを栽培しているとあるのは，彼らは，遠距離間を，家畜を使って荷物を輸送しているため，キビの播種後遊牧民のようにその場所に留まる

ことなく，長期間他所に出かけるからである。これらのモンゴル人たちにとって，前述した特徴をもつこともあってキビ栽培が最も適していたのである。このような遊牧民と運輸業者は，播種後他所に出かけて仕事をする以上は，中耕・除草をすることは難しいであろう。すなわち彼らは，ナマク＝タリヤに類した農耕を行っていたとしか考えられないのである。

またモロゾフは「モンゴル人の証言によれば，数年連続して耕されている耕地における穀物の収穫は低下する。それ故モンゴル人たちは開墾して 3-4 年後に耕地を 6-7 年放置して休ませておく，これらの期間に肥沃な耕地に再生しないけれども」と述べている（同上）。これは注目に値することで，これによって，ハルハ＝モンゴルの遊牧民が，内モンゴル東部地域のナマク＝タリヤ農耕を行うモンゴル人と同じように，耕地とした場所の地味の低下を考慮して数年同じ土地を使ったのち，土地を休ませることを行っていたことがわかるのである（吉田 2007：280-281 頁）。

以上から，キビを主に栽培するハルハ＝モンゴルの遊牧民の農耕も，ナマク＝タリヤ農耕と同類のものとみて誤りがないと，私は考える。

モンゴル人民共和国初期から同国をくまなく調査して歩いたシムコフも，オルホン＝セレンゲ両河流域の農耕について，「現地の資料によれば，1933 年に合計（外国人も加えて）約 9000 ｶﾞｿﾝに播種された。キビ，裸子植物の大麦（арвай），春播き小麦，春播きのライ麦，燕麦が植えられている。特にキビと大麦はモンゴル人の作物である。ブリヤート人とロシア人は春播きの穀物（春播きのライ麦），小麦，燕麦である。漢人は主として小麦である」と述べている（Симуков 2007：p. 323）。

これは，モロゾフが調査した年から約 20 数年後の状況である。ここに述べられているモンゴル人は定着して農耕を営んでいるのか，遊牧して農耕を行っているのか区別されていないが，ともかくここでもモンゴル人が特に栽培する穀物としてキビが大麦とともに挙げられているのである。

モンゴル国の研究者であるロロムジャヴは，モンゴル国の北部山岳地帯は

450　第 2 部　モンゴル史上の諸問題

比較的降水量が多いので，キビ栽培に灌漑は一度だけでよいと述べ
(Роломжав 1986：p. 29)，また「モンゴルの耕作する民たちはキビ（шар
будаа または бог будаа）をかなり作っていたのであり，これを灌漑して，ま
たは灌漑しないで植えつけていたことを研究者たちは観察していた」とも述
べている（Роломжав 1986：p. 19, p. 29)[29]。すなわちナマク＝タリヤ農耕を
行う場合は通常灌漑しないが，麦類の栽培と同じような本格的な農耕を行う
モンゴル人も，キビについては灌漑の負担は少なかったことがわかる。

　ハルハ地域のモンゴル人の本格的な農耕について，アヨーシ（Аюуш, Ц）
は「麦類の場合は，原則として最初の灌漑（газар ус）を行って種を播き，
発芽後，葉が出てきたとき（種まき後 20 日後位になる）に 2 度目の灌漑
(хар шороо дарх ус) をし，その 7 日後に 3 度目の灌漑（гэзэг ус）をし，そ
の 21 日後に 4 回の灌漑（цэцэг ус）が必要というように，4 度も灌漑をする
と述べている（ШУА-ийн түүхийн хүрээлэн 1987：p. 86)。それに比べて，灌
漑をするとしてもその回数が少なくてすむキビは，モンゴル遊牧民にとって
夏の繁忙期にわざわざ夏の牧地と冬春の牧地付近にある耕地を往復する手間
が省けるので，まことにありがたいに違いない。

　シムコフによれば「遊牧地は耕地から離れていて，耕地の所有者は通常遊
牧地にいるが，灌漑，播種，刈り入れのときには遊牧地の駐営地から耕地に
やって来て，収穫のときにはしばらく遊牧の仕事から離れる。また播種と収
穫の間の期間には何らかのアラト（牧民）がいくつかの家族に頼まれて，耕
地を監視する」(Симуков 2007：p. 323)。

　種まきと刈り入れだけはナマク＝タリヤ農耕においても必ずしなければな
らない作業であるが，耕地から離れた場所にある夏の牧地で遊牧している場
合，作物が育っている耕地の世話を必要と考える牧民は，このような方法を
とることもあるのである。ロロムジャヴも，季節の一部において遊牧民の家
族が家畜を連れて夏を過ごすために移動しているとき，家族の別の者が耕地
のあるところにひとりでゲルに住み，主として家畜が耕地を荒らすことを防

ぐのであると述べ，ポターニンの記述（Потанин 1948：p. 49）を引いて「耕作者は耕す期間，仮小屋に住む。これは側壁のないゲルであると記している（Роломжав 1986：p. 42）[30]。ロロムジャヴもこれと同じ方法について記しているのである（同上：pp. 42-43）。

この方法は，遊牧自体に影響を及ぼさない程度にナマク＝タリヤ農耕に少し手間をかけたものとみてよいであろう。収穫前の一時期耕地の監視をするだけで，別に中耕・除草等の耕地に対する世話をするわけではないようだからである。

以上の検討から，私はハルハ＝モンゴル人遊牧民も，キビを主に栽培する内モンゴル東部地域のナマク＝タリヤ農耕に類する「遊牧民の農耕」を行っていたと考える。ただその盛んさの程度は内モンゴル東部地域に及ばなかったと考えられるのである。

ところで図2にある作物の種類を表す記号は，図の表示の仕方や注21の内容からみて，各作物の生産量の多寡を意味するのではなく，栽培されている場所をおおまかに表しているのに過ぎない。そしてこの図から，ザヴハン，ゴビアルタイ以東の諸アイマグ，すなわちハルハ＝モンゴル人が多く居住している地域で最も記号の数すなわち栽培地が多いのはキビ，次いで小麦，大麦であると理解される。

ところが，モンゴル国が社会主義体制となって種々のことが大きく変化する前の時期，すなわち19世紀末から20世紀初めかけての時期におけるモンゴル国の諸民族の物質文化や精神文化，その他について扱っている『モンゴル人民共和国の民族学』の第1巻は，モンゴル国に居住・分布しているハルハ＝モンゴル人のこの時期の農耕について記しているのだが，その執筆者であるアヨーシ（前出）は，この時期のハルハ＝モンゴル人の農耕の主な穀物は大麦（арбай），次いで小麦（буудай）」と記しており（ШУА-ийн түүхийн хүрээлэн 1987：p. 87），キビはそれらに次ぐものとしている。すなわち，彼らが栽培していた最も一般的な穀物は大麦（арвай）であり，農耕をしてい

452　第2部　モンゴル史上の諸問題

た場所ではどこでもこれを栽培していた。その次は小麦（буудай）であった。そしてやや降水量の多い中央地域，特に北部の低くそして地味の肥えた大きな川の流域に沿う地域において，他の中心地に比べるとやや多い種類の穀物を栽培していたようである。例えばセレンゲ川流域に位置するサインノヨン＝ハン部〔の北部〕のメルゲン＝グン旗では，大麦，小麦の外にオヤマノソバ（үхэр тариа），キビ（хар будаа）を栽培していたと記している（ШУА-ийн түүхийн хүрээлэн 1987：p. 87)[31]。彼らの当時の農耕は，もちろん清代以後に外モンゴルに来て農耕に従事した漢人やロシア人などの影響を被ったのであるが，ともかく図2との違いが生まれている。その理由は，アヨーシが潅漑・施肥などを行う本格的な農耕のみを対象にしていることによる。この片寄りは，当時のハルハ＝モンゴルの農耕の民族学的記述としては一面的であって不十分であると私は考えている。

　なお，農耕振興策で知られているハルハ＝モンゴル最東部セツェンハン部のト＝ワンの教訓書に記されている穀物は，単にбудаа（穀物）とのみ記されている（Нацагдорж 1968：p. 105 等）。それについてナツァクドルジはト＝ワンの孫ドルジパラム（Доржпалам）が1878年に出した命令書にホジルボラン（Хужирбулан），その南にあるボル＝ボラン（Бор булан），グーニイ＝ガザル（Гүүний газар。Гүү 川の東西に広がる土地）を挙げ，それらで主にボル＝ボダー（бор будаа）がつくられていたと記した（同上：p. 45)。бор будаа はキビのことである（Роломжав 1986：p. 31)。萩原氏も別の観点からбудаа をキビとみた（萩原 1999：277 頁）。

　トワンの教訓書から，牧民の農耕について，彼らがキビの種を播種し，収穫後自家の食用に充て，また翌年に播く分の種子を自らの家に保管していたことがわかる（Нацагдорж 1968：p. 107, p. 127)。

7　ナマク＝タリヤ農耕生産の相対的低下

　清代のモンゴル高原北部における農耕は，18世紀初めに清朝のジュンガ

ル対策のためにオルホン川，トーラ川の流域に官設の屯田が置かれ，徴用された漢人が農耕に従事し，18世紀半ばに置かれたホヴド付近の屯田には漢人とともに兵務にあるモンゴル人も農耕に従事した（Майский 1921：pp. 226-227，矢野 1940：294-296頁，佐藤 2009：342頁）。これらの屯田においては主に麦類の栽培が行われた。雍正7（1729）年にオルホン川，ジレムテイ川，トーラ川流域の屯田から収穫された作物について『平定準噶爾方略』に「大麦，小麦，糜子」（満文版は muji, maise, ira）とある（巻30）[32]。18世紀半ばにジュンガルが平定されると，多くの屯田は無用となり，ホヴド付近のもの以外は撤廃された。だが当時すでに少なからぬ漢人農民がセレンゲ川，オルホン川，トーラ川，ハラー川等の流域にある耕地で農耕に従事しており，その生産物はイフ＝フレー（ウランバートルの前身）のような都会の住民や寺廟の需要を充たすのに役立つようになった（佐藤 2009：第6章）[33]。1880年以後，対ロシア防衛の目的もあって漢人農民の移住が奨励されたことから，彼らはオルホン，セレンゲ両河流域で大いに増え（矢野 1940：296-298頁），その耕地をマイスキーは6～7万デシャチーナ（1デシャチーナ＝1.09 ヘクタール）に達したらしいと述べている（Майский 1921：p. 227）。1911年のボクド＝ハーン政権樹立時の混乱から，多数の漢人農民が故郷に引きあげて減少し，生じた空き耕地に入って農耕に従事するモンゴル人が増えたが，同政権の自治が取り消されてからまた漢人農民の入植が激増した（矢野 1940：298頁）。

　ところで清代にモンゴルではチベット仏教が盛んとなり，寺廟の農耕が17世紀の末・18世紀の時期から広がり，20世紀の20年頃には，不完全な記録だが，約60の寺院が6913 ヘクタール（約10万ムー）以上の農地をもち，このうち4447 ヘクタールがハルハの4つのアイマグとジェブツンダムバ＝フトクトのシャビ管下の寺廟のもの，2466 ヘクタールがホヴド辺境の諸旗のものであった（Пүрэвжав 1978：p. 155）。

　ボヤンチョールガンによれば，当時，モンゴル人の耕地〔ラマ寺廟のサン（寺廟の財産を管理する箇所）とジャス（寺廟の庶務を管理する箇所），ノヨ

454 第2部 モンゴル史上の諸問題

ン及びトシメル（役人）が土地の賃貸料を取る耕地〕を内部の人々の耕地と称し，漢人とロシア人の耕地を外部の人々の耕地と称していたが，その合計は γurban jaγun mingγan（30万）ムー（ür-e γajar）[34] であり，内訳は，外部の耕地が jaγun döčin mingγan（14万）ムー，内部の人々の耕地はラマ寺の耕地が jaγun mingγan（10万ムー），一般のモンゴル人の耕地が γučin mingγan（3万）ムーであったという（Buyančiγulγan 1932-1937：p. 144）。これによって外部の耕地が最も広く，一般モンゴル人の耕地が最も小さかったことがわかる。そしてそのなかに，ナマク＝タリヤ農耕の土地は含まれていなかったに違いない。いずれにせよ，従前に比してモンゴル国の耕地のなかに占めるナマクタリヤの割合は相対的に低下したに違いなく，収穫された穀物の量も相対的に低下したに違いない。

そしてまた漢人農民多数がセレンゲ川，オルホン川の流域に入植し，主に麦類を栽培したことなどから，モンゴル人の間にも大麦，小麦の栽培が広がった。そのため，遊牧モンゴル人のキビ栽培は結果として，モンゴルの農耕に占めるその意義が低下したとみられる。

モンゴル人民共和国の成立後も，農牧に関して牧民の個人経営が認められ，援助もされ，1938年には19,000余りの人が17万ウル＝ガザル（1ウル＝ガザルは約360㎡）以上の土地を耕し，57万プード（1プード＝16.38kg）以上の穀物を収穫したという（ШУА-ийн түүхийн хүрээлэн 1969：pp. 324-325）[35]。また旧来の牧民による馬や駱駝を使った家畜による運輸が，なお運輸の主要な手段であった（同：p. 325）。これらの状況からみて，実際ナマクタリヤ農耕が当時行われており，そしてその後もなお行われ続けたとみられるのである。

だが個々の牧民経営は，1942年における土地利用に関する法律の制定，1959年までに進められた協同組合（ネグデル）の設置，そして別に設置された国営農場の増加，1960年代に進行した農牧の社会主義化の諸政策によって当然影響を被ったに違いない。ただし社会主義体制が崩壊して，遊牧民の

モンゴル人の農耕　455

個人経営が復活して 20 数年を経た今の状況については，未調査である。

おわりに

　モンゴル高原の遊牧民の生活・経済の基盤は牧畜であり，狩猟と農耕は補助的な存在とされてきた。本稿は，そのような補助的な存在のひとつである農耕について，かつて発表した内モンゴル東部地域の遊牧民が行っていたナマク＝タリヤ農耕に関する私の論稿を踏まえつつ，モンゴル高原の他の地域，とりわけモンゴル国のハルハ＝モンゴル人が多く遊牧していた地域の農耕について検討した。

　古く，内モンゴル東部の遊牧民であった烏桓，奚はナマク＝タリヤ農耕に類するキビ栽培を行っていたが，その後モンゴル帝国時代のモンゴルでキビがよく食べられ，また栽培されていたことを示す史料もあり，モンゴル帝国・元朝時代以後に編まれた漢語・モンゴル語対訳語彙集等におけるキビを表すモンゴル語をみると，内モンゴル東部とハルハでは，キビが特に「モンゴル＝アモ（アモー）」と称され，内モンゴル東部では「モンゴル」だけでキビを意味していた。そして今もそうである。モンゴル高原の他の地域ではキビがこのように称されることはない。これは，内モンゴル東部とハルハの両地域のモンゴル人に共通するキビに対する特別の扱いであることを指摘した。

　次いでナマク＝タリヤ農耕について検討し，わずかだが今のフフホト付近及びその西方，オルドスの黄河流域でもナマク＝タリヤ農耕に類する農耕が行われていたことが知られ，またモンゴル国のハルハ地方における遊牧民が，キビを栽培するナマク＝タリヤ農耕に類する農耕を行っていたことを論じた。一方ハルハ地域の西方に暮らし，17 世紀末以後ブハーラ人の影響によって農耕を受容し，18 世紀半ばにモンゴル国西部に移ってきたオイラド系遊牧民の場合，その栽培方法について今後なお検討の余地があるが，既に指摘されているとおり，キビ栽培は重要でなくムギ類の栽培が多く行われ，また彼

456　第2部　モンゴル史上の諸問題

らの用いた犂もハルハ＝モンゴル人や内モンゴルのモンゴル人の使う中国犂の系統のものとは異なるインド犂系統のものであって，種々の点でハルハ地域の農耕とは異なることを指摘した。この地域差については，小長谷もすでに指摘していることである。

　モンゴル人の農耕について，内モンゴル東部地域とハルハ地域のモンゴル人は，モンゴル帝国・元朝時代以後，農耕の点で共通する文化をもち，近い関係にあったと思われる。もちろん内モンゴル東部地域は，ハルハ地域よりも暖かく，また降水量もハルハのなかでは比較的恵まれる北部山岳地帯のそれよりも多いなど，農耕により適した環境であったから，ハルハ地域よりはるかに盛んにナマク＝タリヤ農耕が行われていたのである。

　この2つの地域のナマク＝タリヤ農耕は，18世紀，とりわけ19世紀におもに漢人農民の入植による影響を強く被ったことを十分に考慮しなければならない。

　最後に付け加えると，キビが遊牧モンゴル人に作られ続けてきた大きな理由の1つに，既に指摘したようにそれが早熟でモンゴル高原の風土によく適応していることとともに，小麦とは異なって，食うために製粉することを必要とせず，手間がかからないことも挙げられる。製粉はそれなりの施設が必要なのである。オオムギがモンゴル人の間でコムギよりよく栽培されるようになった理由の1つも，この点にあるとみてよい。オオムギは粉食しないのである。

追記　本稿は2014年10月の内陸アジア史学会大会における講演内容に基づいている。

注
1) 内モンゴルの辞書に「namuγ tariy-a　漫撒地」とある（内蒙古大学蒙古語文研究所 1999：p. 344. Norjin 1997：p. 727）。この語はモンゴル国の辞書には見当たらない）。
2) 奚族に隣接して暮らした漢人農民が奚族の住地内に入って開墾した耕地で，その後放置されていたものを意味するか。モンゴル牧民の農耕に関するものだが，シム

コフ（Симуков, А. Д.）は「新しい土地，未開墾地をモンゴル人たちは開墾しないで，既成の灌漑システムをもつ，放棄された漢人の農場の古い休耕地を利用する。1つの区画を連続して消耗するまで数年播種する」と述べている（Симуков 2007: p. 323）。ここに「消耗する」とあるのは，土壌の養分がなくなることを言っている。

3) キタイは，大興安嶺以西のモンゴル高原の遊牧諸部を支配するために城塞を，ヘルレン川，トーラ川の流域に建造し，兵を駐留させ，その附近で食糧となる穀物を栽培した。耕作に従事したのがキタイの兵なのかどうかはわからないが，その一つ，ヘンテイ＝アイマグの主都ウンドル＝ハーンの西方に位置するムルン＝ソムにある城塞遺跡のズーン＝ヘレムには灌漑水路が掘られ，モンゴル＝アモー（монгол амуу）すなわち黍が栽培されていた（Пэрлээ 1961: p. 60）。モンゴル＝アモーについては後述する。トーラ川流域にある都城址の一つチン＝トルゴイ城（Чин толгой балгас／鎮州城）の傍には灌漑水路が掘られ，収穫した穀物を保存する地下竪穴（зоорь/joγuri）が掘られており，そこからノゴーン＝ホノク＝アモー ногоон хоног амуу（学名 setaria viridis (L.) P. B.）の種子が見つかっている（Очир, А. Энхтөр, Э. 2005: pp. 123-124）。これはエノコログサ属で粟の類であり食用になる。モンゴル語でヘルメン＝スール хэрмэн сүүл とも称し，ロシヤ語の щетинник зеленый（щетинник は「エノコログサ属の植物」），漢語の狗尾草である（Ündüs 1993: p. 351）。ポターニンは щетинник について，次の記録を残している。すなわち1876年9月19日に「トルホリク（Торхолик）川（タンヌ山脈から南流してオヴス湖に流入する）の右岸で，枯れ枝を積み上げたオボーのそばの灌漑施設をもつ耕地に宿営した。……〔この〕オボーのまわりにある広々とした地域は，灌漑用水路で灌漑施設をほどこした耕地で占められていた。ここに大麦，キビ，чинге-таран（小さい《穀粒》，щетинник かと思われるもの）を播種している。ここには農耕に従事しているたくさんのウリャンハイ人がおり」云々（Потанин 1948: p. 263）。

4) これをふつうの遊牧ではないのではないかと述べている（林 1983: 5頁）のは，当たらない。

5) Давыдова は Таскин（1973: p. 137）のロシヤ語訳を使っているが，それには単に黍 просо の種類とある。

6) 林俊雄は「匈奴自身が農耕に従事したとする主張は根拠が乏しい」と記している（林 1983: 27頁）。

7) ロロムジャヴはケレイド部も挙げているが，根拠を示していない（Роломжав 1986: p. 12）。

8) ウラジミルツォフは，これを麦粉（мука）とみなし，セレンゲ河畔で「森林の民」

458　第2部　モンゴル史上の諸問題

と境を接し，これとしばしば関係をもちつつ暮らしていたメルキト部は麦粉を使っていた。この麦粉は遠方から運んできたものに違いないと述べた（Владимирцов 1934：p. 95）。おそらくtariyatを麦粉とみなし，しかしメルキトが麦を栽培していたとは考え難いことから，それを交易によって入手したと解釈したのであろう。

9)「田禾」とは広く庄稼（＝農作物）を指す（『漢語大詞典』4606頁）。これを「稲作」と解釈している研究者がいる（小畑2010：106頁）が，大きな誤りである。ついでに言うと，漢語の「米」は脱穀した穀物の意味だが，それを文字通り「こめ」と理解して論を進めている研究者も複数いる。これではモンゴル地域の農耕の研究は進展しない。

10) 現代の内モンゴルの辞書にもモンゴル国の辞書にも，アモ（amu）はキビの意味とともに穀物の総称の意味をもつとある（Цэвэл 1966：p. 41. Norjin 1997：p. 114. 内蒙古大学蒙古語文研究所1999：47頁. Институт языка и литературы Академии наук 2001：1 боть: 95. Институт языка и литературы Академии наук Монгол улсын шинжлэх ухааны академи 2008：p. 98）。これもモンゴル人にとって穀物としてのキビの重要性を示すと言えよう。

11)『新刻校正買売蒙古同文雑字』（清代）には「糜子米　蒙古勒布達（mongɣol budaɣa）とある（同：205頁）。

12) mongɣol amu も mongɣol amuu も学名は Panicum miliaceum L. である（Öbür Mongɣol-un baɣsi-yin degedü suruɣaɣuli 1976：p. 135. Ündüs 1993：p. 336）。モンゴル国ではモンゴル＝アモー（монгол амуу）を тарианы хар будаа ともいう。学名は монгол амуу と同じ Panicum miliaceum L. である。モンゴル＝アモーはモンゴル国の西部（西モンゴル），特にバヤド，ドルヴドではキビの意味をもたず，アモー（amuu）がキビの意味をもつ（Очир, А.）。他にも紛らわしいものがある。Sibiriin tarna（Сибирийн тарна）（学名 P. sibiricum Laxm.）がそれで，これを若干の地方で хар будаа とも言い，その葉と花をラクダがよく食い，羊と山羊は並程度，馬牛はほとんど食わないとある（Юнатов 1968：p. 135）。

13)『蒙漢詞典』は見出し語 mongɣol に「穄子，糜子」の意味を与え，その小見出し語 mongɣol amu に「糜子米，炒米」という意味を与えている（内蒙古大学蒙古語文研究所1999：825頁）。「糜子米」は脱穀したキビ，「炒米」は炒めた糜子米である。

14) チャハル出身の内モンゴル大学チョクト教授の説明。内モンゴルでは，qar-a budaya は qar-a amu と同じで，「脱穀していない殻のついた穀物」，「未加工の穀物」（Norjin 1997：p. 1238, p. 1241），「原糧」（内蒙古大学蒙古語文研究所1999：584頁）を意味する。これは，特にキビを指しているとは言えないが，チャハル地方のよう

モンゴル人の農耕　459

にキビを指す地域もある。

15) モンゴル国の辞書上，このことが確認できる。

16) モンゴル国の研究者オチル／Очир, A. の説明。この хар будаа についてネルグイ等は「モンゴル人は昔から бог будаа/хар будаа を広く用いて来た伝統をもつ。トヴ，ボルガン，フヴスグル，オヴス，ホヴド＝アイマグの民衆は今も各家の耕地に植え続け，これは食用として利用されるほか，鶏，豚のよい飼料となる」とも述べている（Нэргүй нар 2009：pp. 323-324）。これは近年の定着するようになったモンゴル人の家の状況を述べているのであろうか。この記述は，キビ栽培と無縁であったオヴス，ホヴドの両アイマグのモンゴル人の各家でキビを栽培しているというだけでなく，それらの家でモンゴルの遊牧民が飼育するはずのないニワトリ，ブタの餌にしていると述べているからである。

17) 『華夷訳語』の「甲種本」では「粟　豁諾黒（qonuq）」，『韃靼訳語』では「豁諾」，『盧竜塞略』の「蒙古訳語」では「粟　豁諾黒」，『五体清文鑑』では「小米　qonuq」とある。小米とは narim（粟）のことである。

18) хоног амуу（黍）と同じだけれども，хивэг（ふすま，ぬか）が赤い穀物（ШУА-ийн хэл зохиолын хүрээлэн 2008：p. 1235, p. 2194）。хоног とは「一種類の穀物」とある（同上：2551）。内モンゴルでは漢語の「小黄米」（モチキビ）だとしている（内蒙古大学蒙古語文研究所 1999：240 頁）。

19) 「穀子」「穀」に粟の意味がある（『漢語大詞典』，1993，中巻，4019 頁。大東文化大学中国語大辞典編纂室編 1994：1107 頁）。

20) 内モンゴル大学のチミドドルジ教授の説明。同氏はハンギン旗出身。

21) この分布図をおさめている ШУА-ийн хэл зохиолын хүрээлэн（1979）は，現在その編纂過程を知っている唯一の研究者とされるシャグダルスレン（Шагдарсүрэн, Ц.）から 2014 年 9 月に聞き取りしたところ，モンゴル国内各地の地元で知られている口碑，овог，日常使われているハルハ方言にない言葉，その他を集めるとのリンチン（Rinčen, B.）の発案に基づき 1968 年頃からアンケートによる調査を行い，不足分は手紙を送ったり，人を指名して書いてもらったり，人を派遣して資料を集めたりして編纂されたのだという。農作物について言うと，シャグダルスレンによれば，この本に書き留められたものは，1968 年より前に栽培されていたことを意味する。社会主義変革の影響を受けているかどうかは問題ではない。社会主義変革の頃およびその前に栽培していたことがあるということを意味する。1968 年にはすでにないものとなっていたかも知れないものもあるとのことであった（変革が大きく進んだのは 1950 年代からである）。

460 第2部 モンゴル史上の諸問題

22)「1753（乾隆 18）年，内紛の続くジューンガルから，ウリヤスタイの清の哨所に
　　ドルベト部のタイジたちが逃げて来て，自分の領民 3000 家族を連れて清に投降し
　　た。」（宮脇 1995：228 頁）。

23) シュビン（Шубин В. Ф.）は，いかなる史料に基づいているのかわからないが，
　　1685 年にジュンガルのガルダンはイリ地方からアルタイ山地に移り，ドルヴド人を
　　さらに遠く，ホヴド川に移住させて農耕と牧畜に従事させて，そこにみずからの植
　　民地をつくり，軍への食糧補給基地としたと記している（Шубин 1953：p. 63）。もし
　　この記述が正しいとすると，ドルヴド人が農耕を身につけたのは，より早い時期で
　　あったことになる。

24) チャハル正黄旗出身。モンゴル人民共和国の要職を歴任，1932-1934 年にモンゴ
　　ル人民共和国科学アカデミーのアーカイヴスの長および歴史部門の研究者を務めた
　　が，1937 年に粛清された（Монголын нэвтэрхий толь1, 2000, p. 197）。

25)『モンゴル人民共和国の民族学』もほぼ同じことを記しているが，どういうわけ
　　かトルグード人の栽培している穀物の名を全く記していない（ШУА-ийн түүхийн
　　хүрээлэн 1996：pp. 166-168）。

26) 南ゴビで農耕とは意外の感がするが，アルタイと南ゴビでは比較的あたたかいの
　　で，川，〔小さい〕泉（булаг），〔大きい〕泉（шанд）を利用して，өрх（戸，集落）
　　が必要とする生産を行わせる土地がかなりあった（Дорж& Амарбилиг 2004：p. 70）。

27) なおこの調査隊の記録の和訳である『西北蒙古事情』の訳文は次のとおりである。
　　「モンゴル人は常に水草を逐って生計を営む民である。だから……耕地の利用法を
　　辨じない。せっかく播種を行っても，その後の手入れを怠り，ときとして家畜が来
　　て踏潰するのも顧みないから，たちまちその収穫は烏有に帰せしむことがある。
　　……モンゴル人は単に播種期に一回の耕地を以て終わるに反し支那人は何回となく
　　之を反覆して或は灌漑しまたは雑草を除去する等其の耕地を手入れする点に於いて
　　莫大なる差あり」（海軍軍令部 1913：269-270 頁）。以上の和訳はかなり意訳している。
　　なお「一回の耕地を以て終わる」とある文の「耕地」は「灌漑」または「耕作」の
　　誤りであろう。

28) 原文 просо。和訳本に「粟」とあるのは誤訳。

29) шар будаа, бог будаа はキビである（Институт языка и литературы Академин наук
　　Монголии, Институт языкознания Российской Академии наук（2001）том1：p. 250；
　　（2002）том4：p. 341）。

30) 側壁のないゲルは хатгуур гэр, хатгуур жолом と言う。組み立てたゲルから側壁
　　（хана）部分を取り去った形をしている。要するに簡易ゲルで，オトルや狩りのさい

にも使われる。

31）他に эрчмэй, тангуд тариа も挙げられている（ШУА-ийн түүхийн хүрээлэн 1987：
p. 87）。эрчмэй は大麦の一種。オルホン＝セレンゲの流域で栽培されていた一種の
白っぽい色をした大麦を《эрчмэй тариа》と称していた（Роломжав 1986：p. 31）。な
おオヤマノソバ（үхэр тариа）の学名は「Polygonum divaricatum L.」。キビ（хар
будаа）は тарианы хар будаа のことで，モンゴル＝アモーと同じである。

32）この3種類の穀物をボヤンチョールガンは「noqai-yin qosiγu, buγudai, mongγol
amu」すなわち「燕麦，小麦，糜子」としているが（Buyančiγulγan 1932-1937：p.
73），誤りである。マイスキーは「ячмэнь, просо, пшеница」すなわち「大麦，キビ，
小麦」と，順番を変えている〔同書の和訳本である満鉄庶務部調査課編（1927）『外
蒙共和国』の88頁に просо を「稗」としているのは誤訳〕。

33）同書第6章第2節に引かれている満洲文史料中の穀物関係語の和訳には問題が多
い。

34）1 ムー ＝ 6,667 アル だから約2万ヘク。2014年度の日本の耕地面積（田畑計）は451
万8,000 ヘク。

35）本書の和訳本は原文の「тариа（穀物）」の一語を見落とし，「57万プード以上を
収穫した」と和訳している（モンゴル科学アカデミー歴史研究所編著・二木博史他
訳1988：346頁）。

参考文献

・漢語文献

王国維，1903，『黒韃事略箋證』王観堂先生全集12『黒韃事略』宋彭大雅撰・徐霆疏，
『御製五体清文鑑』，1957，民族出版社。

『五体清文鑑訳解』上・下，1966，京都大学文学部内陸アジア研究所

承徳民族師範高等専科學校避暑山莊研究室［點校］，2003，『欽定熱河志』（清乾隆年
間和珅，梁國治［修］）。

賈敬顔・朱風合輯，1990，『蒙古訳語・女真訳語滙編』，天津古籍出版社。

党宝海訳注・李志常，2001，『長春真人西遊記』，河北人民出版社。

賈敬顔，2004，『五代宋金元人辺疆十三種疏証稿』，中華書局。

賈敬顔・林栄貴点校，2014，〔宋〕葉隆礼撰『契丹国志』，中華書局。

内蒙古大学蒙古語文研究所，1999，『蒙漢詞典（*Mongγol kitad toli*）』，内蒙古大学出版社。

462　第 2 部　モンゴル史上の諸問題

・日本語文献

家永泰光，1980，『犂と農耕の文化』古今書院。

大葉昇一，1982，「モンゴル帝国＝元朝の称海屯田について」『史観』106：82-95 頁。

小澤重男，1987，『元朝秘史全釈・続攷（上）』，風間書房。

小畑弘己，2010，「遊牧民族と農耕」白石典之『チンギス・カンの戒め』，同成社。

海軍軍令部，1913，『西北蒙古事情』，海軍軍令部。

興安局，1941，『興安西省阿魯科爾沁実態調査報告書（興安局実態調査資料第 1 輯）』

小長谷有紀，2010，『モンゴルにおける農業開発史』国立民族学博物館研究報告 35 巻
　　1 号。

佐藤憲行，2009，『清代ハルハ・モンゴルの都市に関する研究』，学術出版会。

白石典之編，2010，『チンギス・カンの戒め』，同成社。

大東文化大学中国語大辞典編纂室編，1994，『中国語大辞典』上，角川書店。

田山茂，1954，『清時代に於ける蒙古の社会制度』，文京書院。

西山武一，1969，『アジア的農法と農業社会』，東京大学出版会。

萩原守，1999，「『ト・ワンの教え』について—19 世紀ハルハ・モンゴルにおける遊牧
　　生活の教訓書」『国立民族学博物館研究報告別冊』20：213-285 頁。

羽田明，1982，『中央アジア史研究』，臨川書店。

林俊雄，1983a，「匈奴における農耕と定着集落」，護雅夫編，『内陸アジア・西アジア
　　の社会と文化』，3-32，山川出版社。

林俊雄，1983b，「鮮卑・柔然における農耕と城塞」『古代オリエント博物館紀要』5：
　　377-394 頁。

松田壽男，1986，「古代漠北における農耕の問題」，『松田壽男著作集 2』，180-185，六
　　興出版（初出は『遊牧社会史探究 1』1959）。

満鉄庶務部調査課編，1927，『外蒙共和国』（露亜経済調査叢書）上・下，毎日新聞社。

宮脇淳子，1995，『最後の遊牧帝国』，講談社。

村上正二，1972，『モンゴル秘史 2』，平凡社。

護雅夫訳注，1965，『中央アジア・蒙古旅行記—カルピニ・ルブルク』，桃源社。

モンゴル科学アカデミー歴史研究所編著・二木博史他訳，1988，『モンゴル史』1・2，
　　恒文社。

矢野仁一，1940，『近代蒙古史研究』，弘文堂（初版 1917）。

吉田順一，2007，「内モンゴル東部における伝統農耕と漢式農耕の受容」『近現代内モ
　　ンゴル東部の変容』（アジア地域文化学叢書 8），272-294 頁，雄山閣：初出は『早
　　稲田大学モンゴル研究所紀要』2（2005）。

モンゴル人の農耕　463

・英語文献

Baddeley, John F. 1964, *Russia, Mongolia, China*. vol. 2, New York.

de Rachewiltz, Igor, 2004, *The Secret History of the Mongols*, vol. 1, Leiden・Boston.

・モンゴル語文献

Buyančiɣulɣan, B., 1932-1937, *Tariyalang-un teüke-yin qoyaduɣar bülüg*, Түүхийн төв архив, Улаанбаатар.

Norǰin, 1997, *Mongɣol kelen-ü toli*, Kökeqota.

Ündüs, 1993, *Mongɣol oros latin kitad urɣumal-un neres*, Kökeqota.（漢名：『蒙俄拉漢植物名称』）

Wangǰil, B., 1998, *Mongɣol ündüsüten-ü ulamǰilaltu tariyalang*, Kökeqota.

Дорж,Б. & Амарбилиг, Э., 2004, *Тариалангийн үүсэл, хөгжил, Монголчуудын түүх, соёлын атлас*, Улаанбаатар.

Нацагдорж, Ш., 1963, *Халхын түүх*, Улаанбаатар.

Нацагдорж, Ш., 1968, *То ван түүний сургаал*, Улаанбаатар.

Номинханов, Ц-Д., 2008, *Баруун Монголын дөрвөдийн зан үйлийн аман зохиолоос*, Улаанбаатар.

Нэргүй, Д. нар хянан тохиолдуулсан, 2009, *Монгол, тариаланчийн судар оршвай*, Улаанбаатар.

Очир, А., Энхтөр, А., Эрдэнэболд, Л., 2005, *Хар бух, балгас ба Туул голын сав дахь Хятаны үейин хот суурингууд*, Улаанбаатар.

Өлзийхутаг, Н., 1985, *БНМАУ-ын бэлчээр, хадлан дахь тэжээлийн ургамал таних бичиг*, Улаанбаатар.

Пүрэвжав, С., 1978, *Монгол дахь шарын шашны хураангуй түүх*, Улаанбаатар.

Пэрлээ, Х., 1961, *Монгол ард улсын эрт, дундад үейин хот суурины товчоон*, Улаанбаатар.

Роломжав, Б., 1986, БНМАУ-ын тариалангийн хураангуй түүх, *Studia Historica* XX-1：5-127, Улаанбаатар.

ШУА-ийн түүхийн хүрээлэн, 1969, *БНМАУ-ын түүх 3*, Улаанбаатар.

ШУА-ийн түүхийн хүрээлэн, 1987, *БНМАУ-ын угсаатны зүй 1*, Улаанбаатар.

ШУА-ийн түүхийн хүрээлэн, 1996, *БНМАУ-ын угсаатны зүй 2*, Улаанбаатар.

ШУА-ийн хэл зохиолын хүрээлэн, 1979, *Монгол ард улсын угсаатны судлал, хэлний шинжлэлийн атлас*, 1-2, Улаанбаатар.

464　第 2 部　モンゴル史上の諸問題

ШУА-ийн хэл зохиолын хүрээлэн, 2008, *Монгол хэлний дэлгэрэнгүй тайлбар толь 1-5*, Улаанбаатар.

Цэвэл, Я., 1966, *Монгол хэлний товч тайлбар толь*, Улаанбаатар.

・ロシヤ語文献

Владимирцов, Б. Я., 1934, *Общественный строй Монголов*, Ленинград.

Давыдова, А. В., 1995, *Иволгинское городище*, Сп.

Институт языка и литературы Академии наук Монголии, Институт языкознания Российской Академии наук, 2001-2002, *Большой академический Монгольско-Русский словарь*, том1-4, Москва.

Майский, И., 1921, *Современная Монголия*, Иркутск.

Морозов, И. М., 1912, *Московская торговая экспедиция в Монголию*, Москва.

Потанин, Г. Н., 1948, *Путешествия Монголии*, Москва.

Симуков, А. Д., 2007, *Труды о Монголии и для Монголии*, 1, Senri Ethnological Reports 66.

Таскин, В. С., 1973, *Материалы по истории сюнну (по китайским источникам)*, Выпуск второй, Москва.

Шубин В. Ф., 1953, *Земледелие Монгольской Народной Республики*. Москва. 初版は 1948 年。

第 3 部
近現代内モンゴル東部地域の研究

20

近現代内モンゴル東部とその地域文化

1 内モンゴル東部の範囲と現状

　「内モンゴル東部」とは，清代内モンゴルの東3盟すなわちジリム（哲里木）盟，ジョーオダ（昭烏達）盟，ジョスト（卓索図）盟を指す。この3つの盟はかつて，図1「清代および現代内モンゴル東部図」において太い線で示されている地理的範囲を有していた。その範囲は現在，同図において実線で示されている3つの盟・市すなわち興安盟，通遼市，赤峰市の範囲に縮小し，中華人民共和国の内モンゴル自治区の東部を構成している。「図1　清代および現代内モンゴル東部図」からみてとれるように，内モンゴル東部3盟の領域は，半分程度にまで縮小してしまったのである。1947年には，縮小したジリム盟から興安盟が分立し，1999年にはジリム盟の名が通遼市と改められ，ジリムの名は失われた。ジョーオダ盟は，東部が通遼市に組み込まれたり，南部にジョスト盟の一部を抱え込んだりするなどのことがあったものの，その広さに大きな変化を被ることはなかった。だが，1983年に赤峰市と改称され，ジョーオダの名は失われた。ジョスト盟は，1950年に盟そのものが撤廃されてしまった。

　失われた部分の行方をみると，ジョスト盟領の大半は遼寧省管下に入り，その西部を構成している。ジリム盟から外された地域は，大半は吉林省の管下に入り，その西南部を構成している。すなわち清代内モンゴル東部3盟の半分が，東北3省に移ってしまったのである[1]。そこには前述の図1に記した多数の県が設置されている。県は漢人を治める行政組織であるから，同地に漢人が集住していることを示している。盟は旗から構成されている。県は旗と同格である。

468　第3部　近現代内モンゴル東部地域の研究

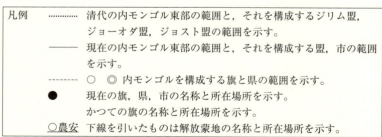

図1　清代および現代内モンゴル東部図

近現代内モンゴル東部とその地域文化　469

　とは言え，東北3省に組み込まれた内モンゴル東部の地域には，今もモンゴル族がかなりいて，モンゴル人集住地域には，阜新モンゴル族自治県，前ゴルロス＝モンゴル族自治県，ドルベト＝モンゴル族自治県といったモンゴル族の自治県が設けられている。またモンゴル族自治県以外のふつうの県にもモンゴル人が集住している場所がある。そういうところにはモンゴル民族郷（シャン）が置かれている。例えば黒竜江省の泰来県には，江橋郷モンゴル族郷など，3つのモンゴル族郷がある。

　新中国ができた1949年当時，遼寧省に21万人，吉林省に4万2000人がいた[2]。黒竜江省に組み込まれた旧ジャライド旗モンゴル人のこの年の人口は不明だが，これより10年前の1939年の統計によると，旧ジャライド旗の景星県，泰来県，太賚県に合計29,000人のモンゴル人が住んでいた[3]。あまりにもおおまかであるが，この数をそのまま加えると，1949年当時内モンゴル東部に組み込まれていたモンゴル族人口は約28万人となる。1949年の内モンゴル自治区のモンゴル族は約84万人であった[4]。1982年当時，内モンゴル自治区東部3盟のモンゴル族の数は，内モンゴル自治区のモンゴル族の71％を占めていたから[5]，かりにこの割合をそのまま1949年に遡らせると，当時内モンゴル東部のモンゴル人は約60万人となる。すなわち東北3省在住のモンゴル人はその半分に迫るほどもいたことになる。東北3省のモンゴル族人口は，その後増えており，1990年の統計では，遼寧省59万人，吉林省16万人であったとされる[6]。これに黒龍江省のドルベド＝モンゴル族自治県や旧ジャライド旗の泰来県のモンゴル族人口を加えると，軽く80万人を超えるであろう[7]。

　以上のような状態もあって，東北3省に組み込まれた地域のモンゴル人の多くは，みずからをモンゴル族として意識し，みずからの祖先が所属していた盟・旗（および今の興安盟・通遼市・赤峰市）とそこに住んでいるモンゴル人とのつながりを意識している。また逆に，現在興安盟・通遼市・赤峰市に住んでいるモンゴル人も，東北3省に取り残されて暮らしているモンゴル

470　第3部　近現代内モンゴル東部地域の研究

表1　清代初期における内モンゴル東部3盟と所属旗

盟	旗
ジリム（哲木里）盟	ホルチン（科爾沁）6旗［右翼の前旗・中旗・後旗，左翼の前旗・中旗・後旗］，ゴルロス（郭爾羅斯）2旗［前旗・後旗］，ジャライド（扎賚特）旗，ドルベド（杜爾伯特）旗　【計10旗】
ジョーオダ（昭烏達）盟	ジャロード（扎魯特）2旗［左旗・右旗］，アルホルチン（阿魯科爾沁）旗 バーリン（巴林）2旗［左旗・右旗］，ヘシクテン旗（克什克騰）旗 オンニュード（翁牛特）2旗［左旗・右旗］，オーハン（敖漢）2旗［左旗・右旗］ナイマン（奈曼）旗，ハルハ（哈爾哈）左右旗　【計12旗】
ジョスト（卓索図）盟	ハラチン（喀喇沁）3旗［左・右・中旗］，トメド（土黙特）2旗［左・右］シレート＝フレー＝ジャサク＝ラマ（錫埒図庫倫扎薩克喇嘛）旗　【計6旗】

人の存在を意識し，歴史的なつながりを知っている。両者の間に，文化的差異が生じ，その差異は広がりつつあるが，東北3省のモンゴル人は，なお戸籍上モンゴル族であり，モンゴル族とその文化に対する強い自覚をもっている[8]。従って両地域を，今もひとまとめに内モンゴル東部地域として考察の対象として扱うことが，この地域の諸問題を視野広くかつ奥深く理解することを可能にすると考えられる。

　さて，旗は清代にモンゴル人のための行政組織として設置されたものである。そして当初，内モンゴル東部3盟には旗しかなかった。それらは，表1に示した28旗であった。

　それらが統廃合されて，現在は，表2の15旗に減少した。そして県が4つ含まれている。これらの県も当然，漢人集住地域である。つまり内モンゴル内に留まった盟・市のなかにも漢人集住地が存在しているのである。付け加えると，近年これら通遼市，赤峰市以外に，通遼市の一部にホーリンゴル

表2　現代における内モンゴル東部3盟・市と所属旗

盟・市		所属する旗	所属する県
ジリム盟	興安盟	ホルチン右翼2旗［前旗・後旗］，ジャライド旗	突泉県
	ジリム盟→通遼市	ホルチン左翼2旗［中旗・後旗］，ジャロード旗　ナイマン旗，フレー旗	開魯県
ジョーオダ盟→赤峰市		バーリン2旗［左旗・右旗］，ヘシクテン旗　アルホルチン旗，オンニュード旗，オーハン旗　ハラチン旗	寧城県　林泉県

市が設置され，興安盟の一部にアラシャン市が設置された。市は盟と同格であり，これら新設の2つの市も漢人集住地である。

　県・市の問題にとどまらない。内モンゴル東部の3つの盟・市の中にある15の旗にも漢人集住地が多数含まれているからである。そして1995年の統計によると，15旗中，モンゴル人が漢人より多いのは，ホルチン右翼中旗，ホルチン左翼の中旗と後旗，フレー旗の4旗に過ぎないのである。その他の旗は漢人がモンゴル人の数を圧倒している[9]。この状態は，旗の下級行政組織の構成に反映されている。

　旗と県の下級行政組織はソム（蘇木）と郷（シャン）であり，両者同格であるが，ソムがモンゴル人集住地域に置かれるのに対して，シャンは漢人が集住している地域に置かれる（省においては，モンゴル族集住地に対して，モンゴルという民族名を付した上で，県，シャンと称されている）。別に鎮もある。鎮は，旗政府，県政府の所在地，および人口2万人前後以上で，そのうち非牧畜人口と非農業人口が10％以上または2000人以上のソムやシャンに設置が認められる。モンゴル人の集住地か漢人の集住地かに関係はないが，この条件を充たすのはシャンに多い。

　かつて旗にはソムだけがあった。しかし今や，興安盟ではソム36，シャン21，鎮12，通遼市ではソム86，シャン45，赤峰市ではソム43，シャン124，鎮58で，合計すると，ソム165，シャン190，鎮106であり，シャン

の方が多いのである。鎮も 106 とかなり数が多いが，鎮にもシャンから昇格
したものが多いから，その点も考慮に入れると，漢人集住地は，モンゴル人
集住地よりずっと多いということが言えよう。シャンがないのはホルチン右
翼中旗のみであり，赤峰市のオーハン旗については旗制をとっていても，ソ
ムはひとつだけで，シャンは 23 もある。ハラチン旗はすべてシャンであ
る[10]。

　このような状態であるから，表 3 に示したように，内モンゴル東部には
20 世紀末の統計によると，漢人人口のほうがモンゴル人より断然多い。
これを旗レベルでみると，15 旗のうちモンゴル人が漢人より多いのは，興安
盟のホルチン右翼中旗と通遼市のホルチン左翼の中旗と後旗，そしてフレー
旗だけである。他の旗はすべて漢族人口のほうが多い。町においては，漢人
が圧倒的である。要するに，漢人は内モンゴルの他の地域にくらべると，圧
倒的に多い内モンゴル東部のモンゴル族人口をも圧倒しており，町から農村
まですべてのところに深く入り込んでいるのである。

　以上，盟・旗の変化の内容を細かく述べたのは，清代前期からはじまった
内モンゴル東部の変容の程度を説明するためである。それは，モンゴル人集
住地である旗・ソムに漢人集住地がつぎつぎに生まれ，そこに県・シャンが
設置される過程であったが，旗とソムが県とシャンに転換する過程あるいは
旗とソムが県とシャンに浸食された過程とも言い換えられる。その背景には

表 3　現代における内モンゴル東部 3 盟・市と所属人口

	総人口	モンゴル族の人口	モンゴル族の湿る割合
興安盟	158.3	61.7	38.98 %
ジリム盟（通遼市）	291.9	123.4	42.27 %
赤峰市	426.5	71.0	16.66 %
合　　計	876.7	256.1	29.20 %

＊単位万人『中国蒙古族人口』，内蒙古大学出版社，1997，92-95 頁

漢人の増加があり，漢人の大部分は農耕民であるから，それはステップが彼らによって農地に転換された過程でもあった。そして漢人が増えると，商業を営む漢人が入り込むから，商業化と工業化の過程でもあり，商人や職人は都会に集まるし，農民・商人・職人を治める役人も町の住民であるから，都市化の過程でもあった。これらの変化が県と市そしてシャンの出現と密接に関連していたのである。

　漢人の営む農業も，本書にあるナマク＝タリヤに関する拙稿に記したように，モンゴル人にとって異質なものであり，商業も，工業も，そして都会も，モンゴル人のものではなかったから，それらが内モンゴル東部に入り込んだということは，要するに清代以後，モンゴル人社会にとって対極的で異質な漢人社会の諸要素が進入し，次第に深く食い込み，勢力を強めてきたことを意味する。すなわち内モンゴル東部地域に2元的な経済，社会，文化が並び立つようになり，漢人社会とその要素が優位に立つようになってきたのである。2元的な行政システムはこれらの状況の反映である。

　しかしながら，内モンゴル東部地域に存在するようになった，対立する2つの文化は，そのままの状態で続いてきたわけではない。双方の接触は，双方，特にモンゴル側に妥協を強いたからである。妥協の最初の段階は遊牧の定着化であった。そして定着牧畜の存在を前提として生まれたのが半農半牧である。さらには半農半牧の民から純農耕の民に変わった者も多数存在するようになった。これらの中で，内モンゴル東部の地域的特色をよくあらわしているのが半農半牧である。そこでは以下に，このことについて述べることにしたい。

2　内モンゴル東部の自然環境と地域文化としての半農半牧

　内モンゴル東部地域は，大興安嶺山脈の東斜面とそれに続く平原の西部に位置する。ここは，乾燥地帯である中央アジアのステップの最も東の部分を形成し，植生上は森林ステップが優勢である。そのため，古くは烏桓・鮮

474　　第3部　近現代内モンゴル東部地域の研究

卑・契丹・奚など，ステップを生活の舞台とする遊牧民が居住し，清朝が勃興した16世紀には，同じ遊牧の民であるモンゴル族が居住していた。彼らの遊牧は，中央アジアのステップにおいて一般的である騎馬遊牧であり，彼らの遊牧文化は，中央アジアの騎馬遊牧文化と同質のものであった。

　彼らの生活舞台は，中央アジアのステップの東の端に位置していたから，中央アジアの中では太平洋に最も近く，外洋の影響によって比較的湿潤な森林ステップが発達している。そのため，牛が多く飼われるという，森林ステップ型の遊牧が営まれてきた。遊牧に並ぶものとして，狩猟が重要な位置を占めていた。遊牧と狩猟という動物を対象とするこれらの生業のほかに，自家食用分の糜子，それに蕎麦を栽培する農耕（ナマク＝タリヤ農耕）も広く営まれてきた[11]。これも比較的湿潤な森林ステップが展開するこの地方ならではの特徴であった。

　近現代において，漢人移住者の進出によって，以上のような内モンゴル東部地域の経済は変容し，遊牧は大部分が定着牧畜と化し，さらに定着牧畜が押しのけられる形で，半農半牧経済と農業経済の地域が広く形成された。その結果，1990年代半ばにおいて，

　　①半農半牧経済の地域も農業経済の地域も，牧畜地域より面積が広い。最も広いのは半農半牧経済の地域である。

　　②この両地域において経済を担っているモンゴル人の数は，牧畜地域のモンゴル人の数を圧倒するほどになっている。両地域それぞれのモンゴル族人口も，牧畜地域のそれより多い。中でも，半農半牧地域にモンゴル人の大部分が居住している。

　　③両地域それぞれの総人口に対するモンゴル人の割合は，30％台であって，これは内モンゴルの他のいかなる地域にも見いだせないほど，その割合が高い。言うまでもなく，残りはほとんどすべて漢人である[12]。

　これらの3つの特徴のいずれも，内モンゴルの中部や西部の地域と比べると，きわだつ特色である。それらの地域では，ウラーンチャブ盟やフフホト

近現代内モンゴル東部とその地域文化　　475

市郊外などを除くと，モンゴル人の大部分は，牧畜地域に居住しており，モ
ンゴル人の半農半牧経済と農耕経済へのかかわりの度合いが低い。要するに，
内モンゴル東部地域の変容とは，この地域のモンゴル人の大半が半農半牧化
し農耕化したことを内容とすると特徴づけることができるのである。これが
この地域の地域的特色であり，地域文化の根底である。

　内モンゴル東部地域にこのような変化をもたらした最大の原因は，清代前
期にはじまる漢人の進出と開墾である。清代前期から開始された内モンゴル
東部への漢人の移住は，内モンゴル東部だけに見られた動きではなく，「中
国南部では湖広から四川へ，更に四川から貴州・雲南へ，東南部では広東か
ら広西，福建から台湾，更に東南アジアへ，北部では山東を中心とする華北
から東北へと，周辺部へ拡大していく移住動向」の一部であった。そしてそ
の原因については「これらはいずれも相対的先進地区における内部辺境の狭
小化と商業化戦略を移住析出の主因として，従来入植困難であった地域にも
適応可能なトウモロコシ・ジャガイモなどの新作物の導入─即ち農学的適応
を副因として顕在化したと考えられる」[13]。

　清代における内モンゴル東部地域を含む内モンゴルへの漢人の入植につい
て，矢野仁一の見解を記すと，漢人が最も早く入植したのは呼和浩特の一帯
であり，チャハル，ジョスト盟，ジョーオダ盟がこれに次いだ。乾隆の末頃
（1700 年代末）になると，ジリム盟に属するモンゴル各旗にも漢人が出かけ
て開墾していることが清朝政府の注目を引くようになった。それまでは，
ジョスト盟のハラチン旗とトメド旗，ジョーオダ盟のオーハン旗，オン
ニュード旗，ヘシクテン旗にとどまっていたのである（内モンゴル東部以外
では，開墾はイフジョー盟，帰化城トメド，チャハル 8 旗の牧地にとどまっ
ていた）。このように漢人の入植が進むなかで，最初康熙，雍正両皇帝は，
漢人やモンゴル人による耕地化を奨励していたが，乾隆時代にジョスト盟，
ジョーオダ盟における漢人の入植がモンゴル人牧民の牧地に影響を及ぼした
ため，入植に厳しく対応するようになった。しかし入植の勢いは減退するこ

476　第3部　近現代内モンゴル東部地域の研究

とはなく，嘉慶年間（1800年代）に入ると，オーハン旗などで，漢人聚居
の勢いは益々盛んとなり，人口日ましに多く，墾種の面積は月ごとに加わり，
モンゴルの牧畜が妨げられる形勢は明確となったのである[14]。

　内モンゴルに漢人農民の入植と開墾がこのように進んだ大きな理由は，
ジャサグ王公らが彼らを招墾したことにある。漢人農民から小作料を取れる
からであった。そのため一般モンゴル人は反対したが，王公等はみずからの
力を恃み積極的に公地を占拠し漢人に開墾させ小作料を徴収し，懐を豊かに
した[15]。もしジャサグ王公等が一般モンゴル人と同じように漢人が入ってく
ることに反対していたならば（一般モンゴル人にも小作料を取る者もいたで
あろうが），内モンゴルの開墾は，清末新政以後の開放蒙地の設定による開
墾がおこなわれるまで，ずっと遅れ，かつ抑制されたものとなっていたであ
ろう。ともかく，山東方面の漢人の人口圧がかなりのものであったし，その
人口圧を吸収するようなモンゴル人側の対応があって，内モンゴルの開墾は
清朝時代に大いに進んだのである。

　漢人農民の入植が激化し，耕地が牧地を急速に蝕み，漢人の集落が至ると
ころに作られると，第1段階としてモンゴル牧民は，季節移動をやめたり，
限定的に行ったりする定着的牧畜に転じた。しかし牧地の不足が日に日に深
刻となり，十分な数の家畜を飼うことが難しくなると，第2段階として，古
来行っていた糜子と蕎麦だけを自家用に栽培する農耕（ナマク＝タリヤ農
耕）から，糜子と蕎麦以外に，高粱や豆類，トウモロコシなども栽培し，収
穫も増やすことが可能な漢人の農耕（漢式農耕と称することにしたい）に乗
り換え，半農半牧へ移行した[16]。農耕の質的転換が行われたことを意味する。
家畜は，共同で小人数の牧夫に託して集落共用の牧地で放牧するようになっ
た。定着化の段階で飼われるようになっていた豚，鶏以外は，驢馬，騾馬も
飼われるようになった。冬には作物収穫後の耕地が牧地となった。これが半
農半牧の姿である。そして牧地がますます狭くなると，第3段階として，彼
らの間に農耕に大部分依存する純農耕を営む者が現れ，その数は次第に増え

た。この段階では作物の種類はますます増え，家畜がさらに逆に減少し，羊が群れとして飼われなくなり，共同牧地での共同放牧が行われなくなり，豚・鶏・驢馬・騾馬がいっそう多くなる。以上は，漢人の進出を最初に被ったジョスト盟およびその北隣のジョーオダ盟南部において内モンゴル東部の他の地域に先立って踏まれた過程であると推測される。

　これら内モンゴル東部地域の南部に位置する地方のモンゴル人の遊牧から半農半牧そして純農耕への移行過程をうかがうに足る資料は，現在ほとんど残されていない。その中で満洲国時代，なお存在していたジョスト盟の原資料を現地で使って研究することのできた及川三男は，同じ盟の一般モンゴル人について次のように記している。王府隷属地，旗公署隷属地，閑散王公私有地，タイジ，タブナン等貴族の私有地，箭丁の私有地以外の「各旗蒙人が私有地を有するに至りたる経過は各旗共同様なり，即ち雍正初葉借地養民制実施以来漢佃の流入激増せし為漸く牧地の減少を来たし，牧畜を以てしては生計を営み得ぬ状態となり，勢い半牧，半農あるいは農耕せざるべからざる状態を誘致せり。茲に彼等は旗民として許されし彼等の放牧地の内一定の土地を占拠し該地を開墾して生計を営むに至りそれが後年彼等にとり唯一の生計地となれり」[17]

　以上のジョスト盟およびジョーオダ盟南部において見られたであろう遊牧の変容の過程は，その後，これらの地域の北部に位置する内モンゴル東部の他の諸地域においても，細部においては種々異なる点があったにしても，繰り返されることになる。その場合，これらの諸地域に対して18世紀末という早い時期からはじまった漢人移民の入植以外に，ジョスト盟およびジョーオダ盟南部のモンゴル人の移住が変容促進要素として新たに加わる。これらのモンゴル人の移住は，19世紀末までは小規模ながら漢人の入植のあおりを受けて玉突き的に行われていたのであろうが，その実態は把握し難い。大規模な，そしてその後内モンゴル東部の変容に大きな意味をもったのは，1891（光緒17）年に起こった金丹道の騒動である[18]。

478 第3部 近現代内モンゴル東部地域の研究

　この金丹道暴動によって彼らの多数が殺戮され略奪されると，ジリム盟や
ジョーオダ盟北部の各旗に続々と避難・移住し，移住先で農耕に従事した。
これらのモンゴル人は，移住先の諸旗のモンゴル人にとっては他旗からの来
住者であったから，一般に外旗人あるいは外旗モンゴル人と称された。彼ら
は，これらの旗にも入り込んでいた漢人とともに，移住先の諸旗の原住モン
ゴル人が漢式農耕を受容するのに重要な役割を果たしたのである。

　間もなく，内モンゴル東部とりわけジリム盟の諸旗のモンゴル人の遊牧の
定着と農耕の受容に決定的な影響を与えた清朝の対モンゴルの新政が1901
年から実施された。これは，清朝がみずからの藩塀であるモンゴルを保護す
るためおこなってきた諸施策（封禁政策）を全面的に改めるものであり，新
政のひとつに，ロシヤの南下のおそれがある地域に多数の漢人移民を入れて
開墾して住まわせて防備を固めるという殖民実辺政策があり，それが急速に
実行された[19]。これは，内モンゴルの開墾の第2段階への突入を意味した。
それまで内モンゴルは，清朝の封禁政策によって守られ，漢人の入植は，実
は，そのなかで非合法的状態のもとで進行していたのであるが，ここに至っ
て，内モンゴル東部の開墾と漢人の入植が清朝の政策として積極的に進めら
れたのである。そしてジリム盟の牧地がつぎつぎと漢人の開墾のために開放
されると，漢人農民が道路に列をなして続々入植し，開放地は短日月で開墾
され，漢人集住地と化した。逆に，開放地を設定された旗の牧地は急速に半
減して狭められたのである。この時期，内モンゴルの他の地域でも開墾が政
策として強力に推し進められており，内モンゴル東部の開墾は，その一環と
しての意味ももった。

　開放地が設定されると，モンゴル人の生計のために残された土地（生計
地）に留まったモンゴル人もいたが，農耕地あるいは漢人集落のそばで生活
することを嫌って，旗内の開放されていない土地（非開放地）に移住する者
も相当いた。そのため開放地の設定によって狭められた状態の非開放地のモ
ンゴル人の数が増える結果となった。非開放地に住んでいたモンゴル人の中

近現代内モンゴル東部とその地域文化　479

には，移住してきた漢人・外旗モンゴル人を避けて西北部の山岳地帯に移り
住む者も少なくなかった[20]。

　19世紀後半から20世紀前半にかけて，内モンゴル東部は，モンゴル人の
移動・移住の時代を迎えたと言ってよい。外旗モンゴル人と原住モンゴル人
は，上述の理由による移住を行ったが，それらの理由以外に，貧困，戦乱や
激しく跋扈跳梁した匪賊の害から逃れるためにも，転々と移住せざるを得な
かった[21]。興安局のホルチン左翼中旗，ナイマン旗，ジャライド旗の実態調
査報告書および実態調査統計篇の「農家略歴表」を見ると，そのことがよく
わかるし，私の現地調査によっても，外旗モンゴル人が故郷から移住した先
でそのまま過ごして今に至っているという例は少なく，多くは2, 3度移動
している。その原因は，これらの貧困や災難から逃れるためであったのであ
る。この移住において，漢式の農耕を身につけていた外旗モンゴル人が内モ
ンゴル東部の各地に拡散して移り住んだことが，漢式農耕を内モンゴル東部
に広めるのに重要な役割を演じた。アルタンガラグは，ジャライド旗にみら
れたそのような事例を指摘している[22]。

　このようにして，とくに20世紀初頭からの漢人と外旗モンゴル人の移住
と開墾の結果，20世紀前半において，モンゴル人に残されていた地域で季
節的移動が地域的なまとまりあるいは地域的な広がりをもってなお行われて
いたのは，ジャロード旗とアルホルチン旗の北部，ヘシクテン旗の北部と西
部だけとなり[23]，多くは定着的牧畜となり，かつ半農半牧が広がってきてい
た。内モンゴル東部は，現在，内モンゴル自治区のなかで，最も半農半牧が
広く営まれている地域なのである。内モンゴル自治区の研究者のなかには，
半農半牧経済を「モンゴル人民の一大創造物である」と称揚し，それが「内
蒙古東部，南部の農地に適した地帯と農牧の過渡的地帯において，最もその
自然生態環境に適している」とまで述べる者もいる[24]。

　滋賀県立大学のブレンサインは，「内モンゴル地域では，漢人の入植に対
してモンゴル人は地域によって2つの対応を取った。中西部のチャハル，ウ

480 第3部 近現代内モンゴル東部地域の研究

ラーンチャブ地域では，モンゴル人が入植してくる漢人に牧地を譲り，絶え間なく北部へ撤退し続けた。それにより，農業と牧畜の境界線が常に明確にわかる状態にあった。彼らは，牧畜経営を放棄して漢人型の農業経営を受け入れることを拒否した代償に広大な牧地を喪失した。その代わり，彼らはみずからの生活や文化の伝統の保持にある程度成功した。（省略）しかし，これと対照的に内モンゴル東部地域のモンゴル人は，牧畜経営と伝統文化の犠牲を前提に，土地基盤の保持に執着して，まったく別の形で生き残りをはかった。彼らは，漢人型の農耕社会の要素を積極的に取り入れながら，押し寄せて来る漢人社会に対抗できるような定住文化を築くことに努めた。その結果として誕生したのは遊牧の伝統とかけ離れた新たなモンゴル人社会，つまり農耕モンゴル人村落社会である。（省略）換言すれば，農耕モンゴル人村落社会は漢人社会と遊牧モンゴル人社会との間の衝突の産物であり，妥協の産物でもある」と述べた[25]。ここに農耕モンゴル人村落社会の農耕とは，半農半牧を指す。

　ブレンサインは内モンゴル東部地域のモンゴル人がチャハル地方[26]やウラーンチャブのモンゴル人と異なる道を歩んだ理由を説明していない。この点について私は，内モンゴル東部のモンゴル人がナマク＝タリヤ農耕を営んでいたことが，対応の違いを生んだひとつの理由であると考えている。私の調査によると，チャハルではごく貧弱なナマク＝タリヤ農耕を行っていたところもあったようだが，それは内モンゴル東部のナマク＝タリヤ農耕に及びもつかない程度のものであった。それに対して，内モンゴル東部では，本書所載の論稿に記したように，広く，そして盛んにナマク＝タリヤ農耕が営まれてきた。それ故に，漢人の農耕に反発する気持ちがあっても，切羽詰まった状況に置かれた場合，妥協して受け入れたのであろう。

　ところで内モンゴル東部地域で，遊牧を営んでいたモンゴル人が遊牧の傍ら，ナマク＝タリヤ農耕も行っていたとすれば，この遊牧とナマク＝タリヤ農耕の組み合わせをどのようにみるべきであろうか。これを半牧半農または

近現代内モンゴル東部とその地域文化　　481

半農半牧のあり方のひとつの牧主農従と称しても誤りとは言い切れないが，この地域のモンゴル人にとって牧畜の次に経済的価値を有していたのがナマク＝タリヤ農耕であったとは言い難かった。なぜなら，狩猟が盛んに行われていたからである。モンゴル高原の遊牧民は，モンゴル人を含めて，古来遊牧と並んで狩猟を重要な生業のひとつとしてきたことは，すでに論じたとおりであり[27)]，内モンゴル東部のモンゴル人も，19世紀後半から20世紀初めまで，大興安嶺山中では20世紀半ばまで，盛んに狩猟をおこない，狩猟の経済的価値は大きかったとみてよい[28)]。とすれば，その狩猟を無視してナマク＝タリヤ農耕を伴う遊牧の状態を単純に半農半牧とか，牧主農従とか称することには，躊躇する気持ちが伴うからである。

　半農半牧に移行する前提としては，牧地の不足のほかに，つぎのような条件も考慮されなければならない。遊牧から定着的牧畜に転換していて[29)]，農耕に従事する時間が遊牧を営んでいた時代より多く取れるようになったこと，ステップの開墾や漢人による乱獲の結果，野生動物が減って狩猟の獲物に依存できなくなったこと，そして日露戦争などの戦乱や軍閥の圧迫，匪賊の害，天災などのため家畜が著しく減少していたことなどである。これらの諸条件が，生きるために本格的な農耕すなわち漢式農耕を受容する刺激あるいは契機となったと考えられる[30)]。

　現在，内モンゴルの変化は激しく，半農半牧の構成要素である牧畜も変質しつつある。すでに20世紀前半には，大部分が騎馬遊牧民ではなくなっていた内モンゴル東部のモンゴル人であるが，さらに近年馬が減り，環境問題を理由に羊を飼うことを難しくする政策が実施され，牛飼育が奨励されている。すなわち内陸アジアの遊牧の特徴である騎馬遊牧が過去のものとなり，それでもなお牧畜にとって重要な馬が，そして羊も，その地位を失いつつあるのである。この地域ではステップの条件から，牛が重要であったから，牛飼育が存続すればそれなりに牧畜は意義をもち続けるであろうが，注目されるのはその飼育の方法が，モンゴル伝統の遊牧はもちろん，定着牧畜の方法

482　　第3部　近現代内モンゴル東部地域の研究

ともかなり異なるものとなってきているのである。すなわち畜産化が進められているのである[31]。

　それ故に，やはり半農半牧の将来も不確定な状況にあると考えざるを得ない。しかしながら，20世紀の前半から，内モンゴル東部の地域文化を代表するものとして半農半牧が存在してきたことを指摘することには，大きな問題はないであろう。

追記　本稿は，早稲田大学モンゴル研究所編『近現代内モンゴル東部の変容』（アジア地域文化学叢書Ⅷ），雄山閣，2007年3月，1-20頁に掲載されたものに基づいている。

注

1）これらの地域は，漢人に開放されて開墾された旗の土地に多い。漢人に開放された後も，しばらくは開放地に対して徴税する権利などがモンゴル旗に認められていたが，満洲国時代に至って国に奉上させられた（これを「蒙地奉上」という）。その結果，開放地が旗外とされたことが実質化した。蒙地奉上の問題については，広川佐保，2005，『蒙地奉上—満洲国国の土地政策』汲古書院，がある。

2）王鎮等主編，1997，『中国蒙古族人口』，内蒙古大学出版社，56頁。

3）『康徳6年末満洲帝国現在戸口統計』，満洲国治安部警務司，1940年，10-11頁。

4）『中国蒙古族人口』，56頁。この当時，アラシャン盟は内モンゴル自治区に含まれていなかった。自治区に加わったのは1956年である。ただしアラシャン盟のモンゴル族人口は，1982年の段階で，自治区のモンゴル族中1.39％を占めるに過ぎなかった。

5）『中国人口・内蒙古分冊』，中国財政経済出版社，1987年，351頁。1995年の統計でも，内モンゴル自治区のモンゴル族356.5万人に対して東部3盟・市のモンゴル族は256.1万人で，自治区全体のモンゴル族の72％を占めている（『中国蒙古族人口』，105頁）。

6）『中国蒙古族人口』，1997年，81頁。

7）近年のモンゴル族人口の増加の一因は，少数民族優遇策に便乗してモンゴル族の戸籍を取った漢族がかなりいることにもあるとされる。けれども，モンゴル族が相当増えたことは事実であるし，このような便乗による増加は，内モンゴル東部にのみ当てはまるわけではない。

近現代内モンゴル東部とその地域文化　　483

8）吉田順一，2002，「阜新モンゴル族自治県訪問記」，『日本とモンゴル』104号，106-118頁。吉田順一，2002，「ゴルロス紀行」，『東方』257号，2-6頁。ボルジギン＝ブレンサイン，2002，「瀋陽郊外のモンゴル人」『日本とモンゴル』110，日本モンゴル協会，109-114頁。

9）『中国蒙古族人口』，1997年，92-95頁。

10）『内蒙古自治区地図集』（内蒙古自治区測絵局，1999年）に基づく。

11）吉田順一，2004，「興安嶺南山地の経済構造―ハラトクチンの経済の分析を手掛かりに」，『北東アジア研究』7，島根県立大学北東アジア研究センター，25-41頁。吉田順一，2006，「内モンゴル東部地域の経済構造」，平成14～17年度科学研究費補助金基礎研究(A)成果報告書『モンゴル草原環境変動と遊牧生産の関係に関する研究』（課題番号 14252014），（研究代表者　東北大学東北アジア研究センター助教授岡洋樹），150-165頁。

12）『中国蒙古族人口』，110-128頁。

13）山田　賢，1995，『移住民の秩序』，名古屋大学出版会，はしがき。斯波義信，1992，「移住と流通」『東洋史研究』第51巻第1号。

14）矢野仁一，1931，『近代蒙古史研究』，弘文堂，109-110頁，112-113頁，116-117頁，121頁，125頁，145-146頁。

15）矢野，同上，125-126頁，130-131頁。

16）ブレンサインは，ナマク＝タリヤという自然農法の上に，漢人型の農耕技術を取り入れたのである。農耕モンゴル人村落における農業にはこのような伝統農業の要素がある程度残っているところが漢人の農業と異なる点である」と述べている（ボルジギン・ブレンサイン，2003，『近現代におけるモンゴル人農耕村落社会の形成』，風間書房，337頁）。この見解は妥当な点もあるが，基本的には質的な転換がなされたとみるべきである。

17）及川三男，1936，「熱河蒙旗の概要」1，『（満洲国）民政部調査月報』第1巻第10号，8頁。

18）ボルジギン・ブレンサイン，前掲書，第4章第4節。

19）矢野仁一「清朝の殖民実辺策」等，参照。矢野前掲書，268-298頁，308-316頁。

20）柏原孝久・濱田純一，1919，『蒙古地誌』下，冨山房，477頁。

21）日露戦争のさいのモンゴル人の避難のための移住については，柏原孝久・濱田純一の記述が参考になる（同上）。

22）アルタンガラグ，2007，『近現代内モンゴル東部地域における牧畜と農耕の受容―ジャライド旗における事例の分析―』（博士学位請求論文），2章-4章。

484 第3部 近現代内モンゴル東部地域の研究

23) 『満洲帝国内旧蒙古地帯民族分布図』, 国務院興安局調査科, 康徳7年。ジャロード旗, アルホルチン旗の大興安嶺山脈中, ヘシクテン旗の北部と西部。

24) 王龍耿, 1990,「近代内蒙古農業的興起与蒙古族人民対農業貢献」『内蒙古墾務研究』, 43頁。色音, 前掲書, 110-111頁。

25) ボルジギン・ブレンサイン, 前掲書, 336頁。

26) チャハル地方は, 現在シリンゴル盟南部のショローンフフ(正藍)旗, タイブス(太僕寺)旗, フブートシャル(鑲黄旗)旗, ショローンフブートチャガーン(正鑲白)旗, ドローンノール(多倫)県から成る。もとは, これら以外に, 西隣のウラーンチャブ盟の集寧市, チャハル右翼前旗, チャハル右翼中旗, チャハル右翼後旗, 化徳県, 商都県, 興和県, 豊鎮市, 涼城県, 卓資県も, もとはチャハルであり, また南隣の河北省の張北, 康保, 沽源, 尚義等の一部分も, もとはチャハルの地であった。

27) 吉田順一, 1981,「モンゴル族の遊牧と狩猟―11～13世紀の時代を中心に」,『東洋史研究』第40巻第3号。これには書き加え, 書き改めるべきことが多くある。

28) 前掲の吉田順一, 2003,「興安嶺南山地の経済構造―ハラトクチンの経済の分析を手掛かりに」,『北東アジア研究』(島根県立大学北東アジア地域研究センター) 7, 32-34頁。吉田順一「内モンゴル東部地域の経済構造」平成14年度-17年度科学研究費補助金基盤研究(A)成果報告書『モンゴル草原環境変動と遊牧生産の関係に関する研究』(研究代表者 岡 洋樹), 153-157頁。

29) 当時跳梁していた匪賊から家畜を守る必要も, 定着化の一因であった。

30) Lobsangčoyidan jokiyaba, 1981, Qa. Dambijalsan čoqulba., *Mongγol jang ayali oilaburi*, 内蒙古人民出版社, 291-292頁。内蒙古自治区畜牧業庁修志編史委員会編著, 1981, 『内蒙古畜牧業発展史』, 内蒙古人民出版社, 58-59頁。アルタンガラグは, 1930年代においてジャライド旗のモイルト屯のモンゴル人が半農半牧へ転換した一因を, 当時における家畜の減少に求めている(前掲博士学位請求論文, 2007年2月, 第4章)。なお内蒙古自治区畜牧庁修志編纂委員会, 1999,『内蒙古自治区志―畜牧志』(内蒙古人民出版社) には,『蒙古鑑』に基づいた1919年の家畜数と満洲国の統計に基づいた1936年の家畜数を比較した数字を出している。一応それに従うと, ジリム盟の家畜総数は, 1919年に108.25万頭, 1936年に21.99万頭である。フルンボイル地区は1919年に160.88万頭, 1936年に152.93万頭, シリンゴル盟は1919年に113.86万頭, 1936年に211.58万頭である(44-45頁)。

31) 内モンゴルの牧畜の畜産化とそれに伴う問題については, 吉田順一(アルタンガラグ/阿拉騰嘎日嘎漢訳), 2004,「游牧及其改革」,『内蒙古師範大学学報』(哲学

社会学版）33-6，37-38 頁。

21

内モンゴル東部における伝統農耕と漢式農耕の受容

はじめに

　内モンゴル東部には，モンゴル人によって古くから農耕が行われてきた。それを内モンゴルの伝統農耕と称することにしたい。

　この地域においては，モンゴル人登場以前においても，遊牧民が彼らなりの農耕を営んでいた。烏桓族について，『後漢書』巻120列伝第80「烏桓鮮卑伝」の烏桓の箇所に，「その土地は穄と東牆によい」とあり，また『三国志』「魏志」巻30「烏桓鮮卑東夷」に引かれている『魏書』に，烏丸について「耕種は常に布穀の鳴くのをもって時候とする。土地は青穄と東牆によい」と記されている。この穄，青穄について，西山武一は，糜子（不粘黍，ウルチキビ）とみなし，また「穄は今日糜子（ミーズ）と呼ばれ，西北辺境に多く作っている」と述べている[1]。糜子と糜は同じものである。「西北辺境」には内モンゴルも含まれる。糜子とは，後述するように，内モンゴル東部の伝統農耕における主要作物であり，モンゴル語でモンゴルあるいはモンゴル＝アモと称されて，今もモンゴル人によく食べられている。

　その後，この地域の南西部に遊牧した奚族も，『唐書』巻219列伝144「北狄伝」の奚の箇所に「多く穄を栽培し，すでに収穫すると山の下の穴倉に貯蔵する」とあり，糜子を栽培していたことが知られる。ここに収穫した穄つまり糜子を地面に穴倉を掘って貯蔵するとあるのと同様のことは，ごく最近まで内モンゴル東部で行われていた。『新五代史』巻74「四夷附録」第3の奚の箇所に，「すこぶる耕種を知っており，年ごとに辺民の荒田を借りて穄を植え，秋に熟れればやって来て収穫し，これを山の下に穴倉を掘って貯蔵する」とある。『五代会要』巻28「諸色料銭」下の奚の箇所には，「年ごと

488　第3部　近現代内モンゴル東部地域の研究

に」の部分は「毎春」とある。ここで注目したいのは，奚族が春ごとに穄を播種し，その後他所に移り，秋に穄が実ると収穫のためにやって来た点である。これは，要するに，遊牧の民であった奚族が，冬の牧地または春の牧地のあたりに種をまいた後，そこを去って夏の牧地に出かけたことを意味する。「辺民の荒田を借りて」という点については，今は詮索しない。

　やがてこの地域はモンゴル族の遊牧するところになったが[2]，『欽定熱河志』巻75「藩衛」1に，清の乾隆帝が1754年に詠んだ「荒田」と題する詩があり，そこに「農耕はモンゴル〔人〕の本業ではない。現在普通の日が長く続いているのを承けて，至るところで多く山に依って畑をつくり，種を播き終われば，あちこちに出かけて遊牧と狩猟をし，秋の収穫にはやっと帰って来る。雑草を取る術は講ずることはない。俗に天に委せる畑という（農作非蒙古本業，今承平日久，所至多依山為田。既播種，則四出由游牧射猟，秋穫乃帰。耘耨之術皆不講。俗云靠天田））」とある。この年，乾隆帝は，ジョソト盟，ジョーオダ盟南部，ホルチン諸部すなわち内モンゴル東部のかなりの土地を巡って吉林に至った。そのさいに，この詩を詠んだのである。

　この詩の内容は，播種した後，収穫まで夏の牧地に行って遊牧したり，山に入って狩猟したりして，作物の世話をしないという意味であるから，はるか昔のこの地域で営まれていた奚の耕種を類推させる。このことから，乾隆帝が清朝の治世のおかげでこの地域のモンゴル人が耕作をするようになったかのように述べているけれども，モンゴル族がこの地域で，康熙・乾隆以前からこの種の農耕を行っていたとみた方がよいであろう。ただ「靠天田」がこの時代に広がったということはあるであろう。ここに当時のモンゴル人が耕地の雑草を取らないとあるのは，まさにモンゴルの伝統農耕の方法そのものである。このことについては，後述する。

　『欽定熱河志』巻75「藩衛1」の「蒙古田」に，その後約30年を経た1782年のこととして，「モンゴル人は，昔は耕して，種を播きそのままにして去り，天に任せて手に入れると称し，秋にできあがると戻って来て刈り

取って収穫した。彼らが耕地を去ったのは理由があり、〔別の場所に出かけて〕狩猟をしたり遊牧をしたりしていたのである。けれども今は、そうではない。等しく除草を習い、雨を占うことと晴れを予測することを務めている」とある。この一文に続けて「ハルハは地が冷たくて耕作をこととすることはできない」とあるから、上のモンゴル人の農耕とは、おもに内モンゴルの状態を述べたものであり、特に内モンゴル東部の状況が念頭にあったのであろう。ここに、播種した後、収穫時まで他所に去ることはなく、除草を行ったというのであるから、伝統農耕とは異なるようである。乾隆帝時代は、漢人のこの地への入植が激しくなり、ついに彼らがこの地に入ることを禁じる政策に転じた時期でもあるから[3]、18世紀中葉から約30年を経た18世紀後半には、早くから漢人の入植が進んだジョソト盟やジョーオダ盟南部においては漢人式の農耕がかなり広がり、その影響で牧地の狭隘化などの状況が生じていたに違いない。それらの理由によってモンゴル人の中に定着化し牧畜を営み、牧畜と並んで漢人の行う農耕を受容して、農作物の種類と収穫を増やして生計を維持する者がかなり現れ、中には完全に生計の基盤をそのような漢式農耕に転じ、その農法に習熟した者も出現してきたと考えられる。上の記事は、そのような段階の初期の状態を述べたものと推測される。

　このような状態に陥った地域は、その後ますます拡大したのであるが、モンゴル人の伝統農耕はその後も、内モンゴル東部において簡単に廃れることはなかった。このことは20世紀初め頃、この地を訪れた日本人の記録や最近刊行された内モンゴルの旗志などの記述からわかるのである（本論の末尾に『内モンゴル東部ナマク＝タリヤ農耕分布図』を掲げてある）。

　モンゴルの伝統農耕は、モンゴル高原の遊牧が遅れたものとみなされてきたのと同じように遅れたものとみなされて軽く扱われ、まともに考察されることはほとんどなかった。後で述べるように20世紀初めこの地を訪れた何人もの日本人も注意を払ったのであるが、やはりこのモンゴルの伝統農耕は、モンゴル高原の他の地域の遊牧が遅れたものとみなされてきたのと同じよう

490 第3部 近現代内モンゴル東部地域の研究

に遅れたものとみなされ，軽く扱われ，まともに考察されることはほとんど
なかった[4]。

　内モンゴル東部地域の変容の根幹をなすのは，漢人の進出と農耕化（純農
耕地域や半農半牧地域の形成）であるが，この農耕化問題について述べられ
るときにもっぱら取り上げられてきたのは，漢人の農耕であり，モンゴル人
の伝統的農耕については，表面的かつ形式的であり，決まって原始的で遅れ
たものだという簡単な言葉で一蹴されてきた。だがこのような扱いは妥当で
あろうか。

　私は，内モンゴル東部地域の伝統的農耕について 2003 年と 2004 年に実態
調査を行った。その結果，この地域のモンゴル人の伝統的農耕は，一顧の価
値もないと片付けるべきではなく，十分に検討するに値すると考えるように
なった。そしてその考察の基礎の上に漢式農耕の受容について研究すれば，
また内モンゴル東部地域の変容についても，もっと奥行きのある見方が可能
となるのではないかと考えるに至ったのである。

　その場合，20 世紀初頭までに漢人のあるいは漢人風の農耕が優勢になっ
てしまっていたジョソト盟やジョーオダ盟の南部，それにジリム盟の一部に
おいて，モンゴル人の伝統的な農耕が廃れてしまった過程について史料上跡
付けることは今のところ困難であるので，これについて触れることは避けた
い。内モンゴル東部のこれら以外の地域のうち 20 世紀前半になって伝統的
農耕が廃れた地域については，その過程を調べて明らかにすることはある程
度可能であると思うが，このことについても慎重を期したい。そして伝統農
耕が 20 世紀中頃まで保たれ，それが漢式農耕に圧倒されていく過程を知り
得る地域についてのみ考察することにしたい。

I ナマク゠タリヤ農耕

1 モンゴルの伝統的農耕に対する従来の見方

内モンゴル東部地域のモンゴルの伝統的な農耕とは，モンゴル語でナマク゠タリヤ namuγ tariy-a 農耕（漢語では漫撒子）と称されるものである。漫撒子はモンゴル語化して mantasu と言われることもあるという[5]。あるいはモンゴル゠タリヤ mongγol tariy-a とも称されてきた。またウル゠ハヤフ ür-e qayaqu ということもあったようである[6]。

ナマク゠タリヤ農耕についてはじめて詳しく記録した例として，20世紀初め頃の何人かの日本人のものが挙げられる。それらの記録も，ナマク゠タリヤ農耕を遅れたものと見ていた。その一つには，

其農具ノ如キハ単純粗悪ヲ極メ……，其耕作ノ方法ハ多クハ不秩序的ニ随所鋤耕シ，敢テ整然タル畔畦ノ設ケナク，劃然タル畑地ノ限界ナク，而モ肥料ノ施サルルナク，又雑草ヲ刈徐スルコトナクシテ，直ニ播種セラレ，殆ント天然ノ野生ト異ナラス。

とある[7]。この地域のモンゴルの伝統農業を原始的と述べたものも，散見される[8]。

また現在のモンゴル人も，モンゴルの伝統的農業について，「早期のモンゴル農民は，「漫撒子」農業を主となしたが，その特長は，技術が粗末で，……」などと述べている[9]。

ナマク゠タリヤ農耕は，土を掘り返して畝（＝畦）を盛り上げることをしないし，肥料を施さないし，雑草を取らない，春夏に種を播いた後，何もしないで秋の収穫を待つ。そのため，「幼稚拙劣」とか「技術が粗末」などと，低く評価されてきたのである。だが，このような見方は妥当であろうか。

2　モンゴルの伝統農耕に対するあるべき視点

　私が何よりもまず指摘したいのは，モンゴルの伝統農耕というのは，モンゴル人牧民の行ってきた農耕だという点である。つまり農民の行ってきた農耕ではないのである。そしてこの当たり前とも言えることに気付けば，大いに異なる見方が可能になる。

　色音氏は，「早期のモンゴル農民は，「漫撒子」農業を主となした」と述べ，ナマク＝タリヤ農耕を行うのが「モンゴル農民」であると述べた。「早期のモンゴル農民」という言葉の意味はよくわからないが，早期であれ中期であれ，農民と称されるにふさわしいようなモンゴル人がナマク＝タリヤ農耕を主にやることはあり得ない。それを主にやるのは，農民ではなく牧民である。モンゴル人が農民に変わったと言えるのは，純農耕か農主牧副の段階になった場合であろう。この段階でナマク＝タリヤ農耕をなお主にやるとは考え難い。これらのことはナマク＝タリヤ農耕を理解し評価する要点であり，ここのところを誤ると，ナマク＝タリヤ農耕に対して誤った評価をすることになる。

　また，遊牧民の農法であり，遊牧民の定着化とともに行われるようになったとする見解もあるが[10]，誤っている。この農耕は，遊牧民の農法であり，遊牧民が定着化する前から行われていたものである。

　ナマク＝タリヤ農耕は，牧民の生業である遊牧に悪い影響を与えないことが基本的な条件として求められた。耕地として選定される場所は，良好な牧地から選ばれることは避けられ，夏の最もよい季節に夏営地に出かけて家畜を太らせることに妨げにならないことが重視された。言い換えると，牧畜に邪魔にならないことが求められた。興安局の調査報告において，ナマク＝タリヤ農耕を，「牧畜を営むのに障らない農耕」とか「付帯経営」とか述べられたのは，この意味である[11]。牧民は，夏になれば家族そろってゲル・生活用品，家畜を伴って夏秋の牧地に出かける。そして家畜を毎日しっかり放牧

してよい草を食わせ，厳しい冬春に備えて家畜を太らせなければならない。このように夏秋は牧畜上，重要なので，春夏の交にまとまった雨が降るとただちに，ふつう，冬や春を過ごす場所やその付近においてできるだけ短い日数で手早く種まきを済ませ，その後すみやかに夏営地に移動し，短い夏秋の放牧に専念することが求められる。だから肥料も施さないで，初めに種を播き，次に犂入れして，すべてが終わるのである。その後，夏営地からはるばる耕地に戻って除草・中耕をすることも，牧畜の妨げになるから行わない。こう理解すべきなのである。

このように牧畜の妨げにならないという条件を満たす耕作法であったからこそ，ナマク＝タリヤ農耕は内モンゴル東部地域の牧民の間に広く受け入れられ行われてきたのである。あるいはそのようなものとして確立されたと述べた方がよいかも知れない。

3　ナマク＝タリヤ農耕の分布

今，ナマク＝タリヤ農耕の分布を調べてみると，内モンゴル東部地域において，純農耕地帯となってしまった地域を除いて，20世紀の初め頃までは，広く営まれてきたとみてよい。そして聞き取りや文献の調査によれば，ナマク＝タリヤ農耕は，1949年の土地改革と1958年以後の人民公社化の前には，広く盛んに行われていた。本章の末尾にある「内モンゴル東部ナマク＝タリヤ分布図」は，2004年11月の時点でナマク＝タリヤ農耕がかつて行われていたことを資料上知ることのできる土地を旗単位で×印で示したものである。

この図をみると，内モンゴル東部地域のほぼ全域において，ナマク＝タリヤ農耕が行われていたことがわかる。現在吉林省や遼寧省に組み入れられてしまっているが，もと内モンゴル東部地域であったところも含めて，かつて内モンゴル東部地域では間違いなく全域でナマク＝タリヤ農耕が行われていたと見てよい。私の調査した限りでは，興安嶺西のウジュムチン旗やエヴェンキ族自治旗，バルガ三旗（ホーチンバルガ旗，シネバルガの右旗と左旗）

494 第3部 近現代内モンゴル東部地域の研究

においては農耕が営まれていなかった。内モンゴル東部地域はそれらの地域
と対照的な状況を示していたと言える。

4 ナマク＝タリヤ農耕の方法

牧民の農耕としてのナマク＝タリヤ農耕の方法を，具体的に述べてみる。

(1)播種と犂入れ

ナマク＝タリヤ農耕は，まず種を播くことからはじまる。それから犂で土
を掘り返す。かつては犂を使わず，馬に踏ませて種を鎮圧する方法もとられ
ていたようである[12]。また播種後，鎮圧板を引くだけのこともあったらしい。
犂には鋳物の犂先が必要であり，その入手が難しい時代においては，これら
の方法が内モンゴル東部地域全域において広く行われていたのであろうが，
おそらくこの方法は，地面を掘り返すことを嫌うモンゴル牧民としては，好
ましいものであったはずである。

内モンゴル東部地域における犂の使用法の特徴の一つは犂剜子（リワン
ツ）（撥土板＝スキヘラ）(toli) を必ず犂先 (anjisun-u qosiɣu) に付けるこ
とである。これによって犂で地面を掘って片側に反転させつつ進み，次にそ
れによってできた畦に犂を入れて畦を崩しつつ地面を掘り返し，種を完全に
土で覆うのである。そしてこのような耕し方であるため，畝ができない。こ
れがナマク＝タリヤ農耕の特徴である。漢人流の壟（šang）（畝）を立てる
耕作法は，シャンタイ＝タリヤ（šangtai tariy-a）農耕と称されている。それ
はともかく，この方法のモンゴル人にとっての利点は，種を土で覆う作業を，
犂で耕すのと同時に一挙に行えることである。これによって人手と手間を大
いに節約できるのである。

(2)施肥

ナマク＝タリヤ農耕で肥料を使わないのは，一つの場所を2，3年程度し

か使わないので，その間，地味つまり土地の生産力は年々低下するものの，強く施肥を迫られる程ではないからである。それ以上使い続けると土地が痩せ，作物の収穫量が保証されないから，場所を変えるのである。

漢人の農耕についても，「地力未だ豊なる南満山地帯，東蒙新開放地方及北満地方に於ては肥料を施すことはないが開墾久しきに亙れる南満地方に於ては2年若くは3年に一度宛土糞を施用するのが普通である」[13]とあるし，「新開墾地に於ては，開墾後約十年間は施肥を必要とせざるを普通とす」[14]とある。また20世紀初期において内モンゴル東部地域の西南部地方で漢人は休閑農法を行っていて，耕地の三分の一は常に休閑していたが[15]，休閑法を取る漢人農民は施肥することがまれであったという[16]。

ナマク＝タリヤ農耕も，肥料をやる必要のない地力のある土地をいつも使うようにしていたから，肥料をやらないで済んでいたのであって，両者の施肥に対する考え方に，基本的な違いはない。以上の如くであるとすれば，ナマク＝タリヤ農耕が肥料を使わないことを，蔑視することは妥当でないと思われる。このように肥料をやらないで済むならば，肥料づくり，肥料の運搬，肥料の耕地への撒布の手間が省け，人手も少なく済ませることができるのである。

(3)除草・中耕

ナマク＝タリヤ農耕は，ステップに草が生えてある程度まで成長した頃に始められるので，表土を犂で反転させた後，草はほとんど生えないとされる。アルホルチン旗バヤンボラク＝ガチャー（1939年に興安局が実態調査をしたハラトクチンに当る）での私の調査によれば，最も早く種を播く場合でも，草が4ホロー（指）の長さになった時期である。またナマク＝タリヤ農耕は一つの場所を2，3年程度使うが，この年数ならば雑草があまり生えるようにはならないともいう[17]。

雑草を取らない別の理由に，草を抜き取ることへの牧民の抵抗感もあると

思われる。ともかく，除草・中耕をしないことによっても，人手と時間が節約できるのである。

(4)作付面積と収穫量

ナマク＝タリヤ農耕が牧民の農耕であり，牧畜に障らない程度に行われるものだという見方の妥当性は，その作付面積・収穫量からも分かる。牧民は，ナマク＝タリヤ農耕によって自家消費用以上に収穫を得ることを望まなかったし，期待もしていなかったからである。「播種量は，一家人口を対比して定められ，たとい一家の中に余剰労力がありとしても余計な農耕はやっていない。……家計収入は農業によるものではなく，家畜及畜産物売却，林野産物売却等によるものである」のである[18]。従ってナマク＝タリヤの耕地の広狭は，それぞれの牧民の家の家族数の多寡に比例したのである[19]。

収穫を増やして商品として売ることはほとんど行われなかったが，その理由は，そのために耕地を広げれば時間と人手が取られ，夏季に家畜をできるだけよく太らせるという，牧畜の重要な目的を達成するのに悪い影響を及ぼすからである。

以上，(1)〜(4)に述べたように，ナマク＝タリヤ農耕は，できるだけ人手も時間もかからないようにされているのである。まさに彼らは「農業が主産業ではなくて，牧畜を営むのに障らない農耕を営んでいたのである[20]。

(5)耕作場所

ナマク＝タリヤ農耕は乾燥地帯の農耕なので，旧暦の5，6月になって雨が降らないと，種を播くことができないし，とにかく雨との関係で耕作する場所を決めることが求められる。「其耕作ノ方法ハ多クハ不秩序的ニ随所鋤耕シ」と述べたものがあるが[21]，実際にはそのような単純なものではない。

ハラトクチン（現バヤンボラク＝ガチャー）のナマク＝タリヤの場所が，ある谷間に固まっている理由を，住民が「あの辺は雨が多いから皆彼処を耕

内モンゴル東部における伝統農耕と漢式農耕の受容　　497

すのだと答えた」とあるように[22]，雨の比較的よく降る場所（このような場所は「雨の道」と称される）や，現実に雨の降った場所が選ばれる。また年毎にその年の雨の降り方の特徴を見て場所を選ぶ。例えば同地での私の調査によれば，雨がよく降る年には，山の方にあるジョーギン＝タリヤ（jo-yin tariy-a）つまり小高い乾いた場所を選び，旱魃の年には，川沿いのゴリン＝タリヤ（γoul-un tariy-a）またはチーギン＝タリヤ（čigig-un tariy-a），つまり土壌に湿気の多い場所を選ぶ[23]。

　モンゴルの牧民は，以上のように，ナマク＝タリヤの場所を適切に選ぶように努めてきたのである。

5　ナマク＝タリヤ農耕の作物

　作物についても，気候に合わせて使い分ける工夫がされてきた。

　内モンゴル東部地域の伝統農耕における作物は，モンゴル mongγol またはモンゴル＝アモ mongγol amu とサガド saγad またはサガク saγaγ と称される二つの種類の穀物である。これ以外のものは，この二つに比べれば，新しく取り入れられたものといって差し支えない。モンゴル＝アモとは稷，黍，糜子などと漢訳されるもので，要するに粘り気のないキビの種類である。サガドとは蕎麦である。地域によって，両方を栽培したり，モンゴル＝アモだけを栽培したりしてきた。

　モンゴル＝アモについてみると，90 日のモンゴルと 70 日（または 75 日）のモンゴルがあり，また 60 日のモンゴル＝アモというのもある。サガドについても同様に 3 種類ある。このような区別があるのは，種蒔きの時期に雨が降るのが順調か遅いかによって，種を使い分けるためである。収穫時期は秋に霜が降りるより前と決まっているので，アルホルチン旗北部では，その刈り取りの時期から逆算して 90 日前頃に雨が降れば，90 日のモンゴルの種を旧暦 5 月にまく。刈り取り時期から 60 日前頃になってやっと雨が降れば旧暦 6 月に播く。70 日の種を播くことはもう無理だからである。このよう

に三種類の種が，降雨の時期を見て使い分けされるのである。

　ナマク＝タリヤ農耕は，3種類の種に応じて，90日のナマク＝タリヤ農耕，70日のナマク＝タリヤ農耕，60日のナマク＝タリヤ農耕と区別されてきた。乾燥地帯なので70日，60日のナマク＝タリヤを行うことが多かったようである。

　以上，乾燥地帯であるが故に，雨の降る時期に合わせて種を使い分け，ナマク＝タリヤ農耕も区別されてきたことは，この地域のモンゴル人の伝統農耕に対する評価に関わる。

　要するに，モンゴル牧民の行ってきたナマク＝タリヤ農耕とは，牧畜の傍ら，牧畜をできるだけ妨げないものとして営まれてきたのであり，一見単純と見えるのも，余計な人手と時間を極力使わないように，可能な範囲で作業が省略された結果であることが分かった。しかし省略は，単なる省略ではなく，そこに合理的な配慮を見出すことができる。作業の手順を簡潔に述べると，まずしかるべき湿気を含み，地力があり，あまり雑草が生えそうもない土地を選んで，降雨後に3種類の種のうち一つの種類を，その年の降雨の時期から霜の降る時期までの日数の長短を計って選んで播き，次いで馬の足や鎮圧板を使って種を鎮圧し，あるいは犂を入れて地表を反転させて種に覆土して耕作を終え，あとは収穫を待つのである。このようにすることによって，作業従事者の数も作業時間も最小限度に抑えることができ，牧畜への影響は最小限度に抑制される。そして2，3年後，地力が衰え，雑草も増える頃には，他の土地に移るから，肥料も除草も不必要なのである。

　ナマク＝タリヤに使った後，その場所を牧地として使うことに問題はなかったと，聞き取り対象者たちは話している。アルホルチン旗での聞き取りによると，ナマク＝タリヤにした土地には，2年目に草がよく生える。理由はモンゴル＝アムは，収穫時に穂先だけを刈り取り，茎はそのままなので，他所から風等で飛んできた草の種がそこに多くぶつかって地面に落ちるからだという。またモンゴル犂は，多年草の牧草の根を切断することができない

し，むしろそれらの根によって犁先が痛むので，できるだけ多年草の少ない土地を選ぶ。このことも，ナマク＝タリヤが牧地に影響を与えない理由であるという。

II　シャンタイ＝タリヤ農耕とその受容

1　シャンタイ＝タリヤ農耕

　内モンゴル東部地域のモンゴル人は，漢人の行う農耕すなわち漢式農業をシャンタイ＝タリヤ šangtai tariy-a と言っている。ジョラク＝タリヤ jiruq-a tariy-a とも言われる。シャン šang もジョラクもうね（畝，畦，壟）のことである。従ってシャンタイ＝タリヤとは畦のある耕地という程度の意味となろう。すでに述べたようにナマク＝タリヤには畦はない。すなわち畦の有無の違いを捉えて漢人の農業の呼び名としたのである。シャンタイ＝タリヤの耕作法は，役畜・犂を使って整地し，施肥し，役畜・犂を使って作條し，播種し，覆土鎮圧する。その後作物が育ってきたときに何回かの除草及び中耕・培土を行い，最後に収穫するというものであり，ナマク＝タリヤ農耕に比べて，作業の工程が多い。そのため人手と作業時間をずっと多く必要とするのである。

　それだけでなく，シャンタイ＝タリヤ農耕で栽培する作物はナマク＝タリヤ農耕のそれとは異なる。すなわちシャンタイ＝タリヤ農耕では，高粱，粟，小麦，大麦，トウモロコシ，大豆，緑豆，蔬菜類など，多数の種類の作物を栽培する。ナマク＝タリヤ農耕はモンゴル＝アモ，サガドのみである。地域によって黄米〔ホワンミー。糯黍（モチキビ）〕やナリム narimu（小米，粟）も作るが，その歴史はモンゴル＝アモ，サガドに比べれば新しいであろう。ちなみにホワンミーは中耕を必要としない。逆にモンゴル＝アモを漢族が栽培することもあるが，これも彼らの内モンゴル東部への移住後のことではな

いかと推測される。要するにシャンタイ＝タリヤとナマク＝タリヤの栽培対象作物は基本的に異なるのである。

このように見ると，シャンタイ＝タリヤ農耕を取り入れると言うことは，これらの作物を取り入れるということも意味する。そしてモンゴル人が農民（農業及び半農半牧の民）となるということは，これらシャンタイ＝タリヤ農耕の作物の主なもの，あるいはかなりの数のものを，自らの重要な作物として栽培するようになり，それらの作業に時間や人手がとられて，牧畜を牧民のように行うことができない状態になるということである。

2　シャンタイ＝タリヤ農耕の受容

(1)革命前

では，内モンゴル東部地域にシャンタイ＝タリヤ農耕はどのようにして受容されたのであろうか。この問題を考える対象として，本文では，早く漢人が入りこんだ影響を受けてモンゴル人が農民化したジョソト盟や清末の新政以後に開放蒙地とされた地域については取り扱わない。それ以外の地域について見ることにしたい。

この受容に重要な意味をもったのが，ジョソト盟や開放蒙地とは別の内モンゴル東部のステップ地域に入り込んだ漢人農民や，ジョソト盟方面から1887年の金丹道暴動のときを頂点として北部に逃れて入った農業経験豊かなモンゴル人であろう。彼らは流入し移住した先の土地の農業化に影響を及ぼし，また人口増加ももたらし，牧地の狭隘化の一因となり，その結果牧畜にも影響を及ぼしたのである。それにまた開放蒙地として設定された地域に住んでいたモンゴル人の多くも，開放地とされ漢人農民が流入してきた故郷を離れて，同じ旗や盟の別のところに移住し，移住先のステップの人口増加を招き，移住先の牧地に影響を及ぼしたのである。もちろん開放蒙地の設定自体が内モンゴル東部地域のステップの狭隘化を引き起こしたのであって，これがこの地の牧畜に大きな影響を与えた。牧畜への影響とは，遊牧から定

着的牧畜への移行を指している。

　これらの内モンゴル東部の各地の人口増加に伴う遊牧の定着傾向については，関東都督府陸軍部等の調査によって知ることができる。それによれば，現在の内モンゴル東部地域の境域内（鄭家屯，洮南府，斉斉哈爾ヲ連絡セル線附近ノ地方ヨリ内部）の多くの地域は，20世紀初頭までに遊牧が定着的牧畜に移行していた[24]。この状態は，1920年頃までほぼ同じままであったようである[25]。だが定着的牧畜はその後も広がり，そのことはシャンタイ＝タリヤ農耕を受容しやすい環境が広がっていたことを意味した。なぜなら遊牧より定着的牧畜の方が，牧民にとって農耕に関わりやすいからである。

　その後1930年代に入ると，満洲国時代となり，内モンゴルの牧地の保全が重視されたから，漢人の流入が引き続き絶えなかったとはいえ，シャンタイ＝タリヤ農耕の普及は抑制されたと見られる。ホルチン左翼中旗では，1930年後半において，東南部や新開河南岸沿いにシャンタイ＝タリヤ農耕が認められたが，南部と中部・北部にナマク＝タリヤ農耕が広く行われていた[26]。

　ホルチン右翼中旗の東部（ゴリンバイシン＝ソム）や中部（バージャルガ＝ソム）では，土地改革の頃まで同旗原住の牧民はナマク＝タリヤ農耕を行っていた。本旗人はナマク＝タリヤ農耕をやっていた（2004年10月聞取り）。

　ジャライド旗についても，1930年代末の時点においてシャンタイ＝タリヤ農耕が行われるようになったばかりであったし，同旗原住のモンゴル人は外来モンゴル人や漢人の移住者に農耕をさせていたものの，まだ自分たちがシャンタイ＝タリヤ農耕を行うことは少なかったのである[27]。

　これらのことから分かるのは，内モンゴル東部地域の開放された蒙地や漢人が特に多く住んでいた土地以外の場所では，モンゴル人はなおナマク＝タリヤ農耕をよく行っていたということである。だが，それらの場所の中には，漢人や本旗モンゴル人の小作人となっていた外旗モンゴル人の多い地域も

502 第3部 近現代内モンゴル東部地域の研究

あったから，そのような地域は，全体的に半農半牧地域となってきていたと思われる。だが，本旗モンゴル人でシャンタイ＝タリヤ農耕を行うようになっていた者は少なかったと考えられる。

(2)革命後

事情が変わったのは，中国共産党が勝ち，1949年に土地改革が行われ，人民公社が設立された社会主義の時代に入ってからである。この時期，大躍進政策によって引き起こされた飢饉の対策として，多数の漢人や南部のモンゴル人を北部は受け入れた。その後いわゆる文化大革命期にも漢人などが多数入ってきた。しかし漢人の場合，たとえ彼らがモンゴル人の集落に混住した場合であっても，シャンタイ＝タリヤ農耕をモンゴル人の間に広めたとは考え難い。外旗モンゴル人の場合でも，同様である。言えることは，漢族人口とシャンタイ＝タリヤの耕地が増え，地域の総人口中に占める農業従事者とシャンタイ＝タリヤ耕地面積が増えたということである。そしてその結果牧地が狭められたということである。

シャンタイ＝タリヤ農耕の普及に重要な意味をもったのは，上からの指示・指導であった。そしてその指示・指導は社会主義体制の故に効果を挙げ，シャンタイ＝タリヤ農耕が普及した。早いところでは通遼市（旧ジェリム盟）南部のフレー旗におけるように，それまで北部（エルセン鎮）や中部（フレー鎮）でナマク＝タリヤ農耕が行われていたのが，人民公社設置に先立つ初級合作社の段階で，ナマク＝タリヤ農耕より収穫が多くなるのでシャンタイ＝タリヤ農耕を行うよう指示が出され，合作社員は一律にシャンタイ＝タリヤ農耕に移行せざるを得なくなった。アルホルチン旗では，大躍進時代開始の1958年に，上の組織からシャンタイ＝タリヤ農耕を行うように指示が出され，指導のために漢人が派遣されて来て政策が推し進められた。またその東隣りの通遼市ジャロード旗のバヤルトホショー＝ソムでもこの時期に上からの指示があってシャンタイ＝タリヤ農耕を行うようになった。同旗

のゲルチョロー＝ソムでは 1958 年にはシャンタイ＝タリヤは導入されなかったが，いわゆる文化大革命のときに食料の自給自足政策が出され，上からの指示によって導入された[28]。

　以上のように，社会主義時代に入って，上からの指示・指導によってシャンタイ＝タリヤ農耕が広い地域で採用され，行われるようになったことが分かる。その場合，人民公社の生産隊に牧業隊と農業隊が組織され，隊員が牧畜と農業を別々に行うようにされたことが，シャンタイ＝タリヤ農耕を受容しやすくした。なぜならばこの分業体制によって農業隊が牧畜のことを心配しないで農作業に専念できるようになったからである。

　人民公社時代以来政策として進められた家畜飼料の栽培もシャンタイ＝タリヤ農耕の普及を促進した。主に栽培されたのはトウモロコシだが，これはその後 1980 年代以来，家畜が私有化され，牧地が各家に分配され，牧地の「現代化」が進められる中で，栽培が増え続けている。トウモロコシの栽培はナマク＝タリヤ農耕ではだめで，シャンタイ＝タリヤ農耕をせざるを得ないので，モンゴル牧民の間にシャンタイ＝タリヤ農耕が普及するのに重要な役割を果たしたと考えられる。

　付言すると改革開放政策が行われている現在，優良作物と称される緑豆やひまわりを栽培するモンゴル人も増え，これらの栽培もシャンタイ＝タリヤ農耕で行われるので，モンゴル人の間にシャンタイ＝タリヤ農耕を広げるのに意味をもっている。

　このように土地改革以後シャンタイ＝タリヤ農耕の普及が主として上部からの指導によって推し進められ，人民公社解体後もシャンタイ＝タリヤ農耕を普及させる環境が続き，その結果ナマク＝タリヤ農耕はその背後に退いて行った。ナマク＝タリヤ農耕は，いわば外力によって衰えたと見ることができるのである。

504　第3部　近現代内モンゴル東部地域の研究

3　シャンタイ＝タリヤ農耕受容の結果

　それでは，シャンタイ＝タリヤ農耕の普及は，内モンゴル東部地域のモンゴル人の経済にどのような影響を及ぼしたのであろうか。

　まず，表面上半農半牧に分類されていても，農主牧副へと傾斜した地域が増えてきたと思われる。人民公社の解体後，農業政策と対をなす牧畜政策は，めまぐるしく変化しており，そのような状況の下で，シャンタイ＝タリヤ農耕が半農半牧のモンゴル人や牧畜のモンゴル人に及ぼしてきた具体的な内容や意味を論じるには，なお慎重な調査と観察が必要と思われるが，一応，半農半牧地域において農主牧副に傾斜してきた例を見てみる。

　フレー旗のハルゴー＝ソムのホーライゴル＝ガチャーは，人民公社時代には文字通り半農半牧地域であったが，現在モンゴル＝アモ，ソバ，ホワンミー（黄米）以外に，トウモロコシ，粟，高粱，黒豆，大豆，緑豆，大麻子，麻など，シャンタイ＝タリヤ農耕の作物の種類と栽培量が増えている。そしてこのガチャーの豊かさが人々を引き寄せ，増えた人口によって耕地が広げられたという事情も加わって，牧地がいよいよ狭まり牧草も悪化し，牧畜が困難となり，現在明確な農主牧副経済に移行した。最近では禁牧政策で山羊・羊の放牧ができなくなり，この状況が続くと，純農業経済に急接近するかも知れない。

　シャンタイ＝タリヤ農耕が広く深く浸透して，漢人農村の農作物の種類と量に近づき，反比例して牧地が狭くなり，牧畜に割く時間と人手が乏しくなり，家畜を放牧することが難しくなり，羊と山羊を飼わなくなり，役畜としての牛と馬，そしてロバ・ラバ・ブタ・ニワトリ・アヒルだけしか飼わなくなった集落は，純農業化したと見てよい[29]。

おわりに

　シャンタイ＝タリヤ農耕が普及してきた中で，ナマク＝タリヤ農耕の命運

は尽きたのであろうか。実は人民公社が解体された後，個人経営に戻ったモンゴル人の間で，ナマク＝タリヤ農耕が少し復活しているのである。

　内モンゴル東部地域はモンゴル高原の他の地域同様，つねに旱魃の危険にさらされており，雨が降らず，しばしば種蒔きが遅れ，シャンタイ＝タリヤ農耕を行う時機を逸する事態が生じる。そしてシャンタイ＝タリヤ農耕の作物が栽培困難となる。するとナマク＝タリヤ農耕に切り替えざるを得ないのである。私が調査した地域では，フレー旗も含めてほぼすべてが，モンゴル＝アモとサガド，特にサガドのナマク＝タリヤ農耕を，今も必要に応じて行っている。バヤンボラク＝ガチャーでは，なお5，6戸がナマク＝タリヤ農耕だけを行っている[30]。

　このようにナマク＝タリヤ農耕は内モンゴル東部地域の自然環境によく適合しているので，今後も簡単に消え去るとは思われない。細々とではあるが命脈を保ち続けるのではないだろうか。

追記　本稿は，早稲田大学モンゴル研究所編，2007，『近現代内モンゴル東部の変容』，アジア地域文化学叢書8，雄山閣，272-294頁「内モンゴル東部における伝統農耕と漢式農耕の受容」に若干の手直しをしたものである。

注

1）西山武一，1940，「穀黍穄粱秫考—華北高田禾穀の変遷」，『報告長篇』3，27頁。
　西山武一，1969，『アジア的農法と農業社会』，東京大学出版会，66頁。
2）南宋の趙珙の『蒙韃備録』に「かの国（モンゴル人の土地）にもまた1，2黒黍米を産出するところがある」とある。これも糜子である。この記事は趙珙が燕京まで行って得た情報に基づいているから伝聞によるが，黒黍子の産出地のひとつに内モンゴル東部が含まれていた可能性は十分に考えられる。
3）矢野仁一，1917，『近代蒙古史研究』，弘文堂，139-149頁。
4）専著として，Wangjil, B., 1998, *Mongyol ündüsüten-ü ulamjilaltu tariyalang*, Kökeqota. があり，資料として使える内容を含む。
5）Wangjil, B., 1998, p. 20.
6）ナマク＝タリヤという表現の由来について Wangjil, B. は，「犂で土壌をちょうど，

506　第3部　近現代内モンゴル東部地域の研究

ひっくり返した甕のように，掘り返して耕す。その掘り返した土地は〔掘り返した土塊と下の地面との間に〕隙間（空洞）ができて軟らかくなって，まことに沼沢地〔namuɣ ɣajar〕と類似するので，モンゴル人はそれを「namuɣ (namuɣtu) tariy-a」と称したという」と述べている（*Mongɣol ündüsüten-ü ulamjilaltu tariyalang*, p. 20）。

7）関東都督府陸軍部，1908，『東部蒙古誌草稿』中巻，72-73頁。

8）満鉄社長室調査課，1923，『満蒙全書』第3巻，1923，191頁など。

9）色音，1998，『蒙古游牧社会的変遷』，呼和浩特，114頁。同氏は次の2）の冒頭に述べた私の考えに同意してくれた。

10）山根順太郎・村岡重夫共著，1944，『主農従牧社会における「蒙古部落社会に於ける「蒙古部落の農業的性格」』，満洲民族学会，2-3頁。

11）興安局，1941，『興安西省阿魯科爾沁旗実態調査報告書』，79頁，129頁。

12）降雨後播種して馬に踏ませれば，種をよく鎮圧することができる。

13）横瀬花兄七，1924，『満蒙に於ける農業経営の研究』，満鉄，85頁。

14）柏原孝久・濱田純一共著，1919，『蒙古地誌』中，332頁。

15）『満蒙全書』中，191頁。

16）東部内蒙古調査報告編纂委員会編，1914，『東部内蒙古調査報告』第4巻，第7編「農業」，68頁。

17）近年地域によっては，目障りな雑草が生えると取るが，このことが古くからおこなわれていたのかどうかはわからない。

18）興安局，1939，『興安西省阿魯科爾沁旗実態調査報告書』，129頁。

19）興安局，1941，『興安西省阿魯科爾沁旗実態調査報告書』，133頁，柏原孝久・濱田純一，1919，『蒙古地誌』，中，542頁。

20）興安局，1941，『興安西省阿魯科爾沁旗実態調査報告書』，129頁。

21）関東都督府陸軍部，1908，『東部蒙古誌草稿』中，72頁。

22）興安局，1941，『興安西省阿魯科爾沁旗実態調査報告書』，53頁。

23）降雨を予測する術もあって，冬に雪がよく降ると，今年は雨がよく降ると判断してジョーギン＝タリヤを使う。犬の毛の抜け方が，胸の方から抜けると旱魃になるとみて，川沿いの耕地に種を播き，そういう抜けかたでないときには，雨がよく降ると推測して山のジョーギン＝タリヤに種を播くという。また，土地の状態も見る。すなわちボル＝ガジャル（boru ɣajar）を選んでナマク＝タリヤ農耕をするのである。ボル＝ガジャルとは，雨の道に当たり，土の色が褐色で地力があり，草がそうは生えていない土地をいう。

24）関東都督府陸軍部，1908，『東部蒙古誌草稿』中，7-8頁。

内モンゴル東部における伝統農耕と漢式農耕の受容　507

25）永く一定の土地に居住し，自給の為に幾何かの糜子を耕作し，牧畜を専業とせる
　　地方，即ち昭烏達盟，哲里木盟の未開放地を云ふ（『蒙古地誌』中巻，1919，596頁）。
　　『蒙古地誌』の著者である柏原孝久・濱田純一は，この状態を指して牧主農従地方，
　　牧7，8農2，3地方」などとしたが，この農とは，上の一文からみて，ナマク＝タ
　　リヤ農耕を指しているとみてよい。

26）興安局，1939 ？『興安南省科爾沁左翼中旗実態調査報告書』，第2編第5章，第
　　3編第7章など。満鉄，1937年，科爾沁左翼中旗第7区調査報告」，19頁。満鉄，
　　刊行年不詳，『科爾沁左翼中旗第9区調査報告』，28頁。満鉄，1937，『科爾沁左翼
　　中旗第6区調査報告書』。

27）興安局，1939，『興安南省扎賚特旗実態調査報告書』，第3編。なおモンゴル人の
　　行う漢式農耕について記したものに，《平野　蕃，1938，「蒙古人の農業」，『満鉄調
　　査月報』18-4，南満洲鉄道株式会社，1-18頁》がある。

28）ジャロード旗のバヤルトホショー＝ソムの中には，1980年代に，シャンタイ＝タ
　　リヤ農耕を導入したところもある。理由の一つは人口が増え，ナマク＝タリヤ農耕
　　をバラバラやっているのでは，食糧が間に合わないようになったためとされる。こ
　　れは，自発的な導入の珍しい例である。

29）なお，ジャロード旗北部のように近年まで農業を重視する政策が実行されていた
　　地域で，最近3年続いた旱魃を経験して，それまでの農業化政策の誤りを認めて，
　　牧畜優先に方向を転じた例もある。興安嶺南山地の，同様の環境を有する他の土地
　　でも，農業化政策の推進には限界があると思われるので，このような政策転換の事
　　例は注目に値する。

30）5，6戸に減った理由は，シャンタイ＝タリヤ農耕の浸透だけにあるのではなく，
　　モンゴル＝アモの栽培を止めて外部から購入する家が増えたことにもある。今も人
　　びとは，モンゴル＝アモを栽培するのには，本来ナマク＝タリヤ農耕のほうがよい
　　と考えているという。

【補遺】

　　山根順太郎と村岡重夫は，1944年に実施した聞き取りに基づき，奈曼旗の西沙力好
来（西シャルホーライ）について，次のように記した。すなわち，論文執筆時の100
年ほど前に遊牧から2戸の冨家が家族のみ定着して家畜は牧夫がゲルを持参して「遊
牧管理」し，定住生活へ移行しつつあり，集落（アイル，エール）も形成され，定着
当時に農業も始めた。そのころ小面積の漫撒子農耕も始められた。その後約40年ほ
ど経て，集落は本旗人だけから成る10戸ほどとなり，純遊牧の姿が漸次減少して定

508　第3部　近現代内モンゴル東部地域の研究

着放牧の形態がやや強まったが，概ね主牧従農の経営であった。そのころ，純牧畜の経営形態は姿を消して多かれ少なかれ各農家とも耕作地をもつようになった。その農業とは「壟を作る耕作方法のものは少なくて，その殆んどが漫撒子農法であった。この地方では漫撒子農法又はその耕地のことをナームク・タリヤーと云って居り」とした[*]。

[*]山根順太郎・村岡重夫前掲共著，2-3頁。

　この説は，ナマク＝タリヤ農耕が遊牧の定着化とともに行われるようになったとするものであるが，誤っている。この農耕は，遊牧民の農法であり，遊牧民が定着化する前から行われていたものである。

　これに続けて「この辺りの蒙古農牧民はこの言葉はアル・フムン・ウグ（アルとは背或は北の意）と云ってゐる。この言葉は現在この地方では既にナームク・タリヤーが無くなってゐるので，この言葉は日常語としては使はれてゐないため，北の方の牧畜社会の蒙古人の人々によって語られてゐる言葉であるとの意味であらふ」と記している（同上，3頁）。

　この説も根拠があるとは思われず疑問である。

内モンゴル東部における伝統農耕と漢式農耕の受容　509

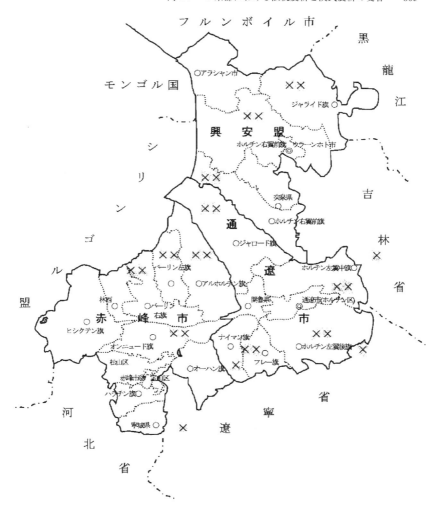

×　ナマク＝タリヤが少なくとも一箇所で行われていたことが知られていることを意味する。

××　ナマク＝タリヤが複数箇所で行われていたことが知られていることを意味する。

内モンゴル東部ナマク＝タリヤ農耕分布図

510   第3部　近現代内モンゴル東部地域の研究

この分布図の典拠は，つぎのとおりである。
・鳥居龍蔵『蒙古旅行』，1908（明治41）。
・関東都督府陸軍部『東部蒙古誌草稿』下，1908（明治41）。
・関東都督府陸軍部『東部蒙古誌補修草稿』下，1914（大正3）。
・『東部内蒙古産業調査』2，農商務省，1916（大正5）。
・関東都督府民生部『満蒙経済事情』9，1917（大正6）。同『満蒙経済事情』16，1918（大正7）。
・柏原孝久・濱田純一『蒙古地誌』上・中・下，冨山房，1919（大正8）。
・内海右一郎『図什業図王旗事情』満鉄庶務部調査課，1927（昭和2）。
・満鉄調査部『興安西省扎魯特旗・阿魯科爾沁旗畜産調査報告』（産業調査資料第58），1939（昭和14）。
・興安局『興安西省阿魯科爾沁旗実態調査報告書』（実態調査資料1），1939（康徳6）年調査，1941。
・興安局『興安南省扎賚特旗実態調査報告書』（実態調査資料4），1939（康徳6）年調査。
・山根順太郎・村岡重夫共著『主農従牧社会に於ける「蒙古部落の農業的性格」』，満洲民族学会，1944（康徳11）。
・Lobsangčoyidan Jokiyaba, Qa. Danbijalsan čoqulba, *Mongγol-un jang aγali-yin oilaburi*, Kökeqota, 1981.
・『巴林左旗志』，『巴林左旗志』編纂委員会 1985年。
・『巴林右旗志』，『巴林右旗志』編纂委員会，1990年。
・『科爾沁右翼前旗志』，『科爾沁右翼前旗志』編纂委員会，1991。
・『赤峰市志』上，赤峰市地方志編纂委員会 1996。
・Bou ji ming, *Qoručin-u mongγol tariyačin-u amidural*, Liyaouning-un ündüsüten-ü keblel-ün qoriy-a,1999.
・『扎魯特旗志』，『扎魯特旗志』編纂委員会，2001。
・その他および2003年，2004年における現地聞取り調査から得た資料

22

興安嶺南山地の経済構造
―ハラトクチンの経済の分析を手掛かりに―

はじめに

　ハラトクチンとは，満洲国興安局が1939年に調査対象とした集落の名であり，その調査報告書『興安西省阿魯科尔沁旗実態調査報告書』（以後，『阿旗実態調査報告書』と称することにしたい）には，この集落の傍を流れる川がハラトクチンという名であると述べている[1]。おそらく，この集落の名前は，この川の名に由来するのであろう。南満洲鉄道株式会社（満鉄）が1937年に実施した調査の報告書には「ハラタクチ〔ン〕」「ハラドチン」「哈拉特沁」などと表記されている[2]。だが今は山の名としてのみ使われている[3]。ハラトクチン部落は，中国の土地改革以後の諸政策の中で集落の名でなくなり，曲折を経て近年バヤンボラク（Bayan bulaγ／巴彦包勒格）という名前になった。この集落は，現在中国内モンゴル自治区赤峰市アルホルチン旗の北部にあるバヤンウンドル・ソム（Bayan öndür）のバヤンボラク・ガチャーの中心地である。ハラトクチン川は，今はナリン川（Narin γoul）といわれている。集落は，1939年も今も，ナリン川とハヒル（Qakir）川の合流点付近の谷間にある平坦地に存在する。かつて家々の多くはナリン川の傍にあったが，今はハヒル川の傍に存在している。

　私とボルジギン・ブレンサインは，この土地の1939年当時の状況と現在の状況を比較した調査と研究を，ここ数年行ってきた。また私はそれ以外に，1995年以来，バヤンウンドル・ソムの南にあるハーンスム・ソム（Qaγan süm-a sumu）やそこからかなり南のフンド（Kündü, 坤都）鎮などに対しても，繰り返し調査をしてきた。本稿は，おもにこれらの調査の成果を使って，

ハラトクチンの経済構造を明らかにしようとする意図から出発した。しかし次節で述べるように，ハラトクチンと類似した自然環境の地域が，興安嶺南の山地に広大に分布している。そこで，興安嶺南山地に共通する経済構造を見出すことができるのではないか，このように思い至った。そのように考えるきっかけとなったのは，フルンボイルの今のエヴェンキ族自治旗の南部に暮らしてきたオールド（Ögeled）族に対する研究であった[4]。そこは興安嶺北の地であるが，環境が興安嶺南と似ている。ハラトクチンの経済を調査してみると，両者の経済に共通するいくつかの点を見出すことができた。そこで，ハラトクチンだけではなく，それと類似した環境の興安嶺南の山地を一体のものとして捉え，その経済構造の共通性を見出すことを考えたのである。本稿の目的は，この点にある。

この興安嶺南の山地に帯状に広がる〔山岳〕森林ステップ地帯に暮してきたモンゴル族の間にみられた経済構造を解明するにあたり，ハラトクチンをまず検討対象にした理由の一つは，そこには，満洲国興安局の実態調査から得られた20世紀前半当時のよい資料があり，また私たちの最近の調査から得られた資料もあるからである。これらの資料を主に使ってハラトクチンの経済の諸側面を個々に分析し，そのつど，興安嶺南の山地の他の地域のそれも検討する。このようにして全体として興安嶺南の山地の経済構造が明らかになるように努めたい。それによって内モンゴル東部の広い部分を占めるこの地域のモンゴル族の経済構造の特徴を浮かびあがらせたい。

1　ハラトクチンと興安嶺南山地の自然環境

ハラトクチンは，山水草木に恵まれている。中国の草地学上「興安嶺山地丘陵湿草地性ステップ亜区」の「大興安嶺南部丘陵平原バイカル＝ハネガヤ小区」に位置する。ハネガヤとは禾本科に属する草で，良好な牧草である。この亜区は森林ステップ地帯で，この小区には，興安盟のウラーンホト（烏蘭浩特）市，突泉県，ジャライド（扎賚特）旗，ホルチン（科爾沁）右翼の

前旗と中期，通遼市〔旧名「ジリム（哲里木）盟」〕のジャロード（扎魯特）旗，ホーリンゴル（霍林郭勒）市，赤峰市〔旧名「ジョーオダ（旧昭烏達）盟」〕北部のヒシクテン（克什克騰）旗，林西県，バーリン（巴林）右旗，バーリン左旗，アルホルチン（阿魯科爾沁）旗が含まれる[5]。ここでは，年平均気温は−2〜6℃，無霜期は90〜110日，年平均降水量は350〜500mmである[6]。

より細かにみると，アルホルチン旗北部は，「軟らかい土をもち，バイカル＝ハネガヤ・ヒメカモジ草・シベリヤ＝ヨモギギクの生える湿草地性ステップ」に分類され，植生は，山地の湿草地性ステップを主となし，低山の地区は森林の縁の湿草地である。山地の北斜面には長白樺，山楊とモンゴル樫の二次性森林区を生長させる。山地の湿草地ステップに優勢な潅木としてはハシバミ属やシベリヤ杏等があり，潅木が覆う割合は15-70％である。草の密度は濃く，地表を覆う割合はふつうのところで46-80％であり，最高のところは90％に達し，草丈も30-60cmに達し，生えている草の50％程度は優良牧草であり，暖かい季節に，1ムー（15分の1㌶）あたり干草77.85kgを産する。これらによって，この地域は，牛を飼うのを主となし，羊の飼育を積極的に発展させる潜在力が非常に大きい[7]。満鉄も，1937年に牧野を調査して，ハラトクチンが牛馬の放牧に適すると記した[8]。

ハラトクチンは，北から南流するナリン川が北西から南東流するハヒル川（qakir γoul）に合流する地点にある（ハラトクチンの位置については図1参照）。それぞれの谷間と両側の山々に牧地があり，ハヒル川は徐々に遡って興安嶺頂付近に至り，マルガン峠（malaγan daba γ-a）[9]を越えて西ウジュムチン旗に入る。二つの川の流域の山々には森林が発達しており，ハヒル川沿いの道をしばらく遡ると国営ハン山林場の範囲に入る。1908（明治41）年にハヒル川を遡って西ウジュムチン旗に入った鳥居龍蔵は「河畔には人の丈より高き柳樹立ち並び，恰も柳のトンネルを行くが如き感あり」と述べたが，今もそのような場所が残っている[10]。かつて山林はずっと豊かであったとい

う。峠の西方のボルガスタイ川流域にハラトクチンの広い夏営地があったが，西ウジュムチン旗との旗界紛争が起り，多くの部分が西ウジュムチン旗のものとなった結果，ハラトクチンの牧民は牧地の不足に苦しんでいる。

　アルホルチン旗北部は，モンゴル国でいうハンガイ地帯である。そこは，牛の飼育に最も適し，羊・山羊の飼育にも適している。また，森林が豊かであるので，木材資源，野生動物に恵まれている。このような特徴のある場所は，赤峰市のヒシクテン旗，バーリン右旗，バーリン左旗，通遼市のジャロード旗，興安盟のホルチン右翼中旗，ホルチン右翼前旗，ジャライド旗の，それぞれ興安嶺南の山岳・丘陵地帯である。この地帯を，本稿では，興安嶺南山地と称することにしたい（図1参照）。なお興安嶺の北斜面にも自然環境の似た地域があり，両者あわせると興安嶺山地と称されるが，本稿では，嶺南山地側をもっぱら扱う。

注：『内蒙古農牧資源』編纂委員会1996の図9（75頁）のⅢ（山地森林・草原亜帯）を興安嶺南山地とみなした。

図1　内モンゴルと興安嶺南山地

2 ハラトクチンの集落と経済の概要

1939年当時，満洲国下のハラトクチン部落は，アルホルチン旗を構成する10のノタク（努図克）の一つハーンスム（罕廟）＝ノタクに属していた。ノタクの長の下に百家長が5人おり，各百家長の下に五十家長が2人，十家長が10人いた。ハラトクチンの家は，4人の十家長の下に属していたから，本来40戸から成るが，調査当時，ナリン川の谷にいたのは20戸のみで，十家長が1人だけであった。他の20程度の家と3人の十家長は谷の外にいた。興安局が調査したのは，その20戸だけであた。ハラトクチンは「纏まった部落の名称ではなく，従って実態調査を行った20戸の家も，相互に有機的な関連を有つものではなく，偶々其の年此の峪間に来たり合はせてゐるものとも考へられるであらう」[11]。興安局の調査の2年前，1937年に満鉄が調査したとき，ハラトクチンには29戸が存在したのである[12]。

戸別概況表によると，調査した20戸には，129人がいた。全員モンゴル族で，19戸が本旗人，農家番号14[13]の1戸だけが外旗人である。この家は，7年前に匪賊の攻撃で家財を失い，知り合いを頼ってここに来たのであった。20世紀初め，内モンゴル東部に匪賊が跋扈し，牧民は被害を受け，故郷を離れた。これは，漢人農民のステップ開墾や金丹道暴動が清末・民国初にモンゴル人の移住を引き起こした[14]のと並ぶ，モンゴル人の移住の理由となった。ハラトクチンにも，その影響がみられたのである。1908年，鳥居龍蔵はハヒル河畔のガブチュ廟（γabču süm-e）に宿を借りたが，この廟も，廟より上流域（ハラトクチンがある）の牧民もひどく略奪され，山中に逃れていた。そのため，鳥居は牧民に接することができなかったのである[15]。

興安局の興安省諸地域に対する実態調査の中心人物であった竹村茂昭は，興安省つまり内モンゴル東部の経済形態を，大きく純遊牧，半農半牧，農耕に3分し，半農半牧形態については，遊牧が主，農耕が従の形態（牧主農副

形態）と農耕が主，牧畜が従の形態（農主牧副形態）に2分し，牧主農副形態の地域としてアルホルチン旗のハラトクチンを挙げ，説明を加えた[16]。

一方，興安局の『阿旗調査報告書』（及び他旗に関する『実態調査報告書』）の例言に掲げてある「調査部落表」には，遊牧，農主牧従，農耕の3経営様

表1　ハラトクチン戸別概況表（1939年当時）

農家番号	家族(人) 男 62	家族(人) 女 67	経営方式	所有家畜(頭) 牛	馬	羊	山羊	寄託家畜(頭) 牛	羊	山羊	受託家畜(頭) 牛	羊	山羊	耕地(畝) 占有面積	耕作面積
1	5	5	牧(自奇)農(東)	408	134	69	244	124	–	–	–	–	–	21	–
2	4	5	牧(自奇)農(東)	145	276	276	89	56	55	36	–	–	–	9.8	–
3	5	7	牧(自)農(東)	86	75	542	234	–	–	–	–	–	–	11.7	–
4	1	5	牧(自奇)農(東)	44	49	374	81	9	–	–	–	–	–	7	–
5	2	4	牧(自)農(東)	97	3	5	229	–	–	–	–	–	–	8.2	–
6	3	2	牧(自受)農(東)雑	5	3	21	11	–	–	–	63	128	12	4.7	4.7
7	3	2	牧(自受)農(共)	2	1	–	–	–	–	–	32	–	–	4.7	4.7
8	2	1	牧(自)農(共)	20	1	–	–	–	–	–	–	–	–	2.3	2.3
9	3	2	牧(自受)農(撈)雑	4	–	–	–	–	–	–	26	–	–	–	4.1
10	1	3	牧(自)雇(年)	16	1	–	–	–	–	–	–	–	–	–	–
11	3	5	牧(自受)農(共)雇(年)	1	–	–	–	–	–	–	29	–	–	–	3.5
12	2	2	牧(自)農(共)	15	–	–	–	–	–	–	–	–	–	–	2.3
13	4	6	牧(自受)農(共)雑	7	1	–	–	–	–	–	9	–	–	2.3	2.3
14	4	2	牧(自)農(撈)雇(年)	11	–	–	–	–	–	–	–	–	–	–	7.1
15	3	3	牧(受)農(撈共)	–	–	–	–	–	–	–	14	–	–	–	3.5
16	3	2	牧(自受)農(共)雑	4	–	–	–	–	–	–	6	–	–	4.7	4.7
17	2	3	牧(自受)農(撈共)	–	1	–	–	–	–	–	3	–	–	–	4.9
18	9	5	牧(自受)農(撈)雇(月)雑	2	–	–	–	–	–	–	2	–	–	–	4.1
19	2	2	牧(受)農(共)雇(年)	–	–	–	–	–	–	–	4	–	–	–	4.9
20	1	1	牧(自)雇(日)	2	–	–	–	–	–	–	–	–	–	–	–
計	129			869	549	1,287	888	189	55	36	188	128	12	76.4	53.1

注：本表は『阿旗調査報告書』1941の統計篇と竹村茂昭1941の表に基づいて作製したものである。両者の間で数字の違いのある場合，計算違いのある場合があるが，竹村の表に従った。

凡例：牧＝牧畜。カッコ内の表記→自＝自家牧畜，寄＝寄託，受＝家畜受託，
　　　農＝牧農家が農耕を営んでいること。カッコ内の表記→東＝東家（資本主，親方），自＝自作，共＝共同耕作，撈＝撈青（小作人）による耕作，雇＝雇用労働者
　　　年＝年工（1年契約の仕事），月＝月工（月決めの仕事），日＝日工（日雇いの仕事）
　　　畝＝畆＝15ムー（1ムー＝15分の1㌶）

式を挙げ，ハラトクチンは遊牧に分類されている。ところが同書の本文には「遊牧を生業とし」「若干の農耕を為し」と記されている[17]。本文の他の記事を合わせ読むと，そこが牧主農副形態の地域とみられていたことは明らかである。戸別概況表の経営方式の欄をみると，ハラトクチンの全20戸が牧畜に関わっていたが，しかし農耕に関わっていた家が18戸もあった[18]。すると，本当に牧主農副なのか，半農半牧ではないのか，との疑問が浮かぶ。だが，その農耕というのは「牧畜を営むのに障らない農耕」というものであったから[19]，牧主農副とみなされたのである。そしてその場合の「牧」とは，上述のように，遊牧であるとみなされていたのである。ここでは，この点だけを確認しておく。そしてまた，ハラトクチンの経済において，牧畜と農耕が営まれていたことも，確認しておきたい。

戸別概況表の6，9，13，16，18番の家の経営方式欄に「雑」とあるのは，大工仕事である[20]。20戸のうち6戸もこの仕事に関わっていた以上，木工もハラトクチンにおいて意義をもっていたはずである。遊牧民の経済において古来重要であった狩猟は，調査当時ハラトクチンにおいてほとんど行われなかったという[21]。だが私は，後述するように狩猟も，重要な意義をもっていたと考える。

以下に，牧畜，農耕，狩猟，木工の四つの経済項目を順次検討することによって，ハラトクチンの経済構造を明らかにしたい。

表2　1937年のハラトクチンおよびその近隣地域，阿魯科爾沁旗の家畜数構成

		牛	馬	羊	山羊
ハラトクチン（ハラタクチ）		886	516	434	640
ハラトクチンを含む地域	ガブチュ／カブチ	10,567	2,324	3,850	9,314
ハラトクチン近隣地域	ハンスム	4,896	1,143	1,428	3,529
	ジブト／ジブト	5184	1,508	803	5,794
アルホルチン旗		50,316	−	9,584	37,230

注1：『扎旗阿旗調査報告』1939，281-282頁，351-353頁。なお括弧内は，『扎旗阿旗調査報告』1941年の表記。アルホルチン旗の項の数字は『阿旗調査報告書』1941による（1937年の家畜統計）。馬の頭数は記されていない。

注2：駱駝，ロバもわずかずついるが，省略した。ただしハラトクチンに駱駝はいない。

518　第3部　近現代内モンゴル東部地域の研究

3　牧畜

　ハラトクチンは，既述のとおり，〔山岳〕森林ステップである。〔山岳〕森林ステップは純ステップなどに比べて牛に最も適しているので，表1，表2に示したように，ハラトクチンも小型家畜（羊と山羊）に対する牛の割合が多い。この点，表2に示した近隣地域——ハラトクチンはガブチュ地区管内にあり，ハーンスム地区はガブチュ地区の南に接し，ジブト地区はハーンスム地区の東に接する——も同様である。ハラトクチンでは，1939年には羊が山羊よりだいぶ多かったが，1937年には逆であった。そして近隣地域も山羊が羊より多いのである。ハラトクチンで1939年に羊が多かった事情は，多分住民構成の変化に求められよう。おそらく，1939年後すぐに山羊のほうが多くなったと思われる。1948年以後20年間も，山羊のほうが多かった[22]。山羊が多いのは，羊より粗放な飼育管理に耐えるからだと言うモンゴル人が多いということだが[23]，この付近が山岳地帯であることも関係していよう。ちなみに，同じころ，アルホルチン旗全体も小型家畜に対する牛の割合が多く，山羊が羊より多かった[24]。以上の点は，興安嶺南山地の他の旗にも共通した[25]。ただ羊が山羊より多い旗もある。

　これを興安嶺西の純ステップが多いシリンゴル盟（チャハルは含まれていない）の同じ頃の家畜構成と比べると，そこでは牛106,000頭に対し，羊760,000頭，山羊88,000頭で[26]，牛の割合は13%程度に過ぎず，小型家畜の割合が断然多い。また興安北省（現フルンボイル盟）のホーチンバルガ旗やシネバルガ左右両旗の1938年における調査の結果からは，もっと極端な構成を知ることができる[27]。

　表1をみると，羊と山羊は6戸だけがもち，とくに1〜5番戸に偏在している。牛と馬をもつ家は，それぞれ17戸，11戸と多いが，馬は1〜4番戸に偏在し，複数所有戸は6戸のみで，他は1頭である。一方牛は，複数所有戸が16戸で，10頭以上が9戸もあり，顕著には偏在していない。牛が最も

必要性の高い基本家畜であったことを示す[28]。ところで10頭以上牛をもつ家は，他家の牛を受託していない。そこでこの程度の牛をもてば，牧畜生活はある程度維持できたのかも知れない。ただ11頭を所有していた14番戸が小作や「年工」も兼ねて行い，15頭を所有していた12番戸が何の副業ももたなかったことからみて，生計自立の条件は，15頭程度以上の牛をもつことであったとみておきたい。

牛がハラトクチンの基本家畜であったことを確認した上で，表1をみると，牛の，馬・羊・山羊よりゆるやかな偏在は，牛のスルグ（sürüg），つまり寄託（sürüg talbiqu）と受託（sürüg qadaɣalaqu）によってさらに是正され，牛の少ない家の生計が補われていることが読み取れる。また家畜の多い家が，スルグ以外の仕事も生み出し，牛の少ない家の生計の維持に役立っている[29]。そこで結局，集落全体の牛または全家畜の多寡，1戸あたりの頭数が，ハラトクチンの牧畜経済の水準を示す指標の一つとなる。そして同集落の1戸あたりの頭数は，牛43.45，馬27.45，羊・山羊108.75である。この数字は，近隣のジブト，ハン・スム，ガブチの平均頭数，牛22.1，馬5.3，羊・山羊26.4に比べて，ハラトクチンがずっと豊かであることを示す[30]。

興安局の調査によると，ハラトクチンの集落は，すべてモンゴル・ゲルから成り，家畜の乏しい2戸のみ，ゲルが固定されていた。そして山陰の冬の居所と，そこから遠くて約2km離れた，川の傍の夏の居所とがあった。これらの居所は，家ごとにほぼ一定していた。牧地は，集落を中心として10kmの範囲であった。冬には，樹枝，柳条などで風よけや家畜囲いを居所に作り，夏には取り払った。家畜の少ない家は，夏の居所と冬の居所と周囲の牧地で1年中過ごし，家畜の多い数戸のみ，冬季以外，集落の西北方25〜30kmのホンドロンに上がって過ごした[31]。旧暦5月頃に移動を開始し，7，8月頃をそこで過ごし，9月に下りはじめ，10月には冬営地付近の丘に帰り，11月頃山陰の冬営地に入った。経路は，ほぼ一定していた[32]。ホンドロンに上がる家でも，老人や子供は集落に残した。満洲国前は，夏には全戸が一

520 第3部 近現代内モンゴル東部地域の研究

家・家畜を挙げて夏営地にでていた[33]。この変化の理由は，住民によると，満洲国になって出された「生活の本拠は常に一定せよと云ふ旗公署の命令」にあった[34]。

　ハラトクチンで基本家畜の牛が少ない家は，冬の居所と夏の居所の往復移動のみをした。集落の 10km 四方の牧地に夏の牧地と冬の牧地の区別がされていたか否か不明だが，ともかくこの状態が，遊牧の変化によるのでも農耕の影響によるものでもなく，行政側の命令によって生まれたとすれば，変化の歴史的必然性を説くことはできないであろう。牧民が行政の命令に服せたのは，家畜が少なく草の条件もよく，集落周辺の牧地の持続的利用が可能だったからである。しかも家畜の多い家が同じ牧地を冬に使っても，問題がなかった。少ない家畜が夏の草の成長期に集落周辺の草を食っても冬に食う草が十分残されていたに違いない。ともかく行政の命令によるものであれ，調査当時，移動性は低まっていたと言えよう。

　ハラトクチンの場合と同様，中国の土地改革・人民公社設立以前，地域によって差はあるが，少数の富裕戸に家畜が集中し，他の牧戸は，富裕戸に依拠して生活していた。富裕戸と，富裕戸から多く家畜を受託していた家は，家畜が多いので，長距離の季節的移動の必要性が高かったが，他はそうではなかった。

　この点，ガブチュ，ハンスムなどのハラトクチン近隣地域も同じであった[35]。興安嶺南の山地のジャルート旗でも同じであった[36]。同旗のバヤルトホショー（Bayartu qosiɣu）鎮に対する調査でも，同じ結果であった[37]。夏季に北方興安に上がって行き，寒くなると，より低いところに南下する点も同じであった。興安局がハラトクチンの牧畜を遊牧とみていたことは，既述のとおりである。興安局が 1940 年末に作製した図によれば，ハラトクチンを含むアルホルチン旗北部の牧民の夏の牧地から冬の牧地のへ移動の方向が図示されている。東隣りのジャルート旗北部についても同様である。ともに遊牧が行われていたとみられていたと思われる。同図によると，ヒシクテ

ン旗北部についても同様であった[38]。

　当時，興安嶺南山地では，この3旗のみで遊牧と見られるような移動が行われ，他の旗で定着的であったらしい。ただしそれらのところでも，かつては冬と夏の牧地の間の季節的往復が行われていた。清末1910年頃のホルチン右翼中旗にその例が見出される[39]。興安嶺南山地，さらには内モンゴル東部地域の具体的な牧畜のあり方や遊牧の定着化の過程とそれに伴う遊牧の変化の状況については詳述せず，別稿に譲りたい。ここでは，当時興安嶺南山地では，牧畜はなお盛んであり，牧民の経済の基盤をなしていたこと，ハラトクチンのように季節的移動のみられた地域と，定着化が進行していた地域が存在していたこと，の2点だけを指摘しておきたい。

4　農耕

　ハラトクチンでは，モンゴル語で namuγ tariy-a，漢語で漫撒子と称される農耕が営まれていた。これは，草原の冬営地付近の適当な場所に，蕎麦か糜子（mongγol amu，モンゴル＝アモ）の種を播いて犂を入れ（畦をつくることはしない），その後，ほとんど世話をせずに秋を待ち，穂を刈って収穫する農法である[40]。ハラトクチンにおいて，農耕は牧畜を営むのに障らないもの，単に添え物に過ぎす，一家の人口を糊すれば足りるから，耕地面積の大小は一家人口の大小に比例するものであって，家の貧富とは何の関係もなく，家の貧富を定めるものは各家の家畜数の多寡による。このようにあくまで牧畜重視なので，集落周辺の肥沃地を耕すことは避けられ，10km余離れた西南の峪間の土地を耕していた。つまりハラトクチンの農耕は，自給程度のものであり，遊牧を妨げず，牧野を侵さぬものであった。そこでハラトクチンを含むアルホルチン旗の「北半は遊牧を主たる経営方式とし農耕は附帯経営に過ぎない」とされた[41]。ナマク＝タリヤ農耕は，まさに遊牧民の農耕として捉えるべきものである。

　興安嶺南山地を含む他の旗でも，ナマク＝タリヤ農耕は清代あるいはその

522　第3部　近現代内モンゴル東部地域の研究

後も行われていた。今，旗志類を参照すると，ヒシクテン旗，バーリンの左旗と右旗，ジャロード旗やホルチン右翼前旗について，そのことがわかる[42]。ジャライド旗でも，20世紀初頭，西北部山地で行われていた[43]。ホルチン右翼中旗についても，興安嶺南山地を含めて自足の程度のナマク＝タリヤ農耕が行われてきた[44]。ジャロード旗の興安嶺南山地でも，1930年代末の調査によると，その収穫糧は少なく，自家消費も充足させられない程度であった[45]。ホルチン右翼前旗では，1920年の中ごろに，興安嶺南山地に属する帰流河上流域の牧民がナマク＝タリヤ農耕とみてよい農耕を行っていたことが報告されている[46]。要するに，興安嶺南山地の農耕は，ハラトクチンでも，それ以外のところでも，牧畜の妨げにならないような方法で，自家消費に足る程度の蕎麦，糜子（mongɣol amu）の収穫を得るために，行われていたのである。

　なおナマク＝タリヤ農耕は，内モンゴル東部一帯で広く行われていたのであり，この地域のモンゴル族の経済を考える上で無視できないものである。詳細は別稿に譲ることにしたい。

5　狩猟

　狩猟について「阿旗調査報告書」には，ハラトクチンでは「ずっと以前に既に其の生産方法としての重要性を喪ひ漸次忘れ去られんとしてゐる」とあり，また「民国元2年の頃黄兵（バブチャプの蒙古独立軍の事）の乱の時，旗頭局より銃器を徴発され，満洲建国後に於ても亦銃器を回収され」，狩猟が実際上ほとんどできなくなったという集落の長老の話も引いている[47]。同報告の執筆者は boru gö その場所で，ベ・ヤ・ウラジーミルツォフの，モンゴル族は最初狩猟を重要な生業として営んでいたが，モンゴル帝国時代以後は遊牧のほうが盛んになり，やがて狩猟は副業あるいは娯楽に過ぎなくなったとの所説を紹介している。当時のハラトクチンの狩猟も，この所説に当てはまる事例とみたのである。ベ・ヤ・ウラジーミルツォフ説の成り立たない

ことは，私がすでに指摘したとおりである[48]。興安局の調査では，そのような ウラジーミルツォフの説を念頭に，予断をもって狩猟に関する調査がなされ，猟期でない５月であったこともあって，表面的な聞き取りしか行わなかったのではないかと思われる。

バボジャブの独立運動のさいの銃器回収は，興安局の調査の20年以上も前のことなので，取りあげない。満洲国の銃器回収は，1932年末制定の「暫行銃砲取締規則」に基づき進められたものであり[49]，ハラトクチンの狩猟に一定の影響を与えたであろう。しかしそれは治安上の措置に伴う一時的なものであり，その後ハラトクチンにおける狩猟の重要性を低下させることは，次に述べるように起こらなかった。そしてそのことから，銃器回収以前においても，狩猟が重要であったことも知ることができるのである。それは，ハラトクチンの周りの山々に野獣が豊かであったのだから，当然であった。

2002年に私がおこなった調査によると[50]，ハラトクチンでは，人民公社設立前狩猟が極めて盛んに行われ，食料用肉の３分の２は狩猟の獲物の肉であった。これによって大切な家畜をあまり殺さないで済んだ。客が来ると少し待たせ，山で狩りをして，その肉でもてなした。人民公社時代も，この状態は変わらなかった。狩猟は，満洲国後のハラトクチンで，遊牧に劣らず重要であったのである。具体的に記すと，10月は，主に食料用の獲物，すなわちイノシシ，シカ類（görügesü/гөрөөс），羚羊（čaγan jeger-e/цагаан зээр），野生ヒツジ（arγal uγalja/угалз.1970年代中頃までいた），ウサギ（taulai/туулай）などを狩った。シカは禁猟獣であったが，当時それほど禁令が厳しくなかった。これらのうち，イノシシとノロ／ノロジカ（boru görügesü/бор гөрөөс）が重要であった。

人民公社時代のハラトクチンでは，毎年，イノシシは平均して30-40頭，ノロは40-50頭を猟で得ていた。猟は生産隊の射撃の巧者たちに委ねられ，名手はひとりで全体の３分の１前後を射止めた。射撃は，そのような者たちが行ったので，銃は，ハラトクチン全体で3，4丁もあれば，必要な獲物を

524　第3部　近現代内モンゴル東部地域の研究

射止めるのに十分でであったはずである。だから，銃器の回収が行われても，何丁かが回収を免れれば，猟に取り立てて支障はなかったはずである。それに猟は，銃がなければできないというわけでもない。罠があるからである。罠は種々の獲物に対して用いられ，狼に対しても仕掛けられた。ましてウサギやキツネは銃によって取ることはなく，罠によって取られた。従って，かりに銃器の回収が徹底して，得る獲物が減ったとしても，ほとんど獲ることができなくなったとは考え難い。

　要するに，ハラトクチンでは，狩猟は銃器回収によって一時的に打撃を受けることがあったとしても，一貫して経済的に重要であり続けたとみてよい。

　ハラトクチンの属するバヤンウンドル＝ソムの南隣にあるハーンスム＝ソムにおいても，人民公社時代に，冬春季用の食肉（idesi）の3分の1程度を，狩猟から得た肉が占めていた[51]。ジャロード旗の興安嶺南山地に属するゲルチョロー＝ソムでも同様であった[52]。同ソムの東隣にあるバヤルトホショー＝ソムでは，狩猟をして獲物の肉を食っていたが，それが冬春用の肉に占める割合はやや少なかったようである[53]。ホルチン右翼中旗のバージャルガ＝ソムでも，冬春の肉の3分の1程度は狩猟から得た獲物が占めていた[54]。これらのところでも，イノシシ，ノロ，野ウサギ，ヤマウズラ（itaɣu/ятуу），雉（ɣurɣul）などをよく獲って食っていた。イノシシもノロも山林に棲む動物であり，興安嶺南山地の獲物を代表するにふさわしい。ガゼルは山地の草原に1940年代あるいは人民公社初期ころまではいたが，その後はいなくなった。ステップ＝マーモット（tarbaɣ-a）は，いたとしても少なかったようである。その他，畜肉との割合は不明だが，バーリン部でも，シカ類，ウサギ類を狩って食料としていた[55]。ジャライト旗では，1930年代後半に，本旗人は，ただ放牧と打囲（ここでは狩猟の代名詞—筆者）をこととしているとされ，ウサギやガゼル（羚羊），ノロなどを狩って食っていた[56]。

　以上のように興安嶺南山地では，狩猟は，地域差はあったが，経済上無視できぬ意義を有してきた。獲物の肉の利用は，冬春用の肉のために家畜を殺

す数を抑制することができ，牧民の家計を助けるものであった。また本稿では述べなかったが，毛皮の商品価値も，一定の意味をもった。なお1980年代半ばに自治区から野生動物保護の通告が出された。本格的に狩猟の規制がはじまり[57]，状況は変化したことを付言しておきたい。

6　木材伐採と木工

ハラトクチンでは，表1の6，9，13，16，18の家が木材を伐採し，それを加工する仕事をしていた。表3の家々も木材の伐採・加工の仕事に関わっていた。20番の家は乾草を集めて売っていたとあるが，これが柴も含むのであれば，一応木材伐採の仕事に含めることができるかも知れない。ハラトクチンでは，6，8，9，11〜18，20と，集落の半分以上の12戸がこの関係の仕事に関わっていたということになる。

これについて『阿旗調査報告書』は，「ハラトクチンの西北50支里余（25km—吉田注）離れたところにバルトという山があり，白樺，黒樺の森林がある。部落民はこの山に赴き，自由に樹を伐り出し持ち帰って或は車を作り，或は家具を作り，或は之を町に持ち行き（主として罕廟に持って行ったであるが）穀物，雑貨，日用品と交換してゐる」と述べ[58]，「中牧農以下の貧困な牧農家は放牧地帯にあり乍ら畜産収入は得難いから，別個な収入の道を講ずる必要がある」ので，山に入って「木材を伐出し，蒙古車の材料とか燃料材にして之を売ったり，又物々交換に提供したりする。尚ほ自家の余剰労力で萃蒩[59]及牧草を刈って収入を得る事がある。此の部落での此等の方法による収入は全体で142.74円で（中略）1戸当りは15円86銭である。1箇年の総収入（現金収入及物々交換収入評価額）が平均47円08銭である。貧牧農群は40円42銭である。極貧牧農群にあっては大切な収入の道である」と述べている[60]。これに，13，16番の家の大工収入73円[61]を加えると，総収入は215円74銭となり，林産関係収入は，もっと増える。

ハラトクチンでは，経済的に中層以下の人々が林産関係の仕事をし，それ

526 第3部 近現代内モンゴル東部地域の研究

表3 ハラトクチンの木材採取と売却

農家番号	林産種類	採取量	売却量	売却価格	売却方法
6	牧　草	32車分	2車	1.00 円	ホント治安隊に売却
8	樺	120本	30本	12.00	ハーン廟の商人と，糜子3石と交換
			90本	9.00	ハーン廟の商人に売却（細い木材である）
11	樺	6車分	3車分	25.00	ハーン廟の商人と，糜子3石，布1匹半，煙草，酒と交換
12	車輪木材	2車分	1車分	2.40	ハーン廟の商人と，煙草6把と交換
	輪柱木材	6車分	4車分	30.00	ウジュムチン旗の商人と，山羊肉3頭分と交換
14	車輪木材	12本	10本	5.00	付近部落民に売却
	牧　車	15車分	15車分	3.00	〃
	疙疸	30車分	30車分	6.00	〃
15	楊　柳	1車分	1車分	6.00	ハーン廟のラマ僧に売却
	車の横木	3車分	3車分	12.00	トーテン廟のラマ僧に売却
	楊柳及樺樹	3車分	3車分	20.04	チャバガ廟とハーン廟で行商人と交換
17	樺	74本	74本	7.00	24本を糜子5斗と，50本を5円でハーン廟にて売却
18	車用材	3車分	2車分	10.00	ハーン廟の商人と，糜子2石と交換
20	柴　草	2車分	2車分	0.98	付近部落民と，塩14斤と交換
	乾　草	5車分	3車分	1.96	〃

注：本表は，『阿旗調査報告書』1941，260-261頁の表を手直ししたものである。「疙疸」は木の株の燃料。

が重要な収入源であった。だがこの仕事を，「放牧地帯にあり乍ら畜産収入は得難い」ため，生活上やむなく選んだ不本意な手段としてのみ捉えるのは一面的であろう。この集落は，アルホルチン旗でも最も林産に恵まれており，他方木材の乏しい草原地域が南方に控えている。そこの需要に応えるべく木材を切り出して運んだり，木材を加工したりする人々が現れたのは当然である。その後1980年代には，ハラトクチンの2人を含めて，バヤンウンドル＝ソムに5人のモンゴル人木工がおり，旗の南に行くほど，その数は少なかった。現在旗全体で，モンゴル人木工は，ハラトクチンのゲル造り木工1人だけだろうという[62]。このように木工が今も残っているのも，ここが林産地だからである。つまりハラトクチンの林産関係の仕事には，地域的特色に立脚している側面を認めなければならないのである。なお，近年における林産関係従事者減少の理由の一つに，ハン山林場の設置も挙げられよう。

木材との関わりは，ハラトクチンと同様の環境をもつ，他の興安嶺南山地においてもみられた。アルホルチン旗北部の東隣りにあるジャルート旗ゲルチョロー＝ソムのノドム＝ガチャーには，現在ゲルを作る人が2，3人おり，かつて車を造る木工も2，3人いた[63]。ソム中心地にも，現在ゲルを作る木工がいる。ホルチン右翼前旗では，興安嶺南山地に属する帰流河上流域のモンゴル人は，牧畜を営み，農耕（ナマク＝タリヤ農耕—吉田注）をするものとしないものがいるが，洮児河流域の森林から切り出した木材を牛車で洮南（吉林省洮安）に搬出し，また牛車の材料や樺等の木材，穀類をウジュムチンに運んで塩を得ることを副業にしているものが多く，また満洲屯から洮児河に通じる街道の谷間にある小集落や洮児河岸にあるトブスコアイルなどの集落のモンゴル人も牧畜以外に，「貧困なるもののみ木材を洮南に搬出し又牛車の製造をなして生活」していた[64]。前述したフルンボイルのオールド族も，興安嶺北の木材を伐り出してハイラルに搬出したり，伐り出した木材で車を作ったりして売り，重要な収入源としていたのである[65]。

おわりに

おそらく20世紀後半までみられたハラトクチンの伝統的な経済のありかたは，牧畜を基盤とし，その生産物を自家消費や交換・売却に用いつつ，モンゴル人伝統の農耕であるナマク＝タリヤ農耕も自家用のモンゴル＝アムや蕎麦の収穫のために行い，また興安嶺のめぐみである森林の動物を主な対象とする狩猟によって冬春用の十分な肉を確保し，毛皮は売り，伐り出した木材を搬出しまた木工品を作って売って，必需品を入手するという，複合的な構造をもっていた。これら4種がうまく噛み合って，ハラトクチンの住民の生活は全体として成り立っていたのである。このような経済のあり方は，他の興安嶺南山地にも存在していたのであり，前節で述べたホルチン右翼前旗の帰流河上流域の牧民の経済も，まず間違いなく行っていた狩猟も加えるならば，まさにこのありかたを裏付ける一事例となる。

528　第3部　近現代内モンゴル東部地域の研究

　これらの経済は，どれが進み，どれが遅れているという尺度で評価すべきではなく，内モンゴル東部の自然環境，そしてハラトクチンと他の興安嶺南山地の自然環境に立脚して営まれていたとみるべきである。モンゴル高原では，長い間牧畜と狩猟が経済の二つの柱を構成していた。おそらく清朝時代の途中から，狩猟の役割は低下しはじめたかもしれないが，興安嶺南山地の場合，奥まった地域にあるおかげで，最後まで動物が豊かであり続け，またそこが〔山岳〕森林ステップなので，森林の動物が獲物として多いという特徴がみられた。農耕は，内モンゴル東部のステップの乾燥程度に見合った，そして遊牧を妨げない方法として確立された，モンゴル遊牧民の農法であるナマク＝タリヤ農耕だけが行われてきた。それは，格別興安嶺南山地のみの自然環境を反映した点はなかったようである。ナマク＝タリヤ農耕を遅れたあるいは原始的な農耕であると軽視することは妥当ではない。ステップと遊牧民に適合した農耕として成立し営まれてきたもの見るべきである。繰り返すがこれについて，近く研究を発表する予定である。興安嶺南山地の地理的環境をよく生かしたものとして木材との関わりがあった。これはこの地域の経済を豊にし，安定させ，外部地域とのつながりを強める要素として機能した。

　従来，内モンゴル東部のモンゴル族の経済は，かなり平板に理解されてきたといえよう。狩猟，牧畜，農耕という順序の経済と社会の発展段階を念頭に，遊牧は後進的・原始的なもの，狩猟は衰えるべきもの，農耕は盛んになるべきものという観点から，モンゴルの経済と社会が分析されてきた。ウラジーミルツォフの影響が濃厚に見られる興安局の実態調査報告は，まさにそうであった。このような観点に立つ研究は，その後も多く見られる。この見方に立つと，ステップのある地域に牧畜，狩猟，農耕が並存する状態を説明することは困難である。かくてナマク＝タリヤ農耕は原始的な農耕と蔑視され，狩猟や木材・木工関係の仕事を貧乏な牧民の行うもの片付けられてきた。私はこれに対して，自然環境の差異によって，当然地域的な経済の特徴が生

じるはずであり，そのことが，モンゴル高原の遊牧民の経済そして歴史を内容豊かなものとしてきたのであり，興安嶺南山地の経済は，そのような観点から説明すると，よく理解できると考える。

　私は，かつてモンゴル国のハンガイ地帯と内モンゴルの陰山山脈地域の山岳森林ステップを，水草・野生動物・木材に恵まれ，遊牧・狩猟に最適であり，木材による日用品や戦争用具の作製が容易であるなどの理由によって，遊牧民によって拠るべき場所と意識され，強大な遊牧国家の根拠地が，しばしばこれらの地域に置かれ，歴史的に重要な意義をもち続けたと述べた[66]。その後，山岳森林ステップと純ステップのそれに隣接する部分が，遊牧民にとって最も良好な環境であるとしたほうがよいと考えるようになったが，ともかく，興安嶺南部地域とそれに隣接する平原は，上述した二つの地域と類似した環境をもち，強大な契丹政権の根拠地の置かれた今のバーリン左旗の地もその一郭を占める。これによっても，興安嶺南山地の意義の一端を理解することができると思われる。

追記　本稿は2004年3月に島根県立大学北東アジア研究センター『北東アジア研究』第7号に掲載されたものに若干の手直しをしたものである。

注

1)　『阿旗調査報告書』1941，2頁。

2)　『扎旗阿旗調査報告』1939，23頁，230頁，284頁，付図など。

3)　ハラトクチンは本来，本集落そばの qartaγčin aγula 山の名に由来するらしい。qartaγčin は qar-a toγčin が訛った形だろうとされる（Qoduringγ-a, 1997, pp. 203-204）。

4)　吉田順一，2001，36-42頁。

5)　中国農業部畜牧獣医司・全国畜牧獣医総站，1996，412-413頁。なお内蒙古草地資源編纂委員会，1990，354-363頁参照。バイカル＝ハネガヤはモンゴル語で bayiγal kilaγan-a/хялгана という（Öbür mongγol-un baγsi-yin degedü sorγaγuli/öbür mongγol-un sorγan kümüjil-ün keblel-ün qoriy-a, 1977, p. 172）。

530 第3部 近現代内モンゴル東部地域の研究

6) 内蒙古草地資源編纂委員会 1990, 363 頁。

7) 謙明閣主編, 1990, 229-231 頁。*Öbür mongγol-un baγsi-yin degedü sorγaγuli*, Öbür mongγol-un sorγan kümüǰil-ün keblel-ün qoriy-a, 1977, 1566 頁。

8) 『扎旗阿旗調査報告』, 1939, 170 頁。

9) 阿魯科爾沁旗地名志, 465 頁。

10) 鳥居龍蔵, 1975, 98 頁。興安嶺南の他の山地の森林も, 往時は現在よりだいぶよかったのであり, それが森林が後退して, 現在の森林の分布状況となっているとみなければならない。

11) 『阿旗調査報告書』, 1941, 32-33 頁。ハラトクチンにいた十家長とは, 農家番号 12 であった。

12) 『扎旗阿旗調査報告』, 1939, 309 頁。満鉄はハラトクチンを佃査（ガチャ）一名としている。

13) 農家番号とは, 調査対象集落各戸の識別番号である。本集落では「牧戸番号」とすべきもの。

14) ブレンサイン, 2003, 第4章。

15) 鳥居龍蔵, 1975, 95-98 頁。鳥居は, ハヒル川を遡りアスルンタバ, マラガインタバを通った（タバは dabaγa で, 峠の意。前者はバルス峠の誤り）。私も 2002 年に, この集落からハヒル川を遡り両峠を経て西ウジュムチンに出た。鳥居は間違いなくこの集落を通ったのである。

16) 竹村茂昭 , 1941, 60-75 頁。

17) 原文に「若干の農耕地を為し」とあるが, 文意からして「農耕」の誤りなので, 訂正した。

18) 他の2戸の, 10 番は他家の家畜の放牧, 20 番は他家の雑用をしていた（『阿旗調査報告書』, 1941, 235 頁, 238 頁）。20 番は廟丁なので, 年にひと月所属の寺で働いていた（竹村茂昭, 1941, 68 頁）。

19) 『阿旗調査報告書』, 1941, 129 頁。

20) 『阿旗調査報告書』, 1941, 67 頁, 133 頁。同統計篇第3「家族構成表」の備考欄参照。

21) 『阿旗調査報告書』, 1941, 93 頁。

22) 〔bayan öndür güngše〕teüke-yin material-i emkidkekü baγ-a duγuyilang 1978, pp. 45-46。ハラトクチンを含むシャルボド生産大隊の統計記録に従う。1948 年だけは羊のほうが多かった。

23) 『扎旗阿旗調査報告』, 1939, 213 頁。

興安嶺南山地の経済構造　531

24）『阿旗調査報告書』, 1941, 105, 117 頁。このあり方は, 戦後も同様であった。た
　　だし 1978 年以後は, 羊が山羊より多くなった（『阿魯科爾沁旗志』, 1994, 348-350
　　頁）。

25）満洲国興農部畜産司, 1939 など参照。

26）編者不詳, 1942。

27）興安局調査科, 1939, 21 頁, 159-161 頁, 276 頁。

28）『阿旗調査報告書』, 1941, 158 頁。牛以外の家畜の富裕層への偏在は, ハラトク
　　チンだけの特徴ではない（同, 213 頁）。

29）寄託と受託については, 『阿旗調査報告書』, 1941 の第 3 編第 5 章・第 7 章参照。

30）『扎旗阿旗調査報告』, 1939, 214 頁

31）ホンドロン（köndelen）のことで, 注 15）のバルス峠とマラガン峠（西ウジュム
　　チン旗との境界）の間に横たわる谷。実際には東西に細長く, 12 〜 13km ある。今
　　も夏営地として使われている。

32）興安局の調査では 4 戸のみ長距離の季節的移動をしていたが（『阿旗調査報告書』,
　　1941, 79 頁）, 満鉄の調査では 9 戸であった（同, 230 頁）。基礎となる戸の数の差
　　による違いであろう。

33）『阿旗調査報告書』, 1941, 60-61 頁。竹村茂昭 1941 は, 中華民国頃からとする
　　（64 頁）。

34）本段落は, 『阿旗調査報告書』, 1941, 60-61 頁, 64-65 頁, 79-81 頁に基づく。

35）『扎旗阿旗調査報告』, 1939, 213 頁, 230 頁など。

36）『扎旗阿旗調査報告』, 1939, 198 頁, 205-206 頁など。

37）2002 年 12 月調査。対象者女（75 歳）。

38）国務院興安局調査科, 1940。この図は, 飯塚浩二（1972）に, 2 色刷りで縮刷さ
　　れて収められている。原本は多色刷りである。

39）程厚・郭文田, 1910〔武莫勒 1998 の 218-220 頁を参照〕の「牧畜」の項に, 「夏
　　秋両季は〔畜〕群を河泊—霍勒河両岸等—に移し水草に就かせ, 冬は, 冰をして結
　　ばしむれば, 元通り各屯に回へる」とある。

40）竹村茂昭 , 1941, 66 頁。『阿旗調査報告書』, 1941, 53 頁, 54 頁。

41）以上, 『阿旗調査報告書』, 1941, 79 頁, 86 頁, 129 頁, 133 頁。

42）赤峰市地方志編纂委員会, 1996, 683 頁。『巴林右旗志』編纂委員会, 1990, 221 頁。
　　『巴林左旗志』編纂委員会, 1985, 101 頁。『扎魯特旗志』編纂委員会, 2001, 113 頁。
　　『科爾沁右翼前旗志』編纂委員会, 1991, 293 頁。

43）柏原・濱田, 1919, 571 頁。王府付近でも 1925 年ころまでナマク＝タリヤ農耕が

532　第3部　近現代内モンゴル東部地域の研究

存在していた（興安局 1939 ？，49 頁）。

44）関東都督府陸軍部，1908，430 頁，494 頁。内海右一郎，1927，57 頁。

45）『扎旗阿旗調査報告』，1939，32 頁，194 頁。

46）坪井清，1926，8 頁。

47）『阿旗調査報告書』，1941，93 頁。

48）吉田順一，1981，103-116 頁。

49）満洲国史編纂刊行会，1970，329-330 頁。満洲国史編纂刊行会，1971，248 頁。

50）2002 年 8 月調査。対象者：男（71 歳）。

51）2003 年 10 月調査。対象者：男（65 歳）。

52）2003 年 10 月調査。対象者：男（85 歳）。

53）2003 年 10 月調査。対象者：男（66 歳），男（75 歳）。

54）2003 年 10 月調査。対象者：男（70 歳）。

55）柏原・濱田，1919，689 頁。

56）土屋定国，1937，25 頁，119 頁。当時ジャライトの本旗人は，自らは農耕せず，漢人か外旗人に小作させて農耕をしていた。

57）『科爾沁右翼前旗志』編纂委員会，1991，354 頁。

58）『阿旗調査報告書』，1941，67 頁。なお鳥居龍蔵は，1908 年にハヒル川を遡りアスルン峠を越えて西ウジュムチンに出たが，興安嶺山頂付近の，主に樺，柏等の木が多く伐られており，「樺は蒙古人等の車，又は曲物に作るに用いるものなり」と記した〔鳥居龍蔵，1975，99 頁〕。

59）植物名か。

60）『阿旗調査報告書』，1941，260 頁。なお「萃蓿」とは辞書に「頭にできた腫れ物」とある。この箇所の文意にそぐわない言葉である。

61）『阿旗調査報告書』，1941，統計篇「第 22 現銀収支表（収入ノ部），」

62）2002 年 8 月調査。対象者：男（45 歳）。この人物はゲル造りの大工である。

63）2003 年 10 月調査。対象者：男（85 歳）。

64）坪井清，1926，10-11 頁。

65）吉田順一，2001，36-42 頁。

66）吉田順一，1980。この論文で陰山において森林は山の南斜面を中心に草原が北斜面に発達していたと記したのは，それぞれ北斜面，南斜面と改めたい。なお農耕は，これらの地域でいつでも行われていたわけではない。

興安嶺南山地の経済構造　533

略号・文献目録

〔略号〕（五十音順）

『阿旗実態調査報告書』，1941。

興安局，1941，『興安西省阿魯科尓沁旗実態調査報告書』（実態調査資料第1集）。

『札旗阿旗畜産調査報告』，1939。

満鉄調査部，1939，『興安西省札魯特旗・阿爾科尓沁旗畜産調査報告』（其ノ1）』

〔日本語文献〕（五十音順）

飯塚浩二，1972，『満蒙紀行』筑摩書房。

内海右一郎，1927，『図什業図王旗事情』満鉄庶務部調査課。

柏原・濱田，1919，柏原孝久・濱田純一『蒙古地誌』下巻，冨山房。

関東都督府陸軍部，1908，『東部蒙古志草稿』下巻，関東都督府陸軍部。

興安局，1939 ?，『興安南省扎賚特旗実態調査報告書』（実態調査資料第4輯），興安局。

興安局，1941，『興安西省阿魯科爾沁旗実態調査報告書』（実態調査資料第1輯），興安局。

興安局調査科，1939，『興安北省に於ける牧野並放牧慣行調査報告』，興安局。

国務院興安局調査科，1940，『満洲帝国旧蒙古地帯民族分布図』，興安局。

竹村茂昭，1941，「蒙古民族の農牧生活の実態」，『食料経済』7-10，東亜研究所第5調査委員会。

土屋定国，1937，『興安南省扎賚特旗事情』（満洲帝国地方事情大系L第8号），満洲帝国地方事情大系刊行会。

坪井清，1926，『洮南満洲里間蒙古調査報告書（第一班）第四編―畜産業』，満鉄。

鳥居龍蔵，1975，「蒙古旅行」，『鳥居龍蔵全集』9，朝日新聞社。

ブレンサイン，2003，ボルジギン・ブレンサイン『近現代におけるモンゴル人農耕村落社会の形成』，風間書房。

編者不詳，1942，『蒙古地域種類別家畜頭数表（成紀736年）』（江口圭一蔵「沼野英不二旧蔵資料」）。

満洲国興農部畜産司，1939，『家畜家禽統計』3，満洲国興農司。

満洲国史編纂刊行会，1970，『満洲国史』総論，満蒙同胞援護会。

満洲国史編纂刊行会，1971，『満洲国史』各論，満蒙同胞援護会。

満鉄調査部，1939，『興安西省扎魯特旗・阿魯科爾沁旗畜産調査報告』（産業調査資料第58編），満鉄（タイプ謄写刷り）。

吉田順一，1980，「ハンガイと陰山」，『史観』102，早稲田大学史学会。本書第2部にある。

534　第3部　近現代内モンゴル東部地域の研究

吉田順一，1981，「モンゴル族の遊牧と狩猟―11～13世紀の時代を中心に」，『東洋
　　史研究』40-3，東洋史研究会。
吉田順一，2001，『エヴェンキ族自治旗イミン・ソムのオールド族の牧畜』，平成10
　　年度～12年度科学研究費補助金（基盤研究（C）(2)）研究成果報告書『近現代内
　　モンゴル牧畜社会の研究』。本書第3部の25に「近現代フルンボイル牧畜社会の
　　研究―フルンボイル盟エヴェンキ族自治旗におけるイミン・ソムのオールド族の
　　経済と社会―」参照。

〔モンゴル語文献〕（アルファベット順）

Öbür mongγol-un baγsi-yin degedü sorγaγuli/Öbür mongγol-un sorγan kümüjil-ün keblel-
　　ün qoriy-a, 1977, *üretü orγumal-un ǰiruγtu toli*, Köke qot-a.
Qoduringγ-a, 1997, *Aru qorčin-u aγula usu*, Tongliao.

〔モンゴル語・漢語併用文献〕（アルファベット順）

Aru qorčin qosiγun-u arad-un jasaγ-un orun, 1988, *aru qoručin qosiγun-u γajar-un neres-ün*
　　temdeglel（阿魯科爾沁旗人民政府『阿魯科爾沁旗地名志』），Ulaγan qada
〔bayanöndür güngše〕teüke-yin materiyal-I emkidkekü baγ-a duγuyilang, 1978,〔*Bayanöndür*
　　güngše〕*toγ-a büridkel-ün materiyal*（『〔巴彦温都勒公社〕統計資料』），Bayanöndür
　　güngše.

〔漢語文献〕（五十音順）

『阿魯科爾沁旗志』編纂委員会，1994，『阿魯科爾沁旗志』，呼和浩特。
『科爾沁右翼前旗志』編纂委員会，1991，『科爾沁右翼前旗志』，呼和浩特。
『扎魯特旗志』編纂委員会，2001，『扎魯特旗志』，北京。
赤峰市地方志編纂委員会，1996，『赤峰市志』上，呼和浩特。
中国農業部畜牧獣医司・全国畜牧獣医総站，1996，『中国草地資源』，北京。
程厚・郭文田，1910，『科爾沁右翼中図什業図親王旗調査書』。
忒莫勒，1998，『建国前内蒙古方志後述』，呼和浩特。
『内蒙古草地資源』編纂委員会，1990，『内蒙古草地資源』，呼和浩特市。
『内蒙古農牧業資源』編纂委員会，1966，『内蒙古農牧業資源』，呼和浩特。
『巴林右旗志』編纂委員会，1990，『巴林右旗志』，呼和浩特。
『巴林左旗志』編纂委員会，1965，『巴林左旗志』，赤峰市巴林左旗。
謙明閣主編，1990，『赤峰草地』，北京。

23

内モンゴル東部地域の経済構造

はじめに

　大興安嶺山脈の稜線の東と東南の方向に広がる広大なステップは，純ステップの景観を示したり，砂漠的景観を呈したりする地域を含みつつも，植生上，基本的には森林ステップに属する。従ってそこでは，森林に恵まれているとともに，ステップとしては湿潤なので，良好な草にも恵まれてきた。年間の降水量は多いところ（海側）で 600 ミリ，少ないところ（内陸側）で 300 ミリであり，そのうち 600 ミリ〜400 ミリの地域が約半分を占めている。ステップの中では最も湿潤な，そのような森林ステップの広大な広がりの上に，清朝の多くの期間，内モンゴルの東部三盟すなわちジリム盟，ジョーオダ盟，ジョソト盟が存在していたのである。内モンゴル東部地域とは，この東部三盟のあった地域を指す（「清代および近現代の内モンゴル東部図」参照）。

　内モンゴル東部地域のモンゴル人の古くからの生業の姿は，この地域の最も内陸部に奥まって位置する興安嶺南山地に比較的遅くまで残されていた。私は，2004 年に，この地域のモンゴル人の経済構造を，文献と現地調査の成果に基づいて考察し，それが，遊牧と狩猟とナマク＝タリヤ農耕（後述）を行い，また木材を利用するものであったということを論じた[1]。

　私はこの論文をまとめたときから，興安嶺南山地の海寄りに降ったところに広がる丘陵・平原地域の経済のあり方も，これとほぼ同じであったと考えていたが，十分な考察をする時間的余裕がなかったこともあって，この考えを明らかにすることを避けた。ただそのさい，遊牧については，内モンゴル東部の全域において行なわれていたことは自明であるので触れることをせず，

536 第3部 近現代内モンゴル東部地域の研究

ただナマク＝タリヤ農耕については，その段階で資料と実地調査に基づいて，内モンゴル東部の全域において行なわれていたということを指摘しておいた[2]。またその後，内モンゴル東部地域のナマク＝タリヤ農耕について，かなり詳しく報告もし，論文もまとめた[3]。

問題は狩猟であって，これについては，20世紀後半の途中まで興安嶺南山地で非常に盛んに行なわれていたことは確実であると言うことができたけれども，それ以外の内モンゴル東部地域では，いつころまで，そしてどの程度広く行われてきたと言ってよいのか，はっきりと述べる自信があまりもてなかった。これが，地域を興安嶺南山地に限定して論文をまとめた大きな理由であった。また木工については，地域を興安嶺南山地に限定したために，他の地域のそれについて述べることを控えた。

そこで本稿では，狩猟について，それが興安嶺南山地以外の内モンゴル東部地域において，20世紀初めころ，あるいは中ごろまで，広くそしてかなりよく行なわれていたこと，またゲルの骨組みや家財の作製，そしてそれらの運搬等に不可欠な荷車等の製造のために欠かせない木材とそれを使った木工について少し述べて，全体として興安嶺南山地の経済構造として，私がかつて述べたことが，内モンゴル東部全域においてもまたみられたことを論じたい。同時に，この狩猟と木工がこの地域の環境変動の影響を被ったことについても，ある程度述べたい。

1 狩猟

(1)興安嶺南山地の状況に対する補い

最初に，拙稿「興安嶺南山地の経済構造」で述べた，興安嶺南山地の狩猟に関する記述に対する補いをしておきたい。それはジャライド旗の状況についてである。柏原孝久と濱田純一は，1919年刊の『蒙古地誌』の同旗における産業の説明のところで，わざわざ「猟業」の項を設けて（他の旗については，「猟業」の項は設けられていない），「本旗北部山彙地方には，黄羊，

狐，狸，貂，狼，猾獺，狗子，野猪，山猫，及び鹿属，野禽の棲息せるもの
夥し」と述べている[4]。この記事から，ジャライド旗の興安嶺南山地に野獣，
野鳥が20世紀初めに非常に多かったということを知ることができる。

ただし柏原・濱田は，この文に続けて，満漢人移住農家の者だけがこれら
の狩猟に従事しているに過ぎず，彼らは獲物を自家の食用に供し，毛皮は
売っており，また「満人中，山猫，兎，野鶏等には鷹を使用するものあり，
蒙古人も亦，娯楽を兼ねて時々狩猟を行ふは他旗と同じ」と記している[5]。
これによると，ジャライド旗のモンゴル人は，満漢人に比べてそれほど狩猟
をよく行なっていなかったとみていたことになる。しかしこれは，大きな誤
解である。

少し時期は降るが，満洲国時代の初期にジャライド旗参事官として現地で
働いた土屋定国が，「本旗蒙古人は唯放牧，打囲を事とし」と述べている[6]。
この見方が正しい。打囲とはここでは狩猟一般を指している。土屋は，また，
ジャライド旗のモンゴル人が，畜肉の外に「兎，黄羊，麅子（＝狍）等は狩
猟中に之を食するも，余りは肉を陰乾（かげほし）して随時之を食す」と述
べている[7]。麅子とはノロまたはノロジカ（bor görügesü/бор рөгөөс）である。
この文は少しおかしい。狩猟中に獲物の肉を食い，獲物が多ければ当然余る
から，それは陰干して保存し，家に持ち帰って，随時食用にするという意味
でなければならない。

私は，2005年夏にジャライド旗で聞取り調査をして，土屋の記したこと
の意味を，よりよく理解できた。すなわちジャライド旗では，20世紀後半
まで，想像したよりも，あるいは言われたよりも，盛んに狩猟が行われてい
たのである。そこには狩りだけをやっている一部の者も，日ごろは放牧に従
事しているそのほかの多数の者も，旧暦10月になると鹿（buyu/буга），猪
を狩りはじめ，4，5月頃には鹿の角を取り，冬にあまり家畜を殺さず，猪，
ノロ，ガゼル（黄羊／jeger-e/зээр），兎，キジ（雉），魚を捕らえて，それ
らの肉を食っていた。ジャライド旗の狩猟を満漢人の方が盛んに行なってい

たように柏原・濱田が述べているのは，誤解である。鷹狩りについても，柏原・濱田は，満人のみ行い，モンゴル人は行っていないように述べているが，大きな間違いである。私の聞取りによれば，20世紀半ばまで鷹狩は，モンゴル人によって盛んにおこなわれていた。すなわちアイル（集落）（当時のアイルの規模は数戸程度であった。注14を見よ）ごとに2, 3人は鷹狩をしていたから，アイルが100位あったとすると，200人〜300人の鷹匠がいただろうという。この推測はおおざっぱ過ぎで，かつ多すぎるように思われるが，ともかくかなりの数の鷹匠が，鷹に兎，雉，山ウズラ（itaγu/яtyy）を捕らえさせ，一年分の収益を冬の間に獲得していた。鷹匠は鷹に取らせた獲物の肉を自家食用にするとともに，町に行って売っていた（男，1923年生れ。他）。まさに家畜の肉にあまり頼らないですむほど，盛んに狩猟が行われていたのである。また鷹匠の数が多かったことに，驚かされる。ジャライド旗は，20世紀後半までは鷹匠がいたのであり，モンゴルで最後まで鷹匠が活動していた地域であるとみられる。

　興安嶺南山地ではないが，ジョソト盟とジョーオダ盟の西部に南北に横たわるチョロート山脈（Čilaγutu niruγu）や，ジョソト盟の北部に位置し，ジリム盟とジョーオダ盟との境界となっていた努魯児虎山（Nulurqu aγula）には，かつて，ジョソト盟に漢人が多数入植する前には，森林が生い茂っていたのであって（後述），野獣・野禽に恵まれていた。これらの山の西隣には，清朝皇帝の猟場で，それらの野獣・野禽に恵まれた囲場の山林が連なっていたのである。それがすでに大方の森林が消え去った20世紀初めにおいて，なお，ハラチン右翼旗に薬属として「黄鹿茸（鹿角）あり，品質，囲場より出るものに勝り，年産百余架に達し，一架の値四百両内外に及ぶ」とある[8]。森林が豊かであった往時の獲物の豊かさを偲ばせると言えよう。

⑵内モンゴル東部の丘陵・平原地域の狩猟

　さていよいよ，内モンゴル東部の，興安嶺南山地を降ったところに位置す

る丘陵・平原地域の20世紀初めにおける野獣・野鳥の状況についてみると，内モンゴル東部に対する調査の成果をまとめた『東部蒙古誌補修草稿』に「平野ニハ黄羊と称スル野生ノ羊，兎，狐等多ク，砂質地ニハ此等ノ獣類ノ外，乾獺子ト称スル鼠族ノ一種アリ」と記されている[9]。乾獺子はすなわちタルバガンであり，モンゴル人がこれを捕らえて肉を食うと説明されている[10]。タルバガン〔tarbaγ-a(n)〕とはステップ＝マーモットのことである。黄羊はガゼル（チャガーン＝ジェール čaγan jeger-e，羚羊，黄羊）である。注目すべきは，当時県治となってしまっていたが，もとゴルロス前旗に属していた「長嶺県ニハ，黄羊（野羊）最モ多ク群ヲナシ，其他「タルバガン」等多シ」とあり，もとジャライド旗に属していた「大賚県ニハ狗，鹿，狐，黄羊，兎最も多ク」とあり，もとホルチン右翼後旗に属していた「安廣県ニハ野狐，黄羊及狼トス」とあり，「洮南県ニハ麋，鹿，狐，狸，狼，兎，四不相，黄羊等アリ」とあり，ジョーオダ盟のオーハン旗にも「野兎多ク其他は黄羊アリ，哈拉道溝ニ接シタル地方ニ頗ル多シ。又「タルバガン」アリ」とある[11]。ここに鹿とあるのは buγu（鹿）のこと，麋とあるのは，qandaγai（ヘラ鹿）のことである。ヘラ鹿は大型の鹿であるから，立派な林や丈の高い草の茂みが存在していたことを示す。またホルチン右翼後旗には「本旗内ハ森林少ナク荒涼タル平野ニシテ野獣ノ棲息少ナカラズ。主ナルモノハ鹿，狼，狐，兎，野羊，鴨，鶩，雉等ナリ」とある[12]。ここに野羊とあるのは，やはり黄羊つまりガゼルである。

　この記述からわかることは，内モンゴル東部における開墾が進んでいた地域に，20世紀初めになお野獣が相当棲息し，特にガゼルはどこにでもおり，鹿もまた各地におり，地域によってはタルバガンが多数いたということである。狐，兎は，どこにでもいたとみてよい。言うまでもなく，1901年の新政（移民実辺政策）以後，漢人農民のために相次いで公的に開放され，県が置かれたモンゴル諸旗の土地（開放地または開放蒙地）というのは，内モンゴル東部の中でも東側に位置し，丘陵・平原地域が多い。そのステップに，

540　第3部　近現代内モンゴル東部地域の研究

ステップに適したガゼルやタルバガン，狐，兎，それに野禽が多く棲息して
きたのは，何の不思議もない。ただ，それらが，開墾が着々進められている
ステップの，まだ草原として残されていた部分に，なおたくさんあるいはか
なりいたことことに興味がもたれるのである。開墾前における野獣・野禽の
豊かさが，そこから十分にうかがわれる。開放前にみられたに違いないこれ
らの土地の野獣・野禽が豊かな状況は，当時，その西側の，旗地として残さ
れていた土地（非開放地または非開放蒙地。未開放蒙地とも称された）に，
なおみられたと思われる。内モンゴル東部地域の東部と南部の開墾が進む前
には，興安嶺南山地のみならず，そこを降った海寄りの丘陵・平原地域にも，
種々の野獣，野禽が数多くいたのである。

　野獣と野鳥が多ければ，モンゴル遊牧民は，当然狩猟を盛んに行なってい
たということになる。以下に狩猟の観点から，問題をみていく。

　内モンゴル東部の丘陵・平原地域における 20 世紀初めの狩猟の状況につ
いては，例えば「東部蒙古ニハ概シテ森林少シ。然レドモ全帯荒寥タル草野
ニシテ野獣ノ棲息少カラズ。故ニ蒙古人ハ所在皆狩猟ヲ行フト雖モ，古来魚
肉ヲ食フノ習慣少キヲ以テ漁業ニ至リテハ僅ニ開拓地方一部ニ行ハレルニ過
ギズ」とあり[13]，また「蒙古ニ於テハ狩猟ヲ専業トスルモノアラザル代リニ
毎戸男子は皆是ニ従事ス。今便宜上狩猟を別て左の数種とす」として，

1.　勅裁狩猟
2.　盟内連合狩猟
3.　全旗狩猟
4.　部落狩猟
5.　個人狩猟

を挙げ，清末には，皇帝勅裁の狩猟は行われなくなり，盟内連合狩猟は形骸
化し，盟内の2・3旗のみが連合して行う程度となっているが，全旗狩猟は
各旗において大抵年に1回行われ，1村ないし数村が共同して行う部落狩猟
は年に3・4回ないし5・6回行われる。また，個人狩猟は各戸の男全てまた

内モンゴル東部地域の経済構造　　541

は数戸の男によって共同で行われ，目的・必要に応じて頻度が異なるとある[14]。そして「狩猟者ノ主ナル獲物は鹿，狼，狐，兎，野羊（黄羊子），雉子などにして，（中略）野獣肉ハ之ヲ食ヒ皮ハ漢商ニ売渡シ，需要品ト交換ス」とある[15]。

　これらの野獣のうち，20世紀初頭に，内モンゴル東部の平原にガゼルがなお多く棲息していたようであって，「至ル所ノ野原ニ甚ダ多数ニ棲息シ常ニ群ヲナシ多キハ数百頭アリ。（中略）哲里木盟開拓地方ニテハ新年ノ贈物トナスモノ多シ」とある[16]。以上の記述の内容は，後述するような私の聞取りの成果からみても，概ね妥当であると考えられる。

　森林のあるステップには何種類かの鹿がいて，猪とともに狩猟対象となってきたが，森林が乏しい平原地帯においては，ガゼルが重要な狩猟対象動物となる。草食獣として比較的大型だからである。ジリム盟の開拓は，東部と東南部の，平原の多い地帯からはじめられた。そこにおいて，『東部蒙古誌草稿』が書かれた20世紀初頭になお，新年の贈物として，ガゼルが多く使われたということは注目すべきである。このことは，かつてジリム盟の東部・東南部またはそこに比較的近い平原になおガゼルが意外に数多く棲息していたことを示し，かつ20世紀初めに内モンゴル東部の平原地帯において狩猟が活発に行われていたことをうかがわせるからである。

　以下に，これより下った時期のいくつかの旗の状況についてみたい。

　私の聞取り調査によれば，通遼市（もと哲里木盟）のジャロード旗西南端のウルジームレン＝ソムでは，1996年まで狩猟をしていた（この年牧地が各家に分配され，狩猟ができなくなった）。獲物としてガゼル，兎，狐，狼がいた。ガゼルは1970年代までは100頭位の群れで走り回っていたが，その後，どこかに逃げて行ってしまった。1947年以前には，個人単位の狩猟の外に，ソム単位または二つのアイル（集落）が共同して行う集団的な狩猟も行われ，ガゼルは年に2回，ソム共同の巻狩りをして，1回に10頭位取れた。それが，各アイルに2頭程度分配された。兎は，聞き取りの対象者に

542 第3部 近現代内モンゴル東部地域の研究

よれば，1年間に100羽（＝匹）くらい取っていた。鳥を狩ることはしな
かった（男，1945年生れ）。ガゼルは，群れの規模が100頭位であった点や，
ソム単位の巻狩りであまり取れなかった点などからみて，ジャロード旗西南
端の地方では，20世紀中ごろにはすでに相当に減っていたことをうかがわ
せる。ただ聞取り対象者は年間に100羽の兎も狩っていたというから，やは
り狩猟は家計に一定の補いになっていたとみてよい。

　同じジャロード旗の東南端のバヤンマンハ＝ソム（ルージェ＝ガチャー）
では，20世紀中ごろまで樹木と草が大いに繁っており，兎，雉（ɣulɣul），
ガゼル，ジュル（jür。ノロすなわち bor görügesü（бор рөөөс）のメス。要
するにノロを意味する），狐，狼が生息していたので，それらを狩っていた。
春と秋にはいくつかのアイルが共同で何回か猟をし，冬には個人で猟をした。
ガゼルは20頭位の群れを作っていた。雉と兎が最も多かった。食肉の3分
の1程度は狩猟の獲物の肉であった（男，1926年生れ）。

　ジャロード旗南端のこの地の辺りまでノロがいたというのは興味深い。ノ
ロは基本的にはタイガと森林ステップの森林に棲息する動物であり，またス
テップの草深いところにもいる[17]。ジャロード旗南部のこの状態から判断し
て，内モンゴル東部の興安嶺南山地を下った丘陵・平原地域にも，かつてガ
ゼル以外にノロがある程度棲息していた可能性がある。

　ガゼルは，ホルチン右翼後旗にも，「旗境の東北部に殊に多い」とあっ
て[18]，20世紀半ばになっても地域的にかなり棲息していたようであり，ま
た上述したように，ジャライド旗にもガゼルがいたのである。

　ガゼルについてもう少し述べておくと，それはジョーオダ盟のヘシクテン
旗，バーリン旗にも多かったようであって，ヘシクテン旗には，ネグデル期
の途中までガゼルが大群をなしていたと，95年の調査で聞いた。バーリン
旗では獲物別の巻狩りの呼び方があり，ガゼルの巻狩り，ノロ（görügesü／
рөөөс）の巻狩り，狼の巻狩り，猪の巻狩り，狐の巻狩り，兎の巻狩り，雉
の巻狩りと分類され，この中でとりわけガゼルの巻狩り（jeger-e-yin aba）

について詳述されており，それが重要な意味をもっていたことをうかがわせる[19]。なお柏原・濱田には，バーリン旗について，これらの巻狩りの対象となる狼，狐，鹿属，兎属などの野獣を挙げ，「土人之を獲て肉は食料とし，皮は市場に出す」と述べている[20]。

通遼市のフレー旗にあるホルチン沙地においても，狩猟がかなり盛んにおこなわれてきた地域がある。同旗最北部のエルセン鎮では，兎，雉，山ウズラ，ノロ，狐，狼などが近年まで棲息していた。1976年頃までは羊・山羊の足跡よりも兎の足跡のほうが多くみられるほどであった。1アイルのうち半数の家が狩りをし，兎と雉を狩って，食肉の足しにしていた。ふつうの人は年に200～300羽ほどの兎を取った。うまい人は数百羽，1回で20羽ほど取ることができた。兎1羽から肉が3～4斤（1斤＝500g）取れる。30羽で羊1頭分の肉となる。雉は大きいオスだと2斤，メスは1斤程の肉が取れる。集団で狩りをすることもあり，いくつかのアイルの住民が共同で行う規模の大きい巻狩りもやり，これで兎，雉を取る。狼を取る巻狩りもやったという（男，1936年生れ）。ここでも，狩猟が経済的な意味をもっていたことがわかる。

注目すべきは，開墾が進んでいた地域においても，なお狩猟の盛んなところがあったということである。すなわち『郷村社会調査報告書記述編』に，満洲国時代の興安南省科爾沁左翼中旗第一区二貝子府屯（現在の通遼市ホルチン左翼中旗最東南部）において「月に数回（奇数日の内）村民挙りて，或は隣村と共同し附近十数里の圏内に打囲を行ひ，兎・野雉等の狩猟を行ひ，晩卓を賑わす程度にて，金銭に換へ必需品と交換をなす程度の収穫殆ど無く，閑散期の唯一の娯楽たるに過ぎず」とある[21]。この狩猟の内容は，フレー旗のエルセン鎮やジャロード旗のバヤンマンハ＝ソムで行われていた狩猟とほぼ同じものである。この場所は吉林省に隣接し，満洲国時代すでに農耕地帯に分類されていた[22]。そのようなところでこのような狩猟が行われていたということは，往時，農耕化される前の時代には，より盛んに行われ，かつ獲

544 第3部 近現代内モンゴル東部地域の研究

物の種類もより多かったであろうことを推測させる。ここに狩猟の獲物を
売って必需品を入手することがされていなかったことをもって，単なる娯楽
程度と評価しているが，もともと兎，雉はよほど余剰がなければ，商品とし
ては売られない。その肉が食卓を賑わすものであるかどうかが問題とされる
べきなのである。

　以上のように，内モンゴル東部の興安嶺南山地を降った，丘陵・平原地帯
では，清代に開墾がはじめられ，ステップが耕地化される前，ガゼル，兎，
狐，狼，雉，山ウズラなどが随所にいたのであり，地域によってノロもいた
のである。平原にタルバガン（ステップ＝マーモット）もたくさんいた。そ
して時代が下った第二次大戦後しばらくまでそれらはかなりの数がおり，土
地のモンゴル人はそれらを狩り，食肉の補いとしていたのである。

　1875年にジョソト盟ハラチン右翼旗に生れたロブサンチョイダンが1918
年に完成させたモンゴルの風俗に関する書物の狩猟に関する項において，狩
猟の方法等について述べたのに続けて，「このような理由から，モンゴルの
地では一般に，人びとが出会うと，＜こんにちは，お元気ですか。馬群は
太っていますか。狩猟は獲物がよく獲れていますか。この土地でだれの犬が
よく獲物を捕らえますか。だれの馬群に俊足の乗馬がいますか＞と尋ねて話
し合うのであり，賓客が来れば，家の人びとは＜狩りの獲物はこの附近では
獲れません。酒の肴と言うほどのものはありません＞と言って，やって来た
客に謙遜して言う習慣が今に至るまでモンゴルの地に存在している」と記し
た[23]。19世紀末から20世紀初めにかけて，モンゴル人が日常のあいさつに
相手の馬群の状態と並んで狩猟の成果をたずね，また出会った人の住む土地
の駿馬と並んで優れた猟犬の有無をたずねたり，接客のご馳走に狩猟の獲物
について述べたりするなどしていたのである。このことは，モンゴル人の生
活において，遊牧と並んで狩猟がいかに重要な存在であったかをわれわれに
教えてくれる。その事実がこの時期，まだあいさつに反映されていたことは，
ロブサンチョイダンが生きていたころ，狩猟がなお重要であったか，重要で

あった時期をあまり隔てていないかの，どちらかであったと考えられよう。

内モンゴル東部地域のモンゴル人がそのほぼ全域において，かつて遊牧を営んでいたことは，言う必要もないことである。内モンゴル東部の森林ステップに居住していたモンゴル人は，かつてステップ内に存在する広大な牧地を季節ごとに使い分けて移動し，つまり夏季には大興安嶺山脈などの山地の高くて涼しい牧地に近づき，寒い季節には低地の暖かい牧地に降りることを主とする季節的移動を行いつつ，羊・山羊，牛，馬を主に飼育し，また比較的乾燥した地域では駱駝も若干飼育していた。牧地と牧草には余裕があり，使われない牧地がかなりあったようである。

その同じステップに家畜の群れの傍らで草を食む草原の野生動物がたくさん棲息していた。また，なお豊であった森林には森林の野生動物がたくさん棲息していた。これらの野獣や鳥類を狩ることは，モンゴル遊牧民の重要な生業となっていた。要するに，内モンゴル東部地域では，ステップの耕地化が進む前，狩猟も全域において活発に行われ，モンゴル人牧民は，獲物の肉を重要な食料とし，毛皮や角を売却して収入を得ていたとみて間違いないと考えられるのである。

2　木材利用

ジョソト盟のチョロート山や努魯児虎山脈には，かつて豊かな森林が見られた。この点，たとえばハラチン旗について，『喀喇沁旗志』にも述べられているように，やはり古来森林が豊かであったのであり，清朝時代の1698年に聖祖康熙帝がハラチン旗を通り過ぎた際の御製詩に「古木蒼山路不窮，霜林颯沓響秋風」と印象を記したことからも知られ，またハラチン旗内に，松樹梁，椴木溝，楊樺嶺，柳条溝，楊樹林，杏樹溝，楡樹林など，樹木をもって命名した地方が二十数か所あることも，そのことを裏付ける[24]。20世紀初頭に日本人の町田咲吉は，ハラチン旗に入り，現地のモンゴル人に聞いたことに基づいていると思われるが，「今ヲ去ル百五六十年前ニ於テハ森

林多カリシガ如ク」と記し[25]，ジョソト盟の林業を調査した農商務省山林事務官佐々木茂枝は「往古ニ在リテハ此等ノ山稜ニハ鬱蒼タル森林ノ存セシコト本地方ニ於ケル古老ノ言ニ徴スルモ又承徳府志其他ノ記録ニ徴スルモ明ナル所」と記した[26]。

　ジョソト盟の諸旗やジョーオダ盟南部の諸旗のモンゴル人は，これらの山々の木材を，当然ゲルの骨組みや家具，車などに，あるいはまた燃料に利用したであろう。後述するように20世紀初めにはこれらの山の森林は，すでに無残な状態になっていたが，それでもなお，部分的に残っており，ハラチン左翼旗の状況について，「旗内ニ樹木亦少ナカラズ。楡樹，柳樹等多ク薪材ニ供セラル」とあり[27]，また「本旗には楡，柳，楊の殖林少からず，就中，楊樹は専ら建築用とし，又，他樹は薪炭として市場に販出す」とある[28]。

3　ステップ環境の変化

　ジリム盟，ジョーオダ盟，ジョソト盟の内モンゴル東部三盟は，広大なステップの上に存在していたが，清朝の半ばから，まずジョソト盟とジョーオダ盟南部が漢人の入植によって耕地化し，そこのモンゴル人の多くも漢人の農耕を身につけて生活せざるを得なくなり，次いでジリム盟とジョーオダ盟北部が漢人と，農耕に馴染んだジョソト盟とジョーオダ盟南部のモンゴル人の入植の波にさらされた。そして20世紀前半までに耕地化が進んで漢人居住地域に変わった東部三盟の部分は県治となり，各盟から切り離されて遼寧省北部，吉林省西部，黒竜江省南部に組み込まれた。現在ジョソト盟は撤廃されてなくなり，ジョーオダ盟は赤峰市と称されており，ジリム盟は分割され通遼市（近年までジリム盟と称されていた）と興安盟となっている。内モンゴル自治区の一部として残されたこれらの盟と市の広さは，かつての東北三盟の広さの半分ほどに過ぎない。しかもこれらの盟と市の内部にも耕地化されて漢人集住地域となり，行政上，県や郷などが設置されている部分が数多く含まれている。これらの地域も含めると，おそらく，かつての東北三盟

の三分の二は耕地化し，漢人の居住地となっているとみられる（本書 468 頁の「清代および近現代内モンゴル東部図」を見よ）。

　清代の半ば以後開墾が進み，20 世紀前半までに東北三省の黒竜江省，吉林省，遼寧省に組み込まれた内モンゴル東部三盟というのは，年間降水量が600 ミリ〜 400 ミリの地帯であるが，このうち年間降水量が 600 ミリ〜 500ミリの地帯の全てが吉林省と遼寧省に組み込まれ，年間降水量が 500 ミリ〜400 ミリの地帯の約半分も黒竜江省・吉林省・遼寧省に組み込まれた。すなわち耕地化され，漢人居住地帯と化したのである。年間降水量が 500 ミリ〜400 ミリの地帯であって内モンゴルに留まったところも，多くは耕地化され，漢人がモンゴル人人口を圧倒している。中には，林西県やその周辺の地域のように，年間降水量が 400 ミリ〜 300 ミリの地帯にありながら農耕地帯と化したところも少なからず存在している[29]。

　以上のように，森林ステップの上に位置している内モンゴル東部地域は，耕地化によって環境を激変させ，ステップは縮小し，まとまったステップは，興安嶺南山地とその附近及びホルチン沙地に主に見られるに過ぎなくなった。

4　狩猟と木材利用の衰退

　内モンゴル東部地域の耕地化と漢人入植によってもたらされたステップ環境の変動は，ステップを生活基盤としてきたモンゴル遊牧民の生活に大きな変化をもたらした。それは，遊牧，ナマク＝タリヤ農耕，狩猟，木材利用のすべての点に及んだ。すなわち遊牧は牧地が極度に狭くなって定着化を余儀なくされ，狩猟は獲物が激減して衰えて経済価値を失い，ナマク＝タリヤ農耕は漢式農耕に取って代わられ，森林の乱伐によって木材の利用が多くの地域で困難となった。

　遊牧とナマク＝タリヤ農耕の被った影響については別に論じることとし，本稿では，狩猟と木材利用が被った影響についてだけ述べる。

(1)狩猟の被った影響

　上述したように，森林ステップの上にある内モンゴル東部地域が，耕地化によってその範囲を大幅に縮小させたことは，森林ステップに生活の場をもつ野獣と野禽が棲息する場所を失ったということを意味する。現在の内モンゴル東部の半農半牧区や牧業区に残されたステップも，非常に狭められ，それらのステップに野獣と野禽は多くない。

　今や，草原の生き物であるガゼルとタルバガンは内モンゴル東部全域を通じて，まったくみられなくなっている。手ごろな狩猟の獲物である兎や雉，山ウズラも，多くの地域でその数が非常に減少してしまった。山林はほとんどなくなってしまったし，丈の高い叢（草むら）もほとんどなくなったので，鹿類や猪は，興安嶺南山地の山林以外の大部分のところでは，非常に少なくなってしまった。その興安嶺南山地には山林がなお相当残っているが，林区が設置された地域が多く，かつ禁猟の規則が厳しくなったので，モンゴル牧民は，かつてのように自由に狩猟することができなくなった。

　モンゴル高原の遊牧民は，古来遊牧と狩猟を生業とすると記録され続けてきた。事実そのとおりであって，彼らの経済にとって，狩猟は遊牧に遜色ないほど重要な意義をもってきた。そしてモンゴル族は，古くから遊牧狩猟民と称してよい存在であった[30]。狩猟の獲物が多ければ多いほど，その肉によって，家畜の肉の消費を抑えることが可能となって，牧民の財産を安定させ，かつ食料を豊かにした。また獲物の毛皮や鹿角は，商品価値を有し，それらを売って得た収入によって，必要な物資を購入することができた。狩猟の獲物が十分でなくても，家畜の肉の補いとなれば，それは家計にとって有意義であった。それが，内モンゴル東部地域において，19世紀，20世紀を通じて，上述の事情から急速に獲物が激減し，20世紀の半ばには大半の地域においてもはや遊牧狩猟民という古来のあり方が失われたのである。

　これは，モンゴル牧民の経済にとって好ましいことではなかった。なぜならば彼らの経済を単純化し，それまでより遊牧に頼らざるを得ない状態をひ

き起こしたからである。このことがどのような問題を生んだかの研究は，今後考察しなければならない。ともかく，内モンゴル東部地域のモンゴル牧民の近現代における経済・社会の変化を考察する場合，農耕化のことのみ種々言われているけれども，彼らの歴史上，遊牧狩猟民としての実質を完全に失ったという点は，看過されてはならない重要な問題であると，私は考える。

(2)木材利用

　内モンゴル東部地域への漢人の進出は，沢山の農村を出現させるとともに，県都をはじめとする多くの都市を出現させた。そして農村や都市に住む多数の漢人は，建材や燃料（レンガを焼く燃料も含む）などのために，周辺の森林の木々を乱伐した。漢人が，入った土地ごとにおこなった森林の伐採は，内モンゴルの自然環境変化のもう一つの重要な側面である。

　中でも，漢人入植者の村落と漢人の都市に取り囲まれ，かつ入り込まれた七老図（チョロート）山脈と努魯児虎山の木々は，19 世紀までに漢人に乱伐され，ひどい状態になっていた。1903 年にハラチンのグンサンノロブの求めで現地に入りハラチンの三旗を広く歩いて調査した町田咲吉によって，このことが厳しく指摘されている。すなわち，「今ヲ去ル百五六十年前ニ於テハ森林多カリシガ如クナレドモ，漢人ノ侵入ト共ニ樹木ハ乱伐セラレ，且植樹ヲ試ムルコト無キガ故ニ現今ニ至リテハ平地ハ勿論山嶽丘陵ニ至ル殆ンド樹木ナク僅カニ毛金覇遜嶺及松樹嶺附近ニ於テ王室ノ直轄地ニ多少ノ森林アルノミ」と[31]。また「今ヨリ百五十年前樹木鬱蒼タル森林ヲ有セシ蒙古喀喇沁ノ牧地ハ，一度漢人ノ移住ヲ許セシ以来，濫リニ地ヲ開キ樹木ヲ伐リ，毫モ植樹ノ法ヲ講セズ。又森林保護ノ要ヲ識ラザリシ結果ハ，有限ノ樹木無限ノ需用ヲ充ス能ハズシテ，今ヤ山上一樹ヲ止メズ。（省略）森林乱伐ノ結果，水害ヲ来タシ耕地ヲ荒廃セシムルハ敢テ説明ヲ要セザル所ナリ」と[32]。ハラチンのみならず，ジョソト盟全体についても同様であったことは，佐々木茂枝が痛烈に批判して述べている[33]。

550　第3部　近現代内モンゴル東部地域の研究

　すなわち清朝時代末期までに，入植漢人の乱伐によって，ジョソト盟の山林は，あらかた消失し，その結果山の表土が流失し，洪水によって平地の耕地も表土を失いつつあったのである。

　このように，山林の木々を新参の漢人が濫りに伐ることに対するモンゴル人の不満と怒りは，漢人との争いの一因となった。金丹道の暴動の第4番目の理由として王国鈞が挙げているのは，まさに漢人の乱伐の結果，山林がなくなり，わずかに残されていた山地および王公の墓地，風水上よい山などのところになお生えていた柴草をめぐる争いであったのである[34]。

おわりに

　本稿では，近現代における内モンゴル東部地域のモンゴル人の経済構造の問題を検討し，大興安嶺山脈の東部と南部に比較的遅くまで残っていた経済構造が，実はそこだけではなく，そこを海寄りに降った内モンゴル東部の丘陵・平原地域にも広く認められることを，未検討の狩猟と木材利用について考察することによって，明らかにした。要するに，ここでも，遊牧・狩猟・ナマク＝タリヤ農耕，そして地域によって木材を産出していたのである。

　しかし内モンゴル東部地域の丘陵・平原地域は，漢人が早く入植してステップの耕地化を進めたことなどによって，モンゴル人の狩猟は19，20世紀に急激に衰退し，山林もまた乱伐され，20世紀初めには，興安嶺を除いて惨憺たる有様となってしまった（興安嶺にも地域によって乱伐されたところがあったが）。

　内モンゴル東部のモンゴル人の遊牧とナマク＝タリヤ農耕も，この時期大きな変化の波に洗われた。内モンゴル東部のモンゴル人の基本的な経済の状況は，かくて近現代において全面的に大きく変化した。その全貌を明らかにするには，遊牧とナマク＝タリヤ農耕の変化についても，なお十分検討する必要があると思われる。

内モンゴル東部地域の経済構造　551

追記　本論文は，平成 14 ～ 17 年度科学研究費補助金基盤研究(A)成果報告『モンゴル草原
　　　　環境変動と遊牧生産の関係に関する研究』（研究代表者 東北大学 東北アジア研究セ
　　　　ンター助教授 岡　洋樹），150-165 頁に掲載されたものに基づいている。

注

1）吉田順一，2004，「興安嶺南山地の経済構造―ハラトクチンの経済の分析を手掛か
　　りに」，『北東アジア研究』第 7 号，島根県立大学北東アジア研究センター，25-41 頁。
　　なお，本書第 3 部の 22「興安嶺南山地の経済構造」をみよ。

2）同上，32 頁。

3）ナマク＝タリヤ（namuγ tariy-a）農耕（漢語：漫撒子）については本書第 2 部の
　　19，同第 3 部の 21 と 22，23 をみよ。

4）柏原孝久・濱田純一，1919，『蒙古地誌』下，冨山房，573 頁。「猾獺」はカワウソ
　　の一種か？

5）同上，573 頁。

6）土屋定国，1937，『興安南省扎賚特旗事情』（満洲帝国地方事情大系 L 第 8 号），満
　　洲帝国地方事情大系刊行会，119 頁。

7）同上，25 頁。

8）柏原・濱田，1919『蒙古地誌』下，611 頁。

9）関東都督府陸軍部，1914，『東部蒙古誌補修草稿』上編，52 頁。『東部蒙古誌草稿』
　　上編の例言に「実地踏査ノ年月ハ明治 39 年ヨリ同 41 年 3 月マデナリ。故ニ本誌掲
　　タル所ハ，明治 41 年 4 月迄ニ止メ，以後ノ調査資料ハ之ヲ後日増補ニ加ヘントス」
　　と記している（4 頁）。本補修草稿は，おそらくここに記す増補に関わる。従って明
　　治 41 年 5 月以後の調査に関わる記述と解される。

10）同上，52 頁。

11）同上，52-53 頁。ゴルロス前旗の場合，長嶺県には黄羊（ガゼル）が多かったけ
　　れども，旗全体としては，野獣は減少していたようで「山禽野獣ニ至リテハ地勢上
　　山脈ナク随テ頗ル鮮少ナルモノニシテ僅カニ秋期山雉，兎，狼，狐，黄羊ノ類ヲ散
　　見スルノミ」とある（同，55 頁）。ちなみに，山脈がなければ野獣が少ないという
　　のは当らない。別の理由から少なくなっていたとみるべきである。

12）同上，119 頁。

13）関東都督府陸軍部，1908，『東部蒙古誌草稿』中，196 頁。

14）同上，197-200 頁。ここに村とか部落とあるのは，モンゴル東部ではモンゴル語
　　でアイル ayil という。当時一アイルは，ゴルロス後旗について 2，3 戸ないし 14，

15 戸内外で，20 戸程度のものは稀（同，271 頁），ホルチン左翼中旗について 2，3 戸ないし 10 戸内外に過ぎない（同，293 頁），オンニュード左翼旗について 3 戸 5 戸疎散し 10 戸以上のものは稀（関東都督府陸軍部『東部蒙古誌補修草稿』下編，208 頁）などとあることから，その大体の規模を知ることができる。

15）関東都督府陸軍部『東部蒙古誌草稿』中，200-201 頁。

16）同上，203 頁。

17）BNMAU shinjlekh ukhaany akademi biologiyn ukhaany khüreelen, 1972, *BNMAU-yin aghnuuryn am'tad ba an khamghaalal*, Ulaanbaatar, p. 204.

18）盧伯航編纂，1941，『科爾沁右翼後旗志』4，228 丁。

19）Mösün nar, 1994, *Soyultu baarin-u sayiqan jang*, Qayilar, pp. 231-244.

20）柏原・濱田『蒙古地誌』下，689 頁。

21）〔満洲国〕国務院総務庁統計処，康徳 3（1936）年，『郷村社会調査報告書記述編』，637 頁。

22）興安局，1939，『興安南省科爾沁左翼中旗実態調査報告書』，付図「東科中旗略図」

23）Lobsangčoyidan, 1981, Qa. Danbijalsan čoqulba, *Mongyol-un jang ayali-yin oilaburi*, Kökeqota, p. 267.

24）喀喇沁旗志編纂委員会編，1998，『喀喇沁旗志』，内蒙古人民出版社，307 頁。聖祖御製詩は，『欽定熱河志』巻 75 にある。

25）町田咲吉，1906？，『蒙古喀喇沁部農業調査報告』，農商務省，140 頁。

26）佐々木茂枝，1916，「林業事情」，農商務省『東部内蒙古産業調査　第三班』，105 頁。

27）関東都督府陸軍部，1914，『東部蒙古誌補修草稿』下編，143 頁。

28）柏原・濱田，1919，『蒙古地誌』下，589 頁。

29）『中華人民共和国地図集』，1979，中国・地図出版社。中国科学院地理研究所経済地理研究室編著，1980，『中国農業地理総論』，中国・科学出版社。国家地図集編集委員会，1989，『中華人民共和国国家農業地図集』，中国地図出版社。

30）ベ・ヤ・ウラヂミルツォフ，1936，『蒙古社会制度史』，外務省調査部。吉田順一，1981，「モンゴル族の遊牧と狩猟—11 〜 13 世紀の時代を中心に」，『東洋史研究』40-3，東洋史研究会。ただしウラジーミルツォフは，モンゴル帝国成立後，狩猟の意義は低下していったと述べたが，私はそのような見方を批判した。

31）町田咲吉，1906？，『蒙古喀喇沁部農業調査報告』，140 頁。

32）同上，4-5 頁。

33）佐々木茂枝，前掲報告，105-106 頁。農商務省技師村田為治はジリム盟の林業に

関する調査報告の中で，そこが貧弱な「森林状態ヲナスニ至レルハ主トシテ放牧業ニヨリテ昔時ノ林相ヲ破壊セラレタルニヨルモノナルベク」（農商務省，1916，『東部内蒙古産業調査　第一班』，130 頁）と述べた。農商務省山林技師武田正次郎も同様にみている（農商務省，1916，『東部内蒙古産業調査　第二班』，312 頁など）。この推測は，遊牧の実際およびモンゴル遊牧民の自然観からみて誤っていると思うが，一応今後の検討課題としたい。

34）王国鈞，1994，『校注蒙古紀聞』，中国人民政治協商会議・赤峰市委員会文史資料委員会，124-125 頁。

24

近現代内モンゴル東部地域の変容とオボー

はじめに

　本稿は，近現代における内モンゴル東部地域の歴史的経緯が同地域のオボー崇拝にいかなる影響を与えたかを考察したものである。

　私は，2004 年夏に通遼市（旧ジリム盟の一部）とバヤンノール市（旧バヤンノール盟），同年冬に赤峰市（旧ジョーオダ盟）と通遼市とフルンボイル市（旧フルンボイル盟），2005 年夏に興安盟（旧ジリム盟の一部）とシリーンゴル盟において牧畜や農耕その他に種々のことについて聞取り調査をして資料を集めた。このとき，調査の一環として通遼市（旧ジリム盟）のフレー旗とバヤンノール市ウラド前旗，中旗，後旗の三つの旗のオボーを調査したところ，両地域のモンゴル人にオボーに対する意識の違いがあるのに気づいた。

　そこで，その違いの生れた理由を，両地域の農耕化・漢化や社会の変容の差異に求める報告を同年 10 月におこなった。本稿は，その後おこなった 2 回の調査に基づいて，その内容を大幅に書き改めたものである。以後約 15 年を経た現在，状況はかなり変化しているかも知れないが，改めて現地調査をすることは今の筆者にとって困難なので，旧稿のままにとどめざるを得ない。

1　オボーについて

　オボー（obuγ-a/oBoo）とは，堆石の頂部に柳枝や木噀（神噀）[1] を挿したりヒーモリ（天馬を描いた布片や紙片）を飾ったりしたものである。そのような堆石を中心にしてその東西両方向に各 6 個の小オボーを配列して，合計

556　第3部　近現代内モンゴル東部地域の研究

13のオボーとしたものもある[2]。オボーをドルジ＝バンザロフは，周辺の保護者たる神霊の在住する場所であるとした[3]。ここに「周辺」とは，オボーの存在する地域にある自然界や人間社会を指すと考えてよい。多くのオボーは，各土地の守護霊たるナブダクサブダク（nibdaγ sibdaγ）やロース（luus, 竜王）に関わる施設である。nibdaγ sibdaγ はチベット語であり[4]，そこにオボーに対するチベット仏教の影響を見て取れる。

　注意すべきは，オボーの典型である山上のオボーの実際の崇拝対象は山だということである。山が崇拝すべき神霊の在所または神霊の降る場所なので，オボーが築かれているのである。

　オボーには境界表示の役割だけをもつものもあり，それらは祭祀対象とはならない。祭祀対象のオボーは夏に祭られ，祭りの長が祭祀（takilγ-a）と宴会（nayir, naγadum）を準備し，祭祀にはオボーの祭壇に肉・乳製品・酒などが供えられ，ラマが読経し，参会者はオボーに叩頭し，オボーを三度周る。祭祀後の会食の後，競馬，角力，弓射を競う（弓射は，今は廃れた）。内モンゴル東部では会食に肉粥が出される[5]。オボー祭りは，オボーの主を喜ばせて，現世の幸福，自己と自家の安寧，家畜の繁殖，悪魔の退散，諸病の祓除などを期待した[6]。それにまた，時節の雨も期待した。モンゴル人はオボーを祭るとすぐ雨が降ると言う。

　オボーまたはそれに類するものは匈奴の昔からあり[7]，もとはシャーマニズムに関係し，シャーマンが祭儀を司っていた[8]。だが16世紀後半に，流入してきたチベット仏教に圧迫され，シャーマンはオボー祭祀から排除された[9]。だがシャーマンが祭るオボーはホルチンの地やバルガなどに残り，ホルチンにはラマを近寄せないオボーもあった。ハルハ，ブリヤド，オイラドなどではチャガーン＝テングリのオボーがシャーマニズムの決りによって祭られており，1924年にホーチド旗では badarangγui čaγan tngri を祭った[10]。シャーマニズムのオボーの祭り方のうち仏教が最も忌む流血供犠を行ってきたオボーもある。

オボーは，オボーのある土地の守護霊の住む場所である。モンゴル人の土地とは，個人や家族の所有ではなく，地域の社会集団が共有するものであった。故に，ある土地のオボーは，そこに住む社会集団の守護霊の住まう場所であり，それらの集団が祭ってきた。清代盟旗制下の盟オボー，旗オボー，ソム＝オボーは，盟，旗，ソムが各々祭り，oboγ，ayimaγ や内モンゴル東部のアイル（集落）の祭るオボーも，それらの集団が祭った。ドルジ＝バンサロフは，モンゴル人は万物全体を神として崇拝するので，「山川その他，地の諸部分，あるいはそれらを掌る神霊は，かれらによって敬拝された」，これらの神聖なる場所のうち個々のものがオボーであり，「各部族によってその所領地に作る」と記した[11]。

後藤冨男は，田山茂説に拠って nutuγ を「ある経済的・社会的な集団のつねに利用収益する場所」とし，「土地の神は，このような土地と人間との結びつきから生れたもので」「ヌトゥックの神」である。故にそれは「抽象的な土地一般の神ではなく」「目にみえる某なる山岳の神，固有の名をもつ湖水の神，げんに自分の家畜を放牧している草原の神」であり，各「土地の『持ち主』として，その場所における豊饒を支配する」ものであり，各「ヌトゥックごとに存在しなければならない。ということは，ヌトゥックを占拠している集団ごとに相異なる個々の土地の神がある」ことになる。故に「その神はそれら大小の集団の守護神的な性格をおび」，「オボーは「ヌトゥック」を共通にする集団のものであったから，この共通の神に奉仕し，これを祭ることで同一の集団の成員たるの自覚を促し，その紐帯を一層鞏化した」と述べた[12]。つまり社会とオボーは密接に関わる。ここに近現代内モンゴル東部のオボー祭り不振の問題を考える重要な鍵があると考えられる。

2　近現代における内モンゴル東部の状況とオボー祭りの不振

⑴ 19 世紀後半から満州事変まで

　20 世紀初期，内モンゴル東部ハラチン右旗のロブサンチョイダン

（Lobsangčoyidan）は，内モンゴル東部においてオボー祭りが不振であると
みなし，「オボーを祭る」このような習慣が衰退した事情を次のように述べ
た。すなわち，清国の咸豊年間（1851-1868）からモンゴルの地に匪賊が掠
奪する騒ぎが起こり，光緒17（1891）年に紅帽匪が叛乱を起したので甚だ
危険になり，民衆は貧しくなって来た。そのうちに，宣統3（1911）年に革
命と称して互いに蜂起し中華民国になってから，今のモンゴルの旗は各々戦
乱の苦しみを大いに被った。このような理由で，モンゴルの各旗は貧しく
なったのである。また，光緒30（1904）年に日露戦争が起ったときにも，
ジリム盟の地の家畜を，ロシヤ〔人〕と盗賊および日本人がたくさん駆り立
てて奪って行った。かくて，モンゴルが大いに欠乏しているうちにバボー
ジャブという者が，数千の兵を組織することができたけれども，軍糧がない
ため，モンゴルの旗を略奪したせいで，中華民国から熱河や奉天などの兵が，
モンゴルの地に入って猛然と寺廟と富裕な戸を破壊した。度重なる何年にも
わたる損壊のため，モンゴルは欠乏しないわけがない。中華民国の時代に，
モンゴルの諸旗のノヤンたちは自らの運命を知り，できるだけ眼の前の幸せ
を求めるため，他のいかなることもまったく気に留めないのであった。中華
民国になってモンゴルのオボーを祭ることは，今では前ほど盛んでないので
ある」と記した[13]。

　ここにロブサンチョイダンが中華民国以来オボー祭りが不振だと述べたの
は，注目に値する。オボー祭り不振の理由を，次に整理したように具体的に
述べたのも重要である。①咸豊年間からの匪賊の跳梁。19世紀末の紅帽匪
の反乱（金丹道の暴動）をも，匪賊の跳梁に含めているようである。②辛亥
革命勃発以後の戦乱。③日露戦争時のロシヤ人，匪賊（盗賊），日本人の略
奪。④バボージャブ軍の略奪とそれに対して出撃してきた熱河・奉天の討伐
軍の破壊行為。⑤辛亥革命に動揺したモンゴル王公の自暴自棄と無為無策。
以下にこれらいくつかについて説明をしたい。

　①について。この地域に混乱をもたらし，モンゴル人多数が財産を失い，

近現代内モンゴル東部地域の変容とオボー 559

避難のために移住した。金丹道暴動の引き起こした内モンゴル東部地域の南部のモンゴル人の破産と同地域の北方に位置するジリム盟，ジョーオダ盟への大規模な逃避行については，すでに研究がおこなわれた[14]。この暴動以前からジョソト盟のモンゴル人が外旗人（ある旗に他旗から移住して来たモンゴル人）としてジリム盟，ジョーオダ盟の諸旗に流入していたが，その流入がこの暴動によって加速したのである。

②について。清末以後，日本とロシアの勢力争いの戦乱が内モンゴル東部に接して起り，その余波が内モンゴル東部に及び，不安と動揺を引き起こしたことを指している。

③について。この革命（1911 年）と清朝滅亡によって生じた混乱を指す。例えば 1911 年 12 月 1 日に外モンゴルが独立を宣言しボグド＝ハーン政権が成立したことから，内モンゴルがその帰属をめぐってボグド＝ハーン政権と中国政権の係争の対象となり，両者の働きかけを受けてモンゴル王侯はいずれに与すべきか選択を迫られることになった。そして 1912 年オタイが東モンゴルの独立を目指して蜂起し，それに対する袁世凱政権派遣鎮圧軍の行動が起こされた[15]。1913 年にボグド＝ハーン軍が内モンゴル統合を目指して南進し，その一環としてジャロード旗・開魯方面に進軍し，それに対する袁世凱政権軍の行動があった[16]。

④について。主にバボージャブの 1916 年の行動を念頭にした記述であるはずだが，これも，「第 2 次満蒙独立運動」とも称されるように，辛亥革命後の混乱と関連するものである[17]。これらはみな内モンゴル東部における大事件であり，破壊と犠牲者を多く伴った。この時期，内モンゴルの少なからぬ旗の王侯は，将来自ら進むべき道の選択に迷い動揺し，旗内に確執が生じた。そして内モンゴル東部では，旗内に 2 ジャサグが並立するに至った旗（ジャロード旗やヘシクテン旗）さえ現れた[18]。

560 第3部 近現代内モンゴル東部地域の研究

(2)ステップの耕地化問題

モンゴル人に大きな混乱を引き起こしたにもかかわらずロブサンチョイダンが言及していないことがある。それは，内モンゴル東部地域への漢人農民の進入とステップの耕地化に伴う諸問題である。

清代前期以来，漢人農民が内モンゴル東部地域の南部にあるジョソト盟のステップに入り開墾（私墾）を進め，やがてジリム盟東部，ジョーオダ盟南部にも入りこみ，そこのステップを耕地化していたが，清末1901年の「新政」開始後には公式・公認の「開放蒙地」が多数設定され，膨大な数の漢人農民が入植し，県も置かれ（対モンゴル人行政組織「旗」からの開放蒙地の分離を意味する），ジリム盟，ジョーオダ盟の耕地化が急激に進み，内モンゴル全域の牧地が急速に狭隘化した。すでに新政開始前に，早くから耕地化が進み，牧地を失ったジョソト盟やジョーオダ盟南部のモンゴル人もジョーオダ盟とジリム盟の諸旗に新天地を求めて外旗人として移住していたので，2盟の残された土地における漢人農民と外旗人の人口が旗本来のモンゴル人住民（本旗人という）の数に迫り，あるいは凌駕する状態になっていた。しかも開放蒙地内に住地のあったモンゴル人の多数も，住地（開放後，彼らの生活用に「生計地」として残された土地）を放棄して，開放されずに残されていた土地（「未開放蒙地」）に移住した。モンゴル人は，生計地周囲の耕地化や入植してきた漢人との混住を嫌ったのである。このため非開放蒙地の人口はますます稠密となった。このようにして，内モンゴル東部の各旗のモンゴル人は急激な開墾の波と新住民である漢人と外旗モンゴル人多数の転入に直面していたのである。この事態は，自らの生活の場や生業・社会の変化を生み，不安や動揺を招いた。本旗モンゴル人にとって最も深刻なのは，突如生活舞台の牧地を自分たちの手から奪い，生活を不安に陥れる開放蒙地の設定であった。それは彼らにとって死活問題であったから，当然反開墾闘争が起こされた。ジリム盟ゴルロス前旗のトクトホ等が1905年に起した大規模な武装蜂起は，その例である[19]。先に述べたジャロード旗やヘシクテン

旗に出現した2ジャサグ制の背景にも，農耕化問題と漢人問題をめぐる旗内の対立があったとの見方がある[20]。このようなステップ開墾に伴う諸問題は，当時の内モンゴル東部において，看過できぬ重大事であったのである。

　以上のように19世紀後半〜20世紀初期は，清朝が衰退・滅亡し，中華民国とボグド＝ハーン政権が登場した混乱・激動の時代であり，そこに複雑な国際関係も絡んでいた。かくて長年の政治・社会体制が動揺し，多くの複雑な問題が噴出し，内モンゴル東部には，上述した各種の問題が生じたこともあって，政治は混乱し，経済は逼迫し，社会は激動し，モンゴル人は不安な日々を過ごしていたのである。それ故に，モンゴル人が旗やソムの単位でオボー祭りを行うことは容易ではなく，オボー祭りは不振であったのである。

　ロブサンチョイダンの著述後も状況に変化はなかった。ホルチン左翼中旗を例にとると，1920年代後半に，同旗に残されていた最後の牧地を「西夾荒」と「遼北荒」の2区画の開放蒙地とし，測量して漢人農民に払い下げる計画が実施に移された。それまでも同旗での開放蒙地の設定と開墾に反対する運動は存在したが，ここに至り，生活の場を完全に失う危機に直面したモンゴル人の反墾闘争は激化し，1929年から1931年にかけて，ウンドゥル王ヤンサンジャブが「西夾荒」開墾に反対して武力行使も辞さぬ姿勢で一般モンゴル人にも働きかけて動き，「遼北荒」をめぐっては1929-1930年にガーダー＝メイリンが規模の大きい武装闘争を展開した。しかしいずれも張作霖政権等に鎮圧され，その後測量は終了した。だが漢人への払い下げ直前の1931年に満洲事変が勃発し，両区画の開墾計画はまさに実現直前に白紙に戻されたのである[21]。要するに1920年代も開墾問題が内モンゴル東部のモンゴル人の生活と将来を不安に陥れ，オボー祭りを盛んにやる気分・状況ではなかったと言えるであろう。

⑶満洲国期

　満洲事変の同年，バボージャブの子息ガンジュルジャブを長とする内モン

562 第3部　近現代内モンゴル東部地域の研究

ゴル自治軍による自治独立運動が行われたが失敗し，1932年に満洲国が建てられたとき，内モンゴル東部は興安省として満洲国の治下に入った。満洲国期のオボー祭りについて，当時編纂された『ホルチン右翼後旗志』（ホルチン右翼後旗は興安南省に所属）に「近年来不作で匪賊が跳梁したため，この気風〔オボー崇拝の気風〕がやや弱まった。〔満洲国の〕建国後，なお旧典に従い，期限になると祭祀を挙行しているけれども，往時の熱烈さに及ばず点々と祭られているに過ぎない」とある[22]。「近年来」とは，清朝末期に内モンゴル東部が混乱状態になって以来という意味でなければならない。その時期と比べると，満洲国建国後オボー祭りがしきたりに従って行われているけれども，往時の熱烈さには及ばないと言うのである。

　一方同じ興安南省のフレー旗では，旧時旗長が〔旗オボーとして〕「祭っていたのはフレー鎮の北のハダト山であり，5年に一度大祭を行い，1931年前には毎年祭っていたが，日本の侵入以後，即ち終わりを告げた」とある[23]。別の人は，満洲国初期までハダト山，エルセン鎮のガジャルボリン＝オボー，オンゴン山のオボーを毎年祭っていたが，やめた。旱魃時にアラシャン＝ボラグという泉を祭っていたのもやめ，シャーマニズム関連のアンダイ祭りも禁じられた。満洲国は人が集まることを嫌ったのだろうと述べた（2004年夏フレー旗都で）。旗オボー格のハダト山以外のオボーも満洲国が祭らせなかったことになる。

　だが旗都から現地に出て，土地の長老たちに聞くと，ガジャルボリン＝オボーもオンゴン山のオボーも満洲国期に祭りをやめたことはなかったという。ハルゴー＝ソムのオボー＝アイルのオボーも土地改革ころまで，エルセン鎮のオンド＝アイルのオボーも人民公社初期まで祭られていたという（2004年聞取り）。少なくとも一般のオボーが祭られ続けていたことは明らかである。

　旗オボーのことだが，ジャライド旗（興安南省所属）の旗オボーであるウルジーチョクト山のオボー（所在地はバヤンオラーン＝ソム）は，1932年

（満洲国成立直後）まで祭られていたという（2005年夏聞取り）。するとこの旗オボーも，フレー旗のハダト山同様，満洲国期に祭りが中断したことになる。ではやはり，満洲国は旗オボーの祭りを禁じていたとみるべきなのであろうか。私は禁じていなかったと見る。禁じていたようなことを窺わせる当時の記録には，管見の限り見あたらないからである[24]。満洲国初期の5年間，満洲と内モンゴル東部を調査した赤松智城が「此月（5月—吉田注）から7月頃にかけては，かの全蒙古に特有な集団的宗教行事である鄂博祭（obon tahilga ママ）が執行される」と述べている[25]。赤松智城や彼とともにオボーを調査した秋葉隆をまつまでもない。当時オボー祭が行われていたことを示す資料にこと欠かないからである。

　まずジャライド旗だが「本旗における最大のオボは霊山と称せられる罕山（ハンオーラ）頂上にあるものにして，毎年陰暦5月上旬吉日を選んで祭典が挙行せられ，旗公署王府の各人員は皆衣冠束帯の礼装にて，その前日鄂博祭典の現地に到着し」云々とあり[26]，「本旗は鄂博祭りを非常に重視してゐるが，各努図克いずれにも鄂博があり，毎年旧〔暦〕5月上旬に鄂博祭が行はれる」とある[27]。罕山（ボグド山，ウルジーチョクト山）のオボーは，今も旗オボーである。満洲国期，その祭りも同旗を構成する各努図克（ヌトゥッグ）のオボー祭りも，旗によって重視されて祭られていたのであり，旗のオボー祭りについては毎年旗当局の参加を得ていたのである。

　興安西省（大体今の赤峰市の範囲）のナイマン旗（現在通遼市に所属）では「旗内に於ける鄂博の祭祀は各処に於て行はれるが」云々とあり，ハーン山の祭祀についても「旗内に白音昌干，古爾本賽汗の二汗山がある。毎年旧暦6月16日旗公署より100円の補助を受け前者は瘋（ギャ）喇嘛廟後者は奈林他拉部落民（30戸）主催し，喇嘛の読経を請ひ盛大な祭祀を行ふ」とある[28]。ハーン山は旗オボー格であり，その祭祀はオボー祭祀と同義である。満洲国期，ナイマン旗は少なくとも旗オボーの祭りを積極的に支援していたのである。

564　第3部　近現代内モンゴル東部地域の研究

　興安西省に属したアルホルチン旗については「此の屯（ハルタクチン屯—
吉田）では土地に関する祭祀は殆んど行われてゐないが只毎年旧暦5月に行
はれる罕山のオボ祭りがある。罕山は……旗全体の祭祀を行ふ山でもある。
……村からメイハン（天幕）を持参して山で一泊する」とか[29]，日本敗戦直
前の「1945年に，旗のイフ＝ハーン山を祭る集会において，……18歳の
チョクタン（力士名—吉田注）が，相撲に参加して上位の8番目に座した」
とある[30]。この旗でもハーン山が旗オボーとして毎年祭られていたのである。
ハルタクチン屯では土地関係の祭祀がほとんど行われていないとあるのは，
同屯のハルタクチン＝オボー（qartaɣčin obuɣ-a）[31] に関するのだろうか。そ
うであるとしても当時，他所で一般のオボーも祭られていた。それは「その
年（1944年—吉田注）にバルチロード廟のゲゲーン＝サンから……流れる
ウルジームレンの南斜面にあるオダン＝トホイ泉を祭る集会を催した」とあ
るからである[32]。泉を祭るのもオボーを祭るのと，ほぼ同義である〔4の1）
をみよ〕。

　満洲国期において，今のフルンボイル市（旧フルンボイル盟）の興安嶺の
西は興安北省，東は興安東省と称され，興安南省，興安西省同様，興安局の
下にあった。興安北省（遊牧地帯）のオボー祭りについて，1933年夏から3
年余同省で過ごした米内山庸夫は，ハイラル近郊のアンバン＝オボー（省オ
ボー）とソロン旗（現エヴェンキ族自治旗）のバインホショー＝オボーの祭
りの写真を自著に載せ，前者の祭りに役人も参加していることを記した[33]。
1938年まで4年間を北省で過ごした徳廣桂濱は，シネバルガ旗の旗オボー
であるボグド山のオボーの祭りに，遠方の旗民も参加し，当日，立派な法衣
を纏ったラマ達を先頭に，特別な礼服を着た各官吏が続き，祭儀を行うと記
している[34]。池尻登は，オボー祭りの「最も盛大なものは巴爾虎のボグド・
オーラ・オボの祭で，省長以下の官吏が古式の衣装を着し参列し」云々と述
べている[35]。この文から省オボー，旗オボー以外のオボーも祭られていたこ
とがわかるが，米内山も「蒙古人の部落の近くに大ていこの祭るオボがある。

近現代内モンゴル東部地域の変容とオボー　　565

……春になれば，そのあたりの蒙古人は一家眷族，ともども山に集まってきてオボを祭る」と述べている[36]。

　要するにフレー旗とジャライド旗のオボー祭りが，満洲国期に停止されたとの見解は，誤りである。旗オボーも一般のオボーも満洲国期において祭られていたと見るべきである。

　本項で述べたことをまとめると，満洲国統治下の内モンゴル東部地域では，オボー祭りは，当時政情や社会状態がその前に比べると落ち着きを取り戻したこともあり，ふつうに行われていたようである。だがホルチン右翼後旗の旗志に記されていることが，同旗以外の内モンゴル東部の諸旗にも当てはまるとするならば，かつてこの地域の政情と社会状態が安定していたころほどには盛んではなかったということになる。

(4)社会主義革命とオボー

　満洲国崩壊後の1947年に内モンゴル自治区が成立すると，社会主義的土地改革が実施された。このときオボー崇拝は迷信として否定され，大半のオボーは祭りをやめた。少数のオボーは祭りを続けたが，それらも1958年に人民公社時代に入ると，その大部分が祭りをやめた。1966年のいわゆる文化大革命勃発から1977年にそれが終息するまで，祭りは全く不可能となった。のみならずオボーは多くが壊され，埋設物が暴かれた。祭りが復活したのは，文化大革命終結直後に復活した一部のオボーを除いて，1980年代からである。だが今に至るまで祭られないものも多い。

　要するに近現代における内モンゴルのオボーの最大の危機は，1947年からの40年間であった。これは社会主義政策がオボーにもたらした危機である。

(5)取り残されたオボー

　オボー祭り停滞の大きな理由に，漢人によるステップ耕地化問題があるこ

とは，先に述べた。では，耕地化され漢人居住地と化したところに残された
オボーはどのように扱われたのか，この問題も重要である。漢人の居住地と
しては，県治となり東北三省に組み込まれたもの，県治となったが内モンゴ
ル東部の赤峰市・通遼市・興安盟内に留まったもの，これら三つの盟と市の
なかにある旗に存在する漢人集住地などが挙げられる。これら三種の土地面
積は，内モンゴル東部地域のもともとの広さの3分の2をかなり超えている
であろう。そこにオボーが数多く取り残され，その多くが消失したのである。

　例えば吉林省双遼県内の鄭家屯のオボーがある。鄭家屯はもとホルチン左
翼中旗の地であったが，清末にそこに遼源州（1913年に県となる）が置か
れて同旗から外され，1940年に双山県と合併して双遼県に属し，現在同県
の政府所在地である。このオボーは1933年当時鄭家屯外の里余の鄂博山上
にあり，粗石を円錐形に積んだ高さ約120cmの堆石で，柳條もヒーモリも
なかった。よく見るとこの堆石から東西方向の山腹にかけて崩れた小オボー
がいくつかあったが，散乱がひどく小オボーの正確な数は不明であった[37]。
1935年当時遼源県のモンゴル人はわずか974人で，漢人は13万人に迫って
いた[38]。このオボーの荒れ様からみて，当地のモンゴル人がこれを地域ぐる
みで祭ることは，すでに行われていなかったとみてよい。

　主に祭るオボーを別のオボーに替えた例もある。赤峰市ヘシクテン旗では，
清代にはサイハン＝ハイルハンを，民国以後はバヤン＝ハイルハンを主に祭
り，祭日にジャサグが民を率いて祭祀を行った[39]。サイハン＝ハイルハンは，
もと同旗南部の芝瑞郷の地に属し（現中国の建国後，この山以南は河北省の
地となった），バヤン＝ハイルハンはダライノール鎮に属する。民国以後，
後者を主に祭るようになったのは，旗の南部が清代乾隆以後に開墾され[40]，
モンゴル人が減少したのに対し，後者はステップが残りモンゴル人も多いま
まの地域であったからである。

　オボーそのものが移されることもあった。例として，今のオンニュード旗
（ほぼ，もとのオンニュード左翼旗に相当）の旗オボーがある。元来このオ

ボーは，チョクウンドル山（今のチョクウンドル＝ソムにある）の山頂にあり，もとのオンニュード左翼旗の中央に位置していた。ところが，同旗の西部（赤峰－烏丹－大板を結ぶ線の西側）が開墾され，漢人の住地となった結果，この旗オボーはモンゴル人住地の西端に位置することとなった。そこでオボーの祭りへのモンゴル人の参加の便を考慮して，19世紀末（1890年ころ？），東隣ハイラス（海拉蘇）＝ソムのシラタラ Sira tala（沙日塔拉）牧場内にあるバヤンウンドル（Čündüb 川の南岸にある）に移したのである（注45を見よ）。

このほか近現代には，耕地化とそれに伴う県の設置やその他の理由から，旗の再編や旗界の変更が頻繁に繰り返され，これもまたオボーとオボー祭りに影響を及ぼした。後述するジャロード旗，シリーンゴル盟東ウジュムチン旗の旗オボーはそのような例に該当する。

3　内モンゴル東部地域のオボー祭りの現状

⑴旗オボーの祭りの現状

文革終結後，オボー祭りは復活した。だが復活に地域的差異が見られる。私は，通遼市フレー旗と，そのはるか西方，陰山山脈の北に位置するバヤンノール市（旧バヤンノール盟）ウラド三旗を調べてそのことに気づいた。前者は後者より復活の状況が悪いのである（表1～表4参照）。私はこの理由を，前者が内モンゴル東部に属しているためではないかと考えた。

前節で述べたことを整理すると，この地域は，清末以来長期間の政治的激動や戦乱，それに匪賊等の跳梁による社会混乱，来住漢人によるステップの耕地化（私墾や，開放蒙地を設定しての開墾）を理由とするモンゴル人（外旗人，本旗人）多数の牧地喪失と異郷への移住そして経済的困窮，牧地の狭隘化などに対応するためのモンゴル遊牧民の半農半牧・純農耕への経済・社会の転換，などの諸事情が，この地域内の諸社会を流動化し不安定にし，住民の紐帯を弱め，その結果たとい故郷に留まっていた場合でも，個々の社会

568　第3部　近現代内モンゴル東部地域の研究

表1　通遼市フレー旗のオボー

凡例：表1〜表4の項目中，「地域」は祭祀する地域，「革命初期」は土地改革期，「公社初期」は
人民公社初期，「文革」は文革期を意味する。

オボー名	山名	所在地	地域	革命前	革命初期	公社初期	文革期	現在
×	バガアチマグ	ハルゴー=ソム	地元の4集落	○	×	×	×	○
オボー=チョロー		同		×	×	×	×	×
オボー		同	隣接ガチャー	○	×	×	×	×
オンゴン山オボー		同		○	×	×	×	×
ジョジャーン集落のオボー		同		○	×	×	×	×
*	ハダト	フレー鎮	旗全体	○	×	×	×	×
	チャガンチョローテイ	バヤンホワ=ソム		○	×	×	×	×
ガジャルボル山オボー	ガジャルボル	エルセン鎮	養畜牧川の北	○	×	×	×	×
オンディン=オボー		同	オンド集落	○	○	○	×	○
不明		同	地元の集落	○	×	×	×	?

＊オボー状の石積みがあった

　の拠って立つ地域の守護霊の住まうオボーへの関心・意欲を削いだ。やがて
オボー崇拝を迷信とする社会主義体制が確立し，オボー祭りが長期間禁じら
れ，一層オボーに対する意識を弱め，オボー祭りは大きな打撃を被った。以
上の事情のいくつかは，内モンゴルの他地域にも当てはまるが，これらの影
響をすべて強く受けた内モンゴル東部では，オボー祭りは早くから不振に陥
り，祭られなくなったオボーや漢人居住地に取り残され放棄されたオボーも
現れた。そして土地改革後長期間続いた祭りの禁止が文化大革命後に解けて
も，祭りは容易に復活していない。フレー旗以外の内モンゴル東部諸旗のオ

表2　バヤンノール市ウラド前旗のオボー

オボー名	山名	所在地	地域	革命前	革命初期	公社初期	文革	現在
ホショー＝オボー	モナ	バヤンホワ鎮	旧右翼公旗	○	×（1951 ○）	×	×	○
ダワー廟オボー		同	廟のある村	○	×	×	×	○
ジャルガルティン＝オボー		アルタチン＝ソム？	？	○	○？	○？	×	○
タバンタイジ＝オボー		同	5タイジの子孫	○	×	×	×	○
デブスギンソミヤー＝オボー		同	寺のオボー	○	×	×	×	○

表3　バヤンノール市ウラド中旗のオボー

オボー名	山名	所在地	地域	革命前	革命初期	公社初期	文革	現在
チュールミン＝オボー		デレンオール鎮	グーシン廟と近傍		×	×	×	？
アルホダギン＝オボー		サンギンダライ＝ソム	？	○	×	×	×	○
ボグディン＝オボー		同	？	○	×	×	×	○
オンゴンテギン＝オボー		同	旗	○	×	×	×	○

＊他にソロン＝オボー，バータルルダ＝オボー，ガルダン＝オボー，シルハイイン＝オボー，ボルハントイン＝オボー，デルデゲン＝オボーなどがあり，祭られているという。

ボーも，オボーの再建や祭りの復活の状況はなめらかではない（フレー旗には他旗と異なる事情もある）。

　旗オボーの状況について，主に聞取りによって知ることができたことに基づいて述べると，次のようである。

　通遼市においては，ナイマン旗では旗オボーがどれかわからなくなり，祭

表4　バヤンノール市ウラト後旗のオボー

オボー名	山名	所在地	地域	革命前	革命初期	公社初期	文革	現在
アルタンホロク＝オボー	モナ	バヤンボラク鎮	旗民	○	×	×	×	？
バヤンウンドル＝オボー		ハイラス＝ソム	周辺の牧民	○	×	×	×	○
バルオール＝オボー		バヤンゴビ＝ソム	？	○	×	×	×	○
メグジムハイルハン		同上	？	○	×	×	×	？
ゴルバントイギン＝オボー		同バヤンチャンドマニ＝ガチャー	左のガチャー	○	×	×	×	？
チョクウンドル＝オボー		同上	同ガチャー	○	×	×	×	○
バヤンバガモド＝オボー		ウルジー＝ソムのバヤンノロー＝ガチャー	左記ガチャーとモンゴル国側	○	×	×	×	○
シャルゴビン＝オボー		ナランボラク＝ソム	バヤンシャンド廟の僧	○	×	×	×	○
ナランハイルハン＝オボー		同上	タイジとトイン	○	×	×		○？
バヤンチャガンウンドル＝オボー		？	？	○	×	×	×	？
アルシャン＝オボー		？	？	○	×	×	×	？
フフウンドル＝オボー		バヤンチャンドマニ＝ソム	？	○	×	×	×	？
フルフンデリン＝オボー			？	○	○	×	×	○

られていない。ホルチン左翼中旗ではダルハン王のオボー（所在地通遼市和平街）が旗オボーであったが，祭られていない。ジョリグト王のオボー，ウンドゥル王のオボー（所在地バヤンタラ＝ソム）も祭られていない。ホルチン左翼後旗の旗オボーはションホル山のションホル＝オボー（所在地オーラン＝ソム）であったが，壊されたままで祭られていない。小範囲の一般人が山を祭っているに過ぎない。ジャロード旗の旗オボーは，旗の統合や開放蒙地の切り離し等でその位置が不明となり，祭られていない。

　興安盟においては，ホルチン右翼前旗の旗オボーはハンオール＝オボー（王爺廟のオボー）で，ウランホト市のチンギス＝ハーン廟の後方にあったが，戦後，廟修復のさいに壊され，そのままである。ホルチン右翼中旗では，古くはホルチン右翼前旗とモンゴル国の境界付近のボグド山のオボーを旗オボーとして祭っていたが，後にそのボグド山がホルチン右翼前旗領に入ったので祭らなくなり，右翼中旗にあるジリム盟の盟オボーであるアルバン＝オボー（所在地バローンジリム＝ソム）を，その祭りのさい旗の人が多数集まるので，旗オボーとして扱うようになった。このオボーは今もあるが，旗レベルでは祭っていない。ジャライド旗の旗オボーは，後述するように2004年に祭りが復活した。

　赤峰市については，アルホルチン旗とヘシクテン旗の旗オボーが祭られ，バーリンではもと左右両旗の旗オボーとしてハーン山を共通に祭っていたが[41]，現在それはバーリン右旗の旗オボーとして祭られている。そしてバーリン左旗はバヤンオール＝オボーを旗オボーとして祭っている。オンニュード旗の旗オボーは，祭られていない。オーハン旗，ハラチン旗にも往時旗オボーがあったが，今は祭られていない。

　以上のことから，内モンゴル東部諸旗の状況を総括すると，通遼市5旗，興安盟3旗，赤峰市6旗の計14旗中，旗オボーを祭っているのは5旗のみである。通遼市ではどの旗も旗オボーを祭っていない。ただし同市のジャロード旗は，もと左右両旗があり同じオボーを旗オボーとして祭っていたが，

両旗の統合や開魯県の設置・分離などを経て，旗オボーに種々不明な点が生じ，祭りを復活できない状態にあるというから，復活への意欲が弱いとは言い難いようである。同旗の他のオボーの祭りは活発におこなわれている。

今，西側に隣接するシリーンゴル盟の諸旗と比べると，この盟のウジュムチンの東西両旗は，もと今の西ウジュムチン旗内のタビン＝オボーを旗オボーとして祭っていた。それを2002年に西ウジュムチン旗の旗オボーとして復活させた。そのためもあって東ウジュムチン旗に旗オボーはないが，オボー祭りは盛んである。シリーンホト市，アバガ旗，スニド左右両旗の旗オボーの祭りはすでに復活した。正藍旗は1956年に改編されて正藍旗のほかミンガン旗，タイブス右翼旗から構成されることとなり，これら三旗がもとの旗オボーを個別に祭っている。同様に正鑲白旗は正白旗と鑲白旗を合したもので，この2旗がもとの旗オボーを個別に祭っている。鑲黄旗ではアドーチン＝オボーが旗オボー格で祭られている。タイブス旗は旗オボーのウチ＝オボーを祭っている。要するに10旗中，事情のある東ウジュムチン旗以外は旗オボーが祭られているのである。もう一つ隣接するフルンボイル市のモンゴル族居住地域である興安嶺西の4旗，すなわちホーチンバルガ旗，シネバルガの左旗と右旗，エヴェンキ族自治旗でも，やはりみな旗オボーの祭りは復活している。内モンゴル東部の状況は，隣接する二つの地域と比べて対照的であることは明らかである。

(2)文化大革命後のオボー祭り復活の道筋

次に，かつて祭られていたオボーの祭りが復活する過程を見ると，まずある地域のモンゴル人から祭り復活への動きが起こる。理由は既述のように各オボーは，それが存在する地域社会の住民の守護霊が座す精神的拠りどころであり，地域社会と住民の生活の支えと信じられてきたからである。住民多数がオボーを思いかつその社会の紐帯が強ければ，祭りの復活は比較的容易である。ソムやガチャーなどを統合する旗のオボーすなわち旗オボーについ

ては，旗内の一般モンゴル人の活動だけでは必ずしも十分でなく，旗に影響
力をもち，そのような一般モンゴル人の活動に同調する指導力のある人物の
存在が必要になるようである。このことを，興安盟のジャライド旗を例に
とって記してみたい。

　ジャライド旗には，オボーが各アイル（集落）にあり，この10年間，ア
イルの人びとによってかなり祭られるようになったが，迷信だと批判されて
きた。旗オボーであるウルジーチョクト山のオボーの祭りを復活させようと
する動きも前からあり，ジャライド旗のもとからの住民（本旗人）が積極的
に動いた。ただし最も積極的であったのは，オボーがあるバヤンオラーン＝
ソムの外旗人の医者であり，ソムの幹部たちもその活動を支持してきた。こ
の医者は何人かの一般の牧民や農民と，このオボーを祭ったこともあった。
2004年に，同旗の教育界の重鎮で旗内有数の知識人である古老が，ジャラ
イド旗の党や政府，人民大会，各局など各方面に，祭り復活の提言を文書で
行ったが，旗の指導者たちに迷信にとらわれていると言われ，祭りの費用を
出してくれなかった。そこで名目を変えて民間だけの，つまり旗政府が協力
しない非公式のナーダム大会（競馬，相撲の競技会）として行うことにした。
覚悟の上の行動であった。だがオボー祭りは迷信でなく自然保護に役立つこ
とがあり，昔から祭ることで人びとが利益を得てきたという主旨の文を書い
たところ，党紙の『興安日報』が採用して載せてくれた。これを読んで，党
紙に採り上げられたのだからオボー祭りは迷信とは言えず，祭ってもよいの
ではないかと考える人びとも現れた。その一人として，人民大会の指導者の
モンゴル人がおり，協力してくれるようになった。フフホト在住の有力者も
手紙を書いてくれた。そしてこの古老を含むナーダムの組織者が，旗の長・
書記・各局の長に，多分来ないだろう思いながら，招待状を出した。ところ
がナーダムの日，副旗長二人，各局の長，人民大会の主任たち，政協の主任
全員が来た。参会者は3万人に達した。ラマも10名ほど招いて，経を読ん
でもらった。結局単なるナーダム大会ではなく，昔のオボー祭りと同じ形式

のものとなった。旗政府は 10 万元を出してくれたという。

ジャライドの本旗人は一般に，19 世紀後半以後の新参者たる外旗人より旗オボーの復活を願う気持ちが強い。中でもタイジ家系の人はそうである。ジャライドの旗オボーの祭りの復活には，上述の古老が重要な役割を果たしたが，この人物もハサル系のタイジである。このようなタイジ系統を含む本旗人の意志も重要であったと考えられる。

旗オボーの祭り復活は，旗内のさまざまなオボーの祭りの復活を刺激する力をもつ。ジャライド旗では，2004 度の旗オボー祭りの実質的復活の影響を受け，2005 年度にあちこちでオボー祭りが復活したと言う。旗当局の姿勢の変化を見て，オボーを祭りはじめたのである。しかしその場合でも，ソムやアイル（集落）の社会の紐帯の強弱の度合が，オボー祭り復活の動きに関連するのである。その例は，ジャライド旗とは異なるが，フレー旗のオンド＝アイル（集落）のオンディン＝オボーに見出せる。このオボーは，解放後も祭りが行われ続け，所謂文化大革命期に一時的に祭りが中断されたが，それが終結するとともに，祭りが復活した。このオボーの祭りがこのようであったのは，オンド＝アイルがボルジギン＝オボグの人びとから構成され，その社会の結束とオボー崇拝の気持ちが強いからであると考えられる。

しかしながら，内モンゴル東部の多くの地域では，上に見たように，地域と社会が変化したために，このような復活への道筋が見えないところが多いのである。

4 内モンゴル東部地域におけるオボー祭祀の変化

内モンゴル東部地域の激動と変容は，オボー祭りの不振を招いたが，また祭祀内容にも変化を生んだ。オボー祭りの核心は，オボーの傍で行われる祭儀であり，それに適正なものを供え，シャーマンやラマが祭文を読誦し，そして人びとがオボーに拝礼することである。この核心部分の内容に変化がみられるオボーがある。そしてその変化の内容とは内モンゴル東部地域の農耕

化に関わるものである。

⑴供物について

　通遼市ホルチン左翼中旗ハルジン＝ソムのボロムティン＝オボーでは，20世紀前半に「羊のオーツ（uγuča 腰肉），ホロード（quruγud）などの乳製品，酒，菓子，豚のオーツ」などを供えた。ハルジン＝オボーの祭りは1947年以後行われなくなり，現在も復活への動きはない。モンゴルの遊牧民は豚を飼育しない。彼らが豚を飼育し始めるのは定着してからであり，しかも比較的湿潤な地域においてである。内モンゴル東部は比較的湿潤なので，定着すると牧民も豚を飼うことがある。だがそれでも豚を尊重することはない。だから豚の肉をオボーに供えることは，もしかするとその地域の顕著な変化を物語ると言えるかも知れない。つまりモンゴル人の間での農耕化の深化や，地域における漢人の増加である。増えた漢人への配慮もあろう。ボロムティン＝オボーでは，羊を供物として用意できたにもかかわらず，豚も供えた。そこにこの地域のモンゴル人の意識の変容を読み取れるのではないだろうか。

　ハルジン＝ソムのアルイルト＝ホショー（aru irtu qosiγu）辺りでは，1930年代に漢式農耕をモンゴル人もおこなうようになっており，1940年代には内モンゴル東部のモンゴル人の伝統農耕であるナマク＝タリヤ農耕をしなくなっていた。また羊群を放牧するのも1戸のみで，その家も間もなく羊飼育をやめ，モンゴル人の主な家畜は牛となっていた。だが飼育頭数が多いのは2戸だけで，他に10戸が約10頭ずつを飼っていた。そのうち乳製品を作るのは約5戸に過ぎなかった。羊群飼養をやめた状態は，モンゴル本来の牧畜のあり方から遠く隔たっていることを意味し，乳製品製造をやめた家が多いのは，牧畜民から遠く隔たった生活をしていることを意味する。

　当時そこには，広い牧地がまだあった。そうであったとすると，当該地域は20世紀前半に，上層モンゴル人の家は牧畜をまだ営んでいたが，他の多くのモンゴル人は農耕に多く依存せざるを得ない状態になっていたと考えら

576 第3部 近現代内モンゴル東部地域の研究

れる。すなわち半農半牧段階の家と農主牧副段階の家が混在していたのである。当時ハルジン＝ソム辺りの漢人数はよくわからず、アルイルト＝ホショーには少なかった。1912年以後、ハルジン＝ソムの南部を流れる新開河沿いの肥沃な土地に、漢人が耕地を開き始めた。以来年数を経ていたから、彼らはかなり入り込んできていたと思われる（2004年12月聞取り）。

　同じころ、ゴルロス後旗のモンゴル人の各集落にあるオボーの祭りに「豚，羊」を供えていた[42]。同旗は漢人居住地に囲まれ、旗の漢人が約21万人に対してモンゴル人口は1万人ほどに過ぎず、農耕化が顕著であった。

　戦後の状況だが、前述のジャライド旗のウルジーチョクト山のオボーでも、革命後禁じられていた祭りが、2004年に復活したとき、牛羊とともに豚も供えた（2005年夏聞取り）。この変化の背後に、戦後における同旗の変化すなわち農耕化の深化や漢人増によってモンゴル人に生じた経済の変化や意識の変化、それに漢人住民への配慮などを読み取ることができよう。通遼市フレー旗ハルゴー＝ソムのバガアチマグ山の麓のテクスン＝ホワでも、2004年にオボーを築き、山羊と豚を供えて祭った（2004年夏聞取り）。ここは半農半牧区である。また通遼市ジャロード旗南部のウルジームレン＝ソムでは、ソム内の聖泉を祭るのに、泉の主のロース（luus，竜王）を抑える力があるとして豚の頭を供えるとのことであり（2004年12月聞取り）、オボー祭りの内容は、広く「オボーを祭る外に、名山，大川，神樹，神泉，湖泊も祭る」とあるように[43]、泉を祭ることもオボーを祭る意味をもつ。遊牧では一般に豚は飼わないから、定着化し豚も飼うようになり、また漢人農民も増えた清末以後に、豚を供えるようになったと思われる。

　五穀を供えることは内モンゴル東部のオボー祀りにおこなわれていると思うが、今のところ実例を見出せない。

⑵祭文の内容の変化について

　上述したジャライド旗のウルジーチョクト山のオボーの祭文に、家畜の供

物として「馬，ヤク，山羊，羊，ニワトリそして犬，牛，ラクダ」とあり[44]，ニワトリが含まれている。ニワトリも豚同様，モンゴル遊牧民の家畜ではなく，定着牧畜化してから飼われはじめたものである。それが祭文に登場しているのは，内モンゴル東部地域のモンゴル人の経済・生活の変化を反映していると見られる。

　上述したホルチン左翼中旗のボロムティン＝オボーの祭儀の開始にあたって，祭りの主宰者（ダー＝ノヤン）が酒を撒布してから述べた言葉に「家畜の繁栄，狩猟の豊富，畑の豊作，無病息災，多雨で旱魃のないこと」などが含まれている。「畑（tariy-a）の豊作」は「五穀の豊作」と同義の可能性が高く，このオボーが祭られていた戦前（1947年以後祭られていない）におけるこの地域の住民の農耕化を反映していると考えたい。オンニュード旗ブリィェン＝ソムのホルハ＝ガチャーにあるホルハのオボー（qurqa-yin obuγa）の祭文にも，雨水の順調，牧草の良好，家畜の無病と順調な成長などとともに「五穀（tabun tariya）が豊穣であること」を祈るとある[45]。オンニュード旗の農耕化の影響を被ったものと言える。

おわりに

　以上，近現代における内モンゴル東部の歴史状況の変化の中で，古来モンゴル人があつく崇拝してきたオボーとその祭りがどのようになってきたかを見てきた。オボーは，社会主義中国では，建国後ずっと迷信として冷遇され，いわゆる文化大革命の時期にはひどく攻撃の標的とされたから，研究対象として，危険なものの一つであった。近年ようやくオボーについて書かれることが増えたが，オボーの種類や分類，祭り方を叙述することが中心であり，オボーの祭文の紹介もされるが，その分析に関してはほとんど手付かずである。またオボーというのは，地域社会とその住民に深く関わる存在であるにもかかわらず，地域の社会および住民との関連で考察することは皆無といった状態である[46]。

578　第3部　近現代内モンゴル東部地域の研究

　その意味で20世紀はじめにロブサンチョイダンが，簡略ではあるが，当時の政治・社会状況とオボー祭りの不振を関連付けて述べたのは，卓見というべきものであった。本稿は，ロブサンチョイダンのそのような観点を尊重し，それを，より具体的にかつ時代を下らせて考察したのである。そしてその場合，オボーの本質に関するドルジ＝バンサロフや後藤冨男の見解が採るに足ると思われるので，利用した。

　本稿の特色は，オボー研究が十分でない状況の中で，これらの先人の考えに依拠しながら，現地聞取り調査をそれなりに実施して集めた資料や戦前の文献資料もかなり使って考察した点にある。そして近現代における内モンゴル東部地域の変容がオボーに大きな影響を及ぼしたことを，大まかではあるが，ある程度実証したつもりである。

　だが本稿は，モンゴルの社会とオボー崇拝の関係を深く考察したとは，必ずしも言えない。本当は，内モンゴル東部の社会的変化が顕著でオボー崇拝がかなり弱まっている地域を徹底的に調査し，そこから得られた資料に基づいて，モンゴル人社会の変化とオボー崇拝の関係を，詳細に論述することを行いたかった。だが諸般の事情によって，それを実施することはできかった。これが将来の課題であることを述べて擱筆したい。

追記　本稿は，早稲田大学アジア地域文化エンハンシング研究センター編，2006年3月，『アジア地域文化学の構築』（アジア地域文化学叢書1），東京・雄山閣の255-282頁に掲載されたものに，若干手直しを施したものである。

注

1）秋葉　隆，1937，「朝鮮の民俗に就いて―特に満蒙民俗との比較」，『朝鮮文化の研究』，朝鮮公民教育会，33-56頁。噬は「くらう」，「ついばむ」という意味。

2）秋葉　隆，1941，「鄂博と鄂博祭」，赤松智城・秋葉　隆共著『満蒙の民族と宗教』，大阪屋号書店，252-264頁。

3）ドルジ＝バンザロフ著・白鳥庫吉訳，1942，「黒教或ひは蒙古人に於けるシャマン教」，『北亜細亜学報』第1輯，地人書館。ここに околодок（周辺）を「部落」と訳

しているが妥当ではないであろう。

4）C. Norjin nar（erkilen nayiraγuluγči）, 1997, *Mongγol kel-ün toli*, 1997, Köke qota, p. 780.

5）ロブサンチョイダンは，内モンゴル東部ハラチン旗の出身であり，肉粥が出されることを記している（Lobsangčoyidan jokiyaba, Qa. Danbijalsan čoqulba, 1981, *Mongγol-un jang aγali-yin oyilaburi*, Kökeqota, p. 290）。

6）ラマのワジラダラ＝メルゲン‐ディヤンチの残した古写本に，オボー祭りの効果として「即ち現世の幸福，人民の安寧，家畜の繁殖，富の増加，悪魔の退散，諸病の祓除」が挙げられている〔ドルジ＝バンザロフ著・白鳥庫吉訳，1942，「黒教或ひは蒙古人に於けるシャーマン教」；ミハイロフスキー著・高橋勝之訳，1940，『シャーマニズムの研究』，文求堂（復刻本，新時代社，1971），26頁〕。

7）江上波夫，1948，「匈奴の祭祀」，『ユーラシア古代北方文化』，全国書房，225-279頁。

8）後藤冨男は，モンゴル族のオボー崇拝に，匈奴をはじめステップの諸民族の間に広まっていたシャーマニズムの普遍的な祭祀形態の伝統を引くものが数多く見られるとして，オボーの周りを三度巡ること，かつて行われていた流血の供犠と今も行われている無血の供犠，会宴，男の三種の競技を挙げている（後藤冨男，1956，「モンゴル族に於けるオボの崇拝―その文化に於ける諸機能―」，『民族学研究』19-3・4，54-57頁）。

9）シャーマンはオボー祭りに一般参会することはできた（フレー旗オンゴンオーリン＝オボー，オンディン＝オボー，ジョジャーン＝アイルのオボーおよびバヤンノール市ウラド前旗のホショー＝オボーに対する2004年8月の聞取りに基づく）。

10）Sayinjirγal, *Ongγon takilγ-a*, Begejing, l, 2001. pp. 463-471. 2004年12月に実施した調査によれば，シャーマニズムが行われていると見られてきたホーチン＝バルガ旗において，現在シャーマンが祭儀に関わっているオボーはない。同旗最大のオボーであったアンバン＝オボーについては，文化大革命前まではシャーマンが祭儀を行っていたという。ちなみにこのオボーは文革時に破壊されてしまった。

11）ドルジ＝バンザロフ，1942，p. 23.

12）後藤，1956，62-69頁。

13）Lobsangčoyidan, 1981, pp. 291-292.

14）Owen Lattimore, 1934, *The Mongols of Manchuria*, London, pp. 115-116〔オウエン＝ラティモア著・後藤富男訳，1934，『満洲に於ける蒙古民族』財団法人善隣協会，94-99頁〕。ボルジギン＝ブレンサイン，2003，『近現代におけるモンゴル人農耕村落社会の形成』，風間書房。第4章第4節。

580 第3部 近現代内モンゴル東部地域の研究

15) Owen Lattimore., 1934, pp. 119-121 (オウエン＝ラティモア著・後藤富男訳前掲書, 98-101 頁。中見立夫, 1976, 「ハイサンとオタイ―ボグド・ハーン政権下における南モンゴル人」, 『東洋学報』57-1・2, 146-148 頁。

16) 中見立夫, 前掲論文, 147-150 頁。Owen Lattimore, 1934, p. 121 (オウエン＝ラティモア著, 1934, 後藤富男訳前掲書, 100-101 頁。

17) 盧明輝, 1979, 「巴布扎布伝記」, 中国蒙古史学会編『中国蒙古史学会成立大会紀念集刊』, 577 頁。NAKAMI Tatsuo., 1999. Babujab and His Uprising: Re-examining the Inner Mongol Struggle for Independence, *MEMOIRS OF THE RESEARCH DEPARTMENT OF THE TOYO BUNKO*, No. 57, The Toyo bunko, pp. 146-149. Owen Lattimore., 1934, p. 125. (オウエン＝ラティモア著・後藤富男訳前掲書, 103-104 頁)。

18) 橘 誠, 2005, 「辛亥革命後における内モンゴルの二元的政治構造―ジャロード左旗のニザサク制の事例を中心に」(口頭発表), 2005 年度早稲田大学史学会大会。

19) 中見立夫, 1995, 「文書史料にみえるトクトホの"実像"」, 『アジア・アフリカ言語文化研究』48・49 合併号。中見は, 蜂起の 1905 年であることを疑い, またトクトホの反墾闘争の姿勢が不明確であることを指摘している。

20) 忒莫勒, 1995, 「民国元年昭烏達盟扎魯特左旗事変研究」『中国辺疆史地研究』第 4 期, 69-72 頁。橘誠前掲口頭発表。

21) ボルジギン・ブレンサイン, 前掲書, 第二章「ウンドゥル王と「西夾荒」の開墾問題」, 第三章「「遼北荒」の開墾問題とガーダー・メイリン蜂起」

22) 盧伯航編, 1938, 『科爾沁右翼後旗志』1 (1965 年復刻本), 第 2 章「地誌」第 8 項「陵寝―鄂博」。なおこの旗は, 1952 年にホルチン右翼前旗とジャライド旗に併合された。

23) 包金山・扎木拉, 1989, 「庫倫旗蒙古族風俗 (部分)」, 庫倫旗志辦公室『庫倫旗志資料匯編』第 1 輯, 95 頁。

24) 『満洲国政府公報』；満洲国史編纂刊行会編, 1971, 『満洲国史各論』, 第 12 編礼教の項。その他。

25) 赤松智城・秋葉隆, 1941, 『満蒙の民族と宗教』, 大阪屋号書店, 244 頁。

26) 土屋定国, 1937, 『興安南省扎賚特旗事情』(満洲帝国地方事情大系 L 第 8 号), 満洲帝国地方事情大系刊行会, 29 頁。

27) 〔満州国〕国務院興安局, 1939 (調査時期・刊行年は不詳), 『興安南省扎賚特旗実態調査報告書』, 興安局, 18 頁。

28) 蒙古研究会, 1940, 「奈曼旗に於ける宗教と諸習俗」, 『蒙古研究』第 2 巻第 4 号, 69-70 頁。

29）興安局，1941，『興安西省阿魯科爾沁旗実態調査報告書』（実態調査資料第 1 輯），43 頁。

30）Qoduringγ-a., 1994, *Aru qorčin-u nayir nayadum*, Qayilar, p. 77.

31）Qoduringγ-a., 1997, *Aru qorčin-u aγula usu*, Tongliao, pp. 203-204.

32）Qoduringγ-a., 1994, *Aru qorčin-u nayir nayadum*, Qayilar, pp. 91-92. バルチロード廟はアルホルチン旗の南部にある。

33）米内山庸夫，1942，『蒙古草原』，改造社，147-157 頁。

34）德廣桂濱，1938，『蒙古の実態を探る』，財団法人蒙古会館事業部，161-164 頁。

35）池尻　登，1943，『達斡爾族』，満洲事情案内所，148 頁。

36）米内山庸夫，1942，『蒙古草原』，改造社，143 頁。

37）赤松智城・秋葉　隆共著，1941，『満蒙の民族と宗教』，大阪屋号書店，256-257 頁。

38）満洲国治安部警務司，1940，『康徳六年末満洲帝国現在戸口統計』，22-23 頁。

39）克什克騰旗地方志編纂委員会，1993，『克什克騰旗志』，内蒙古人民出版社，974 頁。

40）柏原孝久・濱田純一，1919，『蒙古地誌』下巻，冨山房，700-701 頁。

41）巴林左旗志編纂委員会編，1985，『巴林左旗志』，532 頁。

42）村田数馬，1937，『濱江省郭爾羅斯後旗事情』上（満洲帝国地方事情大系 E・第 28 号），満洲帝国地方事情大系刊行会，40 頁。

43）扎魯特旗特志編纂委員会編，2001，『扎魯特旗志』，方志出版社，593 頁。

44）アルタンガラグ，2005，「オボー祭祀（obuγan taqilγ-a）に見るモンゴル人の自然観」，21 世紀 COE アジア地域文化研究第 28 回定例研究会，配布資料。

45）中国社会科学院民族と人類学研究所副研究員ムンフダライ氏を通じて Namtaisürüng から得た資料。第 2 節の 5）におけるオンニュード旗関係資料も同じ。

46）例えば Sayinjirγal, 2001.

25

近現代フルンボイル牧畜社会の研究
―フルンボイル盟エヴェンキ族自治旗におけるイミン・ソムの
オールド族の経済と社会―

はじめに

　私は，1995年7月・8月の6週間余，シリンゴル盟，赤峰市（旧ジョーオ
ダ盟），哲里木盟（現通遼市），フルンボイル盟（現フルンボイル市）を訪れ
て調査をし，その2年後の1997年8月・9月の約4週間，哲里木盟，興安盟，
フルンボイル盟を調査した。すなわち，おもにシリンゴル盟以東フルンボイ
ル盟（現フルンボイル市）までの各地の現地調査をおこなったのである。調
査のために訪れた牧民の家はかなりの数になった。ただし多くは，旗やソム，
あるいはソムの下の行政組織であるガチャーの役人の案内を必要としたから，
聞き取りの対象として選ばれた家に比較的豊かなものが多かったのではない
かという，調査対象者についての，片寄りが気がかりであったことは否めな
いが，いわゆる文化大革命が終結し，そして人民公社が解体されてそれほど
年数が経っていなかったこともあってか，牧民が私の細かな質問に案外率直
に回答し易いような雰囲気があったように思われる。

　牧民に対する直接の聞き取りとは別に，調査冊子を牧民に配布して資料の
収集に努めた。調査冊子とは，調査項目を列挙した自家版の手書きの冊子で
あり，調査対象として選んだ牧民などに配布して，記入されたものを回収し
たものである。調査項目は，1995年1月に作成したもの，1996年11月に作
成したものがあり，またその後追加したものもあり，それは1996年になっ
てから，1995年に現地で聞き取りした牧民に対して，聞き取り不十分な点
や新たな質問を加えたもの，すなわち補充調査の目的で送付したものと，新
たな調査対象者を選んで配布したものがあった。調査項目は，牧畜が盛んな

地域と農業も盛んな地域では異なるので，両地域に対して，別の冊子を用意した。

ただし，回収した調査冊子の回答内容には，慎重に扱わなければならないと思わせることもあったし，また他の事情もあって，本稿に活用したとは言えない。

以上の調査は，現地出身の複数の留学生の献身的な協力を得て，はじめて円滑におこなうことができたことを述べなければならない。

なお，内モンゴルの牧畜は，中国が社会主義体制になって以来，私がはじめて本格的な調査を実施した1995年まで，種々の変革を経験した。だがそれに止まらず，1995年以後も，どんどん変化してきていることを指摘しておかなければならない。

第1節　居住地と人口

1　フルンボイルへの来住

エヴェンキ族自治旗のオールド族は，1732年（雍正10年）6月に，もともと居住していたアルタイ山脈の方面からハルハ川以東の寛翁河[1]一帯に移住し，鑲黄旗に編成された[2]。かれらの牧地は呼倫貝爾副都統が管理した。

このオールド族のフルンボイル方面への移住の経緯を深く研究した信頼するに足る論考は，今のところ存在していないようである。そこで今は，上述したきわめて簡略な説明以上のことを記すのは差し控えたい。一言つけ加えると，オールド族自身が自らの先祖の移住をどのように記憶していたかについては，橋本重雄が1939年に現地調査をして聞き取った記録がある[3]。橋本は，当時の満洲国興安局が実施した調査団の第2班に所属し，同班の調査の一環として[4]，康徳6（1939）年8月末から9月初めにかけて，オールド族の居住地の一つであるビルートを訪れ，3日間滞在して調査を行った。橋

近現代フルンボイル牧畜社会の研究　585

　本は，この調査に先立つ 8 月にソロン旗バイン＝ホショーのブリヤド（ブリヤート）族に対して興安局が実施した実態調査に参加し[5]，それが一段落したので，ビルートを訪れたのである。そしてそれまでの実態調査によって得られた豊かな経験をもとに，短い調査期間であったにもかかわらず，当時のオールド族の状態に関する貴重な資料を収集し，内容のある記録にまとめあげたのである。

　オールドの牧地は，フルンボイル在住のシネ＝バルガ（新巴爾虎）やホーチン＝バルガ（陳巴爾虎），ソロン（索倫）などの諸族の牧地とともに，雍正時代に定まった。具体的には，程（延恒）・張（家淙）1923 の牧畜の項によれば，「〔ハイラル〕城の東南の方向にあり，東は庫克奇羅（奇老）山に至り，西は依敏（伊敏，イミン）河の喀拉胡吉爾泡に至り，南は畢魯図和碩山に至り，北は西尼克（シニヘ）河に至る」範囲であった（図 1，図 2 参照）[6]。

　東境とされる庫克奇羅山は庫庫奇老山とも言い，モンゴル語の Köke čilaγu 山に当たり，シニヘ河上流域を南北方向に走る山である。程・張 1923 の山水の項によれば，「〔ハイラル〕城の東南 210 余里（105km 以上），高さ 150 余丈（495m 以上），周囲 30 余里（15km 以上）」とある[7]。東の境界というよりも，北東方面の境界といった方が正確である。

　西境とされる依敏河の喀拉胡吉爾泡は，モンゴル語の Qara qujir naγur に当たる。程・張 1923 の山水の項によれば，ハイラルの正南 150 里（75km）にある延嬉寺（今は廃寺）の西南 3 里（1.5km）ばかりのところに「西哈拉胡吉爾衫泡」がある[8]。ハイラルの東南 70 余 km に位置する「東哈拉胡吉爾衫泡」に対して「西哈拉胡吉爾衫泡」なのである。西哈拉胡吉爾衫泡は，イミン川の西岸にあり，ウイトゲン川がイミン川に合流する地点より，少し南方に位置している。直径数 km の広さの湖である。

　南境とされる畢魯図和碩山は地図に発見できないが，程・張 1923 の山水の項に「畢魯特山」があり[9]。その解説に「〔海拉爾〕城の南方 170 余里（85km 以上―吉田注）にあり，高さ 80 余丈（1 丈＝ 3.3m，すなわち 264m

586 第3部　近現代内モンゴル東部地域の研究

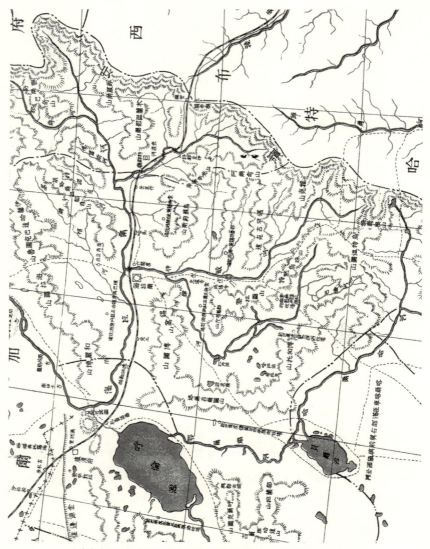

中央右寄りの横書きで「額魯特廂黄旗游牧場」とあるところ
図1　オールド族廂黄図（＝鑲黄旗）図（程・張1923所載「呼倫貝爾全図」より）

近現代フルンボイル牧畜社会の研究　587

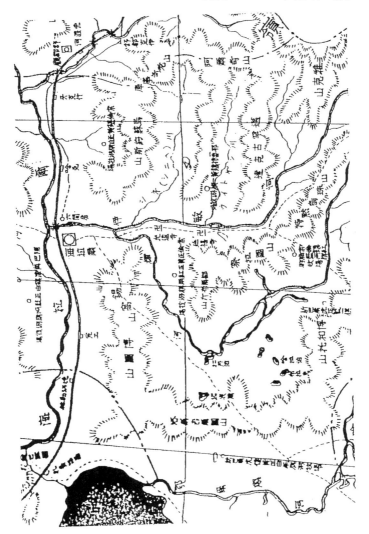

鄂魯特鑲黄旗游牧場とあるところ（シネ川とウイトゲン川の中間。川の名は吉田が補充）

図2　オールド族鑲黄旗図（吉原大成1916所載「呼倫貝爾全図」より）

588　第3部　近現代内モンゴル東部地域の研究

以上—吉田注），周囲20余里（10km以上—吉田注）で，石が多い」と述べられている山と同一であろう。オールド族の牧地の境界となるほどの山であるから，当然地元の人には有名なはずである。だが地元出身者に尋ねても，畢魯特山の名はよく知っているが，畢魯図和碩山の名は知らないという。畢魯図和碩山とは，畢魯図山のことに違いない。畢魯図山は，今のイミン＝ソムの中心に向かって西北流するイミン川の北に並行して横たわる邁罕古克達山の最西端に位置するとみられる一峰である（図1参照)[10]。

　現地人によれば，イミン川の西岸にあるイミン＝ソムの中心集落からみて，イミン川の対岸や東南にあって，南方に突出する岩山をBilegütü（ビルート）という。Bilegüü とは砥石のことであり，事実，この山は砥石を産出する。このビルート山は，鳥の嘴のように南方に突き出している。そこで，「畢魯図和碩山」と称されたと推測しておきたい。「和碩」とはモンゴル語のqosiɣun に当たり，「嘴」の意味をもつ。

　北境とされる西尼克河または西尼河はモンゴル語の Sine ɣoul に当たる。

　オールド族が長年使ってきた牧地の広さは，南北約90km，東西約130kmであったとみられる。形は東西に長い長方形であった。ただし後述するように，この領域がすべてステップであったわけではない。そこにおいて牧地として利用されたのは，領域の一部であった。とりわけ東部の地域は大興安嶺山脈に近く，森林が広がっているので，遊牧に利用されることは少なかった。

　ちなみに，オールドの牧地の北境であるシネ川の北にはソロン族（＝エヴェンキ族）の鑲黄旗と正白旗の牧地が広がり，西の境界であるイミン川のハラ＝ホジル湖の西方には，ソロン族の正黄旗と正紅旗の牧地が広がり，西南方の境界の外には同じくソロン族の鑲紅旗と鑲藍旗の牧地が広がっていた。

2　ブリヤート族の来住とオールド族の牧地の縮小

　20世紀に入ってから，オールド族の牧地の北部に，ブリヤート族の一部がロシヤから移住してきて，住み着いた。その経緯は，つぎのとおりである。

アルグン川流域にいたブリヤート族のトグルドゥロフという者がハイラル（海拉爾）の衙門に派遣され，1917年の終わりに衙門と口頭で条約を結び，「死滅しつつある額魯特旗の荒地—シェネヘン地区（シネ川地区のこと—吉田注）を与えられた」。そしてロシヤ革命にともなうロシヤの内乱の最も激化した1919年に，292戸のブリヤートがアルグン川を渡ってシネ川に移住してきた。しかしソロン族がかれらの家畜を略奪するのに恐れをなし，一部の者は間もなく帰還し，一部の者はハルハ・モンゴルの地に移った。だが1920年と1923年の間に，また700戸のブリヤートがシネ川流域に移住してきて，その一部はハルハへ赴いたが，500戸以上がシネ川流域に定着した。かれらが移住してから，この遊牧地は再び生気を取り戻した。かれらは旗を編成した[11]。

旗が編成されたのは，1922年であったとされる。1922年（大正11年，中華民国11年）になると，シネ川地区に移り住んできたブリヤート族は，すでに160余戸700人以上に増えていたので，この年にブリヤート旗が編成され，その下に4ソムが設置された。かれらの住むことが許されたシネ川流域の牧地は，「旧鄂勒特旗内の空（から）の状態で残って居る牧場」であった[12]。

その後もブリヤート族の移り住んでくる者が絶えず，1929年には3,000人に増えたので，同年にはブリヤート左翼旗と右翼旗の両翼8ソムに編成された（『呼倫貝爾盟民族志』1997年，38頁）。1929年に近い時期の人口調査（1922年）によれば，現在のエヴェンキ族自治旗を構成する民族であるエヴェンキ族の人口は3,159人であり，オールド族は482人であったから，新来のブリヤート族は突如エヴェンキ族に匹敵し，オールド族に6，7倍する数の住民となって現れたことになる。これは，先住のソロン族とオールド族にとって一大事件であったに違いない。

実際，その後ブリヤート族の遊牧地は，シネ川流域にとどまることなく，さらに拡大した。1939年（康徳6年）8月に満洲国の興安局がかれらの調査

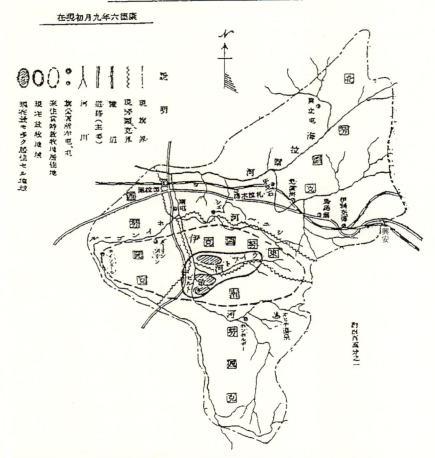

(橋本重雄, 1943, 72頁所載「索倫旗オロット居住放牧地図」(400万分の1))
図の左上の「説明」の内容は右から「現旗界, 現努図克界, 鉄道, 道路 (主要), 河川, 旗公署所在屯, 来住当時放牧地居住地, 現在放牧地域, 現在最モ多ク居住セル地域」。

図3 索倫 (ソロン) 旗オールド族の居住放牧地図

をしたとき, かれらは, シネ川を中心に遊牧する群と, シネ川の西方,「伊敏河西側ホイ河南方を中心に移動する群との二つに分ける事が」できた[13]。

そして興安局が1939年に実態調査の対象として選んだのは，イミン川の西方で遊牧していたバイン・ホショーのブリヤート族であったのであるが，そこは，かつてソロン族（エヴェンキ族）の牧地であったところである。かれらがイミン川の西側に進出した事情については，「ブリヤート旗を廃してソロン旗に合併することとなり，旗の境界が取れたため」可能となったと，米内山庸夫は述べている[14]。ソロン旗の設置については，次節に述べる。

ともかく，ブリヤート族がロシヤから移住してきて，シネ川流域に居住して以後，オールド族は自らの牧地の北部を失った。ただし，その場所は，当時オールド族によって牧地として利用されていたわけではなかった。その故に，両族の間に紛争が生じることはなかったようである。ただしこの間のことをオールド族の者は，ブリヤート旗が成立したことによって，かれらがイミン川，ホイ川，ホンゴルジ川の方に集まって牧畜するようになったと述べている[15]。

つぎに，オールドの牧地の変遷に関して橋本が作製した図3の内容を検討したい。

この図は，参領のボイントクトホや古老たちなどのビルートの住民の話によってまとめたとされる。これによれば，オールド族の往時の居住範囲を「来住当時放牧地居住地」として太い点線で示していて，シネ川（錫尼河）の流域を囲みから外してある。だが，すでに記したように，シネ川流域は，本来オールド族の居住範囲であったのだから，囲うべきであった。つぎに，イミン川以西のホイ川（ホイン＝ゴール）に囲まれた地域をオールド族の居住地としているが，オールド族がフルンボイルの地に移住してきた同じ雍正10年に，ソロン族の壮丁1636人もまたこの地に移住してきたのであるから〔ただし1742（乾隆7）年になって675名が帰還を希望し，1308名が残留を希望した〕[16]，ソロンの牧地であるこの地域一杯にオールドが広がって遊牧していたはずはない。

橋本はまた，1939年当時のオールド族の放牧地域を「現在放牧地域」と

して太線で囲って示している。それによると，北はウイトゲン Üitgen 川の
イミン川への合流点より北にイミン川をある程度下った辺りまで，南はビ
ルート山辺りまでのイミン川の流域，そして西流してイミン川に注ぐウイト
ゲン川の中下流域までが居住地であったことがわかる。これによると，当時
オールド族は，シネ川流域のみならずシネ川のイミン川への合流点から南方
へ，ざっと 30km 以上イミン川を南に遡った辺りまでのイミン川流域の良好
な牧地も利用していなかったようである。利用していなかった理由は，ある
いはブリヤド族がすでにこの辺りを牧地として利用するようになっていたた
めかもしれない。現在，この辺りはブリヤート族から構成されるムングン
チョロー＝ソムの領域に含まれている（図 4 参照）。

　橋本は，古来オールド族の居住地であった東部や東南部の広大な地域を囲
んでいない。そもそもこの辺りは，良好なステップがそれほど多く分布して
おらず，疎林や森林の占める割合が多いので，もともとかれらによってあま
り利用されていなかったようである。だがここにも当時すでにブリヤート族
が進出し，そのためにオールド族の居住地域から外れてしまっていたとみた
方がよいかもしれない。なぜならおそらく 1933 年に近い頃の状況として，
「シュネヘンで行はれてゐる採草方法が不完全にして，この地区に採草機が
少いところから，飼料の貯蔵は直ぐに尽きて仕舞ひ，ブリヤート人は家畜を
維持するために冬期ウイトケンの上流に向って移動し，途中にある一つ一つ
の牧草地を利用しつつオノンゴルまで遊牧しなければならない」とあって[17]，
冬の時期にブリヤート族が，ウイトゲン川の上流域を通過しながら牧地とし
て利用できるところを利用しつつ，さらにオノンゴルにまで南下していたか
らである。ここにオノンゴルとあるのは，ウイトゲン川上流域から 30km 程
度南方を西北流し，イミン川に合流するオゴノ川 Oɣono-yin ɣoul（敖寧高勒）
を指しているに違いない。現在このウイトゲン川上流域からオゴノ川流域ま
でが，ブリヤートのムングンチョロー＝ソムの領域となっていることも，一
証になろう。なおブリヤート族は，当時すでにウイトゲン川中流域にも進出

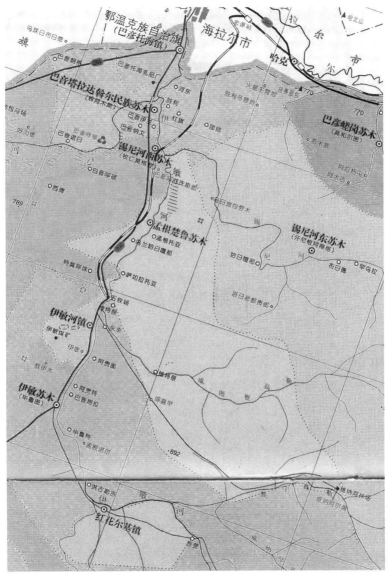

図4 エヴェンキ族自治旗行政区画図(測絵局 1999 年より)

594 第3部 近現代内モンゴル東部地域の研究

し，長大な草刈場をもっていたのである（図4参照）。

3 ソロン旗の新設

1932（大同元）年に，満洲国興安北分省は，ソロン（索倫）左右両翼旗，オールド（鄂魯特）旗，ブリヤート（布里雅特）旗，新巴爾虎左翼旗，新巴爾虎右翼旗，陳巴爾虎旗，オロチョン（鄂倫春）旗の8旗を置くことを決め，そのことは大同元（1932）年6月27日に教令第39号をもって公布されたが，まだ旗界を制定するまでには至らなかった。しかしこの状態は行政運用上問題を感じさせたので，翌年5月にハイラルで興安北分省管下旗長会議を開催して旗界の確定をみた。よって興安各分省及び各旗の区域に関する教令を国務院会議に提案し，同年7月12日教令第59号をもって，興安北分省の境界がはじめて決定されたのである。さらに先に5月に開かれた興安北分省旗長会議において，ソロン（索倫）左右両翼旗，オールド（鄂魯特）旗，ブリヤート（布里雅特）旗を合併して，新たにソロン旗を新設した[18]。このソロン旗には，現在のエヴェンキ族自治旗の区域以外に，今のホーチン・バルガ（陳巴爾虎）旗のテニヘ・ソム（特尼河蘇木），牙克石市の大興安嶺山脈以西の地区なども含まれていた。

以上の結果，オールド族はそれまでの自立した旗公署が削られ，ソロン旗の一つの構成部分となったのである[19]。

ソロン旗は行政上，東西南北の四努図克（nutuγ）に分けられ（図3参照），各努図克は番号で呼ばれる佐（ソム sumu）に細分された。オールド族は，南努図克の第1佐と第2佐に編成された[20]。第1佐はウジ＝ソム（Üji sumu），第2佐はジャイ＝ソム（Ĵai sumu）と，オールド族の人びとによって称されていた。1943年にウジ＝ソムとジャイ＝ソムをまとめてアゴイト＝ソム（Aγuitu sumu）が編成された。ここに，オールド族のかつての一つの旗は一つのソム程度のものとなってしまったのである[21]。なおアゴイト＝ソムの住民は，すべてオールド族であった。

満洲国時代，Buyantoγtaqu という人が γalda（ソム長の上，旗長の下に位する長）として，アゴイト＝ソムとムングンチョロー（孟根楚魯）＝ソム（次段で説明する）を統轄して治めていたという。

　1948 年に，アゴイト＝ソムをムングンチョロー＝ソム Mönggün čilaγu sumu と合併して，イミン＝ソムとした[22]。このムングンチョロー＝ソムとは，ホンゴルジ（Qongγulji），ビルート（Bilegütü），ウイトゲン（Üitgen）を合わせて作られたものであり，その前は，ホンゴルジとビルートはホイ＝ソムのオンゴントホイ＝ソム Ongγun toqui sumu（現在の南ホイ＝ソム。要するにホイ＝ソム）に属し，ウイトゲンはオラーントグ＝ソム Ulaγan tuγ sumu（現在の北ホイ＝ソム）に属していた。ムングンチョロー＝ソムの住民は，主にエヴェンキ族であったが，オールド族の人びとも含まれていた。

　ムングンチョロー＝ソムとは別に，1961 年になってブリヤート族のソムの一つとしてムングンチョロー＝ソムが建てられたので，その経緯を記しておく。満洲国時代の興安北省において，ブリヤート族の二つの旗は統合されてシニヘ＝ソムとなったが，戦後の 1954 年にシニヘ東ソムとシニヘ西ソムに分けられた。シニヘ西ソムとは，1939 年に興安局が調査対象としたバイン＝ホショーのことである。そして 1958 年に至ってソムは人民公社となったが，1961 年にシニヘ東人民公社からムングンチョロー人民公社が分かれた。これが今のムングンチョロー＝ソムとなったのである[23]。おそらく 1933 年頃オールド族の居住地の東部を冬の牧地として利用し，さらに南下してウイトゲン川上流域を経てオゴノ川にまで出かけて遊牧していたブリヤート族の集団が，1954 年以来シニヘ東ソムを構成し，その後このシニヘ東ソムから分離したムングンチョロー＝ソムの構成員の父祖となったのであろう。かれらは，東ソムのブリヤート族の中でも，その西部に居住し，オールド族の北部と東部の居住地を利用していたのであろう。

596　第3部　近現代内モンゴル東部地域の研究

4　疫病による人と家畜の減少

　橋本が索倫旗参領から聞き取ったところによると，オールド族は，光緒27（1901）年と民国8（1919）年に流行したペストか腸チブスかによって，甚大な人的被害を被った。またそれと前後する形で民国8，9年に流行った畜疫によって家畜も激減してしまった。橋本が調査をした1939年の時点から20数年前（民国3，4年頃），ブリヤート族が当時のソロン旗に移住して来る直前には，オールド族の人口は約2,000人を数え（最初フルンボイルに来住した当時は3,000人いたとみられている），家畜も相当いたが，1939年当時には激減してしまっていたという[24]。

　ブリヤート族の来住は，既述のとおり1917年から1922年にかけてであり，この期間の民国8（1919）年に2回目の大きな疫病の流行がみられ，その後しばらく経った1939年当時のオールド族の人口は387人に過ぎなかった[25]のであるから，橋本の聞き取りは，民国8（1919）年の疫病の流行によって，約2,000人いたオールド族の多くが死亡したということを述べていると解釈される。

　オールド族の間に流行った疫病によって生み出された惨状は1990年代に刊行されたいくつかの文献にも記されているが，それらは80歳くらいの老人からの聞き取りに基づいている。その一つには，1910年代に鉄道が開通した後，旅客を経てフルンボイルに2度，タルバガンの流行病（ペストのこと─吉田注）が広まり，オールド族がこの恐るべき疫病に最もひどく罹り，たくさんの人が死に，家畜群も非常に損害を被ったと記されているが（EQÖN 1990：188頁），それらの年については触れられていない[26]。またこれには，オールド族の人口に大きな被害を与えた3度目の疫病の流行があったとして「1943年から1945年末まで流行ったペストは，日本の帝国主義者が敗戦に近づいた時期に細菌戦の実験を行って，敗れるならば最後の手段として使うために準備をした。この実験によって，オールド族の多数の人に細菌の毒を

感染させた」などと記されている[27]。これに近い聞き伝えとして、「1910 年
や，1917 年のロシア革命にペストがはやってウールト族はたくさん死んで
しまった。戦後すぐの頃にも日本軍の細菌戦用の犬ノミによる病気が広がっ
た」というのがある[28] が，流行ったとされる時期の点で差異がある。一方
Dorji, B. は，3 度目の流行について，「1945 年に日本が降伏したころに，オー
ルドの人びとはもう一度，腸チフスに襲われた」と，別様に記している。2
度目までのペスト流行については，1910-1920 年の間に 2 回ペストに襲われ
たと，流行した期間を記している[29]。『鄂温克族自治旗志』1997 には，「1910
年，1920 年，1943 ～ 1945 年のペストと腸チフスを経て，人口が急激に減っ
た」と記し（18 頁），1 度目を 1910 年，2 度目を 1920 年と，年次を特定し
て記されている。そして 3 度目の流行については，上の二つの論文と，また
異なる内容となり，日本との関係についてまったく触れられていない。

表 1　オールド族の戸口

年代	戸数	口数	備考
同治 3（1864）年	360		『黒龍江通省輿図総冊』による
1897 年[注1]	185	457	Altanorgil 1998 による
光緒 33（1907）年		651	張国淦 1989 の「人種第二戸口」による
民国 11（1922）年	148	482	男 266，女 216（程・張 1923 による）
康徳 5（1938）年	119[注2]	387	興安局調査科 1939 の「索倫旗」の第 1，2 表による。
1949 年		600	燕京・清華・北大 1997 による
1990 年		751	『呼倫貝爾盟民族志』1997 による

注 1　この年の戸口数には問題があると思われる。1922 年や 1938 年当時，1 戸当たりの口数は 3.3
　　人弱であったが，1897 年の資料では，1 戸当たり 2.3 人弱であり，少なすぎるからである。
　　「戸数 185」とあるのを採用して戸当たり 3.3 人として計算すると 610 人となり，1907 年の
　　数字に近づくので，多分口数 457 人という数字に問題があるのだろう。
注 2　佐村恵利 1993 の 292 頁にある「ホロンバイルにおける原住民の人口と家畜飼養頭数」（1938
　　年 10 月調査）のオールド族の戸口数は 149 戸，387 人（男 216，女 171）とある。149 戸と
　　いう数字は 119 戸の誤りであろう。第 5 節における分析によっても 119 戸が取るべき戸数と
　　思われる。

598　第3部　近現代内モンゴル東部地域の研究

　このように，ペストの被害がオールド族の人および家畜に大損害を与えた事実に関する記憶は，すでにかなりあいまいになっていて，文献ごとに内容が違っているのである。しかもそれらはまた，上述の橋本が1939年当時老人から聞いた話とも差異がある。そこで，実際はどうであったのかを，以下に調べてみたい。

　まず橋本の聞き取りに，民国8（1919）年〔後述するように，正しくは民国9，10（1920，1921）年〕の直前において，オールド族が2,000人くらいいたとある点であるが，誤りである。表1にあるように，これより10年ほど前の光緒33（1907）年当時，オールド旗がその中に含まれる呼倫庁におけるオールド族の人口は既に651人に過ぎなかった[30]。『黒龍江通省輿図総冊』に記載されている同治3（1864）年の統計には，「鑲黄旗厄魯特360戸」あるとされる[31]。この数字が信頼できるものとして，1戸あたり5人とすると，1,800人である。当時1戸当たり5人もいなかったであろうから，4人とみると1,440人である。おそらくオールド族の人口は，1864年ころには2,000人を大幅に下回っていたに違いない。それにしてもその後1907年までの43年の間に半減以上したことになる。オールド族の最大の悲劇は19世紀後半に起こったと推測される。

　同治3（1864）年と光緒33（1907）年の間に位置する光緒27（1901）年に，オールド族の人口に被害を与えた疫病の流行があったと橋本は記しているが，これについては，ただ『呼倫貝爾盟志』1999のみに，光緒27年ではなく，翌年の光緒28（1902）のこととして，現在のエヴェンキ族自治旗南部の地域に被害を与えたペストの流行について記されている。それは，現在のイミン＝ソムのアゴイト（阿貴図）地区，およびダスガン（達斯根）＝ソムとホイ＝ソムにかけて発生し，300余人が死亡した。そのうち31戸は，家族全員が死亡したとされる[32]。そして1905年にも類似の疫病が発生し，11人が死亡したとされる[33]。このときにオールド族の人口に相当の減少が生じたけれども，2,000人を一気に500-600名に減少させるものであったとは言えない。

近現代フルンボイル牧畜社会の研究　599

　橋本がオールド族に最も甚大な被害を与えたように記している民国 8 (1919) 年における流行についてみると，これは正しくは民国 9，10 (1920, 1921) 年に流行したとすべきであるが（上に引いた程・張 1923 のみならず，その他の文献もみな 1920 年，1921 年としている），このときには，ザバイカルなどで発生したペストが東支鉄道沿線各地に急速に蔓延して，北満洲一帯に大流行をし，死者 8,507 名を出した[34]。劉・張 1997 の記述によれば，1920 年 7 月に流行がはじまり海拉爾市で 10 人が死亡し，その後同年 10 月からダライ湖北岸にある扎賚諾爾（ジャライノール）炭鉱区に広がり 1,000 余人が死亡し，1921 年に満洲里に伝わり 1,141 人が死亡し，また牙克石市，扎蘭屯市にも広まり，合わせて六つの村屯に波及して被害が出て，2,339 人が死亡したという[35]。『呼倫貝爾盟志』1999 によれば，全体の死者は 9,300 人，呼倫貝爾地区の死者 2,343 人であり，内訳はハイラル市 19 人，ジャライノール 1,067 人，満洲里 1,141 人であったという（2226 頁）。

　ハイラル，ジャライノール，満洲里における死者の合計は，劉・張 1997 によれば 2,151 人余であり，『呼倫貝爾盟志』1999 によれば 2,227 人である。そこで劉・張 1997 によれば 188 人弱の者（2339 − 約2151 = 188 人）が，また『呼倫貝爾盟志』1999 によれば 116 人の者（2343 − 2227 = 116 人）が，ハイラル，ジャライノール，満洲里以外の土地の死亡者ということになる。これら 3 地域以外の死者数は劉・張 1997 に従うと 188 名となるが，牙克石市，扎蘭屯市にも被害が出たのであるから，それらの分を差し引くと，オールド族の居住する土地の被害者は，最大に見積もっても 188 名よりかなり少なかったはずである。

　従って民国 9，10 (1920, 1921) 年のペストの流行で，オールド族の人口が 2,000 人から 400 人に激減したとするオールド族の老人の話は，明らかに誤りである。実際，1907 年にオールド族の人口は 651 名であり，それがこのときのペスト流行の直後に実施された民国 11 (1922) 年の調査では表 1 に示したように，482 名であった。すなわちオールド族の人口は 169 名減少

した結果となっている。この数字は，上の計算結果に近く，納得できる人口減の数字である。

　実は，橋本の聞き取り情報には含まれていないが，フルンボイルにおいては，民国9，10（1920，1921）年より前の宣統2，3（1910，1911）年にもペストが流行した（程・張 1923:151頁）。このときには，シベリアのザバイカル地方で流行したペストが満洲里方面から侵入し，東支鉄道によってたちまち沿線の各地から斉斉哈爾，長春，哈爾濱，瀋陽，河北，山東にまで広がり，死者は60,468人に上ったとされるが（劉・張 1997，2頁。『満洲国史』1971の1,202頁には，満洲だけで死者5万人に達したと記されている），フルンボイルにおける死者数については記されていない。鄂温克族自治旗志1997には，オールド族の人口減少を招いた3回の流行病の1回として，この1910年のペストを挙げているが（18頁），やはり具体的な死者数を記していない。多分このときオールド族に被害が出たとしても，それは1907年の651名から1922年の482名への人口減の一部を構成する程度のものであったのであろう。

　さて橋本によると，ビルートの牧戸は，1939年から遡ること20数年前には30余戸を数えたが，調査時点では18戸になってしまっていた。10数戸は家族全部が死亡し，その家は断絶してしまったのであり，断絶に至らなくても，たいていの家は誰かを失ったという（橋本重雄 1943:73-74頁）。

　表1に示したように，1938年に興安北省が行った調査では，索倫旗在住のオールド族の戸数は119戸，口数は387人となっていて，民国11（1922）年に比べてそれぞれ29戸，95人近くも減少している。民国11（1922）年以後は，フルンボイルに流行った目立った疫病は流行しなかったにもかかわらず，これほど減少した理由は不明である。

　オールド族の1938年以後の人口動向をみると，表1に示したように1949年には600人であるから，1938年の387人より200名も増加したことがわかる。このことから，1949年に至る10間に含まれる1943年〜1945年の時

期に，上述したような疫病の流行が実際にみられたとしても，それが本当に言われるほどにオールド族の人口の顕著な減少を招くようなものであったかどうか，綿密な調査が必要だと思われる。1990年におけるオールド族の人口は751人であり，1949年以来それほど増加していないが，これは中国における民族政策の問題の微妙な事情と関連しているとの見方もある。オールド族の人口減少は，1930年代末に歯止めがかかり，1940年代以後今まで，増加傾向を維持している。

　ところでかつての顕著な人口減少の理由は，疫病以外にも求められてよい。そもそも内モンゴルのモンゴル族人口は，清朝時代に減少に向かい，とくに19世紀はじめから1912年までの1世紀の間に，103万人から83万人に減り，減少率は19.5％であった（宋迺工1987，51頁）。オールド族の人口減少率は，それをかなり上回っていたとみられるが，それでもモンゴル族全体の人口減少の理由であったものが，オールド族の人口減少にも当てはまるものであったことは，十分に考えられることである。B.ドルジは，オールド族の人口減少の理由として，チベット仏教黄帽派への信仰によって，各家に男子が2人いればその1人を，3人いれば2人をラマにし，ラマは妻帯禁止であったこと，18世紀後半にオールド族の1集団がチャハルあるいはアルタイに移住して去ったことなどを挙げているのは（Dorji, B. 1990-2, p. 208），妥当な見解であろう。

5　イミン＝ソムのオールド族の居住形態

　橋本が調査対象としたビルート部落というのは，私の聞き取りによれば，Engger-ün ayil と称されていた[36]。この場合のアイル ayil とは，橋本のいう「部落」に当たる。橋本はアイルを愛里と表記している[37]。部落は集落と言ってもよい[38]。ビルートのエンゲリン＝アイル（以後，「ビルート部落」は「エンゲリン＝アイル」と称する）は，橋本によれば，表2にあるように，18戸から構成されていた。だが私の聞き取りでは，それらのほかにゴワ

602　第3部　近現代内モンゴル東部地域の研究

Γova（ソーハン Suuqan 氏），チャヴガ Čavγ-a（ソーハン氏），ゴーホ Γooqu
（ジャーマド Jaγamad 氏）を主人とする3戸が存在したはずだとのことである。橋本は，ひとつのアイルの戸数は大体この程度であろうとオールド族の人が話していたと記している（橋本重雄 1943, 78 頁）。

　各アイルには，ガシンダー（満洲語 gašan「村」，da「長，かしら」）と称された長がおり，これが 20 戸くらいの家族を統べていた。ガシンダーは，アイリンダー ayil-un da あるいはアイリンダルガ ayil-un daruγ-a と称されることもあった。橋本は，これらを「愛里達」と表記した。当時，表2の牧戸番号7のチンシャンがエンゲリン＝アイルの長であった（橋本重雄 1943, 69 頁）。ソロン旗のオールド族には，かつて2人のタイジがいたけれども，かれらは「何等特殊な身分的な優位は持っていなかった」とされ，その家系は，20 世紀に入って流行した疫病によって絶えてしまったという（橋本重雄 1943, 69 頁）。また清朝時代に由来する，総官を頂点とし，その下に第1佐の長 nigedüger janggi，第2佐の長 qoyarduγar janggi を配する体制は，満洲国建国前まで存続していたという（橋本重雄 1943, 66 頁）。

　ところで聞き取りによると，当時オールド族には，Engger-ün ayil のほかに，Marsa, Salaγ-a dobu, Bortu, Ergeneg, Qar-a ergi, Mangirsutu, Qonin γaruča, Doluγan üril など9つのアイルが存在した。各アイルのそのころの戸数は，橋本によれば，大体エンゲリン＝アイルと同じくらいということなので，それによって計算すると，全部で 160 戸前後ということになる。だが私の聞き取り調査では，Bortu アイルが 20 戸位で，他はその半分以下の戸数であったというから，エンゲリン＝アイルの 18 戸（上述した3戸を加えれば 21 戸）とボルト＝アイルをあわせて 38 戸（または 41 戸）くらい，その他の7アイルが各 10 戸と見積もって，合計は 108 戸（まはた 111 戸）くらいということになる。ところで 1937 年における興安局の調査によると，119戸あったのであるから，私の聞き取り調査に基づく計算結果の方が実際に近い。なお，Marsa は満洲国時代に旗の援助によって固定家屋が建てられたの

近現代フルンボイル牧畜社会の研究　　603

表2　ソロン旗畢勒図（ビルト）部落農牧戸概況表　オールド人部落（放牧，漫撒子）(1)

番号	家族の姓と戸主の名[1]		家族の構成			自家労働		被傭労働		雇傭労働	
	家族の姓	戸主の名	男	女	計	種類[2]	員数	種類	員数	種類	員数
①	モンゴロド	シャラブ	3	2	5	農・牧・運	1	–	–	刈草方牧	1
②	ホイド	ジャンバラ	3	2	5	農・牧・運	1	–	–	刈草蔬菜	1
③	ジャーマド	トードー	4	2	6	運・牧	2	–	–	刈草	1
④	ジャーマド	オンボ	3	2	5	運農・牧	1[3] 1	–	–	刈草	1
⑤	ガルジョード	ダルジャ	3	6	9	運・牧	1	–	–	刈草	1
⑥	キルギス	バヤンガ	2	2	4	医	1	–	–	農牧運	1
⑦	ホイド	ジンシャン	3	2	5	農・牧	1	–	–	刈草	1
⑧	トゥンクード	ゴルゴエ	2	2	4	農・牧・運	1	–	–	–	–
⑨	シヤルス	ボマンサン	3	1	4	運・牧	1	–	–	–	–
⑩	ソーハン	ナムハイ	1	4	5	農・牧・運	1	–	–	–	–
⑪	ジャーマド	チンボ	2	2	4	農・牧・運	1	–	–	–	–
⑫	ガルジャクチョード	ハラフー	2	1	3	運	1	–	–	–	–
⑬	ソーハン	ダシニマ	5	1	6	農・牧・運	1	–	–	刈草	1
⑭	ガルジャクチョード	トクタホ	3	1	4	–	–	–	–	–	–

（次頁へ続く）

⑮	モンゴロド	ビルンレ（フェレンレイ？）	3	2	5	–	–	裁縫・革靴	1	–	1
⑯	ソーハン	スレスー	3	3	6	農・運	1	馬放牧	1	–	1
⑰	ソーハン	ボンボ	2	2	4	農・牧・運	1			–	
⑱	ガルジャクチョード	バンバ	3	2	5	運	1			–	
合計	18		50	39	89	–	18		2	–	8
1戸平均			2.8	2.2	5	–	1		0.1	–	

ちに Doluγan üril から移ってきたアイルであるという。

　イミン＝ソムでは，当時，富裕な人がバイシン（固定家屋）を建てて住んでいた。また majγas? と称される居住用の穴の家（洞窟の家？）も利用されていた。これらの固定家屋に住む人々は少数であった。だが 1937（康徳 4）年度に，旗当局がオールド族の救済と定住化の目的から補助金を支給し，40 戸の家屋を建てさせた（興安局調査科 1939，321 頁）。私の聞き取りによれば，このときこの援助によって各アイルに 5, 6 戸ずつのバイシンが建てられ，ビルートにあったエンゲリン＝アイルにもまた 5, 6 軒建てられた。各家屋の大きさは，長さ 5m で，部屋は一部屋であり，窓が南側に二つ，西側に一つ付いていた。土を固めて造られた家であった。これによってオールド族は，1937 年以後，総戸数 119 の半数または半数以上が固定的な住居をもつようになったと推測される。これらはいずれも冬営地に存在していた。言うまでもなく，固定家屋を持たない家は，ゲルに住んでいた。

　アイルは，冬の季節に集住する家族の集団を指していた。かれらは，夏になるとアイルが存在する場所を離れて夏の牧地に移り，冬になるとまたそのアイルと呼ばれるところに戻って来ていた。このように冬営地を離れている期間は，アイルで過ごしていたわけではないが，習慣的にどの家族がどのア

近現代フルンボイル牧畜社会の研究　605

表2　ソロン旗畢勒図（ビルト）部落農牧戸概況表　オールド人部落（放牧，漫撒子）(2)

番号	家族の構成				家畜数				耕作面積[4]	主ナル道具		備考
	戸主の名	男	女	計	牛	馬	羊	計		車	犂杖	
①	シャラブ	3	2	5	64	11	181	256	1200	7	1	5
②	ジャンバラ	3	2	5	40	2	60	102	900	7	1	
③	トード	4	2	6	30	8	–	38	–	5	–	
④	オンボ	3	2	5	30	1		31		6	–	
⑤	ダルジャ	3	6	9	25	3		28		7		
⑥	バヤンガ	2	2	4	25	2		27	50	6	–	
⑦	ジンシャン	3	2	5	20	3		23	250	–		
⑧	ゴルゴエ	3	1	4	18	2	2	22	400	–		
⑨	ボマンサン	3	1	4	16	1		17		5		
⑩	ナムハイ	1	4	5	8	1	10	19	900	6		6
⑪	チンボ	2	2	4	4	1	5	10	50	6		
⑫	ハラフー	2	1	3	3	2	–	5		6	–	
⑬	ダシニマ	5	1	6	2	1	5	8	300	–		7
⑭	トクタホ	3	1	4	2		–	2		–	–	8
⑮	ビルンレ（フェレンレイ？）	3	2	5	1		3	4	300	–	–	9
⑯	スレスー	3	3	6	–		–	–	300	6		10
⑰	ボンボ	2	2	4	–		–	–	400	6		11
⑱	バンバ	3	2	5	–		–	–		3		12
合計	18	50	39	89	288	38	266	592	5150	86	1	
	1戸平均の数	2.8	2.2	5	16	2.1	15	33.1	286	4.7	0.1	

本表(1)と(2)は，橋本重雄の「調査報告」86-87頁掲載「索倫旗畢勒図（ソロン旗ビルト）部落農牧戸概況表」を，それが横長のため便宜上二つに分け，かつわかりやすくするために形式を改めたものである。

【注】

1　橋本によるカタカナ表記の姓と戸主名のモンゴル語の綴りは，聞き取り調査によれば次のようである。この綴りに従って姓と戸主のカタカナ表記を改めてある。

606　第3部　近現代内モンゴル東部地域の研究

家の番号	姓の綴り	戸主の名の綴り
①	Mongɣurud	Sirab
②	Qoyid	J̌ambala
③	J̌aɣamad	Toodoo
④	J̌aɣamad	Ombu
⑤	Ɣalǰuud	Darǰa
⑥	Kirgis	Bayanɣ-a
⑦	Qoyid	J̌inšan
⑧	Tünküüd	ゴルゴエ
⑨	Siras	Bumansang

家の番号	姓の綴り	戸主の名の綴り
⑩	Suuqan	Namqai
⑪	J̌aɣamad	Činbu
⑫	Ɣalǰaɣčuud	Qaraküü
⑬	Suuqan	Dasinim-a
⑭	Ɣalǰaɣčuud	Toɣtaqu
⑮	Mongɣurud	Fereglei
⑯	Suuqan	スレスー
⑰	Suuqan	Bumbu
⑱	Ɣalǰaɣčuud	Banba

　なお「ゴルゴエ」に該当するモンゴル名を特定することはできなかった。またスレスーという人はいなかったという。テヒ teki という人はいた。teki は種山羊という意味である。橋本氏が調査したとき，テヒという人に対して，誰かが冗談で同じ種山羊を意味するセレヘ sereke と言ったのが，そのまま採録されてしまったのではないか。かりにそうであったとしても，セレヘあるいはスレヒであって，スレスーとはならない。
2　農は農業，牧は牧畜，運は運搬を表す。
3　運搬に1人が従事し，農業と牧畜にもう1人が従事していることを意味している。
4　表2の(2)の耕作面積の単位は平方サージン。1サージン＝2.134m。2,400平方サージン＝1デシヤチン。
　表2の(2)の備考欄にある注番号5〜12の内容は次の5〜12のようである。
5　農耕具ハ各戸持分以外ニ旗ノ貸下プラウ1台，ドリル1台アリ。
6　タータル車3台，役畜（牛）借用。
7　運搬用役畜ハ借用。
8　家族中教師1．兵士1。
9　家族中喇嘛1．兵1．農耕ハチンシャンガ無報酬デヤッテヰル。
10　タータル車．役畜（馬）共ニ借，漢人所有馬ヲ放牧ス。
11　タータル車，役畜（牛）共ニ借用。
12　タータル車，役畜（牛）共ニ借用。

イルに属するという言い方があった。

　つまり，たとえば Qonin ɣaruča のアイルで冬を過ごす家族は，夏秋に他所に滞在していても Qonin ɣaruča のアイルの者（Qoninɣaruča-yin ayil-un kin）と言われる場合があったごとくである。

　エンゲリン＝アイルにおける冬営地の図が橋本氏の報告論文に載せられて

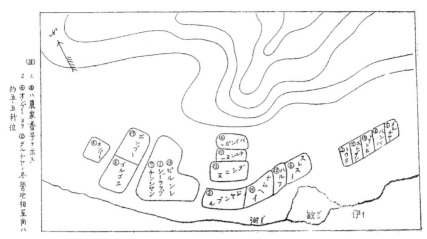

(橋本重雄1943，88頁所載「ビルト部落各戸干草採取地漫撒子地（冬営地）要図」より)

図5　エンゲリン＝アイルの冬営地

いるが（図5参照），この図には，やや誤解を招きかねないところがある。なぜなら同冬営地は，実際には，ビルート山から南方のイミン川まで15km程度，エンゲリン＝アイルから西方のイミン川までは2-3km程度離れていたのであるが，そのようには読み取れないように描かれているからである。

第2節　戦前における経済状況

1　従来の見方

ドルジ（Dorji, B.）は，オールド族の清朝時代の経済について，牧畜を主とし，農耕，森林[39]，狩猟，商業を補助とする，遅れた自給自足経済であったとみている。そして牧畜については民国時代になると，商品経済の影響によってそれに一定の変化が現れ，また草刈，家畜の品種改良が意識的に行われたが，1910年と1920年のペストの流行や，1917年のセブチンゲ事件，

608　第3部　近現代内モンゴル東部地域の研究

1928年のフルンボイル事件，1929年の中東鉄道事件，1932年の蘇炳文事件の影響によって衰えた。つぎの満洲国時代には，ノモンハンの敗北以後日本人が各種の税を取り立てるなどの搾取を行い，1945年のころになると，牧畜は破滅的な状態に陥り，オールド族の経済における優位を失ったと述べている[40]。

　また農業については，オールド族は，フルンボイル来住前，アルタイ地方にいたとき，適当な規模で農耕に従事しており，乾隆23（1758）年に黒龍江将軍衙門の請願によって清朝政府が新たに来住した147戸の新オールド族に農耕用具，小麦の種，牛などを購入する費用を与えて農耕を奨励したこともあったが，さまざまな理由によって彼らの間に農耕が広まり適当に発展したのは，やっと満洲国時代になってからであり，満洲国は犂，穀物を彼らに支給して耕作を奨励した。彼らの農耕は漫撒子農耕であったと述べられている[41]。

　このほかオールド族の住地は，森林，そして狩猟の獲物が豊かな大興安嶺とつながり，補助経済に従事するのに理想に近い条件を備わっていた。松，白樺などの木やモイル moyil（エゾノウワミズザクラ）などの果実，ノロ，オオシカ，ヒグマ，イノシシなどの狩猟対象動物が豊かであるので，これらのものを生活の助けとするほかに，売っていた。たとえば年に一度のガンジョール廟会に，車（čaɣan modun terge），材木，ゲルの材料などを運んで売り，必要品と交換していた。またハイラルに薪を運んで売り，小麦粉や塩と換えて受け取っていた。野獣の毛皮や薬草を買い集めて持って行って売っていたと述べている[42]。

　ドルジの以上の見方には，疑問がある。20世紀の前半を通じてオールド族の主要な経済は牧畜ではなかったと思われるからである。従って，満洲国時代のノモンハン事件以後にオールド族の牧畜が満洲国の徴税や徴発によって何らかの打撃を被ったという点は事実を含むとしても，この時期にそれによって牧畜がオールド族の主要経済の地位を失ったとするのは妥当ではない。

それでは農耕が彼らの主要な経済であったのかといえば，それも違う。彼らにとって，ドルジが補助的経済とみなしたもののうち，単に「森林（oisiγui）」と述べているものこそが，主要な経済に関わったからである。木材や薪などの伐採と運搬，それに車やその部品，それにゲルの木製骨格の製造など，木材や木工に関わるものこそ，彼らの経済を支える基本であったと思われるのである。このように考える理由を，次節以下で論じたい。またそのようにオールド族の経済の基本構造を明らかにする努力をするとともに，各経済の状態についても詳述するつもりである。

　なお1939年に起こったノモンハン事件以後，満洲国の徴税や徴発によって打撃を被ったというドルジの言は，昭和15（1940）年以降は生活が非常に苦しくなったと述べている内蒙古大学のトブシン（特布信）氏の見解[43]とほぼ符合する。私の聞き取り調査によれば，ソロン旗のアゴイトとムングンチョローの両ソムの家畜が減った影響は1942年，1943年から生じた。すなわち1941年以降ということになる。このころ10頭の家畜から2頭の家畜が取り立てられたという。ともかく第2次大戦敗戦直前の4，5年の間，オールド族の人びとはつらい暮らしを強いられたのである。

　これらの事情を当時興安省の行政に重責を負っていた者によっても，漠然とし，かつ抽象的で不十分ではあるが，つぎのように記されている。「大東亜戦争以来，生産増強を国策の最重点とするに至り，蒙古人に対する指導に行過ぎを生じ，あるいは根本的問題の研究解決が閑却されがちとなり，ややもすれば蒙古人の日本に対する期待が当初に比べて殺がれつつあった」[44]。

2

　満洲国興安北省ソロン旗イミン・ソム時代のオールド族の家畜所有の状況を，橋本の報告に基づいてみてみたい。それによれば，オールド族の各牧戸は，かつてはふつう1戸の平均家族数は約6-7名であり，たいてい2，3名の自家労働人員をもっていた。そして家畜の少ない家でも，羊100，牛20-

610 第3部 近現代内モンゴル東部地域の研究

30，馬3程度はもっていた。そして大体自家労働でそれらの家畜の放牧管理を行っていた。家畜が多いといっても，他家の家畜とともに畜群を形成して放牧するほどの者は少なかったというから，結局自家労働が彼らの生産のための貴重であったのである[45]。

すでに記したように，橋本によれば，康徳6（1939）年当時，それより20年近く前のペストの流行によって，オールド族の人口は減少していた。それにとどまらず，人に対する疫病平癒の祈願をラマに頼んで多数の家畜を布施して所有家畜を手放し，畜疫でまた家畜を失い，さらには牧畜に気力を失って新来のブリヤート族の人に，二束三文の値段で家畜を売ってしまった者も出て，牧畜によって生計を成り立たせることが困難な牧民が少なからず生まれた。そして漫撒子農耕が以前より普及したようであり，また生計のために木材運搬業を行う者が現れたという[46]。

橋本の聞き取った内容は，そのまま認められるであろうか。橋本によれば，民国8，9（1919，1920）年に流行った畜疫によってオールド族においては家畜も激減してしまったという。今，畜疫の被害が出る前の光緒32（1906）年にフルンボイル副都統衙門が調査した家畜頭数をみると，表3のとおりである。

表3　光緒32（1906）年における興安嶺西フルンボイルの地区別家畜頭数

地区	合計	牛	馬	駱駝	羊	山羊
ソロン左翼	383,775	26,317	61,746	569	289,158	5,985
ソロン右翼	41,586	441,2	4284	36	28,026	4,828
新バルガ左翼	805,308	53,887	65,073	3,062	662,288	2 0,992
新バルガ右翼	514,371	36,382	35,346	5,286	417,955	19,402
オールド*	11,543	1,684	1,307	58	64,24	2,070

【備考】『呼倫貝爾盟志』，1999，790頁の「1906年呼倫貝爾地区牲畜頭数表」に基づく。
* Dorji, B. 1990-2には，1907年の統計としてオールド族の家畜数のみを記している。それによると，牛，馬，駱駝，羊，山羊それぞれの頭数は本表と一致しているが，総数を誤って11,443頭としている（203頁）。11,543頭とするのが正しい。

近現代フルンボイル牧畜社会の研究　　611

　この表をみて気づくのは，オールド族の家畜が他に比べて極端に少ないことである。表1に掲げたように，光緒33（1907）年当時のオールド族の人口は651人であった。表1の注1に記したように，1922年や1938年には，オールド族の1戸当たりの口数は3.3人弱なので，これによって計算すると，1907年当時戸数はだいたい197戸となる。そこで，1906年当時オールド族の1戸当たりの平均所有家畜数は表4のようになり，橋本がオールド族の牧戸はかつて「家畜の少ないものでも，羊100，牛20-30，馬3程度はもっていた」と記したのより随分少ないことがわかる。馬のみが多い。

　これを隣接して居住していたソロン族（エヴェンキ族）と比較してみると，光緒33（1907）年当時，ソロン族がその中に含まれる呼倫庁におけるソロン族の人口は3,028人であった（張国淦1989の「人種第二戸口」）。民国11（1922）年の調査によると，戸数754，口数3,159人であったので（程・張1923,198頁），1戸当たり4.2人である。1907年当時もだいたい同じとみて計算すると，721戸となる。これによって計算すると，ソロン族の戸ごとの平均所有家畜数は表5のようになり，オールド族に比べて，断然多かったことがわかる。

　かくてオールド族の家畜は，オールド族の人によって昔はいかにも多かったように語られているけれども，実際には非常に少なかったことがわかる。しかも，オールド族の家畜が少ない状態は，その後も変わることなく続いた。

表4　光緒33（1907）年当時におけるオールド族の戸ごとの平均所有家畜

	牛	馬	羊（山羊を含む）
1戸あたりの平均頭数	8.5	6.6	43

表5　光緒33（1907）年当時におけるソロン族の戸ごとの平均所有家畜

	牛	馬	羊（山羊を含む）
総頭数（ソロン左旗＋ソロン右旗）	30729	66030	327997
1戸あたりの平均頭数	42.6	91.6	454.9

612　第3部　近現代内モンゴル東部地域の研究

表6　牧戸番号7のチンシャン家

	羊	牛	馬
旧（24，5年前）	1400	100	300
現（康徳6年9月）	0	20	3

表7　牧戸番号16のスレスー家

	羊	牛	馬
旧（24，5年前）	500	60	30
現（康徳6年9月）	0	0	0

　今そのことを，オールド族の家の中から二つの例を引いて述べたい。すなわち橋本氏が調査対象としたエンゲリン・アイルの18戸（表2参照）のうち，牧戸番号7のチンシャン家と牧戸番号16のスレスー家の家畜所有状態は，つぎのそれぞれ表6と表7のとおりである[47]。

　これによれば両家とも，かつては裕福であったが，1939年当時は，まことに悲惨な状態であったということになる。

　ここでオールド族の牧畜に打撃を与えたとされる畜疫についてみてみる。「元来満蒙の地は獣疫の巣窟とまで極言される程各種各様の獣疫が常在する地域である。鼻疽の如きは家畜死亡率の20パーセントに達すると云はれ，一般畜産界の概念からすれば実に慄然たるを得ない状態にある。されば満洲在来家畜は或る程度の免疫性を有してゐるとは云へ，獣疫の伝染跋扈によって殊に呼倫貝爾の如き家畜の集団放牧地帯に於ては広範囲に亘り多数の家畜を死滅せしめた例は決して希ではない」とされ，また「呼倫貝爾のみならず蒙古地帯に於ける主な獣疫は牛疫，炭疽，牛肺疫，鼻疽であるが，急激に猛威を逞ふするのは牛疫であって，一度一地方に発生するやその地方に於ける牛の大半を殪し病菌は遠近に伝播して各地に蔓延するのである」とされる[48]。このような次第であるから，何がしかの防疫体制が存在するようになっていた昭和10年度のフルンボイルにおける畜疫による斃死頭数も，牛疫で299

近現代フルンボイル牧畜社会の研究　613

表8　昭和10年度ソロン旗における畜疫による牛馬斃死数

	牛	馬
牛疫	150	
炭疽病	40	51
牛肺疫	565	

【備考】齊藤時輔 1938，187-190 頁に基づく。

頭（南屯 10 頭，テニヘ 88 頭などで，索倫旗で合計 150 頭が斃死した。当時
テニヘはソロン旗に含まれていた），炭疽で牛 40 頭（このうちテニヘで 16
頭），馬 51 頭（このうちテニヘで 10 頭，免渡河で 25 頭），牛肺疫で 565 頭
（このうちテニヘで 65 頭，札羅木得で 300 頭，牙克石で 50 頭が斃死した），
鼻疽で殺処分したもの 29 頭に上った[49]。

　このような状態であるから，1939 年当時から遡る約 20 年前のオールド族
に，かなりひどい畜疫が襲うことがあったとしても不思議はない。そして確
かに意気消沈した彼らの中に羊を安い値段でブリヤート人に売った者もいた
であろう。しかしこのような畜疫流行による家畜への被害は，当時にあって
は何もオールド族にだけではなく，他族の牧民に対しても，しばしば生じた
事態であったのである。これ以外に雪害もある。雪害は畜疫と何ら変わらぬ
重大な損害を家畜に与えてきた。フルンボイルについてみると，モンゴルで
いう鉄のゾド[50]によって「1911 年から 1912 年にかけての越冬時に際し，呼
倫貝爾の家畜数の約半数が斃死したことがある」という[51]。

　しかしフルンボイルの牧民は，それらの苦難と落胆を乗り越えて，家畜の
繁殖に努め，もとの数に回復させてきたのである。とすれば，オールド族の
牧民も，同様の努力ができなかったはずはない。ところが，チンシャン家に
してもスレス一家にしても，全く牧畜に対する努力の成果が認められず，20
年を経ても家畜はほとんど回復していないのである。のみならず康徳 6
（1939）年における両家の所有家畜数の少なさは，両家だけの問題ではなく，

エンゲリン・アイルの牧戸の大半に共通する状態であったのである。具体的に述べると、表2（第1節「居住地と人口」の表2「ソロン旗畢勒図（ビルト）部落農牧戸概況表　オールド人部落（放牧，漫撒子）(1)」，表2「ソロン旗畢勒図（ビルト）部落農牧戸概況表　オールド人部落（放牧，漫撒子）(2)」を指す）によれば、エンゲリン・アイルの全18戸のうち、家畜を100頭以上もつ牧戸はわずか2戸のみで、他は38頭以下である。10頭未満の家が7戸もあり、無家畜の家も3戸あった。牛のいない家は3戸、馬のいない家は5戸あり、羊のいない家に至っては11戸も存在した。羊はモンゴル牧民の基本家畜であることを考えると、まことに驚かされる。エンゲリン・アイルに生じた事態は、人畜の疫病の打撃から立ち直れなかった結果であるという橋本の聞き取りを鵜呑みにするわけにはいかないことを示すものである。とにかく1939年当時、エンゲリン・アイルにおいては、全9戸のうち5戸（①，②，④，⑦，⑧）は、牧畜とともに農耕も行っていたのである。

ところがオールド族には当時、エンゲリン・アイルだけでなく、他のアイルでも、家畜は少なかったようである。聞き取り調査によると、マルスィン・アイルは、戸数7戸、人口30人前後であったが、70頭くらいの牛と20〜30頭の羊と山羊（山羊の方が多かった）、10数頭程度の馬がいるに過ぎなかったという。そしてエンゲリン・アイルの家畜の方がはるかに多く、かなり富裕であったという。

エンゲリン・アイルやマルスィン・アイルにみられた状態は、より広く

表9　1937年・1938年におけるオールド族の家畜数

	馬	牛	羊	合計
1937年	141	764	414	1319
1938年	143	958	509	1610

【備考】興安局調査科1939の第2, 3, 4表から作製。なお、佐村恵利1993の292頁にある「ホロンバイルにおける原住民の人口と家畜飼養頭数」（1938年10月調査）のオールド族の家畜数は、本表1937年の家畜数と一致する。

オールド族全体に認められた。以下にそのことを少し詳しく検討してみたい。

　橋本が調査した 1939 年より一年早い 1938 年にオールド族に対して行われた興安北省の調査によれば，ソロン旗在住のオールド族全体の戸数は 119 戸，口数は 387 人であり[52]，家畜数は表 9 のとおりであった。従って 1938 年における 1 戸当たりの家畜数は 13.5 頭，1 人当たりの家畜数は 4.2 頭であったことになる。エンゲリン・アイルの牧民のそれらより少なかったことがわかるのである。

　オールド族の家畜数は，ソロン旗に当時居住していたソロン族（エヴェンキ族）やブリヤート族のそれと比べて，非常に少なかった。1938 年のオールド族と同じ南努図克に所属し，その第 3 佐と第 4 佐に暮らしていたソロン族の戸口は，戸数 123 戸，口数 523 人（男 261 人，女 262 人）であった[53]。そして家畜数は表 10 のようであった。

　これによれば，1938 年における 1 戸当たりの家畜数は 94.3 頭，1 人当たりの家畜数は 22.2 頭であるから，オールド族と比べて 1 戸当たりの家畜数は 7 倍，1 人当たりの家畜数は 5.3 倍である。

　また当時東努図克に居住していたブリヤート族は，戸数 592，口数 2,811

表 10　ソロン旗南努図克在住ソロン族の 1937・1938 年度家畜数

	馬	牛	羊	合計
1937 年	1825	1723	4001	7549
1938 年	2169	2585	6845	11599

【備考】興安局調査科 1939 の第 2，3，4 表に基づく。

表 11　ソロン旗東努図克在住ブリヤート族の 1937・1938 年度家畜数

	馬	牛	羊	合計
1937 年	5135	11809	20805	37749
1938 年	6476	17468	37865	61809

【備考】興安局調査科 1939 の第 2，3，4 表に基づく。

616　第3部　近現代内モンゴル東部地域の研究

（男 1,517 人，女 1,294 人）であった[54]。そして家畜数は表 11 のようであった。これによれば，1938 年における 1 戸当たり家畜数は 104.4 頭，1 人当たり家畜数は 20 頭であるから，オールド族と比べて 1 戸当たりの家畜数は 7.7 倍，1 人当たりの家畜数は 4.8 倍である。

つぎに，興安局調査科 1939 の表によって，オールド族の家畜所有の状況をより具体的にみてみる。同調査報告の表は，オールド族のほかに，ソロン旗を構成する他の諸族のデータも盛り込んだものであり，大きな紙に印刷されているので，以下に，それらの表からオールド族の部分のみを抜き出し，しかも適当に手直しして小型化して示すことにする。そのさい，明確な誤りは訂正した。

まず馬の所有数に基づく貧富の状態をみてみる。

この表 12 は，この後の表とともに，表の下に付した備考の注記を読むと

表 12　オールド族における階級別馬所有頭数比較表

	戸数	年	飼養戸数	飼養頭数	上流階級	中流階級	過少階級 戸数	過少階級 総頭数	零細階級 戸数	零細階級 総頭数	無所有 戸数
1 佐	46	1937	13	71	0	0	① 1	49	② 12	22	33
		1938	8	34	0	0			③ 8	34	38
2 佐	73	1937	35	70					④ 35	70	38
		1938	44	109					③ 44	109	29
計	119	1937	48	141			① 1	49	② 47	92	71
		1937	52	143					③ 52	143	67

【備考】興安局調査科 1939，の第 2 表に基づく。
「家畜数飼養戸数」など 2 段になっている箇所の上段は 1937 年，下段は 1938 年の数値。
例えば「1 佐」については，46 戸のうち，1937 年には飼養戸数が 13 戸で飼養頭数は 71 頭であり，1938 年には飼養戸数が 8 戸で飼養頭数は 34 頭であったということを意味する。
極上階級：① 1,000 頭以上，② 900 頭以上，③ 800 頭以上，④ 500 頭以上
上流階級：① 400 頭以上，② 300 頭以上，③ 200 頭以上
中産階級：① 100 頭以上，② 50 頭以上
過少階級：① 40 頭以上，② 30 頭以上
零細階級：① 20 頭以上，② 11 頭以上，③ 10 頭以下

理解できるようになっている。すなわちオールド族の中で，1937 年度にお
いて，49 頭の馬をもっていた第 1 佐の某家が最も多くの馬を所有しているが，
それは当時興安嶺西の遊牧諸族の馬所有レベルでみると，「過少階級」の①
レベルに位置し，1938 年においてこの家は，このレベルから外れ，「零細階
級」以下のレベルに転落したことを示している。また当時興安嶺西の遊牧諸
族の馬所有レベルで「零細階級」レベルに位置する家は，第 1 佐では 1937
年度には 12 戸でその馬の数は合計 22 頭，1938 年度には 8 戸に減少し，そ
の馬の数は合計 34 頭である。馬をもっていなかった戸は，第 1 佐では，
1937 年度には 33 戸であったのが，1938 年度には 38 戸に増えている。第 2
佐のデータの読み方も同じである。「計」の欄が示しているのは，第 1 佐と
第 2 佐の戸数と馬の頭数の合計であり，上段は 1937 年度，下段は 1938 年度
の合計である。

　これをブリヤート族と比べると（下記の興安局調査科康徳 4 年／ 1939 年
の表 13 参照），彼らには 1938 年（1939）年に全 639（611）戸があり，その
うち馬を 500 頭以上もつ「極上階級」の家は存在しなかったが，300 頭未満
-200 頭以上の馬をもつ「上流階級」の家が 2 戸あり，上流階級の③レベル
の家が 2 戸あり，中産階級の①レベル（100 頭以上）は 7 戸から 8 戸，②レ
ベル（50 頭以上）は 12 戸から 14 戸あり，30 頭以上の過少牧戸の①レベル
（40 頭以上）は 4 戸から 6 戸，②レベル（30 頭以上）は 5 戸から 8 戸あった。
またソロン族には全 542 戸のうち，「極上階級」の③レベル（800 頭以上）
の家が 1 戸，④レベル（700 頭以上）は 1937 年度に 1 戸あり，この家は
1938 年度には⑤レベル（500 頭以上）に転落し，この年度に下位のレベルか
ら上がってきた 1 戸とともに，このレベルには 2 戸が存在するようになった。
以下，上流階級レベルには 1937 年度に 4 戸（馬の総数 1,327 頭），1938 年度
に 11 戸（馬の総数 3,089 頭）があり，中流階級レベルには，1937 年度に 29
戸（馬の総数 2839 頭），1938 年度に 23 戸（馬の総数 2,552 頭）があり，過
少階級レベルには，1937 年度に 20 戸（馬の総数 751 頭），1938 年度に 14 戸

618　第3部　近現代内モンゴル東部地域の研究

表13　階級別羊所有頭数比較表（第4表）

	戸数	飼養 西暦	飼養 戸数	飼養 頭数	上流階級	中産階級 戸数	中産階級 総頭数	過少階級 戸数	過少階級 総頭数
1佐	46		1	205		③1	205		
			－	－					
2佐	73	1937	4	209				①1	114
		1938	5	509		④1	288	①1	150
計	119	1937	5	414		1	205	1	114
		1938	5	509		1	288	1	150

零細階級 ①戸数	総頭数	②戸数	総頭数	③戸数	総頭数	④戸数	総頭数	⑤戸数	総頭数	無所有
										45
2	85							1	10	69
1	42			1	20			1	9	68
2	84							1	10	114
1	42			1	20			1	9	114

【備考】1佐，2佐，計の各欄の数値の上段は1937年，下段は1938年の数値である。
上流階級：①1,500頭以上，②1,000頭以上，③800頭以上，④700頭以上，⑤500頭以上　⑥200頭以上，⑦150頭以上
中産階級：①400頭以上，②300頭以上，③200頭以上
過少階級：①100頭以上，②50頭以上
零細階級：①40頭以上，②30頭以上，③20頭以上，④11頭以上，⑤10頭以下
なお，本表では，各階級内の富裕レベルを表示する①②③などの数字表記を，必要に応じて，戸数数値の前に配置したり，見出しの「戸数」という語の前に配置したりした。

（馬の総数518頭）があった。過半の家はブリヤート族でもソロン族でも10頭以下しかもたない家であり，次いで無所有であった。オールド族は過少階級に1戸ある以外は，すべて10頭以下の戸および「無所有」戸に属し，しかも10頭以下の所有戸よりも無所有戸の方が多いという点で，当時のソロン旗の中でも異例の存在であったのである。

このような状態であったから，オールド族において使役馬の1戸当たりの数は，第1佐（ソム）が0.583頭，第2佐が1.10頭であった。この両佐の頭数とも，当時のソロン旗の中で，最も少なかった。また1戸当たりの鞍数も最低の部類であった〔興安局調査科1939「索倫旗」の「家族，傭人及現在使役馬数調」（第6表）による〕。

　つぎに羊の所有数に基づく貧富の状態をみてみると，第13表に示したように，羊をもたない家が圧倒的である。これは，まことに驚くべきことである。なぜなら，モンゴル族は羊を多く飼養することによって，その肉，毛，皮，それに乳を，自らの衣食住に利用してきた。オールド族に羊がこれほど少なければ，まさに衣食住が極めて不自由であったはずである。それにモンゴル族は，羊の肉を最も好み，羊の肉がなければ耐えられないはずである。今，興安嶺西フルンボイルにおける諸族が年間に食べた羊の数をみると，表14のとおりである。

　この表をみると，オールド族が食った羊のみが，極端に少ないことがわかる。

　それゆえにソロン旗公署は，康徳5年度に，オールド族の救済のために補助金を出してメスの羊500頭を貸与して綿羊組合を組織せしめ，共同管理を以て綿羊の増殖を講じつつあったのである（興安局調査科1939，321頁）。

表14　フルンボイル盟在住諸族の家畜屠殺数〔昭和13（1938）年10月調べ〕

	調査戸数	屠殺頭数	1戸当たりの頭数
ブリヤート人	331戸	3215頭	14頭
ソロン人	131戸	4714頭	39頭
ダホール人	15戸	225頭	15頭
オイラート人	5戸	16頭	3頭
シネバルガ左旗のバルガ人	1168戸	49138頭	41頭

【備考】本表は，佐村恵利1993，297頁掲載の「各種族別，年間食用利用の綿羊数」に基づく。

620 第3部 近現代内モンゴル東部地域の研究

ただし橋本が1939（康徳6）年にエンゲリン・アイルを訪れたときに，オールド族に貸与されつつあった羊が，エンゲリン・アイルの羊の数にすでに反映されていたのかどうかは分からない。

表 15 階級別牛所有頭数比較表 （第 3 表）

	戸数	飼養戸数	飼養頭数	上流階級	中産階級		過少階級					
					戸数	総頭数	①戸数	総頭数	②戸数	総頭数	③戸数	総頭数
1 佐	46	23	178								1	24
		20	236								2	53
2 佐	73	52	588		②1	60			2	77	4	88
		46	722		②2	136	1	41	2	63	6	138
計	119	75	764		1	60			2	77	5	112
		66	958		2	136	1	41	2	63	8	191

零細階級				無所有
①戸数	総頭数	②戸数	総頭数	
4	55	18	97	23
6	92	12	91	26
12	186	33	177	21
12	182	13	162	27
16	241	51	274	44
18	274	35	253	53

【備考】本表は，興安局調査科1939，第3表（佐村恵利康徳6（1940）年）
「家畜数　飼養戸数」など2段になっている箇所の上段は1937年，下段は
1938年の数値である。
上流階級：①800頭以上，②700頭以上，③500頭以上，④400頭以上，⑤300頭以上
　　　　　⑥200頭以上，⑦150頭以上
中産階級：①100頭以上，②50頭以上
過少階級：①40頭以上，②30頭以上，③20頭以上
零細階級：①11頭以上，②10頭以下
＊本表では，各階級内の富裕レベルを表示する①②③などの数字表記を，必要に応じて，戸数数値
　の前に配置したり，見出しの「戸数」という語の前に配置したりした。

近現代フルンボイル牧畜社会の研究　621

　つぎに牛の所有数に基づく貧富の状態をみてみる。

　表15をみると，当時オールド族では，過少階級レベル以上の数の牛を所有していた家が数戸以上存在したが，第1佐では牛を全くもっていなかった戸が最も多く，零細階級でも①レベル（11頭以上）よりも②レベル（10頭以下）の家が圧倒的に多いという状態であり，第2佐では無所有戸より，零細階級戸の方が多いが，零細階級でも②レベル（10頭以下）の方が多かったことが分かる。このような傾向は，基本的にブリヤート族やソロン族の場合と同じであるが，異なる点は，ブリヤート族やソロン族は上流階級に属する戸が数戸以上あり，また中産階級が40数戸あることである。すなわち豊かな牧民の数がオールド族よりもずっと多かったのである。聞き取り調査では，当時牛を20-30頭もっている家は豊かであったとされていたのであるが，まことにそのとおりであった。また，貧乏な家は牛5，6頭を飼っていたというが，表15からみて，5，6頭も所有していれば，牛所有の点では貧乏どころか，中流以上であったということがわかる。

　それでもオールド族は，牛はやや多く飼っていた。オールド族における1人当たりの牛の数は，1937年に1.97頭，1938年に2.48頭であった。これは，ソロン族の1937年の3.29頭，1938年の4.94頭，ブリヤド族の1938年の4.20頭と比べて少ないことは少ないが，極端に少ないということはなかったのである。通常モンゴル族の遊牧民は羊を基礎家畜としており，最も多く飼育している。このことは，興安嶺西のフルンボイルにおけるステップ地帯の遊牧民についても同様であって，同じソロン旗の上述したソロン族とブリヤート族も，表10，表11をみれば分かるように，そうであった。ところがオールド族は牛を羊よりも多く飼養していたのである。オールド族も1906年ころには羊の方が多かったのであるが，1937年，1938年においては牛の方が羊よりも多く飼育するようになっていたのである。このことは，エンゲリン・アイルのオールド族もマルスィン・アイルのオールド族も同様であった。

622　第3部　近現代内モンゴル東部地域の研究

　それではオールド族が牛を羊より多く飼っていたのは，なぜであったのか。ステップ環境は，エヴェンキ族やブリヤート族のそれと同じなのだから，理由はステップ環境の条件以外のところに求めなければならないだろう。私は，これは，オールド族が，後述するように，当時運送を盛んに行っていたことと関係があると考える。つまり牛車による運送には牛が必要だからである。それにまた，運送に労力を取られて牧畜に十分な時間を割くことのできない場合，牛は飼育に手間がかからないから，好都合であったことも考えられる。

　なお念のために記しておくと，私は，オールド族の牧畜が20世紀初めに人畜の疫病などの影響を受けたことを否定しない。影響を受けた結果がこの羊飼養頭数の少なさとして現れていると考えている。なぜならオールド族も，1906年当時には，表3にあるとおり，羊が牛より4倍近く多いという，ふつうのモンゴル牧民にみられる状態であったのに，1938年には羊が牛の半分程度の数しか飼われていないという，逆転現象がみられるからである。

　以上をまとめると，当時オールド族において羊をもっていた家は10数戸に満たず，大半は羊をもたなかった。馬をもたない家は半数以上にものぼっていた。牛についてだけは，飼養している家の方が多かった。このような状況であったから，馬牛羊をそろって飼っていた家はほとんどなかった。つまり貧しい家では牛すらもたず，多少ましな家は牛を何頭かもっていたとしても，それらの家の半分以上は馬も羊ももっていなかった。牛馬羊をみなもっていた家に至っては数戸を数えるに過ぎなかったのである。

　要するに，オールド族のほとんどすべての家族は牧畜によって生計を立てることはできなかったに違いない。それでは彼らは，どのようにして生活を成り立たせていたのか。つぎにその点について検討をしてみたい。

3　木材の伐採と運搬

　あらためて表2をみると，エンゲリン・アイルにおける18戸の自家労働の種類は，運搬業にのみ従事していた家が⑿と⒅の2戸，運搬業を牧業と兼

ねておこなっている家が⑶，⑸，⑼の３戸，運搬業を農耕と兼ねて行っていた家が⑺，⒃の２戸，運搬業を農，牧と兼ねておこなっていた家が⑴，⑵，⑷，⑻，⑽，⑾，⒀，⒄の８戸である。これら以外に，医者の家が⑹の１戸，不明である家が⒁，⒂の２戸である。以上によれば，運搬業に関わっていた家が15戸で最も多く，ついで牧畜に関わっていた家が11戸，農耕に関わっていた家が10戸である。牧畜だけに従事していた家，あるいは農耕だけに従事していた家は存在しなかった。これらから，当時エンゲリン・アイルでは，運搬業が最も中心的な仕事となっていたと言えるようである。私は先に，「牧畜によって生計を成り立たせることが困難な牧民が少なからず生まれた。そして漫撒子農耕が以前より普及したようであり，また生計のため木材運搬業を行う者が現れた」と記した橋本の一文を引用したが，このうち木材運搬業については，私の聞き取り調査によっても，当時エンゲリン・アイル以外のアイルにおいても盛んに行われていたことがわかった。そこでここでは，この木材運搬業の問題について検討してみたい。

　橋本の記している点について，もう少し詳しくみてみると，「家畜による生活が押しつめられた彼等は，この漫撒子を拡大せずして，運搬業に精出すことによって其の苦境を打開して行った。東支鉄道敷設前後は木材の需要を高めたし，約40年前より漢人の独占的傾向にあった木材運輸を20余年前よりオロット人が其の間に割込んで行くようになった。表２にみるとおり⒁⒂号農家を除いては，全部車を５台乃至７台を有し之等が現在運搬業に動員されてゐる。之が現在索倫旗居住オロット人の現金収入を得る唯一と言ってもいい方途であり，彼等の生計維持に重要な役割を果たしてゐる」[55]とある。

　ここで橋本が述べていることは，呼倫貝爾（フルンボイル）の重要な富源とされ，イミン川上流域に存在した森林からのロシヤ人やその後の満洲国による木材の伐採とそれのハイラルへの運搬を想起させる。コルマゾフによると，1914年，バルガ（巴爾虎）の自治時代に，当時モンゴル官憲と在ハイラルのロシヤ副領事との間に，ロシヤ人に経営のため林区を提供すること

関して協定が成立し，締結された契約書は後に北京政府とロシヤとの協定によって確認された。租借林区の主なものは四つあり，その一つ「ヤドール（イミン川）租借林区は，総面積，用材立木地面積とも最も広く，イミン川支流の上流にあり，本利権の所有者は，ウルキチハン林区利権所有者と同一であった。そしてこの林区の経営は，1914年にはじまり，丸太および電柱材，枕木材，薪材が切り出され，イミン川およびその支流を使って流送も行われ，終点のハイラル駅付近の港湾を終点とし，鉄道によって各地に運ばれて行った[56]。流送が盛んに行われた理由は，もちろんその方が楽にそしてはやく木材を運ぶことができたためである。その後，1932-1945年の間は，満洲国が引き続き，維納川 Oγono-yin γoul，牙多爾 Yadur γoul，紅花爾 Qongqolji，桑都爾 Sandur γoul，伊敏 Imin γoul などの地の森林に関わった[57]。コルマゾフのいうヤドールとは，地図4に「牙多日高勒」とみえる川であり，モンゴル語で Yadur γoul と言う。また Oγono-yin γoul は，同地図の敖寧高勒のことであり，Sangdur γoul は同地図の桑多日高勒に当たる。いずれも，現在のイミン・ソム南部を流れている川である。

　イミン川上流域の森林から切り出された木材の大半は，伐採場の傍から筏を組んでイミン川の支流をくだり，やがてイミン川に入ってそのままくだり，ハイラル市の港湾に到達してから陸揚げされたのである。米内山の著書にはイミン川を下る筏の写真が収められている[58]。道路も，あまりよくない状態ではあったけれども，一応通じており，沿道には漢人の経営する土小屋の旅宿があって，租借林区に往来する者の宿泊または休息に利用されていた[59]。

　このようなロシアや日本の木材の伐採と運搬は，鉄道の敷設や満洲などにおける産業の発達による木材需要の高まりに応じたものであった。そしてそれと関連するハイラル市や満洲里など鉄道沿線の町の発達も，その需要を高めたであろう。当然，それにともなって木材や薪・柳條の需要も増えたのである。

　それでは，オールド族は，ロシヤがイミン川上流域に林区を設定して木材

の伐採と運び出しを行っていたことの影響を受けたのだろうか。興安局調査科1939には，「木材の伐採及農耕をも既に営みおりたるものの如し」と記されている。また彼らが「主として薪炭木材の運搬売買により生活をなす」とも記されている（同，321頁）。これらによれば，木材の伐採が1938年からみて，既に確立された重要な仕事として行われ，しかも彼らが木材の運搬だけではなく，木材の伐採も行っていたことがわかる。この記述からは，彼らの木材や薪の伐採やその運搬がどのくらい遡る昔から行われるようになったのかはわからないが，私は少なくとも，19世紀と20世紀の交に東支鉄道が敷設されたことにともなう鉄道関係の資材に対する需要と，同じころのハイラルの町が発達しはじめたことにともなう建設資材に対する需要が，それらの仕事の発展に大きな意味をもったのではないかと考える。

このときハイラルに新市街と鉄道関係者の住宅区が建設され，新市街は急速に発達した。そしてそこに1902年には100家屋が建てられ，1906年には既に300以上の家屋を算し，住民は5,000人に達し，1907年以後ますます発達し[60]，1912年には人口7,100余名であった[61]。ロシヤ人経営の商会が林区を設定し，木材を伐採しはじめたのは，既述のように1914年以後のことに属する。だがそれより前に，このように木材類に対する需要が急激に高まっていって，それへの対応の必要が20世紀に入って間もない興安嶺西のフルンボイルに生じていたのである。このことが，オールド族の木材や薪材との関わりを深めたとみるのが妥当であろう。李萍・李文秀は根拠を示していないが，「モンゴル人の商う者は1910年からハイラルに進出したのであ」ると記している[62]。この記述は妥当であると思われる。なおロシヤ商会の林区設定以後も，1917年に勃発したロシヤ革命を逃れてロシヤ人が集まってきたりして，ハイラルの人口が一段と増え，1922年には10,488名，1928年には23,493名となった[63]。

それにしても，オールド族が経済的需要に敏感に反応したことは事実であるとしても，「主として薪炭木材の運搬売買により生活をなす」とあるほど

に，集落を挙げて，さらに同族を挙げて木材の伐採と運輸に本格的に従事するようになったことについては，他の要因もあったと私は考えている。その要因を，畜疫などによる家畜減にともない，生計の活路を牧畜以外に求めなければならなかったからとするのは，前節において表3などを掲げて述べたように，畜疫がオールド族に打撃を与えるより前の1906年当時において，彼らの所有家畜が他に比べて少なかったという事実からみて成り立たない見方であるから，別の要因を探さなければならない。

　私は，それをオールド族が車の製造を伝統的に行い，車の材料となる木材を森林から切り出していたこと，そしてそのために木材を運ぶ車を数多く所有していたことに求めたい。この土台があったからこそ，20世紀前半における木材の伐採と運輸の需要に，すみやかに応えることができ，それらの仕事の隆盛が導かれたのだろうと考えるのである。

　彼らの造る車は，伝統的にハンガイ・テレグ qangɣai terge と称され，車の轂（bulu）を焼いて黒くしていた点に特色があるという。そしてこのような車を造る大工の数は，60名程度はいたのではないかというが，多分，20世紀の20年代，30年代には，人口の減少もあったため，これよりだいぶ少なかったと推測される。ともかく，かなりの車大工がいたようである。車は注文を待って製造されるのではなかった。製造された車や車の様々な部品は，ガンジョール廟に運ばれて売られたという[64]。ガンジョール廟では，興安嶺東のモリンダヴァー旗からダゴール人もダゴール・テレグと称される車[65]を運んできて売っていた。李・李1998に，「牛車および車の部品，モンゴル・ゲル用品およびその他の硬い木の木材はみなソロンのモンゴル人，ダゴール・モンゴル人が製造して【ガンジョール廟の定期市に―吉田】運んできたものである」と述べられている[66]。「ソロンのモンゴル人」とは，オールド族の人びとを指したのに違いない。

　車大工はネグデル（人民公社）時代にもいて，活動していた。この時期，従来と異なって，売り手であるイミン・ネグデル（イミン・ソム）と買い手

である主にシネ・バルガの東西両旗とが，事前に話し合って，何台の車を造るか，1台をたとえば羊何頭分の値段にするかを決めていた[67]。このような伝統のあるオールド族の車製造であったが，1975年に至って製造を止めた。トラクターの普及による。ゴムのタイヤの車が普及してきたことも，打撃を与えたとされる。

　このような次第であったから，オールド族は，以前から，森林に入って車製造用の大きな木を伐採し，切り倒した木材を自らが造った車に積んで自らの車製造の場所にまで運ぶことを行っていたのである。そこで木材需要の高まりを知ったときに，容易に需要に見合ったその伐採と運搬の仕事をはじめることができたのに違いない。以下，私の聞き取りに基づいて，彼らの木材や薪，柳條の切り出しとその運搬について記すことにしたい。

　オールド族は，木材をホイ川（図3に「ホインゴール」とある川）上流域から切り出し，薪材は彼らの居住域を流れるイミン川の岸辺から伐採していた。木材をイミン川上流に注ぐ支流沿いから切り出したのでないことは，彼らの木材伐採・運輸が，ロシア人の1914年以後に関わるイミン川支流からの木材の伐採・運輸に関連して行われはじめたのでないことを示す。

　木材を，イミン川上流域からではなくホイ川流域から切り出していたのは，イミン川上流域は険しく，かつ木が密集しているので車どころか馬が入ることも大変なところが多いからである。彼らはそこで，容易に車を入れ，伐採した木材を積んで運び出すことができる，今のイミン・ソムの西南方45kmに位置するKöndelenおよび75kmに位置するMoɣaituから，木を切り出していた。伐採の対象となった木材は，主にqar-a narasuと称される松の種類であった。木は，昔は斧で切り倒していた。その後鋸で切るようになった。

　木材は，牛の牽く車に載せて運び出され，ハイラルへと運搬された。一台の車には大きい木ならば一本，そうでもなければ2本を積んだ。2本以上積むことはなかった。

　木材運搬に従事する者たちは，グループを組み，協力して仕事をした。そ

のグループは nige γal（「一つの火」という意味）と称された[68]。4人位で一つの γal を組織した。食事をいっしょに作って食うので γal と呼ばれていたようであるとされる。食事をともにするほか，途中車が故障した場合に助け合って修理するなど，種々の協力をした。グループを構成する各運搬者が，4，5台の車を管理した。従って，一グループは，16台から20台ほどの車を連ねて木材を運んだことになる。いわば木材運搬のキャラバンを編成していたのである。この運搬隊においては，誰か年長者が隊長（γal-un aq-a）格となった。車や牛はもっているが，それらを管理して木材を運搬する者のいない家族の場合，木材を積んだ車を，誰かに頼んで運んでもらっていた。

　冬春の運輸のさいには，乾草を車に積んで持って行き，車を牽く牛に夜休む前に与えていた。昼は，一日に2回から3回途中休憩し（üdelekü という），そのときに牛を草原に放して草を1時間ぐらい食わせていた。tujiyang，qarγan-a，γurban qar-a ergi などの場所に簡易旅館があったので，そこに泊まることもあった。その場合は旅館に干草があるので心配は要らなかった。だが金を節約するため，自分たちの“tobu”といわれる仮の小屋を建てて泊まる場合が多かったという。

　オールド族には，車を牽くのに大切な牛（去勢牛，šar）が少なかったので，自分達の牛だけでは足りず，他から借りたと推測される。この点について検討するために，オールド族の牛におけるオス，メス，去勢牛それぞれの牛全頭数に占める割合を，興安局調査科1939の「索倫旗」第12章「蒙人所有家畜の牝，牡，去勢各性別保有率」に付せられた第5表「牝，牡，去勢家畜ノ保有率調」に基づいて作成した表16をみると，他の諸族のそれと大体同じである。

　1938年当時におけるオールド族の牛の頭数は，表15に記したとおり，第1佐236頭，第2佐722頭であったから，各佐の去勢牛の頭数を表16に示されている割合に基づいて算出すると，第1佐66.7頭，第2佐271.6頭であり，合計338.3頭となる。当時エンゲリン・アイルの18戸のうち運搬に従

事した15戸の所有する車は86台であった。1戸当たり5.7台である。かりにオールド族の119戸のうち100戸が運搬に従事し、各戸5.7台ずつの車を使っていたとすると、570台の車があったことになるから、338頭の去勢牛では不十分であったに違いない。すなわち他から借りる必要があったとみられるのである。

この点、私の聞き取りによると、当時オールド族は、ブリヤート族の人から去勢牛を借りて使ったことはまったくなかったが、エヴェンキ族の家畜をたくさんもっている人から借りることはあった。その場合、車を牽いた経験のない去勢牛（emnig šar）を借りて、馴れておとなしくなるまで2年間使った。いわば訓練の委託をされていたということになる。従って借り賃などというものはなかったという。このことは重要であり、これが、オールド族が十分な去勢牛をもっていなかったにもかかわらず、安心して多数の荷車を動かすことができた理由である。木材を馬車で運ぶことはなかった。

運搬の牛車隊は、モゴイトの森林から1、2泊してエンゲリン・アイルに到達し、そこから2、3泊して、目的地のハイラルに到着した。木材運輸は、主に夏と秋に行われていた。そして道中、夜になると、隊を構成する人々はそれぞれ、自ら管理する4、5台の車のうち、先頭の車に積んだ木材の上に、蓋い（muqulaɣ）をのせてその中で休んだ。

ハイラルに到着して、一つには、ハイラル市の「南門外」に持って行くと

表16　オールド族の牡、牝、去勢家畜ノ保有率調（第5表）

	第1佐	第2佐
牡牛保有率	0.1772	0.1147
牝牛保有率	0.5400	0.5089
去勢牛保有率	0.2827	0.3762

1938年の頭数に基づいている。だたし原表の「第5表」をみると、第1佐237頭、第2佐723頭とあり、本稿の表13（「第4表」に拠る）の頭数より、各佐とも1頭ずつ多い。なお本表は1佐、2佐とも、牡、牝、去勢家畜の保有率を合算して100％にならない。

買う人が集ってきて買った。また知り合いの仲介人を通じて，買い手を紹介してもらって売る方法もとった。この場合仲介料を支払った。ダゴール人が仲介人を務めることもあったという。買い手と契約を結んだ上で，木材を運んできて売るということはしなかった。このようにして売って得た金によって，食糧や日常用品などを購入して帰途についた。木材は，薪などより値段が高かったが，具体的にどの位であったかはわからない。木材を売って金持ちになった者もいた。

　また車ではなく，筏（sal）を組んで，夏の季節にイミン川の流れによって運ぶことも行っていた。これは，年に一回だけ行っていた。

　さて，車で運ばれたのは木材だけではなく，薪もそうであったことは既に述べた。薪となる柳は，イミン川の湾曲部の柳がよく生える場所から集めていた。

　薪に使う木は基本的に柳であるが，柳の中でも galduu と称される太いものが対象となった。galduu は，イミン川の氷が融ける前の3月に，川の湾曲部（toque）に渡って行って切り，積み上げておく。すると春夏の間に乾燥するので，その乾いたものを，秋にイミン川が凍った後に出かけて行って運び出し，車に積んで売ったのである。薪は車1台分で，当時4元から5元くらいであり，そのお金で20斤から30斤（1斤は500g）の穀物を買うことができた。ただし薪は，材木ほどには売れなかったとされる。この状態が1920年代，1930年代においてもそうであったかは確かめることができなかった。

　このほか，親指大の太さのまっすぐな柳の枝つまり柳條も，薪とともに，この時期，かつて以上に採取と運搬の対象となった[69]。柳條はモンゴル語でjiray-a と言う。薪にするような太い柳の幹を切ると，翌年その切り株から芽が出て，夏の間に急速に伸び，人が隠れるほどの丈になる。これを，春に雪が解けた後に，まっすぐなものを選んで切ったものである。それが春に，車に積んで売られたのである。はやく切ると乾燥してしまい，編んだりして細

工することができなくなる。

米内山はアルグン川やイミン川の河畔に生えている柳について述べて，「毎年春になると，柳條を積んだ車が，幾台も幾十台も並んでハイラルの街に出て来る。ハイラルの街に住んでゐる蒙古人，ハイラル郊外に野菜畑を造ってゐる支那人が，その柳條を買って家の廻りに垣根を造るのだ」云々と述べている（米内山庸夫1938，220-221頁）。この話は，ハイラルに売りにくるのだからイミン川に生えている柳條のことであり，たくさんのモンゴル人が売りに来ると言うのだから，オールド族の人びとも含まれていたはずである。ただし私の聞き取りでは，柳條は，その後もずっと売られつづけていたのではないようである。

以上の木材や薪類のハイラルへの運搬は，後者は冬と春に，前者は夏と秋に行われていた。従って一年中運搬が行われていたのである。そして年に10回くらいは往復していたという。

丸太材を南方の森林から切り出し，また薪類をイミン川の岸辺から切り出して車でハイラルに運ぶことは，こうしてオールド族にとって，1年を通じて重要な仕事となっており，これによって収入の多くを得ていたのである。これは，橋本が調査した1939年当時，エンゲリン・アイルのオールド族にとって，明らかに最大の収入源であり，それだからこそ18軒のうち14軒もが運搬の仕事を行っていたのである。木材類の運搬は，一人前の男でなければできないので，人手がそれに取られ，十分に家畜飼養を行うことができるはずがなかった。木材運搬を行っていた家のうち，車牽引用の役畜のすべてまたは一部を他から借りている家が5軒もあるのも，そのためであったのかも知れない。これが当時のエンゲリン・アイルで家畜が少なかった大きな理由であるとみなされる。

以上を要するに，オールド族は，古くから木工が盛んで，とくに車製造に携わる者が多かったのであり，それに加えて，またおそらく20世紀になってからは，木材や薪・柳條を切り出して運搬して売ることが行われはじめ，

次第に盛んになってきた。橋本が最初は漢人が独占的に木材運送を行っていたが1920年代初めにペストや畜疫によって牧畜が打撃を受けたときに，オールド族が生計を維持するために，木材運送を手がけたとみたのは，疑問と言わざるを得ない。オールド族の者たちはもともと車製造に携わる者が多かったので，いわばその地場産業が彼らの牧畜業への関わりを抑制し，所有家畜数を限定する役割を果たしていた。そのような状態の上に，あるいは漢人が最初にはじめたのかもしれないとした場合，その漢人が彼らの居住地を通過して，木材を伐採してハイラルに運んで売って収入を得ていることに刺激を受け，地場産業の特長を生かして，彼らが多数所持していた車を利用して木材伐採に乗り出し，さらに切り出した木材をハイラルまで運搬して売るようになったのであろう。

4 農耕

オールド族は，すでに何度か触れてきたように，1939年当時農耕を行っていた。

それは，極めて粗放な初歩的農耕であったようであり，橋本はそれを漫撒子と称した。漫撒子は，内モンゴルでは往時，遊牧を主とし農耕を従とする地帯で行われていたものであり，その大略は，「種作物も亦た主として糜子に限られ，毎年芒種（旧四月下旬）より夏至（旧五月中旬）に至る間，牛犂を以て略ぼ地表を鋤起し，直に種子を投下し，全く自然の成育に委す，初秋収穫時は，鎌を用ひ，穂先を刈取りし来りて脱穀し，除草，中耕は絶対之を行はず」云々というものであった[70]（辻村明1908，72-73頁などにも同様のことが記されている）。竹村は「これは畦を作らない農耕であります。野原に種子をばら播いて，その後犂を入れて後は除草も何もせずその儘放って置き，秋になって穂が出たものの穂だけを刈取って行くのであります。一番簡単な農耕法であります。植えて居るものは蕎麦と糜子（稷にあたる）であります。耕作面積についても播いた種子の量で言ひ，蕎麦3斗播き，糜子2斗

播きなどと申します。（中略）2，3年経つと地力も衰へるので，外の新しい土地の上に移るのであります」と記している[71]。

　私の聞き取り調査によると，オールド族はかつて—どこまで遡ることができるか不明であるが—農耕することを qar-a budaγ-a tariqu と称していた。qar-a budaγ-a とは，脱穀していない mongγol amu に対する呼称である。すなわち，キビ（黍）を意味する。それによって彼らの農耕は漫撒子農耕 namuγ tariy-a と同様のものであったと推測することが可能である。しかもこの qar-a budaγ-a tariqu をオールド族が満洲国建国前からダゴール族やエヴェンキ族に習ったとも言われるからである。

　ただ，オールド族が農耕を全然知らなかったわけでなく，ドルジが述べているように，乾隆23（1758）年に清朝政府が当時新しくフルンボイルに来住した147戸のオールド族に，農具や牛の費用や小麦の種子を供与して，農耕することを励ました事実から（Dorji, B. 1990-2, p. 204），推測できる。その当時の彼らの農耕の記憶がなお残っていたならば，20世紀に入ってからの彼らの農耕を直ちに漫撒子農耕そのものと断定することは躊躇されるが，作物が麦でなく，モンゴル＝アモであることを考えると，ナマクタリヤ農耕であったのだろうと見ることは十分に可能であろう。いずれにせよ，20世紀初めころ，彼らが熱心に農耕を行っていたわけでないことは，確かなようである。

　エンゲリン・アイルにおける農耕に関しては，橋本によると，1920，1921年にペストと畜疫がオールド族を襲った頃には，すでに彼らの間で部分的に行われていたとされ，興安局調査科1939にも，オールド族が1938年当時より前に「農耕を既に営みおりたるものの如し」と記されている（321頁）。ただし橋本は，人畜の被害，とくに家畜が減少したことによる生計の困難を何とか乗り切るために，漫撒子を拡大することはなかったと述べている[72]。

　橋本が，オールド族の間で前から部分的に農耕が行われていたと述べたのは，チンシャンが1939年当時から遡ること30年ほど前，物心ついた頃に，

部分的にすでに農耕が行われていたと述べたことに拠るのであるが、他のオールド族の人々には、満洲国時代より前に、部分的にであれ、農耕が行われていたことは、全然知られていなかった。そして橋本は、彼らの間では、農耕が満洲国建国後、旗の指導によって初めて行われるようになったと言われていることも指摘している。そこで橋本は、20世紀初頭にオールド族が部分的に農耕を行っていたことに関する「チンシャン氏の言が真実であれば興味深い示唆を与へる」と、その真実性に疑問を抱かざるを得なかったのである[73]。以上から、オールド族がかりに農耕していたとしても、ほんの少ししか行っていなかったとみてよいであろう。

　満洲国時代になると、橋本が述べているように、ソロン旗公署の積極的努力により洋犂（プラウ）、洋把（ドリル）がオールド族に貸与され、農耕が奨励されたために、ようやくより広く行われるようになり、エンゲリン・ア

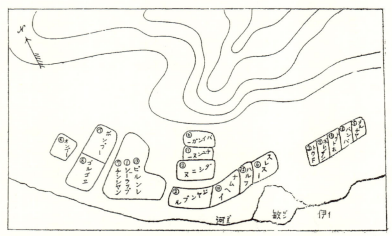

橋本重雄1943, 88頁所載「ビルト部落各戸干草採取地漫散子地（冬営地）要図」
1　丸で囲った数字は、農家番号を示す。
2　西端にある④オンブー家の冬営地から東端にある⑤ダルチャー家の冬営地の距離は約5.5km。

図5　エンゲリン・アイルの冬営地図

イルでは，表2に記されているように，18戸中11戸が農耕を行うようになっていた。しかし農耕といっても，相変わらず糜子を「漫撒子」によって収穫しているに過ぎなかった。プラウやドリルという高級な農具を使っている数戸の家でさえ，「漫撒子」を行っていた程度であったという[74]。それでも多分，農耕はこのときはじめてある程度普及したとみてよいであろう。私の聞き取りによれば，ソロン旗公署が貸与した犂は，漢式の犂であった。

　ところでエンゲリン・アイルのオールド族の，農耕を行っていた家は，すべて冬営地に隣接するところに耕地を開いていた（図5参照）。橋本によれば，その耕地の広さはたいしたものではなかったが，彼らはそれをそれ以上広げる気持ちを持っていなかった。また生活維持のために農産品を売却しようとする気持ちもなかったという（橋本重雄1943，83頁）。これらのことは，当時のオールド族において農耕がどの程度の意味をもっていたかを示唆している。

　チンシャン家とスレスー家の状況を，具体的にみてみる。チンシャン家は，表2によれば，250平方サージェン程度の耕地をもっていた。橋本の調査によれば，エンゲリン・アイルでは，30サージェン平方すなわち900平方サージェンの耕地から，糜子（mongɣol amu）を，平年で35～37プード程度収穫していたに過ぎないという（85頁）。1プード（プードはロシヤの重量単位）は16.38kgであるから，250平方サージェンの耕地からは，大体170kg弱の収穫があったことになる。これを5人家族のチンシャン家で食うとすると，1人1日100gにも満たず，明らかに不十分である。米なら茶碗1杯分の飯にもならない量である。チンシャン家は，農耕以外には牧畜によって生計を維持し，牛だけを20頭飼育していたが，これだけでは農作物と補完し合ってもなお不十分であったはずである。

　一方スレスー家の場合，表2によると，耕地は，300サージェンであったから，チンシャン家より少し広いが，家族は6人であるから，1人1日あたりやはり100gに満たない糜子しか食うことができない状態であった。この

636 第3部 近現代内モンゴル東部地域の研究

不足分を，運搬と他家の馬の飼養によって得た収入によって補っていたのである。

　エンゲリン・アイル以外のアイルでも，私の調査によれば，たとえばマルスィン・アイルでは，粗放な農耕を営んでいた。だがその収穫量は，お茶に入れる程度の量の穀物に過ぎなかったとのことであり，従ってもちろん売ったりはしていなかったと言う。マルスィン・アイルでも，エンゲリン・アイルと同様に，主にイミン川の東岸側で畑を作っていた。

　要するにオールド族は，満洲国時代に入って，ソロン旗公署の奨励によって，それまでほとんど注意が払われていなかった農耕を，きわめて粗放な方法で行うようになり，過半の家が自家消費用の糜子を，自家耕作によって不十分な量だが供給するようになった。しかし，それ以上生産量を増やすつもりもなかったのである。

　以上本節において，牧畜，木材などの伐採と運搬，車製造，農耕について検討してきた。その結果，つぎのように言えることがわかった。すなわち20世紀前半のオールド族にとって，牧畜は重要であったけれども最も重要な生業とまで言えるものではなく，農耕は満洲国時代に入るまでは取るに足りない存在であった。彼らにとっては，木材伐採と運搬こそが，伝統的な産業である車製造と並んで，生活を支える最も基本的な経済であったとみられるのである。つまりオールド族は，当時，牧畜の民あるいは遊牧の民と片付けてしまうことができるような存在ではなかったのである。

5　季節的移動と放牧

　それでは，当時のオールド族は，家畜をどのように放牧して飼育していたのであろうか。エンゲリン・アイルのオールド族に関する橋本の報告を紹介してみよう。

　橋本の報告は，家畜が多かったとされる時代の状況を1939年当時の状況に交えて書かれているので，内容を正確に理解するのが難しくなっている。

そこで両時期をはっきり区別できるように文章を一部改め，さらに家畜が多かったとされる時期のみに関わる部分を【　】で括った上で，以下に引用することにしたい。

　　4月になると比較的牧草の良好な地点に牛馬羊を集めるために，冬営地を出る。これが第一回目の移動である。そしてその場所で家畜の分娩を済ませ，間もなく去勢すべき家畜の手術を行う。去勢する年齢は，羊は当年，牛は1年，馬は2年である。

　　移動の経路は，大体愛里を単位として，その地域を画し得る[75]。ただし，各牧戸の移動経路までが毎年同一というわけではない[76]。

　　春を迎えて与えるべき草はその種類の如何を問わず，草生の比較的良好な地点で，しかも水流に近いところを選ぶ。

　　【ところでチンシャン家に24，25年前の春夏の放牧状態を問うたところでは，羊と馬にはそれぞれ牧者を一名ずつ配したが，牛には何ら牧者を付すことなく自由放牧を行い，4，5，6月を通じて，移動はふつう一回，時に雨が多くてゲル付近のアルガリと泥濘のために[77]2回位の移動をやった記憶があるとのことであった。そして馬を多くもっていた当時においては，7，8月頃は，馬の好むヒヤク草[78]の多い地点を求めて移動していた】が，現在はそれだけの努力を払うべき馬群はもっていない。

　　【羊はこの時期，メングル草[79]の多い地点を求めて移動していた。】現在でも，牧戸の(1)号と(2)号は，同様の努力を払っているという。以上，各家畜とも，水流に近い地点を条件とすることは，家畜に水を与える関係上，他の種族と同様である。【家畜の比較的多かった時代のこの時期においては，放牧群は，馬，牛，羊と三つのグループに別れて各々の条件に適合した地点を選んで放牧していた。】ただし牛は搾乳の関係から，大体本拠の住居に最も近接して放牧するのをふつうとしてきた。

　　【8月中旬からは，往時において牛，馬，羊をみないっしょに集めて

比較的牧草の荒らされていない地点を選んでいた。】今も同じである。

この頃は4月の移動開始期と同様に，牧草の種類はたいして問わない。

8月末のフルンボイルは既に肌寒く，時に霜のほの白さに驚くこともある。

9月末ないし10月初めに冬営地に家畜を連れて移動する。現在の冬営地は，各戸によって大体決っているが，いずれも山の南側でできるだけ傾斜のない低地で，しかも解氷期に浸水しないような地点を選び，また冬営中あまり雪の吹き溜まりなどのできない箇所を条件とする。冬営地の本拠は，20数年前も現在も，あまり大差はないとチンシャンは述べている[80]。

これらの記述について，以下に検討してみたい。

まず，エンゲリン・アイルの冬営地の状況を，図5によってみると，冬営地が北側に控える山を背にしてイミン川を南に眺める場所に，東西に5.5kmの長さに広がっている。この配置は，冬の寒風をさえぎる場所に冬営地を選定するモンゴルのふつうのやり方である。図ではイミン川は東西に流れているが，もう少し西に行くと，北流に転じる。

エンゲリン・アイルの人びとがビルート山の南側，イミン川の東側に冬営地を置いたのは，山の南側の暖かさが得られるという地形的な好条件のほかに，イミン川の東岸側に特有の種々の良好な条件を享受できるからである。私の聞き取りによると，それらの条件とはつぎのとおりである。すなわち，イミン川の両岸には柳が茂っているが，川がまっすぐ流れているところよりも蛇行しているところで，みごとな柳の林となっていた。しかも蛇行している川辺の東岸側の方が柳の林が立派に発達していた。この柳の林が，家畜にとって，冬春に寒い風を防いでくれる暖かなよい場所となっていたのである。積雪の程度も，東岸側と西岸側では異なり，東岸沿いの土地には雪があまり積もらず，積雪も柔らかい。西側は積雪が硬い（これを kör času という）。また西岸側がある程度まで吹雪いても東岸沿いの土地は吹雪かない。それにまた，春に雪解けで川の水嵩が増したとき，西岸では柳の林が全体的に水浸

しになるので，林から離れないといけないが，東岸は低いけれども，川から
あふれた水に浸されない少し高い岸辺が交じっているために，そのような場
所の林を寒さよけに利用できる。これらの理由によって，イミン川の東岸側
は冬春の牧地として優れているのである。越冬地は春の雪解けによる川の増
水の影響を受けない，川から少し離れた場所に置かれる。この点は，橋本も
聞き取りして報告しているところである。西岸では，このような場所は川か
ら相当離れたところになる。ちなみに，イミン川の東と西では，草丈や草の
種類も異なる。東側の草は丈が長く太いが栄養がない。西側の草は純ステッ
プの草であって，丈が短く，栄養がある。

　さて冬営地から春営地への移動についてみると，1939年当時のエンゲリ
ン・アイルの家々は，4月に，比較的牧草の良好な地点に牛馬羊を集めるた
めに，冬営地を出た。そして第1回目の移動をおこなって，牝家畜に子ども
を生ませるなどの目的で，ある場所に下営した。そこが，冬営地からどの方
向にどのくらい離れた，何という名前の場所かを，橋本は記していない。私
の聞き取りによれば，東南に3～5km離れたところと北に1～2km離れた
ところである。そしてそれらの場所を春営地 qaburjiy-a と称していた。東南
に3～5km離れた春営地は，イミン川の北側にあった。4月に子を生ませ
るというのは，時期的に相当遅い。ふつう羊や牛には，3月に子を産ませ，
その時期には，通常1ヶ月くらいは一つの営地にとどまる。

　マルスィン・アイルについては，私の聞き取り調査では，主に牛を飼育し
ていた関係上，春営地に出る必要がなかったので，冬営地で子牛を生ませて
いた。そして夏6月に冬営地から出たが，それは冬営地からわずか2km程
度しか離れていない東南の方にある牧地であり，そこにおいて夏を過ごして
いた。そしてそこから10月には冬営地に戻っていた。秋営地に移動するこ
ともなかった。羊は少なかったので，羊のためのオトル移動をすることもな
かったという。

　エンゲリン・アイルの春営地から夏営地への移動についてみると，羊を数

640 第3部 近現代内モンゴル東部地域の研究

十頭以上もっていた牧戸番号の1と2以外のこのアイルの人びとも，この後，春営地から移動したとは，明確には記されていない。彼らは，羊も馬も取るに足らない数しか養っておらず，牛については若干ましだが，それでも少ししか飼っていなかった。このような状態であったから，結局は牛の飼育のために移動することを行っていたのか，移動していたとしたらどのように移動していたのかという問題になるのであるが，橋本は，「牛は搾乳の関係から，大体本拠の住居に最も近接して放牧するのをふつうとしてきた」と報告しているに過ぎない。この報告のみでは移動の状況をうかがうことは難しい。そもそも，「本拠」というのは春営地のそれを指しているのか夏営地のそれを指しているのかも，よくわからない。

この疑問を解決してくれるのが，興安局調査科 1939 の記述である。すなわちそこには，オールド族の季節的移動について「夏季は伊敏河西岸，冬季は東河岸に移動す」と記されているからである[81]。私の聞き取りによっても，エンゲリン・アイルは，冬春はイミン川の東に，夏秋はイミン川の西にいたということが確認された。これらによれば，夏と秋はイミン川西岸に移動し，そこに広がるステップで家畜を放牧していたのである[82]。つまり家畜の出産が終わり，去勢も済ませた後，移動を開始してイミン川の西岸のステップにある夏の牧地に移動をしたのである。具体的にいうと，6月の初めに，イミン川の西方7〜9km離れた牧地に移動したという。その場所は複数あって，Köke čilaγu，Ükersi，Sal qolbuqu，Qolbuqu などと称される牧地であり，夏営地と称されていた。地形は平原 tal-a である。なお，イミン川は水量が豊かだが，比較的浅くて家畜が容易に渡れるところがある。このような場所はモンゴル語で γatulγ-a と称される。なお，羊など家畜が川を渡るのは体によいとされる。体の虫を水に流したり，体を清潔にしたりするからである。

以上から，夏季における牛の飼養について，イミン川の西岸の牧地に移動していたこと，そして橋本の記述から，その場所—そこは水も近くにある—において，キャンプ地（駐営地）に近い牧地で放牧し，搾乳していたことが

近現代フルンボイル牧畜社会の研究　641

わかる。ここで放牧というのは，朝になると牛が自ら牧地に出て草を食い，晩になると自分達で駐営地に戻って来ることを指す。

　夏営地から秋営地への移動についてみると，橋本によれば，「【8月中旬からは，往時において牛，馬，羊をみないっしょに集めて比較的牧草の荒らされていない地点を選んでいた。】今も同じである。この頃は4月の移動開始期と同様に，牧草の種類はたいして問わない」とある。これは，夏の牧地から秋の牧地に移動をしたことを言っているのに違いない。モンゴルでは，8月は秋である。ただ，牛，馬，羊をいっしょに集めることをおこなっていたようであるが，その意味はよく解らない。私の聞き取りでは，牛のために秋の牧地を使うことはなかったのである。後述するように，秋の牧地に家畜を移す前に，草刈りと乾草つくりを行ったと考えられる。

　冬営地への移動については，ともかくこのようにして秋を過ごした後，「9月末ないし10月初めに冬営地に家畜を連れて移動」したという。この頃に冬営地に入るというのは，非常に早い。ふつうは，できるだけ遅く入ろうとするものである。その理由は，冬の牧地の，限りのある草をできるだけ大切に家畜に食わせたいからであり，また寒さが厳しくならないうちに冬営地に家畜を入れると，暑くて汗をかいて痩せたり脱毛したりする恐れがあるからである。しかし私の聞き取りによれば，イミン・ソムでは現在も10月初旬から中旬にかけて家畜を冬営地に入れているという。

　ところで橋本は，エンゲリン・アイルのオールド族の牧畜意欲や勤勉さに，疑問を抱いていた。すなわちかつてオールド族に家畜が多数いたときに，馬や羊の放牧には牧者をつけていたが，牛に対しては何ら牧者をつけないでゲルの附近に自由放牧をしていたとされること[83]や，移動回数が少ないことを理由として，羊を数十頭以上もっていた牧戸「(1)号と(2)号を除いては家畜増殖に対する積極的な努力を持ってゐるものはない様だ」と記し，「放牧を生命とする限りその勤勉程度の貧弱さを痛感せざるを得ない」と記している[84]。だが1939年当時，たいした数の家畜を飼育していたわけでなく，し

642　第3部　近現代内モンゴル東部地域の研究

かも主要家畜が牛であった彼らは，それほど頻繁に移動する必要がなかった
のであろう。

　齊藤も1936年当時に「牛は馬の如く敏速でなく動作も緩慢であるから蒙
古包の住居から遠く離れて放牧することはない。殊に集団性強く個々が相離
れて各別の方向へ行って草を求める様なこともないから頭数が少ないときは
別に放牧人を附けないのを常とする。即ち牛は包（住居）附近の草原を逍遥
して草を求め，水を欲すれば水辺に至り夕になれば一団となって包の周囲に
帰来するのである」と記している[85]。牛は，昔も今も基本的に，朝に宿営地
を出てぞろぞろと列を作って牧地に出て草を食い，晩になるとまたぞろぞろ
と列を作って宿営地に戻り，宿営地の傍らに横たわって休む。朝，牧地に牛
を連れ出し，晩に宿営地に連れ戻す牧民もいるが，必ずそうしなければなら
ないということはない。このことは，私が調査したモンゴルのどの地方でも
同じである。従って，オールド族の牛の飼養法をみて彼らが牧畜に勤勉でな
いというのは当たらない。

　牛とは異なって，羊は自由に放牧させるわけに行かない。小群であっても，
必ず牧羊者をつけなければならない。だからオールド族も，表2の牧戸番号
1と2の家では，そのようにしたのである。そしてまた羊の群れは，日帰り
放牧のほかに，ある季節の牧地からつぎの季節の牧地への移動や一季節の牧
地の中での移動もした方がよい。チンシャン家にかつて1,400頭も羊がいた
というのが事実ならば，恐らく相当頻繁に牧地を替えざるを得なかったであ
ろう。橋本は，既述のように「羊はこの時期，メングル草の多い地点を求め
て移動していた。現在でも，牧戸の(1)号と(2)号は，同様の努力を払っている
という」という主旨の報告をしている。「この時期」とは，7，8月を指す。
この点，私の聞き取りによれば，これらの牧戸は，春営地を出たのち，夏秋
は川の西の Sibar naɣur, Gün juuq-a などのところに移動をして羊を放牧して
いた。その牧地のイミン川からの距離は，家族によって異なり，かなり遠く
まで移動する人もいたという。Sibar naɣur, Gün juuq-a はそれぞれ，イミン

近現代フルンボイル牧畜社会の研究　643

川西岸から 7 ～ 9km 辺りにある Köke čilaɣu, Ükersi, Sal qolbuqu, Qolbuqu と称される牧地よりイミン川から西方に遠く離れ，地形的に sili（山丘）である。中でも Gün ǰuuq-a は最も遠く 20km 位離れていた。また Qayirtu 山の北・南・西で羊のオトルをしていた。また，冬は川の東のビルート山より東，東南の Mönggün naɣur より東，Bokintu 辺りに移動していた。Mönggün naɣur はビルート山から 5Km 離れており，Bokintu は 10km 離れている。地形は，tal-a である（以上，図 6 参照）。距離と回数は，その年の牧草の良し悪しや羊の頭数によって異なった。しかし秋のように遠くに行くことはなかったという。

　羊のこのような移動と牧地利用のあり方は，牛をともなったエンゲリン・アイル本体を構成する牧戸の移動および牧地利用とは異なり，本体部分から離れての羊飼養である。このような移動と牧地の利用の仕方は，羊のオトルと称されていた。

　オトルとは，出張的移動のことを言う。大まかに説明すると，ある牧民家族の構成員の誰か（たとえば年寄りや子どもなど）が，冬営地か春営地に年中居住し，家族構成員のうち家計を支え生産に従事する者たちが，ゲルや当座の生活用品をもちオトルの対象とする家畜を連れて（連れて行かないで残す家畜もある），夏の牧地や秋の牧地に出かけて家畜を飼養する方法である。

　冬のオトルや春のオトルも必要に応じて行われる[86]。家族全員が一年中牧地を替えながら移動する生活をして家畜を飼養する牧民の場合でも，たとえば秋の牧地に家族の一部が家畜の一部（羊など）を連れ，当座の生活用品をもち，家族から離れて良好な牧草地の草を探しながら食わせて転々と頻繁に移動することもオトルという。ふつうの移動というのは，ある牧戸が家族全員，基本的家財類，全家畜を運びながら，季節の変わり目に，つぎの季節の牧地に，あるいは一つの季節内でも必要に応じて別の牧地に，移動して家畜を飼養する方法である。このような移動方法は，nutuɣ soliqu とか nutuɣ selgükü などと称される[87]。

644　第3部　近現代内モンゴル東部地域の研究

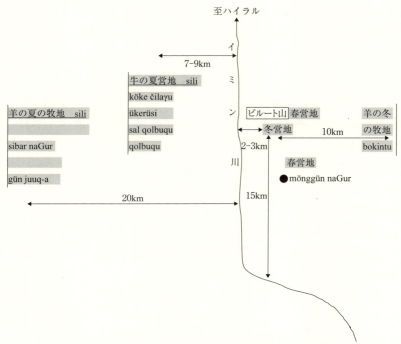

図6　エンゲリン・アイルにおける季節の牧地の配置

　オトルは，遊牧民によって，nutuγ soliqu と適宜組み合わせて行われてきたと思われるのであるが，また固定式の住居をもつようになったモンゴル人によって，家畜，特に羊や馬を飼養する基本的な方法として行われてきたのである。

　オールド族について言うと，20世紀前半に固定家屋に住む人びとがいたのであるから，そのような人びとにとって，オトルは重要であったと推測される。それに加えて，満洲国時代に定住化政策が実施され，各地のアイルの冬営地に bayising（バイシン）と称される固定家屋が数軒ずつ建てられたのであるから，オールド族の間ではその頃からオトル移動が重要性を，より高

めたとみてよい。第2次大戦前において，彼らの間ではオトルという言葉が使われていたのである。シネ・バルガ左旗においては，私の調査によれば，やはり満洲国時代にトスゴン tosqun と称された集落（日本人はこれを集団部落と称していた）が編成され，牧民はそこからオトルに出ていたのである。

　なお私の聞き取り調査によれば，オールド族は，牛に対して主に冬に家畜囲い qasiy-a（家畜囲い）を使っていた。しかし，それは現在のような固定したものではなかった。家畜囲いには乾草を入れて保管することも行っていた。牛に対しては，家畜囲いのほかに，簡易な片屋根式家畜小屋 sarabči も使っていた。暖かいためと，雪がよく降るので，凍らない休む場所を牛に確保するためであった。

　オールド族の冬期における家畜管理の方法として，橋本は「ホルシャ（qorsiy-a）」関係による家畜の管理方法が存在していたことを報告している。それによれば，1号戸と2号戸以外の家は「皆家畜が少ないので各戸独立して冬営中の家畜を飼養するのは無駄だと言ふのでホルシャ関係によって家畜の管理が行はれる。彼等の用ふるホルシャは，満語（漢語のこと—吉田注）で搭夥の意であらうが，とにかく数戸が共同し，各戸が牧者一人を交互に出して各戸の家畜を集めて一括放牧管理をする訳である。このホルシャ関係を結んだ家は，7号牧戸チンシャン家，11号牧戸チュンヌー家，12号牧戸ハルフ家の三戸である。このホルシャはオロット（オールド）人間に於ては彼等の生活に最も深い関係にある牛がその対象となり，然も夏季は牛を自由に放牧する為殆んど人手を要せず冬営期間のみにこの関係が結ばれる」とある[88]。

　ホルシャはモンゴル語の qorsiy-a のことで，協同組合とか会社などの意味をもつ（動詞 qorsiyalaqu は「協同する」という意味をもつ）。社会主義時代に，モンゴル国でも内モンゴルでも，ネグデルや人民公社の普及に先立つ時期に，地域によって牧民の協力組織として作られ，モンゴル国ではネグデル解体後の現在のソムにおいても存在しているところがある。オールド族のこ

の時期のホルシャと言うのは，このような立派なものではないが本質は協力
関係にある。

　ただし私の調査では，この協同関係はそれほど普及していたとは言えない。
当時，家畜が少ない何軒かの家が共同で一人の牛飼いをもっていたことはそ
のとおりであり，その牛飼いは，それら何軒かの家から選ばれた一人の者で
あることもあれば，それらの何軒かの家から交替で出てくる者であることも
あれば，それらの何軒かの家の家族でない外部から雇われた者であることも
あった。外部の者を牛飼いとして雇う場合には，あらかじめ話し合いをして，
賃金を月に一頭の牛あたりいくら払うか，あらかじめ決めていた。そのため
に雇われる牛飼いによって賃金に差があったという。

　オールド族が冬季だけ，牛を，朝に人が牧地に連れて行き，昼間監視し，
夕方に連れ戻すということをしていたわけでもないだろうから，せいぜい朝，
牛を家畜囲いや片屋根小屋から出し，空になったそれらの施設に排泄された
糞を掃除し，夕方戻ってきた牛を家畜囲いに収容し，乾草を与える程度のこ
とをしたのであろう。しかしともかくそれでも人手がかかるので，何戸かが
協力し合ってそれらの家から一人の担当者が決められ，その牧民が何戸か分
の牛について，そのような世話をしたのであろう。

　このような状態であったから，興安局の調査をみると，確かにオールド族
は当時日常人を雇うことが少なかった。

　さて，興安局調査科 1939 の「索倫旗」第 13 章所載の「家族，傭人及現在
使役馬数調（第 6 表）」によると，オールド族の第 1 佐 24 戸，第 2 佐 49 戸
において，雇用労働者をそれぞれ 4 人，14 人抱えていた。1 家族当たりの傭
人の割合は，第 1 佐が 0.1666 人，第 2 佐が 0.2857 人であった。この割合は，
当時のソロン旗で非常に低い方であるが，最低ではない。

　興安局調査科 1939 の「索倫旗」の第 14 章所載の「各家畜管理法別戸数調
（第 7 表）」によると，オールド族のすべての家では，馬牛羊いずれも，冬
季・夏季ともに，自分の家で管理されていて，預託・受託や他家との共同管

近現代フルンボイル牧畜社会の研究　647

表17　オールド族の馬牛羊の増殖実数調（第13表から作製）

			馬		牛		羊	
佐別			1佐	2佐	1佐	2佐	1佐	2佐
調査戸数			17	36	24	49	0	5
所有数			29	93	171	595	−	267
出生		出生頭数	−	5	76	126	−	115
		出生率	−	0.053	0.444	0.211	−	0.430
		1戸当出生数	−	0.13	3.166	2.571	−	24.40
消却	売却	売却頭数	−	6	5	33	−	10
		売却率	−	0.064	0.029	0.055	−	0.037
		1戸当売却数	−	0.16	2.083	6.734	−	2.000
	斃死	斃死頭数	−	−	3	20	−	17
		斃死率	−	−	0.017	0.033	−	0.063
		1戸当斃死数	−	−	1.250	4.081	−	3.400
	屠殺	屠殺頭数	−	−	8	28	−	16
		屠殺率	−	−	0.046	0.047	−	0.059
		1戸当屠殺数	−	−	0.333	0.571	−	3.200
増殖実数		増殖実数	−	1	60	45	−	72
		増殖実数率	−	−	0.35	0.075	−	0.269
		1戸当増殖実数	−	−	2.5	0.91	−	14.4

理をされることがなかった。従って上記の雇用労働者は，牧畜には使われていなかったとみられる。ブリヤート族にしてもソロン族にしても，家畜を夏季も冬季も自家管理以外の方法によって管理することがふつうにみられ，とくに冬季にそのことが多かった。しかしオールド族の場合，大畜群をもつ富裕層がいなかったためか，牧民が各自の家で家畜を管理していたのである。エンゲリン・アイルの場合，本稿の表2によると，牧戸番号1のシーラップ（＝シャラブ）家と牧戸番号6の医者バインガー（＝バヤンガ）の家では，

雇用労働者を各1人使っていて，それを牧畜にも使っていたとあるので，オールド族も雇用労働者を牧畜にも使うことがあったようであるが，同表をみると，オールド族はおもに草刈のために人を雇っていたのであり，ついで農耕に使っていた。上の2家も牧畜のためだけに人を使っていたのではない。なお運輸に人を雇うことはあまりなかったらしい。

　馬牛羊の増殖についてみると，興安局調査科1939の「索倫旗」の第17章に付せられた表13「馬牛羊の増殖実数調」に基づいて作製した表17「オールド族の馬牛羊の増殖実数調」に示したとおりである。この表のうち，牛について分析すると，オールド族から成る二つの佐のうち，第1佐の牛の出生率が0.444であり，他族に比べて断然高いことが注目される。つぎは北努図克（ブリヤート族から成る）の第1佐の0.331である。ただし第2佐の方は0.211であって，最低ではないが低い方である。つぎに羊の増殖実数率を他族に比べて，第2佐の羊の出生率0.430は最も高い。つぎは北努図克（ブリヤート族から成る）の第1佐の0.426である。以上によってみると，オールド族は，当時飼育している家畜の数は極端に少なかったけれども，第1佐が家畜飼育の点で大いに頑張っていたらしいことがうかがわれる。

6　乾草の利用

　興安嶺西のステップには，20世紀初頭に満洲里から興安嶺を越えてハルビン方面に通じる東支鉄道が敷設されたときにロシア人労働者多数が家族を連れて出稼ぎに来て，鉄道完成後も残留した者が少なからずいた。彼らは鉄道沿線に集落を形成して住み着き，その数は18,039人に上った。また彼らロシア人は，世界大戦とロシア革命の混乱によってアルグン川を東に渡ってきて今のエルグネ右旗に移住し，そこから南下して牙克石駅付近の東支鉄道沿線まで到達した。そしてこの鉄道北部の地域に約60の集落を造り，その人口は7,000人に達していた[89]。またハイラルからイミン川を南方に170km遡ったところにオロンツォフ兄弟林区の飼料穀類の栽培地が存在し，そこに

もロシヤ人の居住集落ができた[90]。ロシヤ人は農業を主とし畜産を副次的に営み，その飼育している家畜のために乾草を貯えていた。またロシヤ革命の混乱を避けてフルンボイルに避難し，シニヘ川流域に居住を許されたブリヤート族は，故郷のザバイカルにおいてロシヤ人の影響を受けて乾草を貯えて利用するようになっていたので，草刈をシニヘ川流域や彼らが勢力を広げていたイミン川東西の各地で実行していた。このような次第で，東支鉄道沿線やその北方，そしてシニヘ川流域でロシヤ人やブリヤド族が草刈を行っていた。ただし，ロシヤ人の乾草生産は，副業的なものであったので，生産高は年200万～300万プードに過ぎなかった。そして昭和11（1936）年夏秋の頃とみられるが，フルンボイルにおいては，ブリヤート族以外のモンゴル人は，まだ乾草をほとんど利用していなかったようである[91]。

　このような状況に鑑みて，満洲国は，「満洲国産業五箇年計画中畜産部門に於て冬期乾草の貯蔵奨励及これが資金補助（乾草の収穫増収，採草器具等の交付）等の要項を掲げて蒙古人の乾草貯蔵準備の指導助成に邁進しつつ」あった[92]。興安省畜産行政当局は，「牧草採取（牧野の保護，採草器具の貸与）等，あらゆる手段を講じて増産改良に努力を傾けた」とも言われる[93]。ただしその努力の結果については，「越冬用の野乾草を刈り取り貯蔵」することを「総合的にかつ迅速に実行」するつもりであり，「幾たびか立案されたが，政府には辺境の地にそれほど莫大な施設を行う余力が無かったので，現地の担当者の願望もついに実現することなく終わった」とされる[94]。

　この執筆者は，満洲国畜産行政に携わった人物と思われるのであるが，当時の実情を正しく伝えているとは言えない。すなわち確かに，シネ・バルガ旗の左右両旗については，同じ1939年当時，モンゴル人の自ら採草をする者は右旗では全くおらず，左旗では当時微増しつつあったがなお小部分であるに過ぎなかった[95]。だがソロン（索倫旗）旗（＝エヴェンキ旗）は，この両旗とは異なっていて，ブリヤート族が採草と乾草利用を行っていただけでなく，その他の諸族も行っていたのである。そして旗当局は，「自家用以外

650 第3部 近現代内モンゴル東部地域の研究

の販売目的によるものに対して草捐を賦課」していたのである[96]。ソロン旗の採草と乾草利用について，「此処に特筆すべき〔は〕蒙人の家畜飼養上乾草の貯蔵に目覚ましき進展をなせる事なり。別紙統計に示す如く，乾草給与により使用されつつある馬牛羊を馬に換算合計し，乾草給与期間を6ヶ月とし，1日の1頭当馬給与量を算出すれば，6.4 kgと言ふ事になり，呼倫貝爾に於ける他旗蒙人牧畜業者の比較にならぬ貯蔵量を示しており，又馬牛羊の総数を馬に換算し総馬数に対する給与馬数（乾草給与により飼養されつつある馬牛羊を馬に換算せる総数）率を算出すれば，30パーセントとなる」と記されているとおりである[97]。

　ソロン旗のこのような実情のもとでのオールド族の状況を，興安局調査科1939「索倫旗」第15章「採草及乾草給与状況調査表（第11表）」に基づいて作製した表18よってみてみると，彼らは，自らの草刈場から，南努図克第1佐のオールド族（採草戸数は不明）は19,220プード（1プード＝16.38 kg），南努図克第2佐のオールド族は45戸が37,300プードを採草していた。第1佐は，11戸が合計23個の鎌を所有し，1戸だけモアー（採草機）で刈り取りをしていた。そして11戸が自家労働力で採草し，14戸が雇傭人に委託して刈り取りをした。一方第2佐は，19戸が合計43個の鎌を所有し，4戸がモアーで刈り取りをしていた。そして19戸が自家労働力で刈り取りをし，26戸が雇傭人に刈り取りを委託した。第1佐の，乾草を給与されている馬および馬に換算した牛羊数を合わせた頭数は109頭である。第2佐は317頭である。従って馬1頭につき第1佐は176.3プード（2,888 kg），第2佐は，117.6プード（1,926 kg）の乾草を与えることができた。これは，オールド族と同じ南努図克諸族に所属する第3佐と第4佐を構成したソロン族のそれぞれ83.1プード（1,361 kg），50.6プード（829 kg），ブリヤド族の86.2プード（1,412 kg）より圧倒的に多い。オールド族より多いのは，西努図克第1佐の住民であるダゴール族の225.0プード（3,686 kg）のみであるが，彼らは牧民ではない。

近現代フルンボイル牧畜社会の研究　　651

　内蒙古自治区においては，自治区成立直後から乾燥貯蔵に努めてきたとされ，1988 年には呼倫貝爾盟の牧区で 4.7 億公斤（4.7 億 kg）（1 公斤は 1 kg）の草を刈り，家畜 1 頭につき乾草は平均 307 公斤の分量であったとされる[98]。すなわち 1 頭につき 307 kg である。これに比べても，当時のオールド族の方が，圧倒的に多かったのである。

　以上に述べたように，オールド族は 1939 年当時，多量に乾草を貯えていた。橋本は，「オロット人は冬営の準備の為に干草を造る。ふつう 6 月末から 7 月中旬の間に，各戸の持場として決ってゐる干草採取地で行われる」と記している[99]。ここで注目されるのは，乾草が 6 月末から 7 月中旬に採取されて作られたということである。これは，かりに橋本の記す月が旧暦であるとしても，時期の点で非常に早かったことに驚かされる。現在フルンボイル盟の牧業区の大部分では 8 月初めから 9 月中・下旬の間である[100]。つぎに注目されるのは，各戸の採草地が決まっていて，そこから刈取っていたということである。またエンゲリン・アイルの採草地として決まっていたのではなく，同アイルを構成する各戸の採草地として決まっていた。このことも興味深い。

　満洲国時代，オールド族の草刈場は，図 7（655 頁）に示されているように，イミン川の右岸すなわち東側に沿って，南北に長い長方形に区画されて設けられていた〔興安局調査科 1939 の「索倫旗地図－乾草刈取地域図」（第 12 表）〕。ウイトゲン川の中流域には川をはさんで東西に実に長く区画されたブリヤート族の草刈場が設けられており，同川がイミン川に合流する地点には，ソロン族の草刈場が設けられていた。これによってみると，当時ウイトゲン川の流域のステップは，上流域だけでなく中流域もブリヤート族の使うところとなっていたらしいことがわかる。

　それではオールド族が，家畜を少ししか飼養してなかったにもかかわらず，ブリヤド族やソロン族に劣らない量の乾草を準備していたのは，なぜであろ

652   第3部　近現代内モンゴル東部地域の研究

表18　オールド族の採草および乾草給与状況調査表（第11表）

	南努図克		南努図克		東努図克	北努図克
	オールド族		ソロン族		ブリヤート族	ダゴール族
	第1佐	第2佐	第3佐	第4佐	第1-4佐	第1佐
採草						
採草量　　採草量（プード）	19220	37300	41480	17540	407475	87950
採草戸数	–	45	57	40	363	49
1戸当採草量	–	829	727	439	1123	1795
採草戸数内訳自家労力で刈取せし戸数	11	19	8	29	228	5
雇備人に委託刈取せし戸数	14	26	49	11	135	44
自家労力により刈取せし戸数率	0.440	0.422	0.140	0.725	0.628	0.102
雇備人刈取戸数率	0.560	0.578	0.860	0.275	0.372	0.898
鎌所有数　　鎌所有戸数	11	19	30	29	228	42
鎌所有数	23	43	54	38	360	84
1戸当鎌所有数	2.0	2.2	1.8	1.3	1.5	2.0
モアーにて刈取せし戸数	1	4	3	–	29	–
乾草給与により飼養されている家畜数						
馬　　　　総数	29	93	817	980	4725	369
乾草給与馬数	23	68	167	103	1038	56
乾草給与馬数率	0.7931	0.7311	0.2044	0.1051	0.2312	0.1517
牛　　　　総数	171	595	1.014	922	9848	1435
乾草給与牛数	115	326	394	261	4589	1239
乾草給与牛数率	0.6725	0.5478	0.3885	0.2830	0.4659	0.8634
羊　　　　総数	–	267	1928	3.376	28352	3111
乾草給与羊数	–	45	297	385	1550	43

近現代フルンボイル牧畜社会の研究　　653

	南努図克		南努図克		東努図克	北努図克
	オールド族		ソロン族		ブリヤート族	ダゴール族
	第1佐	第2佐	第3佐	第4佐	第1-4佐	第1佐
乾草給与羊数率	–	0.1685	0.1540	0.1140	0.0546	0.0138
考察(1)乾草給与により飼養されている家畜頭数を馬に換算し合計総頭数を出せば						
馬	23	86	167	103	1093	56
牛8頭につき馬6頭の換算	86.2	244.5	205.5	195.7	3441.7	929.2
羊8頭につき馬1頭の換算	0	5.6	37.1	481	193.7	5.3
計	109	317	499	346	4727	990
考察(2)						
馬1頭の乾草給与数（プード）	176.3	117.6	83.1	50.6	86.2	88.8
考察(3)						
馬1頭の乾草給与量（kg）	2820.8	1881.6	1329.6	809.6	1379.2	1420.8
1日の乾草給与量	56711	104533	73866	44977	76622	78933
馬	2.9	9.3	8.17	9.80	47.25	3.69
牛総数を馬に換算せし数	128.25	446.25	760.5	691.5	7386	1076.25
羊総数を馬に換算せし数	–	33.37	241	422	3544	388.87

654　第3部　近現代内モンゴル東部地域の研究

	南努図克		南努図克		東努図克	北努図克
	オールド族		ソロン族		ブリヤート族	ダゴール族
	第1佐	第2佐	第3佐	第4佐	第1-4佐	第1佐
合計	157.25	572.62	1818.5	2093.5	15655	1834.12
乾草給与馬数率	0.6942	0.5541	0.744	0.1653	0.3019	0.5398
馬1戸当所有数（羊牛を換算）	6.28	12.71	31.89	52.32	43.12	37.42

うか（表18をみよ）。この疑問を解くのも，彼らが盛んに行っていた運送である。オールド族は，どのアイルでも，季節を問わず一年中牛車による運送をしていたのであり，既述のように，とくに冬春季の運送のさいには必ず乾草を車に積んで運び牛に餌として与えていた。しかも運送に携わる牛車の数は，オールド族全119戸のうち大半が，各戸5台以上の車を使っていたようであるから，500台をはるかに越えていたはずであり，車を牽く牛の数もかなり多かったに違いない。それらの牛が，木材運送の場合について言うと，片道3日から5日ほどかけて伐採場からハイラルに出かけ，木材が売りさばかれると戻ってきたのである。その他薪などの運送にも使われていた。そこで運送に従事した家がすべて，ハイラルとの間を年に10往復していたとすると，牛の乾草消費量もまた少なくないものがあったと推測される。これが，オールド族が，所有家畜が少ない割に，刈り取って保管した乾草の量が異様に多かった理由であると思われる。

　このようにみてくると，橋本が，オールド族において乾草貯蔵の習慣はかなり前からあったと彼らが言っていたと記している（橋本重雄1943，83頁）のは，彼らがだいぶ前から盛んに木材伐採と運送の仕事を行っていたとみられる点とあわせて考えるとき，妥当であると思われるのである。またそれに続けて，草刈りと乾草貯蔵が盛んとなったのは，満洲国建国後のソロン旗公

近現代フルンボイル牧畜社会の研究　655

凡例
(1)　▩▩▩ ハ蒙古人刈取地区ヲ示ス（①オールド族，②ソロン族，③ブリヤド族）
　　　▨▨▨ ハ外来旗民地区ヲ示ス
　　　□□□ ハ軍納入乾草刈取地区ヲ示ス
　　原図から「蒙古人」の種類を判読して①②③で表示した。なお原図では，ソロン族もモンゴル族として扱われている。
(2)原図では，文字部分が判読困難なものが多いので，一部手書きで補修した。
　図7　ソロン旗乾草刈取地域図（興安局調査科1939の「索倫旗」の第12表）

656　第3部　近現代内モンゴル東部地域の研究

署の指導が大いに預かって力があったと述べているのも，事実であろう。だが同氏が「放牧と言ふ形での家畜飼養では底をついたと言ってもいい程家畜も少なく，この規模も小さいオロットの現状にあって，冬期飼料の部分的貯蔵が行はれてゐる事はその前途にほのかな躍進の希望を繋いでくれるものである」と記している（橋本重雄 1943，83頁）のは，見当違いだということになる。

　橋本によれば，エンゲリン・アイルのオールド族は，各戸のものとして決まっている干草採取地で，6月末から7月中旬の間に，草を刈っていた。そして適当な採草量ははっきりしないが，成牛100，仔牛20，仔羊30-40，馬3（乗馬用）に対して最低3,000プード，もし可能ならば5,000プードあれば理想的とか，成牛80，仔牛20に対して2,500プードないし3,000プードが必要などと述べていた。またかりに3,000プード採草するとして，次表のような労働人数と時間がかかる。干草採取量は，1人27から30プードが標準とされ，人を雇う場合も，この基準で労働の契約が結ばれると述べていたという（橋本重雄 1943，80-81頁）。

　彼らには，採草機（モアー）1台を，数戸共同でソロン旗公署から貸下げされていたが，当時破損して使えなかったので，長柄の付いた草刈鎌で刈っていた。刈った草が列に並ぶように刈り，それをそのまま約10日乾燥させ，その後その場所において，列の状態で乾いた草を，1積みが大体7プード程度になるように適当な間隔をおいて集めて円錐形に積み重ねる。このように

表19　3,000プードの乾草をつくるのに必要な労働量

労働種類	労働人口	所要日数	毎日平均労働時間
刈取	3人	30日	12時間
乾燥	−	10日	−
集積	3人	20日	12時間

橋本重雄 1943，81頁。

現場集積された乾草を，乾草貯蔵所になっている柵の中に集めるのである（橋本重雄 1943，80-82 頁）。これによると，乾草のつくり方は，現在とあまり変わらなかったことがわかる。

　オールド族は，冬期，冬営地においてすべての牛を，乾草によって飼養していた（橋本重雄 1943，82 頁）。ただし私の聞き取りでは，エンゲリン・アイルでもマルスィン・アイルでも，牛と馬を，昼は牧地に放牧し，夜のみ乾草を与えたということである。

　なお採草などに，人を雇うことが盛んに行われていたことは注目される。興安局調査科 1939 には，ソロン旗では，モンゴル人の「採草を為すにありては自家労力を以て従事するもの 49.5 パーセント，雇傭人により採草せしむるもの 50.4 パーセントという数字を示し，如何に採草が満露人によりなされておるものかを表示しておる」とある（335 頁）。この点オールド族は，旗平均よりも雇傭人の労働に採草を頼る割合が高かったことは，前述した数値から明らかである。そしてこのように雇傭人に頼ることが多かったのも，オールド族が，常時木材や薪などを切り出し，それを運輸する仕事を行っていて，採草し乾草を作る労働に十分時間を割く余裕のない者が多かったためではないかと推測される。

まとめ

　牧畜に関してこれまで述べてきたことを，ここでまとめておきたい。

　第 2 次大戦終結前の 20 世紀において，フルンボイルのイミン川流域に居住してきたオールド族は，牧畜を基幹産業としているとは言い難い状態にあった。そのような情況にあって，戸数 18 戸から成るエンゲリン・アイルでは，20 頭前後以上の牛を飼育した家が半数程度を占め，それらの家を含めて大半の家が数頭以上の牛を飼育していた。そして牛の総数は 300 頭に達していなかったにせよ，羊の総数よりも多かった。羊はごく限られた家だけが飼育し，1 頭も飼育していない家が最も多く，馬は極度に少なかった。つ

658　第3部　近現代内モンゴル東部地域の研究

まり牛が最も一般的な飼育対象家畜であったのである。このことは，他のア
イルのオールド族にも，あてはまった。従ってオールド族は，当時，基本的
に牛飼育牧畜を営んでいたと概括することができる。

　彼らは，牛を飼育するために，冬の牧地から春の牧地への短い移動ののち，
5月20日ころになるとイミン川の西側に渡って夏と秋を過ごし，10月には
イミン川を東に渡って冬の牧地に戻るという季節的な往復移動を行っていた。
その移動回数は年に3回と少なく，移動距離は短いものであった。オールド
族がこのような移動方法をとっていた大きな理由は，牧地の草と水が良好で
あったからである。家畜が少なかったことも理由の一つとして挙げられると
の見方も出るかもしれないが，ネグデル時代に牛の数がずっと増えてからも，
だいたい同様の季節移動を行って牛を飼養していたのであるから，このよう
な意見は成り立たないであろう。

　エンゲリン・アイルにはわずか2戸であるが，羊をまとまった数飼育して
いた家があった。これらの家は，羊群の性質上，牛の放牧地と異なる，より
遠方の牧地にオトルを行っていた。そして移動回数も多く，移動距離もずっ
と長くなっていた。牧戸番号1のシーラップ家の場合は，表2によれば，人
を雇って草刈と牧畜に使用していた。この被傭者がオトルに行かされていた
かどうかを知ることはできない。

　エンゲリン・アイルのオールド族が，木材の伐採・運輸，木工に力を入れ，
また農耕も営みながら営んでいた牧畜というのは，このように牛飼育のため
の近距離で回数のごく限られた季節的移動と羊飼育のためのオトル移動を組
み合わせたものであり，一応遊牧と呼び得るものであった。しかし基本家畜
である牛の飼育のために冬営地に滞在する期間が10月から5月まで7〜
8ヶ月と，非常に長かったことや，冬の牧地と春の牧地の区別がそれほど明
確ではなく，また夏と秋の牧地の区別をしていなかったこと，それに羊のオ
トルに従事する移動性に富む牧戸がごく一部に過ぎなかったことなどから，
彼らの牧畜は大半の家については定着傾向を帯びたものであったと言わざる

を得ない。オールド族の他のアイルの状況も同じであったようである。加え
て満洲国時代において旗の政策，すなわち満洲国が遊牧の定着化を目指す政
策を実施しつつあったことによって，一定のまとまった数のバイシン（平屋
建ての固定家屋）が建てられたこともあり，バイシンに住む家族も増え，牧
畜の定着性と人びとの定住性はいっそう強まってきていたと思われる。

　要するにオールド族は，牧畜を基幹経済としていなかったこともあり，そ
の牧畜は総体的にみて，遊牧とは称しがたいものになりつつあったと思われ
るのである（吉田順一 1989，183 頁）。そしてこのような経済と牧畜の状態
は，第 2 次大戦終結後しばらくは，そのまま続いていたのである。

第 3 節　人民公社（ネグデル）時代

1　エヴェンキ族自治旗とイミン・ソムの成立

　第 2 次大戦が終結し，フルンボイル地方自治省政府が成立したのに従い，
1945 年冬に，ソロン旗は，ソロン旗公署を組織し，フルンボイル地方自治
省政府に属した。フルンボイル地方自治省政府は，1946 年にフルンボイル
地方自治政府と改称された。

　1948 年 1 月にフルンボイル地方自治政府が自治を取り消し，フルンボイ
ル盟と改称し，内モンゴル自治区と統一自治を実現した結果，ソロン旗はフ
ルンボイル盟に属することになった。そしてソロン旗政府の治所はバヤント
ハイ（巴彦托海）すなわち南屯に置かれた。1948 年 2 月 16 日に，内モンゴ
ル自治区政府は内勒布をソロン旗長に任命した。

　1948 年 5 月 20 日に，呼納盟工委は，牧区工作を開始し，中共党員のムン
フナス（孟和那蘇）を派遣してソロン旗長に任命した。そののち，1958 年
に至り，5 月 11 日にソロン旗が取り消されてエヴェンキ族自治旗が成立し，
同年 8 月 1 日にその成立が宣布された。旗の人民委員会政府はバヤントハイ

660　第3部　近現代内モンゴル東部地域の研究

に駐した。

1969 年にエヴェンキ族自治旗は，フルンボイル盟に従って，黒龍江省の管轄下に編入されたが，1979 年 7 月 1 日に再び内モンゴル自治区に編入され，フルンボイル盟の管轄下に入った。

1980 年 12 月に，エヴェンキ族自治旗は，第 4 回人民代表大会を招集し，旗と各公社の革命委員会の設置を取り消し，旗の人民政府を回復し，今に至っている（鄂温克族自治旗志 1997，13 頁など）。

なお現在のイミン・ソムは，第 1 節の 3 に記したように，1948 年 3 月に当時のアゴイト・ソムとムングンチョロー・ソムが合併してできたものに基づく。また，後述するが，イミン・ソムは領域内に，1982 年にホンゴルジ（紅花爾基）鎮が設けられ，1990 年に伊敏煤電公司（伊敏河鎮）が設置されたことによって，面積が著しく縮小した。

2　イミン・ソムの人口数と家畜数

イミン・ソムにおけるオールド族の人口は，表 1 に掲げたように，1949 年には 600 人であった[101]。同ソムは，1948 年 3 月にアゴイトとムングンチョローの両ソムが統合してできたとき，ムングンチョロー・ソムにエヴェンキ族がたくさんいたので，多数のエヴェンキ族を含むことになった。また 1958 年より前から，イミン・ソム内のユンフェン Yungfeng（永豊）には 20 戸近くの漢人が居住しており，1958 年に彼らはユンフンというバグ baγ（下級行政単位）に編成された。ユンフンの漢族人口は，現在もイミン・ソムのどのガチャーの漢人よりも多い。

1990 年の調査によると，エヴェンキ族自治旗のオールド族は 751 人（男 350 人，女 401 人）であり，戸数は 169 戸であった。そのうち 700 人がイミン・ソムに居住していた[102]。1990 年当時，イミン・ソムには，670 戸があり 2,830 人（男 1,483 人，女 1,347 人）が住んでいた。そのうちモンゴル族は 1,017 人，エヴェンキ族は 1,012 人，ダゴール族は 186 人，漢族は 613 人

であった[103]。これによれば，イミン・ソムにおいて最も多い民族はエヴェンキ族であり，オールド族はそのつぎに位置したものの，エヴェンキ族の人口よりかなり少なかったことが知られる。

　2000年の統計によれば，イミン・ソムの住民は3,171人であり，その内訳は，モンゴル族が1,065人，エヴェンキ族が1,051人，ダゴール族が225人，満族が19人，漢族が811人である。モンゴル族の中に占めるオールド族の人口を知ることはできない。

　一方，家畜については，次の表20のとおりである。

　この表によると，1950年から1958年の間に家畜は4,340頭から16,546頭へと12,000頭以上増えた。1958年から1982年までの間にまた15,000頭以上増加した。1990年には，1982年より約2,300頭減少したが，そののち10年の間にかつてなく増加し，約26,000頭も増え，ほぼ倍増した。この増加は，1958年から1982年までの24年間で増えた15,241頭をはるかに上回っている。

表20　イミン＝ネグデルにおける家畜数の変遷

	1948年	1949年	1950年	1958年	1968年	1982年	1990年	2000年
馬	858	916	686			1490	1101	1453
牛	1513	1707	1907			6023	10610[*3]	10956
羊	1293	1309	1386			21982	16973	41941
山羊	192	263	351			2108	648	853
駱駝	16	25	10					
合計	3872	4220	4340	16546[*1]	40100[*2]	31603	29332	55203

1948-1950の家畜頭数は，燕京・清華・北大1997の45頁に基づく。1990年の家畜頭数は，鄂温克族自治旗志1997の19頁に基づく。1958年と1982年と2000年の数字は，ゲレルト2001の26頁と32頁に基づく。

＊1（後述）からの聞き取りによれば，この年のイミン・ソムの家畜は17,000頭であり，同年10月に設立されたイミン・ネグデルに入った家畜はこのうち11,000頭であったという。従って16,546頭というのはイミン・ソムの家畜頭数である。

＊2Aからの聞き取りによる。これはイミン・ネグデルの家畜数である。1958年以来，同ネグデルの家畜は増えつづけて，この年にこの頭数に至ったという。

＊3鄂温克族自治旗志1997の424頁には12,432頭とあり，同じ文献内で一致していない。

662　第3部　近現代内モンゴル東部地域の研究

なお現在，イミン・ソムにおけるオールド族だけの所有家畜数を知ること
はできない。

3　木材の伐採と運搬の衰退

第2次大戦後のオールド族の経済は，車製造，木材の伐採・運搬の仕事を
失ったことと，社会主義体制下に入って牧畜体制が何度も変化したことによ
る影響を被り，加えて自らの主要な牧地が炭鉱開発によって奪われ，また耕
地化の波に洗われたことによる影響も被り，激しく揺れ動いてきた。

木材伐採については，1950年代初めに，オールド族が伐採の対象としてき
た松の木が国によって伐採を禁じられたため，木材を切り出してハイラル
に運搬することをやめざるを得なくなった[104]。国が伐採を禁じた理由は，
オールド族が伐採の対象としてきた松—モンゴル語でjayartu narasuと称さ
れる—が，世界的にも希有なものであり，モンゴル国やフルンボイル辺りに
しか生えないものだからというのであった。その結果オールド族は，もとも
と行っていた車製造用の白樺の木を伐採することができるに過ぎなくなった。
しかしその車製造も，1970年代にトラクターが普及するにつれて，需要が
大幅に減少し，1975年に製造をやめざるを得なくなった。

ちなみに1955年から財経局が落葉松を伐採し，1975年までその仕事を行
い，1975年からは林業局がそれを行い，1978年まで続けた。すなわち1955
年から1978年まで，落葉松の伐採が行なわれた。そしてその期間，落葉松
のハイラルへの運搬が行われた。だがその当時，財経局で働いていたオール
ド族の労働者は，何人かいただけに過ぎなかった。従ってオールド族は落葉
松伐採と運輸に深く関わることはなかった。

薪の刈り取りと運搬は1956年まで行われていたが，これも，そののち行
われなくなった。

以上によって，最も重要な仕事を失ったオールド族は，牧畜を活発化させ
なければならなくなったのである。

4 エヴェンキ族自治旗における牧畜体制変革の時期区分

　内モンゴルには，1947年に社会主義政権が誕生し，自治区が成立した。中国では，これ以後，いわゆる文化大革命が1976年に終結するまでの期間を，牧畜業の観点から，通常四つに分ける。① 1947年〜1952年：民主改革と生産回復の時期，② 1953〜1958年：社会主義的改造の時期，③ 1959〜1965年：調整，発展および建設の時期，④ 1966〜1976年：文化大革命，大きな破壊を被った時期[105]。②は人民公社（arad-un güngše/ардын НЭГДЭЛ）が成立していく時期，③と④は人民公社の時代と言い換えてもよい。

　エヴェンキ族自治旗も，これに歩調を合わせて牧畜業が変化した。①の民主改革と称される時期には1948年9月から入り，牧主に雇われて種々の仕事をする牧民に対する賃金支払いを細かい規定に基づいて行う制度（牧工工資制と称される）を導入し，富裕な牧民に雇われて牧民がその畜群を世話して報酬を得て暮らすスルグ制（旧スルグ制と称される）[106]に代えて，そのような雇われ牧民に有利な契約を結ばせて行うように変えた新しいスルグ制（新スルグ制と称される）を導入し，税負担を軽減し，貧しい牧民に牧畜の発展に役立つ貸付金や補助金を出して助ける政策を実施したとされる[107]。

　②の社会主義的改造の時期には，牧民が互いに援助し合い協力し合う「互助合作」が進められ，エヴェンキ族自治旗では，1950年から冬季互助組が組織されたようである。互助組[108]というのは，牧民の数戸が牧畜に協力し合って，共同でホト[109]を利用したり畜群を放牧したりするホトやホルシ[110]などの伝統的な習慣に基づいて組織されたもので，最初は季節的互助組を旗全体に広める努力がなされて157設けられ[111]，やがてその中に常設の互助組が組織されるようになった。だが組織率はそれほど高くなく，また家畜はなお個人の所有であった。それが全国的な農業合作化促進の形勢の下で，1956年には牧業生産合作社[112]が組織され[113]，1957年初めには28の合作社

が設けられ，6月には61の合作社に達し（鄂温克族自治旗志 1997，15頁），1958年3月までにエヴェンキ旗の大半の牧戸がこれに入り，牧民の家畜は合作社の所有となっていた。牧業生産合作社は互助組とは質的に異なる組織であり，人民公社につながるものであった[114]。

　1958年の第4四半期に三面紅旗（総路線，大躍進，人民公社）のもと，エヴェンキ族自治旗は，ソムを単位として，6個の人民公社[115]と1個の合営牧場を成立させ，人民公社の時代に入った。

　③の1959～1965年は調整，発展および建設の時期である。すなわち人民公社ができた翌1959年から1960年までの間，エヴェンキ族自治旗では，人民公社を構成する生産大隊と生産隊を公社の基礎に据え，またコスト計算の単位とすることとし，一平二調[116]による混乱を収めるために，牧民から徴発された財物を返却あるいは調整する措置を取り，公社員が自家保有家畜を養うことを許し，年末決算時に，一般牧民が人民公社に入るときに人民公社に入れた家畜の持ち分については2％を給付することとし，また人民公社と生産隊の数を調整するなどの措置を取った[117]。これに続く1965年まで，フルンボイル盟では，牧畜生産は安定して発展したとされる[118]。

　④の1966～1976年は文化大革命の時期で，牧畜も大きな破壊を被った。フルンボイル盟では，政治上においては，"階級闘争をもって綱要となし"，分配上においては平均主義をやり，"大鍋飯"[119]食うという悪平等主義を行い，"一大二公[120]"を強化し，自家保有家畜を養うことを"資本主義の尻尾"となして尻尾を切り詰め，戸ごとに大型家畜3～5頭，小型家畜は15匹以下しか飼えないように規定した。その結果牧民の生産意欲をひどくくじき，牧区の発展を緩慢にし，家畜総頭数は，盟全体において240～290万頭の間を行ったり来たりしたとされる[121]。

5　イミン・ソムにおける人民公社（ネグデル）の成立

　前節で述べた内モンゴル自治区成立後，いわゆる文化大革命終結時までの

近現代フルンボイル牧畜社会の研究　　665

牧畜体制の変遷の過程において，エヴェンキ族自治旗を構成するイミン・ソムの牧畜体制がどのように動いたのかを，以下にみてみたい。本項から第9項の途中までの記述は，基本的にイミン・ネグデルとその下部の諸生産隊について熟知しているA（オールド族。男。70歳台）から聞きとったものに負っている。

　ネグデル成立に向けて牧畜体制が変わりはじめる前，イミン・ソムにおいては，前から存在していたスルグ制に代わって新スルグ制は採用されたが，牧工工資制（前項を見よ）は導入されなかった。

　エヴェンキ族にはニムル—エヴェンキ語で「隣近所」という意味[122]—と称された牧民の協力組織があり，オールド族とブリヤート族には，牧民の数戸が協力し合って一つの qota（ホタ）を共同利用する qota と称された互助組織や，牧民の数戸が協力し合って家畜を合わせて一つの群れを作って放牧する körsi（ホルシ）と称された互助組織を作る習慣が存在した。この二つの組織を比べると，オールド族においては körsi の方が，qota よりも参加する家族の数が多かったとされる。

　この伝統的な互助組織のホルシやホタをもとに，1950年から季節的な互助組（qabsurulčaqu duɣuyilang）である冬季互助組が組織されたとされるが，イミン・ソムにおいては，その実際については，必ずしもはっきりわからない。おそらくこれらを組織する努力はされたのであろうが，過渡的なものであり，かなりあいまいな存在であったとみておきたい。存在したとしても，多分冬季の放牧などについて協力し合う程度のものであったのかも知れない。

　1956年から常設ホルシ（bayingɣu-yin körsi）というものができた。これは4-5戸が，主に自分たちの労働力を合わせ互いに助け合う組織であり，互いの合意によって作られた。当時イミン・ソムには，下級行政組織の baɣ（バグ）が四つ存在していた。ウイトゲン（Üitgen），アゴイト（Aɣuitu），ビルート，ホンゴルジである。それらのバグそれぞれに一つの常設ホルシができた。これへの加入は任意であり，非加入牧民も結構いた。バグの下級行政

単位としてドゴイラン（duγuyilang）が以前から存在し，それにはドゴイラン長（duγuyilang-un daruγ-a）がいて，バグの長の指示に従っていたが，このドゴイランと常設ホルシの関係をみると，ホルシは同じドゴイランの人だけで構成されていたわけでもなく，他のドゴイランの者も入っていた。また一つのバグに，常設ホルシが二つできた例もあった。

　常設ホルシは，ホルシが放牧や草を刈るなどのときに共同労働をし，それ以外のときには協力しなかったのに比べて，四季を通じて協力し合うものであった。

　これら四つのバグのうち三つにおいて，常設ホルシを土台にして初級合作社（angq-a ǰerge-yin qorsiy-a）が組織された。アルタンオド・ホルシャ（Altan odu qorsiy-a），ムングンノール・ホルシャ（Mönggün naγur qorsiy-a），ヒンガン・ホルシャ（Kingγan qorsiy-a）がそれである。アルタンオド・ホルシャはアゴイト・バグに組織され，ムングンノール・ホルシャはビルート・バグに組織され，ヒンガン・ホルシャはホンゴルジ・バグに組織された。

　これらのホルシャは，基本的に常設ホルシを土台にして作られたものであるが，常設ホルシがそのまま移行してできたのではなく，それまで常設ホルシに参加していなかった家が参加したり，すでに常設ホルシに加入していた家々がいくつかの常設ホルシから参加したりすることもあった。つまり全ての常設ホルシが angq-a ǰerge-yin qorsiy-a になったのではなかった。またすべての angq-a ǰerge-yin qorsiy-a が一つの常設ホルシから形成されたのではなく，二つの常設ホルシから形成された angq-a ǰerge-yin qorsiy-a もあった。こののち，1958 年 3 月に angq-a ǰerge-yin qorsiy-a が組織されていなかったウイトゲン・バグにも angq-a ǰerge-yin qorsiy-a が組織され，その時点でイミン・ソムに四つの angq-a ǰerge-yin qorsiy-a が存在することになったのである。なお angq-a ǰerge-yin qorsiy-a は angq-a ǰerge-yin malǰil-un qorsiy-a の略語であり，malǰil-un qorsiy-a も angq-a ǰerge-yin malǰil-un qorsiy-a の略語である。

qorsiy-a を組織することについては，格別外部からの指示があったわけではない。そして，ある人がだれと協力してそれを作るか，何家族で作るか，それにどういう名前をつけるかなど，はじめは原則的に自由であった。ただし，加入を強制した qorsiy-a もあった。そのようにしたのは，はじめて qorsiy-a が組織されたので，なかなかその意義が理解されない。そこでこういう点がよい，ああいう点がよいと言いながら強制加入をさせて，他に模範を示す必要があったのである。当時牧民がよく理解できた点は，労働力の分配，労働力のバランスを整えることについてであった。具体的に言うと，ある牧民はたくさんの家畜をもっているが労働力がないけれども，ある牧民は家畜もなければ仕事もみつからない状態であったとする。このような状況において，この二人の牧民の労働力をいっしょにし，牧畜を発展させることの意義は，みなよく理解していたのである。

angq-a jerge-yin qorsiy-a の時代には，共同の財政を行い，収入を加入者に分配していた。牧民は自分の家畜を自由に qorsiy-a に出資し，自由に自家用に残すことができたが，自家用に残した家畜は，qorsiy-a の同一の計画，同一の指示に従っていっしょに飼われた。そこで，たとえばそれを自分の財産であるといって自分の家の外にとどめて置くことはできなかった。qorsiy-a の指示でオトルに出されることになれば，オトルに出され，ソーリン saɣurin[123] に残されることになれば，saɣurin に残された。このように qorsiy-a に加入した牧民の自家用家畜を飼育する労働もいっしょに行われていたのである。だが，収入は自分自身の行った仕事分に応じてもらっていた。一方牧民が qorsiy-a に出資した家畜は，qorsiy-a の erkilegči（主任）が責任をもって管理をした。たとえば出資された家畜を殺して食うか，それとも売るかなどのすべてのことを，彼が決めていた。

そうしているうちに 1958 年の秋となり，人民公社（arad-un güngše）を作る指示が上から出されたので，10 月に，初級合作社を arad-un nigedül という名前でソム内に存在していた常設ホルシをまとめる形でネグデルが作られ

た。すなわち，イミン・ソムを構成していたアゴイト，ビルート，ヒンガン，ウイトゲンの四つのバグそれぞれに存在していた初級合作社を，1958 年にそれぞれ生産隊（bariɣada，正確には生産大隊）として組み込み[124]，それらの上部にイミン人民公社（imin arad-un güngše）が形成されたのである。そのとき，最初は öndür jerge-yin qorsiy-a すなわち「高級合作社」を作ろうとしたが，それをやめて，直ぐに人民公社（arad-un güngše）を作ったという。以下「人民公社」または「ネグデル」と称することにする。

　以上の流れを整理すると，基本的にホルシ→（冬季互助組）→常設ホルシ→初級合作社を経て，ネグデル（人民公社）が組織されたことがわかる。イミン人民公社つまりイミン・ネグデルは，以上に述べたような流れの中で，1958 年秋に設立されたのである。ネグデルについては，常設ホルシや初級合作社にかつて参加したことがあるかどうかの区別なく，ソム中の 16 歳以上の人全員がそのメンバーに加えられた。

　なお同年，エヴェンキ族自治旗の 1,000 頭以上の家畜を所有していた富裕戸八つを集めて公私合営牧場を組織した[125]。8 戸の富裕戸の中にイミン・ソムの家は含まれていなかった。ほとんどがシニヘ・ソムのブリヤート族であったという。表 21 にあるように，イミン・ソムにおいては 1950 年の段階において，牧主は 2 戸存在し，その 2 戸が，馬 104 頭，牛 169 頭，羊 645 頭，山羊 36 頭を所有し（駱駝 0 頭），その合計は 954 頭であり，この数は，同ソム全体の家畜頭数の 21.9 ％を占めていた。これらの牧主は 1 戸当たり 477 頭を所有していたことになる。表 21 をみると，この数は当時の他のソムに属した牧主の所有家畜数に比べて少ないということはなかった。その後 10 年近くが経過した 1958 年において，表 20 に示したように，イミン・ソムにおいて家畜は大いに増加したのであるが，1,000 頭以上をもつ牧主は，ついに現れなかったものと考えられる。

　1958 年 7 月段階では，ソムの家畜は 17,000 頭であった（これにはロシア人の家畜も含まれていた）。だが 1958 年 10 月のネグデル結成時に，牧民が

近現代フルンボイル牧畜社会の研究　669

表21　1950年エヴェンキ族自治旗内の牧主の所有家畜が旗の全家畜に占める割合

類別＼ソム	牧主戸	馬	牛	羊	山羊	駱駝	合計	各ソムの家畜数	牧主がソムの家畜に占める割合（％）
錫尼河	3	173	253	1454	15	48	1943	31406	6.1
輝	2	101	89	1225	36	88	1539	11748	13.1
伊敏	2	104	169	645	36		954	4340	21.9
巴彦嵯崗	1	80	47	339	23		89	2551	19.1
巴彦托海	1	180	86	223	37		526	2918	17.6

燕京・精華・北大1997のp. 46に掲載の表2に基づく。その表には備考欄があり「牧主の家畜は旗全体の家畜総数の15.9％を占める（平均数）」と記されている。なおソム名の「錫尼河」はsineken、「輝」はqui、「伊敏」はimin、「巴彦嵯崗」はbayančayan、「巴彦托海」はbayantoquiである。

ネグデルに入れた家畜は11,000頭に過ぎなかった。このように少なかったのは，牧民が公社に入ることを嫌がって家畜を売ってしまったりしたことによる。その後，調整期を経て，家畜は毎年増え，1968年には41,000頭にまで増えた。この期間は，エヴェンキ族自治旗の家畜も順調に増え，1958年に140,202頭であったのが，1968年には438,222頭になったとされる[126]。

　1966に始まった文化大革命の10年動乱時期の影響が出始めた1969年から家畜数は減少に転じ，その後また増加しはじめ，文化大革命終了の1976年に400,000頭台に回復し，1977年に再び1968年とほぼ同じ頭数となった。文化大革命の時期に牧民の生産の意気込みがひどくくじかれた事情については，前節で記したとおりである。イミン・ネグデルにおいても，最初1968年に，「資本主義の尻尾を切る」ことがされて，自家保有家畜のブリガドへの回収が行われ，1970年なって牧民に戻されたが，1974年に今度は林彪と孔子を批判する政治運動の影響で，ふたたび生産隊に回収され，翌1975年に牧民に返された。乗用馬すら回収されたというから，極めて厳しい自家保有家畜の召し上げが行われたことがわかる。

　1958年にイミン・ネグデルができたときから，「イミン・ソム」の名称は

670　第3部　近現代内モンゴル東部地域の研究

使われなくなった。ネグデルは，ソムの行政の面と生産の面の両面を合わせ
てもつようになった。つまりネグデルができたのち，ソムの組織はなくなっ
たのである。

6　イミン・ネグデルの構造と運営

　ネグデルの下には生産大隊（üiledbürilel-ün yeke bariɣada）があり，生産
大隊の下には生産小隊があった。当初生産大隊は四つあった。ウイトゲン生
産大隊，アゴイト生産大隊，ビルート生産大隊，ヒンガン生産大隊がそれら
であった。1960年からの調整期に入り[127]，1962年にこれら四つの生産大隊
を分けて，八つの生産隊（üiledbürilel-ün bariɣada）に再編された。ウイトゲ
ン生産大隊は，ウイトゲン，ユンフン，イミンの三つに，アゴイト生産大隊
は，アゴイトとバヤンタラ bayan tal-a の二つに，そしてビルート生産大隊
はビルートとホンゴルジの二つに分けられた。ヒンガン生産大隊は，そのま
まヒンガン生産隊となった[128]。イミン・ネグデルでは，生産大隊はこのの
ち存在しなくなった[129]。

　イミン・ネグデルを構成するブリガドの成立過程と各ブリガトを構成する

生産大隊名（1962年）	ブリガド（生産隊）名【構成民族】
・ウイトゲン生産大隊	ウイトゲン・ブリガド【エヴェンキ，オールド】
	ユンフン・ブリガド【漢】，
	イミン・ブリガド【オールド，エヴェンキ】
・アゴイト生産大隊	アゴイト・ブリガド【オールド】
	バヤンタラ・ブリガド【オールド】
・ビルート生産大隊	ビルート・ブリガド【エヴェンキ，オールド】
	ホンゴルジ・ブリガド【エヴェンキ】
・ヒンガン生産大隊	ヒンガン・ブリガド【漢】

各民族を整理して記すと，前頁のとおりである。

　ヒンガン・ブリガドは，今のホンゴルジ鎮に含まれた状態でその傍らにあった，規模の小さな生産隊である。この生産隊の構成員は，大部分が外来者であり，イミン・ネグデルの原住民はほとんど含まれていなかった。経済的にも，牧地があまりなかったので家畜をそれほどもたず，ホンゴルジ林業局の手伝いなど木材関係の仕事をしていたと思われるが，仕事の内容や規模などについて，はっきりしたことはわからない。そして1975年には，ネグデルの中心地にあった「鉄木工場」に合併吸収されてしまった。合併の理由は，このブリガドに家畜がおらず他の収入もなかったので，ブリガド員をこの工場で働かせて収入を得させるというものであったとされる。

　橋本が戦前に調査対象としたビルート部落すなわちエンゲリン・アイルから6～7戸がビルート・ブリガドに編入された。エンゲリン・アイルは満洲国時代に戸数約20であったので，この数の少なさには驚かされるが，他は，ネグデルの中心地に移ったり，ブリガドの中心地に移ったり，他のブリガドに入ったりしていたのである。6-7戸というのは1958-1960年の状況であり，1970年代になると，3-4戸にまで減ってしまったという。またマルスィン・アイルを構成していた家は，アゴイト・ブリガドとバヤンタラ・ブリガドの両方に編入されたが，アゴイト・ブリガドに入った家が圧倒的に多かった。バヤンタラ・ブリガドに編入されたのは，4戸だけであった。

　ブリガドの下にはドゴイラン duɣuyilang（組，小組）が存在した。エンゲリン・アイルは，ビルート・ブリガドのもとで Engger-ün duɣuyilang となった。ビルート・ブリガドには，このほか Mönggün naɣur, aral doo という名前のドゴイランがあり，合計三つのドゴイランが存在した。アゴイト・ブリガドには，アルタンオド Altan odu，オラーンチェチェグ Ulaɣan čečeg，チャガーンドブ čaɣan dobu という名の三つのドゴイランが存在した。

　ドゴイランは，満洲国時代に冬営地に造られたバイシン（bayising，固定家屋）が集合してできていた集落（アイル）に由来するものであり，1958

672　第3部　近現代内モンゴル東部地域の研究

年にネグデルができたときからドゴイランと言われるようになったのであり，わざわざネグデルやブリガドによって人為的・政策的に組織されたものではなかった。各ドゴイランは，だいたい10数戸から成っていたが，それも固定していたのではなく，結構流動的であった。当初ドゴイランに存在したバイシンの多くはネグデルのものとなったが，1970年代になって，牧民が個人のバイシンを建てるようになって以来，状況が少し変わった。ドゴイランの下には何もなかった。

　ドゴイランというのは，その由来も関わって，冬そして春において一定の生産単位としての意味をもっていた。だが夏と秋には，ドゴイランの多くの人びとが牝牛の搾乳場所における搾乳ドゴイラン（後述）に他のドゴイランの人びとととも加わって搾乳などの活動を行ったことや，同じ時季にドゴイランを単位として編成されたのではない草刈隊という組織が活動したことなどからわかるように，ドゴイランは，年間を通じて牧畜生産の基礎単位として機能していたのではなかった。

　イミン・ネグデルの中心はビルート村であった。これは，ビルート・ブリガドとは別物である。ビルート村は，1958年には50-60戸あったが，夏季にはアゴイトとバヤンタラの家を加え，100戸近くまで増えていた。1980年代まで，さまざまな理由によって，毎年戸数が増え，1982年には400戸となっていた（『呼倫貝爾盟地名志』1990，303頁）。

　ネグデルとブリガドの組織は，つぎのとおりである。

　(1)ネグデルの組織

　　ネグデルの組織

　　　nigedül-ün daruγ-a（ネグデル長＝人民公社長）

　　　ded daruγ-a（ネグデル副長）

　　　narin bičigeči（秘書）

　　　maljil-un tusalaγči（牧畜補佐）

　　　ed-ün jasaγ-un tusalaγči（会計）

近現代フルンボイル牧畜社会の研究　　673

arad-un yabudal-un tusalaɣči（民生補佐）

tusqai tomilaɣči（駐在）

eregül qamaɣalal-un tusalaɣči（衛生補佐）

ネグデルの党組織

nam-un qoriy-a（党委員会）

süji（書記）

ded süji（副書記）

ǰokiyan bayiɣulqu gesigün（組織委員）

eblel-ün qoriy-a（共産主義青年団委員会）

→ süji（同書記）

→ ded süji（同副書記）

emegteičüüd-ün qolbuɣ-a（婦女連合会）

→ erkilegči（同主任）

(2)ブリガドの組織

ブリガドの組織

bariɣada-yin daruɣ-a（ブリガド長＝生産隊長）

ded daruɣ-a（ブリガド副長）

niɣtalan boduɣči（会計）

sang qamiyaraɣči（倉庫管理係）

emegteičüüd-ün qolbuɣa-yin erkilegči（婦女連合会主任）

duɣuyilang-un daruɣ-a（ドゴイラン長＝作業班長）

ブリガドの党組織

nam-un egür（党支部）

süji（書記）

ded süji（副書記）

ǰokiyan bayiɣulqu gesigün（組織委員）

üqaɣulqu gesigün（宣伝委員）

674 第3部 近現代内モンゴル東部地域の研究

eblel-ün egür（共産主義青年団支部）

→ süji（同書記）

　ネグデルのダルガ（長）は，ネグデルの人民代表大会（arad-un tölügelegčid-ün yeke qural）で選ばれた。人民代表大会には，各ブリガドから，それぞれのブリガドの人口，民族の構成を勘案して，何人かずつ代議員が選ばれた。代議員数は，ネグデルの党委員会から各ブリガドに割り当てられた。それに従ってブリガドから選ばれた。ネグデルのダルガの候補者は旗の党委員会で一人だけ選ばれた。公社員に信頼されている人が選ばれていた。副ダルガは，2人おり，ネグデルの長と同じようにして選ばれた。ネグデルの長には国から給料が支給された。

　ネグデルの幹部すなわちネグデルの職員は，カータル katr といわれ，国から給料が支給されていた。かれらは，一年中ブリガド員の中で仕事をしていた。ただし実際の権力はブリガド長の方が上であった。

　ネグデルとネグデルの党組織の関係については，党組織は国の政策，国の方針を実施する点で，指導的立場にあった。そして党の集団指導（qamtu-yin uduriduly-a）に従って，ネグデルがそれらを具体的に実行するという関係にあった。

　ネグデルのダルガは，ネグデルの人民代表大会で決められた具体的な計画—この中には牧畜の仕事や他のいろいろな仕事が含まれていた—を，個々の季節に従って，各ブリガドに実施させていた。ネグデル側は，草刈場（qadulang）に何月に出るかなどの指示も出していた。それらの計画をブリガド単位で実行していた。

　その実行にあたっては，ネグデルのカータルである上記の各種の補佐（tusalaγči）が，自らの職務にかかわる仕事をすると同時に，ネグデルの主な仕事について，ブリガドの皆と協同して働いた。要するに，ある大きな仕事をネグデルの方で決め，それをブリガド単位で実行したのであるが，それらの仕事を行うときに，ネグデルの幹部たちがブリガドに出かけて，ネグデル

の指示を伝え，ブリガドの長などに協力して，それを行わせていたということである。そして仕事が終わったのち，仕事の総括をし，その結果をネグデルに持って帰って報告した。すなわちどの程度実施されたかなどを詳しく報告した。

ブリガドに下りたネグデルの幹部は，牧民のゲルに泊まり，宿泊代を払うべきものとされていた。そして労働に同じく参加し，学習にも参加した。ブリガドに生じた問題，すなわち何らかの仕事がうまくいかない場合，それをネグデルに伝える役割をもっていた。そして必要があればネグデルに行き，相談し，問題解決の方針が決まれば，ブリガドに戻ってその方針に基づいて生産に従事した。

ネグデルの幹部の家族は，ある幹部の場合は，ブリガドに住んでいた。またある幹部の家族は，ネグデルの中心に住んでいた。その違いは，城鎮戸口と農村戸口という戸籍区分に基づいて，ある幹部が夫婦二人とも公務員であれば，家族がネグデルの中心地にいることになり，幹部の妻が牧民であれば，ブリガドの方に家族を置くことになるということによって生じた。ブリガドに家族が住んでいる幹部は，土曜日に家族のところに帰り，日曜日の夜か月曜日の朝にネグデルの中心に戻ってきた。たまに妻が牧民であっても，ネグデルの中心に住む幹部もいたが，これはふつうのことではなく，珍しいことであった。多くはブリガドの方に家族がいた。

なお，党書記，共産主義青年団支部書記，ブリガド長，会計，倉庫管理係，婦人連合会主任，獣医などは，直接牧畜作業にかかわらなかった。ただしかれらの家族は牧畜の仕事をしていた。

ネグデルは，各ブリガドの家畜数を把握していたが，ネグデルに家畜を集めることはしなかった。牧民からネグデルに入れられた家畜はすべて公有の家畜として，各ブリガドが数を把握し，統轄し管理をしていた。そして家畜の群れの編成も，各ブリガドが調整していた。牧民に残された数少ない自家保有家畜は，それぞれの家（erüke）に置かれた。自家保有家畜をもつことは，

676 第3部 近現代内モンゴル東部地域の研究

ブリガド員すべてに許された。その数は，乗用馬1頭，乳牛2頭であった。

　ネグデルは，ブリガドの財産に手を出す権利をもたなかったが，ブリガドから蓄積（quramduɣulɣ-a。拡大再生産に充てられる部分）を受け取る権利はもっていた。イミン・ネグデルでは，ブリガドが牧畜生産物・木材・葦などの収入によって得た総収入の20％を拡大再生産費としてブリガドに残し，その20％の中から総収入に対して5％〜10％分を受け取っていた。拡大再生産費はトラクターなどの購入に使われていた。ちなみに各ブリガドには，トラクターが最初は1台であったが，徐々に2〜3台に増えた。小型トラクターも2〜3台あった。

　ネグデル員の給料についてであるが，毎日の労働の点数を計算し，算出された合計点数に基づいて支給された。点数は，仕事の種類や内容，難易度，技術力を必要とするか否かなどによって異なり，どの仕事には1日に何点を与えるかを定めた本に記されてあった。この基準に従って記録係（qubi temdeglegči）が労働者たちの毎日の点数を，乳搾りについては何点，羊の放牧については何点というように計算し，点数記録簿（qubi temdeglekü debter）に書きとめた。そして月末か季節末になると，記録された点数が皆に報告され，皆で評定し，評定が確定すれば，だれが何点をもらえるかが決まった。そして12月の終わり頃，年末決算が行われるときに，働き手ごとの点数に基づいて各家族の働き手の労働点数として公表された。また同時に年末に，そのブリガドの1年間の総収入がいくらかを，合計して算出し，公開報告をした。この総収入の中から，給料が支払われた。決算が終わると，ふつう直ぐにネグデル所属の家族に給料が支払われた。

　給料として支払われたのは，ブリガドの年間の総収入から，①生産経費（üiledbürilel-ün jarudal）－総収入の10％，②拡大再生産費（quramduɣulɣ-a）－総収入の20％を超えてはいけなかった，③福利（福祉）費（asaramji）－総収入の2〜5％を必要経費として差し引いた残りの部分，であった。この部分は，ブリガドの総収入の50％〜60％であった。労働力の1点を金額

として算出する方法は，つぎのとおりであった。

総収入 − 必要経費（①＋②＋③）＝給料分の総額÷労働総点数＝労働1点の金額

　このようにして算出された労働点数1点あたりの金額に，ある家族の年間労働点数を掛ければ，その家族の給料の額が出たのである。なお決算は年に一度だけなので，決算前にネグデル員の中に金を必要とする者が現れたときには，ブリガドが銀行から借り入れて牧民に貸していたが，決算時にその分を，その牧民の家族の給料から差し引いた。

　ブリガドの収入は，牧畜生産物と補助生産物の売り上げによって得られた。牧畜生産物とは，家畜，家畜の乳，皮，毛，鬣，尻尾の毛などを指し，これらを関連箇所に売っていた。家畜は食品公司に毎年の秋に売り，毛皮はイミン・ソムの商店に売り，乳はハイラル乳品廠に売っていた。補助生産物とは木材，石材，葦（ホイ川でたくさん採れた）などを指し，ブリガドが切ったり，集めたりして関連箇所に売って，収入を得ていた。葦は，冬に刈り取って，旗芦葦公司に売り，木材は加工して車などの製品として，シネ・バルガ右旗に売り，代価として家畜を得ていた。

　ブリガドの収入上，総収入と純益のいずれについても，家畜売却収入が最も重要であった。つぎは，総収入でいえば牛乳であり，夏季にはこれ以外に現金収入の途がなかったので，重要な収入源であった。だが，作業従事者を多く必要とし設備にも金がかかったので，ブリガドに残される利益はそれほどではなく，純益の点では羊毛の方が上であった。家畜の皮を売却した収入はたいしたものではなかった。売却用の皮は，冬春用の肉を準備するときにしか出なかったから，量的に少なかったのである。葦を採取して売却するには，牛乳と同様に多くの労働力と設備を必要とするので，純益の点からみるとまあまあであった。

　イミン・ブリガドやアゴイト・ブリガドでは，労働点数1点が40〜45毛になったこともあって，よかった。イミン・ブリガドでは，牧畜生産物を

売った収入のほかに葦を売って収入を得ていたからであり，アゴイト・ブリガドでは牧畜生産物を売った収入のほかに白樺の木を切って売って収入を得ていたからである。葦は紙の原料として使われていた。家畜については，収入を増やすために多く売ると，家畜を増やせないという問題があった。ちなみに，アゴイト・ブリガドでは，イミン川の東方の森林から白樺を伐採していた。伐採された白樺材からは，主に車が作られ，また馬取り竿（urγ-a）や羊用のハシャー（qasiy-a，家畜囲い）も作られていた。既述のように，これらは，シネ・バルガ右翼旗（木材が全く採れない地域である）の人びとの家畜と交換する場合が多かったのである。ハイラルに運んで売ることはほとんど行われていなかった。白樺材の伐採は，1970年の途中まで行われていた。

　①の生産経費について詳しく述べると，つぎのとおりである。

　a）ネグデル化するときに各牧民が家畜や牧畜関係用具類をネグデルに入れた。それを仮に1000元分であったとし，そしてそれをネグデルが10年間でそれらの牧民に返すとすると，毎年100元ずつを牧民たちに支払わなければならない。その金額をこの費目から支払った。ネグデルは，ネグデルが組織されたときに牧民から受け取った家畜の総額の5％を毎年牧民に返し，50年間ですべて牧民に返し終わるようになっていた。家畜の価格の規準は，羊1頭12元，牛1頭100元，馬1頭150元とされていた。同様に牧民からネグデル化のときに取った用具類の総額の20％を毎年牧民に返すことになっていた。用具には，車，アルガムジ（arγamji，家畜を繋いで置く長いロープ），チョルヘčörke（牛に付ける頭絡），草刈機，草刈機の刃を研ぐ砥石などが含まれた。

　b）あるブリガドがトラクターを買った場合，その値段が10万元として，それを10年間使うとすると，毎年1万元ずつを，減価償却費としてこの費目から出した。

　c）ブリガドが使った経費，たとえば紐を何メートルか買ったとすると，

その費用はここから支払われた。

　②の拡大再生産費とは，すでに記したが，来年あるいは将来のために使う金のことであり，ブリガドの収入の5〜10％をネグデルに支払った。10％を越える金を支払うことはなかった。ブリガドがある年に蓄積費の何％をネグデルに渡すかは，ネグデルが決めるのではなく，ブリガド側の決定によった。決定過程は，ブリガドの指導者たちが一応，何％をネグデルにやるかを，その年のブリガドの収入を基準として相談して案を定め，ブリガド員の大会で話し合って最終的に決定した。

　③福祉費は，a）労働することができなくなった老人，b）孤児，c）寡婦，d）障害者，e）公傷を負った人に対して支払う金であった。これらの5種類のどれかに該当する者がいる家は五保戸（tabun batulaburitu erüke）と称された。

　ブリガドのダルガは，ブリガドの構成員の集会（gesigüd-ün yeke qural）で選ばれた。候補者はネグデルの党委員会が指名した。しかし候補者以外の人物が選ばれることもあった。国政レベルにおける選挙権取得年齢とは異なり，ネグデルでは16歳以上の者は選挙権を有した。ブリガド長は，国から給料を支給されなかった。ブリガドの職員にも，その仕事について点数がつけられたが，牧民のような労働をすることがなかったので，低い点がつけられた。そこでかれらの給料はブリガド員の会議によって給料のよいブリガド員よりも少し低めに決められていた。

　ブリガドのダルガは党員でなければならないという規定はなかった。しかしブリガドには党支部（nam-un egür）があり，そこに書記（süji）がいて，党の仕事を行っていた。

　ブリガドのダルガは，ブリガドの財政に関する権限を有していた。すなわちブリガドの財産を計画的に売ったり，収入と支出を管理したり，利潤の配分（asiɣ qubiyari）を行ったりする権限を有していた。またブリガド員に仕事を分配することも行った。たとえば，会議を開いて，今年の冬，オトルに

出るので，何ソーリ（saɣuri，群）の羊と何ソーリの牛をオトルに出すのか
を決め，このオトルをブリガドの構成員のだれが担当するかを決めたのであ
る。ブリガドのダルガは，実に多くの権限をもっていたのである。

　毎年，ネグデルの人民代表大会が開かれ，全ネグデルの家畜の増加比率が
決定された。たとえば今年は 5 ％増やすか 10 ％増やすかが決められる。こ
の決定をブリガドに与えることが，ネグデルの任務となる。この増加率をブ
リガドは達成しないといけない。たとえばネグデルが与えた任務が 5 ％で
あった場合，あるブリガドが 7 ％まで家畜を増やすことは許されるが，どの
ブリガドも，5 ％以下であってはならなかった。このように当時は，家畜の
増加についてのネグデルの要求が非常に厳しかったので，家畜の増加が速
かった。ブリガドは，家畜の増加率に関するネグデルの指示をもらって，そ
の割合に照らして家畜の何％を食い，売るかなどの目標を設定した。このよ
うであったので，ネグデルのダルガも構成員も目標達成のために努力すると
いうよい面もあった。

　ブリガドには，獣医がいたが，かれらはブリガド員の中から教育して育て
られた者であった。ネグデルにも獣医がいて，かれらは，ブリガドの獣医た
ちを監督していたが，主にブリガドで仕事を行っていた。たとえばネグデル
の獣医は，ネグデルで家畜の疫病を予防する活動を行っていたが，そのかた
わらブリガドの獣医による畜疫予防の仕事の手伝いもしていたのである。

　ブリガドの下にドゴイラン（duɣuyilang，組，小組）が置かれた。牧畜は
非常に分散して行われるので，少ない場合は 4，5 の牧戸で一つのドゴイラ
ンが構成されて生産活動を行った。あるいは 5 〜 10 の牧戸でドゴイランと
なって生産活動を行った。10 何戸から成るドゴイランもあった。そしてド
ゴイランにはダルガ（duɣuyilang-un daruɣ-a）が置かれていて，ブリガドの
ダルガと連絡を取って，その指示どおりに動き，自らのドゴイランを構成し
ているいくつかの牧戸の指導者としてそれらを管理する仕事を行っていた。
ドゴイランのダルガも，ブリガドのダルガと同様に国から給料をもらってい

近現代フルンボイル牧畜社会の研究　681

なかった。かれらは，ダーマル（daɣaɣamal. 指揮者，管理者）と称された。ドゴイランのダルガも党員である必要はなかった。

　ネグデルの中心地には購買販売協同組合（qangɣan borulaɣulqu qorsiy-a. 供銷合作社）があった（各ブリガドの中心地には存在しなかった）。これは，ネグデルの下部機関であったが，angq-a jerge-yin maljil-un qorsiy-a がネグデル化する前に，人々の出資によって作られた。ネグデル時代になっても，その組織に大きな変化はなかった。購買販売協同組合には，人々が５ホビ qubi（出資の単位）とか 10 ホビとか，さらには 100 ホビとか，自らの経済状態によって出資し，出資額を証明する証書を受け取った。１ホビは当時の５元であった。この組織は，このようにして集めた資金によって商売を行い，年末に一度，代表者会議を開催し，得た純益を出資者に配分した。その場合，購買販売協同組合の将来における拡大のための資金を保留して，残りを出資者の出資額に応じて配分したが，そのさい純益をホビにプラスして，出資額を増額した。たとえば出資額が 10 ホビの人には 13 ホビの出資額に増額した。そして 13 ホビの証書を発給した。組合の運転資金が不足したときには，銀行から借り入れをしていた。

　ネグデル員が購買販売協同組合に出かけて物を手に入れるときには，配給切符（qangɣalɣa- yin piyou）を切った。この配給切符は，ネグデルの購買販売協同組合からネグデル員に年に一回発給された。配給切符の支給規準は，国が定めていた。たとえば牧民１人当たり，穀物は１ヶ月で 21 斤（１斤＝500g），布は 15 尺（１尺＝33cm），綿は２斤などと，国によって定められていた。穀物には，小麦粉，米，とうもろこし，豆，高粱などがあった。その他，配給切符によって配給されるものには，酒，砂糖，飴などがあった。一時は塩も配給されていた。酒，砂糖，飴などは，かなり前に配給制限が撤廃されたが，食料と布，綿の配給切符は後まで存続した。

　ネグデル員は，配給切符を使って購買販売協同組合に出かけて買物するときには，切符を持って行って，切符を切り，切符分の代価を現金で支払って，

配給品を定められていた分量の範囲内で購入できた。当然ながら，配給切符のない人には，配給品が売られることがなかった。しかし購買販売協同組合には，配給品だけが売られていたわけではなく，配給対象外の種々の日常用品も売られていた。たとえば，布は，5尺の配給切符をもっていれば，5尺の長さの布を，金を払って買うことができたが，配給品でない布も置かれていて，それらは配給切符をもっていなくても金さえあれば購入できた。煙草も，そのような品の一つであった。酒は，白酒が配給対象品となっていた。

7　成立後のイミン・ネグデルの経過

1959～1961年に，1958年の大躍進政策が失敗した結果，全国的な食料不足が生じ餓死者が大量に出た。いわゆる3年自然災害と称されるものである。これは，最近はむしろ人災であったとみられているが，この頃，1ヶ月で食糧の配給が21斤から18斤にまで下げられた。しかも18斤のうち小麦粉は5斤までしか買えず，他はキビ（qar-a budaɣa），トウモロコシ，高粱などの雑穀であった。しかしイミン・ネグデルでは，食糧問題はあまり深刻にならなかった。その理由は，第1に18斤に減らされた食料が，ともかく供給されていたことである。第2に，野菜，たとえばジャガイモや白菜などがあったことである。第3に畑を作って，キビや小麦を栽培していたので，茶に入れる穀物に不足が生じるという問題が起こらなかったことである。第4に南に位置するブリガドが狩猟をしていたことである。そこで各ブリガドが猟師ドゴイラン（angčin-u duɣuyilang）を組織して，大興安嶺に入って，大鹿（ヘラジカ qandaɣai）やイノシシ，ノロジカ（jür）などを狩って，それらの肉をブリガド員に配っていたのである。

一番苦しかったのは，1960年から1961年にかけてであった。1961年の終わり頃から，また徐々によくなってきて，そのうち18斤すべてを小麦粉にしてもよくなった。

1959年に，第7ブリガド（ユンフン・ブリガド）では，ブリガド員のう

近現代フルンボイル牧畜社会の研究　683

ち働き手である者が共同食堂でいっしょに食事をしていた。同ブリガドは，漢人から成るブリガドであり，農耕を営んでいて，働き手が集住していたので，朝昼晩の食事を，このように共同食堂で食うことができたのである。そして老人や子どもなどは，それぞれ自らの家で食事をしていた。しかしエリンゴルというところでは，20里（1里＝500m）も離れたところから共同食堂に通うようなことをして，体の弱い老人が飢えて死んだこともあった。他のブリガドでは，このようなことをしないで，自宅で食事をしていた。

　共同食堂が続かなかったのは，そのうち自治区の方から，大きな鍋（mangjan toɣuɣ-a）で食事するようなことをやめるように指示してきたことと，実情に合わなかったことによる。すなわち共同食堂だと，皆が同じ料理を食べることになるが，老人や子どもの食う料理は働き手の大人の食う料理とどうしても異なるし，とくに牧畜地域では，牧民は広い土地に分散して働いているので，共同食堂に集まって食事をすることは不可能である。ユンフン・ブリガドのように人びとが集住している地域の人々にとっても，共同食堂で食事をすることは大変であったのである。

　そののち，文化大革命以前まで，どのブリガドでも家畜がかなりの頭数ずつ増えて，どのネグデルの家畜も増えた。イミン・ネグデルの場合，冬春季用の食肉（idesi，冬春季用に準備する冷凍肉。日中でも気温が0度以下になったとき―11月頃―にまとめて殺し，解体して貯える畜肉）を準備したときに，斤（1斤＝500g）と両（1両＝50g）の重量単位で肉を配っていた。そして1人が1日に3両ずつという計算で，それを配っていたが，1965年になると，ネグデルの家畜がすでに増えていたので，この1人あたり1日分の肉の基準量を気にしなくてすむようになり，需要に応じて供給することができるようになったという。確かにエヴェンキ族自治旗の公式統計をみると，1961年から毎年の家畜数の増加が，それ以前に比べて顕著になっている。この年以後，年々約4万頭が増え，文革勃発の2年目に当たる1968年に家畜数がネグデル期のピークに達したことになっている（『鄂温克族自治旗志』1997，

408頁）。

　文化大革命の時期，ネグデル員を指導する人や，経営を管理する指導メンバーがいなくなってしまった。これらの人びとがすべて打倒されてしまったからである。彼らの代わりに指導的地位についた者たちは，一般ネグデル員に接し，彼らが抱えている問題を理解し解決することをうまく行うことができなかった。そのために牧畜経済に損失を被らせることがあった。たとえば家畜を死なせてしまったこともあれば，多数の家畜を安い値段で売ってしまったこともあった。具体的にいうと，1頭の羊を当時の価格で，2元5角で売ってしまったことがあったが，これはただでくれてやるような値段である。このようなことによってネグデルの家畜が相当減少したのである。また，この時期，ネグデル員の中に，自分が世話をしていた家畜を勝手に売る者も出てきた。中には全部売ってしまった者もいた。

　そののち，1973年から家畜の数は増えはじめた。そして徐々に文化大革命前の家畜数に戻り，やがてもっと多くなったのである。

　文化大革命終結後，ネグデルの制度に変化は生じなかった。昔のようにブリガド，ネグデルという方式で決算を行っていた。

8　イミン・ネグデルの牧畜

　内モンゴルでは，モンゴル人民共和国のネグデルにおけるような徹底した家畜飼養の専門化は行われなかった。モンゴル人民共和国では，牧戸が，羊，山羊，牛，馬，駱駝のうちどれか一つの種類だけ，しかも羊や山羊，牛については，さらに性別，年齢別に細分して構成された群れを専門的に飼養した。それに対して内モンゴルでは，畜群（sürüg）の構成を大切にしており，羊と山羊については，種羊・種山羊の群れを別に作っていたが，それ以外のものは年齢別に分けたりしなかった。ただしモンゴル在来羊と改良品種の羊，モンゴル在来牛と改良品種の牛は，それぞれ別に群れを編成していた。とはいえ，ネグデル前は，一つの牧戸が，羊・山羊および数頭以上の牛や馬も飼

近現代フルンボイル牧畜社会の研究　685

養することがふつうにみられたが，それが，ある牧戸は羊だけ飼い，別の牧戸は牛だけ飼うように指示され，そのようにしていたのであるから，その意味での専門化はみられたのである。そしてブリガドがある牧戸に羊を世話させる場合，その家族が何年もそのまま同じ羊群を世話することが多かった。ある牧戸が羊を世話する経験が不足していたりして，羊の世話に向いていないならば，他の仕事に変更させた。労働力の分配は，ブリガドが手配していた。なおイミン・ネグデルにはラクダはいなかった。

　各ブリガドには，このようにして編成された家畜群が，馬群は一つ，牛群と羊群はいくつか存在した。それらの各畜群の世話をする牧民の労働組織が作られ，一つの畜群（ソーリ saɣuri）に 1 牧戸（だいたいは夫婦から成る）と 1 人の牧民が割り当てられた。ただ馬群にだけは，1 牧戸と 2 人の牧民が割り当てられた（ゲレルト 2001, p. 24）。そして牧戸の主人が，割り当てられた家畜の飼養全般を管理し，牧戸に付けられた牧民は，彼に対して補助的な立場に立って，おもに羊飼い，牛飼い，馬飼いとして働き，またオトルに関するさまざまな仕事をしたり，水運びや薪運びを行ったりした。牧戸に付けられる牧民の選考に関する特定の規準はなかったが，草刈りの仕事に適する者で，かつ壮年と青年である者が選ばれることが多かった。家の主人である者も選ばれた。かれらは自らの家を離れて畜群の世話をした。かれらの妻は，搾乳ドゴイラン（後述）で乳搾りの仕事を行ったりした。

　ブリガドにおいて畜群をオトルして飼養する仕事を割り当てられた牧戸やそのような牧戸に付けられた牧民はオトルチド（oturčid）と称され，それ以外の者はソーリンニーヒ（saɣurin-u ki）と称された（ゲレルト 2001, 24 頁）。オトルチドとは，オトルをして家畜を飼育する人びとという意味であり，ソーリンニーヒとは，ソーリン（saɣurin，定居地，拠点）に暮らす人びとという意味である。ソーリンニーヒは，固定家屋の建築・修理，家畜囲いや家畜小屋の建造・修理，草刈り，乾草運搬，羊毛刈りなどの作業に参加して働いた。そのほかに，ブリガドの職員，学校の教員，医者，獣医，商店の従業

員，1970年代にトラクターが普及するまでは白樺材を切り出して車や車の部品を製造する仕事に従事した大工などがいた。

　四季の牧地のうち，夏の牧地（jusalang）については，出かける時期と場所を，ネグデルの方で定めて，すべての家畜をそこに行かせていた。具体的に言うと，夏の牧地の場所は，ネグデルの長と党委員会の書記が協議して案を出し，それをブリガドの長に送る。それからブリガドの長をネグデルに呼んで会議を開き，協議して決めた。そののち，何月何日に出発するかも決めてオトルに行かせていた。このようにしていたのは，春と冬あるいは秋の牧地を保護するためであり，その故に夏の間は遠方に牧地を定めて行かせていたのである。冬，春，秋の牧地の利用については，ブリガド内の問題であり，ネグデルが関わることはなく，牧民は，所属ブリガド内の冬，春，秋の牧地の中で自由に家畜を放牧する場所を選んで移動していた。

　馬と牛は，四季を通じて異なる牧地に放牧され，同じ牧地でいっしょに放牧されることはなかった。また羊の牧地に馬と牛が入り込んで草を踏み荒らすことを厳しく警戒していた。そのため，馬群を最も遠い牧地に放牧し，それよりもブリガドの中心に近い牧地のうち，羊の牧地として利用するのに適していない牧地に牛を放牧するという方法を取っていた（ゲレルト2001，p. 26）。

　羊のオトルは，ブリガドの方から，どの牧戸が羊を連れて出かけるかについて指示を出していた。そして指示を受けた牧戸がオトルに出かけた。羊のオトルをする場合，冬を過ごすときと春に子羊を生ませるときだけは，共同でオトルを行った。もっとも1年中共同でオトルをすることもあった。

　子羊を何頭生ませるかについては，ネグデルが各年について指示を出していた。

　前述のとおり，ネグデルのカータルは，各ブリガドに出かけて労働に従事していた。

　牛のオトルについてみると，種牛をまとめてそれだけの独立した群れを形

成させて放牧することがあった。そして春になってから，種牛を牝牛の群れの中に入れて交配をさせる方法を取って，子牛が一年中バラバラに生まれることを防ぐことができた。現在は，種牛だけの群れを形成することはなくなったため，冬も子牛が生まれることがある。そのように冬に生まれた子牛は，注意しないと寒さのために死ぬことがある。またネグデル時代に，3歳以上の牡牛を別に分けて群れを形成させ，それ以下の年齢の子牛と母牛を一つの群れにし，また2歳牛（biraɣu）を別の群れにして放牧していたことがある。このようにした理由は，2歳牛は，まだ仔を孕む年齢ではないにもかかわらず，成牛といっしょに放牧すると，発情して種牛と交尾をして仔を孕むことがあり，この年齢で交尾すると，けがをする恐れがあるからである。それにまた，種牛と交尾して孕んだ場合，翌春仔を出産するさいに死んでしまうこともあるからである。それだけではなく去勢牛も交尾のまねをし，これによっても，けがをさせられることがたくさんある。そこで2歳牛だけの群れをつくり，夏の間オトルに行かせていたのである。

　馬群については，ブリガドごとに1馬群をもち，おもにネグデルと旗がそれをどこに移動させるか方針を決めていた。このようにしていたのは，当時，2〜3のブリガドの馬群がいっしょになって移動する場合が多かったので，その大きな群の牧地の選定を旗とネグデルが協議して決めて放牧させないと，おもに羊の牧地を痛める恐れがあったからである。そして羊の牧地を保護するために，とくに夏と冬には，馬群を非常に遠いところに行かせていた。

　なお牛については，生産隊の中心地やドゴイランの中心地で子を産ませる場合が多かったが，オトルに出かけた牝牛は春営地で子牛を生んでいた。馬についても，比較的に暖かい場所に移って子を生ませていた。

　夏秋に搾乳ドゴイラン（saɣali-yin duɣuyilang）と称されるものが，各ブリガドにふつう一つずつ設けられた。ただしイミン・ブリガドにはウジュール・ボト（Üjügür buta）とサラー・ドボ（Salaɣ-a dobu）の2箇所に，またウイトゲン・ブリガドにも南と北の2箇所に搾乳ドゴイランが置かれていた。

688　第3部　近現代内モンゴル東部地域の研究

搾乳ドゴイランは，字義どおり搾乳に従事するための組織であり，すべてがイミン川の西のステップに置かれた。すなわち夏になると，イミン・ネグデルの各ブリガドの搾乳ドゴイランに加わる人々が，搾乳用の牝牛とその子牛を伴ってイミン川の東側から渡って，川の西に設けられた搾乳場所に出かけ，滞在したのである。ただ，イミン・ブリガドだけは，その中心がイミン川の西側にあったので，イミン川の同じ西側にある搾乳用の場所に移動をした。搾乳ドゴイランは，ブリガドごとに一ヶ所に固まっていた。そして搾乳ドゴイランを構成する家のゲルは，100〜200mずつ間隔を空けて設営された。ジャガン（jaγang）と称される柳条を編んで，その両側から泥を塗った簡易小屋で過ごす人々もいたが（ゲレルト2001，pp. 27-28），彼らは，狭い間隔でそれらを建てて住んでいた。搾乳ドゴイランには，人が集会する場所があった。小学校もここで開かれ，学童が中断することなく学習することができるようになっていた。もちろん小学校は，ブリガドの中心地にもあった。このような夏秋における搾乳の場所はサーリ（saγali）と称された。

このサーリ自体は，ネグデル設立のずっと前から存在していたものであるが，家畜がネグデルの共有財産となってブリガドの管理下に置かれたため，ブリガド単位のサーリに集まる牛とそれを世話する牧戸が増えてその規模が大きくなり，またそこで営まれる夏秋季の牧畜作業が搾乳ドゴイランのそれを中心に組織化され機能化されるようになったと言えるであろう。ネグデル下の搾乳ドゴイランは，1960年代になってから存在するようになったようである。イミン川沿いの他のネグデルについては，ブリヤート族から成るムングンチョローにだけ，1箇所のサーリがあった。なおイミン，ユンフン，ウイトゲンは，ネグデル時代の途中において，イミン炭鉱が建設されたことによってサーリを失った（イミン炭鉱については，次項で記す）。

搾乳用の牝牛とその仔を除くほとんどすべての家畜は，それらの家畜の各群を世話する牧戸とその牧戸につけられている牧民に連れられて，夏秋用の別の牧地にオトルに出かけたので，そのようにして出かけた人びとを除く，

近現代フルンボイル牧畜社会の研究　689

ブリガドの中心地やドゴイランの中心地に残された人々が搾乳地に出かけ，牝牛や子牛を飼いながら乳を搾るなどの仕事を行ったのが，搾乳ドゴイランである。搾乳ドゴイランに加わる者は，ブリガドやその下部機構のドゴイランによって決められたわけではなく，夏になると，夏秋のオトルに出かけない人びとが，自発的にイミン川の西にある搾乳ドゴイランの所在地に移って行ったのである。

　搾乳は女性（既婚・未婚の女性）の仕事であり，ブリガドは，それらの搾乳婦に仕事を与えなければならなかったので，搾乳ドゴイランに集められた搾乳用牝牛を搾乳婦の数で割って，各搾乳婦に配分していた。その場合，搾乳婦の抱えている子どもの数が，搾乳婦に配分される牝牛の頭数に加味された。平均して1搾乳婦に10頭くらいずつの牝牛が割り当てられたという。

　搾乳ドゴイランには男もいた。牛飼い，種牛飼い，家畜に人工授精をする者などである。牛飼い（ükercin）とは，搾乳用牝牛飼い（saɣali-yin ükerčin）とも呼ばれ，搾乳ドゴイランで搾乳対象になっている牝牛を放牧する者であり，種牛飼い（buqačin）とは，搾乳ドゴイランにいる牝牛を夏のうちに孕ませるためにドゴイランに置いている人工授精用の種牛を放牧する者であった。この種牛は人工授精用であるために，とくに専門に放牧する係りを必要としたのである。人工授精を行う者とは，この種牛を使って牝牛に人工授精を施す係りの人のことを指す。なお牝牛がその年に生んだ子牛の世話は搾乳ドゴイランを構成する各家で行い，おもに子どもが面倒をみていた。搾乳した乳は，乳加工工場 sün-ü jabod に売っていた。この工場はハイラル市のものであった。搾乳ドゴイランには，搾った乳を貯える施設が存在した。

　夏秋に搾乳ドゴイランに加わった人びとは，冬春季において，ブリガドの乳牛や2歳牛や妊娠した牛や痩せた牛馬などを飼養する仕事も行っていた。つまりかれらは，夏になると搾乳場所に出かけて秋までそこにとどまり，乳牛や子牛の面倒をみながら乳牛の乳を搾って過ごし，冬になるとイミン川の東側に位置するブリガドやドゴイランの中心にあるソーリンに戻って来て，

それなりの牧畜上の仕事をするという移動生活を行っていたのである。

　以上を整理すると，あたたかな季節の牧地と寒い季節の牧地を，年に一度往復する移動は，基本的に，戦前にオールド族が行っていた牛飼養の方法を受け継いだものと言える。羊の群の飼養も，牛の牧地より遠方の牧地にオトル移動をして出かける，基本的に戦前に行われていた方式と同じであるから，かつての飼養法を受け継いでいたと言えるであろう。ただしネグデルによる牧地の指定や移動時期に対する積極的指導が行われたこと，牛のオトルが盛んに行われていたことに，かつてと異なる点が認められる。馬群については，戦前オールド族に馬群が存在した時期における牧地利用法を知る資料がないので，ネグデル時代の方法と比較の仕様がない。戦前に，ソムや旗が馬群を放牧する場所を決定したというようなことは，ありそうもないことだと思われる。

　草刈りは，各ブリガドがそれに関することを，毎年自ら決め，自らの草刈場（qadulang）で行っていた。そしてそのことが一つの制度のようになっていた。ネグデルの幹部が草刈場に滞在して，仕事を手伝うこともあったけれども，乾草をどのように使い，どの程度の家畜に与えるかは，各ブリガドが決めていた。各ブリガドは，冬営地の地形，草刈場の状態によって，いっせいに草を刈るようにブリガド内にチームを編成していた。また草刈場がいくつあるかによって，それぞれの場所で草を刈る組を編成していた。このようにすることによって，乾草の質を均一にすることができた。草刈隊員（qadulangči）は，羊，牛，馬の群れの世話を割り当てられていない壮年・青年を多く含むブリガド員（女性も含む）によって編成され，大体7月20日から10月1日まで，作業を行っていた。これらのブリガド員は，何らかの決まった仕事をしていたのでなく，ブリガドからの仕事の分配によってさまざまな仕事を行っていた。草刈はそれらの仕事の一つであったのである。なお草刈隊には，隊長がいた。

　できあがった乾草は，牧戸がそれぞれ貯えるのではなく，各ドゴイラン共

用の乾草置き場に運んできて保存されていた。遠方の草刈場で刈って乾かした乾草は，その場所にそのままにしておいて，冬にドゴイランに運ぶこともあった。

　貯蔵方法は，イミン川の西と東で少し異なる。川の西にブリガドの中心地があったという点で特徴のあるイミン・ブリガドは，ブリガドの中心地で使う乾草は，のちの時期になると，主に oyimu-yin jilaγ-a で刈った乾草に頼るようになり，そこにおいて刈り取って乾かして作った乾草を雪が降り出したのちに，ブリガドの中心地に運んでいた。他のブリガドの場合は，草刈場がイミン川の東にあり，それらの場所で刈って，秋のうちに草刈場からそれぞれのドゴイランに乾草の多くの部分を運び，残った部分を草刈場に置いていた。

　なおイミン＝ソムをその一部として含むエヴェンキ族自治旗の乾草貯蔵量は，自治区時代に入って徐々に増えはじめ，1958年に68,130トンに急増したのち，ネグデル時代を通じて，10万トンを越えた何回かの年も交えつつ，増減にかなりむらがあったというのが公式統計の数字となっている（『鄂温克族自治旗志』1997，367頁）。

　家畜小屋やバイシンを造ることは，ブリガドの仕事であり，ネグデルがブリガドに指示を出したり支援をしたりすることはなかった。これらはブリガドの財産であったからである。これらのものを建設するさいには，臨時的な組織を作っていた。そしてバイシンを建てる仕事を終わったならば，その組織は解散した。すなわち長期的な組織ではなかったのである。

9　イミン・ブリガドの牧畜

　ネグデル時代の牧地と放牧のあり方を，イミン・ブリガドの状態によってみてみる。同ブリガドは，上述のようにエンゲリン・アイルより少し北に位置し，ネグデル時代のブリガドの中心とその後を受けた現在のガチャーの中心が，イミン川の西側にある点に特色がある。ネグデル時代，イミン・ブリ

ガドの中心地は，現在よりも東方，イミン川にもっと近い Ergineg というところにあった。この場所は，mačang（馬場）とも言われてきた。

イミン・ブリガドの四季の牧地は，ネグデル前とほぼ同じであったが，ネグデル前には利用されることのなかった南方のフイテン（Küiten）やゴチンゴルブ（Гučinɣurba）を夏と秋に利用するようになっていた。これらは，かなり遠い牧地であるので，かつては，わざわざ出かけることをしなかったのである。ネグデル時代には，ネグデル員の季節の牧地を，ネグデルの牧地の保護と有効利用の観点からネグデルが選定していたことや家畜が増えたことなどから，これらの遠方の牧地も馬や牛のために利用するようになったのである。フイテンは「寒い」の意味をもち，夏も涼しいので，夏と秋に牛馬を太らせるのに好適であった。ここはイミン・ブリガドの西南方，約 100 km に位置し，山がちだが，平原もある。ゴチンゴルブは，イミン川の東側にあり，イミン・ブリガドの南方，約 150km に位置し，山と小さい谷からなる。ここにはオトルに来た牧民が集まるので，エヴェンキ族自治旗の指揮部が設置され，商店なども定期的に開かれていた。

各家畜の牧地についてみる（図 8 参照）。

馬は，ブリガドの牧地という範囲に限ることなく，ネグデルの土地において自由に放牧されていた。冬は，いくつかのブリガドの馬がいっしょになってネグデルの土地で自由に放牧されていた。ただしその牧地はブリガドの中心集落からみて，羊と牛の牧地の外側に存在した。夏と秋の牧地はフイテンにあった。

馬と羊は，イミン・ブリガドの，おもにイミン川の西側の牧地で放牧されていたが，イミン川の東側の牧地でも少しは放牧されていた。

羊は冬に，毎年きまった牧地を利用していた。その牧地は，南北 10km，東西 5km くらいの広さがあり，その中で，1 ヵ月に一度くらい移動をしていた。冬の牧地に行くことを，冬のオトル（ebül-ün otur）と称していた。冬の牧地はジャムトイン・ジャルガ（Ĵamtu-yin jilaɣ-a）などの辺りで，山

近現代フルンボイル牧畜社会の研究   693

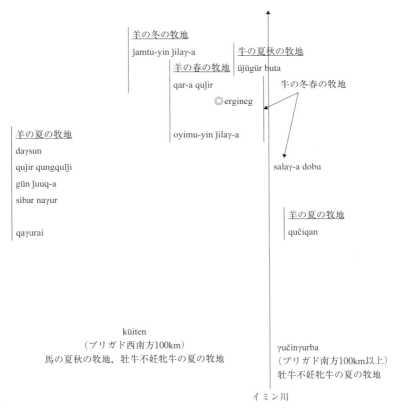

図8　イミン・ブリガドにおける牛と羊の牧地（◎はイミン・ブリガドの中心）

の上の方に位置している。この地は，現在のイミン・ガチャーから西北の方に 5km 位離れたところであり，地形は，文字どおり jilaγ-a（谷）である。山の上の方に位置しているという場合の「山」とは特定の山を指しているのではなく，オルード族の者たちが習慣的にイミン川西方の高いところ全体を，ふつう山（aγula）と称しているその意味での山である。イミンのソム＝ネグデルやガチャー＝ブリガドの中心集落が置かれているのは，イミン川流域で，そこは，周囲を山地・丘陵に挟まれて，盆地状になっている。そのよう

694　第3部　近現代内モンゴル東部地域の研究

な低い土地からみての山なのである。冬の牧地に行くことをオトルと称していたことは，注目される。

　羊の春の牧地（qaburǰiy-a）は，オイミン・ジャルガ（Oyimu-yin ǰilaɣ-a），ハル・ホジル（Qar-a quǰir. 現在イミン炭鉱のあるところ。平坦である。山の麓に当たる）にある。そこには湖がある。ハル・ホジルの西南にはハシャート（Qasiyatu）の谷がある。山の麓に沿って牧民が羊を飼っていた。オイミン・ジャルガは，ブリガドの中心の西7～8kmのところにあり，ハラ・ホジルはブリガドの中心から西北7～8 km のところにある。

　春の牧地に出ることを qaburǰiyan-du baɣuqu といっていた。また töl tosqu と称していた。これは，生まれる子家畜を牧民が受け取るという意味である。春は，家畜の出産と子家畜に対する世話が行われたからである。春の牧地の中では移動をしなかった。

　羊の夏と秋の牧地は，ダクサン（Dagsang），ホジル・ホンゴルジ（Quǰir qongɣulǰi），グン・ゾーハ（Gün ǰuuq-a），シャバル・ノール（Sibar naɣur）（イミン川の西方7～9km にある牧地よりもっと遠い。地形的に丘陵（sili）である），ホーライ（Qaɣurai）にあり，たまにハル・ホジルを利用した。このように，大部分の牧地はイミン川の西側にあったが，イミン川の東の方にあるホチハン（Qučiqan）という牧地（ウイトゲン川の上流辺りにある）に出かけることも，まれにあった。現在のイミン・ガチャーの中心からみて，ダクサン，ホジル・ホンゴルジ，グン・ゾーハ，シャバル・ノールは，やや西南方に向かって約10～20km 離れている。ホーライは，西南方約15～20km 離れたところにあり，ホチハンは，東南方に約15～20km 離れたところにある。遠近のあちこちの牧地が使われていたことがわかる。以上は，いずれも低山，丘陵（sili）である。夏の牧地に出かけることを，otur yabuqu と称し，秋の牧地に出かけることを，namurǰiyan-du ɣarqu と称した。ある年において，どの夏の牧地，どの秋の牧地を使うかはブリガドの方から指示していたが，指定された夏と秋の牧地内の移動については指示・指導をしてい

なかった。そこで牧戸の判断で適宜移動していた。

　牛については，冬は，エルギネク（バイシンが存在した），オイミン・ジャルガ（バイシンは存在しなかった），サラー・ドブ（Salaγ-a dobu.（満洲国時代にソロン旗の建てたバイシンが数戸存在した）の牧地で過ごした。エルギネクとオイミン・ジャルガは，現在のイミン・ソムの中心集落から東方約5km離れたところにある。平原（tal-a）である。サラー・ドブは，イミン川の東側にあり，現在のイミン・ソム中心から東北に約10km離れている。平原である。春の牧地は，冬の牧地に近いところに置かれていたが，冬の牧地とそれほどはっきり区別されていなかった。夏の牧地には，5月20日頃になると，冬・春の牧地を出てオトルの方法で入った。牝牛は搾乳期間，毎年ウズール・ボト（Üjügür buta）というところで搾乳した。ブリガドがここに行くように指示していた。そこに簡単な建物を建てていた。今はイミン炭鉱になってしまったので，それらの建物などの痕跡は残されていない。ここを毎年利用していたのは，ホジル（qujir）とマルズ marja（ホジルを含む土，土地）があり，子牛のための牧草地としてよかったからである。また川にも近かった。それに牛乳を集める場所からも近かったのである。

　牡牛や孕まなかった牝牛（subai üniy-e）は，フイテン，ゴチンゴルブ，ハル・ホジルにオトルに出していた。冬の牧地を保護するためであった。これらの場所にオトルに出ることについては，ブリガドの指示によっていた。これらのどこで放牧するかは，牧民が判断した。フイテンとゴチンゴルブには力のある牡の成牛を連れて行った。ハル・ホジルには，体の弱い牝などが連れて行かれた。ハル・ホジルは冬・春の牧地に隣接し，移動に一日もかからなかった。そこは草がよく，できるだけこの場所の草を食わせていた。またここにはホジルを食わせるためにも利用されていた。

　フイテン，ゴチンゴルブにオトルに出していた牛の群れは，秋の間ゆっくりゆっくり移動して，11月初めに冬の牧地に戻った。つまり特定の秋の牧地があったわけではない。ハル・ホジルに放牧していた牛の群れは，秋の間

696 第3部 近現代内モンゴル東部地域の研究

そのままハル・ホジルにとどまっていて，冬の牧地に入る時期になると，冬
の牧地に移った。移るのに一日もかからなかった。

　ネグデル時代におけるオールド族の季節の牧地，とくに夏と秋の牧地は，
明らかに満洲国時代頃までとは異なって，牛についても羊についても，より
遠くの牧地を使うようになっていたことがわかる。これは，ネグデルがブリ
ガドの牧民に対して，季節の牧地，とくに夏秋の牧地を選定し，かつそれら
の牧地に移動する時期も指示し，季節移動を合理的積極的に行わせていたこ
とによるが，それだけではなく，すでに述べたように，1950年初めからオー
ルド族の経済状況が変化し，牧畜に対する依存を非常に強め，牛や羊・山羊
などの家畜が格段に増えたことにもよると思われる（ただしオールド族の所
有家畜数を知ることはできない）。この経済状況の変化が背景にあって，ネ
グデルもそれらの数多い家畜を飼養するために牧地の合理的な利用をネグデ
ル全体の立場から考慮せざるを得なかったのだと思われる。

　乾草についてみると，ネグデル時代，イミン・ブリガドの草刈場（ハドラ
ン）は，①Salaγ-a dobu，②Bulung，③Gegen γatulγ-a，④Oyimu-yin
jilaγ-aの四箇所にあった。その面積は，具体的に何平方キロと説明できない
が，大変広いものであった。①のSalaγ-a dobuは既出の土地であり，②の
Bulungはそのすぐ南，約1km程度のところにあった。③のGegen γatulγ-aは，
Salaγ-a dobuの西南方，約1km離れたところにあった。④はSalaγ-a dobuの
西1kmのところにあった。

　乾草は，冬春に，主に痩せた馬牛，乗用馬，子牛，孕んでいる牛に与えた。
春になると，孕んでいる羊にも多少与えた。トラクターで草を刈るように
なって，貯える乾草の量が増えてからは，痩せた羊やそれほど痩せていない
牛にも与えるようになった。しかし，一日中，乾草だけで飼養したのは子牛
だけで，これには朝・昼・夜3回乾草を与えた。ただ，水を飲ませるときに，
家畜囲いから外に出した。痩せた馬と成牛は，朝・夜二回乾草を与え，昼は
ドゴイラン近くの牧草地に出した。冬季にやせた馬と成牛に与える乾草と自

然の牧草の割合は，乾草半分，自然の牧草半分，あるいは乾草3，自然の牧草1であった。乾草の比重が大きくなるのは，たとえば，吹雪いた場合や冬の最厳寒期などの特別のときであった。

　ネグデル以前においては，二つ以上の家が隣り合って並んで移動し，下営して，協力して仕事をしていた。このように協同していた家は，qota とか qota ayil と称されていたが，qota ayil と称されることが多かった。ネグデル時代においては，これらは言葉として残っていたけれども，組織自体は存在しなくなった。ネグデル時代にブリガドができて，労働力が十分足りるように労働が組織されるようになったからである。ただし，ある一つのブリガドにおいて羊の群がいくつかあり，それを世話する牧戸のうち2戸が，いっしょに duɣuyilang otur に出かけていくことが行われた。このような二つの家は qani bolqu（友達になる）といわれた。

　以上は，基本的にAからの聞き取りに依拠している。

　つぎに，イミン・ブリガドに居住していて，今もその後身であるイミン・ガチャーに居住しているB（オールド族。男。60歳半ば。ブリガド長も務めたことがある）に対する1995年と1997年の聞き取り，および調査冊子から得られた資料に基づいて，イミン・ブリガド時代の牧畜について記すことにする。なおこの人物は，ブリガドの羊を世話していた。1,200頭から成る羊群であったという。自家保有家畜としては，乳牛，去勢牛，牝馬をそれぞれ1頭ずつもっていた。

　ブリガド時代の牛と羊の四季の牧地は図9のとおりである。これによれば，牛については，冬春秋の牧地は接近して存在していた。そして春と秋の牧地が，別に西北方に少し離れたところに，もう1，2箇所存在していた。夏の牧地というのは，牡牛や不妊の牝牛をオトルに連れて行った牧地なのであろう。羊については，夏の牧地，冬の牧地とあるのは，年々のさまざまな状況によって，夏はここ，冬はあそこにオトルすると決められて利用される牧地を含む，おおざっぱな範囲のことを言っているに過ぎない。羊の ebüljiy-e

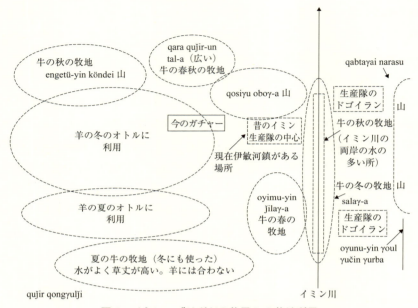

図9　イミン・ブリガドの牧民Bの牧地利用

（冬の牧地），羊の jusalang（夏の牧地）とは言わないという。ともかく，夏と冬に使っていた牧地には，オトルをして行ったことがわかる。馬は，北方にあるハル・ホジリン・タル（Qara qujir-un tal-a）とネグデルの西の方にある牧地で放牧した。牧地は広かった。ハル・ホジリン・タルはハル・ホジルの湧出するところを含む平原を指す。ネグデルの西方の牧地とは，牛の秋の牧地や羊を夏秋にオトルする牧地より，もっと西方にある牧地を指す。

　ブリガド時代，イミン炭鉱が開設される前には，イミン・ブリガドの家畜は 8,000 頭（そのうち牛が 2,000 頭）いて，それらの牛，羊，馬は大部分をオトルに出していた。オトルについては，前章で説明したが，これにはいくつかの種類がある。たとえば，羊のオトルとして，manggir kögegekü という移動の仕方がある。これはマンギルという牧草[130]を追い求めるという意味

であるが，この牧草を探し求めてオトルをするさいには，当座使う炊事・寝具・日用品類だけを積んだ muqulaγ terge（幌の付いた車）だけを運んで羊を追って頻繁に移り，遠いところまでオトルして行って，manggir を羊に食わせて太らせる。これは，könggen otor すなわち「軽いオトル」とも言われる。

これに対して kündü otor というものがある。これは「重いオトル」という意味であり，ある牧戸がブリガドから託された家畜すべて，それに家族を連れ，家財を携えて移動するオトルを言う。この場合，ソーリンを利用することなく，一年の間，四季を通して移動することになる。春の牧地と秋の牧地に移動して入るだけでは，kündü otor をするとは言わない。ブリガド時代およびそれ以前，春の牧地と秋の牧地は，決まった場所を使っていたからである。kündü otor というのは，ネグデル時代になる前から行われていた。これには，羊の kündü otor と牛の kündü otor があった。

Aからの聞き取りによると，ネグデル時代にイミン・ブリガドにおいて，羊の kündü otor を行っていた家は6戸ぐらい存在し，牛の kündü otor を行っていた家は3戸ぐらい存在していた。イミン・ネグデルにおける他のブリガドの状況をみると，羊の kündü otor については，ウイトゲン4戸，ユンフン0戸，アゴイト4〜5戸，バヤンタラ2戸，ビルート6〜8戸，ホンゴルジ4戸，ヒンガン0戸であった。また牛の kündü otor については，ウイトゲン4〜5戸，ユンフン3戸，アゴイト6戸，バヤンタラ4戸，ビルート8戸，ホンゴルジ5戸，ヒンガン0戸であった。kündü otor を行っていた家は，全戸数のだいたい3分の1から4分の1くらいであっただろうという。イミン・ブリガドの場合も，羊と牛の kündü otor を行っていた家を合わせて，同ブリガドの全戸の一部であるにとどまっていた。

以上のように，イミン・ネグデルを構成するブリガドのうち，漢族が多く，おもに農耕を営んでいたユンフンおよびヒンガンの両ブリガドを除く，牧畜を営んでいたブリガドの牧戸においては，一部であったとはいえかなりの戸が，遊牧的移動を行っていたということは，ネグデル時代のイミン・ネグデ

ルの牧畜のあり方を理解する上で，重要な鍵になると言えよう。

ネグデルが組織される前は，春の牧地（qaburǰiy-a）に sarabči（片屋根の家畜小屋）を建設して使うということはなかった。

秋の牧地（namurǰiy-a）には決まった場所を使っていた。それは，冬に備えて家畜をよく太らせるためであった。子を生ませたのち，qaburǰiy-a の来年の状態をよくするために長くとどまらず，夏の牧地（ǰusalang）に入る。ǰusalang で家畜を太らせ，家畜をいっそう太らせ冬の準備をするために namurǰiy-a に入ったのである。

10　ネグデル時代の牧畜の特徴

第2次大戦が終結し，やがてネグデル時代に入ると，オールド族は木材の伐採・運輸，車製造などの木工という，かつて彼らが力を入れて行っていた仕事をあいついで失ったために，牧畜に力を入れないわけにはいかなくなった。つまりかれらは，この時期，牧畜主体の経済を営むようになったのである。かれらが19世紀以前のいずれかの時期において牧畜主体の経済を営んでいたことがあったとするならば，そのとき以来久しぶりに牧畜を熱心に行うようになったと言ってよいであろう。

表20に記したように，イミン・ソムの家畜は，1948年の3,872頭から，ネグデルが結成された年である1958年の16,546頭へと，顕著に増加していたので，1948年以来イミン・ソムの構成員となっていたオールド族の家畜も増えていたに違いない。そしてこのことは，オールド族が牧畜主体の経済へ移行することを比較的容易にしたと思われる。そしてネグデル時代に，牧畜に専念するようになった結果，かれらの家畜は，ますます増えたものと考えられる。表20にあるように，1968年においてイミン・ネグデルの家畜は4万頭以上に達している。そののち家畜数の増減の波を経て，ネグデルが解体途上にあった1982年のイミン・ネグデルにおいて（1984年にイミン・ソムが復活した），家畜数は，31,603頭であった。この時期，1978年をピーク

近現代フルンボイル牧畜社会の研究　　701

としてエヴェンキ族自治旗の家畜は減少の一途を辿っており，牛の数はほと
んど変化しなかったが，小型家畜は約9万頭も激減していたことに注意をし
なければならない[131]。この傾向は，イミン・ネグデルにも共通してみられ，
1982年に31,603頭になったのであろう。イミン・ネグデルの家畜が最も多
かった年は正確にはわからないが，1975年から1982年の間だろうとされる。
要するにネグデル時代，イミン・ソムの家畜は著しく増加したのである。

　家畜の増加とともに，ネグデル時代に見出せるもう一つの家畜関係の特徴
は，羊が著しく増えたことである。表20に記されているように，イミン・
ソムの家畜構成をみると，1948年，1949年，1950年と，牛が最も多く，羊
がそのつぎであった。この傾向は，第2次大戦前においてオールド族に認め
られた家畜構成の特徴と同じであった。しかもイミン・ソムでは，1948年
から1950年に至る3年の間に，牛の方が羊よりも増加が目立っていた。と
ころがネグデル時代に入ってから変化が生じ，羊が増え，牛の数を圧倒する
ようになったのである。ネグデル時代の最後の段階，すなわちネグデルが解
体途上にあった1982年のイミン・ネグデルにおいて，牛が6,023頭であっ
たのに対して，羊は21,982頭であった。山羊も増えたようであり，それも
加えた小型家畜の頭数は24,090頭であった。牛の4倍に相当する。エヴェ
ンキ族自治旗の羊の頭数をみると，1959年に91,729頭であったのが，1968
年には313,902頭にもなっているので[132]，1960年代に激増したことが知ら
れる。このような家畜構成上の変化は，当然オールド族の家畜構成にも生じ
た現象であると思われる。私の聞き取りでも，はっきりした数字はわからな
いけれども，イミン・ネグデルのオールド族を多く含むブリガドにおいて，
牛より羊の方が多かったとされる。イミン・ネグデルにおいても，この時期
に羊が急増したのであろう。

　以上のように家畜が増加し，とくに羊が多くなったことは，オールド族の
間に牧畜に従事する牧民の増加を迫ったはずである。また移動を多く必要と
する小型家畜の急増は，オトル移動に従事する牧民の増加を迫ったはずであ

702　第3部　近現代内モンゴル東部地域の研究

る。オールド族の場合，それまで羊が非常に少なかったのであるから，それ
がおおいに増えれば，オトルに出る牧戸も当然増えたはずである。

　だがおそらく，家畜の大幅な増加の割に，牧業に従事する牧戸・牧民の数
は，顕著に増えることはなかったと思われる。この問題を，イミン・ネグデ
ルに関して調べるための資料がないので，不完全ながら統計資料のあるエ
ヴェンキ族自治旗全体に関する資料によって旗全体のおおまかな傾向がどう
であったかをみてみたい。

表22　エヴェンキ族自治旗の人口と家畜変動状況

	戸数		人口		家畜数		
	総戸数	牧業戸＊	総人口	牧業人口	家畜総数	大型家畜（牛・馬・駱駝）	小型家畜（羊・山羊）
1953	1,616	－	6,399	－	143,937	42,298	101,639
1958（ネグデル設立）	2,238	－	10,612	－	140,196	49,805	90,391
1964	4,264	－	19,015	10,936	318,295	83,297	234,988
1965	4,402	2,623	19,994	11,456	358,767	89,414	269,353
1968	5,055	3,055	23,933	12,756	438,196	84,321	353,875
1972	7,150	3,274	37,415	15,389	317,949	59,575	258,374
1973	7,705	2,851	42,912	14,268	340,696	62,626	278,070
1976	10,656	3,070	61,907	14,583	402,903	70,366	332,537
1978（生産責任制導入）	14,414	3,107	76,561	14,174	450,447	74,958＋	375,489
1979	16,327	－	83,330	24,161	433,362	71,835	361,527
1982	14,036	－	92,194	22,483	355,642	70,498	285,144
1990	33,386	－	129,687	32,095	280,270	114,304	165,966

鄂温克族自治旗1977の表4-3および表17-5をもとに作成した。

＊牧業戸数は，1964年～1978年の期間だけしかわからない。この期間における牧業戸数の変動の
　特徴を記すと，1968年にはじめて3,000戸を越え，1972年に牧業戸が最も多くなり，1973年に
　ふたたび3,000戸を割り，1976年にまた3,000戸を越えた。

近現代フルンボイル牧畜社会の研究　703

　表22から，肝心のネグデル設立前の牧業戸・牧業人口の数が不明である
こともあって，ネグデルの結成が牧業戸・牧業人口の数にどのような影響を
与えたかを知ることはできない。ネグデル時代における家畜の増減と牧業人
口および牧業戸の変動がどのように関連しているかについては，家畜の増加
が敏感に牧業戸・牧業人口増となって現れず，また家畜の減少も敏感に牧業
戸・牧業人口減となって現れていないことがわかる。言い換えると，両者の
間に明確な相関関係を見出すことはできない。ただ，1978年に14,174人で
あった牧業人口が，この同じ年に生産責任制が導入された影響が出たものと
考えられるのであるが，翌1979年に24,161人と急激に増えたことは，示唆
的である。

　このように家畜の増加が家畜飼養に従事する牧民の数の増加となって現れ
なかった理由は，ネグデル以前に牧戸が私有家畜を個別に飼養していたとき
には，個々の牧戸の畜群を構成する家畜の数は牧戸の貧富の差などによって
まちまちでむらがあり，その結果大小さまざまであった畜群をそのまま牧戸
が単独または2，3戸で共同して世話していたのに対して，ネグデル時代に
は各ブリガドがブリガド所属の公有家畜をブリガド内の担当牧戸それぞれに，
割合均等にかなり多い頭数ずつ割り当てて効率的に管理させていたからであ
る。たとえば小型家畜の世話について言うと，1ソーリの畜群をオトル放牧
するための単位（1牧戸＋1牧民）をつくり，その単位それぞれに，ブリガ
ド所属の小型家畜を800頭–1500頭ずつ割り当てて群れを編成して管理させ
ていた（呼倫貝爾盟地方志辦公室1986，93頁）。事実，前述のとおり，イミ
ン・ブリガドの例では1羊群は1,200頭とか1,500頭から成っていた（第3
節の9参照）。またアゴイト・ブリガドの例では1,000頭以上から成ってい
たのである（第4節の5参照）。そこで，かりに1万頭の家畜がいたとして，
その世話に従事する戸数は，ネグデル前に比べてネグデルのときの方が，か
なり少ない牧戸で間に合ったのである。

　ネグデル時代の牧畜において，その前に比べて，より顕著にみられるよう

704 第3部 近現代内モンゴル東部地域の研究

になった現象は，オールド族の牧畜の移動性が増した点であろうと思われる。ネグデル時代のオールド族の牧畜は，言うまでもなく社会主義的牧畜が目指された関係上，家畜や牧畜用具などが集団で所有され，集団労働による牧畜が行われ，それ以前の伝統的な牧畜を激変させた。だが牧地の利用方法については，戦前期の牧畜の流れを受け継いでいた。とくに移動の仕方について，そのことが言える。すなわち牛とりわけ牝牛については，戦前と同様にイミン川を渡って往復する近距離の季節移動を行い，羊と搾乳用以外の牛の多くについては，それにもちろん馬についても，オトル移動を牛の牧地より遠い場所で行っていた点が，そうである。ネグデル時代の牧畜に見出される一つの特徴は，イミン川沿いにあった夏秋の牧地での牛の飼養が，子牛を生んだ牝牛の搾乳と飼養に特化されたことである。

ただネグデル体制下にあっては，かつてなく組織の指導力が強まったので，種々の特徴もまた見出される。たとえば羊，牛（牡や不妊牝牛など），馬のオトルのための牧地の選定や移動時期の決定にネグデルが関与し―馬の牧地選定には旗も関わった―ネグデル内の牧地全般―馬については旗内の牧地全般―の情況を考慮して判断し指示することが行われた。その結果，ネグデル時代にオールド族の牧畜の移動性が戦前に比べて強まったことが指摘できる。

今，この点について少し詳しくみてみたい。牛と羊のオトルに関わった牧戸は，あらためて記すと，表23にあるとおりである。

イミン・ネグデルを構成したブリガドのうち，ユンフンはおもに漢族から成るブリガドであるが，耕地が十分にないので，農耕主体の経済ではなく，牛を飼ったり，トラクターによる運送を行ったり，いろいろなことをしていた。漢族なので羊は飼っていなかった。またジダン Jidang（吉登）は，おもにエヴェンキ族から成り，狩猟を主体とする経済を営んでいたので，牛羊ともに取るに足らなかった。そこでここで分析対象として取りあげるのにふさわしいのは，ウイトゲン，イミン，アゴイト，バヤンタラ，ビルート，ホンゴルジの6ブリガドということになる。これら6ブリガドから牛と羊のオト

近現代フルンボイル牧畜社会の研究　705

表23　イミン・ネグデルのブリガドの戸口と家畜数およびオトルに出た戸数

		文献資料に基づく数字（1982年）			聞き取りに基づく数字（概数）			
		戸数	人口	家畜数	戸数[注4]	オトルに出た戸数		
						牛	羊	牛＋羊
呼倫貝爾盟地名志 1990 伊敏蘇木の項の	総説記事（302頁）に基づく	583	2943[注2]					
	各ガチャーへの説明記事（302-303頁）に基づく							
ビルート村		400	1400[注2]					
ユンフン		56	315		60	3	0	3
ウイトゲン		39	207		30	4-5	4	8-9
イミン		58	239		30	3	6	9
アゴイト		39	184		40	6	4-5	10-11
バヤンタラ		33	145		20	4	2	6
ビルート		55	293		50	8	6-8	14-16
ホンゴルジ		49	249		50	5	4	9
ジダン[注1]		25	117		20	0	0	0
小　　計		354	1749		300	33-34	26-29	59-63
総　　計		754	3149					
鄂温克族自治旗志 1997，82 とゲレルト 2001，p. 26 に基づく数字		615[注3]	2853	31603				

注1：ジダン jidang（吉登）は1982年に設立された新しい生産隊。1978年ころに設立されたという意見もある。jidang はエヴェンキ語で興安嶺という意味（『呼倫貝爾盟地名志』1990, 303頁）。

注2：『呼倫貝爾盟地名志』1990 のイミン・ソム（イミン・ネグデル）の家畜数に関する記事は，記載内容に大きな誤りがあると思われるので，本表では採用しなかった。総説記事（302頁）にはソム（ネグデル）家畜総数を 15,573 頭とするが，档案に基づいたゲレルト 2001 の26頁の 31,603 頭と比べて少なすぎる。また各ガチャーへの説明記事（302-303頁）には，ビルート村 1,000，ユンフン 746，ウイトゲン 3,503，イミン 994，アゴイト 2,644，バヤンタラ784，ビルート 2,422，ホンゴルジは家畜数記載なし，ジダン 198 とする。ホンゴルジを除く 7 ガチャー（ブリガド）の家畜数は 12,289 頭であり，異様に少ない。そもそもイミンが784 頭，バヤンタラが 784 頭というのも少なすぎる。資料利用上の誤りがあるとみられる。

注3：ソム（ネグデル）中心地の戸数は含まれていない。

注4：ネグデル時代の各ブリガドの戸数は平均してだいたいこのくらいであったということを記憶によって示したものである。

706   第3部　近現代内モンゴル東部地域の研究

ルに出た家は，表23によれば56－60戸である。このほか，各ブリガドに馬
の群れが一つずつあり，それらもオトルに出されていたのであるが，2，3
のブリガドの馬群を一まとめにして一つの大馬群を編成して世話していたと
いうから，1000頭をある程度超える馬がいたとみられるイミン・ネグデル
では，3馬群が編成されていたとみて[133]，それらを加えると，59－63戸がオ
トルに出ていたということになる。総戸数は，聞き取りによれば220戸であ
るから，だいたい7分の2くらいの家がオトルに出ていたことになる。また
『呼倫貝爾盟地名志』1990によれば273戸であるから，4分の1近くの家が
オトルに出ていたことになる。

　表24の「イミン・ソムの人口変動状況」をみるとわかるように，同ソム
の戸数は着実に増えてきたが，とくに1978年から1982年の間に，大幅に
120戸も増えた。そこでその前の時期つまりネグデル時代の大半の期間にお
ける上の6ブリガドの戸数は，273戸より少なかったとみられ，むしろ聞き
取りから得られた戸数に近かったとみた方が妥当であると思われる。とする
ならば，オトルに出た家はこれらのブリガドに属する家の7分の2くらいで
あったとみるのが実情に近いと言えるのではないだろうか。

表24　イミン・ソムの人口変動状況

	総戸数	総人口	エヴェンキ	モンゴル	ダグール	漢	その他
1953	258	1059					
1964	487	2326	727	858	171	525	45
1971[注1]	836	3984	885	1491	285	1232	91
1978	496	2820	901	1025	379	486	29
1982	615	2853[注2]	924	1005	302	589	33
1990	670	2830	1012	1017	186	613	2

『鄂温克族自治旗志』1997，87頁所載の表4-12に基づく。
注1：1971年に戸数，総人口がその前後に比べて極端に多いのは，ホンゴルジ林業局のそれを含て
　　いるからである。
注2：『呼倫貝爾盟地名志』1990，302頁の数字と一致しない。

さて，オトルに出かけたこれらの家に，ソーリンすなわちブリガドの中心地やドゴイランに居住していた家の男が牛と羊のオトルには1人ずつ加わり，馬のオトルには1人ずつ加わったのである（馬のオトルには1馬群につき1戸＋2人が割り振られたので，3馬群に対して6人の補助が付いた。そこで1ブリガドにつき1人ということが言える）。これによって，オトル戸と同数かそれに近い数のソーリン（居住地）に住む家がオトルに参加していたことになる。両者を合わせると，最大で6ブリガドの7分の4に近い家がオトルに関わっていたと推測される。ブリガド長，会計，倉庫管理係，婦人連合会主任，獣医，党書記，共産主義青年団支部書記などは牧畜の仕事に直接従事しないで，家族が牧畜作業を行ったにすぎないので，これらの家を0.5牧戸と計算して全牧戸から減じると，ブリガドに占めるオトルに関わった牧戸の実質的な割合はさらに高くなり，6割くらいであったろう。

　ここでいうオトルは kündü otor であった。kündü otor は，上述のように，オトルを称していたけれども，オトル戸が家族ぐるみで家財もすべて運んで出かけ，ブリガドから世話を委ねられた家畜をすべて引き連れ，年間を通じて牧地を転々と移動して飼養したのであるから，オトルの本質である出張的な移動を行っているとはみられず，実質はまさに nutuγ soliqu とか nutuγ selgükü と称される移動のタイプであったとみなされる。すなわちわれわれが通常遊牧と考えているのと同じような移動を行っていたのである。

　すでに何度も述べたように，これらのブリガドを構成した家々のうち，乳牛や2歳牛や孕んでいる牛や痩せた牛馬などの世話をする仕事を行い，夏秋季に，搾乳ドゴイランで牝牛の搾乳と牝牛への授精，草刈，乾草運搬，固定家屋の建築や修理，家畜囲いや家畜小屋の建造や修理，羊毛刈りなどに従事していた，移動回数の限られた短距離の季節移動を行っていた牧戸や牧民すなわちソーリンニーヒが，オトルに関わった牧戸や牧民すなわちオトルチドの数に匹敵するほど存在していた。

　これらの人びとの移動回数は少なく移動距離も短かったとはいえ，ともか

708 第3部 近現代内モンゴル東部地域の研究

く季節移動を行っていたおもな理由は，牝牛の搾乳と世話にあったのである
から，搾乳用牝牛の世話をしていたソーリンニーヒを切り分けて，ソーリン
ニーヒの他の部分と区別する見方もあるかもしれない。そしてこの部分は，
最も定着性が強いはずだとするのである。しかしこのような見方は妥当とは
いえないだろう。そもそもこの部分は，ともかくソーリンとサーリを往復し
ながら行われたからである。しかも大切なことは，その仕事は，ソーリンと
サーリの間を往復する家畜のためだけになされたわけでもない。たとえば彼
らの行った草刈や乾草運搬も，家畜小屋や家畜囲いの建造や修繕も，オトル
に出ることのない家畜のためだけになされたわけではなく，必要に応じて，
オトルに出される家畜の利用にあてることも想定されていたのである。たと
えば乾草を春に，孕んでいる羊にも多少与えたり，貯える乾草の量が増えて
からは，やせた羊などにも与えたりするようになっていたのである。それに
また，羊毛を刈ることは，オトルに出た羊に対して行うものであった。従っ
て彼らは，オトルチドとオトルチドが世話をしている家畜のためにも働いて
いたとみるべきであり，オトルにも深く関わる存在であったと考えられる。

　このように分析してくると，イミン・ネグデルの牧畜について得られる結
論は，つぎのようになろう。当時そこには，第1に家畜の大半をオトルに
よって世話をし，長距離で頻繁な移動をする最も数の多い牧民がおり，また
第2におもに乳を出す牝牛や限られた家畜を，2，3回だけの短距離の季節
移動を行って世話をする，定着傾向を帯びた牧民が少なからずいた。そして
第3の存在として，第2の牧民と行動を基本的にともにしながらも，第1と
第2の牧民のために補助的な牧畜上の仕事に従事する人びとがいた。これら
の第3の部分とも称される人びとは，牝牛の世話をする人びとと同様，ソー
リンで仕事をすることが比較的多かったので，ソーリンとサーリを往復する
第2のタイプの牧民と一体化した存在とみなされがちであった。だが実際に
は，オトルに出た牧戸・牧民そしてかれらに世話された家畜にも深く関わる
仕事をしていたのである。

このような構成部分から成るイミン・ネグデルの牧畜は，さきほど検討したばかりのオトルチドの数が最も多いことからみても，本節の6において述べた，ブリガドの牧畜生産物収益において上位を占める家畜売却収入と羊毛売却収入がオトル対象の家畜飼養に関わることからみても，基本的にはオトル移動で家畜を飼養することが基幹をなしていたとみなされる。そして，当時行われていたオトルが kündü otor であって，遊牧そのものであったとみられることからすると，イミン・ネグデルにおける牧畜は，遊牧であったと結論づけられると思われるのである。

このようなネグデル時代の牧畜のあり方は，ネグデルやブリガドの指導と関連するところが大きかった。オトルに出かけるソーリの編成，オトル先の牧地の選定や移動時期，草刈の組織や草刈の時期，その他家畜小屋・家畜囲いの建造，搾乳ドゴイランにおける乳牛の婦人たちへの適正な割り当てその他に，指導性が発揮された。これらの多くは，ネグデルという組織があってはじめて可能となったと言えよう。当時の牧畜のあり方は，「ネグデル指導型遊牧」とでも称されるべきものであった。あるいは「ネグデル管理型遊牧」と言ってもよい。

ネグデル管理型遊牧にあっては，基本的にネグデルやブリガドが，それぞれの指導力によって，各種の家畜に対する季節の牧地を適正に配置するように努め，それらの牧地をオトル移動や季節移動の方法を用いて利用して，持続的に利用することを可能ならしめようとした。その場合，移動をあまり行う必要のない家畜については，少ない移動で済ませていたが，基本的には適切な移動を牧民に行わせようとした。イミン・ネグデルにおいて移動主体の牧畜が行われていたのは，そのためであった。このこともあってネグデル時代に，現在のように草原の退化が目立つことはなかった。

ネグデル時代の20余年の間，牧畜は政治の嵐にあまりにも吹き晒され，牧民が安定した状態で遊牧に専念できた時期は少なかった。そのせいで，家畜が順調に増え，その増加が長期間継続することは，ついになかった。表

710 第3部 近現代内モンゴル東部地域の研究

22に明らかなように，ネグデル設立初年度の1958年から1964年に至る間に大型家畜も小型家畜も増えたと言えるのであるが（実際には牛のみは半数以下に激減した），そののち1982年までの間，増えたとはっきり言えるほどには増えておらず，文字どおり増えたり減ったりの状態であった。このことも，この時期に過放牧による草原退化が引き起こされることがなかった一つの理由であろう。

ところでネグデル時代において家畜の増加がみられたいくつかの時期の状況をみると，第一に政治的に安定していたこと，第二に自留家畜数が緩和されたことが挙げられる。この二つの条件が備わると，家畜は急速に増えるのが常であった。そこで，政治が安定し，家畜の公有制を廃止し，家畜を全面自留換言すれば牧民の私有としたならば，生産意欲が最大となり，家畜が増加に増加を重ねることは明らかである。

ここで牛の飼養に関して述べておきたい。ネグデル時代，イミン・ネグデルには，1960年代になってから搾乳ドゴイランが存在するようになったと言われ，戦前からのサーリの体制が，いっそう整えられた。このことはエヴェンキ族自治旗の中でもイミン・ネグデルの特徴であったことは，すでに述べたとおりである。

おそらくこのころから，搾乳ドゴイランで搾られ集められた牛乳が，ハイラルの乳製品加工工場に売られるようになったのであろう。ハイラル市には，すでに1950年はじめに乳製品工場がつくられ，稼動していた[134]。当然，牛乳を商品としてハイラルの工場に売るようになって以来，その収入は，ブリガドの重要な収入源となった。このように乳を組織的に搾り，それを売って収入を得るということも，ネグデル時代におけるイミン・ネグデルの牧畜の新たな特色となったのである。

イミン・ネグデルは，エヴェンキ族自治旗の中でも，牛の飼育に適した場所に位置して，昔から牛がよく飼われてきたから，ネグデル時代に安定した状態で牛が飼育できて，牛の飼育頭数が順調に伸びたならば，牛乳の生産も

格段に増え，牛乳の売却は，イミン・ネグデルにとって，もっと重要な収入となっていたであろう。しかしながら，ネグデル時代におけるエヴェンキ族自治旗の牝牛の頭数変動を調べると，伸び悩んでいた。その状況をみると，1958 年には繁殖母牛は 13,305 頭であったが，1962 年にはネグデル化のさいの混乱や 3 年に及ぶ自然災害の影響を被ったけれども，18,105 頭と増え，1963-1965 年には個人が一定数の乳牛を養うことが許されたため，1965 年には 26,615 頭に増えた。だが 1966 年 -1976 年のいわゆる「文化大革命」期には個人の家畜飼育が批判されたので，乳牛は年々減り，1976 年には 15,617 頭に下降した。そして 1980 年には 16,286 頭であった。その後経済体制改革の効果が現れ，1985 年には 2 万頭を突破し，1990 年には 37,357 頭に増えた[135]。これによれば，ネグデル時代を通じて，繁殖母牛の頭数は 15,000 頭から 2 万を超える頭数の間で推移していたことがわかる。ちなみにネグデル時代における繁殖母牛頭数のこのような変動の波は，当然呼倫貝爾盟段階でも平行してみられた[136]。

　このような状態であったから，牛乳の産量も順調に伸びず，2,000 トン台から 4,000 トン台の間を行き来していた。安定して 4,000 トン台になったのは 1973 年からであり，5,000 トン台に増えたのは，生産責任制を採用したのちの 1980 年のことであった[137]。この牛乳の産量の推移は，おそらくイミン・ネグデルにおいても同じようにみられたであろう。このような状態であったから，ネグデル時代，牛乳の売却益が順調に伸びて，ブリガドの財政における重要性が年を追うごとに高まったということはなかったのである。

　乾草についてみると，オールド族はすでに戦前期から盛んに牧草を刈り取って乾草として利用してきたので，ネグデル時代にはじめて牧草の刈り取りが本格化したとは言えない。ただしブリガドが指導力を発揮して刈り取り班を組織して，刈り取りの効率化をはかり，乾草の質の均一化に努めたことは，組織の指導力の強かったネグデル時代ならではの特徴として指摘できよう。また草刈の機械化に努め，トラクターと草刈機を本格的に導入したこと

712　第3部　近現代内モンゴル東部地域の研究

も，この時代の特徴として指摘できる。

　乾草収蔵の囲いを造り，また冬春のために家畜小屋や家畜囲いを組織的に建造したことも，新しい特徴であった。この時期，内モンゴル自治区の広範囲において本格的に品種改良が家畜全般に対して試みられたことも，指摘できる。家畜小屋（sarabči）や家畜囲い（xaшaa/khasiy-a）には，イミン・ネグデルでは冬春季におもに牛が入れられたが，メリノー系の改良羊も，家畜小屋を必要とした[138]。メリノー系改良羊は，また冬春季に乾草も欠くことができなかったのである[139]。

第4節　ネグデル解体後

1　請負生産制の導入

　いわゆる「文化大革命」が失敗し，1978年末の中国共産党11期3中総会以後，「人民公社」の弊害を除去して生産を立て直すために，全国の農村において「農村経済体制改革」が行われた。この改革の骨格をなすのが「家庭聯産承包責任制」と呼ばれる世帯単位の生産請負責任制で，土地は公有だが，農家は土地の生産経営を長期的に請け負うというものである。人民公社は，1982年に「政社分離」の原則に従って解体され，1984年に正式にソム（蘇木）〔郷と同格〕に移管された。またブリガド（生産隊）はガチャー（村）に転換された。

　この間，1981年から次第に「家族的経営牧場」と「家畜と草地の二重請負制度」という仕組みが導入された。具体的には，生産隊所有の家畜を，定期分割払いの形で牧民に払い下げ，私有を許し，これと同時に牧民に一定面積の草地を請負の形で配当し，長期的に草地を使用・相続する権利を与えたのである。ガチャーは牧民に生産目標を提示し，牧民は集団福祉事業に振り向ける公益金，郷・村の拡大再生産に充てる公共累積金と税金を払うととも

に，草地を管理する義務が課せられた。1985年までに，95％の家畜が牧民に配当され，大半の草原の所有権と使用権が確定された。1985年10月，これらの制度は「中華人民共和国草原法」によって正式に定められた。1990年の段階で，内モンゴルの牧民における一世帯の草地は約333～2,000ha，家畜は数100～1,000頭であったと言われている[140]。

内モンゴル自治区の定めた牧畜改革の方針は，盟から旗へ，旗からネグデル（ソム）へ，ネグデル（ソム）からブリガド（ガチャー）へと，自治区の下位機関に順次下ろされ，各段階において根本の部分は一応遵守されつつも，その土地土地の実情も考慮に入れられ，実施内容や実施時期に差異が生じた。とくに最下位の機関であるガチャーは，直接の実行機関として，地域の実情に十分配慮せざるを得ないことから，ガチャー間で施行内容や時期に実にさまざまな違いが生まれるに至った。このことは，イミン・ネグデル（イミン・ソム）内のガチャーに関しても当てはまることである。

しかし私は，それらの各ガチャーに対する調査は行っていない。オールド族が多いアゴイト，イミン，バヤンタラの三つのガチャーに対する調査も十分ではない。そこで，ここでは，ガチャー段階の牧畜改革の過程を細かに検討することは避けて，エヴェンキ族自治旗レベルにおける極めておおざっぱな状況を，おもに『鄂温克族自治旗志』1997によって述べるにとどめたい。

まず種々の形式による経済責任制の普及の段階があった。すなわち1978年から，牧戸や牧戸のグループに対して，所属するブリガドの牧畜生産に責任をもたせる制度を導入した。その仕組みに8種類があったとされ，エヴェンキ族自治旗内の50のブリガドが，そのいずれかを実施したのであるが，それらは基本的にはブリガドが牧戸に一定のノルマを課して責任をもって畜群を管理させ，ノルマを超過して達成した部分は，報奨として牧戸に与え，超過生産を奨励したのである。そして一部のブリガドは，ノルマ未達成部分を賠償させるというものであったようである。

1982年に，中共中央1号文件の精神に基づき，「ノルマ管理をし，比例分

714　第3部　近現代内モンゴル東部地域の研究

配し（すなわち新スルグである）」,「現金に換える」責任制を実行しはじめた[141]。すなわちもし家畜を2：8の割合で分配するということで牧民がブリガドの家畜を請け負えば,飼養し生育した幼畜の20％を牧民のものとし,80％を集団（ブリガド）のものとし,年末に実物を現金に換えるのである。8つのネグデルを構成する50のブリガドのうち,この責任制を実行したものが45あった。そのうち家畜を請け負った牧戸の数は1,110（総戸数の48.9％）あり,これらの牧戸が142,834頭の家畜を請け負った。他の5ブリガドは,ノルマ管理給料制を実行したとされる。すなわちこれも二つの方法が実施されたのである。

　つぎに家畜と牧地の両方について,請負責任制が実行に移された。すなわち1983年から,一部のブリガドが,“価格をつけて戸のものとする”経営方式を実行した。これは,ブリガドの家畜のすべてを,価格を付けて牧民に請け負わせ,牧民は請け負った家畜の値段分の金を分割払いで返済するというものである。

　1984年7月に,エヴェンキ族自治旗地方の実情をにらみ合わせて,中国共産党エヴェンキ族自治旗委員会は「中央⒅1号文書を貫徹実行するために,牧区の商品生産を発展させることに関する具体的な意見」を出し,つぎのように指示した。「各公社は,大衆の望みに基づいて,家畜に価格をつけて戸のものとし,分割払いで元金を返済するという経済形式を実行してよい。家畜に価格を付ける規準は,現行社会の価格より低くなければならず,実際の規準は牧民の民主的な討論によって決定する。家畜に付けた値段を返済する年限は,10年以上であってよく,ひどい自然の災害を被った重点区と生活に確かに困難がある貧困戸に対しては,返済期限を15年以上に延長してよい」と。

　この精神に基づいて,エヴェンキ族自治旗は全面的に価格を付けて戸のものとする,分散経営方式を推進して,「集団経営を主となす」牧畜業経営形式を変えて,「家庭経済を以て」基礎とする路線にのせた。この一時期,全

旗の価格をつけて戸のものとした家畜は，40,726頭で，つけられた価格の総額は293万元であったとされるが，わずか40,726頭という家畜数の少なさからみて，このとき，ごく一部のガチャーにおいてこの牧畜経営方式が実行に移されたに過ぎないことがうかがわれる。

　これと同時に，牧草地（草牧場）の「双権（使用権と所有権）」の固定工作を推進した。すなわちこの文書に基づいて，「草刈場（草場）の使用権を戸あるいは共同経営者に固定し，同時に戸あるいは共同経営者に冬春の放牧場の使用権を定め」，家畜および労働力，人口などの要素を考慮して牧草地を定めることを実行した。牧地の固定後は30年変えないことにした[142]。使うことが許可された牧地の経営にあたっては，規定に従って草原管理費を納付しなければならない。1986年に至って，旗全体の「所有権，使用権を固定した牧草地の」面積は1,181,017ヘクタールであったとされる[143]。これは，旗の利用可能な牧草地の実に99％以上になるが，そのまま信じるわけにはいかない。とくに牧地の使用権の固定がそれほど短期間で実施されたとは思われない。私が調査したイミン・ソム内のアゴイト，イミン，バヤンタラの3ガチャー（嘎査）[144]では，この時期以後，1996年6月〜1997年10月の間にも，牧地の固定化が行われているのである。

　要するに1983年から，特に1984年からは，ブリガドの家畜については，値段をつけて評価し，それに基づいて家畜を牧戸に与え，与えた分を分割払いで元金を返済させることとし，その飼育を牧戸に任せ，また牧地については，その使用権を種々の条件を付して牧戸に長期間固定したのである。これらによって，牧戸が牧畜経営の単位として牧畜生産を全面的に請け負う体制ができあがったのである。「このような牧草地の使用権と牧草地を管理し，利用し，建設し，保護する責任を，長期間固定して最下部の生産単位，すなわち家庭経営，共同経営に与え，多くの牧民が牧草地を利用し，管理し，建設し，保護する積極性と責任感を効果的に結集し，牧畜業を経営することと牧草地を経営することを緊密に関連させ，畜産を建設する歩調を早めた」の

716　第3部　近現代内モンゴル東部地域の研究

である[145]。

　それでは，これらのことがイミン・ソムではどのように実施されたのか。実際にはそれは相当に複雑であるし，今のところ具体的な実施内容を十分に把握できていないので，すべてを述べることはできない。ここでは，私の調査によって知ることができた範囲内のことを記したい。

2　イミン・ネグデルにおける請負生産制の導入

　エヴェンキ族自治旗の一部のブリガドでは，上述のように1983年にブリガドの家畜に値を付けて各戸のものとすることが実施された。イミン・ネグデルについていうと，この年イミン・ガチャーでもこのことが行われた。1984年には，エヴェンキ族自治旗全体で，ブリガドの家畜に値段をつけて各戸のものとし，牧地の使用権を固定して各戸あるいは共同経営者のものとすることが行われ[146]，牧戸が牧畜経営を請け負う段階に入った。その結果，1984年にネグデルとブリガドは解散し，ネグデルはソムとなり，ブリガドはガチャーとなったのである[147]。すなわちイミン・ネグデルはイミン・ソムとなり，イミン・ソム内のブリガドはガチャーとなった。例えばイミン・ブリガドはイミン・ガチャーとなり，アゴイト・ブリガドはアゴイト・ガチャーとなったのである。

　1）アゴイト・ガチャーの事例　調査対象者C（オールド族。男。30歳前半）の所属するアゴイト・ガチャーについてみると，請負生産制の導入は，かれの父親（羊飼）が家の主人であった時代に進められたことであり，Cはまだ若かったので，このことに関わる立場になかった。そして父親が，1986年に亡くなってしまったため，父親に対して行われた請負生産制の導入の過程を十分に知ることはできなかった。今，Cが記憶していたことを述べると，かれの父親は，1978年以来の生産責任制が実施された時期に，羊を世話していた。そのさいの条件は，例えばある牧民が「羊5頭を翌年までに7頭に

増やして欲しい」という条件でブリガドから請負って，それを実際には10頭に増やしたとすると，その牧民は3頭をもらうことができるというものであった。Cの父は，そのようにして200頭の羊をもらったのだという。

1987年にガチャーから，Cとその兄弟の計3人に，ソーリン（遊牧民の固定的な住居）の付近に牧地が分配された。広さはわからない。牧地と草刈場の区別はなかったが，分配を受けたときに，ガチャーの方から，ソーリンに近い方を牧地として使い，遠い方を草刈場として使うように指導された。だが牧草の状態からみて，指導に従うわけにもいかず，現実には牧地と草刈場の区別をしないで利用している。草刈場の周りを囲うことはしていない。1995年当時内モンゴル自治区の各地で草刈場を鉄条網などで囲うことが行われていたが，イミン・ソムではそのようなことはなかった。そもそも1995年と1997年における私の調査によれば，フルンボイル盟の大興安嶺山脈西の牧畜地帯全域で，草刈場を杭や鉄条網で囲うことは行われていなかった。

上述のように，C兄弟が使用権を認められたのは，草刈場を含む牧地であった。その牧地において，Cの2人の兄は牛と馬を一年中飼育した。それに対して，Cは自分を含む兄弟3人の羊を合わせて管理し，春の4月初めから1ヶ月程度続く子家畜の出産の時期にそこに滞在し，秋の9月中旬から約1ヶ月の間，冬の準備をしたり，集められた乾草が家畜に食われないように監視したりするために，その周りにいたほかは，すなわち冬と夏は，牧戸に固定されていない，未分配のソムの牧地を利用して，そこに家畜を伴ってよい牧草を求めて遊牧移動していた。すなわちオトルしていた。そして1995年当時には，使用権の固定によって管理するようになった牧地に対する管理費（草原管理費）を支払っていなかった。

1996年になると，ふたたびガチャーが牧地と草刈場を，牧戸の人数と家畜数を基準にして分配した。草刈場は，イミン川の東方のホチハン qučiqan にあり，Cの家の西方に当たる。広さは1,900ムー（約127ha）あり，南北

の長さは 450m 〜 500m ある。境界は，それほどはっきりしていない。分配を受けた牧地や草刈場の使用料を払うべきであるのだが，私が調査した1997 年の段階でまだ使用料の規準が決まっていないので，支払っていなかった。

　1996 年における牧地と草刈場の分配の結果，季節ごとの牧地がなくなってしまい，ソーリンを作って居住して牧畜するようになってしまった。ソーリンは冬営地であったところに置かれている。

　2）イミン・ガチャーの事例　イミン・ガチャー（1984 年にイミン・ブリガドからイミン・ガチャー Imin γačaγ-a に替わった）の事例を，B に対する調査によって述べると，1983 年に家畜に値段をつけて評価して牧戸のものとする経営方式が採られたようである。これは，1984 年に旗全体で実施された請負生産制の導入に先立つ，それに向かっての旗内における先進的な動きであったとみられる。ただし 1978，1979 年以後 1983 年に至るまで，どのような生産責任制が行われたのかは，調べていない。

　ともかく，1983 年における家畜の各戸への分配の基準は，つぎのとおりであった。すなわち 1958 年にネグデルが組織されたときに，個人の家畜は全部ネグデルのものとなった。そのさい，それらの家畜に値段を付け，家畜につけられた値段の総額をネグデルが返すと約束した。そして 1958-1983 年の間に，総額の 50 ％を牧民の家に返し終わっていた。従って，1983 年にネグデルが家畜をネグデル員に分配したとき，B は残額 50 ％分を，家畜の値段に換算して算出された頭数によって返してもらったのである。このとき，子羊，子牛，子馬は，返還の数に入れず，それぞれの母畜と合せて 1 頭と計算された。これは，イミン・ブリガドのみが行った計算法であった。このような方法をとった理由は，このブリガドはもともと 28 戸から成っており，それらはネグデルが組織されたさいに，ネグデルに自家の家畜を渡したが，その後他の旗から移入して来た家は，ネグデルに家畜を渡さなかったので，

もしネグデル結成時に家畜をネグデルに提出した家に対して，母家畜に子家畜１頭ずつを付けて返還しないと，それらの28戸が損をし，新参者である戸が得をすることになるからである。これらの28戸は，ネグデル結成時からネグデルに貢献していたことを考慮されたのである。また，1983年にもブリガドから１頭ずつの去勢牛が無料で与えられたという。

ただし，新参者である家には，同じ1983年に，牝牛１頭と乗用馬１頭が，1958年当時のそれらの価格より少し高く，1983年当時の価格よりかなり安い価格で売り渡された。売り渡された牛と馬の金は取り終わった。

羊は，1983年に各家に返してなお残っていたので，それらをブリガドの全戸に16頭ずつ分配した。山羊はいなかった。分配した羊の代金は，徴収することになっていたが，1995年の時点では，まだ徴収していないとのことであった。

一方，イミン・ガチャーにおける牧地使用権の固定については，1988年にガチャーが草刈場を，各牧戸の所有家畜数によって広さを決めて分配した。Ｂに分配された草刈場は２箇所ある。両方で4,000ムーくらいの広さである（それらを鉄条網等で囲っていない）。牛の牧地は使用権が固定化されていないし，羊はガチャー内のどこの牧地に行ってもよいということであった。その後1997年に尋ねたときに，Ｂは牧地の狭隘化のために，牧地の各戸への分配はできない状態であると語っていた[148]。

その後1990年代中ごろに，冬春の牧地だけではなく夏秋の牧地そして草刈場について，それぞれどこからどこまでの範囲であり，面積は何ムー（畝）であるかなどを詳細に示し，地図を付した証明書が戸ごとに渡されたとのことである。

ビルート，バヤンタラ，アゴイトの３ガチャーの家は，ネグデル解体後，徐々にイミン川の西に移り，その結果ソーリンがサーリと同じ場所になってしまうということが生じた。現在，これらのガチャーでイミン川の東に住む人々は数が少ない。

720　第3部　近現代内モンゴル東部地域の研究

　さて，牧地の配分は，牧民に対してだけではなく，ガチャーの中心に住ん
で家畜を飼っている戸（牧戸も含まれている）にも行われた。だが，ソム中
心に住んで家畜を飼っている戸には分配されなかったようである。ともかく，
牧地の所有権を牧戸に固定した方法は，ガチャーによって異なる点もあり，
相当に複雑であるようである。

　さてイミン・ソムの牧地のうち，牧戸への配分の対象とならなかったもの
は，共用地ととして残された。共用地は，ソムの共用地とガチャーの共用地
に分かれており，ガチャーの共用地が多いようである。ガチャーの牧地のう
ち，牧戸に配分された部分と共用地として残された部分の割合については，
今はわからない。共用地は，牧地として使う目的で確保されたのである。

　1990年代中頃までおける牧地と草刈場の配分の結果として生じた問題に
対して，つぎのような指摘がされている。「イミン・ソムの遊牧民たちは，
自分に与えられたステップをまだ囲んでいないとはいうものの，他人の家畜
が自分の牧地や草刈場に入ることを禁じるようになってきた．それにより，
多数の家畜群が個人に割り当てられていないソムの公有ステップ（牧地）に
殺到し，そこにおける過放牧問題を引き起こしている。公有ステップが退化
した後，食う草に困った家畜は，どこへ行くのか．家畜は，本能的に草のよ
いところを求め「禁区」を犯すのはごく自然なことである．他人の家畜を自
分の牧地から毎日追い出す煩わしさを感じた遊牧民たちは，自分たちに割り
当てられた牧地を囲まざるをえなくなると予測される」[149]。

3　ネグデル解体によって牧畜に生じた事態

　1978年から生産責任制の仕組みが採用され，1983・84年から家畜が牧戸
に分配された結果，どのような状況が生じたであろうか。

　実は1979年から，エヴェンキ族自治旗の家畜の頭数は連続7年大幅に減
少し，1985年の統計では177,782頭となっていた。これは経済体制改革が実
施される直前の状況を示す1978年の家畜頭数，すなわち450,474頭に比べ

て272,692頭もの減少である[150]。1986年からまた漸増に転じているが，1990年においてもなお，280,464頭に止まっていた[151]。1979年から1985年までの家畜の減少は，フルンボイル盟の盟レベルでもみられた現象である[152]。

　このような事態になった理由について，集団経営が各家各戸を単位とする個人経営に変わって，家畜小屋，水利施設，飼料基地など，牧畜の基本建設の進捗程度が緩慢となり，自然災害に抵抗する能力が低下し，そこに1979年〜1984年の大小の風雪害と1984年の歴史上まれな大自然災害が起こって家畜が多数死んだこと，それに，1978年以来，家畜の所有権と牧畜の経営権が牧民個人のものとなったのに従い，とりわけ家畜に値段をつけて牧戸のものとして以後，経営管理，疫病予防と治療，品種改良などの生産活動がいくらかの困難さを帯び，牛羊の肉の価格が連年上昇したのに応じて，牧民がそれらを殺しあるいは売りに出した家畜の数量が比較的増えたことによるとされる[153]。

　この説明は，天災の襲来以外は，牧畜経営体制の変更にともなう各種の混乱に家畜減少の理由を求めているのであるが，つぎのようなことも家畜を減らす原因となった。すなわち，ネグデル員の中に，家畜の分配を受けたとき，家畜を売り飛ばしてしまった者もいたこと，ネグデル時代に家畜飼養に直接携わっていなかった者の中に，家畜の飼養管理が未熟なため分配された家畜を減らした者がいたこと，また家畜の飼養経験がないことによって，分配された家畜の世話を他の牧民に頼んだような場合，世話がよくなかったり，勝手に売られてしまったりしたこと，などがそれである。

　さらに請負制が導入されたころ，生ませた家畜の何割かが牧民個人のものとなったので，牧民の積極性を刺激したが，畜群の構成・構造が乱れることなどが起こった。たとえば，ある家が羊10頭くらい，牛20〜30頭くらいをもち，その外に馬，山羊も少しばかりもつようになったとすると，その家族は自分の10何頭かの羊の群を自分で放牧しながら飼うことは人手がない

722　第3部　近現代内モンゴル東部地域の研究

と難しいから，他の人に頼むより外ない。そのようにしないと，家畜が個人の手に入ったことによって，一つの群れを構成する家畜の数が少なくなり，その分，群れの数が増え，その結果畜群の管理に人手を多く必要とするようになり，家畜の十分な世話が困難となる。そこで，ある人は自分の家畜を増やすことができたが，ある人は自分の家畜を売ってしまった。それによって，家畜が何年間か減少したのである。

　また牝家畜と牡家畜のバランスが崩れてしまう現象も生じた。なぜかというと，ネグデル時代，ブリガドの共有であった家畜によって形成された群れは，全体として牝家畜と種家畜の数の割合にバランスがとれていたが，個人に分配されたとき，ある人は10頭の牝牛と種牛1頭が分配されたが，ある人には5頭の牝牛が分配されたけれども，1頭の種牛も分配されないということが生じた。羊についても同様であった。このバランスを整えるためには，どうしても何年か年数が必要である。というのは，種牛や種羊がいないと言って，すぐそれらを買えるわけでもないからである。これらの結果，家畜数が何年か減る現象が起こった。それにまた，ネグデル時代は，牧畜用具類（車，縄，牛の頭絡など）はすべて公有であったが，家畜を分配したさいに，ブリガドの設備や用具も分けてしまったため，そのときそれらを入手できなかった牧民は，自分で整えなければならなくなった。このような牧畜生産用具を準備するためには，金が必要であり，家畜を売らなければならなかったのである。

4　イミン・ソムの牧地の狭隘化

　イミン・ネグデル解散後に顕在化した重要な事態は，牧地の狭隘化とステップの退化である。

　はじめに，イミン・ソム北部において209平方キロもの広さの鉱区をもつ伊敏煤電公司（イミン石炭電気会社）が建設された問題が挙げられる。すなわち1976~1981年に伊敏河鉱区が建設され，1984年から石炭の本格的な採

掘がはじまり，1985年にハイラル－イミン自動車道路，1986年にハイラル－イミン鉄道が開通し，1988年に伊敏河鎮政府が建立された。伊敏河鎮の面積は98.94平方キロと，広大である。伊敏煤電公司自体は，それまでの伊敏河鉱区指揮部から組織替えして1991年に設置されたのである[154]。そして伊敏河鎮の人口は，1980年に5,424人，1990年に17,547人（4,156戸）（うち漢族は13,165人）と急激に増加した。1990年においてすでに，イミン・ソムの人口2,830人（戸数670戸）に6倍する多さとなっていた。

　国家プロジェクトとして行われたイミン石炭電気会社と伊敏河鎮の設立がイミン・ソムの牧畜に及ぼした影響は大きい。この国家プロジェクトの影響を最も具体的に述べた一文を引用すると，「全ソムの最もよい夏営地であったハラ・ホジル盆地の大半とウイトゲン（Üitgen）とユンフェン（Yüngfeng）両生産隊の搾乳所，イミン生産隊の所在地と搾乳所を含む99平方㌔のステップが同公司の管理下に入ることとなった。さらにハラ・ホジル盆地の中心で石炭の露天掘りが始まり，オンゴルホイ（Ongɣurqui）という小さな湧き水の流れを受けながらできたイヘ・ノール（Ike naɣur），バガ・ノール（Baɣa naɣur），ドンド・ノール（Dumda naɣur）の三つの有名な塩水湖のうちの一つは，時をおかずにハラ・ホジルの盆地から消え去った。（中略）そこで，イミン・ソムの遊牧民たちの多数の家畜が，二万頭の家畜を受容できるといわれていたハラ・ホジル盆地で湖の水を飲み，沿岸のホジルを食いながら昔のように夏を過ごすことは，基本的に不可能となったのである。

　その上，伊敏煤電公司の社員や職員の飼養する4,759頭にのぼる牛の大多数が，春夏秋の季節にハラ・ホジルの盆地の僅かに残された牧地において放牧され，イミン・ソムの遊牧民たちの家畜をそこから押し退ける直接的な原因となった。

　遊牧にとって一つの季節の牧地を手放すことは，他の季節の牧地に負担をかけることを意味する。家畜の夏営地であったハラ・ホジル盆地から押し出された遊牧民たちは，やむを得ず，他の牧地を夏営地として利用しなければ

724　第3部　近現代内モンゴル東部地域の研究

ならない事態を強いられた。それによって，イミン地域で行なわれてきた遊牧の伝統的な方法が混乱し，季節による牧地の利用が困難となった。こうして，牧民がよい牧地に殺到する現象は，その時から起こり，過放牧問題を生じさせたのである。そして，伊敏煤電公司の個人や機関の飼養する 5,241 頭の羊（中略）の放牧も主にイミン・ソムの管理下の純ステップの牧地に押し込む形で行なわれ，良好な牧地を求める競争は激しくなり，狭くなりつつある牧地をさらに狭くする重大な要因となった」[155]。

　またこのほかに，イミン・ソム中部に 1985 年に紅花爾基鎮（ホンゴルジ鎮）が設置され，人口は，1975 年に 304 人であったが，1990 年に 4,231（戸数 971 戸）に増えた[156]。この影響もまた軽視できないものがある。「ホンゴルジ鎮に飼養されている紅花爾基林業局の個人や機関の 3,789 頭の家畜の放牧も」，イミン・ソムの「狭くなりつつある牧地をさらに狭くする重大な要因となった」[157]。

　以上と並ぶ重要な問題として，イミン・ソムにおけるステップの耕地化が挙げられる。その概要は「1990 年代の後半からイミン・ソム領内のステップの耕地化は，急激に」進み，拡大した。「イミン・ソム（2000）によると，イミン・ソムの 220,000 畝（現在の一畝は，約 665 ㎡）にのぼるステップが，既に開墾され，農地に転じている．人民公社時代に牛の冬営地として利用されていたホンホルジ鎮より南の森林ステップの牧地や幾つかの生産隊の冬春の定住地周辺の良好なステップは，既に開墾された」。そして耕地化が進められた理由を「金のためにステップを開墾した彼ら「開拓者」たちが，如何なる経緯や名目で広大なステップを「開発」したのか，その資格を彼らに誰が与えたのか，などの問題は，極めて複雑であり，さらなる詳細な調査が必要とされる」[158]。ステップの開墾を行ったのは，言うまでもなくイミン・ソムの牧民ではない。

　内モンゴル自治区のステップは，自治区成立後，3 度開墾の波を経験したとされる。すなわち 1958 年 –1960 年の大躍進の時期，文化大革命の時期

（1966-1976），そして1992年-1995年の改革開放の時期である。1990年代における第3回目の開墾の波は，いくらかの地方では個人の利益を謀る狙いが開墾の風を引き起こす理由の一つとなったとされる[159]。イミン・ソムにおいて金もうけのためにステップが開墾されたというのは，まさに第3回目の開墾の波の時期に該当する。この波を阻止するために「1996年に自治区が草原を開墾することを厳禁する主席令を公布したのち，開墾行為は収斂するところがあった」とされるが[160]，1997年の調査によれば，イミン・ソムにおいて開墾は完全に止まったわけでもなかった。

　ともかく，開墾された220,000ムーは，平方キロに換算すると146.67平方㌔になる。これを，伊敏河鎮の面積98.94平方㌔と合わせると，実に250平方キロほどの土地が牧民の手から離れたことを意味する。しかもこれらの広大な土地は，イミン・ソムのステップの中でも良好な牧地が広がっている，イミン川沿いの低平な地域に集中している。このような事態は，当然イミン・ソムの牧畜に深刻な影響を及ぼさざるを得なかった。

　私が1997年9月にイミン・ソムを訪れたとき，Ｂは，イミン石炭電気会社によって牧地が非常に狭くなり，牧民の生活も終わりだと，悲観していた。炭鉱に取られたハラ・ホジルは地名からもわかるように，ホジル（qujir）が湧出する場所であった。また泉も湧いていた。ところが現在泉もホジルも涸れてしまった。そこで，ガチャーでは水は井戸に頼り，ホジルは他の旗で買って，トラックで運んできて家畜に食わせている。そして四季の牧地を限られた牧地だけに頼り，草刈場も毎年同じところを使っているので，牧地の草の状態が非常に悪化しているという。同じ草刈場で毎年乾草用の草を刈ると，どうしても土に落ちる草の種が減るので，次第に草の状態が悪化するとされる[161]。

　以上の牧民の言葉からも，イミン・ソムの牧地が退化していることが知られる。イミン・ガチャーの場合は，明らかに牧地が狭くなったことが，その大きな理由である。アゴイト・ガチャーの場合は，耕地が増えて牧地が狭隘

化したことが大きな理由の一つであろう。要するにイミン・ソムでは，1940
年代末に比べて，人口も家畜も増え，しかもステップが著しく狭隘化したこ
とによって，ステップの退化現象が生じているとみられる。

　ステップの退化と沙漠化の原因については，人口の急増，不合理な開発活
動，家畜の増え過ぎが挙げられている。イミン・ソムにおいても，これらの
要因がすべて当てはまると言ってよいであろう。

5　ネグデル解体後のイミン・ガチャーにおける牧畜

　1995年当時，Bが住むイミン・ガチャーの集落は，ステップアヤメの多
い低地にあり，イミン炭鉱によって牧地を奪われた牧民に対する補償のため
に炭鉱側が金を出して建設した住居と家畜用小屋・囲いがセットになって付
いている同じ型の住宅から成っている。イミン・ガチャーには三つのドゴイ
ラン（duɣuilang, 組）がある。第1ドゴイランは，32戸から成っていた。
ちなみに第2ドゴイランは20戸，第3ドゴイランは22戸から成っていた。
ガチャーには1万頭の家畜がおり，そのうち牛は2,000頭，馬は200頭位で
あった。残りが羊を主とする小型家畜であり，それは五つの群に分けられて
いた。小型家畜は7,800頭であるから，1群平均1,500頭以上となる。実際
には5群のほかに種羊の群れが3群あったはずなので，1群を構成する羊の
数は，若干少なかったとみた方がよいように思われる。このことは，後述す
る事例からも言えることである。

　Bは，夫婦だけで（子供は他で仕事をしている），また体調の具合もあっ
て，自分では家畜の世話をしていなかった。家畜があまり増えても困るとい
う気持であった。所有家畜は，羊100頭（うち山羊4〜5頭），牛70頭（う
ち当歳仔牛をもつ牝牛は16頭），馬4頭であった。

　1997年には，羊70頭，牛20頭とだいぶ少なくなっていた。1995年にB
を訪れたときに，結婚した末娘に翌年つまり1996年にバイシンを建ててや
ると言っていたから，その費用捻出のために，家畜をかなり売却したためで

あろう。

牛は，ロシヤ牛つまり三河牛を飼育していた。その放牧は，この娘の夫婦がやってくれていた。とくに娘の夫が世話をしていた。すなわち朝にガチャーの中心の集落にある自宅から牛を牧地に追い出し，夜に連れ戻すのである。搾乳は，娘がしてくれるほかに，人を1人を雇っていた。一日に100kg程度搾っていた。10ヶ月間乳を出す牝牛もいるとのことであった。乳は，1kgが84毛であった。

乳を集める場所は，Bの家から近い。100kg入る容器に乳をまとめて入れて持って行き，乳加工工場の乳を貯えるための槽に入れる。そこには，工場の担当者がいる。調査に訪れたときには，Bは7月分の乳の代金を払ってくれないので，困っていた。理由は，乳加工工場で製品化した品物を売ったその代金が未回収だからだと説明されていると言っていた。

家畜の売却については，毎年，牡牛（sar）を7，8頭売るとのことであった。

馬は，ガチャー全体で200頭位いるけれども，それらを群れに編成してだれかに世話させることはせず，各家で世話をしていた。Bは夏の6月から11月までの間，10数頭の馬をもっている人に自分の馬の世話を1頭につき月5元支払って頼んでいた。冬春季である11月から翌年5月までは，後述のように牧地に出さず，畜舎で飼っていた。

羊については，所有している約100頭（うち山羊4，5頭）のすべてがモンゴル羊であった。牧民が個人でメリノー種の羊を飼うのは，収入上よくない。子を育てるのが難しいからである。それに，モンゴル羊の方が毛と肉の収入が多くなるとのことであった。羊を他の人に世話してもらっており，その人に1頭につき月に1.5元支払っていた。これ以外のものは与えていなかった。その羊飼いは，Bの羊と自分の羊を合わせて約1,000頭を飼養していた。

羊の放牧のためには，イミン・ソム内のどこの牧地に行ってもよかった。

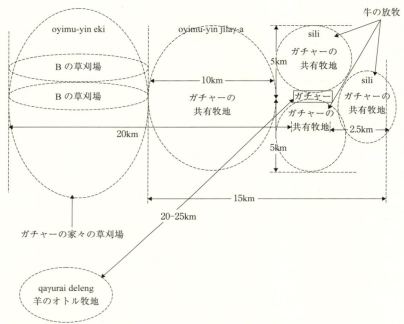

図10 イミン・ガチャーの牧地利用

夏と秋にはオトルに出た。夏秋のオトルは，イミン・ガチャーの西南方20-25kmのホーライ・デレン（Qaɣurai deleng）で行った（図10参照）。そして冬でもホーライ・デレンで放牧することがあるとのことであった。

11月になると，秋のオトルを終えて，ガチャーにあるBの自宅に連れて来た。連れて来る理由の一つは，種羊を牝羊の中に入れて交尾させるためであった。ソムに種羊の群れは3群あり，Bの種羊は普段は，その一つに入れてある。種羊の世話をする人には，春から秋に至る期間に，種羊1頭につき，20元を支払っていた。この人は，また自分が世話している群の種羊から得た夏の毛の売上金ももらえるとのことであった。

羊は，Bの家で食うために，月に2, 3頭殺し，冬春用の肉として4, 5頭

を殺していた[162]。牛は1頭殺していた。羊は多い年は30頭，少ない年は10数頭売っていた。

11月から翌年の5月までは，牛も羊も自宅の家畜小屋で飼育する。そのため乾草が多量に必要であるので，ガチャーの草刈場があるオイミン・エヒ Oyimu-yin eki 内の B に分配された草刈場（2箇所）の全てから草を刈っていた。雨がよく降って草が茂ったような年には，刈り取って作った乾草の一部を売ることもあった。

草刈りは，1995年においては，例年よりおそく8月11日，12日頃からはじめるとのことであった。草を大きなトラクターで刈るときには，3〜4人を10数日間雇う。小さいトラクターで刈るときには2台を使い，人を一人雇って15日間で十分に刈ることができる。トラクターは自分のものである。雇った者には，一日15元支払い，他に食い物も支給していた。雇った労働者は他の盟すなわちジェリム（哲里木）盟やヒンガン（興安）盟の者たちである。かれらは，自分で仕事を探しに来たり，他の人の紹介をもらって来たりしていた。

乾草は，家の敷地内にある牛の囲柵 qoriy-a の中に貯えていた。そして11月から翌年の5月まで乾草を，すべての羊，すべての牛，すべての馬に与えていた。それらを牧地には出していなかった。牧地に出さないのは，積雪が多いためもあるが，仮に積雪が少ないからということで牧地に放牧しても，牧地が炭鉱に取られて狭くなっているので，家畜の腹が膨れないからである。

自宅の庭に，自家用に，インゲン豆，茄子，ピーマン，馬鈴薯，葱，人参，白菜などを栽培していた。

税については，牧地の使用税はなく，また草刈場の使用税もない。

以上，B の家計に関わることまで，ある程度細かに述べたが，B の牧畜のあり方をどのように総括することができるであろうか。B は高齢であるが，それなりの家畜をもち，一家の主人として牧畜で生計を立てていた。つまり独立した牧戸の主人であった。その牧畜のあり方は，すでに1995年の時点

で，1年のうち7ヶ月（11月〜5月）の全期間，すべての家畜を固定家屋である自宅に付設されている畜舎で乾草を食わせて飼育していたのであるから，定着的である。Bは，「草が生えると牧地に出し，草が黄色くなると乾草を食わせる」とも述べていた。つまり青い草の生えている6月〜10月の5ヶ月間（実際には，5ヶ月間青草が生えているということはない）は，牛は自宅の牛舎からドゴイラン周辺のガチャーの共用牧地に行って草を食う日帰り放牧に出されていた。ネグデル時代およびそれ以前の時代において，夏秋にサーリに移動していたが，すでに行われなくなり，定着性がネグデル時代より強まっていたのである。ただ羊は，5ヶ月（6月〜10月）間人に預けられ，その人の畜群に入れられ，オトルに出かけていた。馬も1995年の段階でガチャーに200頭ほどいたが，それらを一つの群れに編成することは行われていなかったというから，オトルに出されることなかったとみてよい。従って，羊をオトルに出していたとはいえ，Bは，1997年に配布した調査冊子に，春夏秋冬の四季の牧地はほとんどなくなり，「定住牧畜」を行っているとか「定住して牧畜している」などと記したのである。

6　ネグデル解体後のアゴイト・ガチャーにおける牧畜

　つぎに，1995年に私がフルンボイルを訪れた当時のCの牧畜の状態について記したい。

　その牧畜の状態は，Bに比べて，より移動的であった。

　1995年時点で，Cは，自分を含め兄弟3人の羊770頭（うち山羊26頭）をまとめて世話していた。モンゴル在来羊とメリノー系羊を飼っていたが，メリノー系羊の方が多かった。前の年（1994年）の秋に人工受精を行った。父親は，有名な羊飼いであり，かつてネグデル時代に1,000頭以上の羊を飼養していた。ネグデル解体時に，200頭の家畜の分配を受けたが，間もなく亡くなった。父は生前，子どもに，牛と馬は分けてくれたが，羊は分けてくれなかった。そこで父の死後兄弟で話し合い，増やしてから分け合うことに

した。その羊をまとめてCが世話していたのである。1995年の秋には分けるつもりであるとのことであった。羊は毎年200頭くらいを売っていた。羊毛もかなり売っていたが，価格が不安定であるとのことであった。羊による収入は兄弟で3等分し，トラクター部品，ガソリン，草刈機の部品の購入費用も3人で分担して払っていた。

牛は兄弟3人分で30数頭もっていて，それを兄がソーリンでまとめて世話をしていた。当時，乳を出している牝牛（このうち5頭がCのもの）の搾乳は兄嫁が行っており，搾乳量は1日30数kgであった。キログラム当りの価格は84角であった。乳はすべて売っていた（6月から10月まで）。牛を売ることはしていない。

馬は23頭いた。これもソーリンのまわりで，二人の兄の暇な方が放牧するという方法で世話をしていた。

ソーリンは，アゴイティン・ホダグ Aγuitu-yin qudduγ というところにあった。丘陵地である。そこに井戸（qudduγ）があり，兄2人が住むバイシンが2軒あり，また兄弟3人の家畜小屋（pünje）があった。Cは，バイシンをもたず，一年中モンゴル・ゲルで暮らしていた。

1987年にガチャーから牧地を分配されたとき，前述のように，ソーリンのまわりに存在する牧地の内側の部分を牧地として使い，遠いところを草刈場として使うように指導されたが，牧草の状態からみて，そのような指示に従うわけにもいかないので，牧地と草刈場の区別もしていなかった。そして今年はソーリン周辺の牧地の西と北を草刈場として使うとすると，来年は南と東の部分を草刈場として使うという具合に利用し，また牧草の状態がよければ刈るというようにしていた。牧地は，兄弟3人のものであった。広さは分からないとのことであった。

1995年には，8月3日から9月5日まで親戚と協力して草を15,000 kg刈り，車（小型トラクターに連結する付属荷車を指す）150台分の乾草を作る。11月から翌年5月まで牛ややせた羊に与えるとのことであった。ただし，Cは

11月から翌年3月まで冬の牧地に羊のオトルに出かけていたのであるから，羊は乾草を与えられていなかったということになる。なおCは12馬力の四輪トラクターを2台もっていた。また草刈機は，草を刈る歯の付いた柄の部分の長さが2mあるものをもっていた。前者は1985年，後者は1983年に購入したというから，Cの年齢からみて，両方とも父親が購入したのであり，それを譲り受けたのに違いない。

　夏営地はアゴイティン・ホダグの南方6.5kmの丘陵地にある。春営地のソーリンからオトルをしてここに入って来たのである。このことを，「夏のオトルに出る」jun-u otor-tu γarqu と言っていた。単に「negükü（移動する）」とも言った。水は，ハラーティン・ボラグ Qaraγatu-yin bulaγ（bulaγは泉）を利用していた。ここは，ソムの共用牧地であって，分配していなかったので，ソムの人ならどのガチャーに属している牧民でも入って使ってよかったのである。私がCを調査したとき，Cはここにオトルに来ていたのである。

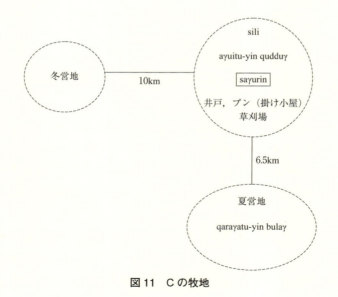

図11　Cの牧地

夏の間このあたりで4回ほど移動をするとのことであった（図11参照）。

　秋はソーリンのまわりで放牧していた。秋営地には9月中旬から10月中旬まで滞在していた。「夏営地から秋営地に入る」という表現は用いないとのことであった。秋にソーリンのまわりにいた理由は，家畜の囲柵（qoriy-aやqasiy-a）の修理，草刈場に積上げて置いてある乾草をソムの牛に食われないように見張ること，乾草の家畜囲いへの収納，牛の敷藁にするレンベー（ölüngという草の別称。ハマスゲ）を刈るなどの仕事が忙しかったからであった。

　冬営地は，ソーリンの西方10kmのところにあった。イミン川の東側に位置する。ここに行くことを「オトルに行く（otor yabuqu）」と称していた。また「移動する（negükü）」とも言っていた。10月の中旬に冬営地に行き，4月初めにソーリンに入った。冬営地は，ソムが分配してくれた牧地ではなかった。そこを冬営地として使っていたのは，他人の草刈場や牧地にCの羊が入ることを避けるためであった。分配されていない牧地であれば，その点安心である。水は雪で代用していた。積雪が多くなって牧地の状態が悪くなると，4回ほど移動し，積雪が少なく牧地の状態がよければ，2回ほど移動するとのことであった。

　春は，ソーリンで過ごしていた。そこにCの家畜小屋があり，羊に子を生ませるのに利用できるからであった。冬営地からソーリンに行くことを，「春営地に行く（qaburjiyan-du očiqu）」と称していた。

　次に，Cのその後の状態を1997年に実施した調査冊子による調査の結果などからみてみたい。この当時，すでに兄弟間で家畜を分割し，Cは羊150頭，山羊10頭，馬12頭，牛29頭を自分のものとしてもっていた。1996年にガチャーから草刈場が分配されたが，春営地，夏営地，秋営地，冬営地がなくなったので，冬営地であったところをソーリンとして利用して住むようになっていた。移動もしなくなっていた。ただし，今も固定家屋をソーリンにもっておらず，モンゴル・ゲルに住んでいた。ソーリンに，1997年に家

734 第3部 近現代内モンゴル東部地域の研究

畜小屋と家畜囲いを自費で建てた。家畜小屋と家畜囲いは繋がっており，家畜小屋は家畜を入れる区画と子牛を収容する区画に分かれ，家畜囲いは乾草を貯蔵する qoriy-a（囲い）と乾草を食わせる qasiy-a（囲い）に分かれている。

　自家専用の牧地というものはなく，自らの家畜を，分配を受けたホチハンという場所の草刈場で放牧していた。1,900 ムーしかないので，狭いと言わざるを得ないとのことであった。ともかくこのような次第で，ソーリンである冬営地については，風が当たらず，雪が吹き込まず，水と薪に近いところがよいというような条件を備えているけれども，春，夏，秋の牧地については，それらの季節の牧地が満たすべき条件を備えているかどうかなど語ることはできない状況になっているとのことであった。

　家畜は，羊はメリノー羊とモンゴル羊の雑種を飼育していたが，モンゴル羊が全体の 70 ％を占めていた。メリノーの種羊を 2 頭もっていた。牛はすべてモンゴル牛であった。

　以上記したことによって C の牧畜の特徴をまとめると，1995 年段階においては，兄二人が定着していたのに対して，C は一年中ゲルを携えてオトルを行っていた。羊の出産時期である春の 4 月から約 2 ヶ月間はソーリンにとどまっていたが，これはソーリンを春営地として利用していたと解される。この期間 C は，ソーリンにゲルを建てて生活し，生まれた子家畜のために兄弟 3 人共用の家畜小屋を利用し，多分子羊以外の羊にも，どの程度かは聞きもらしたが，春営地の家畜囲いに貯えてある乾草を与えていたのである。そして 6 月から，南方にある夏営地にオトルに出かけ，そこにおいて約 4 回程度移動し，秋の 9 月中旬から約 1 ヶ月間，ソーリンの周りにある牧地で家畜を放牧しながら冬支度をし，10 月中旬になると，西方 10km のところにある冬営地にオトルに出かけ，冬の間その中でまた 2 〜 4 回程度移動をしていた。

　このようにみると，C は 1996 年，1997 年までは，四季の牧地を移動しな

がら利用する kündü otor を行っていたのであり，kündü otor は既述のように，モンゴル高原の遊牧民の伝統的な季節的移動のあり方と基本的に異なるものでなかった。ただしＣのものである牛と馬が兄の牛，馬とともに兄の世話に委ねられ，その兄は年中ソーリンにとどまり，ソーリン付近の牧地で飼育されていた。すなわちＣは，自らの家畜の一部だけをともなって移動して歩いていることになるから，その意味ではＣの移動は，確かにオトル移動の性質を有しているとみられる。この点は，ネグデル時代の kündü otor と異なる。

　牛と馬の世話をしていたＣの両兄の立場からみると，彼らはソーリンに年中とどまってその周辺で牛と馬を飼育し，弟と共有の財産であり，ソーリン周辺で年中放牧して飼うことはできない羊は，弟にオトルさせているということになる。そして彼らは，この時期，すでにネグデル時代と異なって，ソーリンとサーリを往復して季節的移動をするということもなかったのであるから，一見，かつてに比べて半ば定着的な牧畜を営んでいたと言える。この３人兄弟が共同経営体を構成していたことを重視するならば，３人とも，牛と馬の牧畜の点で完全な定着状態に入っていたが，羊のオトルをなお行っていたことによって，遊牧の伝統はなお，ある程度みられたとするのが，適切な見方かも知れない。

　1997 年になると，状況は顕著に変わってしまっていた。３人兄弟の共同経営体は解消されており，Ｃ自身が，四季の牧地の区別がなくなったと言い，オトルという言葉を使うこともなかったからである。Ｃは，固定家屋こそもっておらず，なおモンゴル・ゲルで暮らしていたけれども，もはや定着牧畜を営むに至っていたと言わないわけにいかない状態になっていたのである。

7　ネグデル解体後におけるイミン・ソムの牧畜の特徴

　ネグデル解体後におけるイミン・ソムの牧畜をどのように総括できるであろうか。

736　第3部　近現代内モンゴル東部地域の研究

　これを，長い伝統を誇るモンゴル高原におけるモンゴルの遊牧のあり方に
照らしてみると，家畜私有と個人経営牧畜が復活したことについては本来の
あり方にもどったと言えるが，牧地の利用法については，牧地のかなりの部
分が細分された状態で個々の牧戸に割り当てられるという，かつてない大き
な変化を被った。

　家畜私有と個人経営牧畜の復活がもたらした影響について検討してみたい。
ネグデル時代には，集団経営体制であったために，草刈りなどのような牧畜
作業の一部に分業的に関わっていたけれども，牛や羊や馬をオトルして飼育
する経験をもたないで過ごしていた牧民がかなりの数いた。これらの牧民の
多くが，ネグデル解体過程において家畜が分配されたときに，すでに述べた
ように，受け取った家畜を世話する能力をもたないために売り飛ばしたり，
自ら飼育してみたけれども牧畜技術が未熟なために家畜を減らしてしまった
りした。このようにして，家畜を分配されたけれども牧民であることをやめ
た人びとがかなり生まれた。また牧民であり続けても，分配された羊を手放
してソーリンに定住し，牛をソーリンの周辺の牧地で放牧し，寒い冬春には
おもに乾草を与えて舎飼するという，完全な定着型の牧畜に移行した者も，
少なからず現れた。

　また分配された羊を手放すことはなかったけれども，自ら世話するのでは
なく，経験豊かな牧民に預けて世話を任せ，自らはソーリンで牛だけを飼う
遊牧民も現れた[163]。この種の家畜飼育の方法をとっている家畜所有者は，
自身は定着しているけれども彼の所有家畜のうち羊群をオトルに出している
ので，完全な定着牧畜を営んでいるのだとも言い切れない。もちろん遊牧で
あるとは言いがたい。定着牧畜と遊牧の中間に位置する存在とみなすのが妥
当かもしれない。

　オトルする側からすれば，羊を受託し，その世話によって報酬を得ること
ができるようになったのである。このような羊の預託は，ネグデル設立前に
もみられたものである。

近現代フルンボイル牧畜社会の研究　　737

　以上のほかに，ネグデル解体後に，ネグデル時代のオトルの経験を生かし
たり，新たにオトルを習得したりして，請け負った羊を増やして自分のもの
としてオトルをしたり，分配されて自分のものとなった羊をオトルしたり，
あるいは「分配された牛と馬を売り，その金や借金で」買った羊[164] によっ
てオトルをしたりしている牧民もいる。かれらは自らの羊だけを世話してい
る場合もあれば，他人の羊を預かって自分の羊群の中に入れて世話をしてい
る場合もある。このような羊のオトルを行っている牧民の間にも，牛を所有
している者は少なからずいるが（牛をもたないで羊だけを飼ってオトルして
いる牧民は，少ないであろう），彼らはふつう，牛の世話をソーリンに住む
兄弟やその他の親族などに任せているのである。このようにソーリンのだれ
かに牛の世話を任せ，自らは羊をオトルして移動しながら牧畜している牧民
も，前の段落において述べた牧民の事例と同様に定着牧畜と遊牧の間に位置
する中間的な存在とみなすこともできるが，こちらの方は，かれらの所有し
ている牛はソーリンで定着牧畜をされているものの，自らはオトルを行って
いて移動と深く関わっているので，遊牧民にずっと近い存在であり，あるい
は遊牧民と称してよい。

　ソーリンに定着して牛を飼い，人に羊のオトルを任せている牧民は，ネグ
デル解体後の家畜分配の結果現れた存在であり，今後ずっとこのような牧民
が多数今のように存在しつづけるか疑問である。羊の預託そのものは，将来
にわたってなくなることはないであろうが，一般牧民が多数今のように羊の
預託をしつづけるとは思われない。むしろ一過性の現象であるのではないだ
ろうか。

　現在イミン・ソムで羊のオトルをしている牧戸は，イミン・ソムの牧畜担
当者の話によると，42戸存在するとのことである。現在牛のオトルを行っ
ている牧民はもはや存在していないので，羊のオトルをしているこれらの牧
戸がソムにおける遊牧の部分を支えていることになる。羊のオトル戸数はネ
グデル時代に比べると，ずいぶん増えているが，これは羊の頭数が倍増して

738 第3部 近現代内モンゴル東部地域の研究

いる以上，当然である。その意味でイミン・ソムの牧畜の遊牧的性格は羊の飼養においてはネグデル時代よりも増しているとみることもできよう。ただし牛と馬のオトルが行われなくなった分，イミン・ソムの牧畜全体における移動性は低下したとも言える。また羊のオトルはネグデル時代と同様にkündü otor であるが，オトル戸が牛を所有していることが多く見られ，それらの牛がソーリンで飼育されている事実によって，ネグデル時代の kündü otor と異なり，本来オトルが有する出張的な性格を備えるようになっていることは，Cの牧畜を述べたところで指摘したとおりである。

　今後，牧地の固定化が羊のオトルにどのような影響を及ぼしていくのかを，慎重に見極めなければならないであろう。

　ところで，牛のオトルが行われなくなった結果，すべての牛がソーリン付近の牧地において集中して飼われるようになった。しかもその限られた放牧地で飼われる牛の数は 1982 年の 6,023 頭から 2001 年の 10,956 頭へと大幅に増加した。しかも馬もオトルに出さなくなったので，ソーリン周辺の牧地は余計に家畜によって混雑する事態となった。ここに，過放牧の問題が浮上することになったのである。

　イミン・ソムの中心地であるビルート村では，その結果，村で 3,000 頭も飼養されている牛と馬が「草を求め，比較的遠いところにあった羊の牧地まで通い，その牧地を狭くした。現在，縮小した牧地に羊を放牧することがその牧地に過放牧問題を引き起こす原因となっている」のである（ゲレルト 2001，pp. 29-30）。またイミン石炭電気会社の社員や伊敏河鎮の職員の所有する 4,759 頭もの牛が，かつて夏営地として利用されていた実に優良な附近の牧地を利用して退化させているだけでなく，牧業で生活している牧民の家畜をそこから排除する状態を導き，排除された牧戸の家畜が他の牧地を夏営地として利用しなければならなくなって，いわば牧地の玉突き利用によって，それら別の牧地に過放牧現象を生じさせるという問題を生み出しているという（ゲレルト 2001，p. 30）。同様の現象は，紅花爾基（ホンゴルジ）鎮の住

民によっても，引き起こされているし，これら2つの地域の機関や個人が飼っている，合計7,000頭に達する羊や山羊も，イミン・ソムの牧地を狭くする要因となっているという（同上）。

つぎにモンゴルの牧民がかつて経験したことのない牧地の牧戸への固定化つまり牧戸への牧地分割の進行がもたらした影響について検討をしてみたい。

周知のとおり，モンゴルの遊牧民は古来，牧地を私有することなく，旗，ソム，ネグデルあるいはブリガドの牧地を共同で利用することが習慣であった。そこで，家畜の私有さえ認められれば，牧地を私有しなくても牧民の生産意欲は高く維持されるのである。この点が農耕を営む農民と，根本的に異なる。すなわち牧戸は，特定の牧地を割り当てられ，その使用権を排他的に認められたからといって，いっそう生産意欲を燃え上がらせるものでもない。従ってこのような試みは，牧畜に対する格別の効果をもつとは言いがたい。

牧地を牧戸に管理させる制度を導入した大きな狙いは，牧戸ごとに牧地を固定して利用させるかわりに，草原つまり牧地の建設と管理を義務づけることにある。草原の建設と管理を個々の牧戸に行わせれば，これまでよりしっかり草原が維持され，さらには良好になるであろうというのである。草原の建設と管理とは，具体的には牧民が金を投じて，分配されて自分のもののようになった牧地を囲い，牧地に井戸を掘ったり家畜小屋を造ったりし，さらに牧草を栽培することなどを行うことである。

これらを実施していった場合，どういう事態になるかは，イミン・ソムに生じている最新の現象を観察していないので，軽々しく論じることは避けたい。ただつぎのような指摘と予測を紹介しておきたい。イミン・ソムでは「ステップをまだ囲っていないとはいうものの，他人の家畜が自分の牧地や草刈場に入ることを，基本的に禁止するようになってきた。それにより，家畜の多数の群が個人に割り当てていないソムの公有ステップの牧地に殺到し，そこの過放牧問題を引き起こしている。公有ステップが退化した後，食う草に困った家畜は，どこへ行くのか，家畜は本能的に草のよいところを求め，

740 第3部 近現代内モンゴル東部地域の研究

禁区を侵すのはごく自然なことである。他人の家畜を自分の牧地から毎日追い出す煩わしさを感じた牧民たちは，自分に割り当てられた牧地を囲まざるをえなくなると予測される。（省略）囲いは，単に他人の家畜を自分の牧地に入らせないように防ぐ設備ではない。（省略）自分の家畜をも外に出させない障害物に変じる。その時，牧民たちは，自分たちの家畜を囲んだ狭い牧地で一年中飼養せざるを得なくなる。その牧地が何年かの後，家畜の蹄に蹂躙され，回復することが不可能となり，深刻な状態に迫ることを容易に予測できよう」（ゲレルト 2001，p. 31）。

　牧地が割り当てられたのち，牧民たちが他人の牧地に自分の家畜が入って争いとなることを懸念して，そのような問題が起こる心配のない，ソムやガチャーの公有地として残されている牧地に家畜を連れて行って放牧するようになったことは，すでにCの事例からも，確認されることである。そして，そのような公有地に牧民の家畜が集中して放牧されると，牧地の退化が起こることは自明である。赤峰市（旧昭烏達盟）のオンニュウド旗は，分割された牧地を牧戸が柵や有刺鉄線を使って囲うことが熱心に行われている地域であり，私は1995年に同旗を調査してそのことを確認しているが，同旗のアスハン・ソム Asqan sumu に対する調査によると，牧地を有刺鉄線で囲っている牧戸は，そこを自家の非常用の牧草を得るために保護し，普段は，囲いの外にある牧地（有刺鉄線で囲う資力のない牧戸の牧地）で放牧するので，そのような未囲いの牧地の砂漠化がますます進んでいるという[165]。イミン・ソムの牧民にしても，自家の家畜が他家の牧地を侵すことを避けたいという気持ちをもつ一方で，公有牧地を使えば，自家の牧地を使わないですむという気持ちもかなり強く抱いているのではないだろうか。

追記　本稿は，第2次大戦後成立した中華人民共和国政府が内モンゴルの遊牧民社会に対して推し進めた社会主義化政策とその実施の実情，その後文化大革命終結後にそれまでの政策を転換して推し進めた人民公社の解体とそれに伴う諸政策の実施とその実情に迫るべく，内モンゴルの呼倫貝尔地区の一角に居住するオールド族の遊牧社

近現代フルンボイル牧畜社会の研究　741

会を事例にして 1995 年までの動きを考察したものである。ごく限られた地域に焦点をあて，ごく限られた資料と調査に基づく分析であるし，また考察に種々の問題があるであろうが，一定の意義もあると考えて，本書に載せることにした。なお本稿は，1998-2000 年度の文部科学省の科学研究費補助金〔基盤研究(C)(2)〕によって調査研究した成果として 2001 年 11 月にまとめて提出したものであり，今回出版するにあたって若干の手直しをほどこしたものである。

注

1) 今のフイテン＝ゴル（輝騰河）。エヴェンキ族自治旗の最南部の西境を形成して北流し，ホイ川（輝河）に流入する。

2) 程（廷恒）・張（家淙），1923，194 頁，周 1994，212-213 頁。

3) 橋本重雄，1943，63-71 頁。

4) 竹村茂昭，1940，12 頁。吉田順一，1998，61 頁，65 頁。

5) 吉田，1998，61-62 頁。

6) 程・張，1923，『呼倫貝爾志略』，124 頁。同書「鄂魯特廂黄旗游牧場」図には，庫克奇羅山を庫克奇老山，喀拉胡吉爾泡を喀拉胡吉爾池，畢魯図和碩山を壁魯図和碩山，西尼克河を西尼河としている。

7) 程・張，1923，5 頁。なお丸括弧内の説明は吉田が付けたものである。

8) 程・張，1923，22 頁。

9) 同上，5 頁。

10) 図 1 参照。程・張 1923 所収「呼倫貝爾全図」に示された旗界の線によってみても，オールド族の牧地の南境は邁罕古克達山であることがわかる。

11) 高橋宣彦，1936，101-102 頁。

12) 『鄂温克族自治旗志』1997，12 頁。

13) 森三郎，1939，154 頁。

14) 米山内庸夫，1942，178 頁。

15) Dorji, B., 1990-2, p. 201.「本地域は旧来額魯特族の先住地域であった為額魯特族は新たに旗内畢魯特地方に移住した」（松山一男，1940，77 頁）とする見方は，正確さを欠くであろう。

16) 柳澤明，1997，15 頁，17 頁。

17) 高橋宣彦，1936，105 頁。

18) 興安局，1942，9 頁。『鄂温克族自治旗志』1997，14 頁に 1933 年とするのは誤り。

19) Dorji, B., 1990-2, p. 201.

20) 興安局調査科，1939，321 頁。

21) Dorji, B., 1990-2, p. 201. なお『鄂温克族自治旗志』（1997）にオールド旗を廃したのち，アゴイト＝ソムとビルート＝ソムを建てたと記されているのは誤りである（18頁）。

22)『呼倫貝爾盟地名志』，1990，302頁。

23)『鄂温克族自治旗志』，1997，14頁。

24) 橋本重雄，1943，69頁，71頁，73-74頁。

25) 興安局調査科，1939の321頁および第1表などを参照のこと。

26)『呼倫貝爾盟民族志』，1997にも，伝染病の惨状に関する老人の話が記されているが，流行した年次については記されていない（39頁）。

27) EQÖN, 1990, p. 188.

28) 萩原守，2000，26頁。

29) Dorji, B., 1990-2, p. 208.

30) 張国淦，1989の「人種第二戸口」。

31)『呼倫貝爾盟民族志』，1997，39頁。

32)『呼倫貝爾盟志』，1999，2226頁。このときのペスト流行については，近年刊行された劉・張1997にも，飯島渉2000にも記されておらず，鄂温克族自治旗志1997にも記載されていない。それにしてもこのように大きな被害を出したペスト流行について鄂温克族自治旗志1997に一言も触れられていないというのは，まことに驚くべきである。

33) 同上

34)『満洲国史』1971，1202頁。

35) 同，2頁。

36) engger-ün は，「山の南側の，山の南斜面の」という意味をもつ。ビルート山の南側で冬を過ごしたので，このアイル名をもつようになったのであろう。

37) 橋本重雄，1943，69頁など。

38) アイルayilは，村落，集落の意味と並んで，戸，家，家族の意味ももつ。本稿で，単にアイルと記しているものは，集落の意味をもつ。

39) 木材関連業を意味する。

40) Dorji, B., 1990-1, pp. 85-87.

41) Dorji, B., 1990-1, p. 87.

42) Dorji, B., 1990-1, pp. 87-88.

43) 特布信，1989，9頁。

44)『満洲国史』，1971，1290頁。

近現代フルンボイル牧畜社会の研究　　743

45）橋本重雄，1943，75 頁。

46）橋本重雄，1943，72-76 頁。

47）橋本重雄，1943，74-75 頁。

48）齊藤時輔，1938，182 頁。

49）齊藤時輔，1938，187-190 頁。

50）気温上昇によって融けた雪が，その後間もない厳寒襲来によって凍結し，家畜が氷の下に埋もれた草を氷を蹄で砕いて食うことができずに餓死する災害を言う。

51）齊藤時輔，1938，38 頁。

52）興安局調査科，1939 の「索倫旗」の第 1，2 表。

53）興安局調査科，1939 の「索倫旗」の第 1 表。なお，「佐」はモンゴルの旗の下の行政単位の sumu を指す。

54）興安局調査科，1939 の「索倫旗」の第 1 表。

55）橋本重雄，1943，76 頁。

56）コルマゾフ，1930，pp. 248-263.

57）『鄂温克族自治旗志』，1997，479 頁。

58）米内山庸夫，1942，図譜，20 頁。

59）コルマゾフ，1930，p. 257.

60）コルマゾフ，1930，p. 130.

61）『海拉爾市志』，1997，62 頁。

62）李・李，1998，142 頁。

63）『海拉爾市志』，1997，62 頁。

64）このほか，本章第 1 節に引いたように，材木，モンゴル・ゲルの材料などもガンジョール廟に運んで売られていた（Dorji, B., 1990-1, p. 88）。

65）ダゴール・テレグの特色は，轂を焼いて黒くせず，乾いた白樺で作り，ペンキを塗っていた点にある。

66）ガンジョール廟における木製の荷車，車輪，ゲルの木製部品，その他の木製品の取引は，それらの販売者も購入者もモンゴル人である点に特色があった（門馬驍 1939，74 頁）。

67）オールド族の人々はバルガの馬は体が小さくてよくないと思っていたので，馬は車の代価として求めなかった。

68）nige γal という表現は，モンゴルでキャラバンを組む人びとのまとまりに対してふつうに使われる言葉である。

69）橋本重雄，1943，76 頁。

744 第3部 近現代内モンゴル東部地域の研究

70) 柏原・濱田，1933，546頁。

71) 竹村茂昭，1941，66頁。

72) 橋本重雄，1943，76頁。

73) 橋本重雄，1943，83頁。

74) 橋本重雄，1943，76頁。

75) モンゴル語の ayil。牧戸の意味をもつが，また村落・集落の意味もある。橋本氏は，この語を村落・集落の意味で使っているのかも知れない。

76) 橋本は，「索倫旗オロット居住，放牧地図」という図を用意したようであるが，見当たらない。

77) aryal。乾燥牛糞を意味する。ここでは，牧民の駐営地付近に排泄された牛の生の糞（bayasu）が降雨によって土と混じって泥状になって不潔になった状態を問題にしている。

78) ヒヤク草とは kiyay のこと。学名 Aneurolepidium chinense (Trin) Kitag. 禾本科。

79) manggir のこと。学名 Allium senescens. L. ネギ・ニラの系統。

80) 橋本重雄，78-80頁。

81) 321頁。

82) マルスィン・アイルの冬営地は，今のイミン・ソムの中心集落辺り，つまりイミン川の西側にあった。満州国がそこにバイシンを作ったことが主な理由だが，そこが盆地で冬に風が強く当らないことも理由であった。夏営地もイミン川の西側にあった。

83) このような放牧の仕方はモンゴルでは珍しいものではない。

84) 橋本重雄，78-79頁。

85) 齊藤時輔，1938，86頁。

86) オトルについては，吉田順一，1980の45-47頁に述べてあるほか，吉田順一，1983に詳細に記してある。また利光有紀，1983もある。

87) 吉田順一，1983，333-334頁および吉田順一，1984，23-26頁。

88) 橋本重雄，1943，82-83頁。

89) 満鉄哈爾濱事務所，1927，35-38頁。

90) 同上，45頁。

91) 齊藤時輔，1938，37-38頁。

92) 同上，39頁。

93) 『満洲国史』各論，1971，1275頁。

94) 同上，723-724頁。

近現代フルンボイル牧畜社会の研究　　745

95）興安局調査科，1939，62 頁，225 頁。

96）同上，334 頁。

97）同上，335 頁。

98）呼倫貝爾盟畜牧業志，1992，235-236 頁。

99）橋本重雄，1943，80 頁。

100）呼倫貝爾盟畜牧業志，1992，237 頁。

101）燕京・清華・北大，1997，17 頁。

102）『鄂温克族自治旗志』，1997，138 頁。『呼倫貝爾盟民族志』，1999，36 頁。

103）『鄂温克族自治旗志』，1997，18 頁。1990 年の人口調査の結果は，高平・孫兆文 1993 にも記載されているが，異なる数字となっている。すなわちイミン・ソムの人口は 3,035 人であり，その内訳はモンゴル族が 1,160 人，エヴェンキ族が 1,014 人，ダゴール族が 262 人，オロチョン族が 3 人，満族が 14 人，漢族が 580 人，回族が 2 人とある（38 頁）。なぜこのように異なるのか理解に苦しむ。なおオールド族がこの 1990 年に 751 人であった点は，同じである（45 頁）。

104）なお薪の材料となったイミン川の岸辺の柳は，イミン・ソムに移住してきた漢族の無秩序で略奪的な刈り取りによって，今は無残な状態になってしまっている。

105）『内蒙古国土資源』，517 頁。

106）スルグ（蘇魯克）とはモンゴル語の sürüg（畜群）に由来する。

107）『鄂温克族自治旗志』，1997，397-399 頁。

108）互助組はモンゴル語の qabsurulčaqu duγuyilang に当たる。

109）qota/хот。牧民の駐営地の傍にある家畜が夜間宿る場所。

110）ホルシはモンゴル語の körsi（「隣の」，「近隣の家」の意味）に当たる。

111）『鄂温克族自治旗志』，1997，15 頁。

112）合作社はモンゴル語の qorsiy-a に当たる

113）高平・孫兆文，1993 の 100 頁と 382 頁には，1956 年に 24 個の牧業生産合作社が設立されたとある。

114）『鄂温克族自治旗志』，1997，399-400 頁。

115）人民公社は，モンゴル語の arad-un nigedül あるいは arad-un göngse に当たる。ふつう，モンゴル人によって単にネグデル nigedül と称される。本稿でも，こののち，基本的にネグデルと称することにしたい。

116）食糧などの個人への分配と公共事業のための労働力などの無償調達に関する平等主義を言う。

117）『鄂温克族自治旗志』，1997，400 頁。

746 第3部 近現代内モンゴル東部地域の研究

118) 崔貴文，1992，14頁。

119) 共同で，大鍋で炊いて皆で食う飯のことで，働かなくても，働いた者と待遇が同じという悪平等を意味する。

120) 1つには人民公社の規模が大きいこと，2つには生産手段の社会主義的公有化の程度が高いことを意味する。人民公社の組織化に当たって示された方針。

121) 崔貴文，1992，14-15頁。

122) 高平・孫兆文，1993，378頁。

123) ソーリン saɣurin とは，冬季や春季あるいは冬春季などに毎年必ず使われる固定性を帯びた遊牧民の住地（基地）や，年間を通じて使われている固定的あるいは固定した遊牧民の住地（基地）のこと。saɣurin ɣajar ともいう。漢語では「定居点」と称される。

124) 『呼倫貝爾盟地名志』，1990，303頁。

125) 『鄂温克族自治旗志』，1997，401頁。

126) 『鄂温克族自治旗志』，1997，408頁。

127) 「高平・孫兆文，1993」の76頁と『呼倫貝爾畜牧業志』，1992の14頁には，1960年からとし，『鄂温克族自治旗志』，1997の400頁には1959年からとする。

128) 生産隊をモンゴル人は，ふつう単にブリガド bariɣada と称している。本稿でも，こののち基本的にブリガドと称することにしたい。

129) こののち記すことに関しても，ネグデル制としてふつう理解されているのと異なる仕組みや運営がイミン・ネグデルに見出されても，それらは地域差あるいは地域的特徴という観点から理解すべきであって，誤りと即断してはならない。

130) manggir。ネギ，ニラの系統。

131) 『鄂温克族自治旗志』，1997，408頁。

132) 『鄂温克族自治旗志』，1997，408頁。

133) ネグデル時代，一般に馬は200頭-500頭で1群としていた（呼倫貝爾盟地方志辦公室，1986）。呼倫貝爾では1980年以前はブリガド単位で馬群を放牧していたとある（呼倫貝爾畜牧業志，1992，153頁）。イミン・ネグデルの場合馬の数が多くなかったために，2，3ブリガドの馬群をまとめて世話をしていたのであろう。

134) 『海拉爾市志』，1997，368頁。

135) 『鄂温克族自治旗志』，1997，42頁。

136) 『呼倫貝爾盟志』，1999，821-822頁。

137) 『鄂温克族自治旗志』，1997，426頁の表17-23。

138) 『鄂温克族自治旗志』，1997，406頁。吉田順一，2000，71-72頁，78-79頁。

近現代フルンボイル牧畜社会の研究　747

139）吉田順一，2000，75-78 頁。

140）周・大槻・神近，1995，76 頁。

141）高平・孫兆文，1993 の 102 頁に，これを「大包干責任制」（全面請負制）である
　　としているが，誤りであろう。なおスルグ制については前項の「ネグデル時代」を
　　見よ。

142）土地の請負期間を 30 年としたのは，1993 年 11 月である。1984 年 1 月以後 1993
　　年 11 月までは，請負期間を 15 年間としていた。

143）高平・孫兆文，1993 の 103 頁に，「旗の所有権を固定した牧草地の面積は
　　17,715,257 ムー（畝）に達し，利用できる牧草地の面積である 17,888,727 ムーの
　　99.03 ％を占めた」とある。

144）ソムの下の行政組織。村に相当する。

145）高平・孫兆文，1993，103 頁。

146）『鄂温克族自治旗志』，1997，401 頁。

147）『鄂温克族自治旗志』，1997，14-16 頁。

148）1988 年に牧地を，家畜数に基づいて計算して配ったとの見解もある。イミン・
　　ガチャーでは草原管理費を 1 ムー当たり，牧地については 40 角，草刈場について
　　は 80 角（角は貨幣単位で，1 元の 10 分の 1 の価値をもつ）徴収するようになった。

149）ゲレルト，2001，31 頁。

150）高平・孫兆文，1993，77 頁。

151）『鄂温克族自治旗志』，1997，408 頁。

152）『呼倫貝爾盟志』，1999，811 頁。

153）高平・孫兆文，1993，77 頁。

154）『鄂温克族自治旗志』，1997，23 頁，541-542 頁。

155）ゲレルト，2001，30 頁。

156）『鄂温克族自治旗志』，1997，23 頁。

157）ゲレルト，2001，30 頁。

158）ゲレルト，2001，30 頁。

159）敖日布，2000，3 頁。

160）同上。

161）Ｃは，1997 年の聞き取りのさい秋営地にいたが，草原改良のために小麦を栽培
　　したものの，肝心の草原改良は一向に行われず，引き続き 4 年も耕地として使われ
　　ていると嘆いていた。彼は，すでに 1995 年調査時に，草の状態が年々草は悪くなっ
　　てきており，牧地が足りない。草刈場については，以前は，ある年草を刈った場所

748　第3部　近現代内モンゴル東部地域の研究

で次の年もまた草を刈って大丈夫であったが，今はそのようにできなくなった。そこで，草刈場を替えながら使っている。だがそのようにしても，草刈場を囲んでいないので，他の牧民の家畜が入ってきて牧草を食い，牧草の悪化を防げない。草刈場を囲めばよいのだが，金がかかるとのことであった。

162）1995年の聞き取りのときには，羊を2，3頭と述べた。少なすぎると思われる。1997年の調査冊子には4，5頭と記されているので，これを採用した。

163）富裕者や機関（国営企業・団体）が彼らに羊を預ける事例もまた，みられるようになった（ゲレルト，2001，29頁）。

164）ゲレルト，2001，29頁。

165）Williams, D, 1966-1, pp. 667-669。および Williams, D. M. 1996-2, p. 307。尾崎孝宏，2000，48-49頁はその紹介。

参考文献

(1)日本書

飯島渉，2000，『ペストと近代中国』，研文出版，380頁。

尾崎孝宏，2000，「牧地の分割と定住化―南モンゴル，シリンゴル盟の事例」，『鹿大史学』47，45-66頁。

小貫雅男，1985，『遊牧社会の現代』，青木書店，298頁。

柏原孝久・濱田純一共著，1933，『蒙古地誌』中巻，冨山房，1919年12月，1757頁。

ソーハン・ゲレルト，2001，「過放牧発生の社会的過程―イミン・ソムを実例に」，日本沙漠学会『沙漠研究』，23-34頁。

興安局，1942，『満洲帝国蒙政十年史』，蒙古研究会編，『蒙古研究』4巻第5・6号抜刷，60頁。

興安局調査科，1939，『興安北省に於ける牧野並放牧慣行調査報告』，興安局調査科，522頁＋付図14枚＋付表20枚。本書は佐村恵利『あゝホロシバイル』（私家版，1981年刊）に紹介され，そのごく一部が引用されている。筆者はそれを借りて複写したものを所持している。

満鉄庶務部調査課編（ウェ・ア・コルマゾフ著），1930，『巴爾虎（呼倫貝爾）の経済概観』，大阪毎日新聞社，446頁。

齊藤時輔（執筆），1938，『呼倫貝爾畜産事情』，満鉄鉄路総局，219頁。

佐村恵利編，1993，『あゝホロンバイル』，425頁。

周建中・大槻恭一・神近牧男，1995，「中国内蒙古自治区における牧畜業の変遷」，日

本沙漠学会『沙漠研究』5-1，71-84 頁。

高橋宣彦（執筆），1936,『ブリヤート民族の研究』，満鉄経済調査会（ソ連研究資料第 20 号），119 頁。（本書は，*Manchjurii*, No. 20, 1933 に掲載された "Buriaty v Barge" という論文に基づく和訳である）

竹村茂昭，1940,「蒙地の話」，蒙古研究会編『蒙古研究』第 2 巻第 4 輯，1-33 頁。

竹村茂昭，1941,「蒙古民族の農耕生活の実態」,『食糧経済』第 7 巻第 10 号，56-76 頁。

辻村明（述），1908,『東部蒙古誌草稿』中，関東都督府陸軍部，766 頁。

利光有紀，1983,「"オトル" ノート―モンゴルの移動牧畜をめぐって」,『人文地理』第 35 巻第 6 号，68-79 頁。

特布信，1989,「内モンゴル現代史の諸問題」，明治大学国際交流センター『学術国際交流参考資料』147，28 頁。

萩原　守，2000,「中国内蒙古，フルンボイル盟の民族・遺跡調査（1999 年 8 月）」,『神戸商船大学紀要（第一類文科論集）』49，15-45 頁。

橋本重雄，1943,「興安北省索倫旗のオロット人に就て」，蒙古研究会編『蒙古研究』第 5 巻第 3 号，58-92 頁。

ボルジギン・ブレンサイン，1996,「清末以後の内モンゴルにおける牧畜社会の変化について―ジャルド及びその周辺地域を中心に―」早稲田大学大学院文学研究科（修士論文），（この修士論文に基づく日本モンゴル学会 1996 年春季大会における研究発表「牧畜地帯におけるモンゴル人の農業―20 世紀前半期の内モンゴル東部地域の状況―」の概要は『日本モンゴル学会紀要』27 号，135 頁を見よ）

松山一男，1940,「索倫旗内ブリヤート民族の社会慣習に就て」，蒙古研究会編『蒙古研究』第 2 巻第 2 輯，76-85 頁。

満洲国史編纂刊行会編，1970,『満洲国史』総論，満蒙同胞援護会，880 頁。

満洲国史編纂刊行会編，1971,『満洲国史』各論，満蒙同胞援護会，1291 頁。

満鉄哈爾濱事務所調査課，1927,『政治的方面より見たる呼倫貝爾事情』，哈調資料，174 頁＋附録。

森　三郎，1939,「索倫旗ブリヤート族に於ける結合性と遊牧」，蒙古研究会編『蒙古研究』4，137-183 頁。

門馬驍（担当），1939,『甘珠爾廟会定期市―バルガ流通機構の集中的形態として』，満鉄北満経済調査所（北経調査第 39 号），110 頁。

柳澤　明，1997,「清代黒龍江における八旗制の展開と民族の再編」,『歴史学研究』698，10-21 頁。

吉田順一，1980,「モンゴル遊牧の根底」，日本モンゴル学会『モンゴル研究』11 号，

750 第3部 近現代内モンゴル東部地域の研究

39-49 頁。

吉田順一，1983，「モンゴルの遊牧における移動の理由と種類について」，早稲田大学
大学院文学研究科『文学研究科紀要』28，327-342 頁。

吉田順一，1984，「モンゴルの遊牧―移動の問題を中心に」，平凡社『月刊百科』262 号，
22-26 頁。

吉田順一，1989，「遊牧民にとっての自然の領有」，『歴史における自然の領有』（シ
リーズ世界史への問い 1），岩波書店，175-197 頁。本書に収録。

吉田順一，1998，「興安四省実態調査について―非開放蒙地の調査を中心に―」，『早
稲田大学大学院文学研究科紀要』第 43 輯第 4 分冊，57-71 頁。

吉田順一，2000，「モンゴルの牧畜―伝統と改革」，韓国モンゴル研究学会『モンゴル
研究』第 9 号（ソウル），69-80 頁。

吉原大蔵（調査），1916，『呼倫貝爾事情』，外務省政務局，33 頁＋付図。

米内山康夫，1938，『蒙古風土記』，改造社，447 頁。

米内山康夫，1942，『蒙古草原』，改造社，233 頁＋図譜 198 頁。

オウエン・ラティモア著・後藤冨男訳，1934，『満洲に於ける蒙古民族』，善隣協会，
254 頁。

⑵モンゴル文

Altanorgil 1988

Kölün buyir ɣaǰar-un yerüngkei qauli（altanorgil, *mongɣol teüke-yin surbulǰi bičig yisün
jüil*, kökeqota, 1988), pp. 49-84.

Dorǰi, Borunuud. 1990-1

Kölün buyir daki ögeled yasutan, *öbür mongɣol-un baɣsi-yin yeke surɣaɣuli erdem
sinǰilegen-ü sedkül*, 1/1990, pp. 78-92.

Dorǰi, Borunuud. 1990-2

"kölün buyir-un ögeled-ün teüke ba neyigem-ün bayidal"（ブルヌド・ドルジ「フル
ンボイルのオールドの歴史と社会の状況」，内モンゴル文化出版社，阿拉善盟公
署・内蒙古師範大学合編，『衛拉特史論文集』，（内蒙古師大学報哲社版 1990 年第
3 期専号），197-209 頁。

EQÖN 1990

Ewengki qosiɣun-u ögeled-ün teüke soyul sudulaqu neyigemlig, "kölün buyir-un
ögeled mongɣol-un irelte ba tedenüs-ün teüke-yin bayidal"（エヴェンキ旗オールド
歴史文化研究会，「フルンボイルのオールド・モンゴルの由来とかれらの歴史の

状態」），阿拉善盟公署・内蒙古師範大学合編，『衛拉特史論文集』（内蒙古師大学報哲社版 1990 年第 3 期専号），184-189 頁。

⑶漢語文（刊行年月順に配列）

程廷恒，張家淙，1923，『呼倫貝爾志略』満洲国国務院興安局調査科，康徳 6 年，374頁（1923 年の鉛印本に基づく）

呼倫貝爾盟地方志辦公室編，1986，『呼倫貝爾盟情』，内蒙古人民出版社，735 頁。

宋迺工主編，1987，『中国人口内蒙古分冊』，中国財政経済出版社，470 頁。

内蒙古国土資源編委会編著，1987，『内蒙古国土資源』，内蒙古人民出版社，1444 頁。

張国淦，1989，「黒龍江志略」，柳成棟，『清代黒龍江孤本方志四種』，黒龍江人民出版社，所収。

呼倫貝爾盟地名志，1990，黄文総編，『内蒙古自治区地名志—呼倫貝爾盟分冊』，内蒙古自治区地名委員会，405 頁 + 128 頁。

呼倫貝爾盟畜牧業志編纂委員会編，1992，『呼倫貝爾盟畜牧業志』，内蒙古文化出版社，552 頁。

崔貴文主編，1992，『呼倫貝爾盟畜牧業』，内蒙古文化出版社，631 頁。

高平・孫兆文主編，1993，『百県市経済社会調査—鄂温克巻』，中国大百科全書出版社（中国国情叢書），553 頁。

周清澍，1994，『内蒙古歴史地理』，内蒙古大学出版社，385 頁。

海拉爾市志編纂委員会編，1997，『海拉爾市志』，895 頁。

鄂温克族自治旗志編纂委員会編，1997，『鄂温克族自治旗志』，中国城市出版社（中華人民共和国地方志叢書），1043 頁。

劉紀有・張万栄主編，1997，『内蒙古鼠疫』，内蒙古人民出版社，464 頁。

呼倫貝爾盟民族事務局編（蘇勇主編），1997，『呼倫貝爾盟民族志』，内蒙古人民出版社，826 頁。

燕京・清華・北大，1997，1950 年暑期内蒙古工作調査団編・呼倫貝爾盟民族事務局整理，『内蒙古呼納盟民族調査報告』，内蒙古人民出版社，302 頁。

李萍・李文秀編著，1998，『甘珠爾廟外記』，内蒙古文化出版社，202 頁。

内蒙古自治区測絵局，1999，『内蒙古自治区地図集』，163 頁。

内蒙古自治区地図制印院，1999，『内蒙古自治区地図冊』

呼倫貝爾盟史志編纂委員会編，1999，『呼倫貝爾盟志』（上・中・下），内蒙古文化出版社，2536 頁。

敖日布，2000，「草原退化，沙化的成因与今后的対策」，敖仁其主編，『草原，牧区，

752 第3部 近現代内モンゴル東部地域の研究

游牧文明論集』，内蒙古畜牧業雑誌社，3-5頁。

⑷欧文

Mostaert, A., 1968.

Dictionnaire ordos, seconde édition, New York/London, 950 p.

Williams, D. M., 1996-1.

"The Barbed Walls of China: Contemporary Grassland Drama", *The Journal of Asian Studies*, 55 (3), pp. 665-691.

Williams, D. M., 1996-2

"Grassland Enclosures: Catalyst of Land Degradation in Inner Mongolia", *Human Organization*, 55 (3), pp. 307-313.

あ と が き

　2011 年 3 月 11 日の東日本大震災によって，翌 12 日に予定されていた最終講義も，3 月 25 日の大学の卒業式も，そしてその他の催しもみな中止され，区切りを付けにくい気分のまま定年退職後の生活に入った。

　それでも，それなりの解放感を味わいつつ，研究上のいくつかの仕事をした後，2016 年の夏から，既発表の論文や未発表の論文に手を加える作業に取り組みはじめ，2018 年秋に作業がほぼ終わった。

　本論文集は，3 部構成で，第 1 部はモンゴル帝国関係のいくつかの基本史料について，第 2 部はモンゴル史上の諸問題について，第 3 部は内モンゴルの諸問題について，論じている。この構成は，私のモンゴル史研究の歩みに沿っている。

　私がモンゴル史の研究を始めたのは，修士課程 1 年の初夏に，指導教授の松田壽男先生にモンゴル史を研究するように指導されたからである。内陸アジア史研究を専門とする松田先生のもとには，何人もの研究者が育っていたけれども，モンゴル史研究を専門とする人はいなかった。そのことが考慮されたのであろうと，私は考えている。

　ところで当時，すなわち 1960 年代は，モンゴル人民共和国も，中華人民共和国の内モンゴル自治区も，訪れることはもちろん，両国の刊行物を求めることも難しかった。そこで私は主に『元朝秘史』など，国内で入手・閲覧ができるモンゴル文史料の分析・検討に努めた。第 1 部の論文は主にその成果である。その後，モンゴル文史料に関する研究環境が改善され，この分野の研究は進展したが，私の関心は文献研究から離れていたことから，その時期にまとめた論文については，その進展の状況に注意を払うことを疎かにしていた点があることを，率直に反省しなければならない。

754 あとがき

　私はモンゴル史研究者が関心をもっていたモンゴル史上の諸問題に取り組むにつれて，モンゴル人の生業である遊牧や狩猟について理解する必要性を強く意識するようになった。けれども当時，現地に入ることも現地の文献を入手することも難しい時代であったから，戦前に内モンゴルで遊牧を身近に知って書かれた論文類，例えば後藤冨男『内陸アジア遊牧民社会の研究』（1968）等を読んで刺激を受けていた。

　1970年代中頃にようやく，日本とモンゴル人民共和国の間に締結された文化協定に基づき，モンゴル語講師と日本語講師の相互派遣が始まった。また1976年夏に，はじめて，モンゴル研究者の国際会議がウランバートルで催され，そこに村上正二，山田信夫両教授などとともに参加した。会議後，ハンガイ山脈中のカラコルム遺跡やその付近に案内され，モンゴルの自然や遊牧にわずかだが接することができ，遊牧に対する関心を強めた。

　翌年の10月，国際交流基金派遣日本語講師の3代目としてウランバートルにある「国立大学」に派遣され，妻子とともに1年間滞在したさい，日本語教育のかたわらモンゴル人民共和国刊行の『いかに牧畜するかについて人民に与える教導』（Sambuu, J̆., 1945, *Mal aǰu aqui deger-e ben yaɣakiǰu aǰillaqu tuqai arad ögekü sanaɣulɣa suryal*, 1945）と『モンゴル国の牧地における家畜飼養の伝統的な方法』（Даш, М.нар, 1966, *Монгол орны билчээрийн мал маллагааны арга турииллага*, 1966）の2書を，日本語科主任のシャラブ氏等に疑問点を問いつつ読み，遊牧への理解を深めることができた。またハンガイ山脈や南ゴビなどの牧民の家も訪れ，モンゴルの自然，遊牧等に対する理解を深めることができた。これらのことは，その後のモンゴル史研究に非常に役立った。帰国後，モンゴルで入手した文献を読み加えて，いくつかの論文をまとめた。第2部の1980年以後のものがそれである。

　ただし「モンゴル人の農耕」は，第2部，第3部に属している内モンゴルの牧民の農耕に関する研究の成果も踏まえ，かつモンゴル国のそれも含めて考察した成果である。

あとがき　755

　文化大革命が1976年に終息して中国の政情が落ち着いた頃の1984年夏，モンゴル人民共和国に出かけた帰途，内モンゴル大学に招かれて呼和浩特市を訪れ，同大学との交流が始まった。そのとき，内蒙古畜牧研究所や四子王旗にある生産大隊を訪ね，内モンゴルの牧畜の一端に触れ，内モンゴルへの関心を強めた。ただ，当時，内モンゴルの遊牧等を理解するのに役立つ出版物は乏しかった。

　そこで帰国後，日本の図書館等で関連資料・文献を調査し，敗戦前に内モンゴル特にその東部で日本人が調査・編纂した牧畜・農耕等に関する資料価値のある報告書類を多数知ることができた。なかでも満洲国国務院興安局が興安各省で実施した実態調査の報告書類は史料価値が高く，私の関心に沿うものであったから，「興安四省実態調査について――非開放蒙地の調査を中心に」（1998）（『早稲田大学大学院文学研究科紀要』第43冊・第4分冊，57-71頁）を書き，関連論文も書いた。ただ事情があって本書に収録していない。

　内モンゴルは戦後，社会主義体制に組み込まれた。その実情をおもに遊牧の観点から理解したいと考えていたところ，文化大革命終結後に内モンゴルから留学生が来始め，その中にエヴェンキ族自治旗イミン＝ソム出身者（オールド族）がいた。その後，戦前興安局の実態調査に携わっていた興安局参事官橋本重雄が短期間ながら，同ソムのオールド族について調べてまとめた記録があることを知った。そこで2人で現地を訪れ，イミン＝ソムの満洲国時代，人民公社時代そしてその後のことを細かく調べてまとめた。それが，本書最終章の論文である。それによって，限られた地域についての考察ではあるが，中華人民共和国建国後から文化大革命期までの内モンゴルにおける遊牧と遊牧社会に対する社会主義化政策とその実態をある程度明らかにすることができたと考えている。

　その後も内モンゴル東部はもとより，シリンゴル盟以西のいくつかの盟・市にも現地調査を続け，またモンゴル国も広く調査した。その成果の一部は

本書の第2部，第3部のいくつかの論文の内容の裏付けとなっている。

　本書の校正には，早稲田大学大学院文学研究科東洋史学専攻で私の研究指導を受けた宇野伸浩，岡洋樹，柳澤明，井上治，ボルジギン・ブレンサイン，舩田善之，四日市康博，青木雅浩，橘誠，高木（阿部）小苗，鈴木（松村）仁麗の諸君が，忙しい時間を割いて協力してくれた（赤坂恒明君は内モンゴル大学専任教官のため不在）。その協力によって，はじめてしっかりした論文集になったと言っても過言ではない。心からの感謝の気持ちを表したい。

　本書の編纂にあたって，慎重に原稿を整えたつもりであるが，なお思わぬ誤り，手抜かりがいくつもあるのではないかと危惧している。あらかじめご寛恕を請うのみである。

　本書の刊行に当たって，風間書房にまことにひとかたならぬご厚意をいただいた。ここに深甚なる謝意を表したい。

2019年10月31日

　　　　　　　　　　　　　　　　　　　　　　　著者しるす

著者略歴

吉 田 順 一

1940 年，中国長春（新京）生まれ。早稲田大学政治経済学部卒業後，
同大学大学院文学研究科東洋史学専攻に進む。1969年に文学部助手，
1982 年に教授となり，2011 年退職。現在，早稲田大学名誉教授。
他に内蒙古大学名誉教授（1995-）。内陸アジア史学会会長
（1996-2005）。公益社団法人日本モンゴル協会会長（2005-）。

モンゴルの歴史と社会

2019年12月20日　初版第 1 刷発行

著　者　　吉　田　順　一

発行者　　風　間　敬　子

発行所　　株式会社　風　間　書　房

〒101-0051　東京都千代田区神田神保町1-34
電話03(3291)5729　FAX 03(3291)5757
振替 00110-5-1853

印刷　藤原印刷　製本　高地製本所

©2019　Junichi Yoshida　　　　　　　　NDC 分類：222.6
ISBN978-4-7599-2307-0　　Printed in Japan

JCOPY 〈(社)出版者著作権管理機構 委託出版物〉
本書の無断複製は，著作権法上での例外を除き禁じられています。複製され
る場合はそのつど事前に(社)出版者著作権管理機構（電話03-5244-5088,
FAX 03-5244-5089, e-mail: info@jcopy.or.jp)の許諾を得て下さい。